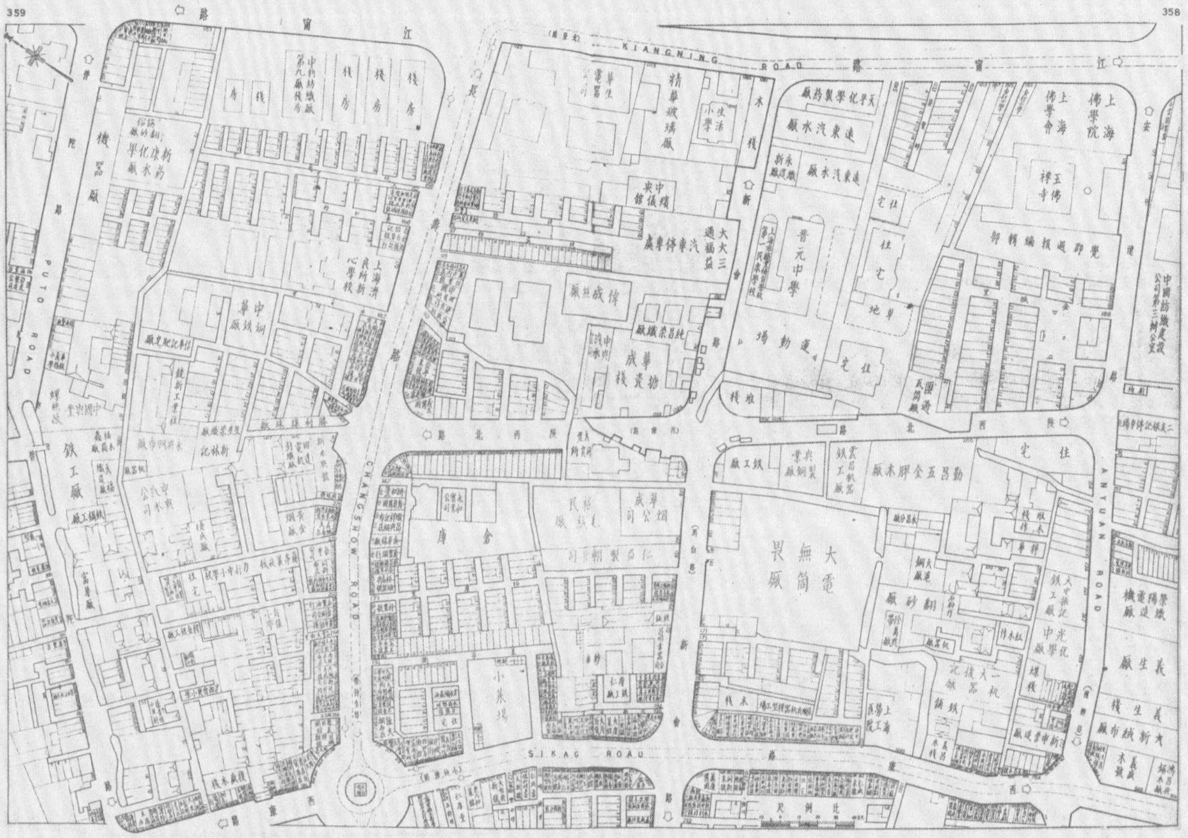
KIANGNING ROAD
PUTO ROAD
CHANGSHOW ROAD
SIKAG ROAD
ANYUAN ROAD

晋行元起

从华童公学到上海市晋元高级中学校史资料整理与研究（1904—2024）

季洪旭　马学强　主编

商务印书馆
创于1897 The Commercial Press

图书在版编目（CIP）数据

晋行元起：从华童公学到上海市晋元高级中学校史资料整理与研究：1904—2024 / 季洪旭，马学强主编.北京：商务印书馆，2024. — ISBN 978 - 7 - 100 - 24538 - 8

Ⅰ. G639.285.13

中国国家版本馆 CIP 数据核字第2024E18N59号

晋 行 元 起

从华童公学到上海市晋元高级中学校史资料整理与研究：1904—2024

季洪旭　马学强　主编

商　务　印　书　馆　出　版
（北京王府井大街36号　邮政编码 100710）
商　务　印　书　馆　发　行
北京盛通印刷股份有限公司印刷
ISBN　978 - 7 - 100 - 24538 - 8

2024年10月第1版　　开本 889×1194　1/16
2024年10月第1次印刷　　印张 25¾　字数 594千

定价：258.00元

主　　编　季洪旭　马学强

副 主 编　叶　舟　梅　飞　谢　莹

编委会成员　胡　端　鲍世望　龚　浩　李东鹏
张宝奇　戴小民　姜　炜　王　玲
郑丽华　邵　荣　朱洁文　柴光军

主要编撰者　马学强　季洪旭　叶　舟　胡　端

参与资料整理者　龚　浩　梅　飞　谢　莹　李东鹏
张千骄　李禹杭　刘米兰　周维文
张宝奇　薛心瑶　蔡天赟　朱叶莲 等

图片拍摄　鲍世望 等

主编简介

季洪旭

祖籍江苏阜宁，1966年出生于江苏。扬州师范学院化学系学士、新加坡南洋理工大学教育硕士、华东师范大学教育经济与管理博士。现为上海市晋元高级中学党总支书记、校长，上海市正高级教师，上海市特级校长。曾任江苏省阜宁中学校长、上海市奉贤中学校长等职。在国家和省市级等刊物上发表论文五十余篇，编著《优化高中教育资源的研究——城郊新建寄宿制高中“和谐发展”教育资源优化的实践研究》《让每一位学生成为最好的自我：城郊高中激发学生发展潜能的实践研究》《单元教学探索：基于理解的逆向教学设计案例》《二二三四教学理论与实践》等。主持教育部重点项目、省市级项目十余项，其中多项成果荣获“上海市优秀教学成果一等奖”“上海市基础教育优秀教学成果一等奖”。先后获得“全国特色教育杰出校长”“上海市劳动模范”“上海市五一劳动奖章”“第十六批上海领军人才”“上海市教育功臣（提名奖）”“上海市‘四有’好教师（教书育人楷模）提名奖”“上海市园丁奖”等荣誉称号及奖项。

马学强

祖籍浙江绍兴，1967年出生于嘉兴。毕业于华东师范大学，历史学博士。现为上海社会科学院历史研究所研究员，主要从事中国城市史、区域史、教育史等研究。在各类学术刊物发表论文百余篇。出版的主要著作有《从传统到近代：江南城镇土地产权制度研究》《江南席家：中国一个经商大族的变迁》《出入于中西之间：近代上海买办社会生活》《八百里瓯江》等。参与主编的有《千年龙华》《阅读思南公馆》《上海的城南旧事》《上海的城市之心》《从工部局大楼到上海市人民政府大厦》《〈密勒氏评论报〉总目与研究》《石库门珍贵文献选辑》等二十余种。近年来主持“百年名校·江南文脉”研究系列（商务印书馆已陆续出版十多种）。先后承担国家课题、省部级研究项目十余项，有多项成果获得上海市哲学社会科学优秀成果奖。

总序

近代意义上的江南名校，是西学东渐后城市文明的新产物。晚清民国时期，率先得开放风气之先的口岸城市及各级城市衍生出各类性质各异、样态多元的新式学校，而尤以通商巨埠上海最具代表性。上海陆续兴办了大量新式的大、中、小学堂，并扩展至师范学校、幼稚园、女子学校，以及其他各类学校。甲午战败之后，民族阽危，西学潮涌，兴学育才更成为彼时中国社会卓识之士御侮图强之道。

从通商口岸到江南内地，随着新学堂的大量设立，它们在传播新学、传授新知等方面扮演着重要的角色。一些学校从创办之日起，即立身非凡，在开时代风气之先的同时，也能与传统江南的深厚文脉有机融合，在"存古开新"中拥有"兼容并蓄"的格局，办学成就卓著，声名鹊起。在这些学校里，聚集了一大批融通中西的有识之士，既具深厚的旧学根底，又有开新的办学理念，可谓一时之选。他们以振兴文化教育事业为己任，在中华民族救亡与复兴之路上砥砺探索，勇毅前行。

十多年前，我们组建了团队，选择"徐汇公学"作为百年名校研究的开端。这所学校于1850年正式建校，取名"圣依纳爵公学"，因地处徐家汇，亦称"徐家汇公学"，或"徐汇公学"，法文为"COLLÈGE ST-IGNACE ZI-KA-WEI"。这是江南地区最早创办的天主教学校之一，采用了新的教育体制，构建了新的知识体系，在江南乃至全国都具有开创性。徐汇公学独具一格的办学章程、教材课本、教学方式，在教内、教外构建起的独特社会网络，凡此种种，都深深地吸引着我们。我们早前完成的《西学东渐第一校：从徐汇公学到徐汇中学（1850—2010）》《沪上名校：百年大同研究（1912—2012）》，均由上海辞书出版社出版。当时我们还没有启动更多校史研究的计划。此后，长三角地区的一些百年名校相继找到我们团队，要求开展合作，共同研究校史。2012年11月19日，我们在《文汇报》上发表《中国知识分子创办的大同大学》一文，开始提出研究校史需要挖掘与梳理所在区域（城市）的文化脉络。就大同这所学校而言，其涉及近代上海学校演变线索，以及近代中国留学生的那条脉络，背后无不与深厚的“江南文化”存在着密切关系。随后，我们专门成立校史研究组，联合商务印书馆，策划形成一套“百年名校·江南文脉”丛书。

江南名校渊源流长，文脉深厚，类型多样，风格特色各异。在风雨沧桑的岁月变迁中，历经了各种各样的“变”，包括校名校址之变、办学环境之变、管理体制之变、学科课程之变、师资生源之变；但也有诸多“不变”，如办学理念之传承、校训精神之延续。这种复杂的“变”与“不变”，蕴含了丰富的政治因素、社会变迁与教育内涵，其格局之广阔、影响之深远，超越了一校之史的研究范畴，需要从教育史、江南史、城市文化、中外交流等多重视野中去把握，需要从“内史”与“外史”相结合的路径中去审视。

我们的做法是：第一，注重史料基础。研究一所百年名校，完成一部完整、系统的校史研究专著，需要我们广泛收集、整理各个时期的各类原始史料，此为校史研究之根基。这是一项艰辛的工作，相关档案文献分散于各处，样态丰富，种类亦多，收集这些资料本身需要花费大量的心力，同时也须具备一定的专业能力。在研究每一所学校之前，我们都努力构建校史“资料库”，或形成资料长编。在校史资料的收集与整理中，我们也十分注意史料的原始性、多样性、连续性、完整性等特点，并采取以图带文、以文释图的形式，做到图文并茂。在扎实的资料基础上，我们才得以从不同阶段、不同层面深入解读这些百年名校的办学历程。

第二，注重学校类型的探究。本丛书重视江南名校的地域分布及其样本的选取。这些学校创办背景不同，就类型而言，有官办、公立、私立。在政府所办系统中，又有省立、府立、县立之分，甚至还有租界当局开办的公立学校（如上海公共租界开设的工部局华童公学）。私立中又分传教士或外国侨民开办的学校，以及国人兴办的私立学校等。其性质不同，体系不一，在办学上亦各有特色，精彩纷呈。通过对各学校演变脉络的梳理，关注不同的类型及其样本价值，探讨办学的共通性与差异性，从中彰显不同学校的办学特色。

第三，注重各校办学过程中的内在逻辑或轨迹探讨，这也是校史作为教育史研究范畴的应有之义。我们紧紧围绕“谁在办学、为何办学、如何办学”等关键线索去追寻百年名校兴衰起伏的内在机理，在时局变动、政权更替、社会变迁中去解答江南名校的历史文脉是如何积淀的，如何从历史老校向现代化名校转型，现代化名校又怎样迈向一流品牌名校。这种历史学的长时段意识与教育史重在揭示内在办学规律的特点结合，既能清晰揭示这些名校变迁的历史脉络，又可打通教育史与制度史、社会史、文化史等的壁垒，使校史研究有血有肉，在校史中“见人群”“见社会”“见制度”“见办学精神”。一所学校的历史，是全体师生共同书写的。所以，要从“教”与“学”，从学生成长、校园生活等多个视角去关注他们、研究他们，这才是一部部活泼泼的校史。

第四，注重突破以往校史研究的“内史”局限，将江南名校置于更为宏阔的社会文化变迁背景中去探究。尽管江南名校类型多样，创办人的教育背景与社会经历亦各异，但其创立无一不具有深厚的社会基础与人文积淀，秉承明清以来江南士绅办学、绅商办学、家族办学、书院办学的悠久传统，同时也彰显了时代的演进，无论是创办者、继办者，还是师生来源，在不同的办学阶段变动都很大。如早期教师中，既有一些深受传统文化影响、对“存古”与“开新”有独到理解的名家；同时也有不少名师拥有出海留洋、就读于欧美名校的经历，颇具世界视野，深得西方教育之精髓。这都需要研究者依据史实，将学校的历史与所在区域的阶层结构、文脉演变、城市变迁有机结合起来，并予以合理解读。

江南地区的百年名校在近现代中国教育史上具有发轫之功，办学特色鲜明，教育成就斐然，在推动区域乃至中国的现代化过程中起着重要作用。现代化是一个复杂综合的过程，包括多个方面、多个领域的现代化。但最重要的是人的现代化。“人的现代化”是任何一个国家的现代化进程中都不可或缺的关键因素，只有把“传统人”变成“现代人”，现代化才可能有效推进，持续扩展。而要培养“现代人”，没有现代教育是不可能实现的。美国社会学家英克尔斯等指出：“在决定个人现代性的水平上，教育是一个非常强有力的直接的和独立的因素。教育等级每升高一层，现代人的比例就有实质性的增加。学校作为一种社会组织及社会化场所，学生们在那不仅学到知识与技能，而且学到了新的态度与价值，发展了新的行动倾向。”[1]学者桑兵也曾言：“如果说西方近代化的主要力源在工厂，那么由西学传播而引发的中国近代化，便不得不在很大的程度上依赖于学校。”[2]因此，以学校教育，尤其以文脉厚重、人才辈出的江南百年名校为研究对象，是深入认识近代以来中国社会与制度变迁、知识与人群新旧转型的一条重要线索，更是理解中国现代化进程的一个独特视角。这也是“百年名校·江南文脉”丛书主要的学术旨归。

梳理江南文脉，讲好百年名校故事。

1 〔美〕阿列克斯·英克尔斯、戴维·H. 史密斯著，顾昕译：《从传统人到现代人——六个发展中国家的个人变化》，中国人民大学出版社1992年版，第197、201、205页。

2 桑兵：《晚清学堂学生与社会变迁》，稻禾出版社1991年版，第15页。

目　录

序 一

翁史烈

来时星火，前路之光

我的高中母校上海市晋元高级中学即将在2024年11月迎来建校120周年，作为1949届校友，我深感荣耀！毕业离开母校已有整整四分之三个世纪，回望在市立晋元中学求学的那段青葱岁月，每一幕都如同珍贵的画卷，缓缓展开之际，心中充满了无尽的感动与温暖。

高中教育意义重大，对人生起着非常关键的作用。在我的高中时期，晋元的老师们不仅传授知识，而且注重培养学生的思维能力和实践能力。比如，数学老师讲解数学命题和定理，不仅给我们丰富的数学知识，而且有力地培养我们的抽象思维能力和逻辑思维能力；物理、化学、外语老师也很重视理论联系实际与实践能力的培养。当时的办学条件十分有限，晋元的学生经常需要步行前往格致中学或育才中学借用实验室。我们在老师的带领下，满怀求知渴望走出校园，完成实验后又带着了然的满足和新的思考回到晋元，确实比较辛苦，但这是我们无比美好的青春记忆。外语的实践主要集中在口语训练上，在晋元，老师给我们创造了很好的条件！

高中毕业之后，我考取了交通大学、大连大学、诚孚纺织专科学校等，我选了交通大学。1952年，我从交通大学造船系毕业后留校任教，1958—1962年被国家派往苏联列宁格勒造船学院进行研究生学习，1984年出任上海交通大学校长，1995年当选为中国工程院院士。作为中国新一代热力涡轮机的开拓团队的一员和航空涡轮风扇发动机多用途改型研制的主持者，我与国家科技发展结下了不解之缘。能将报效国家的生命轨迹，融入中国发动机的研发历程，这是我的人生之幸。直到今天，看到中国自主研发的大型飞机、新型战舰仍令我心潮澎湃。在我成长和发展的道路上，高中阶段的教育如同“来时星火”，早早在我心中播下了追求科学真理的种子，并转化为“前行之光”！

2019年11月18日，我和海帆学弟一起参加了晋元“溯源追梦 协同致远”庆祝建校115周年老校址取土仪式，这是我高中毕业后第一次回到母校的新会路老校址。时隔70年，看到那栋有着浓郁英式建筑风格的教学楼，历经沧桑，风采依然，我的心中涌动着难以言喻的激动与感慨，往事一幕幕浮现眼前。当年很多上课学习的内容，至今记忆犹新。如果说后来的我有一点点事业上的发展和收获，也是得益于在晋元打下的基础。感谢当年郑逸梅、张光复、曹钟铭等各位“大师级”老师的引导教诲，那些与恩师们共度的美好时光，他们的渊博学识和儒雅风范，永远是我一生中最宝贵的财富，是照亮我前行之路的温暖星火。马白路（新会路）25号，这片校址承载着晋元太多的记忆和光荣，我坚信，取自这里的泥土也一定能赋予晋元人无尽的力量。

多年来，虽然工作忙碌，但我一直牵记母校的发展。作为上海市头脑奥林匹克（OM）协会会长，我多次走进晋元，指导学生们的科技创新活动，深切感受到他们对于科学的热情与执着。尤其是晋元的学弟学妹们勇夺2007年世界OM大赛高中组冠军，令我振奋不已。同学们勇于自我挑战，用实际行动诠释奋斗、变革、创新的晋元精神。这种拼搏进取、不断超越的精神，正是我们这个时代所需要的，也是我们的国家民族屹立世界的希望所在。

我这辈子最为关注的无外乎发动机技术和人才培养，我也多次与季洪旭校长面对面交流学校的发展现状。我能真切地感受到晋元在教育改革与发展方面的不懈努力和显著成效。有一次在交大相会，季洪旭校长介绍道：晋元高级中学秉承“励学敦行，承志报国”的校训，坚持“学会选择，主动学习，卓越发展”的办学理念，落实“智慧选择，卓越发展”的育人目标，发扬“乐群笃学，协同致远”的学校精神，全面提升内涵品质和教育质量，正在为建设上海一流、国际知名、受人尊重的品牌学校而努力奋斗！我感到非常高兴。他说，晋元的教育改革创新就是要围绕“什么是教育真正的价值”去不断挖掘学生的潜能，促进学生卓越发展。而晋元将继续深入推动育人方式变革，矢志不渝地办与祖国共命运的教育。我非常赞同这样的教育和人才培养观，并令我想到与钱伟长校长的一次对话：那是在交大闵行校区一期工程落成的时候，我邀请钱伟长校长、苏步青校长来新校区参观，钱校长在参观后说“好的学生进来，培养成优秀的学生，不稀奇；我们要把基础比较薄弱的学生，通过几年的培养，（使他）能够出类拔萃，那才是真本事”。确实，这才是教育真正的力量。

欣闻晋元将在今年正式启动关键语种（俄语方向）理工拔尖创新人才培育试点项目的招生，让我这个中华人民共和国早期留苏人员倍感激动和亲切，我要为母校这个富有远见卓识的决策点赞。同学们，你们的翁学长还是苏联列宁格勒造船学院科学技术副博士和俄罗斯圣彼得堡国立海洋技术大学名誉博士，愿与你们交流探讨，共同进步！

庆祝母校百廿华诞之际，我这位鲐背之年的学长还想对晋元学子们提出一点期望。一代人有一代人的长征，一代人有一代人的担当。在跨越世纪的风雨征程中，薪火相传的爱国情怀，历久弥新的笃学精神，是晋元人最宝贵的精神财富。晋元的同学们一定要立大志、干大事，要将个人进步与祖国需要结合在一起。我们所处的这个时代对卓越人才求贤若渴。同学们，你们一方面要夯实多学科的学习基础，为实现自我超越蓄积和沉淀；另一方面要有精益求精、止于至善的追求，勇敢地投身到核心专业领域发展的洪流中去，为国家取得重大的突破！“创新是一个民族进步的灵魂”，“中国式现代化要靠科技现代化作支撑”。希望寄托在青年一代的身上！

五迁校址，五易校名，跨越世纪，百廿芳华，我们的母校目睹了近现代中国在艰难曲折中奋勇前行的坚韧，见证了中华民族从苦难走向复兴的辉煌！近年来，晋元更以其锐意改革的精神和卓越的办学成果赢得了社会的广泛赞誉。李太白诗云“君不见黄河之水天上来，奔流到海不复回”。其实黄河在青海腹地巴颜喀拉的源头，只是一股涓涓细流，因为前行的路上不断有溪流汇入，更矢志不渝，一路向前，这才有了奔腾到海的磅礴力量。

在母校即将迎来120周年华诞之际，我想借此机会诚挚地祝愿母校秉承优良办学传统，深化教育改革，勇毅开拓前行，为国家培育出更多优秀人才，以推动基础教育高质量发展的行动诠释我们的报国之志！愿晋元的明天更加美好！

翁史烈

2024年8月8日

（翁史烈，1949届校友，中国工程院院士，上海交通大学原校长、教授。）

序二

项海帆

承载当下，奔赴未来

白驹过隙，岁月如歌。今岁，我的中学母校晋元将迎来百廿华诞。拜别母校已有七十三载，昔日韶华少年已是耄耋老人，然每忆及求学往事，顿觉初心未改，壮怀犹在，因而提笔，记叙数言，以慰对母校之深切感念，敬献对晋元之诚挚祝愿！

回忆少年往事，总不免洋溢青春气息，而我的学生时代，因见证了抗战胜利和中华人民共和国成立两件中华民族的历史大事而更饱含热血精神与爱国情怀。1946年，不满11岁的我小学毕业，进入市立晋元中学就读。而这所学校刚在一年前的抗战胜利之际，为纪念抗日民族英雄谢晋元将军而更名。学校有着光荣的爱国传统和深厚的文化积淀，注重教导学生们了解校名从何而来、因何而来，更要懂得这个名字意味着什么。对我这个8岁那年就在爱国教员鼓舞下带头抵制汉奸教授的日语课程，并因此受到小学校方警告处分的小“抗日分子”而言，在承载将军英名的学校求学，内心充满着激动与自豪。在校期间，师生共同迎接中华人民共和国诞生的日日夜夜，更令我终生难忘。

我在晋元度过5年多的美好时光，按当时的学制完成中学学业，可算是初、高中双料校友。那时我们的课程相对不多，但是学校鼓励大家在课外广泛涉猎，我们经常阅读《古文观止》《史记》这样的典籍；那时候的老师群体是超乎想象的精英荟萃，大师迭现。人称“补白大王”的郑逸梅先生就是具有代表性的一位，他博闻强记，勤于笔耕，其文章内容广泛，文史掌故、艺界逸闻、名人逸事等无所不包，自然他的课堂也是风趣盎然的。逸梅师的古文教学深入浅出，引经据典得心应手，极能激发学生学习古典文学的兴趣。他指导写作更是独具特色，常常亲自“下水”，文成之际，满堂皆服，学子受益匪浅。我虽然酷爱理工科，但在中学时代涵育的人文素养、人文情怀，对我一生的发展有极大的引领作用。

晋元前身是工部局开设的华童公学，学校有着注重英语教学的传统，英式发音，地道纯正，更注重英语听、说以及语法运用能力。每周有充足的英语课时，同学们在初中英语课上就接触到了英文版的莎士比亚作品。高中时，不少同学都具备了阅读原版圣经的英语能力。晋元为我打下的扎实的英语功底，对我日后所选的桥梁专业帮助很大，让我可以开阔眼界，阅读最前沿的外文资料，获得提升和发展。还有胡先雩老师，作为上海知名的数学教师，他的讲课思路清晰，逻辑严密，概念精准，且非常乐于答疑解惑，对学生关怀备至，因而深受爱戴。还有业务精湛、师德高尚的龚伦超老师，因长期积劳，患有严重眼疾，急需手术，而他一生淡泊名利，生活清贫，以至于无法负担治疗费用。大家得知后，自发为他募集费用，写下晋元师生情深义重的一段佳话。

除了学好学科知识，母校还积极引导学生发展体育和文艺特长。我自幼喜好运动，在校期间萌发了加入校足球队的愿望。一日，接到通知，去接受球队的考察。来到球场，领头的是一位年长我几岁、面容清秀、身材略显单薄的学长，“想加入球队是吗，来，抢我的球”。我应了一声，拔腿便上。岂料几个回合下来，都没触到皮球。“来，一起上”，学长示意另一位同窗加入。二抢一，依然奈何不了他。“学长厉害，请问大名”，“我叫方纫秋，你们也不错”。这个名字数年之后出现在上海市队、中国国家队的名单中，担任主力前锋，10多年后与上海队主教练、国家队主教练联系在了一起。因为在国际赛事中的优异表现，纫秋学长还受到周恩来总理的接见。我们的母校真是人才辈出。

2019年11月，有幸得母校邀请参加“溯源追梦 协同致远”庆祝建校115周年老校址取土仪式，回到当年求学的校址——新会路25号，同行的还有上海交大原校长、中国工程院院士翁史烈学长。迈进思念已久的校园，步入几度梦回的教室，更兼故友重逢，往事浮现，感慨万千，感谢母校的安排，让我们得偿夙愿。我的兄长项海航是高我两届的晋元学长，亦是一位品学兼优的好学生，而他在班中最好的朋友便是史烈学长，所以我们是少年结交，意气相投。说到缘分，我也是后来才得知，我在同济的授业恩师李国豪院士与谢晋元将军同为客家人，是广东梅州同乡，更是名校梅州中学的校友。而与我相偕一生的夫人竟与晋元将军的夫人是务本女校（今市二中学）校友。作为一名晋元毕业生，这确是妙不可言。

同样还要感谢晋元的学弟学妹，我是非常乐意与你们相处交流的，无论是在晋元，在同济，还是在我家中，每一次都让我惊喜，让我赞叹。记忆深刻的是10多年前，母校安排我与学生代表座谈，推开会议室大门，那一声充满青春力量的“学长好”，瞬间让一位七旬老者重回学生时代。2008年，来校见证高三学子的成人时刻，看到一大群风华正茂的中华骨髓库入库志愿者，我情不自禁地为你们喝彩。在与你们一起喜迎建校120周年之际，也有几句肺腑之言想与你们共勉。

首先，永怀爱国心。晋元将军、晋元前辈为我们绘就这所学校的爱国底色，晋元人须将爱国情怀深植血脉，薪火相承，矢志报国的人生才会迸发出无穷的惊人动力。晋元校园走出过5位共和国院士，有1941届的蒋锡夔学长，1948届的何友声学长，1949届的翁史烈学长、韩大匡学长，1951届的我是他们的学弟，同时期还涌现出一大批各条战线上的杰出校友。一次聚会上，季洪旭校长提出一个思考：为什么这段时期的卓越校友井喷式呈现？我高度赞同大匡学长的一席话：“在中华民族从苦难深重到复兴曙光初现的这段时期，尤其是新中国的建立，你想，历经百年屈辱，一朝扬眉吐气，怎不教人豪情满怀，凝望祖国母亲，大好河山，百废待兴，怎不教人跃跃欲试？所以我们这一代人废寝忘食、发愤图强，几乎是咬着牙要为祖国建设奉献青春。”无独有偶，1980年，我获得洪堡研究奖学金去德国波鸿鲁尔大学任客座教授，开展相关研究。恩师李国豪校长对我说：“国外再好，也是人家的。有本事的人，把中国搞上去，每一个中国人都该有自己的责任感和对国家深切的爱……”这番话，我一生铭记，也送给今天的晋元学子。以最美年华适逢崭新时代，民族复兴的伟大事业正呼唤你们的投身，正期待你们的贡献。

其次，莫负少年志。青少年时代树立的理想，往往对人的一生影响深远。我15岁从晋元毕业，如愿录取同济大学桥梁与隧道专业，毕生奋斗之下，让世界知道了蜚声国际的学界泰斗“悬索桥李”李国豪有个得意弟子叫项海帆，曾担任中国土木工程学会桥梁及结构工程分会主席和国际桥梁与结构工程协会副主席。而我与桥梁的结缘则来自一次故乡之旅，1947年，我还是市立晋元中学一名学生，父亲带我回乡祭祖，特意安排我去看钱塘江大桥。家乡的大桥，中国人的自主设计，茅以升大师的杰作，这些交织的元素在12岁少年心中燃起梦想的火种——学桥梁工程，为祖国造大桥。40年后，梦想终得实现，1987年，在时任上海市市长江泽民同志的果断决策和大力支持下，我带领同济桥梁团队，从外方手中争回了南浦大桥的设立建造权，成为中国桥梁史上的一座里程碑。众多国际国内奖项并不是我最看重的，从南浦大桥、卢浦大桥、东海大桥，到江阴长江公路大桥、虎门大桥、舟山西堠门大桥、港珠澳大桥都有我的心血和贡献，中国的桥梁建设飞速进步，已然走到了世界前列，这才是我此生所愿。得悉母校为学子们精心开设生涯系列课程，更以适切多样的课程，满足不同学生的需求，引领学生激发自身的潜能和爱好，挖掘出学生一生的兴趣点，我十分欣慰。同学们，请认真投入这些课程的学习，为自己锚定人生航向，接着你们要做的就是无畏艰难，全力奔赴。

最后，奋进创新路。未来的世界范围的竞争，必然是核心领域创新之争，是创新人才之争。习近平总书记在2024年全国科技大会、国家科学技术奖励大会、两院院士大会上的讲话中指出：“科技创新靠人才，人才培养靠教育，教育、科技、人才内在一致、相互支撑。”高中是一个人一生发展的定调定音的时期，做好高中阶段的创新人才培育，关系到国家明天的未来。同学们要注重创新意识的唤醒和创新素养的培育，强化课程与实践的结合，提升解决实际问题的能力。母校设立结构创新实验室，我举双手赞成，作为同济大学土木工程学院名誉院长，也尽我所能协调技术、设备、师资和课程，给予引领指导。利用“实验室”这样的小基地，给一些有热情有兴趣的学生以空间、时间和氛围，也许就是为未来的卓越人才播下一颗创新的种子……AI时代的到来，为教育和创新提供了更丰富的路径，为每个学习者提供了无与伦比的学习条件与机会，希望你们善于借助现代技术去拓展视野，提升自己。但请记得，工具的丰富性不能取代人的努力，特别是在创新领域，我们要做工具的主人。

人生就像建桥，由此岸通向彼岸，学校也应该如是，为学生搭桥，做学生的桥，助力学生由当下的希望通向未来的美好。“适甲子之逢双，肇华诞之隆庆”，愿母校永为学生成功路上不可或缺的大桥，更加坚如磐石，愈发流光溢彩！这就是我，一个毕生致力于桥梁事业的学子，满怀赤忱的祝福！

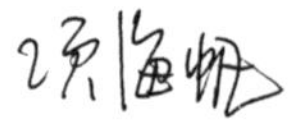

2024年8月4日

（项海帆，1951届校友，中国工程院院士，
同济大学土木工程学院名誉院长、教授。）

第一编

中西并重：华童公学时期（1904—1943）

中西并重：华童公学时期（1904—1943）

图1-1　上海工部局华童公学（选自*Twentieth Century Impressions of Hongkong Shanghai, and Other Treaty Ports of China: Their History, People, Commerce, Industries, and Resources*, 1908）

1899年，上海广学会董事、英美传教士李提摩太、卜舫济、福开森，偕同公共租界工部局华董郑观应、唐杰臣、陈辉庭等人，慨念“不能使华人子弟同受教育之益”[1]，“当灌输中西学识”[2]，要求工部局设立一所中西文学校，培植租界内的华人子弟成为“中西贯通、人格健全而能适应社会需要之人才”[3]。1900年，工部局纳税人会议通过方案，购置该校校基和常年办学经费，由工部局拨款解决；兴筑校舍经费，则由华董郑观应、唐杰臣、陈辉庭三人负责向华人绅商募集。1904年，学校在北火车站附近的克能海路（今康乐路）、爱而近路（今安庆路）始告成立，定名为“华童公学”（Public School for Chinese），函请英国剑桥立士学校白勃牧师延聘校长及教员。[4]这是上海公共租界开设的第一所专门教育租界华人子弟的新式学校，开近代华童教育之先河（图1-1）。

1　沈敦和：《上海工部局创设华童公学征信录序》，《华童公学校刊》第六期，1936年刊印。

2　《华童公学略史》，《华童公学校刊》第一期，1933年刊印。

3　《华童公学概况》，《华童公学校刊》第四期，1934年刊印。

4　《华童公学略史》，《华童公学校刊》第一期，1933年刊印。

图1-2 《华童公学校刊》第一期中英文封面

华童公学创办之初，学制分预科和正科，预科二年（相当于高小五年级、六年级），正科六年（相当于初中、高中）。[1]教员中西籍并包，西籍教员多获英美名校学士、硕士学位；华籍教员也称一时之选，有南社耆宿邹亚云、李怀霜、郑逸梅等，胡适、林语堂、严复、辜鸿铭等文化巨擘也短期执过教鞭。课程设置分华文、英文两部，而英文置于首要地位。除国文课用中文教材之外，其他课程均用英文教材，校具亦直接从英国定购。毕业生不参加上海市会考，必须参加英国剑桥大学或香港大学的入学考试，合格者才发给毕业证书，否则只发肄业证明[2]，办学风格颇具西式色彩。创校之初，只有学生55人，历经李淇（又译为李治）、李文史东（又译为利文斯顿）、康普三校长之经营，中西教员教导有方，学生成绩日佳，负笈来校者日多。至1908年，学额已扩至400余名。1908—1928年间，“每年考取剑桥大学、香港大学及任各机关要职者，实繁有徒”[3]。至此，学校声誉日隆，屡蒙中外政学各界人士莅校参观，广受赞许称

1　晋元中学校史组编:《校史述略》，程卫军执笔，1984年7月，载晋元中学建校八十周年庆典秘书组编:《晋元中学》（建校80周年纪念专刊，1904—1984年），1984年内部刊印，第3页。

2　晋元中学校史组编:《校史述略》，程卫军执笔，载《晋元中学》（建校80周年纪念专刊，1904—1984年），第3页。

3　《华童公学章程》，1928年，上海市档案馆藏，档案号：Q235-3-308。

道（图1-2）。

1930年，因人数渐增，校舍不敷使用，学校迁至虹口赫司克而路（今中州路）63号汉壁礼西童公学校址，校舍四层，学生一度增至650名。[1]迁入新校址后，办学依然保持良好的声誉，"工部局立华童公学，对于功课，素来严紧，且多符合教育部规定之课程标准，故每届参加市社会局毕业会考及格者颇多"[2]。抗战军兴，学校先后历经"一·二八""八一三"事变之炮火袭击，学额起伏不定，校舍全部被毁，不得不由苏州河北迁到苏州河南，先借四川路（今四川中路）青年会上课，继而在南京路市政所上课，屡经迁移。[3]最终于1938年将校址确定在戈登路、马白路口（今新会路25号），成为"孤岛时期"沪西地区唯一一所市立中学。"八一三"抗战期间，学校与谢晋元将军驻扎的新加坡路（今余姚路）"孤军营"相近，常有学生前去军营慰问，遂与谢晋元将军及他所率领的八百壮士往来亲切，双方结下了深厚的情谊，"为学校日后定名为晋元中学打下了基础"[4]。

1941年12月8日，太平洋战争爆发，日军占领公共租界，华童公学英人校长罗白与英籍教员于1943年被押往集中营，工部局任命华人牧师、副校长林步基为校长。日方派日籍教师进校教日语，便于监视在校教工活动。华童公学由此进入了在沦陷区办学的艰难时期。

第一节　工部局华人教育方案与筹设华童公学

说明：上海公共租界工部局华童公学正式成立于1904年。翻阅《工部局董事会会议录》，很早就有关于纳税华人子弟就读问题的讨论，1900年明确建议要为华人建立一所学校。本节主要以《工部局董事会会议录》记载为主，反映华童公学的筹建情况。

1900年1月4日

华人教育方案　提交了由3名草拟原始方案的先生提出的要为华人建立一所学校的明确建议，泼兰的斯先生发表意见说，创办这种事业，在当地应由纳税人发起，而不应由工部局发起；因此，把这个问题延期至下次会议继续讨论，同时指示总办再让大家传阅早些时候的来往信件。

*资料来源：《工部局董事会会议录》第14册，第521页。

1 《华童公学略史》，《华童公学校刊》第一期，1933年刊印。

2 《上海华童公学》，《申报》1937年6月30日，第12版。

3 胡先骞：《从华童公学到晋元中学的变迁》，载中国人民政治协商会议上海市普陀区委员会文史资料委员会：《普陀区文史资料选辑》第2辑，1991年内部刊印，第89页。

4 胡先骞：《从华童公学到晋元中学的变迁》，载《普陀区文史资料选辑》第2辑，第90页。

图1-3　1900年上海公共租界工部局董事合影

1900年1月11日

华人教育方案　继续考虑了上次会议上提出的这个标题下的建议，结果普遍的意见是赞同此方案，据悉本年度所需要的全部资金为3000两。而建造房屋的合适地址问题，则已提交工务委员会去办理。

总董认为从总体上说，该方案应在即将召开的纳税人会议上成为一项特别决议的主题（图1-3）。

*资料来源:《工部局董事会会议录》第14册，第521—522页。

1900年3月29日

华童学校　指示总办写信给福开森先生，要求他把当地居民捐助的用作学校房屋担保的一笔3万两白银的款子交给工部局，并再请他在选择校址和购买土地方面给予帮助。总董在答复夸根布西先生提问时说，工部局决心按照已通过的决议款设立一个中心学校而不是好几个规模较小的学校，董事们一致同意这个意见。

*资料来源:《工部局董事会会议录》第14册，第534—535页。

1900年11月8日

华童公学　宣读了牧师李提摩太、牧师卜舫济和J. C. 福开森先生的来信，询问工部局支持华童公学方案的保证是否可以再续订一年。决定复函说明工部局将在1901年的预算中作出与该方案第一次提出时所作出的同样规定。

*资料来源:《工部局董事会会议录》第14册，第570页。

1901年8月15日

华童公学　李提摩太牧师和福开森先生的来信声称，为建造校舍所需的3万两现在已经征齐，并已存入中国通商银行。会议同意把该款转入工部局名下，并作为托管基金存入与工部局往来的银行。关于选择校址的问题将交给工务委员会，在下次的会议上进行讨论。

*资料来源：《工部局董事会会议录》第14册，第598页。

1901年9月12日

华童公学　会上对该校的校址及规模问题进行了讨论。会议认为这些问题最好由一个委员会来处理，这个委员会将根据1899年12月29日由这项计划的三位原创人所写的信件中的第6款组成。这个非正式的委员会中有现住在上海的两位，被提名认为是办理此事的合适人选。再加上夸根不西先生，他本人表示愿意服务。会议指示总办为此事往访李提摩太先生和卜舫济先生，并再往访建校基金会的捐助人，征求提名两位华人代表。然而，尚须明确在董事会关于上述基金会的各项条款未得到同意以前，不能采取任何行动。

*资料来源：《工部局董事会会议录》第14册，第601页。

1901年11月28日

华童公学　会议收到了学务委员会关于建议中的校舍问题的来信，并即转知工务委员会。总办说，在最近一次与李提摩太牧师和钟鹤亭先生的会谈中，他们问及，如果能商得以42000两购定整块坟地，董事会是否会支持这个安排。董事们一致认为，这项建议是有利的。如果正式提出的话，同意接受此议。

*资料来源：《工部局董事会会议录》第14册，第610页。

1902年3月20日

华童公学　自在工务委员会开会日期之后，收到辅元堂公墓理事来信，明确说明该理事会同意将其地产作价银53000两让给工部局，该地产今后用于华人公众用途。董事会同意这些条件并指示与该公墓理事会签订正式合同，以便早日移交地产建立华童公学。

*资料来源：《工部局董事会会议录》第15册，第541页。

1902年4月10日

华童公学　为辅元堂公墓迁坟开支银3500两，予以核准并附带条件，即此项工作应立即着手进行。

鉴于这块地址已经取得，并且建造校舍计划也获得批准，去年所任命的临时委员会的工作宣告结束，董事会认为：一旦关于校舍位置的计划正式被采纳，该委员会便应解散，并尽早组成在纳税人大会所批准的办法中规定的专门教育委员会。指示总办在下周会议上，就此事再提出报告。

*资料来源：《工部局董事会会议录》第15册，第544页。

1902年4月17日

华童公学　收到在北京的李提摩太牧师来

信，信中说陆书芳先生不久将返沪，并将与工部局直接谈判向一华人图书馆赠书、赠款事。决定目前暂且等待公墓迁坟谈判。至于公学委员会的情况，董事会决定暂且等待现有的委员会的来信通知校舍位置和布置均已完全解决，然后再考虑任命一新的委员会的问题。

*资料来源:《工部局董事会会议录》第15册，第545页。

1902年4月24日

华童公学　为满足公墓理事会口头请求，工部局董事会批准为购买这块地支付白银26000两，俾使公墓理事可另购新墓址。

*资料来源:《工部局董事会会议录》第15册，第546页。

1902年6月5日

华童公学　总办宣称，辅元堂公墓地址收购待正式协议书签订后便告成立，由于负责草签协议书的公墓理事代表向中国县官递交请愿书之举受到谴责，此事的谈判现在受到阻碍。决定致函负责英领馆会丈局的领事，请他出面斡旋，向道台摆明事实，要他为中国公众利益着想，批准签订出卖该地皮。

*资料来源:《工部局董事会会议录》第15册，第552页。

1902年6月19日

华人教育计划　提交由李佳白所筹划的尚贤堂的分部委员会来信，信中请求工部局董事会批准从购买辅元堂公墓款项中拨出一部分用来建造一所华人讲学厅。决定待完成购买该地产工作之后，再考虑该建议。

*资料来源:《工部局董事会会议录》第15册，第553页。

1902年8月28日

辅元堂公墓　总办宣称与该问题有关的地方士绅已在工部局董事会议室开过一次会，会上曾向他们提出，鉴于有可能取消工部局拥有辅元堂公墓的建议，该理事会应当在两月之内另觅一合适地址，其价格不超过每亩白银2000两，面积不得少于10亩。董事会证实了这个安排，并指示将此决定以致函有关方面的形式记录下来。

*资料来源:《工部局董事会会议录》第15册，第562页。

1902年10月9日

华童公学　李佳白先生请求再次答复他的委员会的申请书，该信提出鉴于华童公学校址业已确定，请在建筑计划中加入造一座讲演厅。此事交工务委员会审议。

*资料来源:《工部局董事会会议录》第15册，第568页。

1902年10月23日

华童公学　辅元堂理事会报告工部局，为开办该学校所取得的土地总面积为十三亩半，并询问工部局为了增购土地准备在已付的20000两白银以外，须再追加款项多少。决定答复：工部局将在工部局核准其土地丈量以及所有权申报清楚后，对该全部地产按每亩价2000两白银付给（图1-4）。

*资料来源:《工部局董事会会议录》第15册，第570页。

图1-4　上海公共租界工部局徽章

1902年11月13日

华童公学　宣读公学委员会来信，信中表达该委员会成员完全赞成最后所选校舍地址。该委员会感到校舍建成在即，他们的服务便不再需要，但会上决定请他们留任以便商讨可能再发生的与学校有关的事项。

*资料来源:《工部局董事会会议录》第15册，第574页。

1902年12月4日

华童公学　该校校舍总平面图，按照临时委员会最初所提交的图样，终于由董事会批准。责成工程师尽快着手此项工作，比其它将办的公共工程优先进行。

*资料来源:《工部局董事会会议录》第15册，第578页。

1903年5月4日

工部局华童公学　董事会得悉，关于建造这所大楼所需的差额基金，现已全部由关心这一事业的中国士绅认捐，大楼建造合同已签订，该项工程将在12个月内完成。董事会指示，要求目前的委员会对期望完成这座大楼应采取的措施提出意见，特别是对学校员工的聘用，班级的组成，学费的收取等问题的意见。

*资料来源:《工部局董事会会议录》第15册，第603页。

1903年6月17日

华童公学　董事会得悉，F. C. 顾斐德先生业已当选为该校校董会校董以接替卜舫济先生，伊德先生以工部局代表当选该委员会委员。

*资料来源:《工部局董事会会议录》第15册，第608页。

1903年6月24日

工部局华童公学　会上宣读了该校校董秘书来信，来信向董事会通报了本月15日校董会会议所通过的一项决议，内容是关于从剑桥聘来两位合适的校长，将由巴伯先生挑选，他们将于明年2月份到达。董事会认为，为这二位教师提出的薪俸标准有点低，但据了解，此事将由巴伯先生处理，凭他的经验，他会作出合理的安排。德格雷先生认为这件事很重要，关于薪俸问题尚无先例可援，可能会在华童公学教职员中引起不满情绪。

*资料来源:《工部局董事会会议录》第15册，第609页。

1904年2月10日

华童公学　董事会得悉为这所学校所聘请的校长李治先生已到达上海，并同意支付他薪俸，如果有什么变化再另行通知。会议注意到伊迪先生代表董事会所参加的该校目前的校务委员会尚

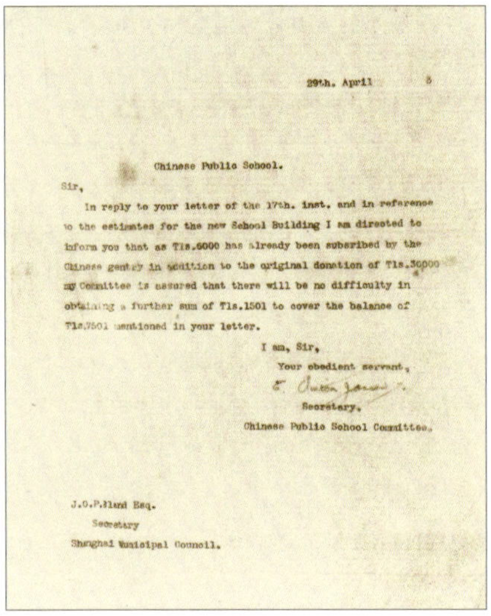
29th. April 5

Chinese Public School.

Sir,

In reply to your letter of the 17th. inst. and in reference to the estimates for the new School Building I am directed to inform you that as Tls.6000 has already been subsribed by the Chinese gentry in addition to the original donation of Tls.30000 my Committee is assured that there will be no difficulty in obtaining a further sum of Tls.1501 to cover the balance of Tls.7501 mentioned in your letter.

I am, Sir,
Your obedient servant,
Secretary,
Chinese Public School Committee.

J.O.P.Bland Esq.
Secretary
Shanghai Municipal Council.

图1-5《上海公共租界工部局总办处给华童公学的发文存本》（摘选，1903—1905年，上海市档案馆藏）

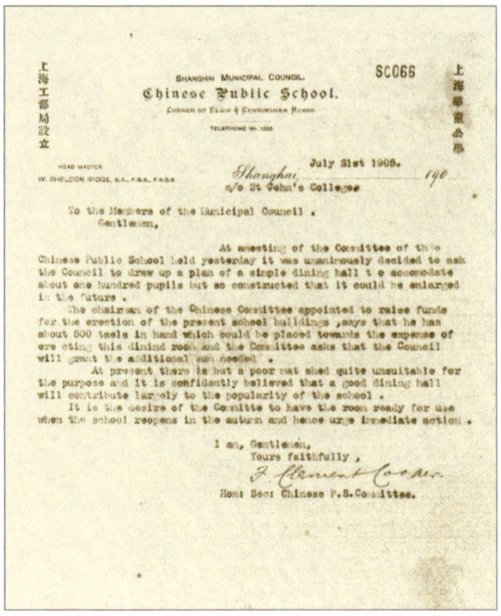
上海工部局設立

SHANGHAI MUNICIPAL COUNCIL.
Chinese Public School.
CORNER OF ELGIN & CUNNINGHAM ROADS
TELEPHONE No. 1353.

SC066

上海華童公學

HEAD MASTER
W. SHELDON RIDGE, B.A., F.G.S., F.R.G.S.

Shanghai, July 21st 1905. 190
c/o St John's Colleges

To the Members of the Municipal Council .
Gentlemen,

At ameeting of the Committee of the Chinese Public School held yesterday it was unanimously decided to ask the Council to draw up a plan of a simple dining hall to accomodate about one hundred pupils but so constructed that it could be enlarged in the future .

The chairman of the Chinese Committee appointed to raise funds for the erection of the present school buildings ,says that he has about 500 taels in hand which could be placed towards the expense of erecting this dinind room and the Committee asks that the Council will grant the additional sum needed .

At present there is but a poor mat shed quite unsuitable for the purpose and it is confidently believed that a good dining hall will contribute largely to the popularity of the school .

It is the desire of the Committe to have the room ready for use when the school reopens in the autumn and hence urge immediate action .

I am, Gentlemen,
Yours faithfully ,
Hon: Sec: Chinese P.S.Committee.

图1-6《上海公共租界工部局总办处给华童公学的发文存本》（摘选，1903—1905年，上海市档案馆藏）

未就支付薪俸问题作出安排，而且预算书也未在薪俸项目下列出专款。董事会认为，下届董事应尽可能地关注该校新委员会的组成和经常性的校务管理（图1-5）。

*资料来源:《工部局董事会会议录》第15册，第645页。

1904年3月2日

华童公学　这所学校的校务委员会荣誉干事来信把该校目前的情况通知了董事会，并请求董事会留出一笔10000两的款子作为该校来年的经费，其中一半用来支付全体教员等人的薪俸，其余的用来购买家具。会议决定把这笔数额作为特别拨款列入预算，并在提出预算时相应通知纳税人会议。

*资料来源:《工部局董事会会议录》第15册，第647—648页。

1904年3月23日

华童公学　会上宣读了牧师李提摩太博士的一封来信，内中谈了他本人和牧师卜舫济先生关于组建新委员会的意见，还提到了人们提出的关于任命J. C. 福开森先生的问题。董事会在研究了这些意见以后，决定按照任命西童公学同样的条件任命该委员会，那就是说任命期为3年，由下列人士组成：牧师李提摩太博士，牧师卜舫济先生，陈鹤廷先生，朱葆费先生，代表董事会的E. S. 李德立先生。据悉所有这些士绅均愿意出任。

*资料来源:《工部局董事会会议录》第15册，第650页。

1904年5月18日

上海华童公学　总办交来了校务委员会第一次办校计划书和规章的样张，董事会批准予以公布，但提出一个意见，大意是该计划书和规章必须由总董签署而不应由校长签署（图1-6）。

*资料来源:《工部局董事会会议录》第15册，第660页。

1904年8月24日

华童公学　该校名誉干事写了一封非正式来信说，目前该校临时雇用了一批华人教师，试用

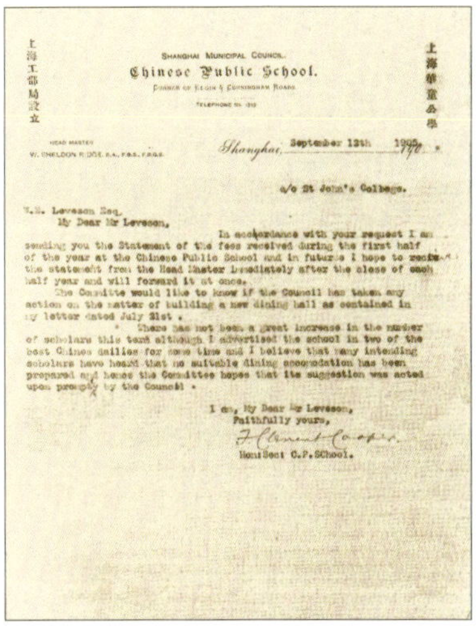
上
海
工
部
局
設
立

SHANGHAI MUNICIPAL COUNCIL.
Chinese Public School.
CORNER OF ELGIN & CUNNINGHAM ROADS.
TELEPHONE No. 1310

上
海
華
童
公
學

HEAD MASTER
W. SHELDON RIDGE, B.A., F.R.S., F.R.G.S.

Shanghai, September 12th 1905.

c/o St John's College.

W.H. Leveson Esq.
My Dear Mr Leveson,

In accordance with your request I am sending you the Statement of the fees received during the first half of the year at the Chinese Public School and in future I hope to receive the statement from the Head Master immediately after the close of each half year and will forward it at once.

The Committe would like to know if the Council has taken any action on the matter of building a new dining hall as contained in my letter dated July 21st.

There has not been a great increase in the number of scholars this term although I advertised the school in two of the best Chines dailies for some time and I believe that many intending scholars have heard that no suitable dining accomodation has been prepared and hence the Committee hopes that its suggestion was acted upon promptly by the Council.

I am, My Dear Mr Leveson,
Faithfully yours,
F. Clement Cooper.
Hon: Sect C.P. School.

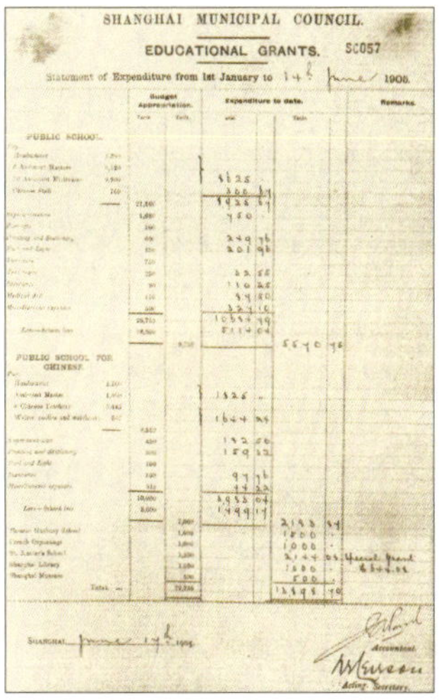
SHANGHAI MUNICIPAL COUNCIL.
EDUCATIONAL GRANTS.
Statement of Expenditure from 1st January to 14th June 1905.
PUBLIC SCHOOL.
PUBLIC SCHOOL FOR CHINESE.
SHANGHAI June 14th 1905.

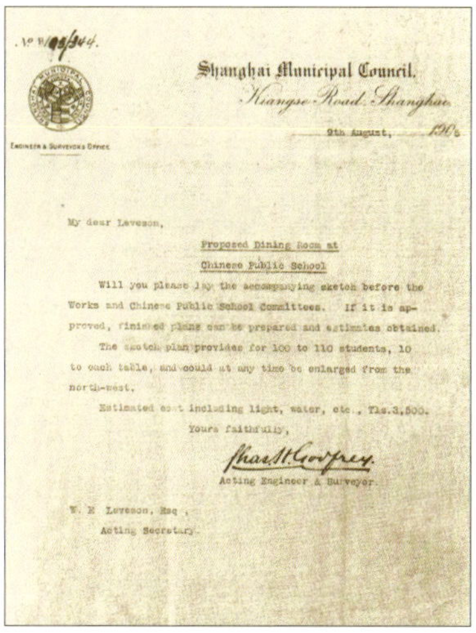
No. B/05/344.

Shanghai Municipal Council.
Kiangse Road, Shanghai.
9th August, 1905.

ENGINEER & SURVEYOR'S OFFICE.

My dear Leveson,

Proposed Dining Room at
Chinese Public School

Will you please lay the accompanying sketch before the Works and Chinese Public School Committees. If it is approved, finished plans can be prepared and estimates obtained.

The sketch plan provides for 100 to 110 students, 10 to each table, and could at any time be enlarged from the north-west.

Estimated cost including light, water, etc., Tls.3,500.

Yours faithfully,
Chas. H. Godfrey.
Acting Engineer & Surveyor.

W. E. Leveson, Esq.,
Acting Secretary.

图1-7 《上海公共租界工部局总办处给华童公学的发文存本》（摘选，1903—1905年，上海市档案馆藏）

期为一个月。关于此事，该校将在10月份再正式向董事会报告（图1-7）。

*资料来源：《工部局董事会会议录》第15册，第676页。

上海工部局华童公学

本学堂设在美租界爱而近路克宁海路角，淞沪铁路车站相近。择于七月二十二日开学。教授华英二种。英文系头等普通之学文，华文系将来备考之进阶。屋宇宽畅，额位有四百之多，每月修金洋四元五角，每年修金洋四十元，凡愿□教习或取阅章程者须写信至西华德路第七号总教李治先生处。欲要报名者，每礼拜一上午九句钟至十二句钟到本学堂总教习处呈报可也（图1-8）。

华童公学委办书记□森启

*资料来源：《上海工部局华童公学》，《新闻报》1904年7月2日，第12版。

注：字迹不清用□。华童公学正式开学是在1904年11月。

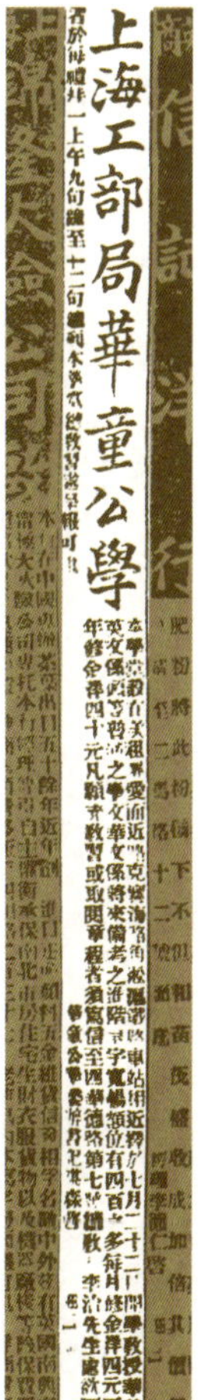
上海工部局華童公學

图1-8 《上海工部局华童公学》（选自《新闻报》1904年7月2日，第12版）

华童公学创设背景[1]

上海公共租界工部局应华人强烈要求开办华人学校，华童公学就是其中设

1　此标题为整理者所加。

立的第一所。华童公学创办于1904年，由工部局拨款购地，郑观应、唐杰臣、陈辉庭等捐资在克能海路（今康乐路）建筑校舍，招收华人子弟。郑观应等认为上海租界设有西童学堂，经费由房捐出，而租界华人房捐多于西人，何不设华童学堂，显分畛域未免不公，于是向李提摩太提出建议。李于是约福开森、卜舫济致书工部局董事集议，工部局称如华商重视西学，就先集资3万造一大学堂，容纳学生500名，此外所需学堂地基及家具仪器，每年经费均归工部局出。因此郑观应与陈辉庭各捐千金以为提倡，并邀请沪上华商会议，一天时间即捐得银万余两。

*资料来源：熊月之、张敏：《上海通史·晚清文化》，上海人民出版社1999年版，第229页；《致招商局盛督办论栈房作弊书》，载夏东元编：《郑观应集》下册，上海人民出版社1988年版，第833页。

华童公学筹备时期

当民国纪元前十三年之顷，上海广学会董事卜舫济牧师、福开森博士，暨已故李提摩太牧师，慨念公共租界华人，当灌输中西学识，爰代表华籍市民，要求工部局设一中西文学校，培植中国学生。迨民国纪元前十二年，由纳税人会议通过，拨工部局公款以购地，并筹给开学后常年经费。其兴筑校舍之费，则由华董郑陶斋、唐杰臣、陈辉庭三君募集之。越四年，而学校始告成立，定名曰华童。函请英国剑桥立士学校白勃牧师延聘校长及教员。民国纪元前八年春抵沪。乃于十一月十二日请工部局总董安德生君莅校正式开幕。

吾校树有铜碑两方，记载筹备情形及各捐户姓氏，以垂永久，并志景慕。是碑于民国前五年三月十五日开幕，由卜舫济牧师主席，华克牧师暨已故前沪宁铁路总办沈敦和君演说，中外来宾参观与盛典者甚众，是时本校音乐队已参加奏乐。

吾校创办未久，即薄负时誉，屡蒙中外政学各界莅校参观，犹忆开办之次年，即蒙前清工部尚书商约大臣吕海寰，候补部堂电政大政吴重熹，商部左参议王清穆，右参议杨士琦，商部主政单镇、王大贞，候选道商会总理严信厚，浙江候补道商会协理徐润、江苏试用道商会坐办周晋镳、江苏补用知县商会翻译朱礼琦等，到校参观，深蒙赞许（图1-9）。

*资料来源：《华童公学略史》，《华童公学校刊》第一期，1933年刊印。《华童公学略史》后又刊登于《华童公学校刊》第五期（30周年纪念号），1934年刊印。

第二节　工部局华童公学成立与克能海路校址时期

说明：华童公学在撰写本校校史时，将学校历史分为三个时期，即筹备时期（1899—1904）、克能海

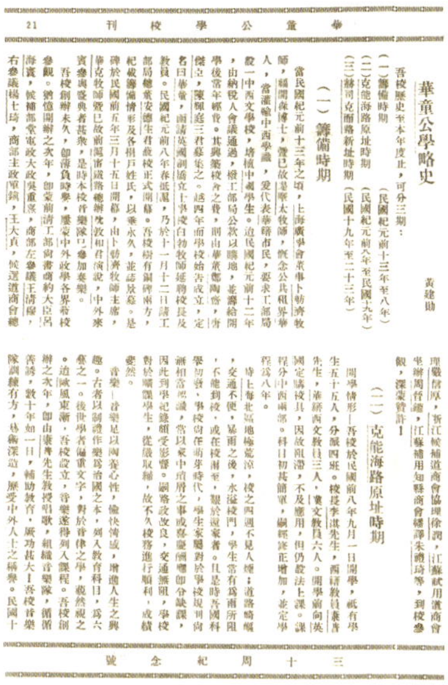
21　華童公學校刊

華童公學略史

黃建勛

吾校歷史至本年度止，可分三期：

（一）籌備時期（民國紀元前十三年至八年）
（二）克能海路原址時期（民國紀元前八年至民國十九年）
（三）赫司克而路新址時期（民國十九年至二十三年）

（一）籌備時期

當民國紀元前十三年之頃，上海廣學會常事卜舫濟牧師，福開森博士，暨已故李提摩太牧師，概念公共租界華人，當灌輸中西學識，爰代表華籍市民，要求工部局設一中西文學校，培植中國學生。迨民國紀元前十二年，由納稅人會議通過，撥工部局公款以購地，並籌給開學後常年經費。其興築校舍之費，則由華董鄭陶齋，寄傑臣，陳輝庭三君募集之。越四年而學校始告成立，定名曰華童，函請英國劍橋克士事校白物牧師延聘校長及教員。民國紀元前八年春抵滬，乃於十一月十二日請工部局總董安德生君蒞校正式開幕。吾校樹有銅碑兩方，紀載籌備情形及各捐戶姓氏，以垂永久，並誌景慕。是碑於民國前五年三月十五日開幕，由卜舫濟牧師主席，華克牧師暨已故前滬甯鐵路總辦沈敦和君演說，中外來賓參與盛典者甚衆，是時本校音樂隊已參加奏樂。

吾校創辦未久，即薄負時譽，屢蒙中外政學各界蒞校參觀。猶憶開辦之次年，即蒙前清工部尚書商約大臣呂海寰，候補部堂電政大政吳重熹，商部左參議王清穆，右參議楊士琦，商部主政單鎮，王大貞，候選道商會總理嚴信厚，浙江候補道商會協理徐潤，江蘇試用道商會坐辦周晉鑣，江蘇補用知縣商會繙譯朱禮琦等，到校參觀，深蒙讚許！

（二）克能海路原址時期

開學情形——吾校於民國前八年九月一日開學，祇有學生五十五人，分派四班。校長李淇先生，西籍教員康普先生，華籍西文教員三人，漢文教員六人。開學前向英國定購校具，因故阻滯，不及應用，但仍設法上課。課程分中西兩部。科目初甚簡單，嗣經修正增加，並定學程為八年。

時上海北區地極荒涼，校之四週不見人煙；道路崎嶇，交通不便，暴雨之後，水溢校門，學生常有為雨所阻，不能到校，或在校雨至，艱於還家者。且是時吾國科學初廢，學校尚在萌芽時代，學生家屬對於學校規則尚無相當認識，常以家中瑣屑之事或喜慶酬應即令缺課，因此到學記錄頗受影響。嗣路政改良，交通無阻，學校對於曠課學生，從嚴取締，故不久校務進行順利，成績斐然。

音樂——音樂足以陶養心性，愉快情感，增進人生之興趣。古者以制禮作樂為治國之本，列入教育科目，為六藝之一。後世學者偏重文字，對於音律之學，藐然視之。迨歐風東漸，吾校設立，音樂遂得列入課程。吾校創辦之次年，即由康普先生教授唱歌，組織音樂隊，循循善誘，數十年如一日，輔助教育，厥功甚大！吾校音樂隊訓練有方，藝術深造，屢受中外人士之稱譽。民國十

三十周紀念號

图1-9 《华童公学略史》（选自《华童公学校刊》第五期［30周年纪念号］）

图1-10　1904年华童公学师生合影（选自《华童公学校刊》第一期）

路原址时期（1904—1930）、赫司克而路新址时期（1930—1938）。[1] 本节围绕华童公学的成立及克能海路校址时期的办学过程。

一、华童公学1904—1930年办学（克能海路校址时期）

开学情形——吾校于民国前八年九月一日开学，只有学生五十五人，分派四班，校长李淇先生，西籍教员康普先生，华籍西文教员三人，汉文教员六人。开学前向英国定购校具，因故阻滞，不及应用，但仍设法上课。课程分中西两部，科目初甚简单，嗣经修正增加，并定学程为八年（图1-10）。

时上海北区地极荒凉，校之四周不见人烟，道路崎岖，交通不便，暴雨之后，水溢校门，学生常有为雨所阻，不能到校。或在校雨至，艰于还家者。且是时吾国科举初费，学校尚在萌芽时代，学生家属对于学校规则尚无相当认识，常以家中琐屑之事或喜庆酬应即令缺课。因此到学记录颇受影响。嗣路政改良，交通无阻，学校对于旷课学生，从严取缔，故不久校务进行顺利，成绩斐然。

音乐——音乐足以陶养心性，愉快情感，增进人生之兴趣。古者以制礼作乐为治国之本，列入教育科目，为六艺之一。后世学者偏重文字，对于音律之学，藐然视之。迨欧风东渐，学校设立，音乐遂得列入课程。吾校创办之次年，即由康普先生教授唱歌，组织音乐队，循循善诱，数十年如一日，辅助教

1 《华童公学略史》，《华童公学校刊》第一期，1933年刊印。

育，厥功甚大。吾校音乐队训练有方，艺术深造，历受中外人士之称誉。民国十八年应上海义勇军之聘，编入中华队，吾校与有荣焉。

体育——吾校对于学生之体育，始终注意。开办之次年，即举行运动会。结果颇佳。吾国青年想来埋头窗下，缺乏运动，为父母者间有以奔跑跳跃有碍学业，不表赞同。当时吾校师长指导学生加入运动，殊感困难。旧同学中或能回溯当年之许多趣事也。吾校自民国纪元前七年起，每年举行运动会一二次，除民国纪元前六年，以遭逊清德宗及慈禧太后之丧，未曾举行外，迄今未间断。

吾校除举行运动会外，并训练学生玩蹴鞠之戏。吾校球队，在初创办时即负盛名。盖于民国纪元前六年迭与中西各校比赛，辄凯旋而归也。迩来校中又添网球篮球等运动，学生踊跃参加，获益不少。初吾校每星期六上午亦上课，倘天气晴和，即举行兵式体操。全校学生御墨绿色配以金边之制服，气象森严，精神饱满，并由军乐队奏乐引导。体操时附近居民联袂结队而来。时吾校操场围以竹篱，群向竹篱内窥看；或攀登马车人力车之顶，以畅观瞻。有时全校学生出校游行，路过各处，观者塞途，对于音乐之悠扬，步伐之整齐，咸啧啧赞美，称之学生军。寻校中学制变迁，每星期上课五日，则于金曜日举行会操，制服改用童子军式，声容之盛，有逾往日。

集会——民国纪元前七年国内水灾，吾校特举行音乐会，以收入之款，救济灾民，是日共募得洋一百五十元。此后每逢义举，全校学生热烈参加，每值西历圣诞节，吾校学生必捐集巨款，托字林西报馆，布施人力车夫。

十一月十二日为吾校成立纪念日，曩年每逢是日停课一天，以资庆祝外，并于晚间举行恳亲会，节目有幻术、国技、音乐、唱歌、话剧、影戏等。一时来宾咸集，礼堂座为之满。近年来由学生主动，举行游艺会，或一月一次或一学期一次。各级竞争激烈，互相斗胜，颇有发挥个性之机会，与学生以办事经验。表演中值得介绍者有《漫游艇》《晏子》《林肯》《手表》《科伦布》《圣节曲》及《沙士比亚乐府》等剧。《漫游艇》与《晏子》系歌舞剧，曾采作年假给奖礼余兴。

考试——吾校学制系中学六年，附设高小三年。学生未曾考入大学，学校对于学生之责任未尽。自民国纪元前四年起，吾校逐年派送学生，参加剑桥大学及香港大学各种考试。第一年考试及格者五人，内有二人年尚未届十六，此后每次投考，皆有优美之成绩。受褒奖者多人，兹将各种考试记录，附列于后：

考取剑桥大学初级考试者　二十一人

考取剑桥大学高级考试者　二十二人

（注：自民国五年起改考香港大学）

考取香港大学入学考试者　五十六人

考取香港大学高级考试者　四人

考取香港大学初级考试者　一百十三人

领取本校华业证书者　七十九人

奖学金——民国四年二月五日吾校举行第十周散学礼时，卜舫济牧师（卜牧师系本校创办人之一，对于本校特别爱护）代表圣约翰大学教职员惠赠吾校学生奖金。受此奖学金者二人：

郑兰华（民国八年卒业圣约翰大学）

叶弥诚（民国十五年卒业圣约翰大学）

吾校学生考取中华民国大总统劝学费者一人：

谢益亭（民国八年卒业香港大学）

民国八年一月二十四日吾校举行十四周散学礼时，又蒙已故爱士拉君惠给奖学金两份，学费川资膳宿杂费等一概供给，领受此项奖学金者：

郭德金（民国十三年香港大学毕业）

马家寿（民国十四年香港大学毕业）

吾校学生考取已故立士德君奖学金者一人：

丁宪祜

吾校已故高级助教雷勒先生在校服务七年，欧战时投笔从戎，于西历一千九百十七年阵亡于法之甘勃莱，遗银三百两，存于银行，逐年所生之利息，用购纪念奖品，以给学校中算学成绩最佳之学生，领得此奖者：

民国九年　马家寿

民国十年　顾世璋 庞润生

民国十一年　顾世璋

民国十三年　寿乐

民国十四年　邓馥苞

民国十五年　潘埙

民国十六年　沙鸿藻

民国十七年　尤彭聃

民国十八年　丁宪祜

民国十九年　樊恺龄

民国二十年　俞晋模

童子军——民国元年吾校学生二人偶见报载欧美童子军情形，乃召集同志一二十人，组织中华第一队童子军，经校长康普先生暨队长鲁滨逊先生，热忱指导训练，成绩极佳。

他校起而摹仿者日多，乃于次年四月假吾校礼堂召集各队代表，成立中华童子军协会。此后童子军事业蒸蒸日上，现已普遍全国，于吾国青年有莫大裨益。

校友会——民国九年四月时吾校创设已逾十六年，肄毕业学生三千余人，经校长暨同学之提议，组织校友会，以资联络。是年五月二日开成立大会，从此会员日多，会务发达，创立迄今已逾十二春秋，兹将历年职员名衔开列于后：

康普先生　许建屏先生　经乾堃先生　奚德身[1]先生

黄建勋先生　章显荣先生　潘志诠先生　黄其刘先生

丁敦厚先生　经乾林先生　谢士英先生　蓝文俊先生

郭德华先生　金菊生先生　王廷魁先生　尤荣伯先生

马家寿先生　寿南才先生（已故）

吾校旧生服务社会，散见各处，而尤以政商学三届为最多。皆办事认真，为人诚实，富于进取性，大受社会之欢迎，各机关商行莫不争先延聘，异常器重。身居要职者，颇不乏人。

特别班——民国十二年三月起吾校应上海公共租界警务总巡之请，特设英文班由黄建勋先生教授各华籍副稽查员英文。各稽查员年岁长大，公务繁忙，不易教授，惟第一批毕业学生，对于英语已能应用便利，擢升正稽查员或总稽查员矣。

吾校发展情形——吾校创办时只有学生五十五人，嗣经各校长惨淡经营（吾校先后共有校长三人：李淇先生民国纪元前八年至六年，李文史东先生民国前六年至五年，康普先生民国前五年至本年）。各教员教导有方，学生成绩日佳，学校声誉日广，负笈来校者日多。至民国纪元前三年，学额已扩增至四百名，但每学期投考新生仍极拥挤，不得已乃将爱而近路校长及教员宿舍改作教室，添收学生五十名。不久学额又满（最高纪录曾达四百六十六人）。当局以校舍有限，供不应求，不得不另行设法，以图扩充。吾校发展之迅速，决非创办人所能逆料（创办时只备招生三百人）（图1-11）。

*资料来源：《华童公学略史》，《华童公学校刊》第一期，1933年刊印。

注：爱而近路（Elgin Road），1943年改名“安庆路”。

二、《工部局董事会会议录》中关于华童公学的记载（1904—1928）

1904年10月12日

华童公学　按照校务委员会的建议，会议同意以特别聘约聘用七位华籍教师，薪水登记不同，会议决定邀请领事馆官员和著名华人出席正式开学典礼，日期大约定在十一月的第二个星期内（图1-12）。

*资料来源：《工部局董事会会议录》第15册，第682页。

1904年11月9日

华童公学　该校校务委员会来信通知董事会说，开学典礼安排在本月12日星期六举行。

*资料来源：《工部局董事会会议录》第15册，第685页。

1904年12月7日

华童公学　会上讨论了该校校务委员会本月4日的会议记录以及1905年的学校预算。关于收费标准问题，有人发表意见说，学费最好不要太

1　所录人名有前后不一致处，均为原文，保留。下同，不再出注。

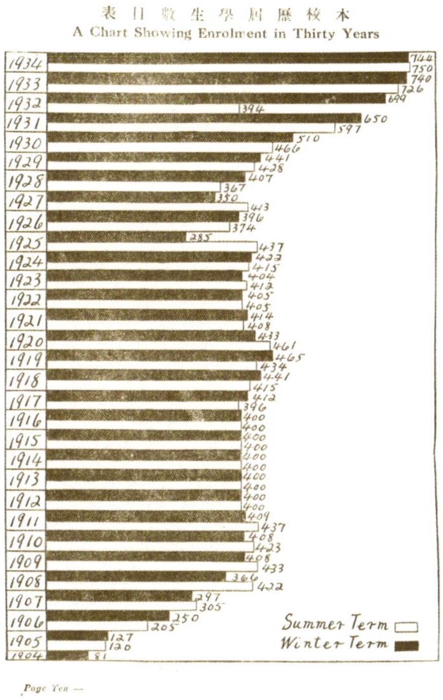

图1-11　1904—1934年华童公学历届学生数目表（选自《华童公学校刊》第五期［30周年纪念号］）

图1-12　1908年的工部局董事合影

贵，以便达到该校原创办人的宗旨。董事会决定对此事暂不采取行动，且等了解开头几年的工作结果以后再说。

*资料来源:《工部局董事会会议录》第15册，第692页。

1905年3月15日

华童公学　朱宝费先生宣布辞职，他建议由沈敦和先生接替他在校务委员会的职务。此建议已为会议通过。

*资料来源:《工部局董事会会议录》第16册，第566页。

1905年3月29日

华童公学　董事会得悉，沈敦和先生已被任命接替已辞职的朱宝费先生之职，校务委员会已选举顾斐德先生为委员，从而增加了委员会的人数。顾斐德先生今后将担任名誉干事的工作。校务委员会上次会议记录已在会上宣读，记录上的建议已获批准。

*资料来源:《工部局董事会会议录》第16册，第570页。

1905年9月27日

华童公学　关于该校校务委员会由于陈鹤亭先生去世而出现一名委员空缺，校务委员会推荐中国电极管理局的周万鹏先生出任此职。会议就是否任命一位较大洋行的买办的问题进行了一些时间的讨论，因为这样能促进华人商界对学校的兴趣。讨论结束时，李德立先生答应将这一观点提交该校务委员会研究。

*资料来源:《工部局董事会会议录》第16册，第600页。

1905年11月22日

华童公学　会上提出了该校校务委员会本月8日会议记录。从会议记录上看，该校由于校长的行为，结果发生了一些麻烦，因为有某些学生指控该校长殴打他们的一个同学，并且对他作出了其他过分严厉的处分。李德立先生说，此事已由校务委员会解决了，看来事件将告结束。

*资料来源:《工部局董事会会议录》第16册，第607页。

1906年1月23日

华童公学　李德立先生报称，该校务委员会已决定提高教学人员的薪金以聘用优秀人才，并降低学费。他们认为，用这种办法，可以使该校提高声望同时也更加提高效率。该校务委员会预计这些改变很少或者甚至不会增加预算拨款。

*资料来源:《工部局董事会会议录》第16册，第620—621页。

1906年3月14日

董事会分派在本地各委员会代表选任如下：

公共体育场委员会 海菲先生。

公学委员会 德格雷先生。

华童公学委员会 E. S. 李德立先生。

*资料来源:《工部局董事会会议录》第16册，第631页。

1906年7月18日

华童公学　会议收到并讨论了校务委员会主席的一份通函，该函告诉他的同僚，李治先生的辞职将立即生效，还说将向伦敦汇丰银行的G. S. 艾迪斯先生提出请求，希望他承担选择新校长的工作。这些建议均得到该委员会现在在上海委员们的一致同意，并得到董事会的批准。

*资料来源:《工部局董事会会议录》第16册，第652页。

1906年9月12日

华童公学　会议通过本项安排并记录在案。根据商定董事会委任J. E. B. 利文斯顿先生接替已辞职的李治先生为该校校长，试用期6个月。他的一些证明文件均已提交伦敦的艾迪斯先生，以便进一步调查其是否适宜于此一职务。

*资料来源:《工部局董事会会议录》第16册，第658页。

1906年10月24日

华人学校内的骚乱　会议宣读了领袖领事来函，内称领事们要求提供捕房对此案的报告一事已得到北京外交团的支持。会议指出，由于硕尔资博士不幸逝世，对此案所提出控诉的审理已被迫推迟，而为供道台参考需要这些报告，在早日确定重新审理之后，他即可获得所有必要的有关情况。此案真相将函告领袖领事供其参考，与此同时，总董还答应亲自拜访薛福德先生以便获悉他何以要到现在才写这封信。

*资料来源:《工部局董事会会议录》第16册，第667页。

1907年2月6日

华童公学　根据学务委员会的提议，会议决定作为特殊情况向退职校长利文斯顿先生提供去伦敦的二等舱船费，因为据说他没有存款。

*资料来源:《工部局董事会会议录》第16册，第681页。

1907年7月3日

华童公学　会上宣读了卜舫济博士来函，信中附有他辞去校务委员会职务的辞呈，他辞职是由于他即将赴美。会议决定对卜舫济博士自该校建校以来为学校利益所作的工作表示衷心的感谢。其继任者的选派问题将留待下次校务委员会会议之后再行解决。

*资料来源:《工部局董事会会议录》第16册，第705页。

1908年3月21日特别会议

董事会分设以下各常设委员会：

华童公学：罗乌先生。

关于任命工部局各小组委员会的问题，会议决定要求现任委员们继续服务一年，据已了解到的情况，如果他们被任命的话，他们是愿意留任的，这些小组委员会为：

华童公学委员会：A. J. 沃克牧师、福开森博士、祝兰舫先生、沈敦和先生（图1–13）。

*资料来源:《工部局董事会会议录》第17册，第542页。

1909年3月24日

选举董事会成员。

董事会分成以下几个常设委员会：

华童公学委员会　A. J. 沃克牧师、福开森博士以及祝兰舫和沈敦和先生。麦克利先生将继续担任工部局代表。

*资料来源:《工部局董事会会议录》第17册，第599页。

1909年6月9日

6月1日的华童公学委员会会议记录宣读后获得通过，关于：

铨叙　申请空缺的校长之职的日期延长至6月30日，同时，如果最终人选必须来自英国，则将照常请艾迪斯先生进行挑选，慕雅德先生给以协助（图1–14）。

*资料来源:《工部局董事会会议录》第17册，第615页。

1910年1月9日

华人公学委员会1月11日会议记录　该记录经宣读后通过，关于：

向圣安德烈教会购买旧风琴的建议　董事会一致认为，由于公学的预算已增加，因此无理由再申请购买风琴。

赔款基金　董事会认为应明确指示校长，应尽一切努力促使学童们埋头于学习，要排斥政治的或半政治性事情的干扰。

*资料来源:《工部局董事会会议录》第17册，第645页。

1910年3月23日

华童公学委员会　福开森和麦克利先生，沃克牧师以及沈敦和先生。

祝兰舫先生退职后的空缺以后再填补。

*资料来源:《工部局董事会会议录》第17册，第656页。

1910年3月30日

华童公学委员会　董事会得知，祝兰舫先生已同意继续担任该委员会的职务。

*资料来源:《工部局董事会会议录》第17册，第656页。

1911年3月22日

董事会在各委员会的代表安排如下：

图1–13 1904年华童公学教职员合影（选自《华童公学校刊》第一期）

图1–14 1909年华童公学全体教职员合影（选自《华童公学校刊》第一期）

华童公学委员会　共虎特先生。

*资料来源:《工部局董事会会议录》第18册，第534—535页。

1911年6月28日

华童公学　福开森先生即将离沪，因而辞去该公学委员会委员职务，董事会接受了其辞职并表示遗憾。关于该委员会委员缺额问题，共虎特先生将征询公学委员会同僚的意见，并在适当时候向董事会提出建议。

*资料来源:《工部局董事会会议录》第18册，第551页。

1911年7月19日

该委员会以前一直被称为“华童公学委员会”，然由于它即将管理育才公学并可能管理其他华人学堂，因此董事会同意，更名为“华人教育委员会”。

*资料来源:《工部局董事会会议录》第18册，第554页。

1911年11月15日

华人教育　班德瑞先生在便函中转来卜舫济博士来函，内称普通教育委员会报告中的华人教育部分有可能要推迟相当长时间。根据此种情况，董事会将乐于接受该委员会关于两项计划的意见。此两项计划即育才公学和格致书院的改建计划，现已在执行中。

*资料来源:《工部局董事会会议录》第18册，第571页。

1912年2月28日

华人学务委员会　2月16日会议记录已在董事中传阅，经宣读后批准。董事会的意见是，在下次会议上，沈敦和先生对一名副校长的控诉应进行调查，沈先生应出席。

*资料来源:《工部局董事会会议录》第18册，第591页。

1912年3月22日

关于任命小组委员会方面，会议决定请现任委员继续任职一年。董事会在各小组委员会中的代表安排如下：

华人学务委员会：爱士拉先生。

并由董事会提名葛伦先生参加常设教育委员会。

*资料来源:《工部局董事会会议录》第18册，第597页。

1914年6月24日

常设教育委员会　6月11日会议记录在无直接意见的情况下通过。但爱士拉先生提出该委员会应妥善考虑在西区建立一所西童公学的愿望，他指出这样做与董事会对待华童公学的问题是一致的，即在租界的四个区内，都要建造一所学校，他又提到，由于在西区建造了大片小型住宅，因此已引起中小平民大量向西区迁徙。

*资料来源:《工部局董事会会议录》第19册，第547页。

1915年3月31日

华人教育　为了填补沃克先生行将离沪而留下之空缺，会议决定，要求瑞恩义牧师来华人教育委员会工作。钟炳辉先生不想继续工作下去，因此，今后华人委员席位只有两个。

*资料来源:《工部局董事会会议录》第19册，第594页。

1916年3月15日

常设教育委员会　卜舫济博士即将回到上海，并将再一次在纳税人会议上被提为教育委员之一。鉴于文显礼博士在10月份之前不能回来，这是根据他的代理人贝格先生在英国圣书公会说的。会议决定请A. S. 威尔逊先生允许提他作为纳税人会议提名的第二候选人。

*资料来源:《工部局董事会会议录》第19册，第654页。

1916年3月22日

华人教育委员会　目前由爱士拉先生、沈敦和先生、聂其杰先生以及W. 瑞思义牧师组成，为了补充由于去年O. R. 科尔斯先生辞职而留下的遗憾，邀请美国副领事费理伯先生充任，这样委员会就凑足了五人数额。

*资料来源:《工部局董事会会议录》第19册，第655页。

1916年7月12日

讨论并通过7月10日华人教育委员会会议记录，关于香港大学在本地考试。爱士拉先生坚决主张采纳委员会的决定，他从该大学的计划书中得知，考试将授予那些成功的候选人以与剑桥大学本市考试相同的特殊待遇。董事们认为华童公学应尽可能以各种方式与香港大学合作，因该大学是远东惟一的高等学府，并得到国内教育机构普遍和日益发展的重视。

*资料来源:《工部局董事会会议录》第19册，第672页。

1918年3月6日

华童公学学费　卜舫济博士建议，华童公学学费应从20元增加到30元。爱士拉先生说，华人教育委员会将密切关注此事。古柏先生说，由于卜舫济博士本人担任校长工作，他能够准确知道华人能够或不能够付得出多少钱。爱士拉先生同意这种看法，但他补充说，教育委员会理所当然会对将学费定在何种限额上感到犹豫不决，因为华人会由于经济原因而转入他校。

*资料来源:《工部局董事会会议录》第20册，第676页。

1918年12月30日

对学校的年度观察　会议收到并研究了常设教育委员会关于它最近视察工部局所属各学校和接受拨款学校的报告。

关于该委员会对接受拨款的学校的评论。董事们同意这一意见：即应通知此类学校的小组，当他们设想向工部局申请增加拨款以满足扩大其慈善工作之所需时，应在扩大之前而不是在扩大之后提出申请，因为，工部局已注意到这一倾向：即只想依靠工部局增加财政援助而不顾财政的安排来扩大其慈善工作。

*资料来源:《工部局董事会会议录》第20册，第726页。

1919年2月12日

华童公学—香港大学奖学金　在给董事们传阅的信件中，爱士拉先生提出将两名在华童公学读书的学生派往香港大学，该学生必须通过必要的考试，爱士拉先生将负担他们去香港的来回船费和4年期间全部膳宿费用。董事们对爱士拉先生为促进华人教育事业所再次展现出来的热情表示了赞赏和感谢。这时皮尔斯先生说，他得悉最近育才公学有2名学生已被录取，对此，爱士拉先生同意改变一下他的打算，即将一笔奖学金给华童公学，另一笔给育才公学，但这样一改，可能会使华童公学那些能获得奖学金的学生稍感失望。因此，爱士拉先生决定扩大名额，给华童公学两笔奖学金，给育才公学一笔奖学金。董事们对爱士拉先生这一慷慨建议表示感谢，并愉快地加以接受。

*资料来源：《工部局董事会会议录》第20册，第735页。

1921年1月19日

教育人员薪金标准　在1月4日华人教育委员会会议上，各华童公学校长根据指示呈交了一份报告，叙述了工部局从英国聘用持有证明文件并有经验的教师执教的困难。对此，各校校长主要归咎于目前所实行的薪金标准缺乏吸引力。报告的副本已转交俸给委员会，以便所提出的改善薪金标准的问题能得到该委员会的考虑。但由于情况严重，本杰明先生要求董事会亦注意此事。

*资料来源：《工部局董事会会议录》第21册，第626页。

1921年12月14日

华童公学　会议希望对下述情况进行调查，即有些在公学读书的男孩，是否真是杭州和其他地方居民的孩子。董事们坚持租界的学校和西童公学一样，生源限于真正的租界居民的孩子。

*资料来源：《工部局董事会会议录》第21册，第720页。

1921年12月30日

华童公学中不准非租界居民就读　会议收到关于此一问题的案卷，再次作了研究。董事们决定，要求严格遵守以下指示：只有居住在租界以内家长的子女，方能准许进入工部局华童公学就读。

*资料来源：《工部局董事会会议录》第21册，第726页。

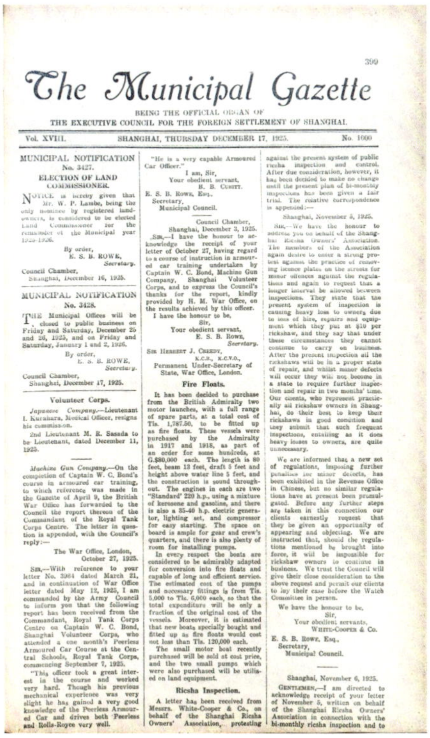

399

The Municipal Gazette

BEING THE OFFICIAL ORGAN OF
THE EXECUTIVE COUNCIL FOR THE FOREIGN SETTLEMENT OF SHANGHAI.

Vol. XVIII.　SHANGHAI, THURSDAY DECEMBER 17, 1925.　No. 1000

MUNICIPAL NOTIFICATION
No. 3427.
ELECTION OF LAND COMMISSIONER.

NOTICE is hereby given that Mr. W. P. Lambe, being the only nominee by registered land-owners, is considered to be elected Land Commissioner for the remainder of the Municipal year 1925-1926.

By order,
E. S. B. ROWE,
Secretary.

Council Chamber,
Shanghai, December 16, 1925.

MUNICIPAL NOTIFICATION
No. 3428.

THE Municipal Offices will be closed to public business on Friday and Saturday, December 25 and 26, 1925, and on Friday and Saturday, January 1 and 2, 1926.

By order,
E. S. B. ROWE,
Secretary.

Council Chamber,
Shanghai, December 17, 1925.

Volunteer Corps.

Japanese Company.—Lieutenant I. Kurahara, Medical Officer, resigns his commission.

2nd Lieutenant M. R. Sasada to be Lieutenant, dated December 11, 1925.

Machine Gun Company.—On the completion of Captain W. C. Bond's course in armoured car training, to which reference was made in the Gazette of April 9, the British War Office has forwarded to the Council the report thereon of the Commandant of the Royal Tank Corps Centre. The letter in question is appended, with the Council's reply:—

The War Office, London,
October 27, 1925.

SIR,—With reference to your letter No. 3984 dated March 21, and in continuation of War Office letter dated May 12, 1925, I am commanded by the Army Council to inform you that the following report has been received from the Commandant, Royal Tank Corps Centre on Captain W. C. Bond, Shanghai Volunteer Corps, who attended a one month's Peerless Armoured Car Course at the Central Schools, Royal Tank Corps, commencing September 7, 1925.

"This officer took a great interest in the course and worked very hard. Though his previous mechanical experience was very slight he has gained a very good knowledge of the Peerless Armoured Car and drives both Peerless and Rolls-Royce very well. "He is a very capable Armoured Car Officer."

I am, Sir,
Your obedient servant,
B. B. CUBITT.

E. S. B. ROWE, Esq.,
Secretary,
Municipal Council.

Council Chamber,
Shanghai, December 3, 1925.

SIR,—I have the honour to acknowledge the receipt of your letter of October 27, having regard to a course of instruction in armoured car training undertaken by Captain W. C. Bond, Machine Gun Company, Shanghai Volunteer Corps, and to express the Council's thanks for the report, kindly provided by H. M. War Office, on the results achieved by this officer.

I have the honour to be,
Sir,
Your obedient servant,
E. S. B. ROWE,
Secretary.

SIR HERBERT J. CREEDY,
K.C.B., K.C.V.O.,
Permanent Under-Secretary of State, War Office, London.

Fire Floats.

It has been decided to purchase from the British Admiralty two motor launches, with a full range of spare parts, at a total cost of Tls. 1,787.50, to be fitted up as fire floats. These vessels were purchased by the Admiralty in 1917 and 1918, as part of an order for some hundreds, at G.$80,000 each. The length is 80 feet, beam 13 feet, draft 5 feet and height above water line 5 feet, and the construction is sound throughout. The engines in each are two "Standard' 220 h.p., using a mixture of kerosene and gasoline, and there is also a 35-40 h.p. electric generator, lighting set, and compressor for easy starting. The space on board is ample for gear and crew's quarters, and there is also plenty of room for installing pumps.

In every respect the boats are considered to be admirably adapted for conversion into fire floats and capable of long and efficient service. The estimated cost of the pumps and necessary fittings is from Tls. 5,000 to Tls. 6,000 each, so that the total expenditure will be only a fraction of the original cost of the vessels. Moreover, it is estimated that new boats specially bought and fitted up as fire floats would cost not less than Tls. 120,000 each.

The small motor boat recently purchased will be sold at cost price, and the two small pumps which were also purchased will be utilised on land equipment.

Ricsha Inspection.

A letter has been received from Messrs. White-Cooper & Co., on behalf of the Shanghai Ricsha Owners' Association, protesting against the present system of public ricsha inspection and control. After due consideration, however, it has been decided to make no change until the present plan of bi-monthly inspections has been given a fair trial. The relative correspondence is appended:—

Shanghai, November 5, 1925.

SIR,—We have the honour to address you on behalf of the Shanghai Ricsha Owners' Association. The members of the Association again desire to enter a strong protest against the practice of removing licence plates on the streets for minor offences against the regulations and again to request that a longer interval be allowed between inspections. They state that the present system of inspection is causing heavy loss to owners due to loss of hire, repairs and equipment which they put at $10 per rickshaw, and they say that under these circumstances they cannot continue to carry on business. After the present inspection all the rickshaws will be in a proper state of repair, and whilst minor defects will occur they will not become in a state to require further inspection and repair in two months' time. Our clients, who represent practically all rickshaw owners in Shanghai, do their best to keep their rickshaws in good condition and they submit that such frequent inspections, entailing as it does heavy losses to owners, are quite unnecessary.

We are informed that a new set of regulations, imposing further penalties for minor defects, has been exhibited in the Revenue Office in Chinese, but no similar regulations have at present been promulgated. Before any further steps are taken in this connection our clients earnestly request that they be given an opportunity of appearing and objecting. We are instructed that, should the regulations mentioned be brought into force, it will be impossible for rickshaw owners to continue in business. We trust the Council will give their close consideration to the above request and permit our clients to lay their case before the Watch Committee in person.

We have the honour to be,
Sir,
Your obedient servants,
WHITE-COOPER & Co.

E. S. B. ROWE, Esq.,
Secretary,
Municipal Council.

Shanghai, November 6, 1925.

GENTLEMEN,—I am directed to acknowledge receipt of your letter of November 5, written on behalf of the Shanghai Ricsha Owners' Association in connection with the bi-monthly ricsha inspection and to

图1-15　*The Municipal Gazette* (1925)

1926年6月9日

华童的基础教育和工部局对教育的管理　会议研究了欧国顺先生和飞虹小学校长姚伟振先生这两位华人的来信，他们要求工部局考虑对公共租界所有华童提供教育设施的问题。会议已考虑了警务处长的一份报告，他建议公共租界境内的所有华人教育机构立即进行登记。副总办在他提出的一份备忘录中建议，鉴于工部局的明确政策，即在工部局管理下的华人学校其数量不应增加，同时也不应要求工部局对极贫困阶层的华人提供教育，因为所涉及的经费，不论提供补助金，或是提供师资等方面，都无力承担。因此工部局首先应决定，对这项政策的任何变更是否必要和合乎需要。莱曼先生建议，随着华人方面态度的转变，对是否需要坚持现行政策最近有必要进行研究。董事们一致认为，根据目前的征税制度，提供诸如所要求的教育设施是绝对不可能的。会议认为重新考虑工部局的政策应予推迟，以待华人社团在董事会拥有代表之时再说。同时，总董答应由他回复上述两封信件（图1-15）。

*资料来源:《工部局董事会会议录》第23册，第640页。

1928年6月13日

华人教育　总董说，扩大华人教育问题是在就董事会和各委员会的华人代表权问题举行的谈判时所提出的重大问题之一。他现在希望华董概述他们建议的要点，以供董事会研究。

贝先生说，现行制度只符合极少数华人的需要，即那些能够支付一学期40元左右学费的人的需要。租界内约有20万儿童得不到工部局提供的教育，其中大多数儿童也得不到华人办的学校提供的教育。他认为这是中国下层社会动荡不安的原因之一，并认为增加教育设施可减少租界内的犯罪数量。主要是需要小学教育，他认为，管理小学教育的最好办法是认真组织一个了解实际需要的华人委员会以及挑选一名在该委员会指导下工作的督学。华董考虑按中国方式办教育，预计开支大大低于现在工部局华童学校的开支数额。这一设想的第一步是在北区、东区和西区建立学校，最后进一步提供其他设施。

总董说，工部局的华童学校原想办成模范学校，其主要目的是教授英语，以利于那些想获得西人招聘的人，但显然入学华童的比例是极小极小的，而华董所提的方案将为大量华童提供教育。如果这一方案被采纳，他毫不怀疑华人不会反对西人和华人都担任委员会委员，并受董事会的监督控制。他认为，如果此方案得到普遍同意，应尽早采取行动，特别是因为他了解到，由于开支原因经济委员会曾严厉地批令了工部局现行的教育体制，他无意关闭已有的学校，而是赞成按照中国的观念，以低得多的费用创办新的华人小学。他建议将贝先生的备忘录以及费用估算材料在董事会各董事中传阅。

*资料来源:《工部局董事会会议录》第24册，第512页。

三、地方志书、档案资料摘选

民国上海县志记载的“华童公学”

华童公学，在爱而近路，公共租界工部局允西人李却特濮德、福开森之请设学，教育租界华人子弟。光绪三十年十一月成立，中西并重，分预科及正科两级。预科修业限两年升入正科。正科分初、高两级，初级修业限四年，高级二年（学生一律通学年纳学费四十圆）（图1-16）。

*资料来源：民国《上海县续志》卷十一《学校下》，1918年刊印。

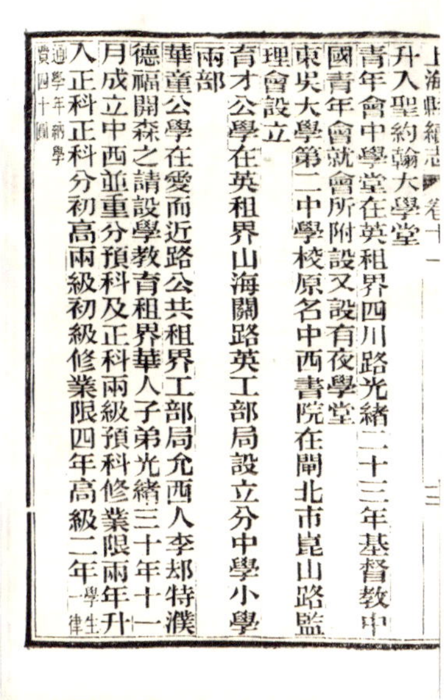

上海縣續志　卷十一

升入聖約翰大學堂

青年會中學堂在英租界四川路光緒二十三年基督教中國青年會就會所附設又設有夜學堂

東吳大學第二中學校原名中西書院在閘北市崑山路監理會設立

育才公學在英租界山海關路英工部局設立分中學小學兩部

華童公學在愛而近路公共租界工部局允西人李郝特濮德福開森之請設學教育租界華人子弟光緒三十年十一月成立中西並重分預科及正科兩級預科修業限兩年升入正科正科分初高兩級初級修業限四年高級二年

图1-16　1918年刊印的民国《上海县续志》卷十一《学校下》记载的“华童公学”

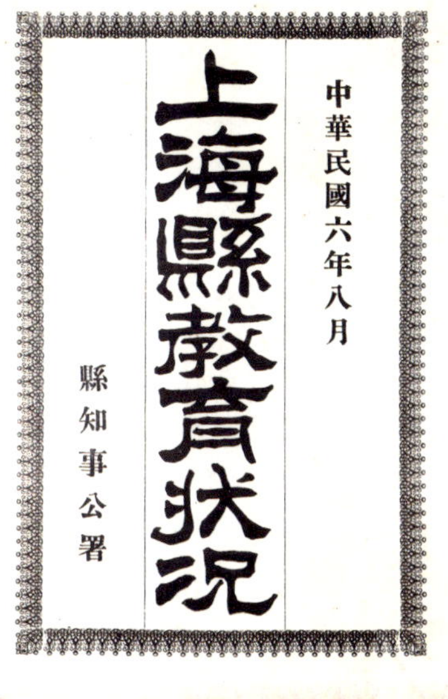

中華民國六年八月

上海縣教育狀況

縣知事公署

图1-17　《上海县教育状况》封面

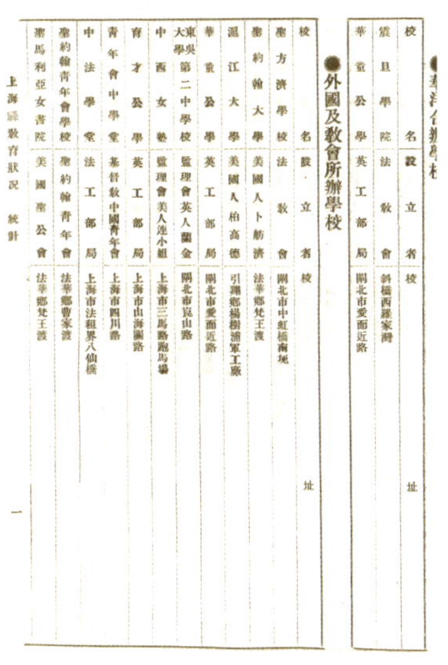

華洋合辦學校

校名	設立者	校址
震旦學院	法教會	斜橋西羅家灣
華童公學	英工部局	閘北市愛而近路

●外國及教會所辦學校

校名	設立者	校址
聖方濟學校	法教會	閘北市中虹橋南堍
聖約翰大學	美國人卜舫濟	法華鄉梵王渡
滬江大學	美國人柏高德	引翔鄉楊樹浦軍工廠
華童公學	英工部局	閘北市愛而近路
東吳大學第二中學校	監理會英人藍金	閘北市崑山路
中西女塾	監理會美人連小姐	上海市三馬路跑馬場
育才公學	英工部局	上海市山海關路
青年會中學堂	基督教中國青年會	上海市四川路
中法學堂	法工部局	上海市法租界八仙橋
聖約翰青年會學校	聖約翰青年會	法華鄉曹家渡
聖馬利亞女書院	美國聖公會	法華鄉梵王渡

上海縣教育狀況　統計　一

图1-18　关于“华童公学”等（选自《上海县教育状况》）

上海工部局、公董局创办的外国学校

工部局、公董局创办的外国学校一览表

校名	设立者	校址
华童公学	英工部局	闸北市爱而近路
育才公学	英工部局	上海市山海关路
中法学堂	法工部局（公董局）	上海市法租界八仙桥

*资料来源：上海县知事公署:《上海县教育状况》，1917年刊印。

注：华童公学在“统计类”中同时也被列入“华洋合办学校”。在该书“统计类”中，当时华洋合办学校计两所，另一所为震旦学院（法国教会设立）（图1-17、图1-18）。

1906年沈敦和撰《上海工部局创设华童公学征信录序》

上海工部局创设华童公学征信录序

窃维国家之兴，系乎人才，人才之兴，在乎学校，此五洲之公例也。沪上自互市以来，盖一周甲于兹矣。商贾辐辏，帆樯荟萃，租界繁华，实足为中国冠冕，而地方公益之举，亦有美必臻，皆惟工部局是赖。顾于设立学堂一事，犹未议及，不能使华人子弟同受教育之益，似尚缺点。于是广学会西儒李提摩太君、卜舫济君、福开森君，偕同郑陶斋、唐杰臣、陈辉庭诸观察，请于工部局而有拨款购地创设华童公学之议。各洋行商董，亦众议赞成，此光绪己亥庚子岁事也。会以北方拳乱事遂中止，其明年，郑君等复申前议，工部局因出资购地若干亩，为学堂基址，且措给开学后常年经费。而兴筑学舍之资，则由华人捐集之。爰乃鸠工庀材，经之营之，阅若干月而以底于成，规模宏敞，气象光昌，诚盛举也。其间始终预其事，经理捐款，殚心竭虑，不辞难劳，则尤以陈君作琴，厥功为最伟。兹者陈君因工程告竣，将经收各捐款及各项收支账，藉移交与余，余复核无误，益以见陈君之办事诚实，为不可多得也。除镌勒铜牌悬诸堂壁外，用刊征信录以昭大信，并书其梗概如此，以示后之学子，知所观感云。

光绪三十二年岁次两午[1]午十一月四明沈敦和谨序

*资料来源：《华童公学校刊》第六期，1936年刊印。

注：沈敦和（1866—1920），字仲礼，浙江鄞县（今宁波）人。早年留学英国剑桥大学习法政。回国后入两江总督刘坤一幕，为翻译官。先后任海关道、金陵同文馆教习、鱼雷学堂提调、海防粮台委员、英国专使参赞等职。1910年被选为上海商务总会议董。曾任华童公学委员会委员。

沈敦和撰《华童公学学舍记》

华童公学学舍记

华童公学坐落于虹口之爱而近路，地广十四亩，起建西式二层楼面，南向轩敞，窗明足胜擅胜慨。中分课堂十一所，可容学生四百人。大门之内，建有穿堂，而大讲堂居其中。设椅四百座，遇演讲则集诸学生于此，一堂环听，次序秩然。又有监院房，教员房罗列其左右。复于旁隙增建一大饭厅，以为午膳之所，洵利便也。舍之南，则大操场在焉。芳草一碧，空气充足，凡诸生于尚武精神，卫生要旨皆惟斯地是赖。至其陈设器具，大都购自英美各国，备极精美，而舍内装设电灯，光照四澈，尤令人心神俱爽。沪上学堂林立，而求其规模闳敞，陈列完美，足推为冠冕者，微是舍其谁与归？不亦盛哉！既落成，爰乐得而为之记。

沈敦和又记

*资料来源：《华童公学校刊》第六期，1936年刊印。

华童公学中西议董台衔

西董

卜舫济先生　约翰书院

1　此处“两午”当作“丙午”。——整理者注

李德立先生　卜内门洋碱公司
花立嘉先生　红礼拜堂
顾斐得先生　约翰书院
华董
沈仲礼观察　敦知
祝兰舫观察　大椿

*资料来源：《华童公学校刊》第六期，1936年刊印。

华童公学捐户及细数表

光绪二十六年（1900）四月初一至光绪三十一年（1905）六月二十四日			
计　开			
捐　户	数　目	捐　户	数　目
袁海观君	规银一千两	苏宝森君	规银五百两
蔡和甫君	规银二千两	中外日报馆	大洋七十元
徐雨之君	规银一千两	电报局	规银一千两
陈辉庭君经募	规银一千两	叶树德堂	规银一千两
席正甫君	规银五百两	唐凤墀君	规银五百两
郑陶斋君	规银一千两	严筱舫君	规银一千两
刘问刍君	规银一千两	招商总局	规银三千两
钱业会馆	规银一千两	陈焕之君	规银五百两
益顺盛号	规银一百两	福聚公号	规银一百两
公和通号	规银七十两	正祥同号	规银七十两
利泰昌号	规银六十两	同成公号	规银五十两
永丰利号	规银五十两	王瑞芝君	规银五百两
岑馥庄君	大洋二百元	徐恩庆堂	大洋一百元
洪承义君	大洋一百元	梁钰堂君	大洋一百元
周舜卿君	规银五百两	泉漳会馆	规银一千二百两
点春堂糖业	规银二百两	点春堂南北海货味业	规银一百两
黄瑞田君	规银二百两	曾少卿君	规银五百两
马翠山君	规银二百两	叶鸿英君	规银一百两
瓜豆主人	规银一百两	思义堂参业	规银一百两
严义质堂	规银　百两	麟石书屋	规银五十两
纯泰庄	规银五十两	万茂发	规银五十两
成泰发	规银五十两	吴畹九君	大洋五十元
无名氏	规银七两	陈可良君	规银五百两

（续表一）

光绪二十六年（1900）四月初一至光绪三十一年（1905）六月二十四日			
计　开			
捐　户	数　目	捐　户	数　目
黄叔平君	规银二百两	黄季植君	规银一百两
陈孟熊君	规银五十两	陈官一君	规银五十两
陈毓生君	规银五十两	梁诚碱君	规银五十两
鸿安公司	规银一千两	汪瑶庭君	规银三百两
张子标君	规银五百两	赵灼臣君	规银六百两
唐杰臣君	规银一千两	刘乙笙君	规银一百两
伍秩庸君	规银一百两	杨子萱君	规银一百两
杨逸卿君	规银二百两	王海生君	大洋五十元
曹熙麟君	规银一百两	辛仲卿君	规银二百两
任逢辛君	规银五百两	黄公续君	规银五百两
南北市洋布业	规银五百两	闫裕书屋	规银三十两
施子英君	规银五百两	求安子	规银三十两
陈霭亭君	规银二百两	陈辉廷君	大洋一百元
席锡蕃君	规银一百两	黄毓斋君	大洋十元
闫裕书屋	规银五十两	宝善书屋	规银二百两
公平船	大洋五元	慎德堂	规银四十两
孙端甫君	大洋十元	永清船	大洋十元
江永船	大洋五十元	陈玉坡君	规银五十两
申江仁盛	规银四十两	谢鉴泉君	规银十两
裕盛长	规银三十两	裕盛源增	规银合五十两
张乐君君	规银十两	仁茂号	规银十两
谭干臣君	规银五百两	周湘云君	规银二百两
顾敬斋君	规银一百两	李祥卿君	大洋一百元
邓纪常君	大洋一百元	翁醉楼君	大洋一百元
吴少坡君	大洋一百元	唐寿彭君	大洋五百元
梁权钰君	大洋五十元	唐寿江君	大洋五百元
罗晴村君	大洋五十元	唐朗山君	大洋一百元
韦紫封君	大洋五十元	梁德臣君	大洋五十元
柯凤巢君	大洋一百五十元	梁佩之君	大洋五十元
黄瑞林君	大洋一百元	汤梯云君	大洋五十元
郑月岩君	大洋一百元	凌墨香君	大洋五十元
陈华平君	大洋五十元	黎云生君	大洋一百元
黄志山君	大洋五十元	黄逸屏君	大洋五十元

（续表二）

光绪二十六年（1900）四月初一至光绪三十一年（1905）六月二十四日			
计　开			
捐　户	数　目	捐　户	数　目
唐仲良君	大洋一百元	唐寿勋君	大洋三十元
张寅宾君	大洋一百元	黄榆卿君	大洋五十元
梁侣松君	大洋三十元	蔡永基君	大洋五十元
江裕船	大洋一百元	张耀垣君	大洋五元
德记号	规银二十两	戴隆昌号	规银十两
晋记号	规银十两	恩庆堂	规银十两
诚吉号	规银十两	启记	规银十两
协泰昌	规银十两	怡安居	规银十两
遂初居	规银十两	丝业众商	规银三百六十两
大集丰	规银十两	恒茂号	规银十两
姚大仁	规银十两	史本记	规银十两
陈玉南君	大洋二十五元	陈槐廷君	大洋二十元
吴调卿君	大洋一百元	同泰号	规银二十五两
梁纶卿君	规银二十五两	攀云阁	大洋五十元
顾勉夫君	大洋一百元	余庆堂汪	大洋五十元
江宽船	大洋二十元	恒康福号	大洋四元
丁子记	大洋十元	同春泰屠	大洋十元
邓鸣记	大洋三十元	陈廷卿君	大洋二十元
陈巘朝君	大洋三十元	陈启昌君	大洋三元
万耕畬君	大洋十元	陆遂之君	大洋四元
佘咏裳君	大洋二十元	陆日初君	大洋四元
陆镜湖君	大洋四元	陆良澄君	大洋五十元
朱甘聘君	大洋四元	生和泰号	大洋五元
崔鳌山君	大洋五元	义记	大洋五元
裕生和号	大洋五元	裕记	大洋五元
恒茂泰号	大洋五元	同益	大洋十元
冯商盘君	大洋三十元	罗恒益号	大洋五元
凌定甫君	大洋十元	公安祥号	大洋五元
兴昌隆号	大洋五元	荣生泰号	大洋五元
宝丰隆号	大洋五元	东生元号	大洋二元
永利威号	大洋五元	永庆祥号	大洋二元
桐发祥号	大洋二元	德祥泰号	大洋二元
永兴泰	大洋五元	黄濂坡君	大洋二元

（续表三）

光绪二十六年（1900）四月初一至光绪三十一年（1905）六月二十四日			
计　开			
捐　户	数　目	捐　户	数　目
广恒昌	大洋二元	恒丰盛	大洋二元
陈孔伯君	大洋十元	恒合昌号	大洋五元
颐和堂	大洋一元	远兴和号	大洋二元
陈敬臣	大洋五元	陈翰□君	大洋十元
祥发源号	大洋二元	王云衢君	大洋五元
陈锡之君	大洋二元	陈日初君	大洋二元
古德溪君	大洋二元	王鹏运君	大洋四元
麦佐之君	大洋五元	吴蟾青君	大洋二十元
新裕船	大洋二十元	刘恺之君	大洋二元
张小孟君	大洋一元	杨小斋君	大洋一元
汪佩芝君	大洋一元	潘竹岩君	大洋四元
李晓丹君	大洋一元	潘子宜君	大洋四元
刘菊生君	大洋十元	白海珊君	大洋一元
汪匏庐君	大洋一元	曹杜龕君	大洋一元
潘子进君	大洋一元	李永祥君	大洋三十元
胡诚甫君	大洋一元	周步云君	大洋十二元
王益甫君	大洋二元	富康庄	大洋五元
沈明贤君	大洋二元	源丰银号	大洋五元
美益行	大洋二元	李君	大洋三元
恒记	大洋一元	唐少宾君	大洋七元
同福和号	大洋二元	郑瑞甫君	大洋五元
同康庄	大洋二元	赍余庄	大洋五元
裕全	大洋一元	钱坤裕	大洋五元
通久源	大洋二元	乾丰庄	大洋二元
永泰	大洋一元	谦和庄	大洋一元
成余庄	大洋二元	启兴行	大洋一元
升丰庄	大洋二元	洽记	大洋六元
余闰庄	大洋一元	宋小鹤君	大洋二元
合记行	大洋一元	孙康宏	大洋三元
李惠风书舍	大洋二元	东新瑞号	大洋一元
同生号	大洋一元	义大庄	大洋二元
徐枚臣君	大洋一百元	新丰船	大洋十元
刘黻堂君	规银一百两	孙仲英君	规银五十两

（续表四）

光绪二十六年（1900）四月初一至光绪三十一年（1905）六月二十四日			
计　开			
捐　户	数　目	捐　户	数　目
唐之耘君	规银五十两	马玉亭君	大洋五十元
协和行	大洋二十元	永泰行	大洋十元
广泰行	大洋十元	荣泰行	大洋五元
同源行	大洋五元	韦鲁初君	大洋十元
吴达庭君	大洋十元	吴国旺君	大洋十元
徐杰卿君	大洋五元	韦犹瀚君	大洋五元
朱必达君	大洋五元	朱生记君	大洋二十元
戴晓婷君	大洋十元	陈镜轩君	大洋十元
两宜正	大洋十元	韦文圃君	规银一百五十六两七钱
瑞康号	规银五十两	吴殿元君	规银三十两
司徒元君	规银五十两	徐景明君	规银三十两
莫麟甫君	规银五十两	丰州公司	大洋十元
悦生栈	大洋十元	同发昌	大洋十元
庐贻堂	大洋十元	中西药房	规银一百两
韩祝三君	规银十两	殷裕泰号	规银十两
吴涤宣君	规银十两	奚澜庆君	规银十两
王月峰君	规银十两	辜峰正君	规银十两
华英药房	规银一百两	陈作琴君	规银一百两
关扎明君	规银一百五十两	福昇号	规银一百两
元昌号	大洋一百元	生昌号	大洋一百元
正昌号	大洋一百元	陈敦厚堂	大洋一百元
黄丰卿君	大洋五十元	黎集云君	大洋五十元
陈若霖君	大洋五十元	红雪吟馆	大洋一百元
梁子硕君	大洋二百元	广济公司	大洋五十元
梁丽藻君	大洋五十元	恒祥同	大洋五十元
张仁山君	大洋五十元	朱子文君	规银六百两
何志霄君	规银一百两	袁静生君	大洋十元
李平泉君	大洋十元	傅昌侣君	大洋二十五元
徐秋轩君	大洋十元	梁佩叔君	大洋十元
王受伯君	大洋二十元	土兆奎君	大洋八元
徐子卿君	大洋十元	詹松泉君	大洋十元
王柳堂君	大洋十元	姚汝祯君	大洋十元
杨大诉君	大洋八元	钱纯夫君	大洋十元

（续表五）

光绪二十六年（1900）四月初一至光绪三十一年（1905）六月二十四日			
计　开			
捐　户	数　目	捐　户	数　目
周正卿君	规银十八两	鸿盛号	规银一百两
赵馥畴君	规银一百两	宝康号	规银五十两
鸿大号	规银五十两	德丰号	规银五十两
宝裕号	规银五十两	王竹铭君	规银二十五两
宝昌号	规银二十五两	柳钰棠君	大洋二十元
林松卿君	大洋三元	无名氏	大洋一元
半醉子	大洋一元	无名氏	大洋一元
李松芝君	大洋二元	翁明山君	规银二十两
芮厥初君	大洋四元	张慎初君	规银十两
郑逸田君	小洋十元	杨东发君	规银十两
姚宅南君	小洋四元	蒋葆初君	规银十两
周睦堂君	大洋三元	张其祥君	规银十两
营口协兴庄	大洋四元	高实之君	规银三十两
蔡汉生君	小洋十元	黄可道君	规银十两
营口裕发号	小洋二十元	李养民君	规银十两
营口仁裕号	小洋十四元	高鹤友君	大洋二十元
营口李润和	大洋四元	营口许穆斋	小洋四元
营口陈昌成	小洋四元	营口柳达记	小洋四元
营口元兴盛	小洋十元	营口太古元	小洋十元
营口太古元记	小洋十元	营口陈鸿恩君	大洋四元
陈瑞华君	规银十两	买季良君	大洋五元
洪际唐君	大洋三十元	方保廉君	规银四十两
张镜澄君	大洋二十元	陈献墀君	大洋十元
续　收			
朱葆三君	规银五百两	张叔和	规银一百两
总　计	以上共收各户规银三万三千零十一两七钱（33011两7钱）		
	大小洋六千四百八十八元合规银四千七百八十六两三分（6488元合银4786两3分）		
	共收规银三万七千七百九十七两七钱三分（37797两7钱3分）		
整理者按：捐款户数为356户，捐款总额为规银37797两7钱3分			

*资料来源：《华童公学校刊》第六期，1936年刊印。

华童公学款项收支表

收　款	
1	一收各户捐款规银三万七千七百九十七两七钱三分（37797两7钱3分）
2	一收通商银行存息规银三百七十二两八钱九分（372两8钱9分）
总　计	总共收规银三万八千一百七十两六钱二分（38170两6钱2分）
支　款	
1	一支工部局建造学堂费规银三万七千两（37000两）
2	一支工部局津贴添造学生膳厅经费规银五百两（500两）
3	一支乙巳年本公学大运动会经费规银二百六十两三钱九分（260两3钱9分）
4	一支刊三尺长铜牌二方规银二百五十两（250两）
5	一支捐簿规银十五两四钱六分（15两4钱6分）
6	一支通商银行票力规银五两一钱三分（5两1钱3分）
7	一支一品香会议番菜规银十四两零六分（14两6分）
8	一支十八寸高黄铜夹毡龙头暖茶壶二座规银七十九两五钱八分（79两5钱8分）
9	一支编辑抄缮征信录笔资规银十六两（16两）
10	一支石印征信录七百本规银三十两（30两）
总　计	以上总共支规银三万八千一百七十两六钱二分（38170两6钱2分）
整理者按：总计收38170两6钱2分，支出38170两6钱2分，无盈余、赤字	

*资料来源:《华童公学校刊》第六期，1936年刊印。

1928年《华童公学章程》

缘　起

当西历一八八九年顷，寓沪西人the (late) Rev. Dr. TIMOTHY RICHARD, the Rev. Dr. F. L. HAWKS POTT and Dr. J. C. FERGUSON，慨念公共租界华人当灌输中西学识，爰要求工部局设一中西文学校培植中国学生。迨千九百年，由纳税人会议通过，拨工部局公款以购地，且措给开学后常年经费，其兴筑学舍资费，则由华董郑陶斋、唐杰臣、陈辉庭三君募集之。越四年，而学校始告成立，定名曰：华童。函请the Rev. Dr. W. A.T. BARBER, Leys School, Cambridge 延聘校长及教员。一九零四年春，抵沪。乃于十一月十二日，请工部局总董Mr. F. ANDERSON莅校正式开幕。

宗　旨

本校课程分中西两部，惟一宗旨在使多数学生有考入大学之程度及为上海公民之资格。故本校高级生，二十年来，每年考取剑桥大学、香港大学及任各机关要职者，实繁有徒。本校学生数，自开校迄今，计共四千余人。校长一人（英籍），中教员十四人，英教员八人。

校　舍

本公学在爱而近路克能海路转角，面积约十二亩半。校舍为二层楼，上下共十一教室穿堂，校长室、教员休息室、衣服室、盥沐室及置器室皆备。穿堂之后有大礼堂，可容学生四百人。堂之西，另有教室二。其南又有附舍，内分二教室、化验室、藏书楼、阅书室及教员休息室。教室光线充足，空气流通，冬日设备火炉，并用最优美新教育仪器。

学　费

本公学每学年分为冬夏两学期，学费每学期洋四十元。在开学前预缴收取学费时，带收杂费一项作体育用费及购置书报文具等物。

入　学

新生须年在十五岁以下（照英例计算），且须为公共租界居民。本公学备有报名单，由学生父母或保护人填写签名。学生入选以报名先后为序。全校学生总数不得超过四百名。凡曾肄业他校而欲进本公学者，须携带最后肄业学校校长转学书。

时　间

本公学每晨八时四十五分钟开课，至十一时四十五分钟。下午由一时四十五分钟，至四时十五分钟。星期六及星期日休息。

假　期

（一）寒假由阴历十二月二十四日起，至正月十六日止。

暑假由阳历六月三十日起，至九月内第一或第二星期一。

（三）放假日如下：一月一日、清明（两天）、端午、中秋、耶稣殉难日至复活日（星期五至星期六）、双十节、孔子圣诞、本公学成立纪念日（十一月十二日）、耶稣圣诞报心节（十二月二十六日）。

请　假

学生中有不得已而须缺课者，应由家长或保护人用书信请假，否则将扣除分数，屡次无故不到者开除。在上课时间内，学生未得校长准许，不得离校。

报　告

每一学期终止时，本公学将学生之品行、到校及功课成绩，报告各家长或保护人。惟未俟学期终止而离校者，概不报告。

文　凭

学生考试正科六年级中西文及格者，得领取本公学毕业文凭。该文凭由工部局总办，暨本公学校长签字以昭郑重。照例本公学学生须领得毕业文凭后方可由校长保举职业。

中文部课程表暨所用书籍

预科（共三年）

预科一年级

国文　新式国民国文教科书第七、八册

默书　从国文中选择

作文　填字造句笔述

尺牍　初等尺牍

国语　初等国语第五册及初期新学制国语教科书第五册

习字　临摹大小楷及抄习读本

历史　中华小学历史教科书第一、二册

地理　中华小学地理教科书第一、二册

修身　高级公民课本第一册及国民新式教科书第七册

珠算　单位乘除复式加减

预科二年级

国文　新式高小国文教科书第一、二册

默书　从国文中选择

作文　笔述记事

尺牍　初等尺牍及高等学生尺牍卷一

国语　初等国语第六、七册及初期新学制国语教科书第六册

习字　临摹大小楷及抄习

历史　新式高小历史教科书第二册

地理　新式高小地理教科书第二册

修身　新式高小修身教科书第二册

珠算　复式加减乘除

预科三年级

国文　新式高小国文教科书第三、四册

经学　孟子卷一、二

文法　摘录

默书　从各教科书选择

作文　记事及拟书函

尺牍　通用尺牍卷一

国语　新法国语教科书第二册及新学制高级国语读本第一册

习字　临摹大小楷

历史　新式高小历史教科书第三、四册

地理　新式高小地理教科书第三、四册

修身　新式高小修身教科书第三、四册

珠算　诸等数

正科初级（共四年）

正科一年级

国文　新式国文读本第一、二册

经学　孟子卷三、四

文法　摘录

默书　从各教科书选择

作文　记事论说

尺牍　通用尺牍卷二

国语　高级国语读本第二册

习字　临摹大小楷

历史　高级历史读本第一、二册

地理　高级地理读本第一、二册

珠算　归除

翻译　甘成德及戴符九之翻译书英译汉第一课至十三课，汉译英第二课至二十六课，口授及黑板功课

正科二年级

国文　高级国文读本第三、四册

经学　孟子卷四、五

文法　就国文中指授

默书　从各教科书选择

作文　记事论说

尺牍　通用尺牍卷三

国语　高级国语读本第三册

习字　临摹大小楷

历史　高级历史读本第三、四册

地理　高级地理读本第三、四册

珠算　归除

翻译　甘成德、戴符九之翻译书英译汉第十五课至二十五课，汉译英第二十八课至三十六课，口授及黑板功课

正科三年级

国文　中学国文读本第一、二册

经学　论语上册及孟子卷六

文法　选讲马氏文通

默书　从各教科书选择

作文　记事论说

尺牍　通用尺牍及名人函札

国语　讲义

习字　临摹大小楷

历史　中学本国史上册

地理　中学本国地理上册

翻译　甘成德及戴符九之翻译书英译汉二十七课至三十五课，汉译英四十课至七十课，口授及黑板功课

正科四年级

国文　中学国文读本第三、四册

经学　孟子卷六、七及论语下册

文法　马氏文通及文法要略

作文　论说、记事、序跋

尺牍　通用尺牍及名人函札

国语　讲义

习字　选临各家法帖

历史　中学本国史上、下册

地理　中学本国地理下册

翻译　甘成德及戴符九之翻译书英译汉三十七课至四十九课，汉译英七十二课至九十二课，口授及黑板功课

正科高级（共二年）

正科五年级

国文　选讲古文及时务论说

经学　四书中之两种（根据香港大学初级考试章程）

文法　文法要略

作文　论说、记事、序跋

国语　讲义

习字　选临各家法帖

历史　中学本国史下册

地理　天乃氏亚细亚洲地理本国部及自编讲义

翻译　甘成德与戴符九之翻译书英译汉五十一课至八十一课，汉译英九十四课至一百课，或授华英四书或翻文言

正科六年级

国文　选讲古文及时务论说

经学　四书全部（根据香港大学高级考试章程）

文法　文法概要选讲

作文　论说、记事、序跋

国语　讲义

习字　选临各家法帖

历史　节全史精要自编讲义

地理　天乃氏亚细亚洲地理本国部及自编讲义

翻译　华英四书英译汉国语及文言八十三课至九十一课，汉译英由国语书籍选出

英文部课程表暨所用书籍

预科（共三年）

预科一年级

读本　铁冰氏直授法读本第一册

背诵　读本第一册内诗两首

习字　寇散克氏习字簿第一、二册

默书、拼字　麦莱氏拼字书至十六页或由读本内选出

作文　用最普通动字造最简单文句并用铁冰氏中学作文书第一册

文法　铁冰氏文法初阶

算术　麦美伦氏改良算术书第一、二册

物课　普通物体及自然学

图画　用粉笔或蜡笔绘普通及天然物平面画

预科二年级

读本　铁冰氏直授法读本第二册

背诵　读本第二册内诗三首

习字　寇散克氏习字簿第三、四册

默书、拼字　麦莱氏拼字书至二十三页或由读本内选出

作文　与物课并授，铁冰氏中学作文书第一册至二十六页

文法　铁冰氏文法初阶

算术　麦美伦氏改良算术书第三册

物课　爱乃氏自然学图说

图画　粉笔画与物课并授

预科三年级

读本　铁冰氏直授法读本第三册

背诵　读本第三册内诗四首

习字　寇散克氏习字簿第五册

默书、拼字　麦莱氏拼字书至四十页或由读本内选出

作文　与物课并授，铁冰氏中学作文书第一册至七十页

文法　铁冰氏中学文法书第一册

算术　麦美伦改良算术书第四册、本埠金融

物课　爱乃氏植物学图说

地理　图样画与地图、本公学之地形学、地理名辞、爱乃氏地理学图说

图画　铅笔画，普通及天然物颜色画（注意光线及背影），器械画与手工、比例画，维复史得氏几何画R字第一册或屋飞雪儿画图书第九及十二册

正科初级（共四年）

正科一年级

读本　铁冰氏直授法读本第四册，自本级起至六年级每生须备英文字典

背诵　读本内第七、十一、二十一、四十九及五十五课

习字　寇散克氏习字簿第六册

默书、拼字　麦莱氏拼字书至五十页或由读本内选出

作文　铁冰氏中学作文书第一册至一百零四页

文法　铁冰氏中学文法书第一册

算术　霍儿及施帝文氏学校算术至命分（第五章）

代数　霍儿及耐脱氏初级代数第八章终及第四十四章四百十一段至四百十六段

几何　霍儿及施帝文氏学校几何至第七定理尖角练习及应理第一至五及八

格致　初级物理化学书（葛莱格莱及雪门氏编）第一册至十六课

地理　地图学及其用法，简单世界地理，中国地理（注重江苏省），海洋、大洲、沙漠、森林、草原、寒热带，劳勃与铁冰氏著中国区域地理简略

图画　初级水彩画、普通物件画（注意光线与背影）

正科二年级

读本、背诵　历巧威尔逊博士著文学读本第三册

习字　寇散克氏习字簿第七册

默书　由读本或由麦莱氏拼字书六十四页内选出

作文　铁冰氏中学作文书第二册

文法　铁冰氏中学文法书第二册

地理　中国全部及亚洲、天气观望及记录、太阳之行轨、太阳之高度、四季

算术　霍儿及施帝文氏学校算术至第九章一百八十二页

代数　霍儿及耐脱氏代数至第十六章终一百十一页及第四十四章四百十七段至四百二十四段

几何　霍儿及施帝文氏学校几何至定理十五暨四百十一页上练习问题及应用应理式

格致　葛莱格莱及雪门氏初级物理化学书第一册第十九至三十五课、第二册第一至十四课

图画　量度及样学、透视几何画、水彩画

正科三年级

读本、背诵　历巧威尔逊博士著文学读本第四册

习字　寇散克氏习字书第八册

默书　由读本或由麦莱氏拼字书八十七页内选出

作文　铁冰氏中学作文书第二册、故事笔述、拟作书函

文法　铁冰氏中学文法书第三册

文学　浅近英文学一种

历史　鲁耐夫氏历史简略至第五章

地理　欧洲与非洲、日与夜、四季、经纬线、时候之变迁

算术　霍儿及施帝文氏学校算术至二百四十页

代数　霍儿及耐脱氏代数至第二十二章终，又温习第四十四章四百十一段至四百二十四段

几何　霍儿及施帝文氏学校几何至定理二十二暨练习问题及应用应理式

格致　葛莱格莱及雪门氏初级物理化学书第二册第十五课至终、第三册第一课至二十课

图画　自由画、模型画、临帖画、放大画

正科四年级

读本、背诵　文学读本第五册

默书　由读本或麦莱氏拼字书九十四页内选出

作文　铁冰氏中学作文书第二册、浅近论说、拟作书函

文法　铁冰氏中学文法书第四册

文学　浅近英文学一种或剑桥文学读本第一册

历史　鲁耐夫氏历史简略第六章至第十章

地理　华立氏初级世界地理、南北美洲、潮流、潮天气、世界著名物产（徽登氏地图）

算术　霍儿及施帝文氏学校算术至三百三十八页

代数　霍儿及耐脱氏初级代数至第二十七章终及第四十四章四百二十五段至四百三十八段

三角　霍儿及耐脱氏初级三角至第六章终

几何　霍儿及施帝文氏学校几何第一册

格致　唐银登氏化学书、化学及物理变化、空气、养（氧）气、重量、淡（氮）气、水、轻（氢）气、淡轻养气之混合、简易化学成分

图画　自由画及模型画默写画

正科高级（共两年）

正科五年级

文学　剑桥文学读本第一及第二册或历巧威尔逊博士著文学读本第六册或香港大学初级考试指定书籍

默书、拼字　麦莱氏拼字书或由读本内选出

作文　铁冰氏中学作文书第二册、论说、拟作书函

文法　纳氏古今文法、铁冰氏中学文法书第四册、寇林氏难解文字典

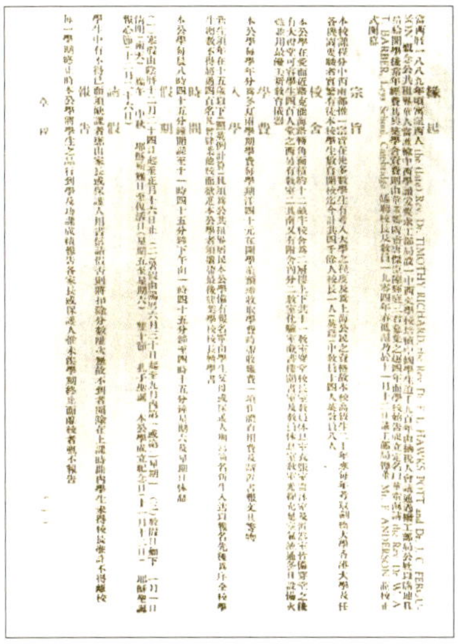
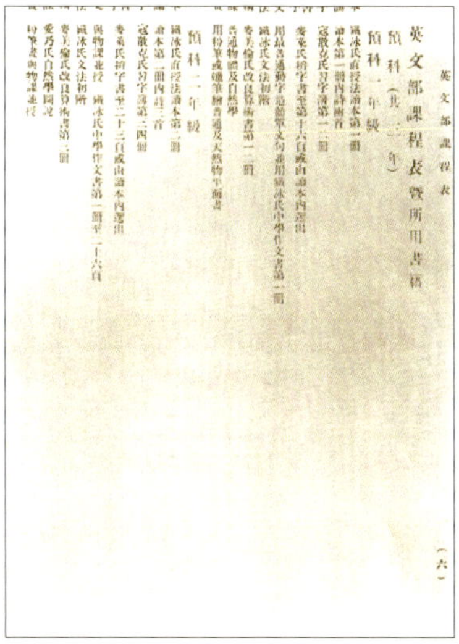
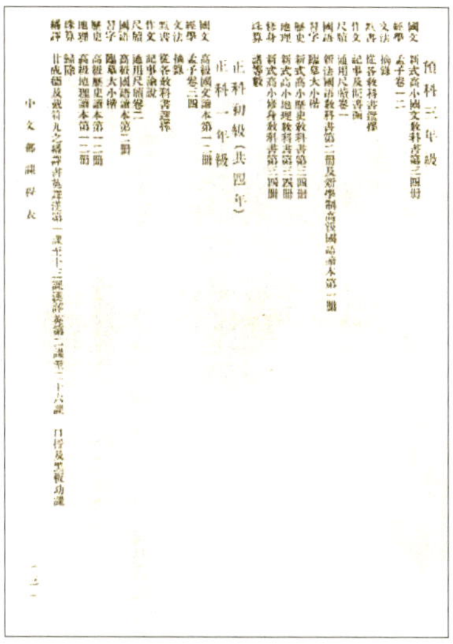

图1-19 《华童公学章程》（摘选，1928年）

算术　算术概略包括循环小数、立方、折扣、复利、股票、证券、咪达式等等

代数　霍儿及耐脱氏初级代数至第三十五章终及第四十四章四百三十九段至四百四十一段

几何　霍儿及施帝文氏学校几何第一部或照香港大学初级考试课程表

三角　霍儿及耐脱氏初级三角至第十三章终

化学　无机化学、理想及应用、唐银登氏化学书及马佛氏实验化学书，课目照香港大学初级考试课程表

地理　世界地理、地球及其行轨、自动之结果、绕日行动之结果、天气、地面、河流之侵蚀、山、湖、平原、海岸、地球形势及其部位、洋、动植物、人类

图画　自由画、模型画、几何画、图案画，悉照香港大学初级考试课程表

正科六年级

文学　剑桥文学读本或香港大学入学考试指定之沙士比亚剧本一种

默书、拼字　麦莱氏拼字书或由读本及他种书籍内选出

作文　铁冰氏中学作文书第二本、论说及尺牍

文法　照五年级课程外加冠首字及接尾字、直接及间接论述法、句读、英国成语书（麦道田编）

算术　算术概略、简法乘除、中外汇兑

代数　霍儿及耐脱氏初级代数至第三十九章及第四十四章四百四十二段至终

几何　霍儿及施帝文氏学校几何第一、二、三部

三角　霍儿及耐脱氏初级三角学至第十六章

化学　无机化学照香港大学高级考试课程表，唐银登氏及马佛氏化学书

地理　地理纲要及世界地理，详读下列各部分之一：（甲）欧洲；（乙）亚洲在葛利格塔经线之东；（丙）亚洲在葛利格塔之西；（丁）北美洲；

图1-20　George Samuel Foster Kemp（康普），1908—1932年任华童公学校长

（戊）南美及中美洲；（己）澳洲及群岛；（庚）非洲

图画　自由画、模型画、器械画、图案画、透视画，参考香港大学高级考试课程表

唱歌、健身、运动及体操皆按时举行。每月第二及第四星期三，全校会操用本校音乐队奏乐。冬季尚有各班足球比赛，夏季举行草地网球。此本校体育运动至大概情形也（图1-19、图1-20）。

校长康普谨订

*资料来源：《华童公学章程》，1928年，上海市档案馆藏，档案号：Q235-3-308。

注：此章程可与《申报》1905年2月18日刊登的《上海工部局华童公学简章》等相参照。

上海工部局华童公学规则

一　凡本校学生须自备校服与校帽，校帽在操场上必须随戴，途中设遇师长，务须脱帽致敬。

二　在开学日上午八时三刻，下午一时三刻摇铃，并关大门，凡迟到者即为犯规，须赴书记室报告。

三　凡散课后，学生不得擅入校舍，学长及特别许可者不在此例。

四　学生身体及衣服均须保持清洁，吐痰一事尤所严禁。每生须随带清洁手帕一方。不得沿途向小贩购买食物。

五　凡粗暴及不规则之举动，均所不许，争打尤所严禁。如有损坏公物，须报告于书记室，不慎及有意之损坏均应赔偿。

六　学生犯有欺诈之行为者立即停学。

七　凡遇火警时，各生须立即整队，鱼贯而赴操场。各班须依次排列，并由各教员及学长监视之。

八　凡学生排定座位后，非经教员允许不得擅自更动。

九　学生须按日到校，除骤然患病及许可告假者外，不得旷课。

十　凡目力不足者，需请医生配置眼镜。

十一　凡学生本人或家人患有传染病者，即须报告本校。非经校长认为不致再有传染危险者，不得来校。各种传染病列下：

痧子　风痧　喉痧　水痘　天花　鹭鸶咳　痄腮　重伤风　伤寒症　小伤寒症　刮癞　烂耳朵　红眼睛　癣　癞疥疮　生风　天泡疮

十二　凡学生须品行端正恪守校规并服从教

职员之命令。

*资料来源:《上海工部局华童公学规则》,《华童公学校刊》第三期，1934年刊印。

《费唐法官研究上海公共租界情形报告书》中关于华童学校的记载

华童学校经常支出：1929年，银164580两；1930年，253760两。

工部局设立之华童学校，共计七所。学生有三千二百七十六人。其中四所为男童中学。兼有中外国籍之教职员。但校长均系外人。其余三所为男女合校之小学，所有教职员皆系华人。截至此时止，尚未有华人女子中学之设备（图1-21）。

*资料来源：费唐:《费唐法官研究上海公共租界情形报告书》第1卷，工部局华文处译述，1931年，第332—333页。

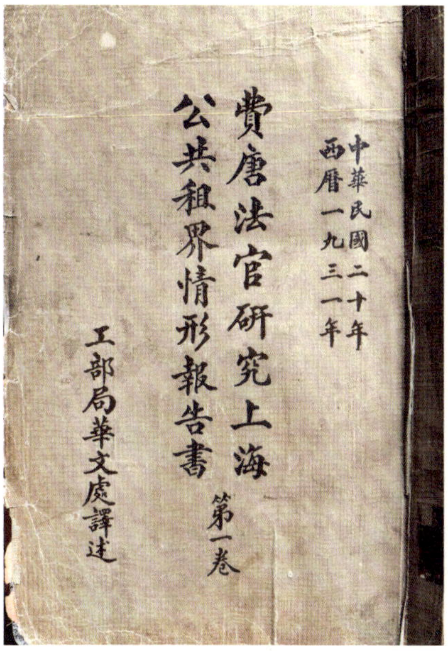

图1-21《费唐法官研究上海公共租界情形报告书》封面

四、近代中外报刊关于华童公学报道摘选（1904—1930）

学界纪闻

华童公学　华童公学在爱而勒路，背临火车栈，屋宇峻洁，前俯广场，其建筑略似南洋公学，惟较小耳。昨日行年假式至二点半鸣钟，学生七十五人整列场中，教习以英语口号演步伐约刻余，向来实行军礼而退，三点钟官绅来宾及学生均入讲堂列座约□余人，西士女二十余人，演坛以卜舫济君为主席，先唱英语校歌，次主席者演说，次总教习报告校事，皆用华语，次李德尔君操华语演说，次学生席德柄君英语演说，次沈仲礼视察英语演说。每演毕皆鼓掌，如例又次给奖，请吕镜宇尚书亲授之，得奖者凡十七人次。……（图1-22）

*资料来源:《华童公学》,《时报》1905年1月27日，第6版。

上海工部局华童公学简章

董事　卜舫济君、华立嘉君、李德尔君、陈蔼庭观察、朱宝奎观察。

教员　英文掌教：李治，英国博士。英文副掌教：康普。英文助教：陈仲谊总助教，天津北洋大学堂卒业生；曹云祥，圣约翰书院卒业生；郭伯良，圣约翰书院卒业生。汉文掌教：蔡云笙孝廉。算学教习：陈质夫茂才。汉文助教：杨忱溪茂才，贾福堂茂才，贾寿芝茂才。

缘起及目的　本公学为上海工部局所设立，及寓沪官绅之赞助而成（注：各官绅捐助银三万七千两为建筑费）。

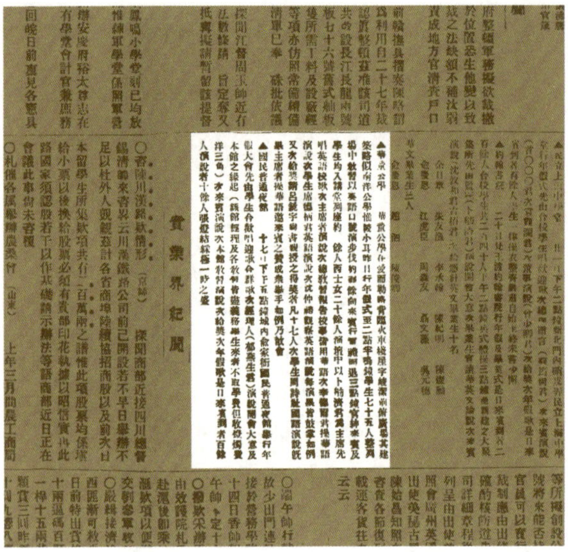

图1-22 《华童公学》(选自《时报》1905年1月27日，第6版)

本公学设立于西一千九百零四年九月一号，于十一月一号行开学礼。是日工部局董事安德森君演说开学之缘由，中西人士之热心教育者咸赞同焉。

本公学之目的，在于实施普通教育，使学生毕业后，得有自养之技能，必要之智识，而养成公民自治之资格。

校地及校室　本公学在上海虹口克能海路及爱而近路之旁。

本公学建筑　大讲堂一所（注：可容学生四百人）。课堂十一所，其余藏书楼、休息所、盥沐室、事务所、应接所皆备。至器具图籍，无不购自泰西。一切以程序最新而适于教育之用者为主。

入学规则　凡华童，年在十八以内者，均可来学。凡来学者，须于掌教前自书入学券，开明年龄、住址及以前所读中西书籍。本公学于每月最后礼拜一之上午招考学生一次，中西文均按照年龄及程度，派定班次。凡来学者，须于是日赴本公学面试。

学金　凡来学者，学金当先付半，年即二十二元。膳金、书籍费在外。书籍，本公学备有学生应用之课本书，学生均可购取。中西纸墨笔砚及日记簿，学生均须自备。

积分及考验　学生所习功课，均由教习详记分数，每课能满四分者为最优。每月教习总结各学生逐日所得之分数。每半年学生所习功课均须考验二次。学生每年之升班，皆照逐日及考试之分数而定。

学规　每月每生应得品行分数，以二十五分为满。如有违犯学规等事，扣去一分或数分，所扣分数若干，由掌教详志于册。如该生是月分数不足，至下月每日完课后罚留课堂，至应罚时刻之多寡，则以所扣分数而定。凡学生每月品行分数不足一半，或有犯大过，当予以责罚，或开除出院。如有学生荒怠功课，于罚留课堂时，教习可令该生补习。

报告　本公学每半年将各生功课分数及品行优劣之报告，函寄各生之父或保人。报告内开明每生功课分数，及半年在班次内所处之地位何如。至其功课有不及格之处，亦当言及。

文凭　凡学生读完本公学课程后，即有特别考试，其程度之高下与本公学第六班年终考试相仿。考试时须中西文并重，考得优等者，由本公学各董会同给凭。

作课时刻及放假日期　除礼拜六及礼拜日外，每日上午自九点至十二点为止，下午自一点半至四点半为止。上午八点五十分鸣钟，下午一点二十五分鸣钟，是时各生均须齐集操场。至八点五十五分及一点三十分鸣钟，踢球及各种游玩等事均须停止，各生一律排班进堂。放假日期如左（下）：一年假，自十二月二十四日至正月十六日止。一暑假，自西七月十五号至九月第一礼拜止。

餐馆　凡学生因路远，不便回家午餐者，可向餐馆内午餐。该馆由本公学经理，一切便益，价亦从廉。

请假　学生如有事告假，须得其父或保人致掌教之请假书。如因疾病或有极要之事，一时不及作信者，迟至该生来堂时，须将请假书携来，否则罚去分数。

宾客　凡有宾客欲到本公学游览者，本公学教习可于礼拜二日下午导之游览，此外不便接待，恐有妨功课。

课程　本公学课程分上下两院，下院课程四年，上院二年。上下两院课程均须中西文并习，不得有所偏重。下院分为第一、第二、第三、第四四班，上院分为第五、第六二班。毕业者即给文凭。英文课程预备将来营业或升入大学校，中文以有中学卒业之资格为度。

各班中文课程表列下（注：英文课程表列英文内）：

第一班　历史，蒙学中国历史教科书；地理，蒙学中国地理教科书；读本，蒙学课本；算学，行素轩笔谈；作文，联字；地图，小学简明中国地图；习字。

第二班　历史，高等小学中国史教科书；地理，高等小学地理教科书；读本，新智识读本、《孟子》；算学，行素轩笔谈；作文，短论；地图，小学简明中国地图；习字。

第三班　历史，支那通史；地理，本国中等地理教科书；读本，国民读本；算学，行素轩笔谈；作文，策论；地图，大清国疆域分图。

第四班　历史，东洋史要；地理，瀛寰全志附图、东亚三国地志；读本，吴选古文读本、尚书；算学，行素轩笔谈；作文，策论。

第五班　历史，御批通鉴辑览；文学，文选、史记、汉书；算学，代数备旨；读本，周礼；作文，经义、策论。

第六班　历史，御批通鉴辑览、圣武记；文学，选读二十二子；算学，形学备旨；读本，春秋左氏传；作文，经义策论。

体操及唱歌　本公学于中西文外尚有体操及唱歌等课，学生均须兼习，如有病而不能体操者，方能准免。本公学设有游艺会，俾诸生课余之暇借以舒畅筋骨，每年会费每人洋一元，交康普先生或交祁先生收存会中备用（图1-23）。

*资料来源：《上海工部局华童公学简章》，《申报》1905年2月18日，第10版。

华童公学开幕

华童公学择于二月初二日三点钟，为捐助本校建校经费之中国绅商建立铜牌举行开幕典礼。两点半

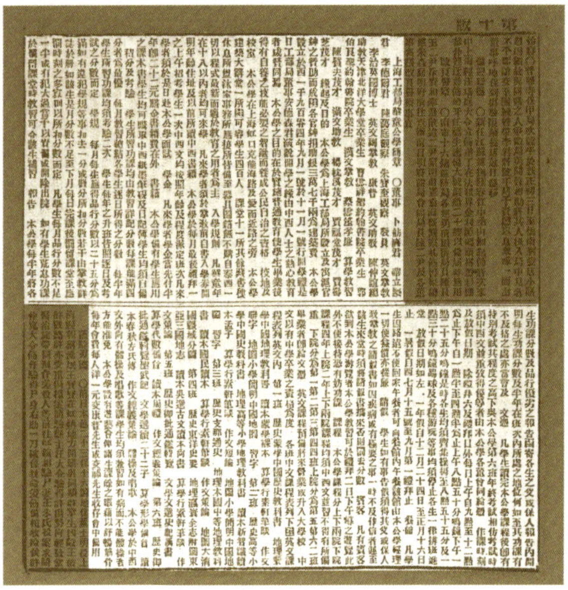

图1-23 《上海工部局华童公学简章》（选自《申报》1905年2月18日，第10版）

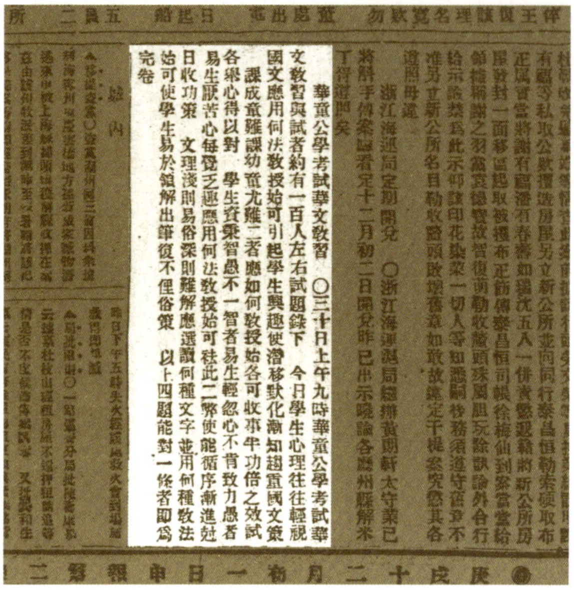

華童公學考試華文教習 〇三十日上午九時華童公學考試華文教習與試者約有一百人左右試題錄下 今日學生心理往往輕視國文應用何法教授始可引起學生興趣使潛移默化漸知趨重國文策 課成童難課幼童尤難二者應如何教授始各可收事半功倍之效試各舉心得以對 學生資稟智愚不一智者易生輕忽心不肯致力愚者易生厭苦心每覺乏趣應用何法教授始可袪此二弊使能循序漸進尅日收功策 文理淺則易俗深則難解應選讀何種文字並用何種教法始可使學生易於領解出筆復不俚俗策 以上四題能對一條者即爲完卷

图1-24 《华童公学考试华文教习》（选自《申报》1911年1月1日，第19版）

钟监院教员同军乐部学生在校前奏乐欢迎来宾。中西宾客到门由校员各赠募捐征信录一本，于是宾客相将步入讲堂，先由议董卜舫济先生述发起词；毕次由华董沈仲礼观察宣读祝词；又西董宣诵洋文祝词，宾客均步出大讲堂到穿堂。穿堂之东壁先应工部局旗帜为幕，沈观察恭请吕镜宇都护行开幕礼。都护莅碑前宣祝词，毕以手启幕，壁上悬有铜牌二，一序文，一绅商姓氏。学生奏乐行庆贺礼。礼毕，宾客入膳堂茶点散会，极一时之盛。

*资料来源：《华童公学开幕》，《时报》1907年3月16日，第2版。

华童公学考试教习

昨为工部局所设之华童公学考试华文教习之期，与试者约七十余人，由华董沈仲礼观察到校监视。

试题录下：

（一）中国向无文法，学子读文全在心领神会，故非专力数年，难见进境。宜用何法教授，始能计日收功策？

（二）国文鲜适宜课本，但不能援泰西例编纂文法，此何以故？试言其理。

（三）学子偏重西文，已成积习，当以何法挽救，使学子心理自然趋向国文？

（四）试详论偏重西文之弊。

*资料来源：《华童公学考试教习》，《申报》1910年5月1日，第19版。

华童公学考验教员

爱而近路公共工部局所设之华童公学添聘华

文教员须先考试录取。昨为考试之期，与试者于清晨齐聚该校，计有七十余人，由华校董沈仲礼视察临校监试，兹将所命各题照录于下：

（一）中国向无文法，学子读文全在心领神会，故非专力数年，难见进境。宜用何法教授，始能计日收功策？

（二）国文鲜适宜课本，但不能援泰西例编纂文法，此何以故？试言其理。

（三）学子偏重西文，已成积习，当以何法挽救，使学子心理自然趋向国文？

（四）试详论偏重西文之弊。

*资料来源：《华童公学考验教员》，《新闻报》1910年5月1日，第18版。

华童公学考试华文教习

三十日上午九时，华童公学考试华文教习，与试者约有一百人左右。

试题录下：今日学生心理往往轻视国文，应用何法教授，始可引起学生兴趣，使潜移默化，渐知趋重。国文策课，成童难课，幼童尤难，二者应如何教授，始各可收事半功倍之效。试各举心得以对。学生资秉智愚不一，智者易生轻忽心，不肯致力；愚者易生厌苦心，每觉乏趣。应用何法教授，始可袪此二弊，使能循序渐进，克日收功策。文理浅则易俗，深则难解，应选读何种文字，并用何种教法，始可使学生易于领解，出笔复不俚俗策。以上四题，能对一条者，即为完卷（图1-24）。

*资料来源：《华童公学考试华文教习》，《申报》1911年1月1日，第19版。

华童公学年假纪事

工部局附设华童公学于二十日举行年假礼，局董暨校董沈仲礼、祝兰舫两观察，福开森、李提摩太、花立嘉诸博士以次莅校。三时集中西来宾男妇数百人，茗叙于膳室。四时半，学生四百余人排班入礼堂，来宾及诸生家属亦即就座。主席花立嘉君及沈观察、福博士相继演说。大致谓本校宗旨，汉英文并重，今竟达到目的，非监院康普君、汉文教务长李怀湘君实心任事，不克致此。次由学生韩增沅、奚福康、周礼谦、谢益亭等汉文演说，经乾堃、诸昌龄、张鑫海等英文演说，庄谐杂出，听者鼓掌。次由沈观察、福博士颁给汉英各班奖品。得奖者钱文耀、翁国勋、经乾堃、诸昌龄等不下三四十人。六时后，礼成散会。又，日前考试汉文教员，校董沈仲礼观察取录十卷送校，监院康君属教务长李怀湘君覆试教授法，取定陈述欧、王铁楼二君，董事诸公业已认可延聘。

*资料来源：《华童公学年假纪事》，《申报》1911年1月22日，第19版。

工部局设立华童公学聘请英文教员广告

本公学刻需华人英文教员一位，自二月十四号起帮教九个月。该人必须精通英文、英语。如欲知详细情形，赴爱而近路该公学监院处询问可也。

此启。

公历一千九百十三年正月十六号

*资料来源：《工部局设立华童公学聘请英文教员广告》，《申报》1913年1月17日，第4版。

工部局立华童公学招生通告

康普君曾得英国大学师范证书，现任本公学监院，并有西教习四人，华教习十二人。公历一千九百十六年自二月二十一号开学日起，至十六年七月止，为上学期。本公学监院于二月十八号礼拜五自上午九点至十一点收录旧生，十九号考收新生。凡未习英文，欲入本公学肄业者，须年在十二岁以下，方为合格。凡来学者，无论班次高下，均须先付钞票洋二十元。此款仅系本学期学费。授课时刻除星期六及星期日外，每日上午八点五十分至十二点，下午一点二十五分至四点。学生凡患目疾及身体衰弱者不录。新生投考时，须自带笔墨。新生年岁合格者，须酌带洋数元，以便购买书籍等件。各学生于入学时，须付小洋四角，为运动会费。本公学设有体操一科，新生皆须置备操衣一套，服制须遵本公学定章。本公学学生品行端正者，均有入中华童子军资格。

*资料来源:《工部局立华童公学招生通告》,《申报》1916年2月6日，第11版。

工部局之华童教育

公共租界工部局对于教育事业分为西童、华童二部，其华童教育事业，特设一委员会以主持之。委员由董事会委任，现任委员为约翰大学校长卜舫济君、华童公学校长康普君及沈敦和君等数人。工部局最先设立之校为沪宁车站附近爱而近路克能海路转角之华童公学，现任校长康普君，为英国大学师范专科毕业。教员十六人，英居其四，华居其十二。卡德路山海关路转角之育才公学，本为西人爱列斯克度礼独力创办，后捐归工部局办理。以上二校，均已于前日（二十一日）上午九时开学。本年工部局又新设聂中丞华童公学于倍克而路，同日亦已开课。三校功课仿佛，均中西并重，对于体育一端异常注意，童子义勇队尤为特色。去年远东运动会，举行童子义勇队之比赛，华童公学第一队夺得锦标，成绩可谓优美。闻工部局之教育，计拟在公共租界东南西北各设华童学校一处，今已设立者，东区为聂中丞华童公学，西区为育才公学，北区为华童公学，南区则拟在六马路格致书院旧址设一公学云。

*资料来源:《工部局之华童教育》,《申报》1916年2月23日，第10版。

上海之童子军（华童公学）

上海童子军之历史，始于西童，后由华童公学监院康普竭力提倡，始推及于华童，旋组成童子军华童公会。会长钟紫垣，宁路局局长；书记费家禄，公论西报记者；主任干事则康普任之。于是华童公学、育才公学、青年会中学堂、圣约翰大学、沪江大学之童子军相继成立。华童公学之童子军以成立最早，称第一队，其成绩为最优。去年远东运动会举行大操，华童公学童子军第一。数日前，五校又在圣约翰大学举行大操，其结果亦华童公学为第一。华童公学之童子军由康普自行训练，圣约翰大学童子军由体操教员那敦及毕业生徐君训练之，育才公学训练者即校中西教员，青年会中学任其事者则美国人克拉克及干事李启藩也。

*资料来源:《上海之童子军》,《申报》1916年3月4日，第10版。

华童公学今日开运动会

上海工部局华童公学定于十二日（即今日）下午三时举行十二周运动大会，其运动秩序如下：一、百码（试赛），二、百码（高级）（试赛），三、五十码（十一岁以下者）（试赛），四、四百四十码，五、背骑赛跑（试赛），六、百码（末赛），七、百码（高级）（试赛），八、五十码（末赛），九、推车跑（试赛），十、袋跑（试赛），十一、替换赛跑，十二、二百二十码（高级），十三、拾芋比赛（试赛），十四、献艺（童子军），十五、推车跑（末赛），十六、四百四十码（高级），十七、背骑赛跑（末赛），十八、袋跑（末赛），十九、跳高（初级），二十、跳高（高级），二十一、百码（旧生），二十二、拾芋比赛（末赛），二十三、拔河（上班与下班），二十四、百码（初级），二十五、二百二十码（初级），二十六、四百四十码（初级），二十七、掷铁球（初级），二十八、掷铁球（高级）。（一、四、六、十一四项优胜者，由工部局总董奖给银杯。）（图1-25）

*资料来源：《华童公学今日开运动会》，《申报》1917年5月12日，第11版。

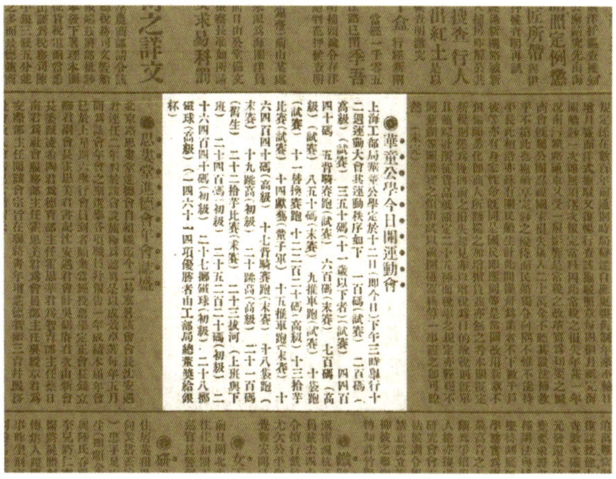

图1-25 《华童公学今日开运动会》（选自《申报》1917年5月12日，第11版）

华童公学招生

上海工部局设立之华童公学创于西一千九百零四年，现任监院为英国康普君，并有中西教员十七人。兹录其招生广告如下：

本公学在爱而近路及克能海路转角。本年暑假后于公历九月三号星期一上午九时开学，学费每学期二十元，须以外国银行钞票，在开学期前预缴。本公学监院于公历八月三十一号星期五上午九时至十一时收录旧生，九月一号星期六同时考收新生。凡年龄在八岁以上，十岁以下，未习英文者，亦可收录。所收新生除学费外，须赴代售本公学书籍处，即北四川路伊文思书馆内购买应用书籍、笔墨等件。所收新生，皆须预付小洋四角为运动费。学生投考时须自带笔墨。学生如患目疾及身体衰弱者，概不收录。本公学学生皆须练习童子军之操法，应用操衣可向北四川路联康号购买。本公学学生毕业后可直接入香港大学及英国大学。自公历一千九百零八年以来，本公学学生考入英国开（剑）桥大学者已达四十三人，现入香港大学肄业者数人，考得大总统劝学费者十人。本公学为中华童子军之总司令部。凡学生经相当之试验后，可入第一队中华童子军。此队于公历一千九百十三年成立。学生除疾病外，不可无故不到，且不准迟到。如未得本监院之许可，而不到校者，当重罚，或竟除名。学生不准在校内及路上吃烟，且须品行端正，电车行动时亦不准跳上跳下。学生不可沿路同小贩担上购买食物，如违重罚。

*资料来源:《华童公学招生》,《申报》1917年8月14日，第10版。

华童公学近况

华童公学为工部局所设立，其校址在爱而近路及克能海路转角，本年寒假后于二月二十五号上午九时开学，学费每学期二十元。二月二十二号上午九时至十一时收录旧生，次日同时考收新生。学生如患目疾及身体衰弱者，概不收录。如未种牛痘者，亦不收录。学生毕业后可直接入香港大学及英国大学。自西历一千九百零八年以来，该校生考入英国剑桥大学并香港大学者，已达五十人，考得大总统劝学费者一人。并闻该校为中华童子军第一队之司令部，凡学生经相当之试验，即可入此队。童子军此队于西历一千九百十三年成立云。

*资料来源:《华童公学近况》,《新闻报》1918年2月15日，第10版。

华童公学十四周纪念志

工部局立华童公学每周有影戏，及学生游艺之举于十二日举行，访员于五时往观，来宾已拥挤不堪，五时一刻即开演。首由旧生奏古乐，后由幼童翁德成君打工力，逐次由潘志杰之单刀、奚福泉之科刀、翁德齐之齐眉棍、潘志莹之五花炮、李公桂之太主掌、张起标之南拳，继公为即为潘氏兄弟之对打，各种技艺均极纯熟，观者皆甚满意。俄而电灯一熄，影戏开始，七时半演毕，唱校歌而散。闻此之影片，由百代公司租赁而来，所演之片名曰《英国巡洋舰》，范敌克之战胜，二大本云（图1–26）。

*资料来源:《华童公学十四周纪念志》,《神州日报》1918年11月14日，第6版。

各学校近事汇纪：工部局之华童公学

本埠华童公学曩日每于夏冬两季，辄送学生投考英国政府设立之开（剑）桥（译音）大学，所以试验其成绩也。自欧战发生，交通阻滞，乃改考香港大学，成绩之佳良，中外咸乐道之。今冬循例复送学生十六人往考。兹港埠榜发，竟全数录取，实为从来所未有。计十六人中有考高级者，成绩最优，主考者特予以专科文凭，以示优异。其他考初级者，亦得最优等文凭。兹录其姓名如左（下）：陈福祺、金菊生、郭德金、胡承荣、李之桂、张玉延、沈恩湛、陈泽润、龚骥良、吴锦庆、魏锦昌、诸颂文、冯华国、宋松柏、戴昌藻、沈嗣荣。

*资料来源:《各学校近事汇纪：工部局之华童公学》,《申报》1919年1月23日，第10版。

华童公学校友会成立

工部局设立之华童公学，开办十有余年，学生出校服务社会者不可胜数。平日形极涣散，无从联络，故有组织校友会之举。昨日下午二时，在校内大礼堂开成立会，由寿楠君主席报告经过情形及修订会章毕。继用投票选举法选定各职员如下：会长许建屏，副会长经乾坤，会计奚德生，书记黄建勋，干事部翁国勋、郭侯、杜其

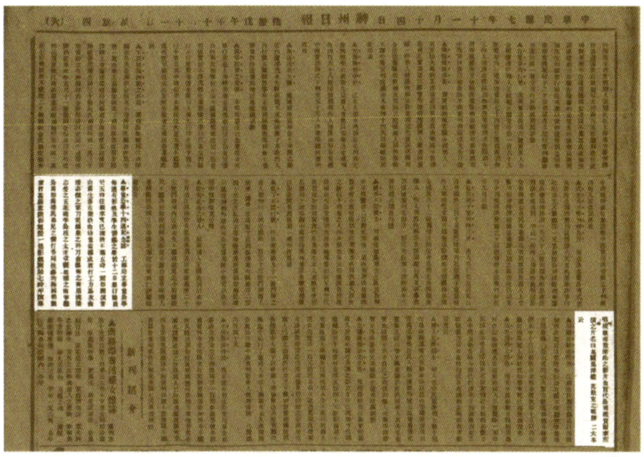

图1-26 《华童公学十四周纪念志》（选自《神州日报》1918年11月14日，第6版）

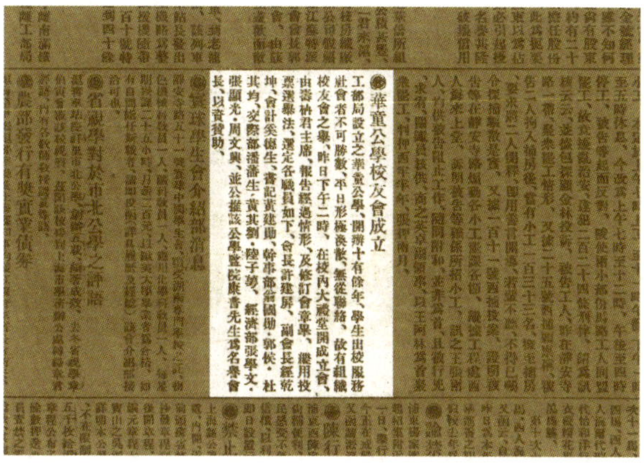

華童公學校友會成立

工部局設立之華童公學、開辦十有餘年、學生出校服務社會者不可勝數、平日形極渙散、無從聯絡、故有組織校友會之舉、昨日下午二時、在校內大禮堂開成立會、由壽朴君主席、報告經過情形、及修訂會章畢、繼用投票選舉法、選定各職員如下、會長許建屏、副會長經乾坤、會計奚德生、書記黃建勛、幹事部翁國勛・郭侯・杜其均、交際部潘藩生・黃其劉・陸子鵠、經濟部張學文・張顯光・周文興、並公推該公學監院康普先生爲名譽會長、以資贊助、

图1-27 《华童公学校友会成立》（选自《申报》1920年5月4日，第11版）

均，交际部潘藩生、黄其刘、陆子萼，经济部张学文、张显光、周文兴。并公推该公学监院康普先生为名誉会长，以资赞助（图1-27）。

*资料来源:《华童公学校友会成立》,《申报》1920年5月4日，第11版。

华童公学校友会年会

华童公学校友会五月一日下午一时，假母校开第一次年会。母校监院莅，康普君亦莅会，并分赠各到会会员《英文教育年报》及《留英须知》等书籍。首由主席许建屏宣布开会，并请康普君演说。康君谓本会成立方满一载，而会员已将百人，会务亦日增发达，至堪钦佩，尚望积极进行，以求普及为要；鄙人兹有所提议欲与诸君讨论云，本校校徽，系蓝白两色，凡本校学生所戴草帽上之帽带，亦为该两色，倘诸君愿采用此项帽带者，鄙人极为欢迎之。旋由书记黄建勋报告一年来经过情形。又由会计奚德身报告一年内所收会费，及开支账目。末为选举第二届职员，兹将被选会员列后：会长寿楠、副会长章显荣、会计奚德身、书记黄建勋，交际会员经济三部干事，须俟会长委任。散会时，书记向大众报告校徽帽带，可向四川路联康号售买云。

*资料来源:《华童公学校友会年会》,《民国日报》1921年5月4日，第11版。

华童校友会足球比赛

华童公学校友会新组足球队。队中人员大半均在母校肄业时曾充足球选手者，自离校以来，久未习练，未免于技艺上略有荒疏。故该队成立后，即与本埠各校各团体等订期比赛。今日（十九日）下午二时一刻，为该队与卡德路育才公学比赛之期，地点即在该校操场。

校友会球队队员，如乐秀荣（足球队长）、华镜园、徐子成、徐锡龙、翁科安、奚福泉、黄照学、韩梅亭、周志诚、严兆璜、邓文熙、冯昱星（预备）、陈良翼（预备）诸人均将临场。

*资料来源:《华童校友会足球比赛》,《申报》1921年11月19日，第15版。

工部局华童公学招生

工部局华童公学招生广告云：本公学在爱而近路及克能海路转角，本年寒假后，于阳历二月十三号星期一上午九时开学，学费每学期四十元，须以外国银行钞票在开学前预缴。此次新生，须年在十岁以上，十二岁以下，且须熟读麦美伦图书公司之第一册英文读本，方能入选，此书可向伊文思书馆购取。凡一家兄弟二人同来肄业者，学费照原数减收百分之二十，即兄弟二人同付洋六十四元；凡兄弟三人，减收百分之三十三又三分之一，即同付八十元；兄弟四人同付一百零七元；兄弟五人，同付一百三十四元；兄弟六人，同付一百六十元。须同时缴付，不得分缴。本公学监院，于西历二月十号星期五上午九时至十一时，收录旧生，二月十一号星期六同时考收新生。本公学课程中西并重，本公学专收公共世界纳税华人子弟。学生投考时，须自带笔墨。学生如患目疾及身体衰弱者，概不收录。如未种牛痘者亦不收录。学生皆须付大洋一元，制备校帽。新生更须另付大洋六元五角，制备操衣。该费须同学费一并缴付。凡不愿练习体操及运动之学生，本校概不收录。新生皆须预付本年运动费大洋一元。本公学自一千九百零八年以来，学生考入英国开（剑）桥大学及香港大学者，已达一百五十余人，由英美大学毕业得有学位者，亦有多人（图1-28）。

*资料来源:《工部局华童公学招生》,《申报》1922年1月4日，第15版。

华童校友与沪宁路员比赛足球

今日（星期六）下午二时半，华童公学校友会与沪宁铁路足球队在麦根路球场比赛足球。专车二时由上海北站开往比赛地点。校友会球队，先于一时三刻会集于华童公学，同往车站。赛球后，复至大东旅馆会餐，以为去冬至今历次赛球结束之纪念云。

校友会球队队员姓名录下：徐秉忠、华镜园、哈元贞、杨德润、张敏璋、乐秀荣、徐锡龙、黄显灏、李大裕、王文彬、饶宗汉、翁科安、奚福泉、黄照学。

*资料来源:《华童校友与沪宁路员比赛足球》,《申报》1922年2月25日，第15版。

（华童公学）延聘英文教员

上海工部局华童公学现需聘请英文帮教员一位，教授簿记及普通英文，其资格虽不拘定，惟如有曾经出洋留学者，更所欢迎。倘愿就斯席，请随带证书文凭等赴爱而近路华童公学，与校长交接。至初聘时之月薪，纯视其资格而定。

此启。

*资料来源:《延聘英文教员》,《申报》1922年3月14日，第5版。

（华童公学）招请英文教员

上海工部局设立爱而近路华童公学刻需聘请英文华教员一位。该教员必须执有师范学校或同等文凭并应能教授普通学堂功课，英文口音须好，此乃必要。如愿就此席者，须写信连同证书于三月五号以前送至该公学监院处。

此布。

*资料来源:《招请英文教员》,《申报》1923年2月28日，第15版。

工部局華童公學招生

图1-28 《工部局华童公学招生》（选自《申报》1922年1月4日，第15版）

纳税会请增设华童公学复函

工部局谓已详加考虑公共租界华人纳税会鉴于年来市民日众，迄无相当儿童学校，工部局虽设有华童公学，然学额有限，殊不足以普及，故特致函工部局，要求加拨经费增设华童公学，以示普及。日昨华顾问许建屏，接有该局代理秘书长覆函，略谓承示关于儿童教育之建议，殊为铭感，该项问题，刻正详为考虑云。

*资料来源：《纳税会请增设华童公学复函》，《申报》1924年1月31日，第15版。

华童公学学生考取香港大学

华童公学学生，本届考取香港大学预科者，有寿乐，（算数学地理优等）马乃勋、张企泰，（算数学优等）董立心、陆廷经、翁德祥，（数学优等）蓝文俊、邓永康、陈□等人。

*资料来源：《华童公学学生考取香港大学》，《申报》1925年2月2日，第11版。

驻扎华童公学海军尚未撤防

中国新闻社云，昨日上午九时许，有人赴北车站一带观察，行经克能海路，见工部局设立之华童公学内，所驻意国海军陆战队，约有两排人数，正在该校操场上赛跑，门首驻有荷枪实弹水兵二名守卫。该项海军陆战队，尚不知何时撤防也。

*资料来源：《驻扎华童公学海军尚未撤防》，《申报》1925年7月29日，第15版。

驻扎华童公学水兵之昨讯

中国新闻社云，昨传驻扎克能海路华童公学之海军陆战队，已于前日午后完全撤退，并由海宁路捕房派印捕二名前往驻守。兹据附近居民云，昨日该校门首，仍见是水兵驻守，并非印捕。该校门房前置有枪架一具，上装快枪十数杆，惟见操场上仅有水兵一名，时来时往，散步闲游。察其情形，大部分水兵似已撤退矣。

*资料来源：《驻扎华童公学水兵之昨讯》，《申报》1925年8月5日，第14版。

（校友）郑兰华君今日赴美留学

郑兰华君于民国四年夏以第一名毕业上海华童公学，得免费额升送入（圣）约翰理科。民国八年夏毕业（圣）约翰，得最优等理科学士位。毕业后，应长沙湘雅医学专校之聘，任化学助教。次年因湘雅医学预科归并长沙雅礼大学，复供职雅礼，任化学教员。又五年，今年例得休息一年，同时又得美国洛氏基金团驻华医社之资助，定今日赴美，入芝加哥大学院专攻化学。

*资料来源：《郑兰华君今日赴美留学》，《申报》1925年8月20日，第9版。

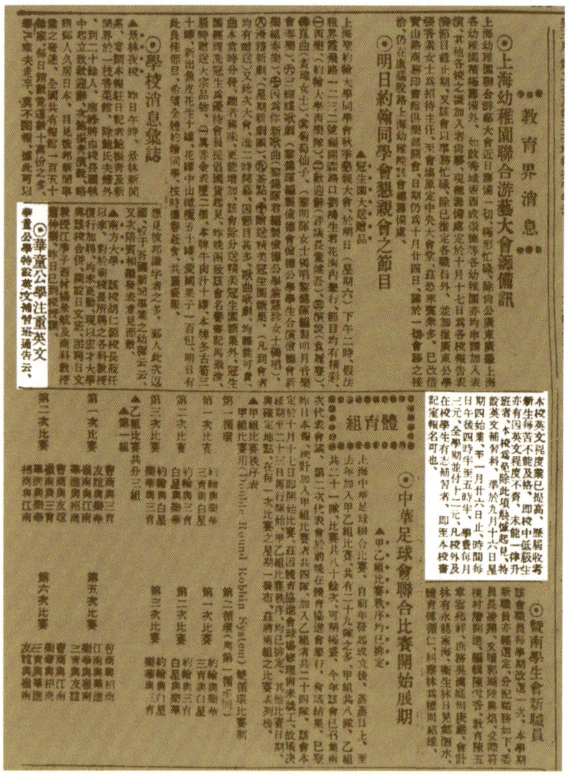

⊙華童公學注重英文

華童公學特設英文補習班通告云、本校英文程度業已提高、歷屆收考新生每苦不能及格、即校中低級生亦有因英文程度不齊、未能一律升班者、本校爲免除此項缺憾起見、特設英文補習科、準於九月十六日星期四始業、至一月廿六日止、時間每日午後四時半至五時半、學費每月二元、全學期並付十二元、凡校外及在校學生有志補習者、即至本校書記室報名可也、

图1-29 《华童公学注重英文》（选自《时报》1926年10月15日，第6版）

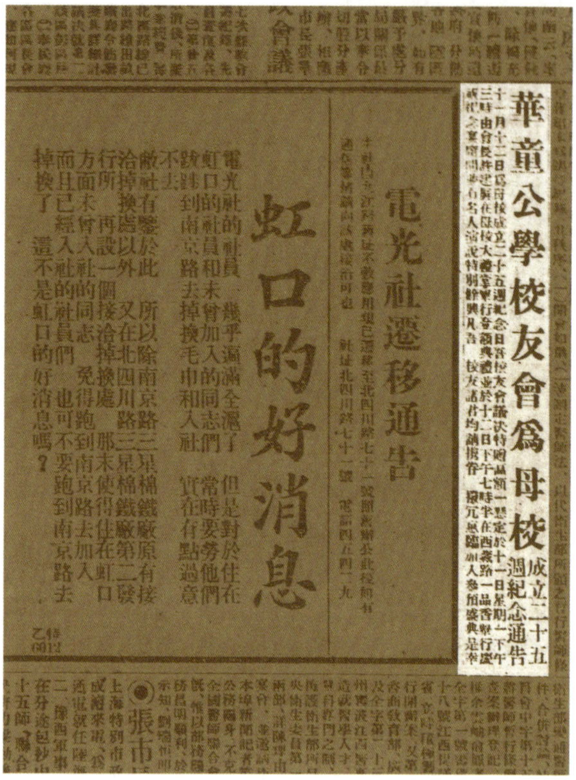

華童公學校友會爲母校成立二十五週紀念通告

十一月十二日爲母校成立二十五週紀念日、吾校友會議決特贈匾額一懸、定於十一日星期一下午三時由會長許建屏在母校大禮堂舉行贈匾典禮、並於十二日下午七時半在西藏路一品香舉行慶祝紀念宴、屆時並有名人演說、特別餘興、凡吾校友諸君均請撥冗惠臨加入參加盛典是幸

图1-31 《华童公学校友会为母校成立二十五周纪念通告》（选自《申报》1929年11月10日，第14版）

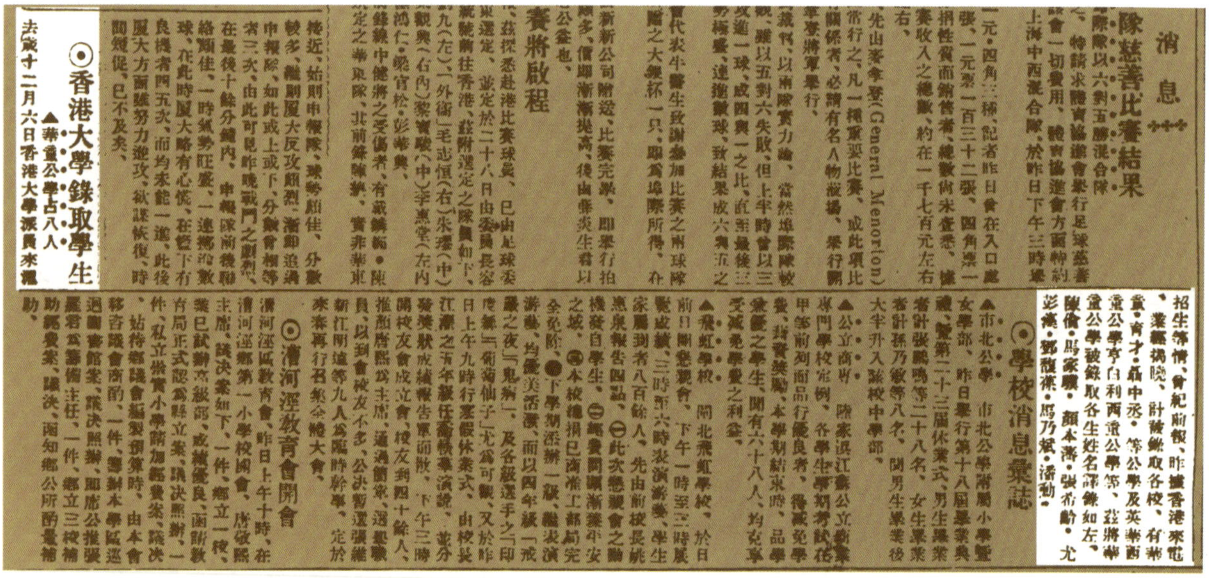

⊙香港大學錄取學生

▲華童公學占八人

去歲十二月六日香港大學派員來滬招生等情、曾紀前報、昨據香港來電、業經揭曉、計被錄取各校、有華童・育才・麥中丞・等公學及英華西童公學亨白利西童公學等、茲將華童公學被錄取各生姓名探錄如左、陳偉・馬家驥・顏本濟・張希齡・尤彭濤・鄧馥葆・馬乃斌・潘勳・

图1-30 《香港大学录取学生（华童公学占八人）》（选自《时报》1927年1月24日，第6版）

华童公学校友会启事

本会现正编纂《校友记事册》一书，内附刊同学录。凡曾在母校肄业者，不论是否会员，皆请将姓名号、籍贯、通讯处电话号码等详细开列，送交本会，以便列入册内为荷。是书出版后，除分赠会员外，当照印本出售与非会员。

会址：上海克能海路一号。

*资料来源：《华童公学校友会启事》，《申报》1926年4月9日，第1版。

华童公学注重英文

华童公学特设英文补习班通告云：本校英文程度业已提高，历届收考新生每苦不能及格，即校中低级生亦有因英文程度不齐，未能一律升班者，本校为免除此项缺憾起见，特设英文补习科，准于九月十六日星期四始业，至一月廿六日止，时间每日午后四时半至五时半，学费每月三元，全学期并付十二元，凡校外及在校学生有志补习者，即至本校书记室报名可也（图1-29）。

*资料来源：《华童公学注重英文》，《时报》1926 年10月15日，第6版。

香港大学录取学生（华童公学占八人）

去岁十二月六日，香港大学派员来沪招生等情，曾纪前报。昨据香港来电，业经揭晓，计被录取各校，有华童、育才、聂中丞等公学，及英华西童公学、亨白利西童公学等。兹将华童公学被录取各生姓名译录如左（下）：陈伦、马家骥、颜本藩、张希龄、尤彭藻、邓馥葆、马乃斌、潘勋（图1-30）。

*资料来源：《香港大学录取学生（华童公学占八人）》，《时报》1927年1月24日，第6版。

华童公学校友会为母校成立二十五周纪念通告

十一月十二日，为母校成立二十五周纪念日，吾校友会议决特赠匾额一悬，定于十一日星期一下午三时由会长许建屏在母校大礼堂举行登额典礼，并于十二日下午七时半在西藏路一品香举行庆祝纪念宴，席间并有名人演说特别余兴。凡吾校友诸君均请携眷拨冗惠临，加入参预盛典是幸（图1-31）。

*资料来源：《华童公学校友会为母校成立二十五周纪念通告》，《申报》1929年11月10日，第14版。

丁宪祐求学成绩优良

本埠华童公学，为工部局创设，教育纳税华人子弟学生，凡四百数十人，预科三年，正科六年，九年毕业。该公学校长康普君，本年德和遗嘱、捐赠劝学津贴，即为该校正科五年级学生丁宪祐考取。此

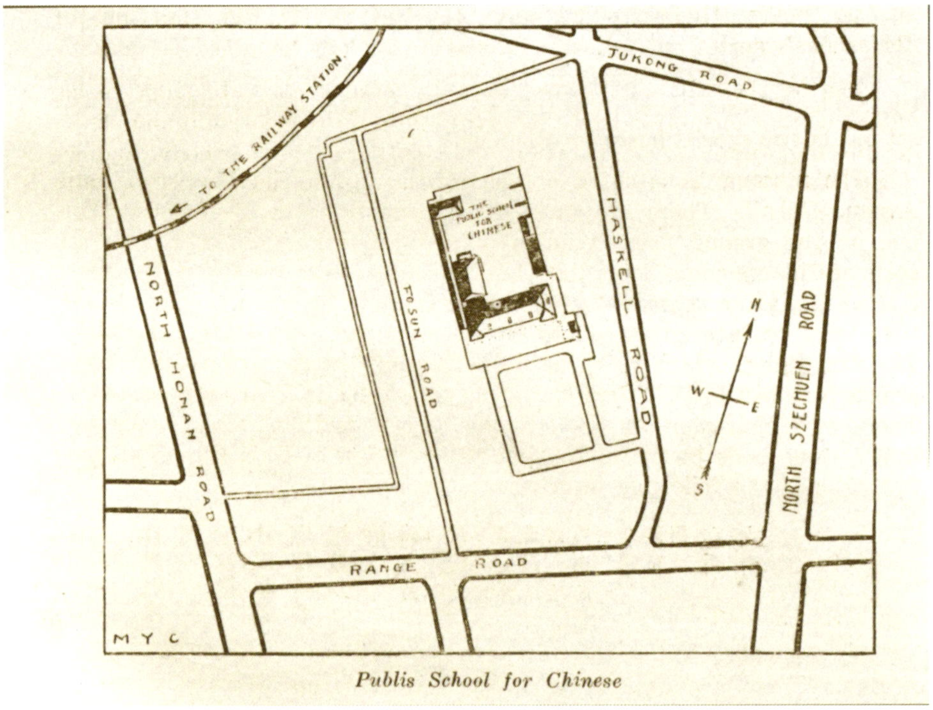

图1－32 华童公学校园图（选自《华童公学校刊》第四期）

次考试与考者除华人外，有男女西童三十余人。丁君年十四岁，本年七月《泰晤士报》征文，丁君亦得第二名，奖其英文程度，西人亦颇称赞云。

*资料来源:《丁宪祐求学成绩优良》,《申报》1929年11月25日，第10版。

第三节　赫司克而路新校址与辗转办学

一、概述

赫司克而路新址时期

吾校于民国十九年迁至赫司克而路六十三号前汉璧礼西童学校校址，校舍四层，可容学生七百余人。新址开学时，人数即由四百六十六人增至五百一十名，次年又增至六百五十名。民国二十一年一月二十八日中日战事发生，吾校逼近战区，只得暂缓开学。嗣与格致公学商妥，借用该校上课半日，至四月间方迁回本校。惟时局尚未稳定，学生减少至三百九十四名。九月秋季开学，学生激增，现有学生六百九十九人。倘开学时弗因新生年龄关系，拒绝多人，则又早已超出学额矣。

怀念——吾校气象日新，人才辈出，虽由于学生之努力，而教员之功亦不可泯灭。兹将曾经服务吾

图1-33　华童公学校园建筑（选自《华童公学校刊》第一期）

校而现已脱离之教员数人，胪列于后，以资纪念：

雷纳先生（已故）　在校七年，欧战时阵亡于法国。

胡适博士　于民国纪元前二年之际，担任本校教职。

希濂先生　现任工部局教育处处长。

探纳先生　离校后任聂中丞华童公学前任校长。

佩雷先生　现任格致公学校长。

李怀霜先生　任本校汉文教务长多年。

葛惠甫先生（已故）　任本校汉文教务长多年。

朱直侯先生（已故）　任本校经史教员多年。

王雷夏先生　任本校经史古文教员多年（图1-32、图1-33）。

*资料来源：《华童公学略史》，《华童公学校刊》第一期，1933年刊印。

注：赫司克而（尔）路（Haskell Road），1943年统用“中州路”名。

二、来自华童公学的报告：《上海公共租界工部局年报》（摘选）

说明：上海公共租界工部局年报、公报，原为英文。1929年后工部局华文编译处开始将《上海公共

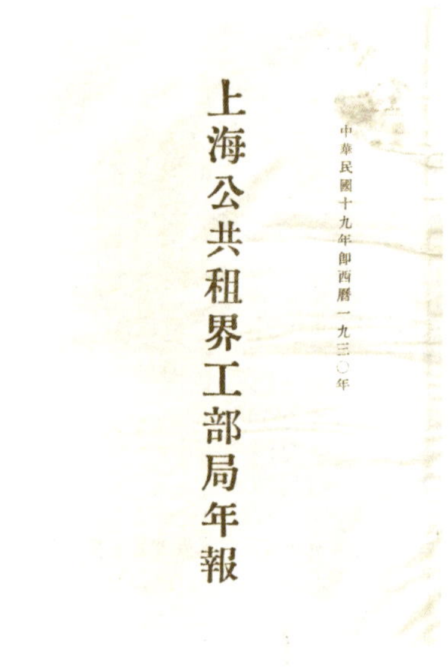

图1-34 《上海公共租界工部局年报》封面（1930）

租界工部局年报》译为中文。而此时华童公学迁入赫司克而路新校舍。这里，摘选与华童公学有关的内容，按时间顺序整理（图1-34）。

1930年《华童公学校长报告》

整理者按：为阅读方便，为本年度《华童公学校长报告》增加目录、标题，一些统计数字也改为阿拉伯数字。摘选内容包括：

甲、1928—1930年学生人数比较表

乙、学生上课百分率表

丙、新生年龄表

丁、各级学生年龄分配表（至12月31日止）（此表略）

戊、各级教员分配表

己、报告正文

甲、1928—1930年学生人数比较表[1]

学期/年别（年）	夏季人数（人）	冬季人数（人）
1928	367	407
1929	426	442
1930	471	511

乙、学生上课百分率表

1月	2月	3月	4月	5月	6月	9月	10月	11月	12月
97.4%	98.2%	96.4%	96.3%	97.7%	98.4%	98.6%	97.1%	96.5%	94.2%

丙、新生年龄表[2]

年龄（岁）	人数（人）
7	1
8	10
9	19
10	7

1 原标题为《历年学生人数比较表》。

2 为阅读方便，本表的人数、年龄均改为阿拉伯数字。

（续表）

年龄（岁）	人数（人）
11	18
12	28
13	25
14	20
平均年龄：10	总计：128

丁、各级学生年龄分配表（至12月31日止）

（此表略）

戊、各级教员分配表

级　别	英文部	华文部	级　别	英文部	华文部
高级五/六年	马佛特	余槐青	初级三年乙	马莲英夫人	陈葆藩
高级四年	马佛特	陈渊如	初级三年丙	马莲英夫人	方成章
高级三年	安司蒂史（文学士）	丁耆臣	初级二年甲	俞彭龄	周邦藩
高级二年甲	施谷克劳夫特（文学士）	陈渊如	初级二年乙	俞彭龄	周邦藩
高级二年乙	安司蒂史（文学士）	方成章	初级二年丙	胡先雩	张星吾
高级一年甲	巴金	汤梦吾	初级一年甲	胡先雩	吴科成
高级一年乙	施谷克劳夫特（文学士）	丁耆臣	初级一年乙	斐赤夫人	吴科成
初级三年甲	巴金	汤梦吾	初级一年丙	斐赤夫人	陈葆藩
兼任教员：王雷夏太史（古文） 添聘教员：勃郎夫人（文科硕士）、黄建勋（名誉图书馆主任）					

己、报告正文[1]

教　员

理学士倍雷君任高级助教有年，于本年一月二十四日，擢升格致公学校长。兼任国语教员载符九君，患病数月，于一月逝世，遗缺以张星五君补充，任期自二月十七日起。文科硕士斯拖克敦君，自二月十七日起，至六月三十日止，暂任临时助教。助教兼本校体育会名誉秘书、文学士施谷克劳夫脱君，

1　原文无此标题，为表示和前文表格有所区别，整理者特加此标题。

二月间假满返校，自二月二十七日起，照常任事。三月间鸟司特郡联队第一队鼓手长法洛及中士史梯芬斯，担任军乐教授，以继前诺福克队两员之职，因该两员已赴印度也。

七月五日助教理学士勃林敦君请长假回国。九月八日，助教恩特夫人请特别假，经照准其职务由李特夫人暂代。九月八日，巴金君开始担任临时教务，而文学士安司蒂史君，亦经订立合同，聘为助教。补充教员斐赤夫人，自九月十五日至十月九日，襄助英文部教务。十月二十九日，李特夫人猝然病殆于宏恩医院，教职员及学生无不为之哀悼，遗缺由斐赤夫人补充，自十一月三日起。

卫　生

英文教员俞彭龄君，身体衰弱，经劝其于夏季学期内离校数周，以资修养，其职务由本校前任英文教员黄嘉懋君暂代。七月天气炎热时，校舍自爱而近路及克能海路迁至赫司克而路，颇使校役疲于工作，夏日及九月间，该役等几无有不患病者。高级六年生郭德焘患病数月，于三月间身故。郭生为名门子弟，本校最初成立时，其家即与校中有关系；一九二八年举行香港就地考试，该生业经试验及格，方怀有参与入学考试之希望；本年学生家中发现有猩红热症者一起，该家有子弟五人在本校肄业，经工部局卫生处通知后，当即遵照所示办法办理。十二月间，甲组足球队某队员与梦伦书院举行比赛时，不幸折断踝骨，此项意外事件之发生，为本校二十六年以来之第一次。概括言之，本校之教职员及学生均皆康健。

工　作

本校之夏季学期工作在爱而近路及克能海路之旧校舍内办竣。冬季学期工作在赫司克而路新校开办，一切家具及其他校中器用，均在暑假期内迁移，故校务并未受有一日之损失。

华文部之课程为读本，古文、文法、作文、写字、历史、地理、国语及翻译文言教科书及四书仍用作课本，但依照新法，低级各班则用白话教科书。

英文部之课程与往年相同，即读本、背诵、文学、拼字、默书、作文、算术、代数、几何、三角、初级理化、地理、历史及图画。

唱歌一门列入低级之课程内。全校学生初均学习兵式体操，迨至九月间，因新校舍内游戏场之不适用，乃以他种体育训练，以代兵式体操。

本校军乐队经鸟司特联队第一队鼓手长即某中士之教导，成绩斐然，曾于四月二十六日参加本届上海商团之检阅，四月二十七日参加军队礼拜，一九〇七年向英国波塞公司所订购之大鼓一具，即边鼓二具，现尚使用。此亦为有注意之兴味者。

学生品行及校规

校舍之迁移及学额之增加，易使学生方面或有不规则之行动，但幸无重大之过失发生。师生间之愉快感情，完全维持。为应付九十名之新生起见，特将级长人数增加。

考　试

六月间及冬季学期将告终时，各级均举行考试，十一月间举行香港就地考试，应种种情形为非本校教职员所能操纵者。学生应考人数比平常为少，此项初级就地及格者之姓名如下：

陈何礼　数学成绩特等

丁宪祜　算术成绩特等

累湟纪念考试　冬季学期将告终时，由高级助教马佛特君举行关于累湟纪念奖品之数学考试。该项奖品值银十五两，为樊恺龄所得。

运　动

本校运动方面，由勃林顿君主任。六月底时，勃君告假返国，以施谷克劳夫特君继之。五月十七日，有学生若干名参加在上海美童学校举行之联合运动会，一生得七十五码（低级）赛跑第一，另一生得五十码赛跑第二，又一生得掷铅球及跳远第三，运动队得接力赛跑第三。

施谷克劳夫特君之报告如左（下）：

冬季学期开始时，因赫司克而路之游戏场不适于组织运动，乃借用虹口公园之游戏场，为足球及运动场高级各班之足球比赛。自十月七日起开始举行，本文属稿时，四年级占局首位，本年与上年同。足球队之组织成立者有二，甲组胜二次和一次，乙组则连胜二次。又拟组织英国足球队，各生似十分踊跃，但难觅相当场地，且无其他球队可与比赛，故此举遂不果行。本届运动会于十一月五日在虹口公园运动场举行。高级盾为高级一年甲所得，该级各生年龄较幼，殊出乎意料之外。初级盾则为初级三年甲所得。

图书馆

该馆名誉主任报告如左（下）：

本校迁入赫司克而路新校舍时，即将二层楼最佳之房两间作为图书馆及书报阅览室，各书橱一律开放以便诸生随时可以取阅。本年华文书籍大为增加，英文亦新添少数。书报阅览室有日报四种及多数之周刊、月刊杂志。两室之阅览学生，为数颇众。

概　论

本年度校事务之最堪注意者，为自旧校舍迁至新校舍。旧校舍在爱而近路，使用逾二十五年，学生肄业者先后四千余人。新校在赫司克而路，与靶子路相连，房屋宽大，且该地较静，现时校舍可容学生六百五十人。

本年二月十八日，费唐君及学务监督希廉君；三月二十六日，卜特君与圣约翰大学学生先后至校参观。五月十六日，诸昌龄君，因将有瑞典京城之行，偕同旧生经乾堃君来校话别。诸君之兄诸昌年君，为现在驻挪威及瑞典之中国公使。诸君此去，系襄助其兄办理馆务。十月十九日，学务委员伯而君、村上君及学务监督，莅校参观各课室。十一月九日，学位委员莱士利君亦至校参观。

十二月十六日，著名中国歌曲说明家顾子仁君，至校演讲音乐，诸生皆欣然谛听。顾君为《中国歌曲集》之编辑者，其在英国之名誉，较在中国尤为昭著。前坎特布里大主教尝云：顾君之名行将为中国家家所传诵。

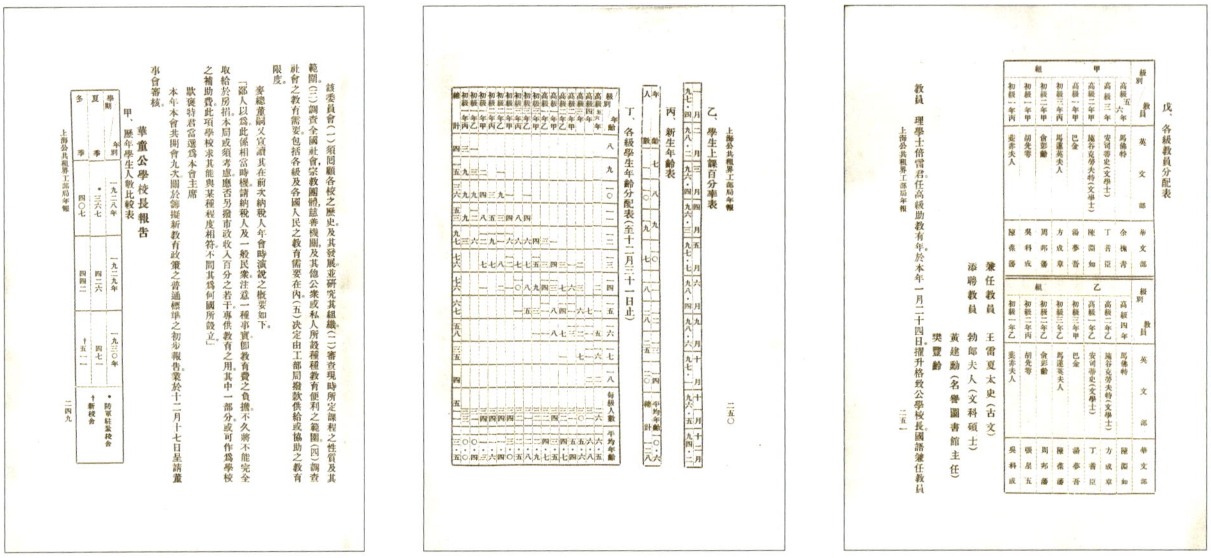

图1-35 《华童公学报告》（选自《上海公共租界工部局年报》，1930年）

三月二十九日，本届同门会开会及举行聚餐时，选举文科硕士郭德华君为会长，文学士金菊生君为副会长，黄其刘君为会计，蓝文俊君为秘书。开会时演说者：卜舫济博士、余日章博士及工部局林君。

五月二十三日，高级四年及五年生，扮演迭更斯名著《圣诞祝颂歌》戏剧，由马佛特君导言，格致公学学生亦有来观者。十二月间，高级一年至六年以及初级各生，举行游艺会两次。开会时有中西歌曲及背诵等（图1-35、图1-36）。

*资料来源：《华童公学校长报告》，《上海公共租界工部局年报》，1930年，第255—256页。

1931年华童中学概况[1]

1904年，华童公学在爱而近路与克能海路转角处之新校舍内成立。本局对于华人教育之关怀而见诸实施者始于此时，热心教育之华商曾捐银三万两，为建筑该校校舍之用。本局则筹备校址，及维持该校之经费。

华童公学设立后，成绩卓著。于是于1910年设立育才公学，1914年设立聂中丞公学。该两校之成立，经由士绅慨助款项或地亩，故该两校即各以慨助者之名命名，以志勿谖。尚有一第四中学，即格致公学系于1917年设于一临时校舍内，其基地为由格致书院及图书室之董事会所拨归本局者。迨至1928年，该

1 此标题原为《华童中学》，“1931年”“概况”为整理者所加。公共租界华童中学，涉及华童公学、育才公学、聂中丞公学、格致公学、华人女子中学。

图1-36　工部局华童公学图书馆章

校始得迁入现有之校舍。

各该校之教程，初用两种文字制，即每星期内学生以半星期专习华文，半星期学习以英文教授之课程。嗣因学生人数增加，教程应加扩充，觉旧日教程之将华、英文字严为区别，殊不适宜，故现经按照学生程度，支配以该两种文字所授课目之时间。学生之离校者，大多数就职于本埠工商业各机关，学校对于此项机关之需要，固深切注意。但同时复诱掖学生，使有求广博学业之志趣，并示以途径。学制既有变通之可能，故各学校得以发抒其特性。在此五方杂处之都会中，关于华人之教育，颇多困难问题，而各该学校则均能就其特长以解决之。

本局之第一华人女子中学，经于1931年9月间，就在麦特赫司脱路所租校舍开办。教职员均系华籍，内有外国大学毕业者数人。学务处所拟定之计划，倘经实行，则至1934年当再有此项女子中学一所。

*资料来源：《学务处报告》，《上海公共租界工部局年报》，1931年，第289—290页。

1931年《华童公学报告》内容摘选

整理者按：为阅读方便，为本年度《华童公学报告》增加目录、标题，一些统计数字也改为阿拉伯数字。摘选内容包括：

甲、1929—1931年学生人数比较表

乙、学生上课百分率表

丙、新生年龄表

丁、各级学生年龄分配表（此表略）

戊、1931年各级教员分配表

己、报告正文

甲、1929—1931年学生人数比较表[1]

学期/年别（年）	夏季人数（人）	冬季人数（人）
1929	426	442

1　原标题为《历年学生人数比较表》。

（续表）

学期/年别（年）	夏季人数（人）	冬季人数（人）
1930	471	511
1931	616	648

乙、学生上课百分率表

1月	2月	3月	4月	5月	6月	9月	10月	11月	12月
91.1%	88.8%	96.9%	96.3%	97.7%	98.4%	97.6%	96.2%	96.7%	95.3%

丙、新生年龄表

年龄（岁）	人数（人）
8	2
9	5
10	12
11	25
12	28
13	30
14	15
15	△1
16	△1
17	△1
平均年龄：12	总计：120

△特别情形

丁、各级学生年龄分配表

（此表略）

戊、1931年各级教员分配表

级　别	英文部	华文部	级　别	英文部	华文部
高中三年	安司蒂史	余槐青	小学第六年丙	胡先雩	方成章
高中二年	安司蒂史	余槐青	小学第五年甲	胡先雩	吴科成
高中一年	勃林敦	丁耆臣	小学第五年乙	李冷凡	徐映川
初中三年甲	李展青	陈渊如	小学第五年丙	李冷凡	徐映川

（续表）

级　别	英文部	华文部	级　别	英文部	华文部
初中三年乙	勃林敦	方成章	小学第五年丁	顾杏卿	吴科成
初中二年	乐秀荣	汤梦吾	小学第五年戊	顾杏卿	张星五
初中一年甲	马佛特（自十一月至十二月）、林夫人（自二月至十月）	陈葆藩	小学第四年甲	樊丰龄	周邦蕃
初中一年乙	马佛特（自十一月至十二月）、林夫人（自二月至十月）	陈葆藩	小学第四年乙	樊丰龄	周邦蕃
初中一年丙	乐秀荣	汤梦吾	小学第四年丙	黄建勋	张星五
小学第六年甲	马莲英	祖兆霖	小学第四年丁	黄建勋	丁耆臣
小学第六年乙	马莲英	陈渊如			

己、报告正文[1]

教职员

夏季学期开始时，英文部添聘教员姚幼蕃君及李展青君。华文部添聘地理及历史教员。徐映川君，旧生。罗劝生君，曾参与香港大学一九三〇年入学考试及格，经聘充学生教员。又聘旧生余湄生君为书记员助教。施谷克劳夫特君在校服务七年，于二月十七日离校。高级助教马佛脱君，自二月二十五日起请假至十月二十四日止；助教及旧生乐秀荣君于二月底自格致公学调至本校。三月二日，祖兆霖君加入本校为国语教员。三月五日，助教勃林敦君假满返校。五月九日，陆剑勇军就体育教员之职。五月二十三日，助教恩特夫人调至格致公学，遣缺由斐赤夫人补充，至夏季学期告终为止。四月八日，主教余彭龄君于忠诚任职数年后因病离职，遣缺由李冷凡君接充。四月二十九日，校长入医院就医，在该学期所余之日期内不克任事，校长职务由勃林敦君代理。助教巴金君于四月二十九日辞职，由林夫人补充其缺，至马佛脱君返校时为止。九月九日，顾杏卿君被任本校助教；书记员余湄生军调至华人女童公学，其遣缺由旧生、吕建业君接充。十月八日，程迈琳君亦为本校旧生，被任为书记员，以代张瑞棠君。华文教员丁耆臣君在校忠诚任事历十八年，于十二月十七日逝世。

卫　生

因校舍走廊无暖气装置，以致教职员中患伤风、喉痛及流行性感冒等症状颇多。施谷克劳夫特君本

1　原文无此标题，为表示和前文表格有所区别，整理者特加此标题。

定于二月十七日返英，因患肺炎而入医院，延至数星期，不克成行。以后校中即装置热水散热器。三月三十日，助教兼名誉图书馆主任黄建勋君患风湿炎症，在该学期所余之时间内不能到校。四月间，校长因患盲肠炎须入医院割治，在所余之学期内不克任事。四月二日，助教俞彭龄君经医师诊验断为患急性肺病，因准其离职。此外，复有短期缺席之教职员数人。六月十九日，林夫人染病，至学期告终时始愈。十月间，助教王雷夏君及丁耆臣军均抱恙。十二月十七日，丁耆臣君死于心疾。

全体教职员均经注射预防伤寒及类似伤寒症，并经种痘，多数学生亦经在各卫生分处种痘。

工　作

本年课程与上年大同小异，校中添设一特别部级簿记班，由李展青君于规定上课时间后讲授化学。实验室之扩充及科学演讲室之开放，使新（科学）教员姚育蕃君得以增进学生研习理化之热心。为研究生光热学起见，特备暗室一所，并添备仪器，关于历史及地理之教授改良处颇多。华文部方面，聘请史地专家徐映川君充任教员。英文部方面，上古、中古及近代历史由安司蒂史君教授，地理学主任勃林敦君曾特为是项科目报告如下：

华童公学自最初时即竭力以文化及实用训练授诸各生，俾能成为世界之公民。地理学应牵涉多种其他学科，如数学、物理、历史、地质学及人种学等，恒于课程内占有重要之地位。是项科目系用分级方法教授，包括数理及物质方面关系之研究在内，此项研究实为完全了解地理势力支配人类之必需。世界系分区研究，并将其主要之政治区分加以分析。各国商务活动之初步探讨，当然亦在其利。鉴于地理学之日形重要（英国各著名大学近有地理学主任职位之设置），特辟光线充足之巨室一间，有各大洲及世界之精美模型，专作教授地理之用，他如地球仪、图画与图标等，亦皆置备。全套之华英文地图，经置放架内，各教室均悬挂地图。地理学之教室，虽不能谓已充分设备，但亦可视为满意，足以自豪，他校之教员颇有至本校参观者。小学生所用附有图画之教科书，获益匪浅。

在英文部高中方面，勃郎夫人之工作有足述者，盖夫人善于激发学生之求学热诚，使其自愿牺牲休息时间，以从事研究，甚有上课后随之至教研室请益者。英文之教授，系用直接法，即所用课本，并无对照译文，但是项教授法必须有足数之曾受相当训练之英语教员方能继续进行。

高中及初中之翻译（汉英互译）功课由教员中之具有汉英学识者担任，但能教授是项困难科目之教员，为数有限，故学生之增加益使其责任繁重。现所需者为教授翻译之善本。

学生品行及校规

本年间因教职员之更换，致初中学生发生多少不受约束之行为。有曾由某著名学校开除之某生，经用欺骗手段改入本校。旋因不服从及谎言而被革退。又一年长学生因有非礼行为，亦被革除。凡学生之最不用功及最滋事者，其年龄大概均超过各该班学生之平均年龄。

平心而论，在本年发生之不靖时期内，本校学生均能专心攻读，殊堪称述，盖当为数甚多之他校学生对于业受压迫之政府加以烦扰时，本校诸生则悄然埋首于其正当之学业。

自高中各生中所选派之级长，均能协助本校保持良好之风气，堪称尽职。惜有数校，有仅知以执行校规为能事之趋势，而不知真正之校规，在使自治自重之进步。缘所谓校规非仅指赏罚之制度而已。

考　试

夏季学期将终了时，全校之通常大考，由勃林敦君监督举行。十月间，高中二、三年级举行特别考试。冬季大考于十二月间举行，主试者为马佛脱君代理。

一九三〇年十一月间举行之香港就地考试，其结果如下：

入学考试及格者　罗劝生、丁宪祐

初级就地考试及格者　程迈琳（数学特等）、陈道济、钟桂显、樊恺龄（数学机械学特等）、过述庆、马崇果（数学英文特等）、孙祖鑫（数学特等）、王发生（算学特等）、黄杏标、俞晋模（数学特等）、盛宗本

累湟数学奖品

十二月八日及九日，举行算学代数、几何图画，及三角考试，主试者为安司蒂史君及姚幼蕃君。得奖者为俞晋模，是项奖品值银十五两。

诸昌年银杯

是项精美纪念品为驻挪威及瑞典之中国公使诸昌年君所赠，一九三〇年时为高级五年生黄杏标所得，本年为冯华全所得。

毕业证书

本届得毕业证书者为罗劝生及丁宪祐两生。

同学会华文奖品

同学会所捐赠之特别奖品，为高中三年生过述庆及吴世杰两生所分得，是项奖品系每年赠给者。

运　动

体育会名誉秘书安司蒂史君之报告如下：

“陆剑勇君之就任本校体育教员，使本年各种运动之组织大见便利。”

各校联合运动会，于五月十五日在申园举行，本校有一队参加，结果为在与赛之十三校中获得第四。此次见挫于汉壁礼西童公学及美童学校者，因其运动员均占有身高体重之优势；且仅以半分之差，为聂中丞公学所胜。个人比赛之得第二名者有四人。

本校在夏季学期内筑就篮球场一所，并举行各班之比赛。本年之校内运动会，于十月二十八日在虹口公园举行，各生均踊跃异常，尤以小学生为最，报名参加者极众，故各项之预赛，需两日之下午始见毕事。高级盾为高中一年级（高级四年）所得，初级盾为小学第三年丙（初级第三年丙）所得。

校中无运动场，以致足球大受妨碍，不得已商借虹口公园之场地，于每星期四下午及星期六上午在该处举行练习，各班之比赛于冬季学期内开始。校中之网球场五所，全年均经使用。

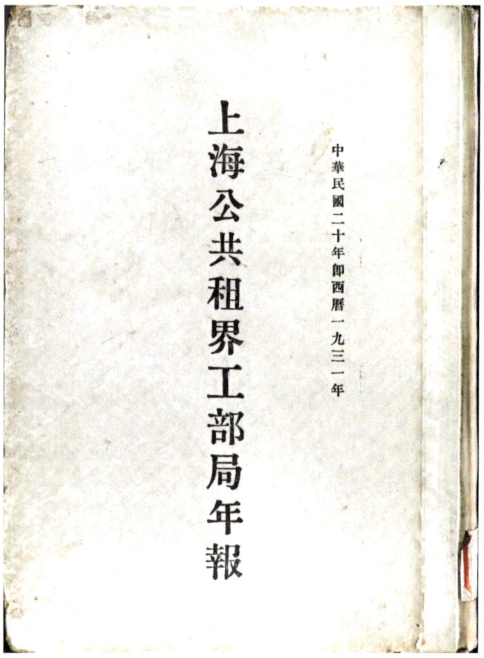

图1-37 《上海公共租界工部局年报》封面（1931）

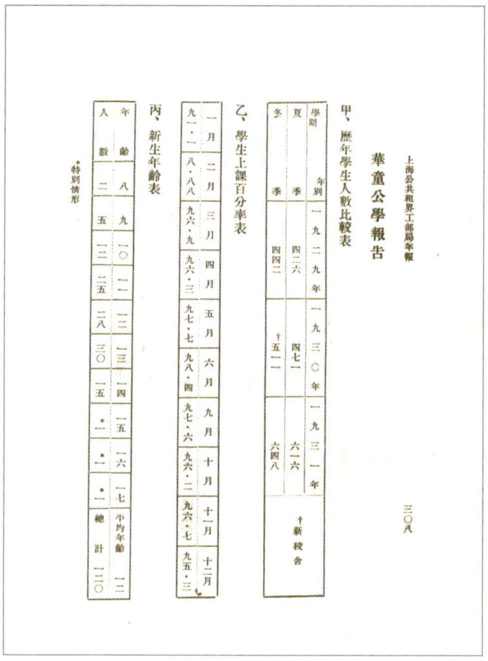

上海公共租界工部局年報

華童公學報告

甲、歷年學生人數比較表

學期 \ 年別	一九二九年	一九三〇年	一九三一年
夏季	四二六	四七一	六一六
冬季	四四二	†五一一	六四八

†新校舍

乙、學生上課百分率表

一月	二月	三月	四月	五月	六月	九月	十月	十一月	十二月
九一·一	八·八八	九六·九	九六·三	九七·七	九八·四	九七·六	九六·二	九六·七	九五·三

丙、新生年齡表

年齡	八	九	一〇	一一	一二	一三	一四	一五	一六	一七	平均年齡 一二
人數	二	五	一三	二五	二八	三〇	一五	*一	*一	*一	總計 一二〇

*特別情形

三〇八

图1-38 《华童公学报告》（选自《上海公共租界工部局年报》，1931年）

图书馆

本校图书馆，因名誉主任黄建勋君数年以来之热烈，及恒久之工作，渐形发达。此于学生之学识研求及文学嗜好，均裨益良多，黄君报告如左（下）：

本年添购新书数种，所有新旧书籍，均按参考小说、文学、历史、游记等类分别排列，新书有普通百科全书两套、新世纪字典、卡塞尔氏学识大全、英文歧字字典、一九三一年中国年鉴、教育大辞书及通鉴辑要。书报阅览室内除字林西报、泰姆士报、申报及时报等四种日报外，尚有华英文杂志二十三种。自迁至赫司克而路之较大校舍后，学生人数激增，图书馆与书报馆阅览室，显然亦须扩充，故本年仍开放初级生所用之图书馆，与书报阅览室及高级生所用之参考图书馆。图书馆主任于夏季学期时染病，其职务由一高级生担任。在冬季学期间，有初中某生自愿管理初级图书馆发出书籍之工作。

概　论

同学会年会于五月间举行，上届会中职员，均连任当选。新闻学家兼著作家布克勒君于十月间参观本校并搜集著作之材料。布克勒君为伦敦圣保罗学校之旧生，尤注意于本校各生蓝色衣帽之整洁。十一月时校长曾参与旧生及同学会会长郭德华君之婚礼。

各中西教员之忠诚工作，殊深感佩，特志数言，以申谢悃（图1-37、图1-38）。

校长　康普

*资料来源：《华童公学报告》，《上海公共租界工部局年报》，1931年，第308—317页。

1932年《华童公学报告》内容摘选

整理者按：为阅读方便，为本年度《华童公学报告》增加标题，一些统计数字也改为阿拉伯数字。摘选内容包括：

甲、1930—1932年学生人数比较表

乙、本年学生上课百分率表

丙、本年新生年龄表

丁、本年各级学生年龄分配表（此表略）

戊、本年冬季各级教员分配表

己、报告正文

甲、1930—1932年学生人数比较表[1]

学期/年别（年）	1930	1931	1932	备　注
夏季人数（人）	471	616	396	新校舍
冬季人数（人）	511	648	699	

整理者按：1930—1932年学生人数变化，1930年夏季为471人，同年冬季增加40人；1931年夏季较1930年冬季增加105人，同年冬季增加32人；1932年夏季较1931年冬季减少252人，同年冬季增加303人。

乙、本年学生上课百分率表

1月	4月	5月	6月	7月	9月	10月	11月	12月
95.1%	95.6%	97.5%	97.4%	92.6%	98.1%	97.7%	97.4%	98.4%

丙、本年新生年龄表

年龄（岁）	人数（人）
7	1
8	5
9	8
10	29
11	43
12	63

1　原标题为《历年学生人数比较表》。

（续表）

年龄（岁）	人数（人）
13	53
14	53
15	13
平均年龄：11	总计：268

丁、本年各级学生年龄分配表

（此表略）

戊、本年冬季各级教员分配表

级　别	英文部	华文部	级　别	英文部	华文部
高中三年	勃林敦	余槐青	小学六年丁	叶弥诚	钟贵敭
高中二年	安司蒂史	余槐青	小学六年戊	樊丰龄	钟贵敭
高中一年	安司蒂史	陈渊如	小学五年甲	马莲英夫人	徐映川
初中三年	乐秀荣	汤梦吾	小学五年乙	威尔逊女士	吴科成
初中二年甲	乐秀荣	陈葆藩	小学五年丙	威廉生夫人	祖兆霖
初中二年乙	马莲英夫人	陈葆藩	小学五年丁	威廉生夫人	方成章
初中一年甲	威尔逊女士	方成章	小学五年戊	俞彭龄	吴科成
初中一年乙	黄建勋	邹培根	小学五年己	樊恺龄	裴惟森
初中一年丙	胡先雩	汤梦吾	小学四年甲	罗勤生	邹培根
小学六年甲	俞彭龄	祖兆霖	小学四年乙	叶弥诚	周邦蕃
小学六年乙	樊丰龄	周邦蕃	小学四年丙	黄建勋	葛士表
小学六年丙	罗勤生	陈渊如	小学四年丁	胡先雩	葛士表
添聘教员：勃郎夫人（英文及文艺）、姚幼蕃（科学及数学）、俞晋模（学生教员）、陆剑勇（体育教员）					

己、报告正文[1]

教职员

李泠凡君，于一月十五日即冬季学期终止时辞职，经照准。三月十一日康普君被任为代理学务处处长。所遗校长职务，由马佛特君代理。七月十五日，李展青君、顾杏卿君、张星五君，及王雷夏君，均解职。九月七日，威尔逊女士暂任临时助教，林步基君暂任副校长，旧生叶弥诚君被任为英文教员。九

1　原文无此标题，为表示和前文表格有所区别，整理者特加此标题。

月十二日，旧生樊恺龄君被任为学生教员，钟贵敭君及葛士表君加入本校为国文教员。九月十四日，裴惟森君被任为国语教员。九月十九日，旧生俞晋模君任学生教员。九月二十一日，威廉生夫人被任为临时助教。十二月十二日，康普君回校视事。

卫　生

全校卫生状况，堪称满意。除兼任教员王雷夏君，曾在夏季学期内因患伤寒缺席外，并无重大之病症。

工部局种痘汽车，来校二次。一为六月三日，为学生二百四十三人注射预防霍乱剂。一为十一月四日，为学生三百十人种痘。

教　务

校中之教务与组织，大受中日战事之影响。战事甫经发生，校舍左近已交通断绝。即欲至校，亦势所不能。延至三月一日，始暂借格致公学开学。每日授课半日，自下午一时三十分起，至四时三十分止。一切课程如旧，并另订在家自修功课，以补所损失之在校修习时间。开学时仅有学生一百七十人。缘多数学童，业已离沪，而前往其所视为安全之地，或宁愿俟学校恢复原状时再行入学。其后人数渐增，至四月四日重在赫司克而路校舍授课时，已有学生三百四十一人。截至学期终止时，共有学生三百九十六人，包括新生五十四人在内，学生人数虽见缺少，但并无并班授课之举。

冬季学期于九月九日开始，共有学生六百九十人。嗣经增至六百九十九人，内有新生二百十四人。全年共有新生二百六十八人。冬季学期之学生既多，校中经添聘教员若干人，并由学生教员管理各班事务。学生人数之激增，初非意料所及。欲使各生均能达到通常所应有之程度，此在教员方面，诚须辛勤有加。小学某数班之英文程度，尚难认为满意，但已有良好进步。因有多数学生，未曾肄习一学期内所有一部份或全部份之英文课程。经将高级三班用英文教授科目之时间，增为每星期三日。

地　理

地理教室之现时设备尚佳。本年购有精美之凸雕地球仪一具，及表示政治区分之普通式地球仪一具，连同表示月球与地球同时绕日运动之太阳系仪一具。

每日寒暑计所表示之度数，均经记录，绘制成图，并逐日接有徐家汇天文台所制表示中国海岸气象状况之天气图。又经向英国订购专家所著之舆地书籍若干册，以增加教员所用之参考图书。

化　学

业经扩充之实验室，已添设长凳，足供学生三十六人之座位。演讲室亦有相当之充分地位。仪器与其他设备之需更换或添购者，均经分别照办。实验室常经使用，以按期教授理想与实验之工作。香港大学入学考试之应用化学试验，于十一月间在本校实验室举行。

物　理

本年年初，高中及初中两级，开始学习热学、光学及声学等之普通物理。是项科目，将列入香港大学入学考试之试题内。校中曾于夏季学期，购置表示金属物直线与容积膨胀之仪器、水热量计、楞姆福德氏与本生氏之光度计、斜面平行球状等镜，以及玻璃棱镜，并于冬季学期内添购其他仪器。本年香港大学初级就地考试举行时，本校学生之应考物理者，共有六人。

倘能筹得款项，以购置仪器，并使实验室有相当设备，则将来之进步，当可预卜。

华　文

翻译仍由华籍英文教员教授。中学课程，现时包括生理学、卫生学及中国文学史在内。小学课程，则包括商业读本及卫生学在内。各班之书信练习，现经一部份改习商业文，并依照华人教育股主任之建议，更换某数种教科书。

学生品行及校规

概括言之，学生品行良佳，并无缺少爱校及团体精神之表示。

就地之战事，当然使夏季学期之学生，不克安心肄业。教员之更动，或亦不无扰乱之影响。

教诲数近三百之新生，养成其遵守校规之习惯，实使教员方面须异常努力。然能卒底于成，良由于各教员之忠实合作。

考　试

一九三一年十一月间举行之香港大学就地考试，其结果业于本年一月间知悉。及格诸生如左（下）：

入学考试

黄杏标、盛宗本、俞晋模、陈道济、樊恺龄（三角学成绩特等）、马崇杲

初级就地考试

吴世杰（数学及算学成绩特等）、梅卓杨、陈彬德、冯华全（算学成绩特等）、马家骐（算学成绩特等）、卢世芳（算学成绩特等）

本年十一月间举行之考试结果如左（下）：

入学考试

荣誉　马家骐

及格　张庆彬、黄文炳、吴世杰、卢世芳

高级考试

潘垲

初级考试

陈希明、邬荣山、徐绘声、瞿承铎、吴锡泉、洪钟毓、叶日葵

本届入学考试不及格者二人，初级考试不及格者四人，其详情尚未知悉。

上海市民众教育馆曾举行演讲竞赛，结果为本校学生薛君仁获得全市各校学生之第一名。高中三年生马崇杲，为工部局卫生处录取练习生三人之一。本校华文部于十一月底时举行书法竞赛，学生之参加者，共二百五十一人。

同学会所捐赠之奖品两份，系奖给华文学生之最佳者，为马家骐及朱大德两生所得。

累涅算学奖品

主试者为勃林敦君及安司蒂史君。得奖者为马家骐。

诸昌年杯

该杯系赠与学生之精通英文者，亦为马家骐所得。

毕业证书

本届得毕业证书者如左（下）：

黄杏标、盛宗本、俞晋模、陈道济、樊恺龄、马崇杲

同学会

因就地之战事，开会次数比通常为少。会长郭德华君，为当地和平会议中国代表之一。

同学会会员曾供给本校校刊一部份之材料。

运　动

学生人数之激增，乃使运动问题愈感困难。因校内地方局促，所可举行者，仅篮球及些少之网球游戏。诸生对于此两种球戏均表示热诚。但校中只有篮球场与网球场各一所，以致仅一极小部份学生得以参加。本年举行各班篮球比赛二次。一在夏季学期，一在冬季学期，得胜者分别为初中三年级甲及高中一年级。关于本年之足球，本校得于星期二及星期四两日下午，使用虹口公园之球场两所。平均为每一下午。每六班得有球戏一次。但本校共有二十四班，是每一学生，在每两星期内，至多仅有不满一小时之球戏一次。本校既缺乏训练足球队之便利，故与他校比赛，恒见失败。本校之本年运动会，于十月二十七日，星期四，在虹口公园举行。各生均踊跃异常，尤以小学生为最。虽无超过往昔记录之可言，但有数项，成绩颇佳。高级盾为高中一年级所得。初级盾为小学六年级丙所得。奖品由康普夫人发给。

图书馆

本年高级及初级图书馆阅书之学生颇众。校中之图书馆，匪特于诸生肄习校课时为有裨益，且于休息时可供消遣。在夏季学期之内，高级图书馆经添置华文小说若干册，并于出借阅览之前，先行改装硬面。与图书馆相连之阅览室，颇为诸生所欢迎。本校又曾于冬季学期，添置新出版之定期刊物多种。现共有常年订阅之华、英文杂志及画报二十一种，并备有本埠之华、英文日报各二份。

博物馆

有陈列物多种，业已布置就绪，以为设立本校博物馆之基础。学生所制博物标本，常有加入。

概　论

六月一日得柯达公司及国联国际教育电影会中国委员会之慨允，将教育影片若干（《海舶》《阿拉斯加》《亚麻布》，及滑稽片一种）在本校大会堂映演。十二月间复有同样影片映演四次。

六月十五日，有高中学生六十人，赴卡尔登戏院参观《的士累利》（译音）一剧。

七月十五日，本校邀请小学各生亲属，参观校舍，及与教职员会晤。各班学生均热烈赞成此举，并自行发起筹备成绩展览会。开会时曾有关于学生福利之华、英文演说。诸生亲属到者共约二百人，成绩甚佳。

十一月十八日，有学生两班，随同勃郎夫人参观美术会之展览会。

校　刊

本校于十一月间决定印行《校刊》，并以自一九〇四年开校以来，康普君即在校中任事，拟以第一期校刊为康君之长期服务纪念。全校师生均赞成是举，并经双方热烈合作，第一期校刊乃得产生。

本年校中处境困难，各教员均能忠诚协助，殊深感佩。兹特于本报告结束时附志数言，以申谢悃（图1-39）。

代理校长　马佛特

*资料来源：《华童公学报告》，《上海公共租界工部局年报》，1932年，第372—382页。

图1-39《华童公学报告》（选自《上海公共租界工部局年报》，1932年）

1937年华童公学概况[1]

华童学校

（甲）华童中学

（一）华童公学　校长陆布君（理科学士）

本年校内之记录，多已散失，故缮备年报时极感困难。因本埠战事爆发，本校于八月十三日清晨，自赫司克而路六三号之校舍迁出。且自是至十月二十六日，赫司克而路一带战事异常猛烈，即在缮具本

1　原标题为《华童公学》。

报告时，该处仍尚未开放。按照所得消息，似校屋已损坏极重，其中物件，亦多被摧毁。

本校为本局所设华童中学之规模最大者，数年以来，每学期约有学生七三〇名。本校之宗旨，在授学生以中英两文之学业，俾能在上海商界，觅得职业，或转入高等学校，以求深造。本校曾将旧生离校后之经历，加以分析，结果知为谋职业与升学者，约各居其半。

最高级之学生，须经局设各学校毕业会考及格，方准给凭。观其所考各科之纲要，可知其平时所习课程之性质：初中各级之课程，大都用华文教授；高中各级学生，既能了解并使用英文，其课程乃多用英文讲解。本校之课程，与所期养成之学生品格，以及校内之一般设施，均以认为适合于欲在国际社会内居住及工作之青年所需要者为标准。

毕业会考，为学生肄业成绩之一种严格试验。本年曾就所授各项科目，编订精密之纲要，试题即以此项纲要为根据。华文科目之重要者，为中国历史地理及名著选文。在英文科目方面，学生除受笔试外，又须与主试之人员，对于该员所择之试题，作短期间之谈话。数学一门，包括算术、代数、几何及三角。自然科学则有物理、化学及生物学三种。学生于各种自然科学，均须涉猎，惟因时间不敷，不能一律精密研究。然实验工作确甚繁重，多年以来，尤注重实用化学。此外学生又须受世界历史及世界地理之考试，此两种重要科目，截至现时为止，均用英文教授。

本年春季学期之本校情形，一切如常，共有学生七二九名，分为二三班，计高中八班，初中十一班，预科四班。其时校内并未发生流行病症，试观学生之上课记录，足见大多数之健康堪称满意。各生均经照常种痘，及注射预防霍乱针。学生之目光，亦经按期测验。

本年校中之常年运动会，于四月间及五月间举行。有一次为各组比赛，在虹口公园内举行，竞争殊为热烈。学生大多能各尽其力，以协助其所属之一组。本年举行上海各校联合运动会时，本校之军乐队，又被邀请前往，于比赛员整队游行时，奏乐前导。比赛结果，本校名列第四，获得丙级奖盾。

本年之常年给奖典礼，于六月二十九日星期二举行，由徐通浩少校演说，并发给奖品及证书。

秋季学期之情形，当然受本埠战事之影响，本校于十一月一日重新开学。学生欲返校肄业者，经于十月间报名，计共有四一四名，当即在四川路五九九号中国基督教青年会会所内，觅得临时教室。惟地位有限，且因格致公学之校舍，暂被作为医院，故有一部分教室尚须与该校舍合用，致使每日之上课时间，仅能自下午一时起，至五时止。开学一月以后，学生人数增至四三〇名，有曾于六月间保留本学期学额之学生二七〇名，开学时均为来校报名。其中多数已离沪他往，有若干名嗣来声明，谓欲于明年返校肄业。

授课之时间，既经缩短，教授之便利，又受限制，校内之工作，当然感受妨碍。而使各项科目大见退步，而尤以业经连续肄习数年之各科为然，实用科学势须放弃，体育训练亦极少举行。本校之图书馆，创立于一九〇九年。至一九三六年时，所藏书籍，达六千余册，其中多数，均为绝本。现在该馆已被摧毁，殊堪惋惜，此在教员及学生方面，均为重大之损失（图1-40）。

*资料来源：《华童公学》，《上海公共租界工部局年报》，1937年，第616—618页。

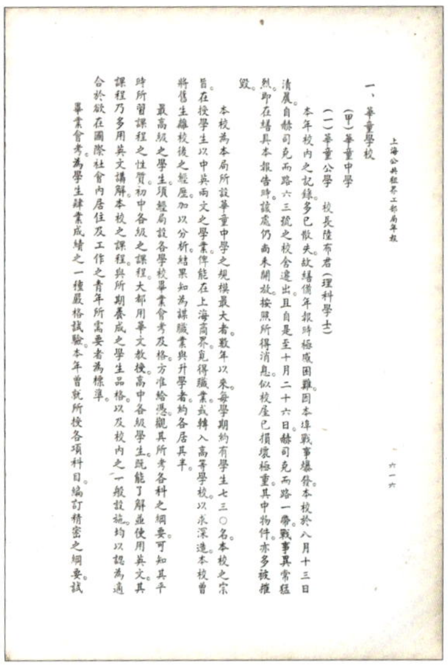

上海公共租界工部局年報　六一六

一、華童學校

(甲)華童中學

(一)華童公學　校長陸布君(理科學士)

本年校内之記錄。多已散失。故繕備年報時極感困難。因本埠戰事爆發。本校於八月十三日清晨。自赫司克而路六三號之校舍遷出。且自是至十月二十六日。赫司克而路一帶。戰事異常猛烈。即在繕具本報告時。該處仍尚未開放。按照所得消息。似校屋已損壞極重。其中物件。亦多被摧毀。

本校為本局所設華童中學之規模最大者。數年以來。每學期約有學生七三〇名。本校之宗旨。在授學生以中英兩文之學業。俾能在上海商界覓得職業。或轉入高等學校。以求深造。本校曾將舊生離校後之經歷。加以分析。結果知為謀職業與升學者。約各居其半。

最高級之學生。須經局設各學校畢業會考及格。方准給憑。觀其所考各科之綱要。可知其平時所習課程之性質。初中各級之課程。大都用華文教授。高中各級學生。既能了解並使用英文。其課程乃多用英文講解。本校之課程。與所期養成之學生品格。以及校内之一般設施。均以認為適合於欲在國際社會内居住及工作之青年所需要者為標準。

畢業會考。為學生肄業成績之一種嚴格試驗。本年曾就所授各項科目。編訂精密之綱要。試

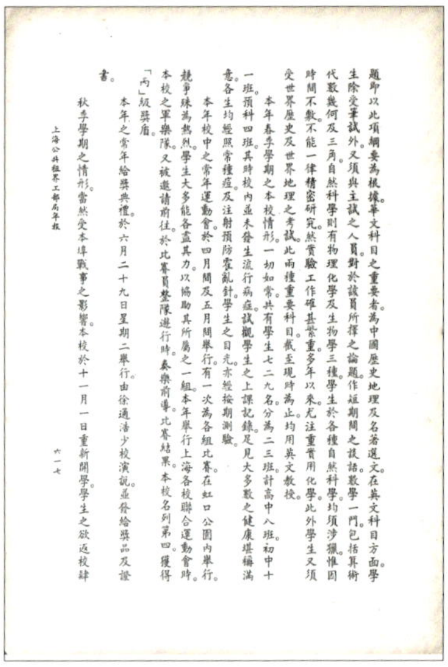

題即以此項綱要為根據。華文科目之重要者。為中國歷史地理及名著選文。在英文科目方面。學生除受筆試外。又須與主試之人員。對於該員所擇之論題。作短期間之談話。數學一門。包括算術代數幾何及三角。自然科學則有物理化學及生物學三種。學生於各種自然科學。均須涉獵。惟因時間不敷。不能一律精密研究。然實驗工作。確甚繁重。多年以來。尤注重實用化學。此外學生又須受世界歷史及世界地理之考試。此兩種重要科目。截至現時為止。均用英文教授。

本年春季學期之本校情形。一切如常。共有學生七二九名。分為二三班。計高中八班。初中十一班。預科四班。其時校内並未發生流行病症。試觀學生之上課記錄。足見大多數之健康堪稱滿意。各生均經照常種痘及注射預防霍亂針。學生之目光。亦經按期測驗。

本年校中之常年運動會。於四月間及五月間舉行。有一次為各組比賽。在虹口公園内舉行。競爭殊為熱烈。學生大多能各盡其力。以協助其所屬之一組。本年舉行上海各校聯合運動會時。本校之軍樂隊。又被邀請前往。於比賽員整隊遊行時。奏樂前導。比賽結果。本校名列第四。獲得「丙」級獎盾。

本年之常年給獎典禮。於六月二十九日星期二舉行。由徐通浩少校演說。並發給獎品及證書。

秋季學期之情形。當然受本埠戰事之影響。本校於十一月一日重新開學。學生之欲返校肄

上海公共租界工部局年報　六一七

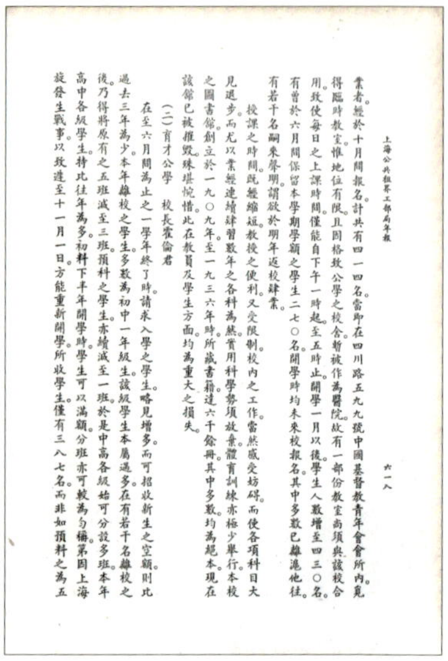

上海公共租界工部局年報　六一八

業者。經於十月間報名。計共有四一四名。當即在四川路五九九號中國基督教青年會會所内。覓得臨時教室。惟地位有限。且因格致公學之校舍。暫被作為醫院。故有一部份教室尚須與該校合用。致使每日之上課時間。僅能自下午一時起。至五時止。開學一月以後。學生人數增至四三〇名。有曾於六月間保留本學期學額之學生二七〇名。開學時均未來校報名。其中多數已離滬他往。有若干名嗣來聲明。謂欲於明年返校肄業。

授課之時間。既經縮短。教授之便利。又受限制。校内之工作。當然感受妨礙。而使各項科目大見退步。而尤以業經連續肄習數年之各科為然。實用科學勢須放棄。體育訓練亦極少舉行。本校之圖書館。創立於一九〇九年。至一九三六年時。所藏書籍。達六千餘冊。其中多數。均為絕本。現在該館已被摧毀。殊堪惋惜。此在教員及學生方面。均為重大之損失。

(二)育才公學　校長霍倫君

在至六月間為止之一學年終了時。請求入學之學生。略見增多。而可招收新生之空額。則比過去三年為少。本年離校之學生。多數為初中一年級生。該級學生本屬過多。在有若干名離校之後。乃得將原有之五班減至三班。預科之學生。亦續減至一班。於是中高各級始可分設多班。本年高中各級學生。特比往年為多。初料下半年開學時學生可以滿額。分班亦可較為勻稱。第因上海旋發生戰事。以致遲至十一月一日。方能重新開學。所收學生。僅有三八七名。而非如預料之為五

图1-40 《华童公学》（选自《上海公共租界工部局年报》，1937年）

1938年华童公学概况[1]

本局（工部局）所设华童学校

（甲）华童中学

（一）华童公学　校长陆布君（理科学士）

一九三七至一九三八年之秋季学期，于本年一月二十七日结束，其时本校共有学生四一三名。一星期后春季学期开学，学生共四九六名，其后陆续增多至五四九名。该学期学生之远比秋季学期为多，系由于大批旧生之返沪。

春季学期开学时，本校假用两所房屋之各一部分为校舍。高中五班，每日自上午八时三十分，至下午十二时三十分，在北区克能海路小学内上课。其余各班，自下午一时至五时，仍在四川路中国青年会上课。此种办法，继续施行至三月十六日为止。本校于是日迁往戈登路[2]一〇五九号之临时校舍。该屋为一宽大之住宅，约可容学生六〇〇名，无庸多加变更，即可改作教室之用。惟屋内并无家具，故需用之桌椅等项，经向苏州河以北各校借用。

本校迁至戈登路后，即照常上下午上课，其他迅将完全正常化。学生在优良之环境中诵读及游戏，显于健康大有裨益。旧时之课程，除实用理科一项外，余均恢复。本校战前之程度，在春季学期内渐见回复。体育亦颇注意，校中有宽大之场地，体操可在户外举行。

1　原标题为《华童公学》。

2　戈登路（Gordon Road），1943年改为江宁路。

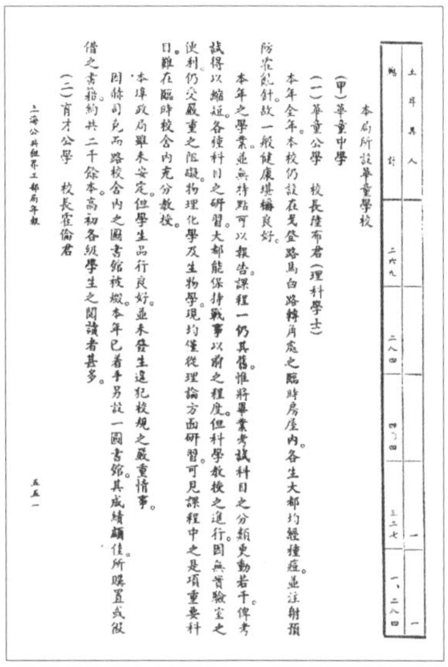
本局所設華童學校

總計	二六九	二八四	四〇四	三二七	一、二八四

(甲)華童中學

(一)華童公學　校長陸布君(理科學士)

本年全年。本校仍設在戈登路馬白路轉角處之臨時房屋內。各生大都均經種痘。並注射預防霍亂針。故一般健康堪稱良好。

本年之學業。並無特點可以報告。課程一仍其舊。惟將畢業考試科目之分類更動若干。俾考試得以縮短。各種科目之研習。大都能保持戰事以前之程度。但科學教授之進行。因無實驗室之便利。仍受嚴重之阻礙。物理化學及生物學。現均僅從理論方面研習。可見課程中之是項重要科目。難在臨時校舍內充分教授。

本埠政局雖未安定。但學生品行良好。並未發生違犯校規之嚴重情事。

因赫司克而路校舍內之圖書館被燬。本年已着手另設一圖書館。其成績頗佳。所購置或假借之書籍。約共二千餘本。高初各級學生之閱讀者甚多。

(二)育才公學　校長霍倫君

上海公共租界工部局年報　五五一

图1—41《华童公学》（选自《上海公共租界工部局年报》，1939年）

五月十日，本校参加各校常年运动会，名列第四，其能有此成绩，大都由于初级运动员之获得丙、丁两级锦标。

本年六月间毕业班人数之多，超过本校历来之记录，参加局设学校毕业会考之学生，不下四一名。春季学期告终时，预科秋季学期可收学生五〇二名。

秋季学期，于九月五日开学，六月间陈请入学者有二〇〇名，考试后录取一二二名，该学期共有学生五七〇名。入学之新生，及退学之旧生，均比平时为多，其原因大概为沪上居民流动之增多。

春秋两学期之上课记录，均至堪满意，惟教职员中有数人曾患重病，乃须于秋季学期中之重要时期内，聘用预备教员若干人。

本年一月间，本局工务处职员，曾往视察赫司克而路六三号之本校校舍，见该屋因附近地点之发生战事，而毁损极重，仅外部围墙尚存，内部之建筑已全被焚毁。

*资料来源:《华童公学》,《上海公共租界工部局年报》，1938年，第645、646页。

1939年华童公学概况[1]

（甲）华童中学

（一）华童公学　校长陆布君（理科学士）

本年全年，本校仍设在戈登路马白路转角处之临时房屋内。各生大都均经种痘，并注射预防霍乱针，故一般健康堪称良好。

本年之学业，并无特点可以报告，课程一仍其旧。惟将毕业考试科目之分类更动若干，俾考试得以缩短。各种科目之研习，大都能保持战争以前之程度，但科学教授之进行，因无实验室之便利，仍受严重之阻碍。物理化学及生物学，现均仅从理论方面研习，可见课程中之是项重要科目，难在临时校舍内充分教授。

本埠政局虽未安定，但学生品行良好，并未发生违犯校规之严重情事。

因赫司克而路校舍内之图书馆被毁，本年已着手另设一图书馆，其成绩颇佳，所购置或假借之书籍，约

1　原标题为《华童公学》。

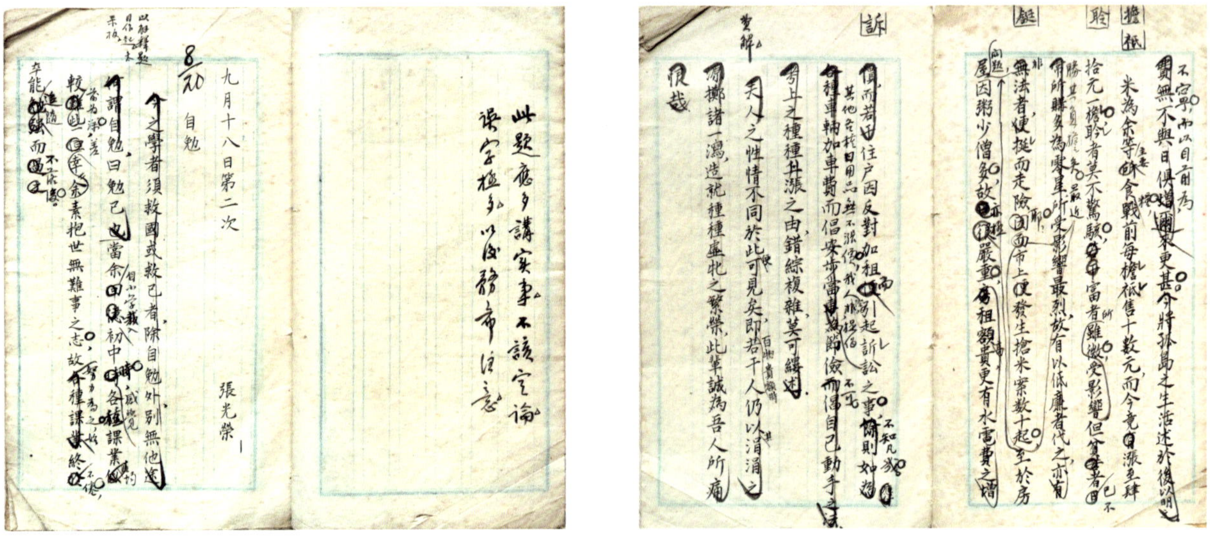

图1-42　1939年华童公学作文簿（学生作文摘选）

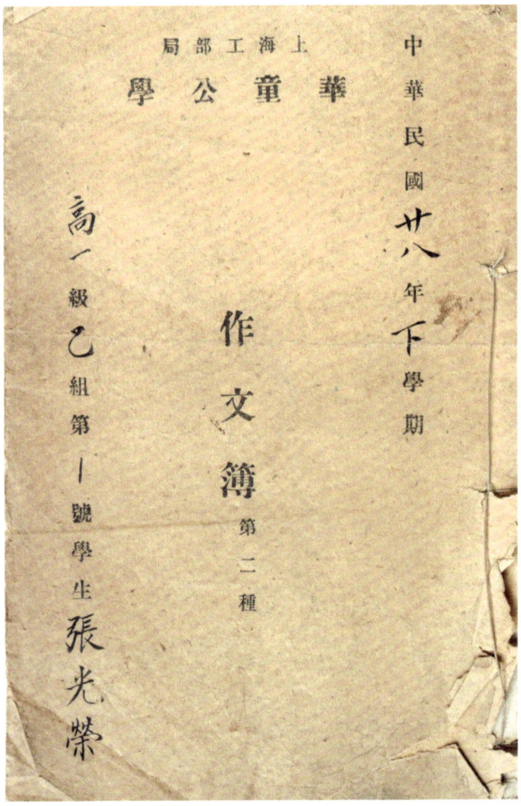

图1-43　1939年华童公学作文簿封面

共两千余本，高初各级学生之阅读者甚多（图1-41至图1-43）。

*资料来源：《华童公学》，《上海公共租界工部局年报》，1939年，第551页。

1941年华童公学概况[1]

本年两学期之学生人数，均为六百余名。除六月间有学生若干名，因阻于大水不能到校一二日外，全年之上课率，维持其高等标准。校中教授普通中学之课程，其时期为初中高中各三年，学生之六年毕业者，大都获得毕业证书。毕业生之继续在各大学肄业者，约居半数。其余投身于商界（图1-44至图1-46）。

*资料来源：《华童公学》，《上海公共租界工部局年报》，1941年，第142页。

1　原标题为《华童公学》。

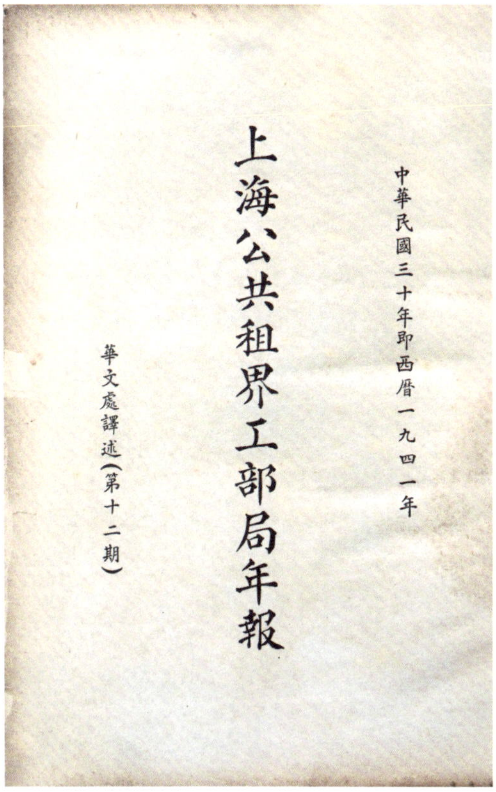

图1-44　1941年《上海公共租界工部局年报》封面

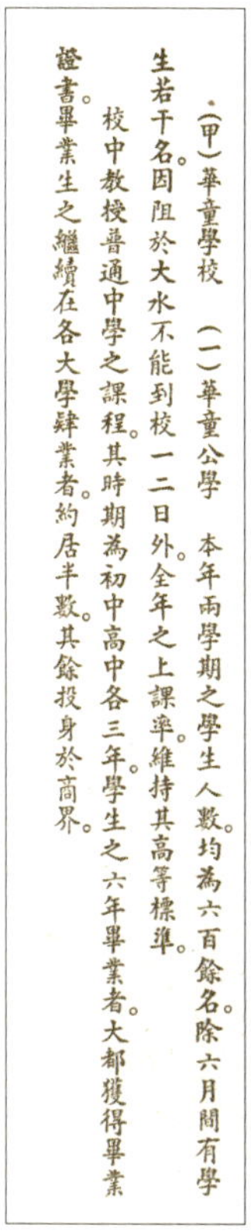

（甲）華童學校　（一）華童公學　本年兩學期之學生人數均為六百餘名。除六月間有學生若干名因阻於大水不能到校一二日外。全年之上課率維持其高等標準。

校中教授普通中學之課程。其時期為初中高中各三年。學生之六年畢業者。大都獲得畢業證書。畢業生之繼續在各大學肄業者。約居半數。其餘投身於商界。

图1-45　有关华童公学的记载（选自《上海公共租界工部局年报》，1941年）

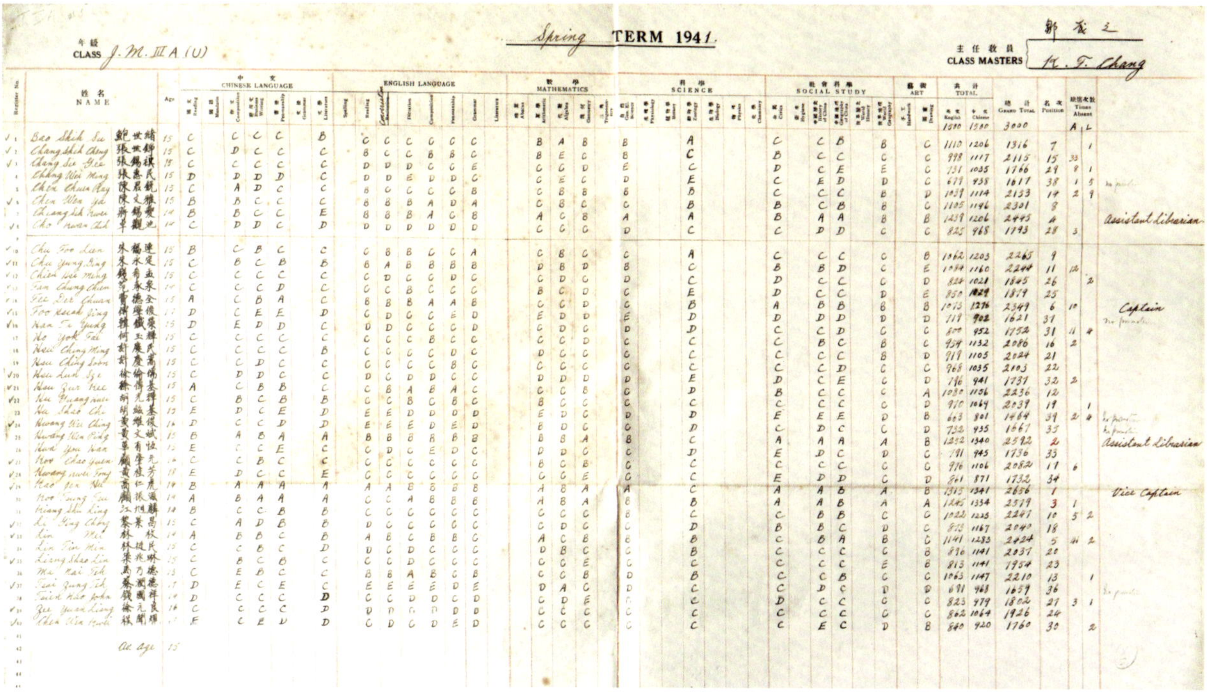

图1-46　华童公学1941年春季成绩单

三、《申报》等报道选摘

华童公学校友会募集国学优秀奖基金

定额五百元　鼓励肄业同学注重国学。

华童公学校友会，成立迄今，已有十一年矣。本届会长，为财政部秘书郭德华君。闻郭君自毕业该校后，曾留学海外，得有硕士学位，回国后觉母校对于国学方面，非常马虎，同学辈于毕业离校后，均感觉国学之不敷应用，爰于本届职员会议时，发起"募集国学优秀奖基金"一事，借以鼓励在校肄业同学之注意，兹录其劝募办法如下。

一、目标：此项基金之募集，专为鼓励母校同学，努力研求国学而设，其目标分为三端。

（1）鼓励研求国学之兴趣；

（2）提高国学修养之程度；

（3）联络新旧同学间之感情。

二、办法：基金额暂定五百元，如能增广，愈多愈佳。一俟募集成数，以之存储可靠之银行生息，存额五百元，以常年一分计，每年可得息金五十元，即以此项息金，购办奖品，分奖每年国文考试第一、二两名，书法考试第一一名，共三人。

三、基金保管：由校友中推举数人，会同母校教职员若干人，组织基金保管委员会，共同保管，此项基金，不得动用。

四、评判：由基金保管委员会，就校友会会员中推举数人，及外界专家若干人，会同母校教务长担任出题及评判事务。

五、捐数：并无限制，多多益善。

六、缴数：五月二十三日前，可暂交会计黄其刘君，通信处静安寺合群保寿公司。兹开由各会员分头劝募以来，将足定额。本星期六正午假座华安饭店八楼开第十一届常年大会时，当有正式报告发表云（图1-47）。

*资料来源：《华童公学校友会募集国学优秀奖基金》，《沪报》1931年5月19日，第2版。

华童公学革新种种

秋季始业，实行革新。

凡所教程，悉遵中国部令。

工部局发款设立之华童公学，创始于千九百零四年冬季，校舍起建于北火车站之克能海路。千九百二十九年夏，因原有校舍，改组为北区小学校舍，特迁往赫司克而路汉壁礼西童公学旧址。闻该校初开办时，只有学生五十余人，及后校誉日著，学生亦由一二百而增至现在之六百余。该校历届毕业生，均能胜任政界与社会上之繁剧工作，如现任之意大利公使诸昌年、实业部秘书许建屏、外交部驻沪办事员

華童公學校友會……募集國學優秀獎基金

拱埠妓女

图1-47 《华童公学校友会募集国学优秀奖基金》（选自《沪报》1931年5月19日，第2版）

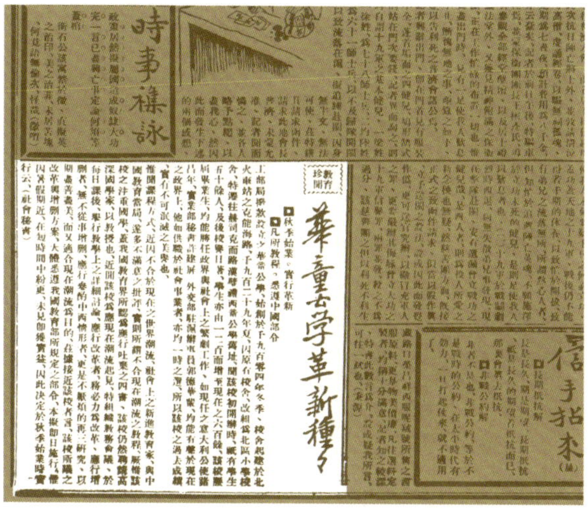
華童公學革新種種

時事襍詠

图1-48 《华童公学革新种种》（选自《新春秋》1932年6月30日，第2版）

郭德华辈，均能有声于现在之政界上，他如供职于社会事业者，亦均一时之选。所以该校之过去成绩，实有不可泯灭之美誉也。

惟闻课程方式，近因不合于现在之世界潮流，社会上之新进教育家，与中国教育当局，遂多不满意之批评，实则所谓不合现在潮流之教程，厥惟该校之注重国学，盖我国教育界所认为应行吐弃之四书，该校仍然聘讲高深国学家，以教授也。近闻该校为应现在潮流起见，特组织教务会议，于每日课后，举行教学上之详细讨论。应行改革者，务必力为改革；应行增删者，无不从事增删；应行参酌中西情形者，更是不厌烦的再三研究，以期尽善尽美，而又适合现在潮流为目的。兹据接近该校者言，该校所议之改革与增删方案，大体悉遵我国教育部所规定之部令，本拟即日施行，惟因暑假期近，在短时间中纷更，未见即获实益，因此决定于秋季始业时实行云（图1-48）。

*资料来源：《华童公学革新种种》，《新春秋》1932年6月30日，第2版。

华童公学筹备欢送校长

上海工部局所立之华童公学，创于西历一九〇四年，迄今已有二十八年之久，共收学生五千余人。其历史及学额，为工部局所立各公学冠，且有相当之声誉于上海各中校。该校校长康普，闻该校始创时，即由彼任校长，一至于今，明春为任满时期，将欲解职归国，故该校连日筹备欢迎，并着手进行编辑校刊。除纪念校长康普外，复有该校之历年校史课程□制运动景况，毕业成绩，教员之增加，学生之多寡，校友会之沿革，毕业生之近状，校友作品，个人略历，及其他各种图画摄影文字，尽量披露。并闻该校各处校友，已将其作品陆续寄往母校。其他未完之稿，已在催促中云。

*资料来源：《华童公学筹备欢送校长》，《申报》1932年11月30日，第13版。

华童公学昨午欢送校长回国，并举行三十周纪念

上海华童公学，因该校校长康普氏夫妇将行回国，特于昨午十二时假静安寺路华安人寿保险公司开会欢送，同时并举行该校三十周年纪念。到会者有该校校友会会长郭德华夫妇、上海工部局总董贝尔、市教育局长潘公展，交通大学校长黎照寰、圣约翰大学校长卜济舫博士、工部局教育总监黑雷、华委员袁履登、华安公司总董事欧佛夫妇、教授威尔逊小姐、毛斐持夫人、校长康普及校友会会员，各报社记者等百余人，由校友会会长郭德华任主席。开会后，首先聚餐，旋由主席致词，由工部局总董贝尔、圣大校长卜舫济博士，及市教育局长潘公展、交大校长黎照寰等相继演说，最后由校长康普答词 ，至下午三时半始散云（图1–49）。

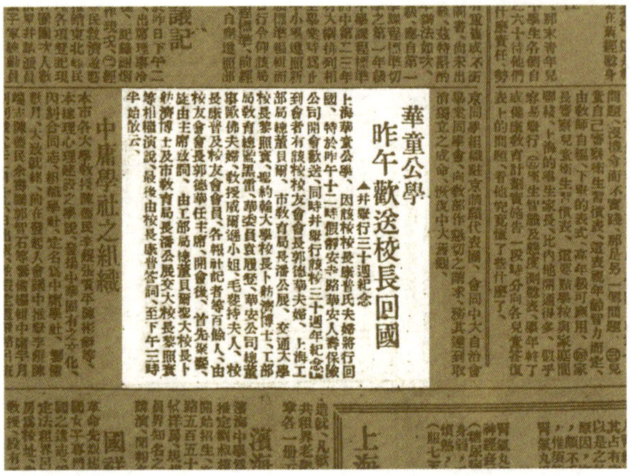

華童公學
昨午歡送校長回國
▲并舉行三十週紀念

上海華童公學、因該校校長康普氏夫婦將行回國、特於昨午十二時假靜安寺路華安人壽保險公司開會歡送、同時并舉行該校三十週年紀念、到會者有該校校友會會長郭德華夫婦、上海工部局總董貝爾、市教育局長潘公展、交通大學校長黎照寰、聖約翰大學校長卜舫濟博士、工部局教育總監黑雷、華委員袁履登、華安公司總董事歐佛夫婦、教授威爾遜小姐、毛斐持夫人、校長康普及校友會會員、各報社記者等百餘人、由校友會會長郭德華任主席、開會後、首先聚餐、旋由主席致詞、由工部局總董貝爾聖大校長卜舫濟博士及市教育局長潘公展交大校長黎照寰等相繼演說、最後由校長康普答詞、至下午三時半始散云、

图1–49 《华童公学昨午欢送校长回国，并举行三十周纪念》（选自《申报》1933年1月16日，第13版）

*资料来源：《华童公学昨午欢送校长回国，并举行三十周纪念》，《申报》1933年1月16日，第13版。

上年度（1932）工部局教育工作

预算独立经常费一三八百余两，补助华人私校八百一千五百两。

一九三二年度工部局所办之学校，计华童男女中小学共九所，西童者六所，此外有师范学校一所。战乱恢复后，秋季各华童学校，新生皆大见增加，即师范学校，亦突然发达。计此季华童公学生六九八名，育才公学四七一名，聂中丞公学五〇六名，格致公学五六名，女子中学三〇一名。……又西童各校共学生一五七六名。各校教员，计华籍一七三员，外籍一一一员。

*资料来源：《上年度工部局教育工作》，《申报》1933年3月28日，第11版。

华童公学举行国语演说竞赛会

赫司克尔路工部局立之华童公学，平时对于国语教育，极为认真，每届学期之末，均有演说会之举行，以资鼓励学生研习国语之兴趣。因昨该校特又特举行一大规模之全校演说竞赛会，由该校副校长林步基、国语教员祖雨人、裴惟森及黄建勋、陈葆藩、胡先雩诸教员分别担任评判职务。首先全体师生肃立唱党歌，向党国旗及总理遗像行三鞠躬礼，主席恭读遗嘱，静默三分钟。然后主席致开会辞，由与赛各学生，依次开始演说。竞赛计参加竞赛之学生四十余人，共分八组竞赛，结果优胜者为张家瑜、毛月

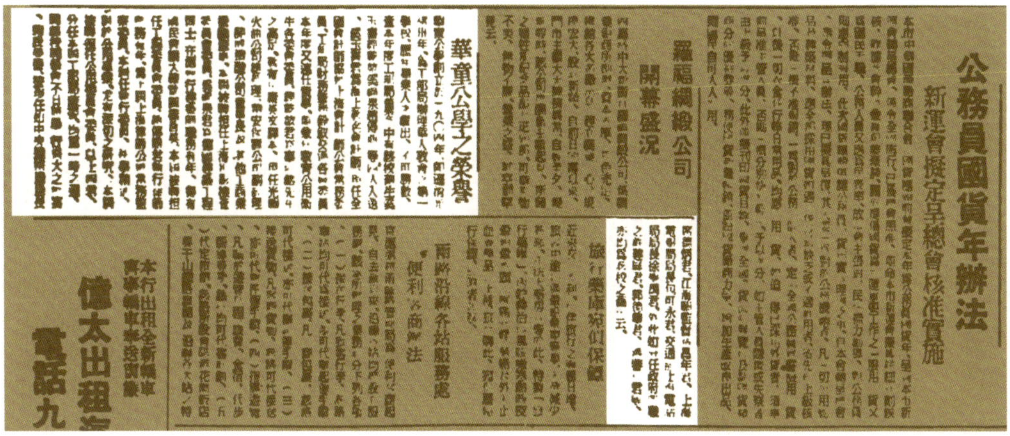
公務員國貨年辦法
新運會擬定呈總會核准實施
羅福綢緞公司開幕盛況
華童公學之榮譽
兩路沿線各站服務處便利旅客辦法
旅行乘車宜保險
偉太出租汽車

图1-50 《华童公学之荣誉》（选自《时报》1937年4月27日，第2版）

蟾、李修正。精神及秩序均极好云。

*资料来源：《华童公学举行国语演说竞赛会》，《申报》1934年6月20日，第13版。

华童图书馆捐赠坤范百科全书

本埠赫司克而路华童公学，近以图书馆订购新版大英百科全书一部，拟将旧版之百科全书约值洋六百余元，全部捐赠与沪上一较善之华人学校。自此项消息传出后，前往请求者颇不乏人。兹闻该校长经数度考虑，决捐赠与梅白格路坤范女中，业已通知该校派员领取云。

*资料来源：《华童图书馆捐赠坤范百科全书》，《申报》1934年10月30日，第14版。

华童公学之荣誉

华童公学创立于一九〇四年，即清光绪三十年，为工部局办理华人教育之第一学校。历年毕业人才辈出，不可胜数，查本年度工部局董委中，有该校旧生奚玉书、经乾堃、奚福泉、赵传鼎等四人入选。奚玉书君为海上著名会计师，现任全国会计师协会上海会计师会委员，本年度又连任董事，并兼任教育公用卫生各委会委员。经乾堃君为辜鸿铭先生之高足，著有《中庸》英文译本，现任光华火油公司总经理、华安保寿公司副经理、开成造酸公司董事长，及其他工商业机关董事，本届被聘担任上海电影检查委员会委员。奚福泉君为德国建筑工程博士，在沪执行建筑师职务有年，得有国民会议大礼堂图样首奖，本届被聘担任工程委员会委员。赵传鼎君执行律师职务有年，为上届上海律师工会常务监察委员，本届任执行委员，法学精通，对于公用事业尤有深切之研究，本届被聘担任公用委员会委员。以上四君分任本届工部局董委，均属一时之选，闻该校同学会不日将举行盛大之欢宴，藉表荣誉，按现任如中央造币厂厂长席德炳君、江海关监督诸昌年君、上海电报局局长包可永君、交通部上海电话局局长徐有禹君

上海華童公學

上海赫司克而路工部局立華童公學、對於功課、素來嚴緊、且多符合教育部規定之課程標準、故每屆參加市社會局畢業會考及格者頗多、昨日(二十九日)上午十時舉行畢業典禮、行禮如儀、唱國歌後、校長羅白請萬國商團中華隊長徐通浩先生發給獎品、林步基演說、本屆畢業生約二十人、由代表薛君仁吳逢捷答詞、餘興有徐孝信韓中傑韓中英等音樂及口琴奏技、

图1-51 《上海华童公学》(选自《申报》1937年6月30日，第12版)

外，此如分任政府要职之许建屏君、郭德华君、潘蕃生君等，亦均为该校之旧生云(图1-50)。

*资料来源:《华童公学之荣誉》,《时报》1937年4月27日，第2版。

上海华童公学

上海赫司克而路工部局立华童公学，对于功课，素来严紧，且多符合教育部规定之课程标准，故每届参加市社会局毕业会考及格者颇多。昨日(二十九日)上午十时举行毕业典礼，行礼如仪，唱国歌后，校长罗白请万国商团中华队长徐通浩先生发给奖品，林步基演说。本届毕业生约二十人，由代表薛君仁、吴逢捷答词，余兴有、徐孝信、韩中杰、韩中英等音乐及口琴奏按(图1-51)。

*资料来源:《上海华童公学》,《申报》1937年6月30日，第12版。

工部局遭日方压力，出售公共产业(华童公学)

西童男校与华童公学均于最近出售于日方。英文《大美晚报》云：工部局在苏州河北岸之产业，因其管理权受日方之限制，致被迫放弃许多产业，不仅以种种屋宇出租予日方，今且以北四川路之西童男校与赫司克尔路之华童公学两校址，售予日人矣。记者以局方放弃此等产业之范围叩询工部局总裁，据出示已备就文告如次。

日军占据公共租界之苏州河以北区域，继对工部局当局在该区之行政管理，加以限制，致使该区之局方产业，多数不能且不值继续办理。日当局既要求利用局方之数处产业，工部局乃许其暂时占用，但系向有关当局租赁者，故日方承认业主为工部局而偿付足额之租金，且租赁者负有维持屋宇完整与纳税之责任。出租予日方者，大多为苏州河以北前充学校与医院之屋宇。盖工部局发觉此等学校与医院，今已难以经营也。宰牲场之出租，亦在考虑中。工部局前设苏州河以北之医院若干所，经局方之许可，今改成日方医院，以照料人数大增之日侨。故日本居留民协会医药部，已迁入废弃不用之海宁路工部局隔离医院。

苏州河以北之工部局产业，已有两处完全售予日当局，但该两处产业之处理，工部局认为乃公共租界一般之利益。该两处产业为北四川路之西童男校，与赫司克尔路之华童公学旧址，其建筑物已毁于炮火。

*资料来源:《工部局遭日方压力，出售公共产业》(涉及华童公学校址),《申报》1939年11月28日，第8版。

第四节　动荡岁月中的华童公学

说明："在近代中国社会新旧教育更替与知识转型的大变局之下，新式学生群体的崛起是一股不容忽视的改造社会势力。一方面，他们深受西式教育与西方文化之洗礼而被誉为新时代的'骄子'；另一方面，又因掌握新知利器而对沉疴累累的社会旧制颇多不满，时欲掀起学运与学潮，以图革新，而被视为旧社会之'叛逆'。"[1] 1919年至1937年间，正是中国社会的动荡时期。在历史的大变局中，华童公学自然无法独善其身，也无法置身于世外。而作为上海公共租界工部局设立的学校，因其办学的特殊性，华童公学的师生积极参与到爱国抗争运动之中，他们的表现便格外引人注目。在校事、国事、天下事的复杂交织中，华童公学度过了它的风雨岁月，这也是那个时代的缩影。

五四运动时期的华童公学[2]

帝国主义者以为在华童公学这所被他们严密控制的学校里，将会培养出俯首帖耳地为他们服务的，铲除了"排外偏见"的"中西贯通人才"。然而与帝国主义者的愿望相反，华童公学的绝大多数学生是爱国的，他们利用学校的条件，勤勉刻苦，渴望以学问报效祖国。也有不少学生忧国忧民，探索国家富强、民族振兴的道路。他们曾用种种方式反抗帝国主义的歧视、压迫和奴化教育，表现出民族自尊心。有一次，学校组织全体师生拍照，欢送某英国牧师回国。拍照时前排座位都是外国人，而中国师生只能站在后排陪衬，于是中国师生个个都以横眉怒目面对相机，表示愤怒和抗议。这张照片以后终究没有在校内挂出来。

1919年中国爆发了伟大的五四运动。爱国运动的汹涌浪涛激动着长期受到帝国主义歧视、压迫的华童学生，沉寂的华童校园也开始动荡了，一向把学生限制在课堂和书本上的校规再也压制不了我校同学。

5月8日、9日下午，上海四十多所大中学校代表在复旦大学集会，商谈筹组上海学生联合会，我校学生会派代表参加会议。各校代表一致认为值此"国势垂危之时，吾学子有联合之必要"。5月11日上海第一个学生联合会诞生了，当天即发表宣言，声讨卖国贼，声援北京学生，并专电巴黎中国公使馆转各专使："青岛问题请以死争，否则以颈血溅诸公！"

5月31日，全市学生界在西门外体育场举行追悼郭钦光烈士大会。我校一些同学和八十余校同学在一起，听了北京学联杨健民、北大许德珩的演说，大家对在五四运动中牺牲的郭烈士深表敬佩，决心踏着烈士的血迹前进，会后举行了游行。

6月3日，北洋军阀政府在北京大规模逮捕爱国学生，激起了全国人民的更大愤怒。6月4日我校同

1　参见马学强、潘红星主编：《诚朴是尚：从澄衷蒙学堂到上海市澄衷高级中学（1900—2020）》，商务印书馆2020年版，第59页。

2　此标题为整理者所加。

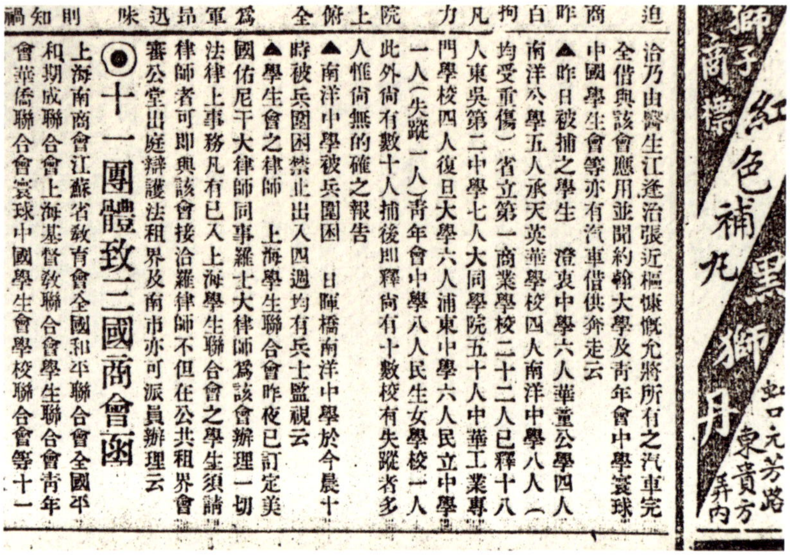

迫 商 昨 白 拘 凡 力 院 上 俯 全 爲 軍 昂 迅 味 則 知 禍

洽乃由醫生江逢治張近樞慷慨允將所有之汽車完全借與該會應用並聞約翰大學及青年會中學寰球中國學生會等亦有汽車借供奔走云

▲昨日被捕之學生　澄衷中學六人華童公學四人南洋公學五人承天英華學校四人南洋中學八人(一均受重傷)省立第一商業學校二十二人已釋十八人東吳第二中學七人大同學院五十人中華工業專門學校四人復旦大學六人浦東中學六人民立中學一人(失蹤一人)青年會中學八人民生女學校一人此外尚有數十人捕後即釋尚有十數校有失蹤者多人惟尚無的確之報告

▲南洋中學被兵圍困　日暉橋南洋中學於今晨十時被兵圍困禁止出入四週均有兵士監視云

▲學生會之律師　上海學生聯合會昨夜已訂定美國佑尼干大律師同事羅士大律師爲該會辦理一切法律上事務凡有已入上海學生聯合會之學生須請律師者可即與該會接洽羅律師不但在公共租界會審公堂出庭辯護法租界及南市亦可派員辦理云

◉十一團體致三國商會函

上海南商會江蘇省教育會全國和平聯合會全國平和期成聯合會上海基督教聯合會學生聯合會青年會華僑聯合會寰球中國學生會學校聯合會等十一

图1–52　1919年6月6日《申报》第12版报道《昨日被捕之学生》，其中华童公学有4人

学向英国校长要求加入上海学生联合会，遭到蛮横拒绝。6月5日，上海纺织、印刷、机器、建筑、交通等各行业工人和广大手工业工人、商店店员举行罢工、罢市，加上学生罢课，全市性的“三罢”斗争开始了。当天，我校学生会决定发动学生罢课，并与各校同学联络。下午，上课钟响了，全校学生不是进课堂，而是奔向操场，聚集起来。学生会会长金菊生等发表演讲后，学生高呼口号抗议卖国贼，并要求校方支持学生罢课。英国校长拒绝了学生的要求，并命令教员阻止。这时，学生们更是群情激昂，于是全校学生不顾恐吓和拦阻，冲开了校门，投入了伟大的反帝斗争的洪流。校方不得不宣布放假一周。据1919年5月7日《新闻报》报道：“华童公学学生对于青岛问题本极愤慨，自商界罢市后各生以时局至此，不起而挽救宁不受人唾骂！午间学生开紧急会议，即日下午全班四百五十人一律罢课，与各校联络进行共救时艰。”《申报》也在同一天报道了华童公学学生罢课的消息。

6月5日，我校罢课后，不少同学结队到街头宣传、演讲，散发传单，有的同学遭到军警的殴打和逮捕。6月6日《申报》报道了华童公学有四名学生被捕的消息。据《新闻报》报道，6月5日“各校学生分队出发至城内外演讲，途军警森严如临大敌，捕去百余人。学生神色不变，慨然行。未被捕者继续演讲舌敝唇焦不畏强暴，爱国热忱令人走敬”（图1–52）。

据上海公共租界工部局警务处档案记载，1919年6月7日，华童公学罢课学生联络了工部局所办的另外三所学校（育才公学、格致公学、聂中丞公学）的罢课学生，联合致函工部局，发出罢课声明。声明中说：“我们决定停学和参加罢工以示一致抗议中国的恶棍。……值此危急的时机，我们无心再求学，很难自制地不去打断敌人的侵略的魔爪，于是也可以打倒在远东的黩武主义了。我们必须牺牲所有的时间和金钱来挽救我们的国家，我们要贡献自己的一切为有益于我们的国家……假使我们——中国的基石不去完成对他们有利的工作的话，这是耻辱，对我们永远是耻辱，我们决定一致停学而去做一个真正的中国国民所应该做的事”。我校同学的罢课坚持到6月下旬。在全国人民的反对和压力下，北洋军阀政府被迫罢免了曹汝霖、章宗祥、陆宗舆三个卖国贼，出席巴黎和会的中国代表团也拒绝在和约上签字。

五四运动宣告了中国旧民主主义革命的结束和新民主主义革命的开始。我校同学在这场汹涌澎湃的爱国运动中，作出了自己的贡献，受到了深刻的教育和锻炼。尽管后来工部局继续打击、镇压我校同学的爱国运动，开除了发动罢课参加斗争的同学，然而更多的同学开始关心国家命运，同情人民的疾苦。1920年武汉等地发生水灾，千万百姓流离失所，我校学生会发起全校师生捐款赈济难民，捐款由华洋义赈会发放。

*资料来源：晋元中学校史组编：《校史述略》，程卫军执笔，载《晋元中学》（建校80周年纪念专刊，1904—1984年），第6—9页。

華童公學之罷課風潮

图1-53 《华童公学之罢课风潮》（选自《振胜日报》1919 年5月13日，第3版）

华童公学之罢课风潮

人心不死　克能海路华童公学学生于五月七日要求监学西（人）加入国民大会，当被阻止，诸生已怒蕴心头，然八日仍然照常上课。监学向众宣言诸生在本校读书，则凡中国事宜，均不许干预，违者定须斥退，众心愤激于国耻纪念日，本科全体学生及预科头二班一律罢课，后事如何查明续志（图1-53）。

*资料来源：《华童公学之罢课风潮》，《振胜日报》1919 年5月13日，第3版。

五卅运动时期的华童公学[1]

1925年5月15日，上海发生了日本内外棉七厂资本家枪杀中国工人、共产党员顾正红，并打伤十余名工人的流血事件。5月28日，在青岛又发生日本帝国主义和中国军阀镇压中国工人罢工的“青岛惨案”。屠杀事件接连发生，激起了中国人民的无比愤怒。

5月28日晚上，中共中央在上海召开紧急会议，讨论并通过了《扩大反帝运动和组织“五卅”大示威》的决议。

5月30日，工人和学生聚集到租界各条马路上演讲，散发传单，张贴出标语漫画。“打倒帝国主

1　此标题为整理者所加。

图1-54　1925年5月31日《申报》第13版报道“五卅运动”

图1-55　中国共产党创办的《热血日报》1925年6月4日《发刊辞》

义！”“为顾正红报仇！”“废除不平等条约！”等口号声响彻云霄。帝国主义出动巡捕殴打、逮捕、镇压示威群众。下午，南京路上的老闸捕房里已关进二百余人，成千上万的群众齐集在老闸捕房前，强烈要求“立即释放被捕的中国人”。这时英捕头调集巡捕对赤手空拳的群众疯狂开枪屠杀，南京路上鲜血满地、死伤枕藉，惨不忍睹，这就是震惊中外的“五卅惨案”。

惨案发生，全市人民无比激愤，中共中央当晚在上海召开紧急会议，决定发动全市人民罢工、罢市、罢课，并把反帝运动扩展到全国去。上海学联当晚也召开紧急会议决定继续组织学生斗争。5月31日在蔡和森、李立三、刘华等领导下，成立了上海总工会，并决定全市总罢工（图1-54）。

南京路发生惨案的消息也迅速传到我校，帝国主义严密控制的华童校园又一次掀起了斗争的浪潮。第二天（5月11日），正好是星期日，我校许多学生到南京路等主要道加入了工人、学生的宣传示威。

6月1日，我校许多同学一清早就来到学校，以毕业学生为主体，三五成群自动聚集起来讨论，校园里充满了对帝国主义暴行的愤怒和对同胞遭屠杀的悲痛。毕业班同学时召开会议，一致决定发动我校同学行动起来，参加全市“三罢”斗争。

学生推举正科六班（毕业班）蓝文俊为我校临时学生的主持人，召集全校学生宣布罢课。这时候英国校长和外教员还没有上班。蓝文俊奋力敲响了学校的大钟。钟声激着同学们的心，大家从楼上楼下各个教室涌到大操场。蓝文俊代表临时学生会向群情激昂、热血沸腾的同学发表了讲演，他说：“这次惨案发生后，全市的工人、商界、学生举行罢工、罢市、罢课，抗议帝国主义的暴行。我们学校是由工部局办的，英国巡捕屠杀同胞，我们能无动于衷么？”他讲话慷慨激昂，同学们高呼口号：“打倒帝国主义！”“罢课抗议暴行！”接着宣布全体罢课。散会后，同学们涌出门，回家等候学生会的通知，毕业班同学分头出发，去联络育才、格致、聂中丞三校同学，以便四公学团结一致响应罢课，同时，临时学生会决定加入上海学联，蓝文俊代表我学生会参加了上海市学生联合会的联席会议。

熱血日報
第念二期　十四年六月念五日
我們的目的
全國大示威的意義
奉軍保護滬東工會？
中國人不能受外國人統治
中國的上海歸中國人管理

图1-56《热血日报》（1925年6月25日）

6月2日，校方向学生家长发出通知，限令学生即日回校上课。

据1925年6月4日《申报》报道，6月3日上午9时，我校学生会在（克能海路）大埔旅沪同乡会邀集育才公学、格致公学、聂中丞公学代表开联席会议，商议四公学罢课办法。参加会议的代表，我校有20余人，育才公学10余人，聂中丞公学3人，格致公学1人。会议开始，各校公推我校作为主席，经过讨论，大家一致决定：罢课期间散发传单，劝解各界为学界之后盾；由各校每班代表通知学生家长，对于各公学校长所发限令学生上课之通知书，一律提出抗议，待事件解决后，再行上课（图1-55）。

我校同学罢课后在上海学联领导下，积极参加反帝爱国活动，散布传单，张贴标语，街头宣讲，示威游行并在校内外发动募捐，支援接济罢工工人。据1925年6月22日《申报》载《上海学生联合会募捐十七日报告》中记载：“华童公学代募洋一〇九一元，小洋五百四十八角，铜元二十七枚。”

6月10日下午，上海工商学联合会在西门体育场召开十万人的市民大会，并举行游行。我校同学冒着烈日酷暑，参加集会游行，抗议帝国主义暴行，大家臂缠黑纱，以表示对“五卅惨案”中死难同胞的哀悼，见1925年6月12日《申报》。

6月30日上海市民20万人在西门体育场，举行追悼大会，哀悼在“五卅”“六一”“六二”等日牺牲的31位烈士。参加这次追悼会的有工商学各界三百多个团体，我校学生参加了这次集会，见1925年7月1日《民国日报》（图1-56）。

帝国主义列强对中国人民的英勇反抗进行血腥镇压，英、日、美、法、意等国的军舰在黄浦江上进行恫吓，“万国商团义勇队”荷枪实弹，耀武扬威。工部局发出布告，我校提前放暑假，并让外国军队开进校园。据1925年7月29日《申报》报道，意大利海军陆战队约有两个排，驻扎在我校，并在操场上操练，校门口也有荷枪实弹的小兵两名守卫。

学校当局对发动我校罢课的毕业班学生的毕业问题不了了之，等于变相开除。后来蓝文俊的父亲面

图1-57　华童公学校长H. B. Lobb（1932—1941年在任）（选自《华童公学校刊》第七期，1937年刊印）

见校长要求校方签发学历证明，也遭到拒绝。

*资料来源：晋元中学校史组编：《校史述略》，程卫军执笔，载《晋元中学》（建校80周年纪念专刊，1904—1984年），第9—12页。

从"一·二八"到"八一三"[1]

（20世纪）20年代末，我校校舍已不能满足租界的华人子弟的求学要求。而工部局也不愿增设学校。于是，1930年，我校到赫司克而路63号（现虹口区中州路）。该校址原先是汉壁礼西童学校，校舍条件比较好，教学楼为四层楼房，可容学生七百余人。1930年2月在新址开学时，学生人数由466人增至510人，第二年又增加到650人。

1931年9月18日，日本帝国主义发动了侵占我国沈阳的"九一八"事变。大敌当前，激起了上海人民的抗日怒朝，学生罢课，工人罢工，要求国民党政府对日宣战。

1932年1月28日，日本帝国主义又发动了侵犯上海的"一·二八"事变。日机对吴淞等地狂轰滥炸。我校逼近战区，枪炮声清晰可闻，时时受到战火威胁，许多学生不能来上课，学校被迫暂缓开学。后来与格致公学协商，每天借该校上课半日，直到四月底五月初才迁回赫司克而路。经战乱动荡，学生减少到394人。

日寇对我人民的屠杀，对我国土的蹂躏，激起我校同学的极大愤慨，许多同学画漫画，写文章，发表演讲，揭露日寇侵略罪行，激励爱园斗志。学校当局仍以学生不得干预外事，不得荒废课业等校规压制打击中国学生的爱国热忱，从而更激起了广大同学对帝国主义的仇恨。有的同学清早趁外国教员还未上班时，在黑板上画漫画，写爱国诗句和抗日口号，同学们看了都拍手叫好。等到上课，这些漫画仍留在黑板上，外国教员查问是谁画的，没有一个同学回答。后来有一个同学画漫画被英国教员发现遭到殴打。

1932年英国校长康普回英国去了，工部局任命英国人罗白任华童公学校长。以后学生中把康普、罗白，还有当时英籍教务长马孚铎三人的名字连在一起，称为"江北罗卜卖勿脱"，以示对帝国主义的蔑视（图1-57）。

1　此标题为整理者所加。

1937年，日本帝国主义在侵占平津之后，又于8月13日发动对上海的大举进攻，“八一三”淞沪抗战爆发。日寇对市区狂轰滥炸，我校校舍遭到炮火袭击，教学楼严重损坏，地板烧焦，操场上也有巨大的弹坑，学校被迫关闭。后来商借四川路青年会上课半年之久。

1938年，我校迁到戈登路（今江宁路）、马白路（今新会路）口，该处校舍原是一幢三层楼住宅，缺少较理想的活动场地。据1939年工部局教育处报告，我校原赫司克而路校舍，被工部局出售。以后，日寇在那里设立第六日本国民学校。抗战胜利后，国民党曾在那里作兵营，以后为国立商学院借用。

“八一三”抗战打了两个多月，蒋介石下令全军撤退。八十八师二六二旅五二四团团副谢晋元率领八百壮士，掩护退却，坚守在闸北四行仓库。他们抱着与阵地共存亡的决心，以数百战士，弹丸之地，抗拒日军数万人，毙敌二百余人，出现了许多可歌可泣的动人事迹，一时名驰中外，振奋了人民的抗日斗志。八百壮士同日寇对峙四昼夜，奉命退入租界，竟被租界当局解除武装，拘禁于沪西胶州路一块数十亩的空地上，被人称为“孤军营”（图1-58至图1-60）。

我校学生对于谢晋元和八百壮士抗击外侮的爱国精神十分敬佩。当时，我校是沪西地区唯一的一所市立中学，且离孤军营较近，因此常有我校学生到孤军营慰问，学生也曾组织与八百壮士联欢，双方结下了深厚的情谊。“八一三”一周年时，为了抗议租界当局阻挠在孤军营内升国旗，谢晋元率领八百壮士绝食，我校学生前往孤军营声援、慰问，并勉以为国珍重，停止绝食。1939年，我校高中毕业生马仲蔚还主动到孤军营

图1-58　谢晋元率八百壮士扼守四行仓库

图1-59　英文《大美晚报》图片：八百壮士坚守的四行仓库（1937）

图1-60　《四行仓库的光荣战迹》（选自《良友》1941年第166期）

图1-61　孤军退入租界时，沿路民众热泪欢迎（选自《良友》1941年第166期）

为谢晋元作英语翻译。1941年4月24日谢晋元遇害，上海各界人士30万人前往吊唁，素衣白马，途为之塞。我校学生的吊唁队伍，以军乐队为前导，引人注目（图1-61）。

*资料来源：晋元中学校史组编:《校史述略》，程卫军执笔，载《晋元中学》（建校80周年纪念专刊，1904—1984年），第12—14页。

第五节　声名鹊起

一、华童公学概况

1934年华童公学概况

总纲　本校系上海工部局教育部所设立以造就公共租界内居民之子弟成为中西贯通人格健全而能适应社会需要之人才。

本校校址坐落北四川路老靶子路西赫司克而路六十三号校舍，可容学生约七百五十人。

本校设高中初中各三年，预科二年。

家长与保护人欲详悉本校历史者，可参阅本校第一期校刊。

收生　凡投考本校学生须先向书记室索取报名单详细填写，并贴最近二寸半身照片一张送交本校。

投考预科者，年龄须在十四足岁以下，并曾修毕初小课程；投考初中者，年龄须在十五足岁以下，并曾修毕高小课程。

凡考试及格学生，本校按其报名之先后分插于各班至额满为止。

学生父母或保护人须与学校合作训导子弟。

入学考试　每学期结束后即举行下学期新生考试，题为国文常识、英文、数学等科。投考预科一年级者，不必考英文。

倘家长必欲其子弟考入指定之班次者，须于报名单上注明。

学费　录取新生须先付保证金十元于学校，余款于开学前送交北四川路蓬路口上海银行虹口分行代收。

学费数目列下：

一人　每学期四十八元

嫡亲兄弟二人　每学期七十六元八角

嫡亲兄弟三人　每学期一百元零八角

嫡亲兄弟四人　每学期一百廿八元

倘学生有嫡亲兄弟或者姊妹肄业于工部局其他中学，其学费亦得折扣。

每人每学期书籍文具之费平均约需十二元；每人每学期须缴体育音乐图书校刊费二元。

修业时间　修业期间秋季自九月至一月，春季自二月至六月，星期六星期日与学校例假日停课。

凡上课日，各生上午须于八时四十分，下午须于一时四十分齐集操场整队入校。上午十一时四十五分，下午四时十五分散课。

校服　学生在校时须戴校帽，着蓝衫（夏季可着白衫），平时不许穿运动鞋。

户外运动时须穿运动制服（校帽与运动制服可向本校购买）。

普通校帽之顶加一白圈。惟高级学生之被委为学长者，其帽顶则加一红圈以资识别。

疾病　倘学生本人或家人沾染下列各种传染病之一，即须报告校长，且须经校长认为无传染危险之后方可来校。各种传染病列下：

痧子　风痧　痢疾　白喉

水痘　天花　癣疥　痄腮

重伤风　伤寒症　小伤寒　猩红热

烂耳朵　红眼睛　天疱疮　鹭鸶咳

凡眼力不足者，须请医生诊治或配置眼镜。

本校备有午膳与贩卖室，由负责人员管理。茶汤于休息时由学校供给，茶杯各生自备。

成绩报告　本校每学期结束时将学生各种成绩报告于家长，成绩等第表示该生与同级或同组其他学生之比较，各科等第分别如下：

A　超等

B　上等

C　中等

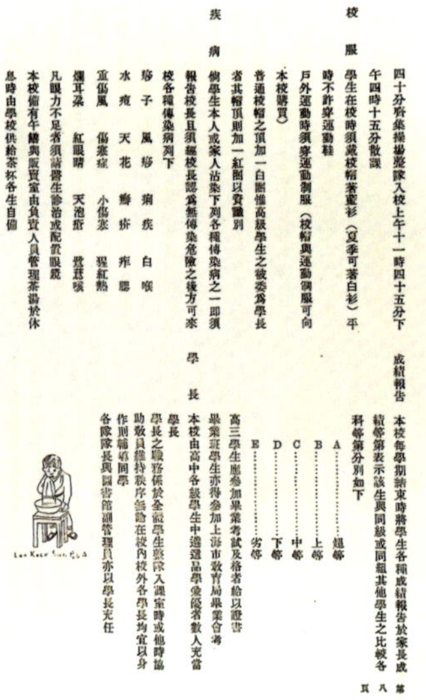
四十分齊集操場整隊入校上午十一時四十五分下
午四時十五分散課
校服 學生在校時須戴校帽著藍衫（夏季可著白衫）平
時不許穿運動鞋
戶外運動時須穿運動制服（校帽與運動制服可向
本校購買）
普通校帽之頂加一白圈惟高級學生之被委爲學長
者其帽頂則加一紅圈以資識別
疾病 倘學生本人或家人沾染下列各種傳染病之一即須
報告校長且須經校長認爲無傳染危險之後方可來
校各種傳染病列下
痧子 風痧 痢疾 白喉
水痘 天花 瘧疾 痄腮
重傷風 傷寒症 小傷寒 猩紅熱
爛耳朵 紅眼睛 天泡瘡 鷺鷥咳
凡眼力不足者須請醫生診治或配置眼鏡
本校備有午膳與販賣室由負責人員管理茶湯於休
息時由學校供給茶杯各生自備

成績報告 本校每學期結束時將學生各種成績報告於家長成
績等第表示該生與同級或同組其他學生之比較各
科等第分別如下
A……超等
B……上等
C……中等
D……下等
E……劣等
高三學生應參加畢業考試及格者給以證書
畢業班學生亦得參加上海市教育局畢業會考
學長 本校由高中各級學生中遴選品學兼優者數人充當
學長
學長之職務係於全體學生整隊入課室時或他時協
助教員維持秩序無論在校內校外各學長均宜以身
作則輔導同學
各隊隊長與圖書館副管理員亦以學長充任
第八頁

图1-62《华童概况》（选自《华童公学校刊》第四期）

D 下等

E 劣等

高三学生应参加毕业考试，及格者给以证书。

毕业班学生亦得参加上海市教育局毕业会考。

学长 本校由高中各级学生中遴选品学兼优者数人充当学长。

学长之职务系于全体学生整队入课室时或他时协助教员维持秩序，无论在校内校外，各学长均宜以身作则，辅导同学。

各队队长与图书馆副管理员亦以学长充任（图1-62）。

*资料来源：《华童公学校刊》第四期，1934年刊印。

华童公学中文课程概要

本校中文课程于前年秋季改组，各科教材与实施方法悉遵照民国廿一年十一月部颁课程标准办理。兹将各科内容略述如下：

国文课程分阅读、说话、作文、书法、文法、文学应用文等科，阅读又分精读（占时四分之三）与略读（占时四分之一），精读书每学期读毕一本，略读书每学期至少应读两本。

阅读教学注重讲解与笔记，随时呈缴教员检阅。精读教材之尤者，教员酌选数篇，令学生默写或背诵。

说话课程自小五起至初二止，教学纯用国音，低年级兼授注音符号。全校各级，每学期举行国语演说竞赛一次，以资鼓励。

各级每星期作文一次，小学用白话文，初中白话文、文言并用，高中则注重文言。小学与初中课艺每经教员改正后，须誊清一次。

小学与初中学生每周须写大小楷各一次，另加课外作业若干页。高中书法在课外练习，每星期呈缴教员检阅。各级学生均须按其性之所近，备帖临摹。每届学期末举行书法比赛一次。

应用文教学注重书札契，据章程广告及普通公文程式之征集与仿作。

自然课程小学读自然卫生，初一读生理学，初二读植物学，初三读动物学，高一、二读生物学（数学理化等科列于英文课程）。各科教学除采用相当课本外，注重参观实验、采集与记载。

公民课程自小五起至初三止，教学要点除采用相当课本外，注重个人家庭、学校、社会各方面生活之训练，俾学生能身体力行，成为健全之公民。高中则研究社会科学各种问题。

史地课程自小五起至高三止，高中历史注重近世史与现代史，高中地理注重本国农业工商业之发展与总理实业计划。

小学尚有珠算一科与笔算联络互相参证。

总而言之，本校中文课程于可能范围内，无不力求完善，以期符合部颁标准而实现本校造就人才之至意也。

*资料来源:《华童公学校刊》第四期，1934年刊印。

选摘部分档案、照片

图1-63　华童公学校园（选自《华童公学校刊》第一期）

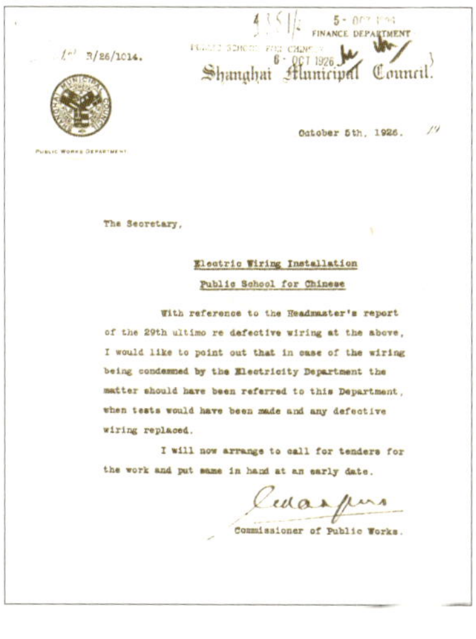

4351/2　5-OCT 1926
FINANCE DEPARTMENT

PUBLIC SCHOOL FOR CHINESE
6-OCT 1926

1st 3/26/1014.

Shanghai Municipal Council.

PUBLIC WORKS DEPARTMENT

October 5th, 1926.

The Secretary,

Electric Wiring Installation
Public School for Chinese

With reference to the Headmaster's report of the 29th ultimo re defective wiring at the above, I would like to point out that in case of the wiring being condemned by the Electricity Department the matter should have been referred to this Department, when tests would have been made and any defective wiring replaced.

I will now arrange to call for tenders for the work and put same in hand at an early date.

Commissioner of Public Works.

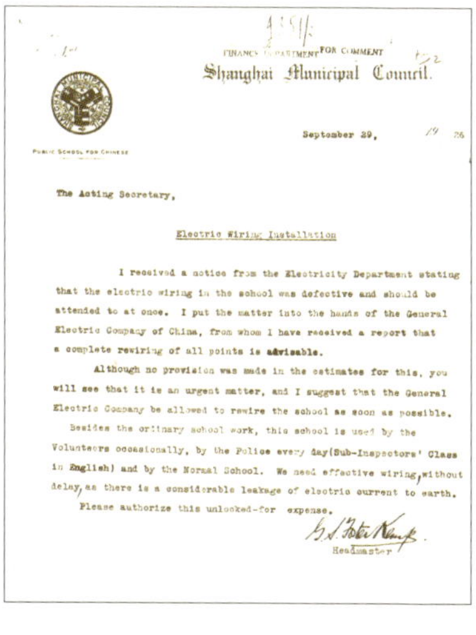

4351/2

FINANCE DEPARTMENT FOR COMMENT

Shanghai Municipal Council.

PUBLIC SCHOOL FOR CHINESE

September 29, 1926

The Acting Secretary,

Electric Wiring Installation

I received a notice from the Electricity Department stating that the electric wiring in the school was defective and should be attended to at once. I put the matter into the hands of the General Electric Company of China, from whom I have received a report that a complete rewiring of all points is advisable.

Although no provision was made in the estimates for this, you will see that it is an urgent matter, and I suggest that the General Electric Company be allowed to rewire the school as soon as possible.

Besides the ordinary school work, this school is used by the Volunteers occasionally, by the Police every day (Sub-Inspectors' Class in English) and by the Normal School. We need effective wiring, without delay, as there is a considerable leakage of electric current to earth.

Please authorize this unlooked-for expense.

Headmaster

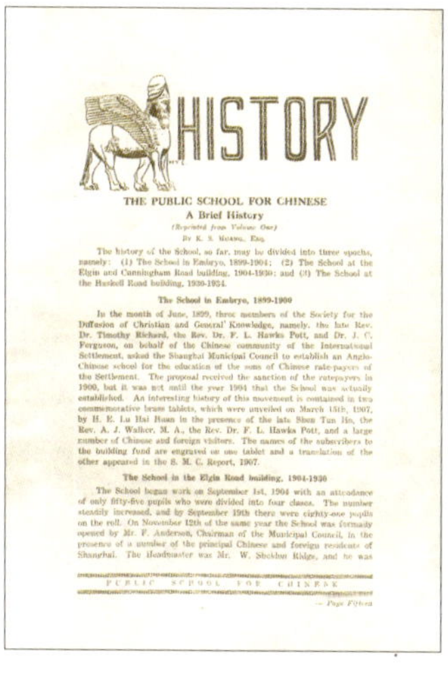

HISTORY

THE PUBLIC SCHOOL FOR CHINESE

A Brief History

(Reprinted from Volume One)

By K. S. Huang, Esq.

The history of the School, so far, may be divided into three epochs, namely: (1) The School in Embryo, 1899-1904; (2) The School at the Elgin and Cunningham Road building, 1904-1930; and (3) The School at the Haskell Road building, 1930-1934.

The School in Embryo, 1899-1900

In the month of June, 1899, three members of the Society for the Diffusion of Christian and General Knowledge, namely, the late Rev. Dr. Timothy Richard, the Rev. Dr. F. L. Hawks Pott, and Dr. J. C. Ferguson, on behalf of the Chinese community of the International Settlement, asked the Shanghai Municipal Council to establish an Anglo-Chinese school for the education of the sons of Chinese rate-payers of the Settlement. The proposal received the sanction of the ratepayers in 1900, but it was not until the year 1904 that the School was actually established. An interesting history of this movement is contained in two commemorative brass tablets, which were unveiled on March 15th, 1907, by H. E. Lu Hai Huan in the presence of the late Shen Tun Ho, the Rev. A. J. Walker, M. A., the Rev. Dr. F. L. Hawks Pott, and a large number of Chinese and foreign visitors. The names of the subscribers to the building fund are engraved on one tablet and a translation of the other appeared in the S. M. C. Report, 1907.

The School in the Elgin Road building, 1904-1930

The School began work on September 1st, 1904 with an attendance of only fifty-five pupils who were divided into four classes. The number steadily increased, and by September 19th there were eighty-one pupils on the roll. On November 12th of the same year the School was formally opened by Mr. F. Anderson, Chairman of the Municipal Council, in the presence of a number of the principal Chinese and foreign residents of Shanghai. The Headmaster was Mr. W. Sheldon Ridge, and he was

PUBLIC SCHOOL FOR CHINESE

— Page Fifteen

图1-64　上海工部局华童公学英文档案（摘选，1926年，上海市档案馆藏）

图1-65　*The Public School for Chinese a Brief History*（选自《华童公学校刊》第四期）

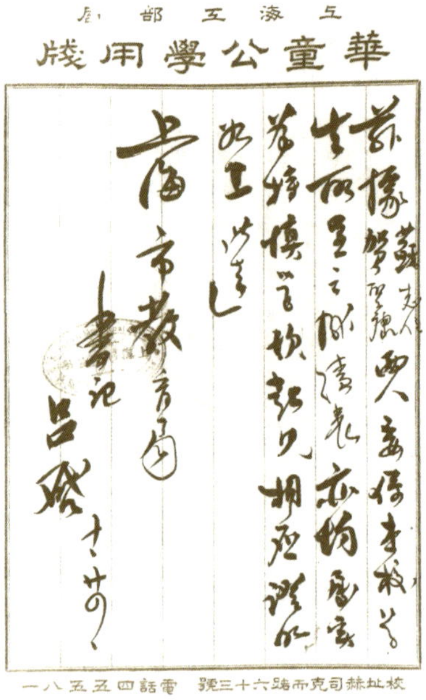

图1-66 上海工部局华童公学用笺

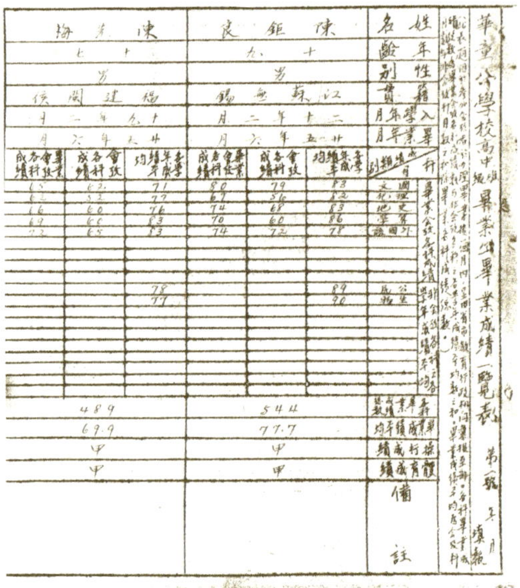

图1-67 上海市教育局关于华童公学校学籍毕业生毕业成绩摘选（1936年，上海市档案馆藏）

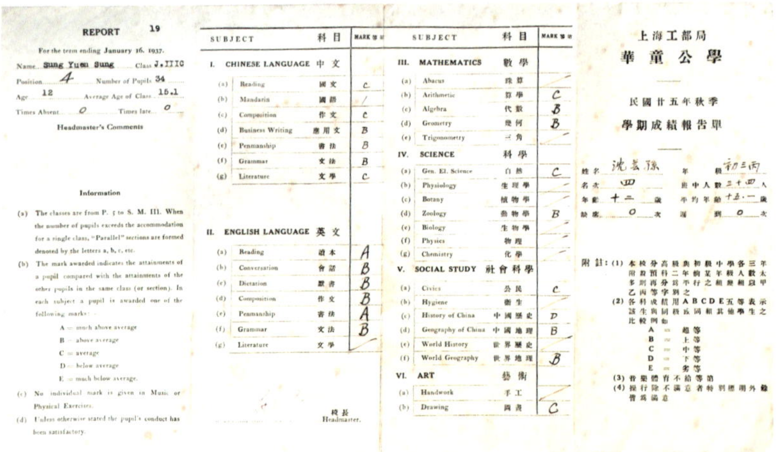

REPORT 19

For the term ending January 16. 1937.

Name Sung Yuen Sung Class J. IIIC

Position 4 Number of Pupils 34

Age 12 Average Age of Class 15.1

Times Absent 0 Times late 0

Headmaster's Comments

Information

(a) The classes are from P. 5 to S. M. III. When the number of pupils exceeds the accommodation for a single class, "Parallel" sections are formed denoted by the letters a, b, c, etc.

(b) The mark awarded indicates the attainments of a pupil compared with the attainments of the other pupils in the same class (or section). In each subject a pupil is awarded one of the following marks:

A = much above average
B = above average
C = average
D = below average
E = much below average.

(c) No individual mark is given in Music or Physical Exercises.

(d) Unless otherwise stated the pupil's conduct has been satisfactory.

SUBJECT	科目	MARK 等第
I. CHINESE LANGUAGE	中文	
(a) Reading	國文	C
(b) Mandarin	國語	/
(c) Composition	作文	C
(d) Business Writing	應用文	B
(e) Penmanship	書法	B
(f) Grammar	文法	B
(g) Literature	文學	C
II. ENGLISH LANGUAGE	英文	
(a) Reading	讀本	A
(b) Conversation	會話	B
(c) Dictation	默書	B
(d) Composition	作文	B
(e) Penmanship	書法	A
(f) Grammar	文法	B
(g) Literature	文學	/

校長
Headmaster.

SUBJECT	科目	MARK 等第
III. MATHEMATICS	數學	
(a) Abacus	珠算	/
(b) Arithmetic	算學	C
(c) Algebra	代數	B
(d) Geometry	幾何	B
(e) Trigonometry	三角	/
IV. SCIENCE	科學	
(a) Gen. El. Science	自然	C
(b) Physiology	生理學	/
(c) Botany	植物學	/
(d) Zoology	動物學	B
(e) Biology	生物學	/
(f) Physics	物理	/
(g) Chemistry	化學	/
V. SOCIAL STUDY	社會科學	
(a) Civics	公民	C
(b) Hygiene	衛生	/
(c) History of China	中國歷史	D
(d) Geography of China	中國地理	B
(e) World History	世界歷史	/
(f) World Geography	世界地理	B
VI. ART	藝術	
(a) Handwork	手工	/
(b) Drawing	圖畫	C

上海工部局
華童公學

民國廿五年秋季
學期成績報告單

姓名 沈荟孫 年級 初三丙
名次 四 班中人數 三十四 人
年齡 十二 歲 平均年齡 十五.一 歲
缺席 0 次 遲到 0 次

附註：(1) 本校分高級與初級中學各三年附設預科二年倘某年級人數太多則再分爲平行之組並用甲乙丙等字别之
(2) 各科成績用ABCDE五等表示該生與同級或同組其他學生之比較例如
A = 超等
B = 上等
C = 中等
D = 下等
E = 劣等
(3) 音樂體育不給等第
(4) 操行除不滿意者特別標明外餘皆爲滿意

图1-68 华童公学成绩报告单（1936年秋季）

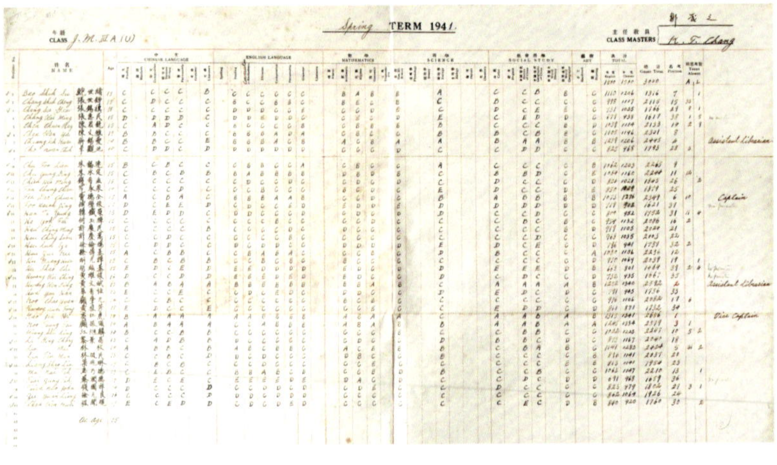

图1-69 华童公学成绩报告单（1941年春季）

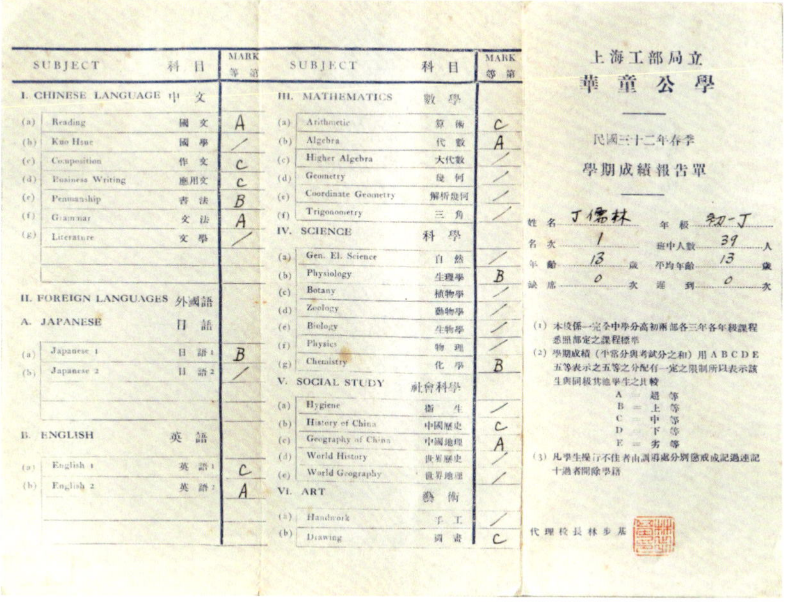

上海工部局立
華童公學

民國三十二年春季
學期成績報告單

姓名 丁儒林　　年級 初一丁
名次 1　　班中人數 39 人
年齡 13 歲　　平均年齡 13 歲
缺席 0 次　　遲到 0 次

（1）本校係一完全中學分高初兩部各三年各年級課程悉照部定之課程標準
（2）學期成績（平常分與考試分之和）用ABCDE五等表示之五等之分配有一定之限制所以表示該生與同級其他學生之比較
A＝超等
B＝上等
C＝中等
D＝下等
E＝劣等
（3）凡學生操行不佳者由訓導處分別懲戒或記過連記十過者開除學籍

代理校長林步基

SUBJECT 科目	MARK 等第
I. CHINESE LANGUAGE 中文	
(a) Reading 國文	A
(b) Kuo Hsue 國學	/
(c) Composition 作文	C
(d) Business Writing 應用文	C
(e) Penmanship 書法	B
(f) Grammar 文法	A
(g) Literature 文學	/
II. FOREIGN LANGUAGES 外國語	
A. JAPANESE 日語	
(a) Japanese 1 日語1	B
(b) Japanese 2 日語2	/
B. ENGLISH 英語	
(a) English 1 英語1	C
(b) English 2 英語2	A

SUBJECT 科目	MARK 等第
III. MATHEMATICS 數學	
(a) Arithmetic 算術	C
(b) Algebra 代數	A
(c) Higher Algebra 大代數	/
(d) Geometry 幾何	/
(e) Coordinate Geometry 解析幾何	/
(f) Trigonometry 三角	/
IV. SCIENCE 科學	
(a) Gen. El. Science 自然	/
(b) Physiology 生理學	B
(c) Botany 植物學	/
(d) Zoology 動物學	/
(e) Biology 生物學	/
(f) Physics 物理	/
(g) Chemistry 化學	B
V. SOCIAL STUDY 社會科學	
(a) Hygiene 衛生	/
(b) History of China 中國歷史	C
(c) Geography of China 中國地理	A
(d) World History 世界歷史	/
(e) World Geography 世界地理	/
VI. ART 藝術	
(a) Handwork 手工	/
(b) Drawing 圖畫	C

图1-70　华童公学成绩报告单（1943）

二、多彩的校园生活

说明：在20世纪30年代刊印的7期《华童公学校刊》中，收录了不少反映华童公学校园生活的文章、图照，这里选录部分。

1933年体育之一段（摘选）

高二　毛月蟾

三月三十日下午二时，江湾路上，凭空添了许多清一色的本校同学，背着球鞋，掮了皮包，直向虹口公园走去，素形荒凉的虹口公园顿形热闹。

银笛一声，集合了二十二个摩拳擦掌的健儿，准备着一番厮杀。原来这两队人马，一队是高三级的队员，一队是高二级的队员。这两队都是百战九十九胜的克到了全校的球队。不过功德未满，尚欠这次决赛，所以两下子誓不两立，拼一个你死我活。当然啰！这次决赛，大家非常努力。

高三队人才杰出，声威播全校，有口皆碑。而高二队，自文武全才的队长潘墀受任以来，全队益见巩固，况又新得铁门李君象华、铁牛唐君振亚二筹好汉，其巩固自不必说。兹将战情聊述于下：

久持不下　银笛乍鸣，四十四条毛脚搬动。首先高三队张君士龙得球，衔枚疾走，至门下，即作一度叩门，幸铁门李君，大显身手，效法于周贤言。这么一来，竟把险卧地救出，博得不少欢声、笑声、鼓掌声、叹声、气声、蹬足声……嗣后各方乍攻乍守，各不相让，半场苦战，各无所获。高二队之坚抗劲敌，尤觉彰彰在人耳目。

变更战略柠檬以后　高二队队长潘墀，鉴于苦战不下，立即改变战略，命翁、陆、瞿、蔡、周五筹前锋，作有联络的派司。于是摒弃一切，同舟共济，毅力精神，弥足可嘉，所以球常盘旋于高三级之门前。

五虎并进　前锋五虎将，努力并进，杀退劲敌，汗马功高。首推翁君显汉。内外应敌，出生入死。余如陆君志元、瞿君汝成，皆奇兵突出，乘人之虚，出没无常，难以捉摸。其余诸队员，成堪称职，“故虽经高三队几度猛冲亦不得”。

显汉立功　柠檬后十分钟，翁君得陆君之助，趁着风威应足入网，欢声……又继之而起，嗣后双方仍混战。各无胜负，遂以一对零了结。

胜负兵家常事，去者既不可追，而来者尚可求，请高三队员幸勿介怀。实则高三级，校课琐烦，疆场久疏，且年来连失三大将：周君、李君、唐君，故亦不谓无因。

*资料来源:《华童公学校刊》第二期，1933年刊印。

1933年华童公学级际足球锦标赛

本校举办之级际足球锦标赛，全校各级皆参加与赛，分甲乙两组：初中三以上为甲组，初中一以上为乙组。高二级足球队健儿，人才杰出，实力雄厚；自参战以来，一胜初三乙，再胜高一甲，最后复胜高三下而取得决赛权。对方为高三上。于四月三十日下午三时在虹口公园决战，双方摩拳擦掌，奋勇万分。惟高二健儿，人才平均，阵线巩固，尤以中坚之队长潘墀君，截球有方，气力十足；加以前锋后卫联络接济，输送得当，活泼异常，故时时得以占优势。高三上方面，亦个个精悍强健，娇小玲珑，活泼敏捷，奈高二健儿进压之际，颇少挽救之法。此次决赛两局：首局零对零，二局零对一，战况可以见。高二遂夺得甲组足球锦标，三呼凯旋矣。乙组足球锦标则为初一戊组所得，对方为初一丁组，亦于四月三十日决战于虹口公园，成绩为五对零。

*资料来源:《华童公学校刊》第二期，1933年刊印。

1933年华童公学参与中等学校运动会消息

上海工部局举办之上海中等学校运动会，参加共有中外十二校，本校亦派田径队二十人参与比赛。月之十三日，由教练陆慎桐先生率领健儿乘车前往逸园参战。溯本校历届田径，素负盛名，惟战局告终，本校甲组竟造成零分之成绩，乙组十四分，丁组十二分。惟差堪告慰者，本校丙组竟得大会锦标，殊非易事。本校去年总分为第四，今年竟落至第六，未始非无因在，盖本校素无田径场之筑，致缺乏练习，实力虽称雄厚，然亦未免失此一生力之要素也。况又系临时组合而成，而此次赛中，又多田径素著之学校。故不能夺得本届锦标也宜矣。吾望队员幸勿因此灰心，务希更加努力奋斗，俾夺得下届锦标为本校争光也可。

*资料来源:《华童公学校刊》第二期，1933年刊印。

1933年、1934年体育方面

早操。本校早操不举行者久矣，今学期又复增加。可见本学期体育之努力，实不祗此而已。早操分两部：一为高级，由西文教员指导在前操场举行；一为初中及小学，由陆主任领率在后操场举行之。每晨十五分钟为度，天气严寒则暂停。但在课室内，仍由担任教授之教员，给与数分钟之运动，以代早操。

足球。本学期本校对于足球练习不遗余力，每星期至少有三数班往虹口公园比赛。裁判员由校长委派有闲暇之中西教员担任之。

运动衣。本校为统一全校运动服式起见，特托ABC内衣公司制就特种运动衣（白衣蓝袴蓝带蓝白球袜）由学生每人自购一套。运动时则穿着之。俾资识别而归一律，殊雅观也。

毽子。毽子非我国用脚踢之毽子，乃西欧之毽子。其场布置一如排球而略异，地上如网球式。网则似排球而略低，用似网球拍之毽子拍，互相将用毛与软木制成之毽子来往击拍之。其游戏法则与网球大同小异，为室内运动之唯一妙品。本校设场于大礼堂，只供高级学生游玩。

*资料来源:《华童公学校刊》第三期，1934年刊印。

华童公学体育会

一、本会组织

会长　罗白校长

副会长　安适之先生、乐秀荣先生

书记兼会计　吕建业先生

体育教员　陆慎桐先生

以上五人为本会执行委员。

执行委员连同各队主任与队长组成本会总委员会，廿三年春季各队主任与队长姓名按田径比赛之成绩分别于下：

队名	队色	主任	队长
项羽	绿与白	安适之先生	韩世昌
岳飞	黄	黄建勋先生	赵润明
乐毅	黄与黑	乐秀荣先生	龙芗绪
孙武	蓝与白	罗白校长	周海瑞

（续表）

队　名	队　色	主　任	队　长
关羽	栗与金黄	马孚铎先生	陈聚康
班超	红	林步基先生	唐振亚
张巡	紫	柏龄敦先生	王福海

二、会务概况

本校自从迁至赫司克而路后，极感体育场之狭小，不足为各种大规模运动之用，犹幸虹口公园管理员特许本校学生利用该园内两个足球场跑道与露天游泳池，以补救于万一也。本校学生除身体不宜运动者外，均应参加足球游戏，每日分派若干人到场练习。每年春季则举行全校足球比赛，继以田径各项竞赛。学生中如有愿意学习游泳者，夏间由体育教员领导前往游泳池练习。

三、本纪要闻

（甲）各队足球比赛于二月间举行，高级锦标为岳飞队所得，低级锦标为班超队所得；

（乙）四月十六十七日下午举行田径运动大会，队员踊跃参加竞赛，极形热烈，结果项羽队冠军得分一百零一有半，岳飞队亚军得分九十五；

（丙）五月间上海中西中学凡十一校举行联合运动会，丙组锦标为本校所得（丙组赛员体重自八十磅至一百磅），各组成绩统计，本校则列于第五。

*资料来源：《华童公学校刊》第四期，1934年刊印。

华童公学七队之花花絮

张巡队

吴逢捷

敝队既名张巡，咱们的精神也效张巡。不计胜败，努力苦干，是咱们的“队粹”——国有国粹，队有队粹。

不知怎的，同学们，级号数排在后面的，身体少长。不幸，敝队队员，不是第二十三号，就是二十九号；可怜，大多数的咱们，全是小弟弟。咱说敝队是小弟弟队，似乎也不为过分。咱说过：不计胜败，努力苦干是咱们的“队粹”。因此，虽然咱们人小又少，可是咱们的雄心却不小，成绩不敢说好，但也不能说不好。

先说咱们的足球队——本来咱们也拥有两位学校队健将，杨宗俊、韦安华。虽然有三数员是“蜀中无大将，廖化当先锋”的，凭良心说实力总可过得去。不信！上届足球锦标联赛，也曾威胁过夺能的乐毅队呢。所差的，“廖化”不曾斩关劈将罢了。下一届，咱们决心来他一个。

田径队——有数队的成绩是每况愈下，咱们可不是那样，虽然，现在的成绩，还不可说是满意，可是成绩却是进步得多了，也尝产生数个为学校效力于中西中学联合运动会的，像一英里选手杨德雄君，百米选手吴树强君，及离校的王麟祥君，真有他的。你看，那两个同他们一道跑的碧眼儿，长他们可数寸呢！他们是张巡队员，他们保持“队粹”，不计胜败，努力苦干，虽败犹荣。

照例，压轴戏是最好的一出。游泳，咱们的成绩很不差，名居第二。——虽不是鳌头独占，也算得一人之下了。敝队几条混江龙，在水里闹他一番，除了那拥有“英雄鱼”郑慕光——美人鱼的雄性——的岳飞队，就没有咱们的敌手了。

张巡将军为了睢阳，苦敌安史；咱们同学，为了运动，拼命跑跳。

乐毅队

董绍唐

我们队里有两位同性同乡（广东）不同宗的水陆英雄。一位是唐文镛，一位是唐文杰。照他们的名字上看起来，好像是两兄弟。

唐文镛的水上本领，确实有些功夫，不信的话，只看他在本学期全校游泳比赛中，独自夺得那宝贵的五分。倘没有他，那么当那次游泳比赛还未结束的时候，陆慎桐先生报告“乐毅队吃鸭蛋”，那句话岂不要成了事实吗？

讲到唐文杰的陆上技能，真是谁人不知那个不晓。他能跳得高，跑得快。在本校每届运动会中，他终是我队的大功臣，并且在每次中西中学联合运动会中，他亦替本校争了不少光荣。但是可惜得很，他已经离开本校而到别处去了，这不但使我队的实力受到相当的影响，同时本校亦从此缺少一员运动健将。

薛君君仁是我队一位鸡毛球健将，矫如活猴，他的压球有独到处，击法巧妙，每使敌人顾此失彼。

我们的低级足球队队长李君关寿，体格强壮，脚头坚硬，任左内卫，有万夫莫敌之概；其他各队员亦都短小精悍，球艺非凡，攻无不克，所向披靡。所以在上学期获得本校低级足球锦标，实在不是侥幸所致的。

编者按：董君本人，亦是乐毅队的健将，其足、篮球之精，早使他人拜服。本学期起，编者常见其现身在毽球场上，其球艺真与日俱进，诚后起之秀也。

项羽队

陆廷纯

田径——本队为一九三三年冠军，那时间项羽队内的几个小项羽，可谓横行全校，气吞山河，一切锦标大有非我莫属之概，岳飞队自叹勿如，孙武队望尘莫及，愧煞张巡队，羡煞关羽队，妒煞乐毅队，气煞班超队，奈昙花一现，队员星散，遂致成绩一落千丈，而为岳飞队克服。昔日雄风，而今安在哉？

游泳——本队游泳人才，颇感缺乏，惟卢君守良一人。卢君技术，已达于炉火纯青之境，虽不能媲美美人鱼，但混江龙也可当之无愧，惜独木难支，终不能与他队竞争。

足球——一九三五年亚军，本队足球人才，多如过江之鲫，姜君为高之守门，大有一夫当关，万人莫开之势；金、卢二君之后卫，无异铜墙铁壁。梁君冠群之中锋，可与李惠堂争妍；其他如甘君观渤之左锋，黄君家巽之右翼，可谓珠联璧合，但因缺少练习，联络不佳，故每为岳飞队所败。

鸡毛球——鸡毛球可谓本队之拿手杰作，人才之多，冠盖全校，姜君为高，荣膺公开单打锦标。甘君观渤与岳飞队队员郑君慕光得双打锦标。余如梁君冠群，黄君家巽，皆为本队上乘之材，为项羽队生色不少。尤以姜君之高压轻挑，每使敌疲于奔命；甘君则稳健老练，临阵不慌，亦为不可多得之人物。

尾声——“以后无论什么田径、足球、游泳、鸡毛球……一切的冠军皆非吾队莫属”，这是本队队主持特莱克先生鼓励我们而说的，但是事实上是否如此，那要看我们各队员的努力与否了！

班超队

董星耀

本校关于运动方面把全校学生分为七队，每队取中国历史上的名将做队名等情，已在前期校刊中详细报告，这里用不着我再来多说。现在我所要述的是我所属的那一队——班超队——的情形。

本队主任林步基先生，他是一个热心提倡运动的人，对于运动好的同学非常重视和奖励，对于文质彬彬的同学也常常劝他们运动。我们很幸运得有这样一位良师领导着，使我们成为活泼泼的健儿。孟子说：“上有好者，下必有甚焉者也。”果然不错。在本校第一届运动会中，我们的初级足球队竟得了冠军。那时人才济济，大有不可一世之概。

此后有些同学纷纷毕业或离校了，但是后起之秀辈出，如王天福、杨水源、史懋奎、黄兆熊等，他们对于田径，都有相当的练习，在本校运动会中，曾一度大显身手，他人都望尘莫及。他们也出席过中西中学联合运动会，成绩很不错，真是不可多得的人才。

他们除田径外，又好足球和游泳，如第三届的足球比赛，我队战岳飞队时，王、杨等个人球艺绝佳，可惜缺少联络，以致失败。这也不能怪他们，实在因为没有全体的训练过，上场就是比赛，又是遇到一个连得两届锦标的劲敌。在当时我们几和他们打成和局。不幸到了最后五分钟的时候，给他们攻进一球。想要反攻，时间不允许你，笛声一鸣，就此告终，结果为零对一的败绩。

讲到游泳比赛，筹备已数载，至今秋始克举行。本队参加的人数很少，可是都是技术精良的人，尤其是杨君水源最为努力，本队遂荣膺亚军，可欣，可贺。

还有毽球比赛将要开始，我们正在努力习练中，以期与各队一决雌雄，这是我们诸位健儿所负很大的使命，所以要勉力呢！

孙武队

黄鹤汀

本校自分七队以来，本队为校长先生所领导，然以校务繁忙，故由俞鹏龄先生为之代，而本队队员均能专心练习，故本队运动之技术与日俱进，前数年之久居人下，今乃一跃而出人头地的荣获第一。连年冠军之岳飞队，竟一蹶不振而为我手下败将矣。兹介绍本队中坚份子数人于后：

华敬亭之跳高，苦练了几年，竟是进步得好像箭一般的神速，一年不见，竟是鹤立鸡群，出类拔萃，只要见他表演过的人，都是很佩服的夸奖他几句。他为本校出席中学联合运动员之一，与许多碧眼黄毛的孩子去争雌雄，也得着很好的成绩，还有他的游泳、长跑、足球也是使人佩服，竟可算是一个本队中的常胜将军。

梁华成及黄锦堂这二个人也可算是本队中之得力人员，更可算是代表本校出席之得力者。幼级之各项运动，他们二人可以一力包办，使别人见而生畏。他们跑跳时之各种姿势，也可以做练习运动者之“模特儿”。

许世光之跳高，在中级中也是数一数二的一个，一见了他便会看出他是一个运动的能手，在比赛的当儿，更是不慌不忙的，可见他是一个上阵的老将呢。

黄楚焜为本队争光，也可算是一个老资格了，他年年的表现也很惊人。试看他在本校运动会的影片中，他的姿势是多么的好看啊！

李振邦的足球也很可以称赞的，虽然足球的屡败于岳飞队，然而他总是很努力的，使敌人见之咋舌不已。

关羽队

邓士甫

关羽队在校中是并不引人注意的一个队，当然因为没有好的成绩表演出来，但是队中特殊人才也有几个，不过太少吧了！

去年，足球锦标比赛中，关羽队的表演，可称为列年中最佳了，竟达到决赛的地位。在初赛中我队遇着项羽队，项羽队在我校中可称为数一数二的强队，所以在比赛之前，大家以为必输无疑。比赛结果，我队败北。但在比赛将终的当儿，发现项羽队竟有十二人参与比赛，所以取消比赛结果，重行比赛。在第二次比赛中，我队恃全队的努力，和队长的勉励，竟以一对零将项羽队压到，遂与孙武队遇与复赛周。孙武队技术平庸，以零对三被我淘汰，遂升入决赛与岳飞队相遇。我队因一周内比赛三次，队员莫不感到疲乏，然岳飞队却已经休息好久了，所以胜负之分，意中事也，只希望表演精彩罢了。所以虽然以一对五败北，但是队员的努力，和表演之佳，已克尽厥职了。

我队队员冯瑞熊君，为我队中不可多得的人才。君善足球、田径、游泳等，其中田径在今年运动会时，获有甲组百码冠军；对于足球也很精，与郑汝瑛君同任后卫之职，表演出色，固若金汤，我队之屡克强队，君之功不可没也。

黄祖生君之游泳，为全校不可多得的人才。本届游泳比赛，连获二十五码、五十码蛙式两冠军，替我队增光不少。

他如陈文成等诸队员，也为我队的健将，因篇幅的关系，恕不赘述了。

岳飞队

蒋伟烈

我校同学莫不知赵宋有岳飞其人，而更莫不知华童有岳飞其队也。盖以其英名盖于全校故。队为本校七队之一，由黄建勋先生为领队，巧集各班之精锐而成，故无才难之叹，其能为各队之冠军，卒是故欤？！

本校分队之初，以英文姓氏之第一字母为绳准，故本队之队员多为陈姓、张姓，亦一异点也。

数年来，各项比赛，本队因健将众多，故屡得锦标，今依次述之于下：

田径——一九三四年春，我校分队伊始，岳飞队经数日之角逐，竟得亚军，于是声名大振。然本队同人，犹不自满，继续努力，本为体育而练习之旨，迈步前进，故于一九三五年春，遂取项羽队之冠军而代之。次年，以健将海龙离校，而甲组接力又因选人不当而败退，于是遂以数分之差，屈居第二位。

足球——本队足球，至分队至今，连膺三届冠军，虽老将年有他去，而后有继者，可无虑也。

毽球Badminton——毽球虽未普遍于中国，而我校则有之已阅三年矣。我队名将辈出，如慕光、悦寰皆个中之佼佼者，全校除一二人能与之对抗外，余子皆望尘莫及。三六年春，郑君慕光曾得公开双打冠军，其副手为项羽队之甘君观渤也。

游泳——三六年秋，作游泳第一次比赛，遂又见诸小岳飞霸占全场。是役也，郑君慕光竟四夺首座，又加信茂、日辉之助，不啻如虎添翼，而锦标遂为本队之囊中物矣。

其功绩既如是伟大，得奖章之多自不待言，而有特异于他队者，即本队自制之小黄旗，为专赠得分而未曾得奖之队员，以资鼓励，故我队队员，皆极兴奋，而报效亦愈力焉（图1-71至图1-73）。

*资料来源:《华童公学校刊》第七期，1937年刊印。

图1-71 华童公学校园生活照片（选自《华童公学校刊》第一期）

图1-72 华童公学校园生活照片（选自《华童公学校刊》第二期）

图1-73　1934年华童公学生活照片（选自《华童公学校刊》第四期）

华童公学军乐队简史

卢济祥（初中三 甲组）

本校军乐队，自去年成立以来，至现在差不多一周了。在这一年之中，成绩已经是大有可观了！这是事实，并非吹牛！只要稍留心音乐者，莫不知之！吾等何以在这很短的时间，得到这蔚然可观的成绩，实非易事，乃全靠吾们教练乐秀荣先生努力的指导，和队员奋勉的练习，才有今日这样的成绩。这样进步的惊人，将来再继续努力的练习。吾们的成绩自不待言了！

吾们五十余人，是初一、二、三级三班中选出来，对于音乐有兴趣的学生。选出来，把吾们分为二队，一队是鼓队，其他是笛队。鼓队十余人，笛队四十余人，练习时间，规定每星期一次：下午三时三刻至四时一刻，在本校大礼堂练习。初时，还没有觉得什么，后来觉得会打、会吹的人太少了。所以吾们要求乐先生在每星期二、四，下午一时至一时三刻，将鼓队和笛队分开来练习。自此法实行后，大家努力练习，成绩还觉得不错。所以大不像从前了！这种成绩，乃是教练和队员合作所成的。吾们在此不得不感谢一声，吾们教练乐先生的功劳。

去年，上学期终结的时候，校长先生请吾们去表演，那时吾们才练了两个月，而公然敢在公众之前

图1-74　1906年演奏西方音乐的学生
（选自《华童公学校刊》第一期）

表演。这实在不容易啊！表演后，又曾蒙校长先生的赞美，吾们队员好像加了——“轧士林”——一样，越练得起神了。第二次，吾们又出席全校运动大会，带领着全校七队之选手，绕场一周。这次出席后，队员练习的兴趣，一天比一天浓厚了！吾们的成绩，也跟着飞进了！这次，吾们又出席给奖典礼。像上面的成绩，堪得吾们自己安慰。所以吾将吾们一年中的历史，以告诉与吾校的同学。最后，吾希望各队员，不要因此而够了，应该继续努力练习，将来为吾校争光荣。这是吾万分希望的，凡吾军乐队队员，勉之！勉之！（图1-74）

*资料来源：《华童公学校刊》第四期，1934年刊印。

华童公学图书馆小史

黄建勋（义务馆长）

不佞承第一期校刊编辑诸君不弃，属纂校史，书成取而读之，方觉对于吾校之图书馆，独付阙如。本校图书馆组织于二十四年前，已有悠久之历史，中西册籍贮藏累千，焉可无一言，以详其创设经过，因特备记于此。

吾校成立甫六年，前校长康普先生（康先生任吾校校长自公历一九〇七年至一九三二年，现已告老返国，度其优游生活。）见负笈者日众，有组织图书馆以供学生参考自修之必要。乃请于工部局颁银二百两，作开办经费。会当时有正科四班学生吕伟人，年少英俊，好学不倦，卒以用功过度，积劳成疾，殁于一九〇九年。其封翁吕明叔先生舐犊情深，无以慰藉，因助洋一百十五元，托吾校选购书籍若干册，编列馆中，以留纪念，而利同学。

本图书馆初创时藏书确数已不可考，惟尚忆所有之书尽属英文，且仅限于文学、历史、地理三类。迨一九一七年工部局教育委员聂云台先生惠赠汉文书籍多种，中西卷帙，始得并列。

一九一四年欧战爆发，吾校搜集图书战报，陈列馆中，以供浏览。次年又承上海泰晤士报馆赠阅日报一份，于是学生等对于战地状况可窥一斑，胜负情形了如指掌，无形中对于国外地理学识受益匪浅。

一九一八年工部局师范学校成立（按吾校华籍西文教员多数毕业于斯校），觉图书馆缺乏参考书本，于是添购关于此类之书籍，以应需求。

本图书馆自组织迄今一九一八年均位置于吾校之艺术室内，即前建作膳厅者（吾校初创时地处荒僻，故学生多数在校午膳）。迨一九一八年本图书馆成立已满八年，书册逐年增加，亦颇可观。况阅者日众，倘无专室，不足以资发展。乃于是年迁至南部新校舍内，并另设一书报室，罗列中西日报杂志等，以供阅读。

自一九二四年至一九二九年为适应各班程度起见，除总图书馆外，另于每班内附设一小图书馆，所有书籍皆经慎重选配，以免过深或过浅之弊。

吾校自迁入赫司克而路新校址后，以学生数骤增——自四百五十名增至七百五十名——本图书馆乃分为高初两组。但一时无相当处所，足供书报室之用。盖阅者人数常在百人以上，普通课室皆不足以容纳之。不得已乃于一九三二年起以礼堂权作书报室，现陈列有中西日报各两份，杂志书册四十五种。

本图书馆书籍近经重行编排，兹将其书数列后：

中文书　一九八九册

西文书　一〇六八册

中文杂志　一二一九册

西文杂志　四四六册

计共四七二二册。

本图书馆得有现在之成绩，前任各馆长之功不可没，其中尤以已故葛克先生（英籍）与谢云亭先生为最努力。此外学生中鉴于本馆年来事务日烦，自动愿为本馆服务者前后已有七人。吾校课程向以严重闻，此七人竟愿牺牲课余光阴，谨勤服务。此种精神，至堪嘉尚。此七人者黄杏标、何永蔚、毛月蟾、陈志超、陈世英、卢济祥、侯济吉是也。月蟾与济吉高组干事，世英与济祥任初组干事（图1-75、图1-76）。

*资料来源：《华童公学校刊》第四期，1934年刊印。

图1-75　华童公学高年级学生在图书馆
（选自《华童公学校刊》第一期）

图1-76　华童公学藏书章

1934年华童公学校舍方面

卫生　本校卫生，极端注重。除管理学生个人卫生之外，对于校舍之卫生，亦尽量使臻完善，如教室之光线不宜者，设法避免之。操场走廊厕所等处。每日均扫洗二次，并洒以臭水。食物店内所放之饼食果品，均用沙罩遮盖之，非合卫生与有壳之食品，不许出售。沙漏水器与茶桶每星期清洗一次。膳厅之清洁尤为重视。

建筑　本学期本校校舍，大多修改，如辟前操场为种花楠树之花园，绿草如茵，鲜花并艳，春夏之景，颇不恼人，殊足为学校之佳点缀。又如多开一梯上落，本校先前只用中西两面梯，今多开一面。其原因系只容学生由东西二梯上落，中梯留为教员上落，免学生与教员时遭拥挤，是亦井井有条，实为本学期之一新计划。又如移售书处于后操场，因前设在低层走廊，开学买书时，几至路不通行。今移于彼处，则人虽多亦无虑矣。再入借大礼堂之地，画为拍踺子场。增加多数之门户于每层走廊，以避寒风。改课室之号码以利教员之上课。多辟课室，以载学生之源来等。皆本学期完成之大计划，可谓善矣。

*资料来源:《华童公学校刊》第三期，1934年刊印。

华童公学设备一斑

本校设备，素称完善，凡参观本校者莫不称道。今以近况，略志一二，以飨读者。

大礼堂——设在二楼，为本校集会之所，内有风琴钢琴及一切开会必须器具。东西二壁，有长窗无数，故空气流通，光线充足。平日无事，则为学生读书阅报之处。下午四时一刻后，则辟为鸡毛球场。是则一堂而作三用，其经济孰有愈于此者乎？惜开会时仅能容全校人数之半，斯为缺憾哉！（按本校同学约有七百五十人。）

图书馆分高初二级，高级设在二楼二〇二号，馆中藏书，包罗万象：举凡数学、物理、化学、生物、史地等类之中英文参考书，体育、康健、摄影、科学等杂志画刊，及经济、文艺、小说等阅读物，莫不应有尽有。初级则设于楼下一一〇号室内，藏有《小学生文库》《儿童杂志》《小朋友》，以及各种画报，及各种低级学生读物。每日下午放学时，不论高初级图书馆，借书人户限为穿，迟至五时犹不少衰云。

物理实验室——设在四楼四二四号，内有实验桌四，迤逦横排。西壁有长桌，置天秤四副。北为黑板，供教师抄写之需。墙隅有小门一，启门可见高橱排列，各类应用仪器，尽历历映于玻璃窗外，美可观也。室内光线合度，教师指导有方，故学生之至此实验者，莫不极感兴趣。

化学实验室——设大礼堂楼下，室内空气流通，陈列齐整。有实验桌四，讲桌一。每桌中设有水池三，以供濯洗。桌上有木架，架上满陈无数瓶装的液体，与固体药品。要之，凡化学实验应用之器物，可谓完备。

生物实验室——设于三楼三一一号，内有实验桌四，讲桌一，及许多玻璃橱。橱中陈列各种标本。计关于植物者：有菌藻、苔藓、羊齿，与结子植物各种标本；关于动物者：则有原始、多孔、腔肠、扁形、圆形、棘皮、环节、软体、节足，与脊椎等动物各种标本，或瓶装，或盒装，或剥制，或解剖，五光十色，炫人眼目，供学生玩赏与研究焉。橱中又有显微镜多架，为生物实验必须之工具，及玻璃器皿、化学药品等，不胜缕述。

图1-77　华童公学校园一瞥
（选自《华童公学校刊》第四期）

图1-78　华童公学图书馆、实验室等
（选自《华童公学校刊》第四期）

地理室——设三楼三〇四号，壁上挂有石膏制就凹凸形之世界地势图四，与印刷之各国分省图几十幅，皆灿烂夺目。桌上并陈有大小地球仪，远望之酷若人头。在黑板上壁上，又钉有两大箱卷图，伸缩自如。其设备可谓周至矣。

此外如艺术室、贩卖室、运动场、饭厅，以及卫生设备、灭火设备等，莫不应有尽有。吾侪同学能于此完备之学校中肄业，良可喜也（图1-77、图1-78）。

*资料来源：《华童公学校刊》第六期，1936年刊印。

华童公学的课外组织

我校创立于前清光绪三十年，迄今已三十二春秋矣。我校学生之多，年期之久，冠上海工部局设立各校，尤以设备完美，蜚声沪上。今摘本校课外组织一二种，介绍于各位读者之前。

军乐队

昔康普先生长吾校时，有军乐队之组织，为各界所称道，旋即加入上海万国商团中华队为领队，获有美誉。后康校长荣旋，军乐队遂中辍。新任罗白校长鉴于本校军乐队之负有盛名，有重振旗鼓之价值，即由乐秀荣先生教练，迄今三四载，进步奇速，现已达炉火纯青之候。本届中学田径竞赛会，即由本校乐队领导健儿绕场一匝，博得掌声不绝。

图书馆

本校图书馆主任为黄建勋先生，由本校同学四五人义务担任职司。馆分初级、高级两部，皆设于本校二楼，内藏书丰富。高级图书馆内富学术方面之书籍。初级则以故事等书籍为多。每日在学校功课开始之前，又借本校礼堂为阅览之室，内列中西报纸及杂志，任学生阅读。

体育会

本校体育会，由校长任会长，乐秀荣、特莱克二位先生任副会长。将全校分为七队，曰：岳飞队、关羽队、项羽队、张巡队、孙武队、班超队、乐毅队，由黄建勋先生、马孚脱先生、特莱克先生、勃林敦先生、洛勃先生、林步基先生、乐秀荣先生分任各队主任，并由高三学生任各队正副队长。各队间有足球、田径、游泳、羽球等比赛。足球以岳飞队最佳，连执本校牛耳三届。其他如项羽、关羽两队亦不弱。田径以孙武、岳飞、项羽诸队为佳。项羽球与游泳比赛为今年创举。最近又有排球、西洋拳击等组织，因组织尚近，技术甚为幼稚。然各队员莫不努力练习，进步甚速。再待数年，须当刮目相看也。

*资料来源:《华童公学校刊》第七期，1937年刊印。

游劳（崂）山记

陶孝泽（高中）

劳（崂）山位于山东半岛南岸，距青岛不远，水陆皆可直达，高达三千七百余尺。国内临海诸山，其雄伟者，当以此为最。余旅居青岛一年，屡欲往游而未果。二十年春三月二十七日适友人招邀，得偿所愿焉。是日七时，驱车东北行，九时许，即抵其麓，循径缓行，渐入丛林密箐间。水声淙淙，如闻幽咽。野花遍山，小雀欢唱，而怪石层出不穷，目不暇给也。愈上则水声渐宏，忽见一道银光，飞出两崖之间，目眩神骇，则瀑布也。时已中午，乃出所携食物充饥。仰看飞瀑，留连不忍舍去。一时许，复寻幽入山，更崎岖，而境亦愈佳。花之侧出岩隙者，往往见之，尤为奇观。山顶有大石危立，攀登其上，石摇摇欲坠，骇人心目。已而猝闻大声，若暴风怒浪，亦不知其所来。山鸣谷应，毛发悚然。远近诸山，皆陡峭深秀，各有其胜，实生平所未见者也。三时，整装而下，途中回首，红日映山，成金黄色，山势更见雄伟，令余恋恋不置也（图1-79）。

*资料来源:《华童公学校刊》第七期，1937年刊印。

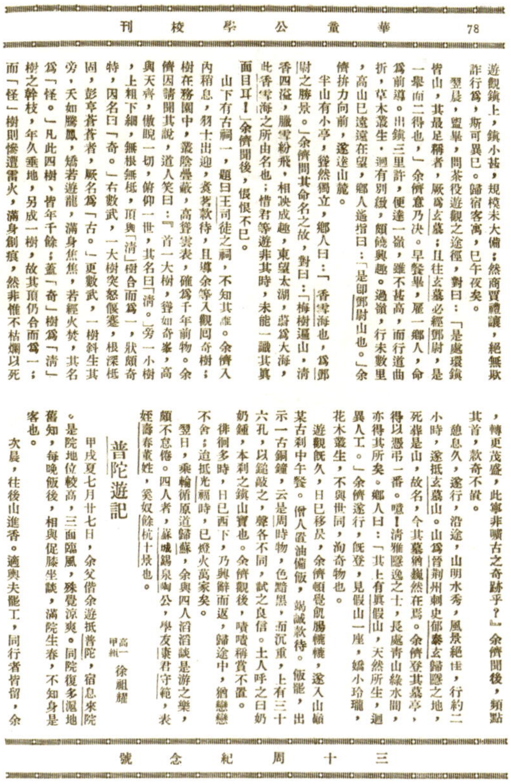

78　華童公學校刊

遊觀鎮上，鎮小甚，規模未大備；然商賈禮讓，絕無欺詐行爲，斯可異已。歸宿客寓，已午夜矣。

翌晨，盥畢，問茶役遊觀之途徑，對曰：「是處環鎮皆山，其最足稱者，厥爲玄墓；且往玄墓必經鄧尉，是一舉而二得也。」余儕意乃决。早餐畢，雇一鄉人，命爲前導。出鎮三里許，便達一嶺，雖不甚高，而行道曲折，草木叢生，迥有別緻，頗饒興趣。過嶺，行未數里，高山已遠遠在望，鄉人遙指曰：「是即鄧尉山也。」余儕拚力向前，遂達山麓。

半山有小亭，巋然獨立，鄉人曰：「香雪海也，爲鄧尉之勝景。」余儕問其命名之故，對曰：「梅樹遍山，清香四溢，臘雪紛飛，相映成趣，東望太湖，蔚爲大海，此香雪海之所由名也；惜君等遊非其時，未能一識其真面目耳！」余儕聞後，悵恨不已。

山下有古祠一，題曰王司徒之祠，不知其誰。余儕入內稍息，羽士出迎，煑茗款待，且導余等入觀四奇樹；樹在務園中，叢陰疊蔽，高聳雲表，確爲千年前物。余儕因請聞其說，道人笑曰：『首一大樹，聳如奇峯，高與天齊，傲睨一切，俯仰一世，其名曰「清。」旁一小樹，上粗下細，無根無柢，頂與「清」樹合而爲一，狀頗奇特，因名曰「奇。」右數武，一大樹突怒偃蹇，根深柢固，彭亨蒼蒼者，厥名爲「古。」更數武，一樹斜生其旁，夭如騰鳳，矯若遊龍，滿身焦焦，若經火焚，其名爲「怪。」凡此四樹，皆年千餘；蓋「奇」樹爲「清」樹之幹枝，年久垂地，另成一樹，故其頂仍合而爲一；而「怪」樹則慘遭雷火，滿身創痕，然非惟不枯爛以死，轉更茂盛，此寧非曠古之奇跡乎？』」余儕聞後，頻點其首，款奇不置。

憩息久，遂行，沿途，山明水秀，風景絕佳，行約二小時，遂抵玄墓山。山爲晉荆州刺史郁泰玄歸隱之地，死葬是山，故名，今其墓猶巍然在焉。余儕登其墓亭，得以憑弔一番。噫！清雅隱逸之士，長處青山綠水間，亦得其所矣。鄉人曰：「其上有眞假山，天然所生，迥異人工。」余儕遂行，既登，見假山一座，嬌小玲瓏，花木叢生，不與世同，洵奇物也。

遊觀既久，日已移昃，余儕頓覺飢腸轆轆，遂入山巔某古刹中午餐。僧人置油備飯，竭誠款待。飯罷，出示一古銅鐘，云是周時物，色黯黑，而沉重，上有三十六孔，以鎚敲之，聲各不同，試之良信。土人呼之曰奶奶鐘，本刹之鎮山寶也。余儕觀後，嘖嘖稱賞不置。

徘徊多時，日已西下，乃興辭而返，歸途中，猶戀戀不舍；迨抵光福時，已燈火萬家矣。

翌日，乘輪循原道歸蘇，余與四人滔滔談是游之樂，頗不怠倦。四人者，蘇城錫泉陶公，學友蔡君守範，表姪壽春董姓，奚奴餘杭十景也。

普陀遊記　高一甲組　徐祖耀

甲戌夏七月廿七日，余父偕余遊抵普陀，宿息來院。是院地位較高，三面臨風，殊覺涼爽。同院復多滬地舊知，每晚飯後，相與促膝坐談，滿院生春，不知身是客也。

次晨，往後山進香。適輿夫能工，同行者皆留，余

三十周紀念號

图1-79　学生撰写的游记（选自《华童公学校刊》第五期）

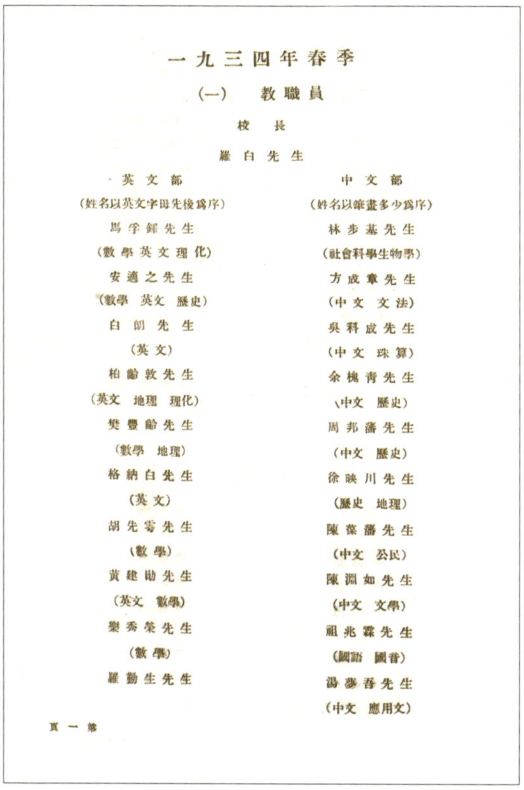

一九三四年春季

(一)　教職員

校長

羅白先生

英文部（姓名以英文字母先後爲序）	中文部（姓名以筆畫多少爲序）
馬学銓先生（數學 英文 理化）	林步基先生（社會科學生物學）
安適之先生（數學 英文 歷史）	方成章先生（中文 文法）
白朗先生（英文）	吳科成先生（中文 珠算）
柏齡敦先生（英文 地理 理化）	余槐青先生（中文 歷史）
樊豐齡先生（數學 地理）	周邦藩先生（中文 歷史）
格納白先生（英文）	徐映川先生（歷史 地理）
胡先零先生（數學）	陳葆藩先生（中文 公民）
黃建勛先生（英文 數學）	陳淵如先生（中文 文學）
欒秀棠先生（數學）	祖兆霖先生（國語 國音）
羅勤生先生	湯蔭春先生（中文 應用文）

第一頁

图1-80　华童公学1934年教职员名录（选自《华童公学校刊》第四期）

三、华童公学的那些名师

说明：华童公学自创建之时，就十分注意师资，“吾校气象日新，人才辈出，虽由于学生之努力，而教员之功亦不可泯灭”[1]。在前几节的校史资料整理中，不少内容已涉及华童公学的教职员、校友会职员。在《华童公学略史》中提到的校友会职员有：康普、许建屏、经乾堃、奚德、黄建勋、章显荣、潘志诠、黄其刘、丁敦厚、经乾林、谢士英、蓝文俊、郭德华、金菊生、王廷魁、尤荣伯、马家寿、寿南才等，还提到“曾经服务吾校而现已脱离之教员数人”，如雷纳（在校七年，欧战时阵亡于法国）、胡适博士（于民国纪元前二年之际，担任本校教职）、希濂（后任工部局教育处处长）、探纳（离校后任聂中丞华童公学校长）、佩雷（后任格致公学校长）以及李怀霜（任华童公学汉文教务长多年）、葛惠甫（任华童公学汉文教务长多年）、朱直侯先生（任华童公学经史教员多年）、王雷夏（任华童公学经史占义教员多年）等。可谓名师云集。这里选录1934年春季华童公学教职员名录和部分图照（图1-80至图1-86）。

1 《华童公学略史》，《华童公学校刊》第一期，1933年刊印。

图1–81　1934年华童公学教员合影（选自《华童公学校刊》第五期）

图1–82　1936年华童公学全体教职员合影（选自《华童公学校刊》第六期）

图1–83　1937年华童公学全体教职员合影（选自《华童公学校刊》第七期）

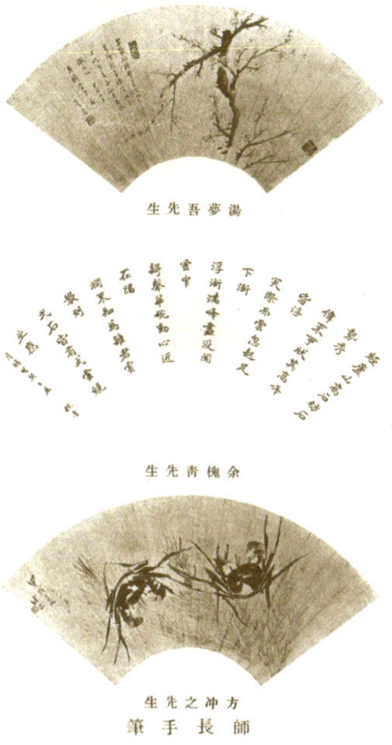

图1-84　华童公学师长手笔（选自《华童公学校刊》第五期）

图1-85　华童公学校刊中文部成员
（选自《华童公学校刊》第六期）

图1-86　华童公学校刊英文部成员
（选自《华童公学校刊》第六期）

1934年春季华童公学教职员表

教职员	
校长	罗白先生
英文部 **（姓名以英文字母先后为序）**	**中文部** **（姓名以笔画多少为序）**
马孚铎先生 （数学 英文 理化）	林步基先生 （社会科学 生物学）
安适之先生 （数学 英文 历史）	方成章先生 （中文 文法）
白朗先生 （英文）	吴科成先生 （中文 珠算）
柏龄敦先生 （英文 地理 理化）	余槐青先生 （中文 历史）
樊丰龄先生 （数学 地理）	周邦藩先生 （中文 历史）
格纳白先生 （英文）	徐映川先生 （历史 地理）
胡先雱先生 （数学）	陈葆藩先生 （中文 公民）
黄建勋先生 （英文 数学）	陈渊如先生 （中文 文学）
乐秀荣先生 （数学）	祖兆霖先生 （国语 国音）
罗勤生先生	汤梦吾先生 （中文 应用文）
摩亚先生 （英文 艺术）	葛士表先生 （植物 动物）
雪逖先生 （英文）	裴惟森先生 （中文 国语）
威廉逊先生 （英文）	邹培根先生 （地理 中文）
姚幼蕃先生 （物理）	钟贵勷先生 （中文 历史）
叶弥诚先生 （英文）	
俞彭龄先生 （数学 地理）	
体育教员：陆剑勇先生 助理教员：樊恺龄先生 助理教员：俞晋模先生	

资料来源：《华童公学校刊》第四期，1934年刊印。

四、活跃在各个领域的华童公学毕业生

说明：华童公学办学卓有成效，其毕业生“服务社会，散见各处，而尤以政商学三届为最多。皆办事认真，为人诚实，富于进取性，大受社会之欢迎，各机关商行莫不争先延聘，异常器重。身居要职者，颇不乏人”[1]。此次，课题组查阅《海上名人传》（上海文明书局1930年版）、《上海时人志》（展望出版社1937年版）、《上海重要人名录》（上海龙文书店1941年版）、《环球中国名人传略（上海工商各界之部）》（上海环球出版社1944年版）、《上海百业人才小史》（上海龙文书店编辑部1945年刊印）、《上海市各业同业公会理监事名录》（上海市商会1947年铅印本）、《上海工商人物志》（1948年编印）等，找寻到大量来自华童公学的毕业生，此摘选部分（图1-87至图1-90）。

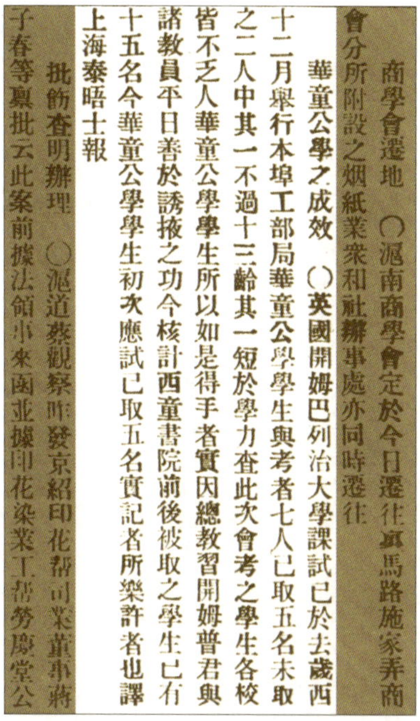
商學會遷地 〇滬南商學會定於今日遷往[illegible]馬路施家弄商會分所附設之烟紙業衆和社辦事處亦同時遷往

華童公學之成效 〇英國開姆巴列治大學課試已於去歲西十二月舉行本埠工部局華童公學學生與考者七人已取五名未取之二人中其一不過十三齡其一短於學力查此次會考之學生各校皆不乏人華童公學學生所以如是得手者實因總教習開姆普君與諸教員平日善於誘掖之功今核計西童書院前後被取之學生已有十五名今華童公學學生初次應試已取五名實記者所樂許者也譯上海泰晤士報

批飭查明辦理 〇滬道蔡觀察昨發京紹印花幇司業董事蔣子春等稟批云此案前據法領事來函並據印花染業工帮勞應堂公

图1-87 《华童公学之成效》（选自《新闻报》1909年3月18日，第19版）

图1-88 华童公学1936级全体同学（师生合影）（选自《华童公学校刊》第六期）

出任上海市各业同业公会理监事

华童公学的学生经仁卿、苏佩玿、魏梅章、吴颖荪等，先后当选为上海市各业同业公会理监事（图1-91至图1-94）。

*资料来源：上海市商会编：《上海市各业同业公会理监事名录》，上海市商会1947年铅印本。

1 《华童公学略史》，《华童公学校刊》第一期，1933年刊印。

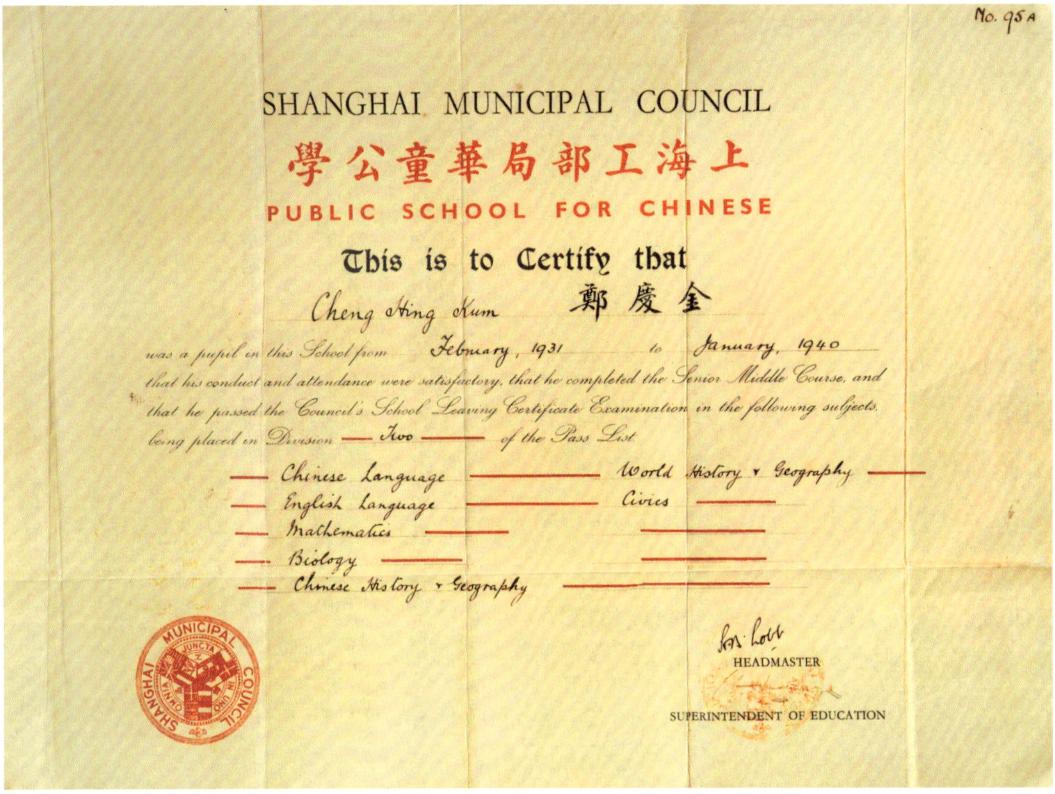

图1-89　上海工部局华童公学毕业证书（英文，1940年）

图1-90　上海工部局华童公学毕业证书（校长罗白印，1940年）

《上海百业人才小史》中的记载

王廷魁——《上海百业人才小史》，第16页。

奚福泉——《上海百业人才小史》，第195页。

陈似兰——《上海百业人才小史》，第298页。

经乾堃——《上海百业人才小史》，第373页。

乐秀章——《上海百业人才小史》，第408页（图1-95至图1-99）。

*资料来源：许晚成主编:《上海百业人才小史》，上海龙文书店编辑部1945年刊印。

《上海工商人物志》中的记载

吴颖荪——《上海工商人物志》，第55页。

经仁卿——《上海工商人物志》，第217页。

瞿焕章——《上海工商人物志》，第267页。

魏梅章——《上海工商人物志》，第269页。

苏佩绍——《上海工商人物志》，第274—275页（图1-100至图1-104）。

*资料来源:《上海工商人物志》，中国经济资料社1948年编印。

在洋行任职的华童公学部分毕业生

马心源，上海华童公学毕业，曾任德商天来洋行华经理。[1]窦耀庭，自华童公学毕业后，曾在英美烟草公司服务多年，又曾开设耀记申行，经营地产事业，后为中国营业公司华经理。[2]杨文源（字汉三），工部局华童公学肄业，任利喊汽车公司华经理。[3]俞伟霖，曾肄业于上海华童公学，历在亨大、怡和、美隆等洋行服务，后任意商瑞成洋行出口部主任。[4]张玉延，上海公共租界工部局华童公学毕业，曾在嘉利洋行服务，1931年始任福华洋行华经理之职。[5]Pan Ming-Sing（潘明兴，音译），生于广东，28岁到上海华童公学接受教育，后来被英商益兴保险公司聘为买办。[6]

*资料来源：马学强、张秀莉:《出入于中西之间：近代上海买办社会生活》，上海辞书出版社2009年版，第101页。

1 《上海商业储蓄银行档案》，上海市档案馆藏，档案号：Q275-1-2093（3）。

2 《私企业务管理委员会档案》，上海市档案馆藏，档案号：Q320-1-438。

3 《上海商业储蓄银行档案》，上海市档案馆藏，档案号：Q275-1-2102（1）。

4 《私企业务管理委员会档案》，上海市档案馆藏，档案号：Q320-1-423。

5 《私企业务管理委员会档案》，上海市档案馆藏，档案号：Q320-1-423。

6 *Far Eastern Commercial and Industrial Activity 1924*, p. 253.

图1-91　华童公学校友吴颖荪（选自《上海市各业同业公会理监事名录》，第56页）

图1-92　华童公学校友经仁卿（选自《上海市各业同业公会理监事名录》，第222页）

图1-93　华童公学校友魏梅章（选自《上海市各业同业公会理监事名录》，第271页）

图1-94　华童公学校友苏佩瑶（选自《上海市各业同业公会理监事名录》，第276页）

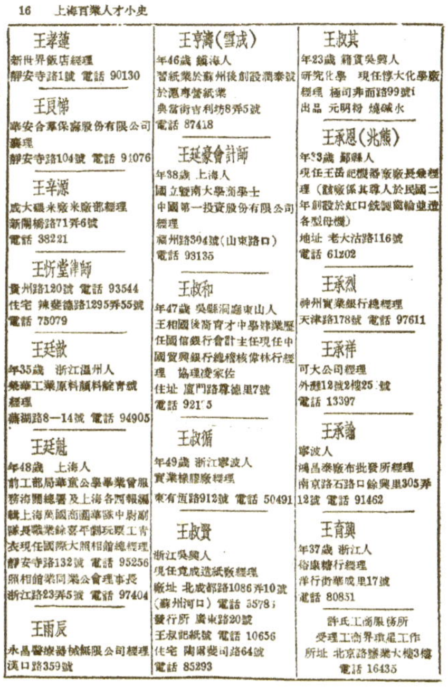

图1-95　王廷魁（选自《上海百业人才小史》，第16页）

图1-96　奚福泉（选自《上海百业人才小史》，第195页）

图1-97　陈似兰（选自《上海百业人才小史》，第298页）

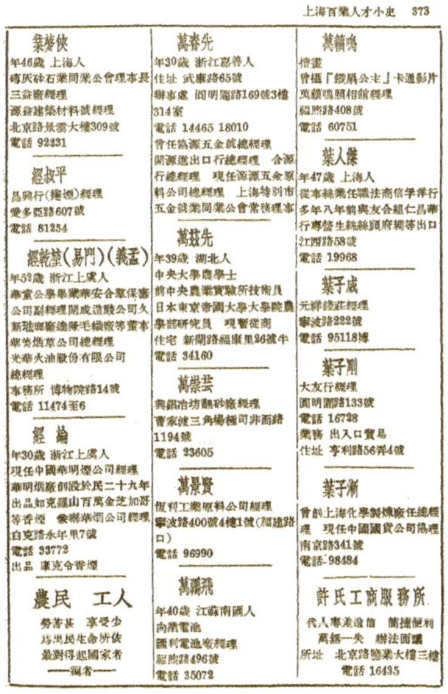

图1-98　经乾堃（选自《上海百业人才小史》，第373页）

图1-99　乐秀章（选自《上海百业人才小史》，第408页）

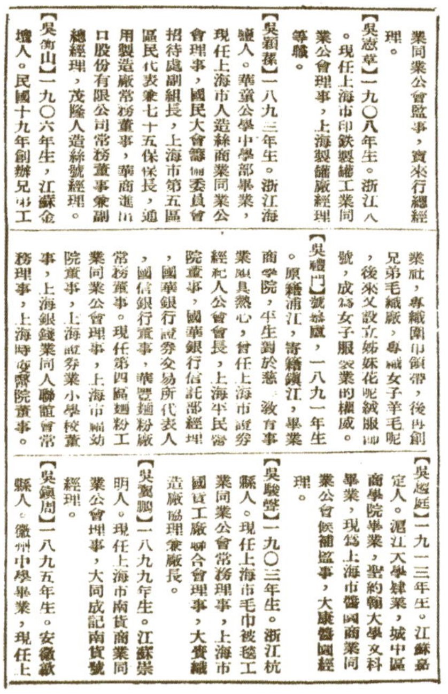

图1-100　吴颖荪（选自《上海工商人物志》，第55页）

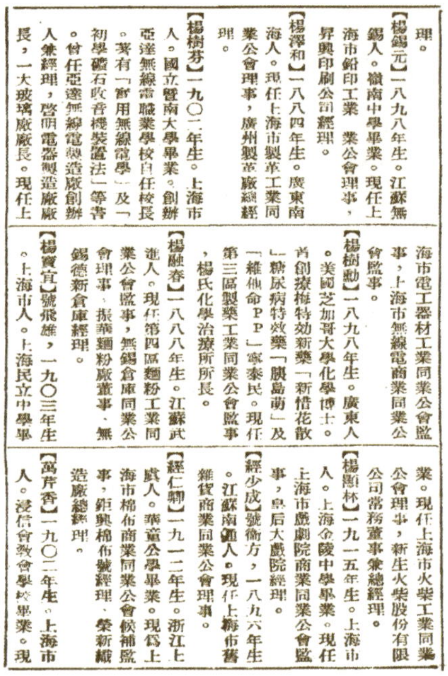

图1-101　经仁卿（选自《上海工商人物志》，第217页）

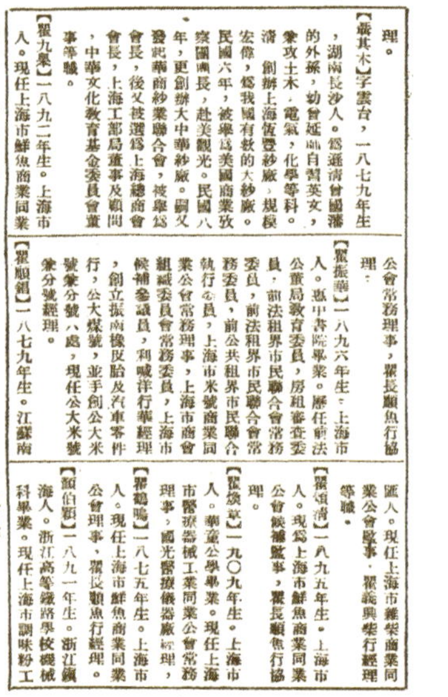

图1-102　瞿焕章（选自《上海工商人物志》，第267页）

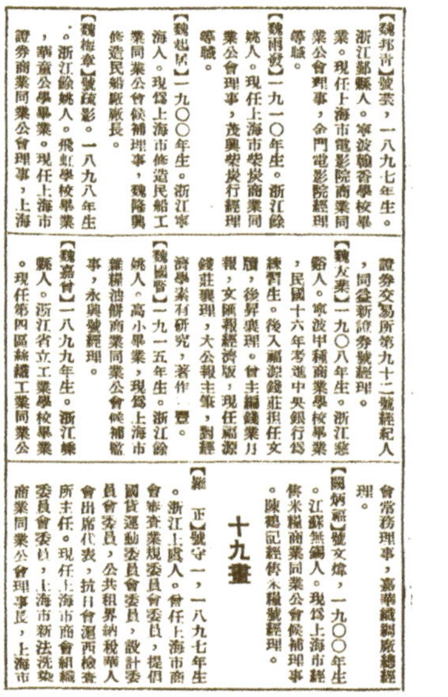

图1-103　魏梅章（选自《上海工商人物志》，第269页）

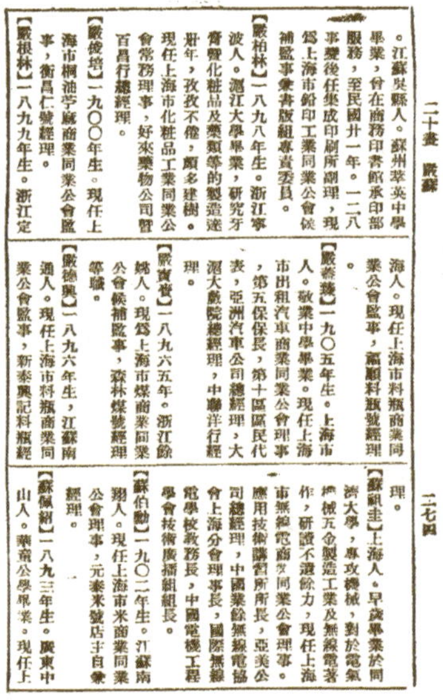

图1-104　苏佩绍（选自《上海工商人物志》，第274页）

五、师生回忆华童公学资料摘选

《胡适日记》中的记载（藏晖室日记）

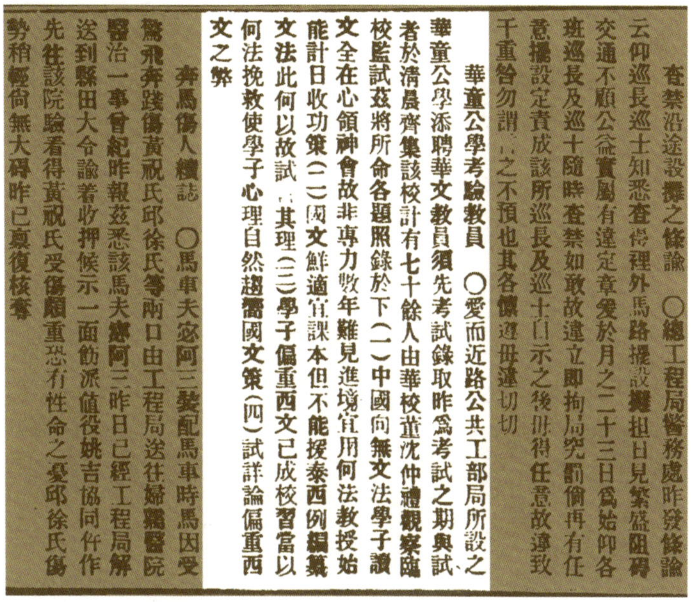

查禁沿途設攤之條諭　〇總工程局警務處昨發條諭云仰巡長巡士知悉查得裡外馬路擺設攤担日見繁盛阻碍交通不顧公益實屬有違定章爰於月之二十三日爲始即各班巡長及巡士隨時查禁如敢故違立即拘局究罰倘再有任意擺設定責成該所巡長及巡士[illegible]示之後毋得任意故違致干重咎勿謂[illegible]之不預也其各懍遵毋違切切

華童公學考驗教員　〇愛而近路公共工部局所設之華童公學添聘華文教員須先考試錄取昨爲考試之期與試者於清晨齊集該校計有七十餘人由華校董沈仲禮觀察臨校監試茲將所命各題照錄於下（一）中國向無文法學子讀文全在心領神會故非專力數年難見進境宜用何法教授始能計日收功策（二）國文鮮適宜課本但不能援泰西例編纂文法此何以故試[illegible]其理（三）學子偏重西文已成校習當以何法挽救使學子心理自然趨重國文策（四）試詳論偏重西文之弊

奔馬傷人續誌　〇馬車夫窓阿三裝配馬車時馬因受驚飛奔踐傷黃祝氏邱徐氏等兩口由工程局送往婦孺醫院醫治一事曾紀昨報茲悉該馬夫窓阿三昨日已經工程局解送到縣田大令諭着收押候示一面飭派值役姚吉協同仵作先往該院驗看得黃祝氏受傷頗重恐有性命之憂邱徐氏傷勢稍輕尚無大碍昨已稟復核奪

图1–105　《华童公学考验教员》（选自《新闻报》1910年5月1日，第18版）

庚戌（1910）年

正月初三日　下午同至和记小坐。归时始知云五先生见访，约五时晤谈。五时余往访之，盖云五为余荐至华童公学教授国文，事成始见告，其意至可感念也。少顷，李怀湘先生亦来。怀湘为华童汉文总教（习），余前年识之于黄翠凝家，尝于云五处见余所作诗文，故以此事见任。今日相见，极言华童之腐败，言将力为振刷云云（图1–105）。

十五日　晨起，至华童公学。因今日招考新生，故须往相助。晤康普君及怀湘先生，同事程、陈、余三君，亦得相见。是日计投考者约四十人。旁午事毕，与怀湘同至余处。怀湘写“乙巳生日，并留别故里”旧作十二律见示。至下午四时，复同访云五，谈一时许始归。

十六日　至华童公学助考新生。考毕与怀湘同至余所，谈许久始去。

十七日　至华童公学。

十九日　早起。此予今岁执业第一日也。至华童，行开学礼。华童为工部局所设，专收贫民子弟，校舍建筑犹在澄衷、浦东之上。惟仪注太繁，每晨学生齐集大讲堂，堂中列铁椅数百具，堂上有高座，为教员职员之座，学生已入座，教职员皆登高座，校长起立述本日命令已，乃合唱校歌，歇毕，教员下座，各奉一班入教室。入时学生皆面墙立，教员呼“一”皆背面立，呼“二”皆就位，呼“三”乃坐下。下课时亦然。此种苛礼，乃施诸习于自由之余，其何以堪耶！

是日，余所教为己班。

二十日　上课。

二十一日　上课。

二十二日　上课。

二十三日　上课。

二十四日　上午上课。

二十六日　上课。

二十七日　上课。初怀湘本欲余教甲班国文，继以甲班教员在校多年，校董难以辞谢，故令余任已班。所授诸生年长者已近二十，幼者十一二岁，然皆懵然无所晓，且极难驾驭，非施以夏楚不为功。盖此种人初无家庭教育，野蛮之行，习与性成，救者虽唇敝舌焦，而一日暴之，十日寒之，终无所补。甚矣，为小学师之不易也!

二十八日　上课。

二十九日　上课。

二十九日　上课。

二月初一日　上课。与怀湘同归余所共饭。怀湘为言诸教员倾轧状，殊可笑也。

初二日　上午上课，下午无事。

初四日　上课。

初五日　上课。

初六日　上课。

初七日　（前夜胡适夜饮至天明）九时上课，时时强自支撑，然苦极矣。至下午四时下课，始得安卧，遂睡至十二时始醒。

初八日　上课。

初九日　上午上课，下午无课。

十一日　上课。

十二日　上课。

十三日（3月22日）　是日，（胡适）夜饮大醉，神智朦胧中与巡警互殴，被拘于警所。第二日写信辞职，日记中断。[1]

*资料来源：胡适著，曹伯言整理:《胡适日记全编》第一册，安徽教育出版社2001年版，第14—28页。

注：胡适，1909—1910年一度在华童公学任教（中文教师）。

余槐青关于华童公学二十五年之回忆

本校开幕于民国前八年（西历一九零四年），成立以来，经过岁新日异之进行，讫于今兹，已具三十年之历史。惟开始五年中，对于校中状况，耳闻而未目睹，恐语焉而不切于事情。盖不佞来校服务之

1 “我当日在床上就写信去辞了华童公学的职务，因为我觉得我的行为玷辱了那个学校的名誉。况且我已决心不做那教书的事。”参见胡适:《我怎样到外国去：四十自述的第六章》，《新月》1932年第4卷第4期。

期，在民国前三年（西历一九零九年），忽忽二十五年矣。谨将其中经过情形，志其崖略如左（下）：

（一）课程之沿革　本校课程，根据中西并重之原则，劈分中西两部。中文辟为甲乙丙丁戊己庚七班，与西文部并驾齐驱。班次分，课程分，教室亦分。其始也，一星期中，每日中西文各半日，既而中西文各一日，既而中西统一。全校改为预科三班，正科六班；旋又改为小学两班，初中三班，高中三班。中西同一教室，每星期中西文各两日半，较之往昔，便利滋多。更以科目论，向时中文虽分门别类，粗具规模，惟时势所趋，潮流辄变。重旧学尤宜重新知，尚理论尤宜尚实用，以故近十年来，渐渐革故鼎新，求与中国学制相吻合。独有经学一科，至今未发。谓之保存国粹也可，谓之迎合一般人之心理也亦可。更以毕业论，初则另订课程，考试剑桥大学；嗣以为不便，该考香港大学；近又将变更考试章程。统计三十年来，毕业者不及百人，或病其太苛，然正惟其太苛，乃觉难能而可贵也。

（二）学生之成绩　本校开办五六年间，考取学生，由数十人增至四百余人，苦为校舍所囿，学生增无可增。迨迁校以来，虽经一·二八之役，学生锐减，未几即还复原状，近且增至七百余人。顾或以学生中文课程度，今日不如昔日之佳，抑知往昔考取新生，多半出身私塾，专治国文，故其中文程度，每超过西文。近年新生，多半他校幼年生，国文甚劣。且以短促之时期，治繁重之国文，而欲求突过前人之成绩，是以难也。至其优秀之品性，与特殊之能力，若许建屏、诸昌年、张歆海、郭德华、徐学禹、包可永诸君，任政界要职者，姑勿具论；即以普通商学界言之，供职其间者，不下数千人，固多超群轶众之长材，尤多诚朴耐劳之美德。社会信用，人无间言，设非在校时修养有素，曷克臻此！他若组织童子军，惟中国第一队；组织军乐队，惟沪校第一声；组织七班运动队与啦啦队，为体育一科生色，其成绩颇有可观。惟操场狭隘，赛球与运动，每假虹口公园举行之，要亦校址使然耳。

（三）教员之更迭　在民国前一二年，时本校中西教员仅十数人，其间西籍者二三人。未几而增聘国语教员，未几而增聘女教员及唱歌教员，未几而增聘翻译史地经学及体操教员，迄今中西文教员，已增至三十余人。西籍者男女共七人，毕业本校而任西文教员者，亦八九人。其间久于其职以资熟手者，尤居多数。中文以国学为之根基，则讹误可以减少；西文由西人递相授受，则字音可得准绳；此则在校教员之概况也。至离校来校之教员，若胡适之、赫姆两先生之负笈美洲，可见求学之毅力；谢云亭、琼司两先生之率华工西去，可见行役之热心；探耐、希廉、培雷三先生之出长他校，可见业务之进机。所尤难者，雷纳先生之投笔从戎，殉身欧战；罗白、马佛脱两先生之解甲东来，置身讲席，可见爱国精神与尚武精神；若葛惠甫、朱直侯两先生之积劳殉职，丁耆臣先生之朝请假而夕毕命，倘所为鞠躬尽瘁，死而后已者非耶！

综此二十五年中，一切校务，向由前校长康普先生主持。近两年来，方由罗白先生继其任。至中文方面，由前教务长李怀霜、葛惠甫两先生循序进行，不佞亦得萧规曹随，时时参以末议。近自林步基先生来校，科目益以详备，中西益以沟通。合全校观之，是又一番新气象矣！要之，本校教育宗旨，与其为放任之自由，毋宁为严密之管束；与其粉饰而仅有其表，毋宁剀切而相见以真；与其好高骛远而

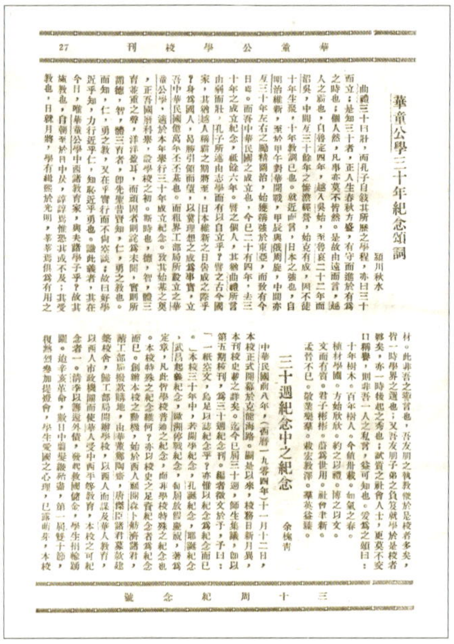
華童公學校刊　27

華童公學三十年紀念頌詞

潁川秋水

曲禮三十曰壯，而孔子自敍其所歷之學程，亦曰三十而立；是知三十者，正人生春秋方盛，有守而進於有為之時也；個人然，凡事亦莫不皆然。是故由遠而言，越人之霸也，自魯定四年，越入吳始，至魯哀二十二年而沼吳，中間有三十餘年之慘澹經營，始克有成，固不徒十年生聚，十年教訓已也。就近而言，日本之強也，自明治維新，至於甲午對華開戰，甲辰與俄周旋，中間亦有三十年左右之勵精圖治，始獲稱強於東亞，而致有今日也。而吾中華民國之成立也，今已二十有四年，去三十年之成立紀念，祇餘六年。譬之個人，其猶曲禮所言由弱而壯，孔子所道由志學而有以自立乎？譬之古今國家，其猶越人稱霸之期將至，日本維新之日告成之際乎？身為國人，曷勝引領而望，以實理想之成為事實，立吾中華民國億萬年丕丕基也。而租界工部局所設立之華童公學，適於本年舉行三十年成立紀念。致其始基之奠，正吾國廢科舉，設學校之初。斯時也，德，智，體三育並重之聲，洋洋盈耳，而頑固者則詫為未聞，實則所謂德，智，體三育者，即先聖昔賢知，仁，勇之教也。而知，仁，勇之教，又在乎實行而不尚空談；故曰好學近乎知，力行近乎仁，知恥近乎勇也。識此義者，其在今日，唯華童公學中西諸教育家，與夫諸學子乎？故其施教也，自朝至於日中昃，諄諄焉惟恐其或不及；其受教也，日就月將，學有緝熙於光明，莘莘焉俱為有用之材。此非吾之謬言也，吾友朋之執教鞭於是校者多矣，皆一時學界之選也；又吾友朋子弟之負笈就學於是校者夥矣，亦一時後起之秀也；試質之社會人士，更莫不交口稱譽，則非吾一人之私言，益可知也。爰為之頌曰：

十年樹木。百年樹人。今值卅載。如氣之春。植材學圃。方始欣欣。約之以禮。博之以文。文而有質。君子彬彬。蔚為世用。社會聿新。孟晉不已。敬業樂羣。栽宏教澤。羣英益臻。

三十週紀念中之紀念

余槐青

中華民國前八年，（西曆一九零四年）十一月十二日，本校正式開幕於克能海路。繼是以來，校務日新月異，本刊校史載之詳矣。迄今已屆三十週，師生集議，即以第五期校刊，為三十週紀念刊。編者徵文於予，予曰：「一紙空文，烏足以誌紀念乎？亦惟以紀念為紀念而已。」本校三十年中，若開學紀念，孔誕紀念，耶誕紀念，武昌起義紀念，歐洲停戰紀念，旬屆放假慶祝，著為定章，凡此皆學校普通之紀念，而非學校特殊之紀念也。本校特殊之紀念維何？亦以校史之足資紀念者為紀念而已。創辦本校之動機，始於西人麗爾森卜勃濟諸君，請工部局撥款購地，由華童鄭陶齋，唐傑臣諸君募款建築校舍，歸工部局開辦學校，以西人而謀及華人教育，以西人市政機關而使華人受中西平等教育，本校之可紀念者一。清季以籌還外債，發起救國儲金，學生捐輸踴躍。迨辛亥革命，數日中斷髮殆盡，第一屆雙十節，復熱烈參加提燈會，學生愛國之心理，已露萌芽，本校

三十周紀念號

图1-106《三十周纪念中之纪念》（选自《华童公学校刊》第五期）

不合于事情，毋宁随俗从宜而有裨于时用。此则本校对于学生，对于学生家属，差堪告慰者尔（图1-106）。

中华民国二十三年六月

*资料来源：余槐青:《二十五年之回忆》,《华童公学校刊》第四期，1934年刊印。

注：余槐青，华童公学华文部教员。

唐弢的回忆

已经是去年的事情了，有个朋友寄给我一份剪报，那是郑逸梅先生写的《我和唐弢的关系》，发表在香港的报纸上。文章说有人为他写过一篇事略，提到我是他的学生，他更正了这个说法，指出自己虽曾主持过上海陕北中学的校政，陕北中学的前身，是一所西人办的华童公学。……华童公学才是我的母校，他到陕北任事，我早已离校，“双方是搭不着的”云云。

论年龄，论资历，论从事文艺工作的先后，郑先生都有资格做我的老师。但是，也许就因为“双方是搭不着的”的缘故吧，一谈到彼此的历史，便不免有点隔膜，譬如文章在讲述我的国文程度较好之后，接下去说：“但他的家长还以为基础不够扎实，复请了一位名师，课余加以辅导。披阅百家之编，涉猎六艺之文，探源寻本，含英咀华，足足钻研了若干年，直到毕业就职为止。”这段话大部分出于想象，不仅溢美，而且缺乏实际的根据了。

我在华童公学读过三年书，到正科二年级（相当于现在的初中二年级）为止，没有毕业。这三年也是勉强度过的。我能在那里读书，完全出于几位远房亲戚——包括一个在南货铺里当账房的舅父的资助：他们让我住在家里，免费供给食宿；或者安排我和店员学徒同住，象征地交纳一点房饭钱。学费则由父亲筹措。我家世代务农，我的父母都不识字。父亲由于没有文化吃过大亏，因此他诚心真意地赞同我上学。为了凑足学费，千方百计节衣缩食，甚至将几间破屋典押出去，也毫不惋惜。他决心很大。不过单凭决心，还是没有为我另请“名师”加以“辅导”的可能——他实在太穷了。……

我终于将《辞源》作为工具书拿出来使用，是在受了另一次刺激之后。那时我不仅喜欢古典诗歌，自己还偷偷地学着做，大部分是七言绝句，也有一些律诗，五言的比较少。我们学校有一位年纪最大的教师余槐青，我们都称他老余先生。老余先生负责中文教务工作，没有直接教过我，但他常常抽阅我的课卷，到高年级同学面前夸奖我，说我文章写得好，为我延誉。

大约是出于一种朴素的知遇之感吧，我对老余先生很感激，很尊敬，很信任，一心想将自己的诗歌

习作送给他看，课余到朵云轩买了一些八行笺，将所有的诗抄写下来，订成一本。总有一百来首吧。有一天，老余先生到班里听课，窥个方便，我跑到前面，将抄本送给他。老余先生拿在手里，没有作声。他戴上眼镜，翻了几首，立刻又从鼻梁上将眼镜摘下来，和气地，但是严肃地对我说："你不要把作诗看得那么容易呀！"这真是当头一棒，将我的"诗人"的美梦打破了。那天我回到住处，一发狠，把那本诗撕得粉碎。往后怎么办呢？摆在我眼前的有两个选择：一、从此洗手不干，不再写旧体诗；二、一切从头做起，决定攻下难关，把旧体诗学会写好。

我选择了第二条路。从那时开始，我读了许多古典诗歌，不仅温庭筠、李商隐，并且上溯至庾子山、陶渊明和曹孟德父子。我又非常喜欢《古诗十九首》。一直没有搬动的《辞源》也在这个时候打开了。只要课余有一点时间，我就捧起自己心爱的诗集，朗诵默念，凝神结想。我从多方面探索诗歌的规律：领会每一首诗的意境，熟悉每一首诗的形式，努力加深自己对诗歌特点的理解。这样大约过了一年，我又积了近百首习作，陆续抄写下来，送给余槐青先生。余先生照旧戴上眼镜，翻了几首，这一回，他没有再说什么，点点头，把诗收下了。过了几天，他把抄本退给我，为我指出了一些似是而非的地方，有几处还作了修正。

对这位教务主任，我怀着深深的感激之情，一直没有忘怀。

以后虽然继续在那里读书，依旧没有力量请"名师"进行"辅导"，而且不久就离开了这所相当于中学的学校，走上社会，到邮局工作。……

*资料来源：唐弢：《我的自修生活》，原载《中国青年报》1980年7月15日；后收入傅小北、杨幼生编：《唐弢研究资料》，知识产权出版社2010年版，第59—62页。

注：唐弢，1928—1929年就读于华童公学。

郑逸梅忆华童公学

华童公学，是晋元的前身，那时担任国文课（语文当时称国文）的，有位李怀霜，他是南社耆宿，名葭荣，一字怀湘，广东信宜人，为《天铎报》总编辑，柳亚子辅佐其间，曾经发生过小纠纷。那《天铎报》的论调，和章太炎的思想时有抵触。其时主持《民声日报》的黄季刚，他是太炎弟子，赶到《天铎报》社责问亚子，其势汹汹。亚子回答说："我不是总编辑，负不了责任。"结果怀霜出来表示歉意，才得解围。可是亚子被拉到《民声日报》去，怀霜失掉了助手。怀霜除写社论外，有《斐然庵诗》《不知老斋诗集》《装愁盒随笔》和《炙蛾灯》小说。当时声望很高的，还有一位邹亚云，也是南社旧人，和柳亚子为同学，名铨，章待（练）塘人，辑有《练塘小志》。曾谱《杨白花传奇》，把清廷的腐败，和革命浪潮的汹涌，写得有声有色。他逝世后，亚子为之刊印《流霞书屋遗编》，这个传奇附在遗编之后。他在华童公学执教，为期是较短的。又余槐青，浙江宜兴人，在华童公学任课著《上海竹枝词》一百多首。

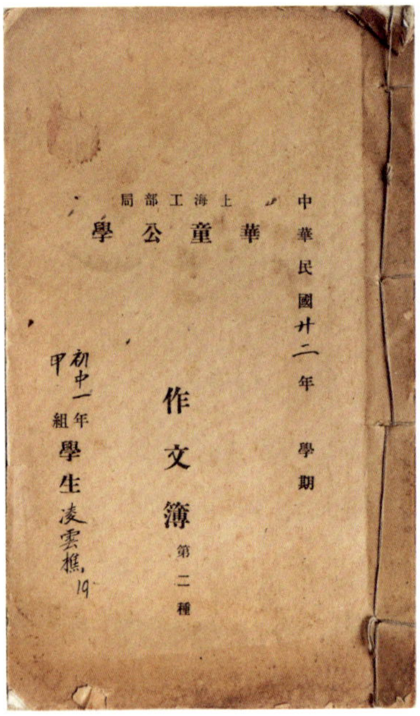

图1–107 1933年华童公学作文簿封面

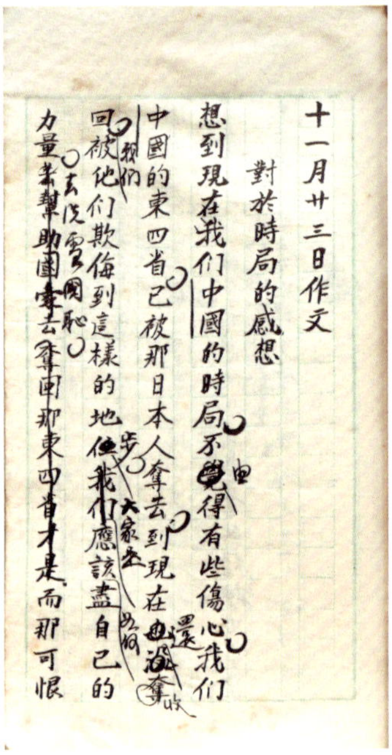

图1–108 1933年华童公学作文簿（学生作文摘选）

校中同事为他醵资印行，当时的老教师金山方仲之为作一序。槐青掌教华童二十五年，一九三五年逝世（图1–107、图1–108）。

华童公学的校长是西人罗白，直至模范中学，才由（林）步基主持校政。既而为纪念谢晋元将军，改名“晋元中学”，这时的校长金通尹，他是浙江秀水人。秀水金氏，世代书香。通尹的父亲金兆藩，具良史才，为清史馆编纂。他反对科举，戒诸子不习举子业，而以实学是尚，因此通尹注力科学，成就甚高。他名问诛，和他的长兄问源、弱弟问淇都为社会名流。通尹年事不高，可是白发皓然，俨然令人敬肃。曾任复旦大学教授，及逝世，复旦师生为他影印诗集。原来他的诗文渊古博雅，奕奕煌煌，真所谓能者无所不能哩。

*资料来源：郑逸梅：《黉舍摭记》，载《晋元中学》（建校80周年纪念专刊，1904—1984年），第33—34页。

注：郑逸梅，1943年到校任教，历任语文老师、副校长等（1943—1965）。

胡先雩忆华童公学

华童公学于1904年应当时英租界工部局华人纳税会要，而由英国人创办的。地址在北火车站天目北路南首。1916年，我进华童公学读书，入学后即参加了上海童子军第一队，接受急救、旗语、包扎等方面的训练。1918年冬，欧战停止，华童公学的童子军进行凯旋游行。以后，学校即以这天（11月11日）作为纪念欧战停止的例假日和校庆日。当时，华童公学的一位英籍教师于欧战时阵亡，学校为了纪念他，便以他的抚恤金的利息来作为每年冬季该校中学生数学竞赛优胜的奖学金。1919年“五四”爱国运动爆

图1-109 华童公学军乐队（选自《华童公学校刊》第二期）

发，华童公的学生积极响应，罢课一天声援北京学生的爱国运动。1925年5月30日发生“五卅惨案”，华童公学的学生第二天进行了罢课，投入到全市举行的反帝示威的洪流中。

1926年，国民革命军出师北伐，以后连年不断出现军阀混战局面，因华童公学地处北站附近，而各地富商巨贾均来上海以租界作为庇护所，上海形成畸形发展。租界当局为了自身利益，万国商团和英国驻军先后进驻学校，以兹防范。学校部分暂时停课，嗣后各路军阀未派兵进入租界骚扰，租界情况正常稳定。英军的军乐队士兵趁机训练我校学生成立军乐队中笛子队，这是我校军乐队发展的伊始（图1-109）。

抗日战争之前，旧校因人数渐增，乃迁至中州路汉壁礼西童公学校址，能容纳700余人，但操场面积不够，体育和足球活动均借虹口公园跑道和球场使用。抗日战争时期，英国驻军下旗撤回本国，虹口则处于日军控制范围，日军并未在学校驻军。

1937年8月13日，日军侵华的淞沪战争开始后，虹口已沦为战区，华童公学中州路校舍被炮弹击中，房屋全毁。学校不得不由苏州河北迁到（苏州）河南，先借四川路青年会上课，继而在南京路市政所上课，几经迁移，最后将校址确定在马白路，即今新会路25号。这里适与日后谢晋元将军驻扎的新加坡路（现余姚路）“孤军营”相近，因此我校学生和谢将军及他所率领的八百壮士往来亲切，为我校日后定名为晋元中学打下了基础。

1941年4月，谢晋元将军被日伪收买的叛兵杀害，出殡队伍蜿蜒数里，华童公学以军乐前导，至为壮观。1941年12月8日，太平洋战争爆发，日军占领租界，英人校长和教务长于1942年进杨树浦集中营，代理校长为林步基。日方派进2名日人教师教日语，并便于监视在校教工活动。

*资料来源：胡先雩：《从华童公学到晋元中学的变迁》，载《普陀区文史资料选辑》第2辑，第89—91页。

注：胡先雩，1916年入华童公学读书，后留校任教，历任数学、英语、教导主任、副校长等职。

蒋锡夔忆母校

1938年夏天，我考上了华童公学。印象最深的是老师的素质很高，教过我的有：英文先生胡先雩，中文先生葛世袁。所有的科目都用中文和英文同时教学，还聘请了不少外教，这使得当时的学生得以轻而易举地阅读英文原版书籍，为我今后向化学专业的发展奠定了坚实的基础。学业优秀，又喜欢动脑筋，上课敢于大胆提问，这样的学生自然是老师所喜爱的。然而有一天，我这个好孩子却交了一张白卷，自然是引起了一番震动。其实，我是“有意识而为之”的。当时，就要初中毕业了，我回顾自己的初中生涯，主要是认为学习“中文语法”“应用文”等科目太浪费时间。所以“中国文学史”这门功课交了一张白卷，引起大家的一片惊讶。现在想想还挺后悔的，有时候写东西吃力时，就会埋怨自己当初为什么不好好学（图1-110、图1-111）。

现在的我已经深深懂得：单纯学理，就很难突破研究的瓶颈，只有文理兼长，才能达到融会贯通的至高境界。

*资料来源：《学子“大师”与晋元“对话”》，载苏军主编：《办学特色在校园》，上海教育出版社2005年版，第258—259页。

注：蒋锡夔，1938年就读于华童公学。中国科学院院士。

小　结

至19世纪末，越来越多的华人在租界定居，他们的子女教育问题日益紧迫。但租界当局认为“就华人子弟而言，工部局无为若辈设备教育之绝对义务”。甚至有人说，租界对教育的投入还不如租界养乐队的钱。所以，虽然上海公共租界内已经建立了较为完备的卫生管理、社会文化管理、地产建筑管理、交通消防管理等规章制度，但公共教育的发展状况与之相比较而言，显得颇为滞后。租界内约有 20 万儿童，得不到工部局提供的教育。

面对这一问题，1899年，英美传教士李提摩太、卜舫济、福开森向工部局共同呈书，建议开设一所招收华人子弟的学校，引起租界当局的注意。1900年在工部局纳税人会议上通过了开办华人学校的决议。1904年工部局开设的第一所华童学校——华童公学（Public School for Chinese）诞生了。

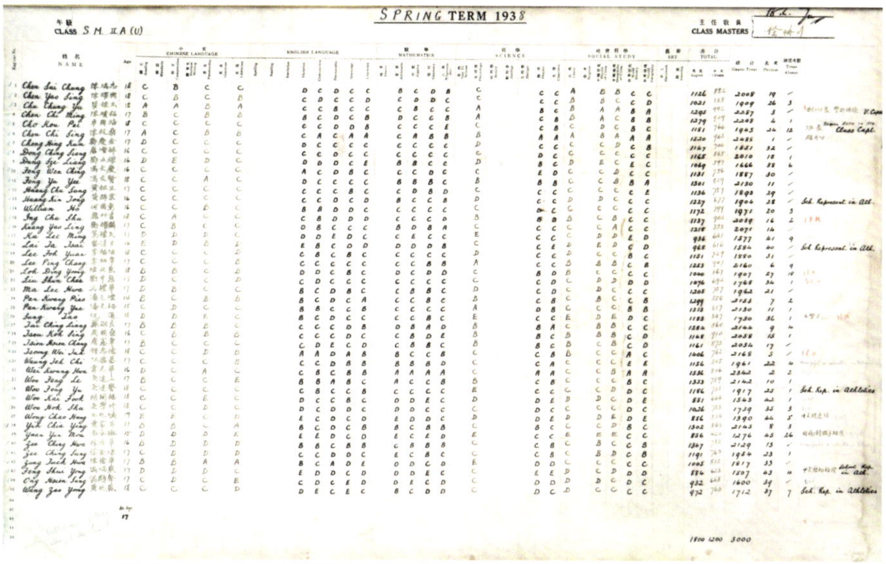
SPRING TERM 1938

CLASS S.M. II A (U)

CLASS MASTERS

图1-110　1938年华童公学春季成绩单

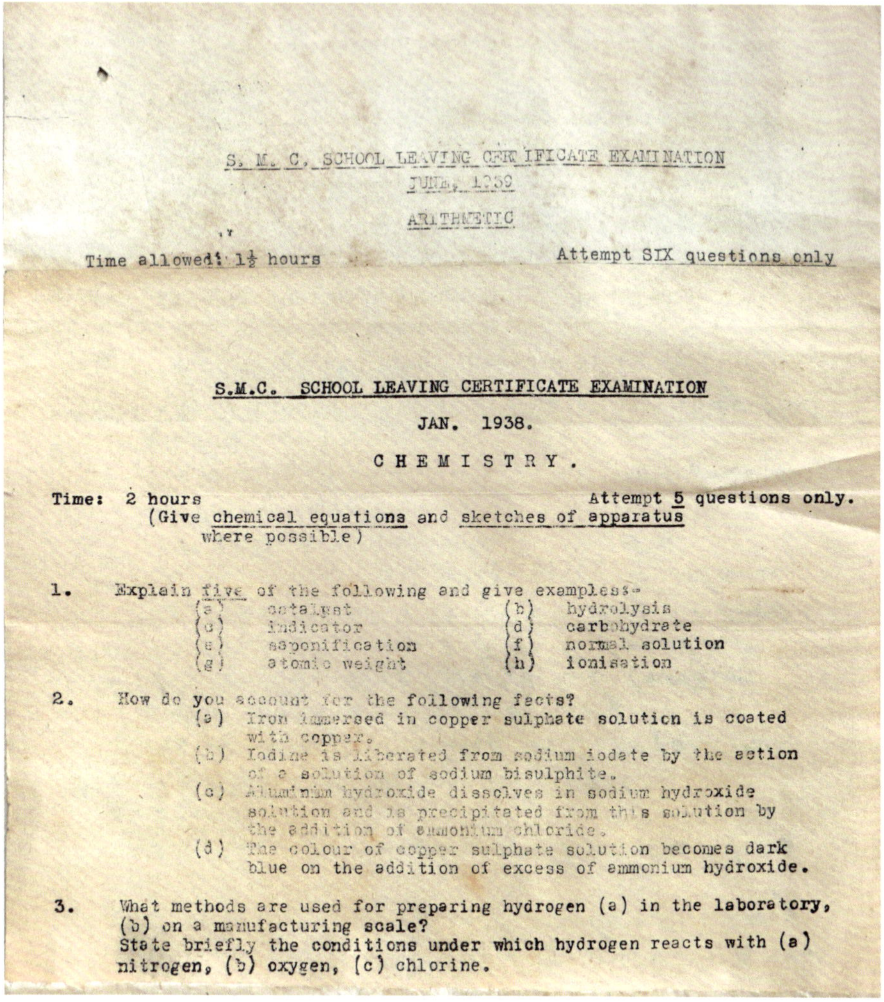
S. M. C. SCHOOL LEAVING CERTIFICATE EXAMINATION

JUNE, 1939

ARITHMETIC

Time allowed: 1½ hours　　Attempt SIX questions only

S.M.C. SCHOOL LEAVING CERTIFICATE EXAMINATION

JAN. 1938.

CHEMISTRY.

Time: 2 hours　　Attempt 5 questions only.

(Give chemical equations and sketches of apparatus where possible)

1. Explain five of the following and give examples:-

(a) catalyst　　(b) hydrolysis

(c) indicator　　(d) carbohydrate

(e) saponification　　(f) normal solution

(g) atomic weight　　(h) ionisation

2. How do you account for the following facts?

(a) Iron immersed in copper sulphate solution is coated with copper.

(b) Iodine is liberated from sodium iodate by the action of a solution of sodium bisulphite.

(c) Aluminium hydroxide dissolves in sodium hydroxide solution and is precipitated from this solution by the addition of ammonium chloride.

(d) The colour of copper sulphate solution becomes dark blue on the addition of excess of ammonium hydroxide.

3. What methods are used for preparing hydrogen (a) in the laboratory, (b) on a manufacturing scale?

State briefly the conditions under which hydrogen reacts with (a) nitrogen, (b) oxygen, (c) chlorine.

图1-111　1938年华童公学化学考试试题

华童公学由英美传教士筹办，中国商绅捐献地基，工部局提供建校舍经费，具有教会学校的性质，几乎完全照搬西童公学的办学模式。华童公学仿照西童公学设立，所使用的课本大多数是由英国教育部批准的原版教材。初级三年即开始学英语，但同时也重视中文课程，不仅讲授中国历史、中国地理、《论语》、《尚书》、《左传》、《史记》、《汉书》、《御批通鉴辑览》和《圣武记》，还讲授华蘅芳所编的算学著作《行素轩笔谈》。在招聘中文老师时，也以“试详论偏重西文之弊”[1]与“学生心理往往轻视国文，应用何法教授，始可引起学生兴趣，使潜移默化，渐知趋重”[2]为题，可见其突显教学的中西并重特色。

华童公学名为“公学”，显然是受到了英国公学教育的影响。传统的英国公学以培养上流社会的绅士为己任，通过设置古典课程、宗教课程和丰富的课外活动对学生进行礼仪训练与品德陶冶，并且以严格的管教为世人所知，“公学人”逐渐形成了从容、谦恭、理性的绅士形象，以及坚强、自信的品质特点。华童公学同样强调重视学生的内在礼仪和内在品德；同时，还注重兴趣的广泛培养和艺术修养的专业化发展，鼓励与支持学生发展有益的兴趣及爱好，学生的艺术才能在各类比赛和表演中得到了进一步的认可，尤其是华童公学的童子军名噪一时。

华童公学的历任校长李淇、李文史东、康普等，积极改善学校的办学条件，为更好地实现学校的培养目标，提高学校的教育成绩和社会声誉，打下了坚实的基础。在历任校长的坚守下，以及在诸多优秀教师的实践之下，华童公学的特色得以长期地保持和发扬，不仅有多名优秀毕业生被香港大学、剑桥大学等海内外名校录取，还涌现出如邓散木、荣独山、张承宗、顾乾麟、唐弢、蒋锡夔等在各行业中表现突出的优秀学生。华童公学培养出的学生大都勤勉刻苦，渴望以学问报效祖国。更有不少学生忧国忧民，探索国家富强、民族振兴的道路。他们曾用种种方式反抗帝国主义的歧视、压迫和奴化教育，积极参与“五四”“五卅”等革命运动，表现出强烈的民族自尊心。

五卅运动后，租界内掀起了收回教育权运动，1928年4月工部局被迫同意3位华董加入董事会，并成立华人教育处。1928年5月，南京国民政府大学院召开第一次全国教育会议，通过了《中华民国教育宗旨及其实施方针》。同年9月25日，大学院明确指出教育要“恢复民族精神，发扬固有文化……以实现民族主义”[3]。同年，国民政府上海市教育局，致信纳税华人会，提出《收回租界教育权之计划》，要求租界当局从华人纳税项下，拨出至少20%，作为华人教育费用。此外，租界内所有为华人而设的公立学校，必须在中国教育局注册，并接受督查与指导。华童中学经教育部准予承认，学生一律可以参加会考，及格者升入国立大学。1931年工部局董事会颁布《局办华人中学教学章程》，明确要求学校的课程要以中国国定课程为标准，讲课所用的汉语应为国语。华童公学为了谋求学校的生存和发展，对学校的教学内容、学制与分班办法均进行了一定的改革。教学内容逐渐摒弃传统的拉丁语，而增加了国文的比例，教学语言更多地使用中文。学校也因人数渐增，校舍不敷使用，迁至虹口赫司克而路63号（今中州路）汉壁礼

1 《华童公学考试教习》，《申报》1910年5月1日，第19版。

2 《华童公学考试华文教习》，《申报》1911年1月1日，第19版。

3 蔡元培：《在大学院拟定中华民国教育宗旨》，《大学院公报》1928年第9期。

西童公学校址。

1937年8月13日，淞沪战役爆发。11月12日中国军队大部撤离上海，公共租界成为孤岛。学校校舍在战争中全部被毁，不得不由苏州河北迁到苏州河南，几经迁移，颠簸不定。最终于1938年将校址确定在戈登路、马白路口，成为“孤岛时期”沪西地区唯一一所市立中学。学校在困难的情况下，仍然坚持爱国主义教育。因学校与谢晋元将军驻扎的新加坡路“孤军营”相近，故常有学生组织前去军营慰问，遂与谢晋元将军及他所率领的八百壮士结下了深厚的情谊。谢晋元将军牺牲后，送葬队伍也以华童公学学生军乐队为前导，途为之塞。学校由此与谢晋元将军结下不解之缘。

本章主要依据历年《工部局董事会会议录》《上海公共租界工部局年报》，以及《字林西报》《申报》《大公报（上海）》《神州日报》等报刊记载，结合1933—1937年刊印的《华童公学校刊》、上海市档案馆等所藏的华童公学档案资料，进行分门别类整理，系统反映华童公学的发展演变与办学特色。

第二编

艰难办学：上海市立模范中学（1943—1945）

艰难办学：上海市立模范中学（1943—1945）

图2-1　上海市立模范中学1945年夏季毕业班师生合影

1943年7月，在汪伪政府“接收”上海租界的背景下，华童公学于8月易名为“上海市立模范中学”（也称为“上海特别市市立模范中学校”），华籍英文教员黄建勋被任命为校长。在敌占区的特殊时局下，学校办学处境艰难，勉力维持。首先是在新会路租借三层房屋，以作临时校舍。[1]其次是理化实验设备不全，需要借助育才、格致等中学的设备，学生运动设施也较为简陋。最后是日文课取代英文课成为必修课，战前英式教育传统有所减弱。但这一时期，学校教管严厉，学生功课认真，学科难度并没有降低，整个高三年级仍有十七门课程之多。[2]课外活动兴盛，尤以级会组织与壁报盛行而著名，质朴优良之校风仍然得以保持（图2-1、图2-2）。

1　袁凡：《介绍市立模范中学》，《莘莘月刊》1945年第1卷第1期。

2　袁凡：《介绍市立模范中学》，《莘莘月刊》1945年第1卷第1期。

上海特別市市立
模範中學校

民國三十二年秋季
學期成績報告單

姓名 丁儒林　年級 初一乙
名次 三　班中人數 四十三 人
年齡 十三 歲　平均年齡 十三.七 歲
缺席 一 次　遲到 一 次

(1) 本校係一完全中學分高初兩部各三年各年級課程悉照部定之課程標準
(2) 學業成績（平常分與考試分之和）用 A B C D E 五等表示之五等之分配有一定之限制所以表示該生與同級其他學生之比較
A = 優 等
B = 上 等
C = 中 等
D = 下 等
E = 劣 等
(3) 凡學生操行不佳者由訓導處分別懲戒或記過連記十過者開除學籍

校長　林步基

I. 國文系	
(1) 國文	A
(2) 國學	/
(3) 作文	B
(4) 應用文	A
(5) 書法	C
(6) 文法	/
(7) 文學	/

II. 外國語系	
(A) 日語	
(1) 日語 1	B
(2) 日語 2	/
(B) 英語	
(1) 英語 1	C
(2) 英語 2	B

III. 數學系	
(1) 算術	B
(2) 代數	B
(3) 大代數	/
(4) 幾何	B
(5) 解析幾何	/
(6) 三角	/

IV. 自然科學系	
(1) 自然	/
(2) 生理衛生	A
(3) 植物學	/
(4) 動物學	/
(5) 生物學	/
(6) 物理	/
(7) 化學	A

V. 社會科學系	
(1) 公民	/
(2) 中國史	C
(3) 中國地	A
(4) 世界史	/
(5) 世界地	/

VI. 藝術系	
(1) 圖畫	D
(2) 音樂	/
(3) 體育	/

图2–2　上海特别市市立模范中学校1943年秋季学期成绩报告单（校长林步基）

抗战胜利前夕，红色基因已开始孕育。1945年5月，高三学生黄克欧在校外加入了中共地下党，开始建立以本校学生为成员的地下党支部，领导师生开展爱国民主运动，播下了革命火种。

第一节　易名“上海市立模范中学”

华童公学被汪伪上海市教育局接管，易名“上海市立模范中学”

1943年2月，日寇开始将英美等国侨民圈禁于浦东“敌侨集中营”。4月份，我校校长罗白等英籍教员被日寇送往集中营，工部局任命林步基为校长。

1943年7月，汪伪“接收”上海租界，我校被汪伪上海市教育局接管，遂于8月将我校易名为“上海市立模范中学”，并任命黄建勋为校长，取消了学长制和校服等英帝统治时的做法，而代之以日本式的奴化教育。原来的英文版课本改用日伪编写的“国定教科书”，教材中贯穿中日两国“同文同种，共存共荣”“建设东亚新秩序”等奴化思想。学校规定日文课取代英文课，为必修课，且规定教师也必须读日文（图2–3）。

*资料来源：晋元中学校史组编:《校史述略》，程卫军执笔，载《晋元中学》（建校80周年纪念专刊，1904—1984年），第14页。

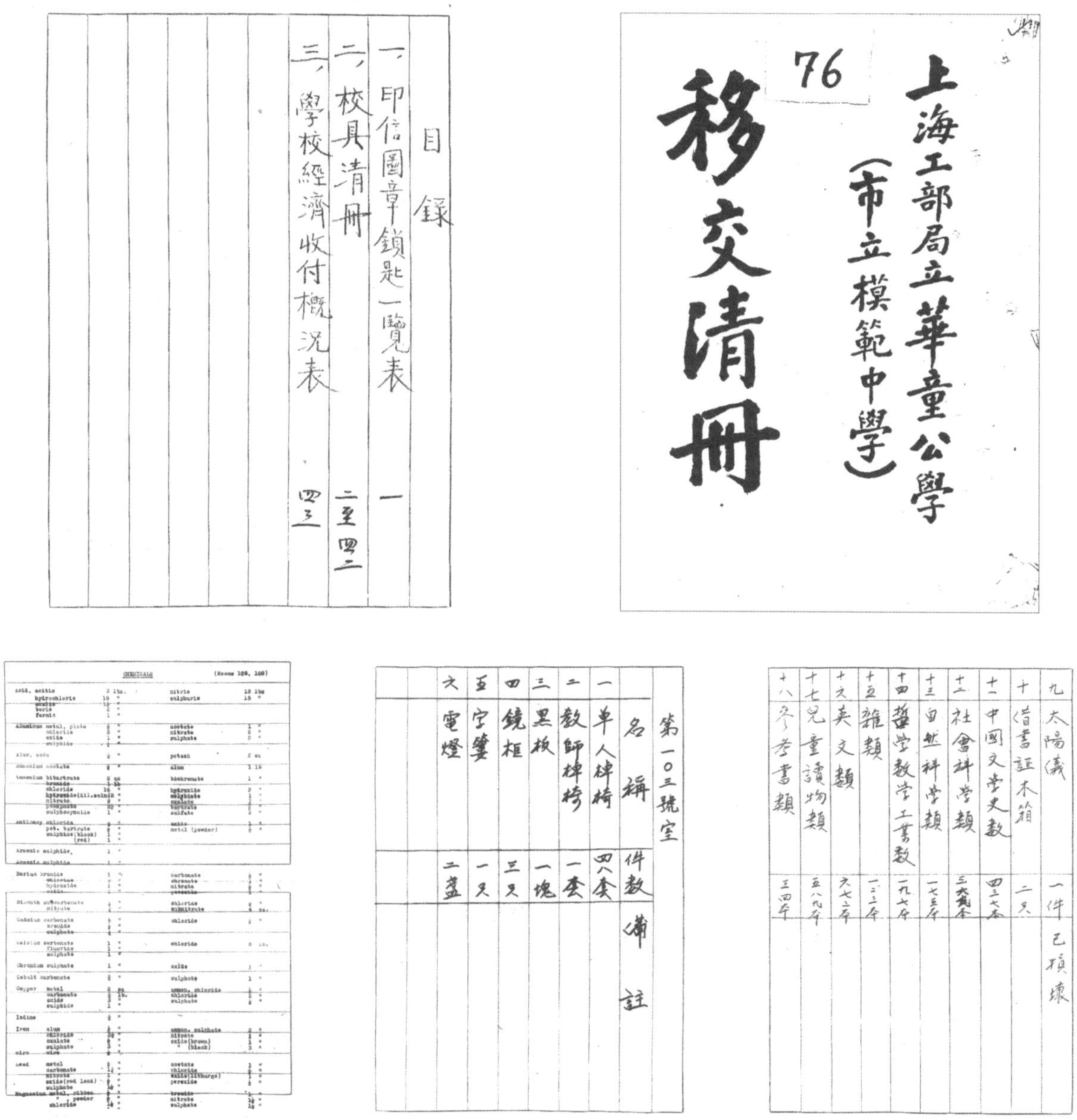

图2-3 《上海工部局立华童公学（市立模范中学）移交清册》（约1943—1945年）

上海特别市市立模范中学校

校长：林步基

校址：新会路25号（图2-4至图2-7）。

*资料来源：《新中国手册》，具体出版时间不详，第295页。

注：马白路，1943年改名“新会路”。

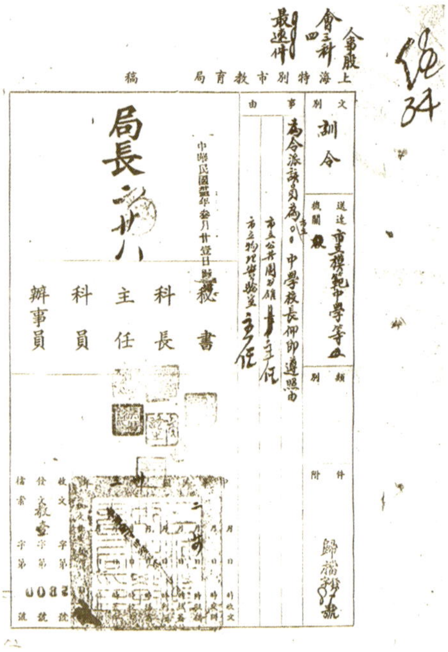

图2-4　市立模范中学等学校校长令（档案摘选）

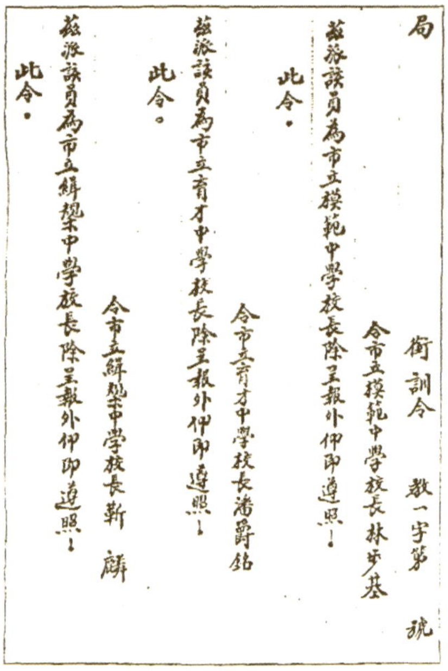

局

衔訓令　教一字第　號

令市立模範中學校長林步基

茲派該員為市立模範中學校長除呈報外仰即遵照！

此令。

令市立育才中學校長潘爵銘

茲派該員為市立育才中學校長除呈報外仰即遵照！

此令。

令市立鮮[illegible]中學校長靳　麟

茲派該員為市立鮮[illegible]中學校長除呈報外仰即遵照！

此令。

图2-5　任命市立模范中学等学校校长令（1944）

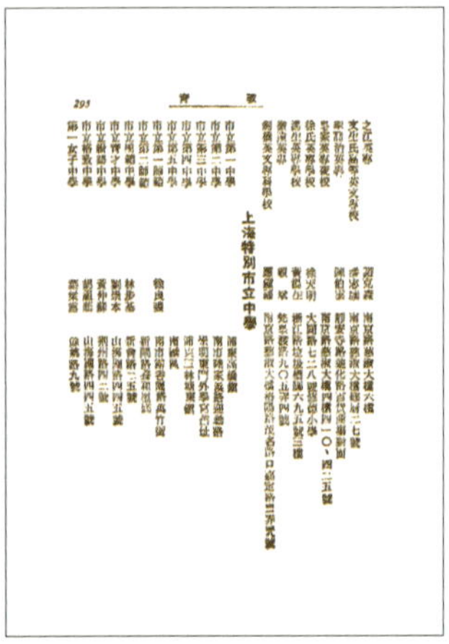

图2-6《上海特别市立中学》

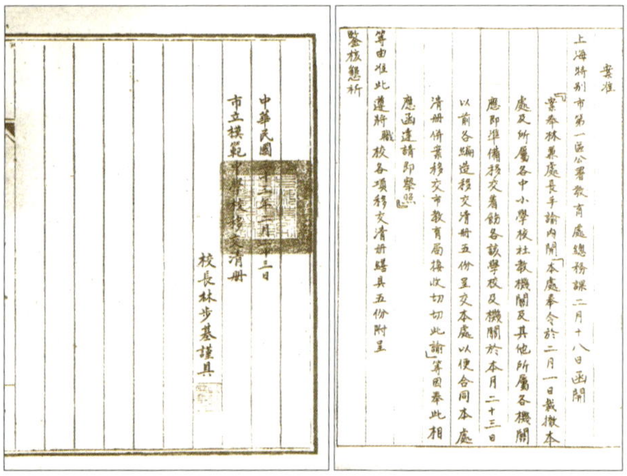

案准

上海特別市第一區公署教育處總務課二月十八日函開「案奉林兼處長手諭內開「本處奉令於二月一日裁撤本處及所屬各中小學校社教機關及其他所屬各機關應即準備移交着飭各該學校及機關於本月二十三日以前各編造移交清册五份呈交本處以便會同本處清册併案移交市教育局接收切切此諭」等因奉此相應函達請即擧照」等由准此遵將職校各項移交清册繕具五份附呈

鑒核懇祈

中華民國[illegible]年[illegible]月[illegible]日

市立模範[illegible]清册

校長林步基謹具

图2-7《上海特别市市立模范中学校为送移交清册呈第一区公署教育处函》（林步基，1944年）

胡先雩的回忆

1941年12月8日，太平洋战争爆发，日军占领租界，英人校长和教务长于1942年进杨树浦集中营，代理校长为林步基。日方派进2名日人教师教日语，并便于监视在校教工活动。1944年，汪伪政府接收该校，改名为“上海市立模范中学”（图2-8）。

*资料来源：胡先雩:《从华童公学到晋元中学的变迁》，载《普陀区文史资料选辑》第2辑，第90页。

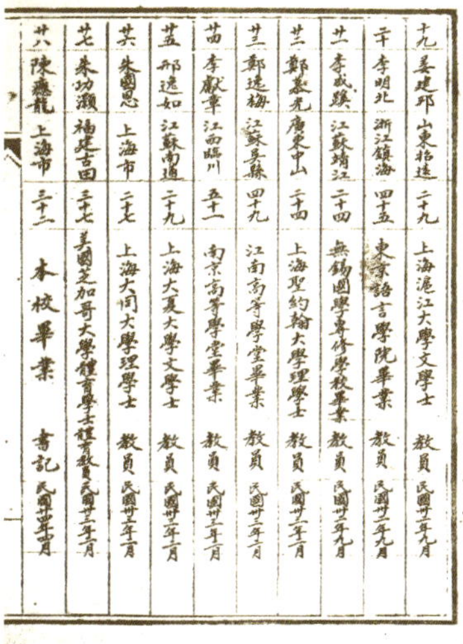

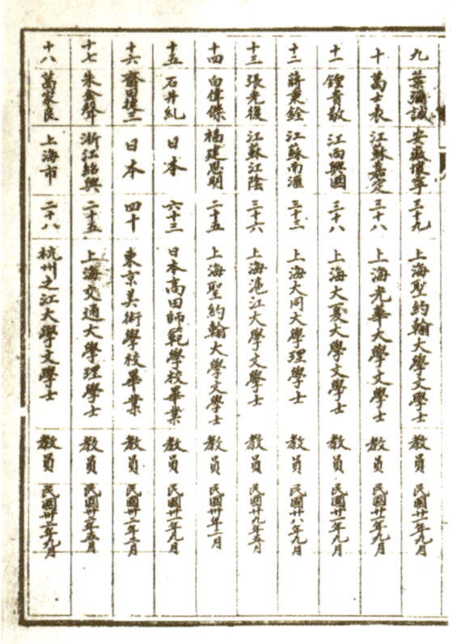

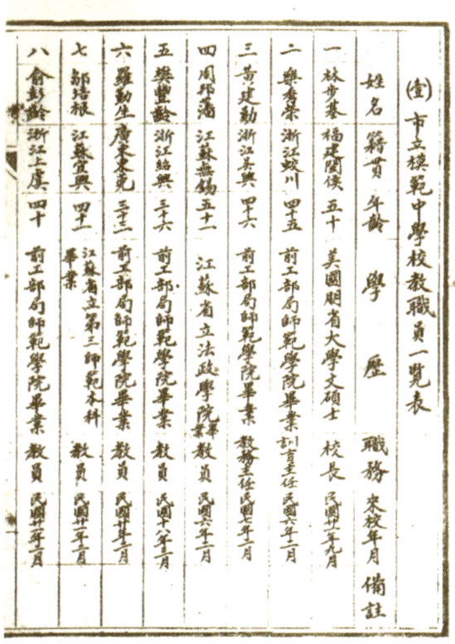

图2-8　市立模范中学校教职员一览表（摘选，1944年）

第二节　勉力维系

上海特别市市立模范中学校教职员

市立模范中学校教职员一览表

序　号	姓　名	籍　贯	年龄（岁）	学　历	职　务	来校年月
1	林步基	福建闽侯	50	美国朋省大学文硕士	校长	民国廿一年九月
2	乐秀荣	浙江蛟川	45	前工部局师范学院毕业	训育主任	民国六年二月
3	黄建勋	浙江吴兴	46	前工部局师范学院毕业	教务主任	民国七年二月
4	周邦藩	江苏无锡	51	江苏省立法政学院毕业	教员	民国六年二月
5	樊丰龄	浙江绍兴	36	前工部局师范学院毕业	教员	民国十八年三月
6	罗勤生	广东东莞	33	前工部局师范学院毕业	教员	民国廿年二月
7	邹培根	江苏宜兴	41	江苏省立第三师范本科毕业	教员	民国廿一年二月
8	俞彭龄	浙江上虞	40	前工部局师范学院毕业	教员	民国廿一年二月
9	叶弥诚	安徽怀宁	39	上海圣约翰大学文学士	教员	民国廿一年九月
10	葛士表	江苏嘉定	38	上海光华大学文学士	教员	民国廿一年九月
11	钟贵敫	江西兴国	38	上海大夏大学文学士	教员	民国廿一年九月
12	蒋秉铨	江苏南汇	33	上海大同大学理学士	教员	民国廿八年九月
13	张光复	江苏江阴	36	上海沪江大学文学士	教员	民国廿九年五月
14	白伟杰	福建思明	25	上海圣约翰大学文学士	教员	民国卅年二月

（续表）

序　号	姓　名	籍　贯	年龄（岁）	学　历	职　务	来校年月
15	石井纠	日本	63	日本高田师范学校毕业	教员	民国卅一年九月
16	斋田捷三	日本	40	东京美术学校毕业	教员	民国卅二年二月
17	朱金声	浙江绍兴	25	上海交通大学理学士	教员	民国卅二年五月
18	葛家良	上海市	28	杭州之江大学文学士	教员	民国卅二年九月
19	姜建邦	山东招远	29	上海沪江大学文学士	教员	民国卅二年九月
20	李明北	浙江镇海	45	东京语言学院毕业	教员	民国卅二年九月
21	李成蹊	江苏靖江	24	无锡国学专修学校毕业	教员	民国卅二年九月
22	郑慕先	广东中山	24	上海圣约翰大学理学士	教员	民国卅三年二月
23	郑逸梅	江苏吴县	49	江南高等学堂毕业	教员	民国卅三年二月
24	李献章	江西临川	51	南京高等学堂毕业	教员	民国卅三年二月
25	邢逸如	江苏南通	29	上海大夏大学文学士	教员	民国卅三年二月
26	朱国恩	上海市	27	上海大同大学理学士	教员	民国卅三年二月
27	朱功灏	福建古田	37	美国芝加哥大学体育学学士	体育教员	民国卅三年二月
28	陈应龙	上海市	32	本校毕业	书记	民国廿四年四月
29	徐心君	江苏吴江	31	上海震旦大学肄业	书记	民国卅二年五月

*资料来源:《市立模范中学校教职员一览表》,《上海特别市市立模范中学校为送移交清册呈第一区公署教育处函》，1944年，上海市档案馆藏，档案号：R22-1-5-31。

上海特别市市立模范中学校级别暨各级人数情况

市立模范中学校级别暨各级人数一览表

序　号	年　级	学　期	人数（人）
1	高三甲	下学期	26
2	高三乙	上学期	20
3	高二甲	下学期	24
4	高二乙	上学期	26
5	高一甲	下学期	24
6	高一乙	上学期	36
7	初三甲	下学期	40
8	初三乙	下学期	19
9	初三丙	上学期	33
10	初三丁	上学期	32

（续表）

序　号	年　级	学　期	人数（人）
11	初二甲	下学期	41
12	初二乙	下学期	42
13	初二丙	上学期	46
14	初二丁	上学期	46
15	初一甲	下学期	50
16	初一乙	下学期	46
17	初一丙	上学期	51
18	初一丁	上学期	51
共计18班			共计663人

资料来源：《市立模范中学校级别暨各级人数一览表》，《上海特别市市立模范中学校为送移交清册呈第一区公署教育处函》，1944年，上海市档案馆藏，档案号：R22-1-5-31。

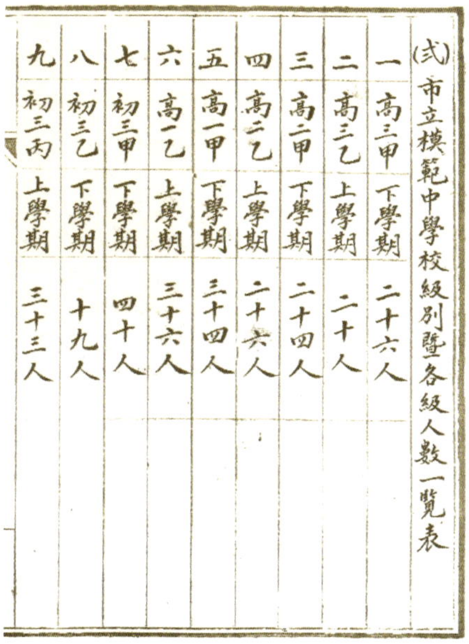
(式)市立模範中學校級別暨各級人數一覽表

一	高三甲	下學期	二十六人
二	高三乙	上學期	二十人
三	高二甲	下學期	二十四人
四	高二乙	上學期	二十六人
五	高一甲	下學期	三十四人
六	高一乙	上學期	三十六人
七	初三甲	下學期	四十人
八	初三乙	下學期	十九人
九	初三丙	上學期	三十三人

图2-9　市立模范中学校级别暨各级人数一览表（摘选，1944年）

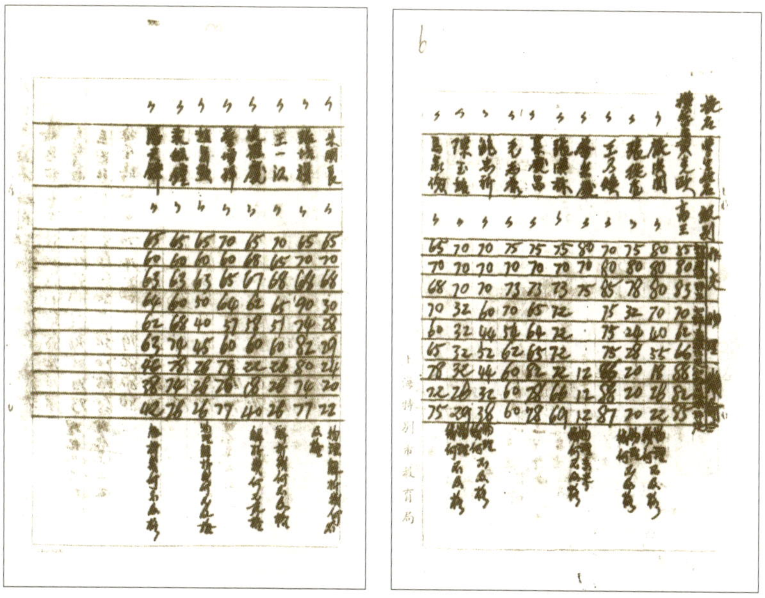

图2-10　《上海特别市市立模范中学毕业生名册》（摘选，1945年2月）

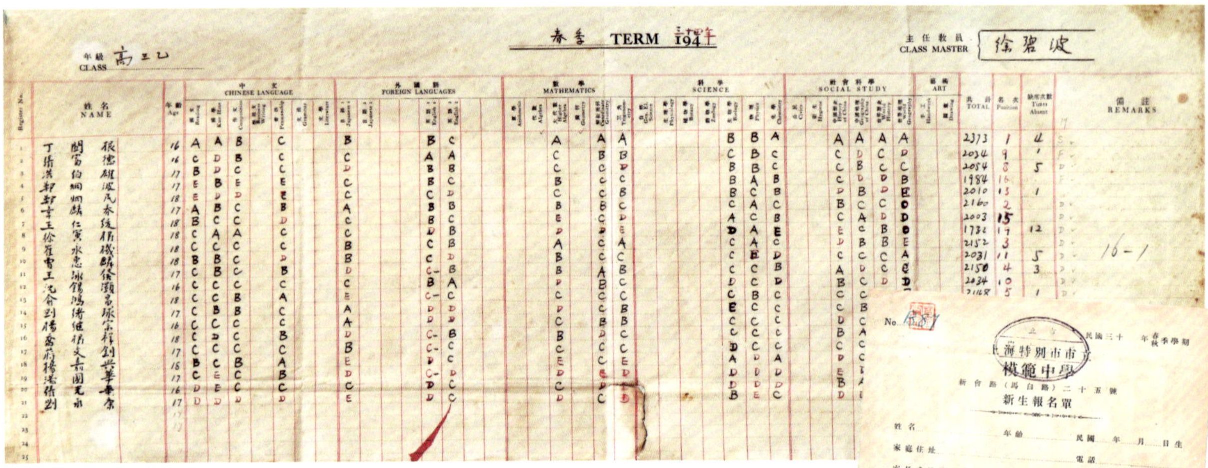

图2-11　1945年春季高三乙班成绩表
（内有丁关根等同学）

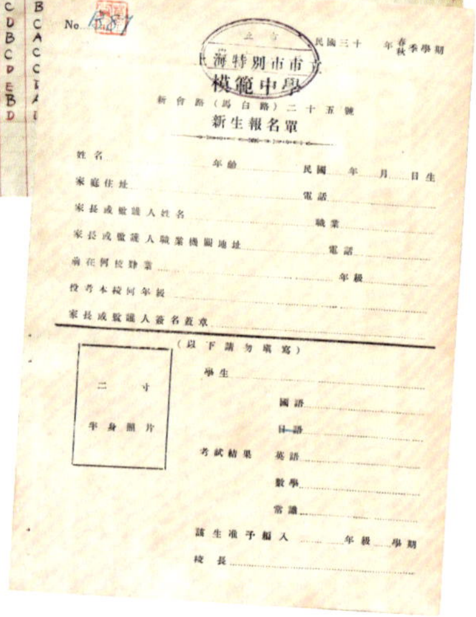
No. 1587
民國三十　年春秋季學期
上海特別市市立模範中學
新會路（馬白路）二十五號
新生報名單
姓名　年齡　民國　年　月　日生
家庭住址　電話
家長或監護人姓名　職業
家長或監護人職業機關地址　電話
前在何校肄業　年級
投考本校何年級
家長或監護人簽名蓋章
（以下請勿填寫）
二寸半身照片
學生
考試結果　國語　日語　英語　數學　常識
該生准予編入　年級　學期
校長

图2-12　上海特别市市立模范中学
新生报名单（1943—1945）

介绍市立模范中学

我们的学校，创设于公元一九〇四年的十一月十二日，所以到今年的十一月十二日，刚好过了一个四十周年的大庆祝。

在去年收回租界后，我们学校的名字亦从“工部局立华童公学”改为“市立模范中学”。校长亦由英人M. Lobb改为国人林先生。至于其他的一切，大都没有多大更变。

我们的战前校舍是在北区，建设得相当完备——物理、化学、生物等实验室，以及水汀的设备，均应俱全。现在是租借房屋以作校舍，在新会路中央殡仪馆的对面那宅三层楼的红砖屋，便是我们的临时校舍，建筑虽然还精美，可是究竟不是为学校而建立，所以一切的设备总比不上老校舍的完美了（图2-13）。

校中的课目，一向是采取复合制，课目众多，而教授缓慢，有的课程，每周仅有一节，现在将高三所有的课程写下作一参考：中文方面有国文、国学，外国文方面有日文及英文，英文中又有读本、文法、会话、听写等，数学方面有大代数、三角解析几何，自然科学方面有物理、化学、生物，史地方面有本国史地与外国史地。如果细细地算一算，一共要有十七门课程之多（图2-14）。

先生们的教授法，倒并不是采取外面学校“填鸭式”，一向是细细地，慢慢地讲述，所以往往为一

介紹市立模範中學

我們的學校，創設於公元一九〇四年的十一月十二日，所以到今年的十一月十二日，剛好過了一個四十週年的大慶祝。在去年收回租界後，我們學校的名字亦從工部局立華童公學改爲市立模範中學。校長亦由英人 M. Lobb 改爲國人林先生。至於其他的一切，大都沒有多大更變。

我們的戰前校舍是在北區，建設得相當完備—物理，化學，生物等實驗室，以及水汀的設備，均應俱全。現在是租借房屋以作校舍，在新會路中央殯儀館的對面那宅三層樓的紅磚屋，便是我們的臨時校舍，建築雖然還精美，可是究竟不是爲學校而建立，所以一切的設備總比不上老校舍的完美了。

校中的課目，一向是採取複合制，課目衆多，而教授緩慢，有的課程，每週僅有一節，現在將高三所有的課程寫下作一參考：中文方面有國文，國學，外國文方面有日文及英文，英文中又有讀本，文法，會話，聽寫等，數學方面有大代數，三角解拆幾何，自然科學方面有物理，化學，生物，史地方面有本國史地與外國史地。如果細細地算一算，一共要有十七門課程之多。

先生們的教授法，到並不是採取外面學校的「填鴨式」，一向是細細地，慢慢地講述，所以往往爲一本溫氏高中幾何講了十個學期（自初一至高二），關於這種教授法，近來已漸改變，而稍爲加快了。

因爲我們的學校好似一個難民所，所以一切關於實驗的設備不，完都全；化學只好由先生做做給學生看，生物則根本連一架顯微鏡亦沒有，物理在去年去起，高二和高三乙可至育才中學內的中央物理實驗室去做實驗。這種實驗的缺乏，往往使學生們對於科學不感到興趣。

考試一學期一共考二次，就是半學期小考一次及學期終了時的大考一次。報告單上是一向不寫分數的，而只是和全級學生的分數比較而記着ABCDE五個等級。所以如果此門課程全級學生都考得很好，而考六十分以上的學生，往往會拿到D或E的等級。

學長制度是市立學校的特點，學長是高三乙學生擔任，職務是早上管理學生排隊入教室，並幫助先生管理教室內或操場上的秩序，他的標記是由校方贈給的一頂有紅圈的校帽，學生們都很服從學長的命令。在以前，學長的事務不多，只是管管學生而已，近來則因爲先生們的生活不安定，而大部數的雜務委託學長們辦理，所以在學生們的課程方面，多少受些影響。

學校的教育方面，在以前是極爲嚴厲的，學生們對於功課方面，大半都很認眞，近來則漸漸疏鬆，學生們的程度亦「一代不如一代」了，然而比起別的學校來，還可說是比上不足比下有餘。

課外活動，在以前是一向很少有的，有亦只不過是足球隊及冬賑運動等。但是在近年來，課外活動大爲興盛，各級大多有級會之組織，在一級中辦壁報，座談會及球隊等。爲了各級壁報的盛行，校方亦倡辦起一個「模範壁報」由高中各級學生主辦，各種稿件，編輯，裝潢等，都由學生分工合作，情緒很是熱鬧。近月來，學生們因爲先生們的生活太苦了，又發起了敬師運動，由各級擔任一個項目，如木偶劇，滑稽，魔術，話劇等，分別在校中演出，將售票所得的款子，分贈各位先生，以表寸心。

至於學生們的課餘生活，除有極少數的學生過着公主哥兒的生活外，大都很爲樸實，藍袍一件布鞋一雙者，在在皆是。課後的消遣，如裝無線電，集郵，看電影，化學試驗，購舊書等，都是許學，生的嗜好。（寰凡）

图2-13 《介绍市立模范中学》

（肆）市立模範中學校圖書儀器一覽表

名稱	本數	備註
一 高中圖書		本校原有圖書儀器七年前在虹口全部焚燬
中國文學類	三九九	
英文學類	三一七	
史地類	三一四	
科學類	一一八	
數學類	六二	
參考書類	四五	
其他	二三九	
二 初中圖書	五七一	
三 教職員用辭典及參考書	二〇	
共計	二〇八五	
四 物理儀器	三〇	
五 化學儀器	五〇	
六 其他	五	
共計	八五	

图2-14　市立模范中学校图书仪器一览表（摘选）

本温氏高中几何讲了十个学期（自初一至高二），关于这种教授法，近来已渐改变，而稍为加快了。

因为我们的学校好似一个难民所，所以一切关于实验的设备都不完全；化学只好由先生做给学生看，生物则根本连一架显微镜亦没有，物理在去年去起，高二和高三乙可至育才中学内的中央物理实验室去做实验。这种实验的缺乏，往往使学生们对于科学不感兴趣。

考试一学期一共考二次，就是半学期小考一次及学期终了时的大考一次。报告单上是一向不写分数的，而只是和全级学生的分数比较而记着ABCDE五个等级。所以如果此门课程全级学生都考得很好，而考六十分以上的学生，往往会拿到D或E的等级。

学长制度是市立学校的特点，学长是高三乙学生担任，职务是早上管理学生排队入教室，并帮助先生管理教室内或操场上的秩序，他的标记是由校方赠给的一顶有红圈的校帽，学生们都很服从学长的命令。在以前，学长的事务不多，只是管管学生而已，近来则因为先生们的生活不安定，而大多数的杂务委托学长们办理，所以在学长们课程方面，多少受些影响。

学校的教管方面，在以前是较为严厉的，学生们对于功课方面，大半都很认真，近来则渐渐疏松，学生们的程度亦"一代不如一代"了，然而比起别的学校来，还可说是比上不足比下有余。

课外活动，在以前是一向很少有的，有亦只不过是足球队及冬赈运动等。但是近年来，课外活动大为兴盛，各级大多有级会之组织，在一级中办理壁报、座谈会及球队等。为了各级壁报的盛行，校方亦倡办起一个"模范壁报"由高中各级学生主办，各种稿件、编辑、装置等，都由学生分工合作，情绪很是热闹。近月来，学生们因为先生们的生活太苦了，又发起了教师运动，由各级担任一个项目，如木偶剧、滑稽、魔术、话剧等，分别在校中演出，将售票所得的款子，分赠各位先生，以表寸心（图2–15）。

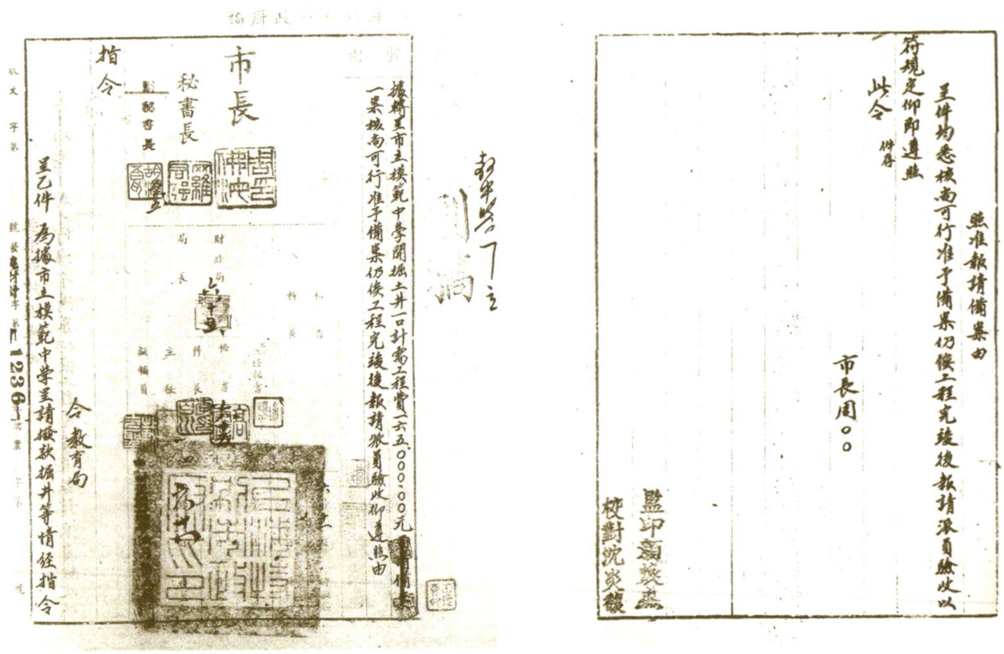

图2–15《日伪上海特别市政府关于市立模范中学开掘土井的文件》（1945年，上海市档案馆藏）

至于学生们的课余生活，除有极少数的学生过着公主哥儿的生活外，大都很为朴实，蓝袍一件布鞋一双者，在在皆是。课后的消遣，如装无线电多，集邮，看电影，化学试验，购旧书等，都是许多学生的嗜好。

*资料来源：袁凡：《介绍市立模范中学》，《莘莘月刊》1945年第1卷第1期。

市立模范中学昨举行运动大会

市立模范中学，本学期在校长林步基主持之下，为求校务，教务各方面圆满之发展，除一变过去由工部局设立时之体制，聘定教务主任暨训育主任外，复成立体育部，擘划指导学生体育及课外活动。成立迄今，为时虽暂，成绩斐然。爰定于昨日下午二时，在虹口公园举行该校历史上空前之全校田径运动大会。该校教职员及全体学生参加外，并敦请各有关方面人士莅会。由林教育局长致训，由该校训育主任乐秀荣，担任总裁判，各项成绩，均非常优异（图2-16）。

*资料来源：《市立模范中学昨举行运动大会》，《东方日报》1944年5月3日，第4版。

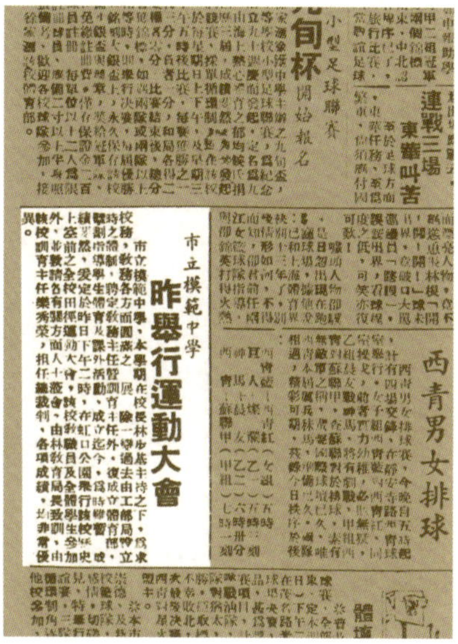

市立模範中學
昨舉行運動大會

西青男女排球

图2-16 《市立模范中学昨举行运动大会》（选自《东方日报》1944年5月3日，第4版）

模范中学校友会

市立模范中学（原名华童公学）之校友，定于十一月十二日下午五时假福州路杏花酒楼举行聚养会，庆祝母校四十周成立纪念，敦请名人演说外，尚有各种游艺助兴云。

*资料来源：《模范中学校友会》，《申报》1944年11月11日，第3版。

何友声忆母校

我从1943年入学到1948年1月毕业离校，经历了“模范”和解放前“晋元”两个时期，从一个懵懂学童到初步懂得做人的道理和获得启蒙知识的青少年，受益多多。

我刚入学时，正值日寇占领上海，亲日的校长强制学生学习日语，一个叫三井的瘦长日本人来授课，课堂秩序一塌糊涂；学生的交谈声高于三井的嚎叫，气得他直跺脚，也没有别的教师愿意搭理他，不久就灰溜溜地离开学校。

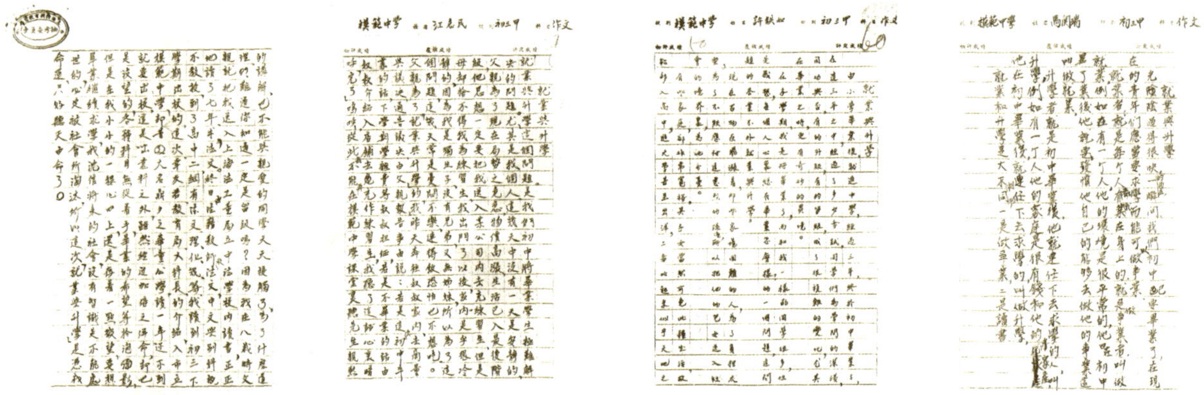

图2-17 《上海特别市教育局有关市立模范中学（学生作文卷）》（摘选，约1943—1945年）

1946年后，时局陡变，国民党镇压进步力量加剧，但地下党领导的送爱心、敬师助学运动仍如火如荼地开展，班上许多同学参加了卖义章、捐寒衣的活动。我们走上街头，推销助学章，为经济困难的同学筹集学费（图2-17）。

*资料来源：《学子“大师”与晋元“对话”》，载《办学特色在校园》，第259页。

注：何友声，中国工程院院士。1948届校友。

韩大匡忆母校

我是1943年考上华童公学初中的。不久，学校就被汪伪政府接管，易名为“市立模范中学”，学校原有的英语课改为日语课，我们学生都仇恨日本帝国主义侵占了我们国家，所以大家对日籍教员和日语课都很反感。上课时，许多同学故意不带日语书，不听老师讲课，以无声的抗议表达心中的愤怒。

尽管我的中学时代是在战乱中度过的，但是许多优秀的老师依然为我们留下了美好的回忆。我的英语老师罗勤生、国文老师徐碧波，都是水平很高的。我的英语口语就是在那时打下的良好基础。特别是郑逸梅老师，他教我们历史课和公民课，讲课旁征博引，十分引人入胜（图2-18）。

*资料来源：《学子“大师”与晋元“对话”》，载《办学特色在校园》，第259—260页。

注：韩大匡，中国工程院院士。1943年考入华童公学。

许德星的回忆

我们几个人，胡雨人、吴继琮、许德星、祝关贵、李钰声等从一九四六年毕业于晋元后，以后的学习、工作、生活都很好。现在都是老年人了，应该感谢母校晋元的教育与培养……

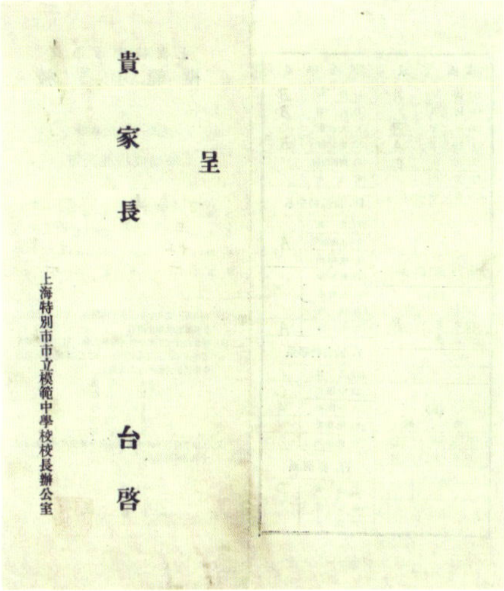

呈
貴家長　台啓
上海特别市市立模範中學校校長辦公室

图2-18　上海特别市市立模范中学校1943年秋季学期成绩报告单（校长办公室呈家长）

我（对母校）印象最深刻的是高一。那时全班都是初中升高中的老生，而我是新生，已经开学上课后第一二星期，由林步基校长带进教室，坐在最靠边的一个空位置……约两三天后上日语课，石井老师穿着笔挺日式西服和蝴蝶式领结走到我位置前对着我，我立刻站起并站立在课桌旁，石井老师用日语说："你的日本语姓名知道吗？"我立刻用日语回答："我的日本语姓名许德星，知道了。"从此后石井老师常对我提问。

高一上我最深刻的还有两件事，即上英语时，老师嘱咐每人准备作几分钟的"自由"演讲，我准备好的题目是"无线电三灯机"，用英语解析，可惜两节课时间有限，轮不到我这位新生。其次是参加普陀区中学生书法比赛，赛前推荐，班主任葛老师提名我，最后我获得了名次。当时普陀区模范中学和区内各兄弟学校亲如手足，特别是和新加坡路女中来往颇多，我们的物理实验课是在山海关路育才中学进行的。

高二时葛士表老师上生物课对一些名词常用中英文双语教学，如细胞、细胞核、纤毛、酵母等，几十年后的今天我犹能回忆。此外，上地理课时英语地名更多，物理课习题都是英语简易版本，这样迫得学生不得不在课后查字典。现在看来实在是好事，这对掌握英语科技名词是好方法。

班主任钟贵歘老师对我数次当面批改作文，以后我体会到学生不论学习中文或外文，每周至少要写作一篇。如老师能全面批改，指出优缺点对学生是莫大帮助（图2-19）。

最后想起一件有趣事，在抗战胜利那年夏季，黄建勋校长带领全校大部师生上街庆祝游行。从戈登

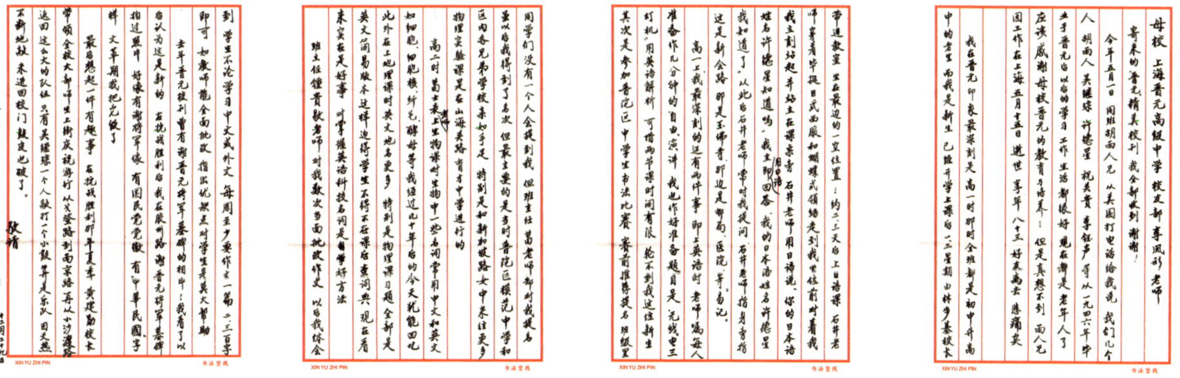

母校 上海晋元高级中学 校友部 李凤彩 老师
寄来的晋元、精美校刊 我全部收到 谢谢！
今年五月一日 同班胡雨人兄 从美国打电话给我说 我们几个
人 胡雨人 吴继琮 许德星 祝关贵 李钰声 等从一九四六年毕
业于晋元后 以后的学习 工作 生活都很好 现在都是老年人了
应该感谢母校晋元的教育与培养…… 但是真想不到 雨人兄
回国工作在上海 五月十五日 逝世 享年八十三 好友离去 悲痛矣
我在晋元印象最深刻是高一时 那时全班都是初中升高
中的老生 而我是新生 已经开学上课后一二星期 由林步基校长
带进教室 坐在最边的一空位置…… 约二、三天后上日语课 石井老
师穿着笔挺日式西服和蝴蝶式领结走到我坐位前对着我
我立刻站起并站立在课桌旁 石井老师用日语说"你的日本语
姓名许德星知道吗" 我立即用日语回答"我的日本语姓名许德星
我知道了" 从此后石井老师常对我提问 石井老师指身旁指
这是新会路 那是玉佛寺 那边是邮局、医院、等易记。
高一上我最深刻的还有两件事 即上英语时 老师嘱每人
准备作几分钟的"自由"演讲 我也作好准备题目是"无线电三
灯机" 用英语解析 可惜两节课时间有限 轮不到我这位新生
其次是参加普陀区中学生书法比赛 赛前推荐提名 班级里
同学们没有一个人会提到我 但班主任葛老师却对我提名
虽以后我得到了名次 但最主要的是当时普陀区模范中学和
区内各兄弟学校亲如手足 特别是和新加坡路女中来往更多
物理实验课是在山海关路 育才中学进行的
高二时葛士表老师上生物课对生物中一些名词常用中文和英文
如细胞、细胞核、纤毛、酵母等我经过几十年后的今天犹能回忆
此外在上地理课时英文地名更多 特别是物理课习题全部是
英文简易版本 这样迫得学生不得不在课后查词典 现在看
来实在是好事 对掌握英语科技名词是好方法
班主任钟贵歘老师对我数次当面批改作文 以后我体会
到 学生不论学习中文或外文 每周至少要作文一篇 二、三百字
即可 如教师能全面批改 指出优缺点对学生是莫大帮助
去年晋元校刊曾有谢晋元将军墓碑的相片：我看了以
后认为这是新的 在抗战胜利后我在胶州路谢晋元将军墓碑
拍过照片 好像有谢将军像 有国民党党徽 有中华民国字
样 文革期就把它毁了
最后想起一件有趣事 在抗战胜利那年夏季 黄建勋校长
带领全校大部师生上街庆祝游行 从戈登路到南京路 再从小沙渡路
返回 这么大的队伍 只有吴继琮一个人敲打一个小鼓算是乐队 因天热
不断地敲 未进回校门鼓皮也破了。
敬请
合家康乐
许德星
二零一一年 十二月二十九日

图2-19　许德星校友回忆（摘选）

路到南京路，再从小沙渡路返回。这么大的队伍，只有吴继琮一个人敲打一个小鼓算是乐队，因天热不断地敲，未进校门鼓皮也破了。

*资料来源：许德星:《母校印象》，2012年12月29日。

注：许德星，1946届毕业生。

第三节　艰难的抗争

爱国行动[1]

日伪派两个日本教员到我校上日文课。其中一个叫石井的特别凶狠，他一上课，先是用书拍一下桌子，大家都得把书和本子放在桌上，眼睛闭起来。然后他就在教室里巡查，一发现哪个学生作业没做好，或者书没有带来，他就扭着学生耳朵摔出教室，且不许别的学生睁开眼睛看。等他巡查完毕，再拍两下桌子，大家才能睁眼。日本教员还对师生处处监视，有时还翻查作文本，看有无抗日言论。

对日本侵略者的奴化教育和法西斯手段，我校学生不断进行抵制和英勇斗争。上日文课时，同学们就在下面看小说或做其他功课，提问不回答，不起立，用橡皮筋弹纸团。有的班级甚至约好轮流不带日文书，不做日文作业，准备挨打。一下课，大家就安慰被打的同学，挨打的同学尽管有时被打得鼻青脸肿，但他们却为自己能同日本侵略者斗争而引以为自豪。有一次石井故意寻衅，提问学生支一峰，支故

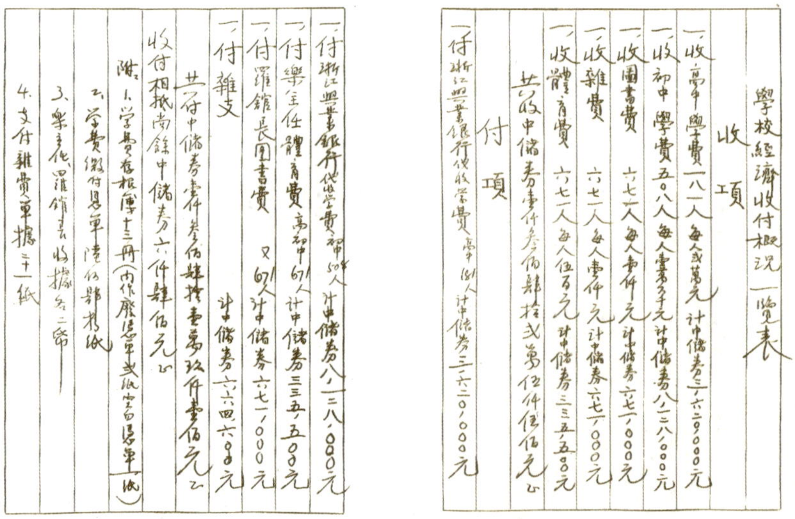
學校經濟收付概況一覽表
收項
一、收高中學費一八一人每人貳萬元 計中儲券三,六二0,000元
一、收初中學費五0八人每人壹萬六千元 計中儲券八,一二八,000元
一、收圖書費六七一人每人壹仟元 計中儲券六七一,000元
一、收雜費六七一人每人壹仟元 計中儲券六七一,000元
一、收體育費六七一人每人伍百元 計中儲券三三五,五00元
共收中儲券壹仟叁佰肆拾弍萬伍仟伍佰元
付項
一、付浙江興業銀行代收學費高中181人 計中儲券三,六二0,000元
一、付浙江興業銀行代收學費初中508人 計中儲券八,一二八,000元
一、付樂主任體育費高初中671人 計中儲券三三五,五00元
一、付羅館長圖書費又671人 計中儲券六七一,000元
一、付雜支 計中儲券六六四,六00元
共付中儲券壹仟叁佰肆拾壹萬玖仟壹佰元
收付相抵尚餘中儲券六仟肆佰元
附：1.學費存根簿十三册（內作廢學費單　紙空白學費單　紙）
2.學費繳付總單[illegible]紙
3.樂主任、羅館長收據各一紙
4.支付雜費單據二十一紙

图2-20《上海市立模范中学经济收付概况》（档案摘选，约1943—1945年）

1　此标题为整理者所加。

意不回答，石井恼怒起来，对支一峰边骂边打，激起了群愤，大家一拥而上揍了石井，并要求校方调换教员。以后几天，石井每到这个班级，还没进课堂，同学就高唱《我的家在松花江上》等抗日歌曲，搞得石井狼狈不堪，最后只好调离这个班级（图2-20）。

*资料来源：晋元中学校史组编:《校史述略》，程卫军执笔，载《晋元中学》（建校80周年纪念专刊，1904—1984年），第14—15页。

播下革命种子：中共地下党组织的成立[1]

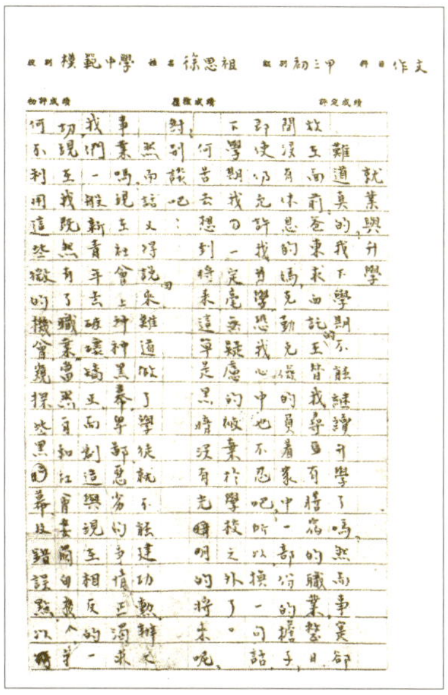

图2-21《上海特别市教育局有关市立模范中学（学生作文卷）》（摘选，约1943—1945年）

1945年5月，（上海市立模范中学）高三学生黄克欧在校外由王文英介绍加入了（中共）地下党组织，与雷士德工学院的地下党员张永年同受上海地下党市立中学区委的王光华同志领导，并由三人组成我校地下党支部。主要任务是在黄克欧毕业离校前开展活动，进行建党工作，在我校播下革命种子。

从此，我校开始有了党的组织，我校的学生运动，在党的领导下，进入了一个新的阶段。

当时，上海人民经过日伪统治的残酷压榨，加上物价飞涨，大部分家庭经济情况非常窘困。我校也有不少学生家境贫寒，为筹措学费而寝食不安，濒于失学危机。地下党决定在我校开展活动，首先去关心和联系清寒同学。于是，黄克欧联系低年级的一部分清寒同学，利用放暑假的机会，发起组织“模范中学暑期工读团”。他们以解决学费为名，到上海郊区（如七宝一带）贩运大米、土豆等副食品，到社会上勤工俭学，将收入帮助清寒同学。在这些活动中取得同学们信任，并团结教育积极份子（图2-21）。

*资料来源：晋元中学校史组编:《校史述略》，程卫军执笔，载《晋元中学》（建校80周年纪念专刊，1904—1984年），第15—16页。

小　结

1941年12月8日，太平洋战争爆发，日本侵略军开进租界，孤岛不复存在，大量英美等国的人士被

1　此标题为整理者所加。

关进集中营。华童公学被汪伪政府接收。汪伪政府当时在基础教育领域实行模范学校制度，希望选择一些优秀的公办学校，灌输奴化教育思想。在模范学校中任教的人员，强调必须“思想纯正”，业务精湛；在这里上学的学生需品学兼优，并且要听话。在课程方面，专门设置日语课，希望培养一批亲日的学生。华童公学易名为“上海市立模范中学”，就是想将华童公学培养成亲日学校的典型，并专门派遣了上日文课的日本教师。但彼时汪伪政府自顾不暇，对教育极不重视，下拨经费亦严重不足。特别是在这所学校中，师生们都有着强烈的爱国主义传统，根本不受汪伪的指使。反而在艰难困苦、校舍简陋、设施不全、经费短缺的情况下，维持着原有的特色，并培养出如丁关根，以及此后成为中国工程院院士的何友声、韩大匡等一批优秀学生。在黎明到来之前的黑暗时刻，师生们的爱国民主运动从未停止，他们坚守课堂，坚持读书，顽强参加革命斗争，追求真理，在时代的洪流中锻炼成长和成熟，为迎接抗战胜利做出最大努力，也为学校的建设揭开了新篇章。

市立模范中学时期（1943—1945），虽然时间很短，相关资料也相对缺乏，但课题组依据上海市档案馆、普陀区档案馆及学校所藏档案，并参阅报纸期刊等，尽可能搜罗更多资料，以期反映在这段特殊时间里，学校不忘使命、艰难办学的状况。

第三编

变革转型：上海市晋元中学（1945—1956）

变革转型：上海市晋元中学（1945—1956）

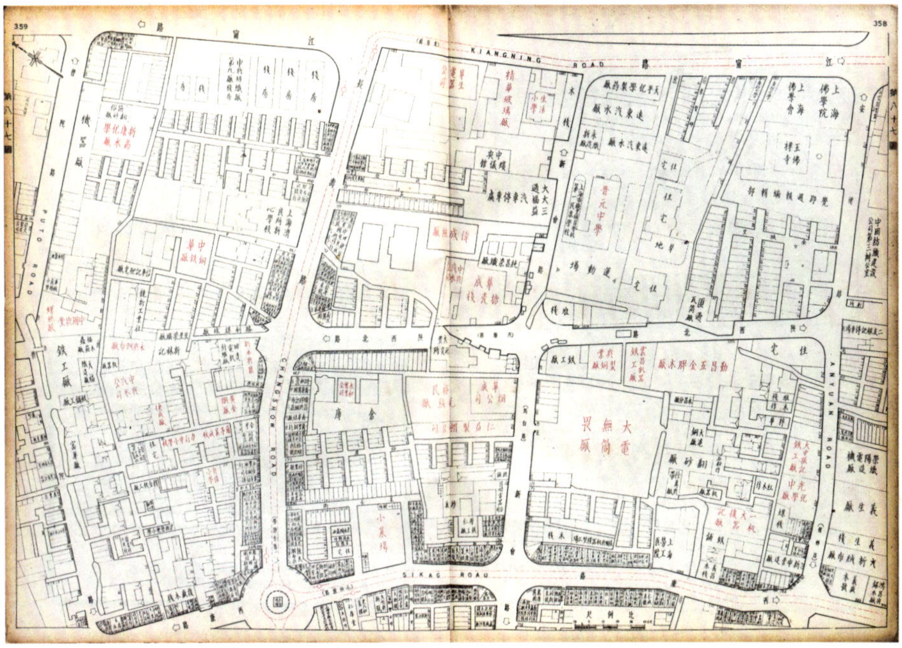

图3-1　晋元中学位置图（选自鲍士英测绘，顾怀冰等编辑：《上海市行号路图录》上册，第87图）

1945年抗战胜利，学校摒弃了带有外侮色彩的“华童”“模范”之称，正式命名为“上海市立晋元中学”，以纪念著名抗日将领谢晋元和八百壮士抗御外侮的爱国精神。改为市立之后，在全体师生的努力下，至1949年前，高初中共十八级，其中高中七级，初中十一级；高中学生301人，初中学生431人；教员41人，专任占90%。[1]师生规模已复战前旧观。教学上恢复中英文并重的传统，尤其重视数理化科目，教学方法“注重启发学生自动研究精神”[2]。课外各种竞赛活动活跃，学生团体自治能力发达。由于学费低廉、办学水平高，且具有一定的群众基础，晋元中学一度成为年轻人向往的少数市立中学之一。[3]这一时期培养出了何友声、翁史烈、韩大匡、项海帆等中国工程院院士校友（图3-1）。

1　上海市教育局中等教育处编纂：《上海市中等教育概况》，1948年印行，第81页。

2　上海市教育局中等教育处编纂：《上海市中等教育概况》，第82页。

3　翁史烈：《祝母校发展一日千里》，《晋元》1999年第5期。

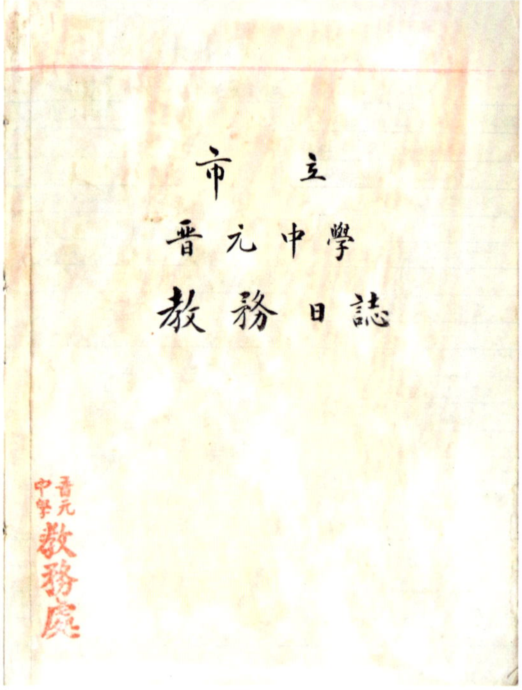

图3-2 《市立晋元中学教务日志》封面（1945—1952）

在1945—1949年国家处于两种命运、两个前途大决战时期，晋元中学也处于风雨飘摇之中，艰难前行。爱国师生投身“力行同学互助团”，声援“一二·一惨案”“五二〇惨案”“反蒋护校”等进步运动，晋元中学成为市立中学中一所地下党力量较强、学生运动开展得较活跃的学校（图3-2）。[1]

1949年5月，上海解放，上海市军管会、文管会代表杭苇于6月22日正式接管晋元中学。此后开始清除国民党旧政权和帝国主义影响，建立民主治校的新秩序，成立由教职员、学生代表组成的校务委员会，翻开了“建设新晋元”[2]的时代篇章。中华人民共和国初期，在姚湘涛、叶克平等上海教育界卓有盛名的校长领导下，晋元中学紧紧围绕“更好地为人民服务，为建设新中国而努力”的时代主题，完成了除旧布新，向为人民服务转型，向工农学习，步入了新民主主义教育的崭新轨道。这一时期，学校贯彻“向工农开门，为工农服务”的方针，吸收工农子弟入校，1956年扩充到43个班级，2400多名学生[3]；积极贯彻党对知识分子团结改造的政策，逐步建立起一支又红又专、热爱学生、教风严谨的教师队伍；坚定贯彻全面发展的教育方针，开展“五爱”活动，尤其重视思想品德教育，学生学业成绩斐然，科技、体育活动红火，久负盛名，学习英雄模范人物成绩突出。在那个“火红的年代”，晋元学生投身“镇压反革命运动”，“三反”“五反”运动，“参军参干”等政治运动，重塑革命人生观，逐步树立起“为培养社会主义建设者而奋斗”的价值观。

1 晋元中学校史组编:《校史述略》，程卫军执笔，载《晋元中学》（建校80周年纪念专刊，1904—1984年），第24页。

2 《晋元中学努力建设新校园》，《文汇报》1949年6月23日，第3版。

3 徐碧波:《从“华童公学”到“陕北中学”》，《文汇报》1957年10月3日，第3版。

第一节　改名“上海市立晋元中学”

一、选摘部分档案、照片

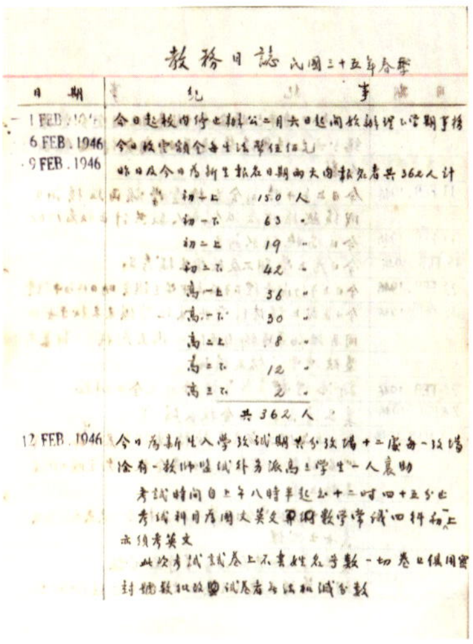
教務日誌 民國三十五年春季

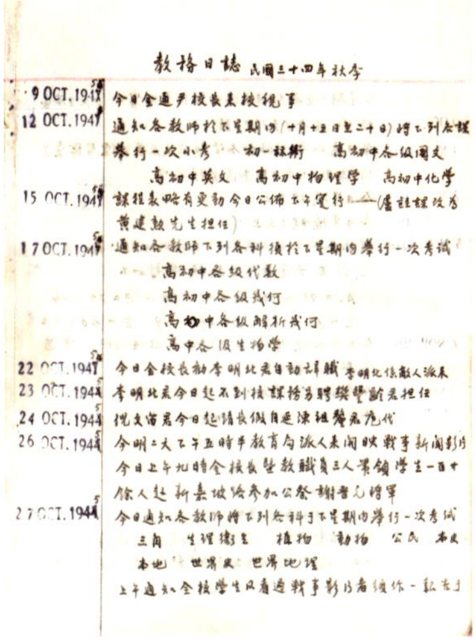
教務日誌 民國三十四年秋季

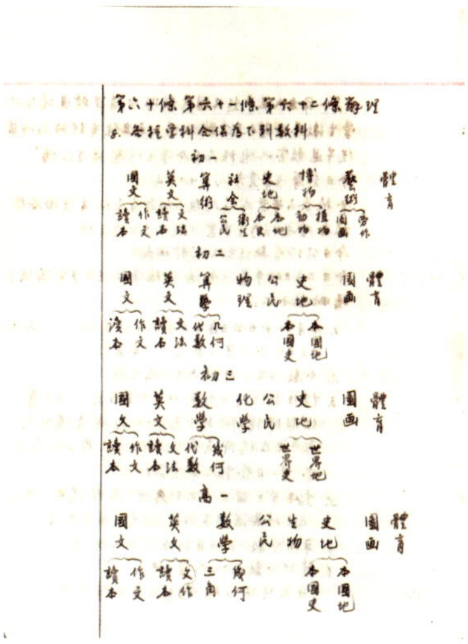

图3-3 《市立晋元中学教务日志》（摘选，1945—1952年）

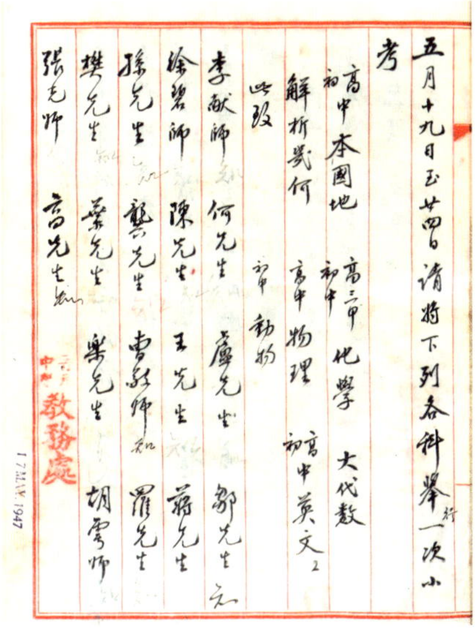
五月十九日至廿四日請將下列各科舉行一次小考

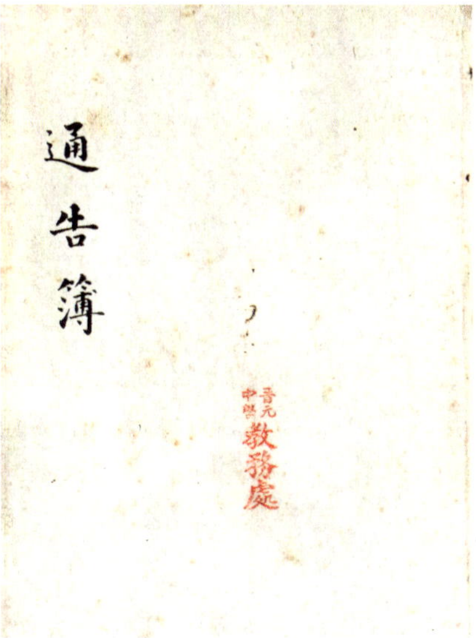
通告簿

晉元中學教務處

图3-4-1　上海市立晋元中学教务处通告簿（1947—1949）

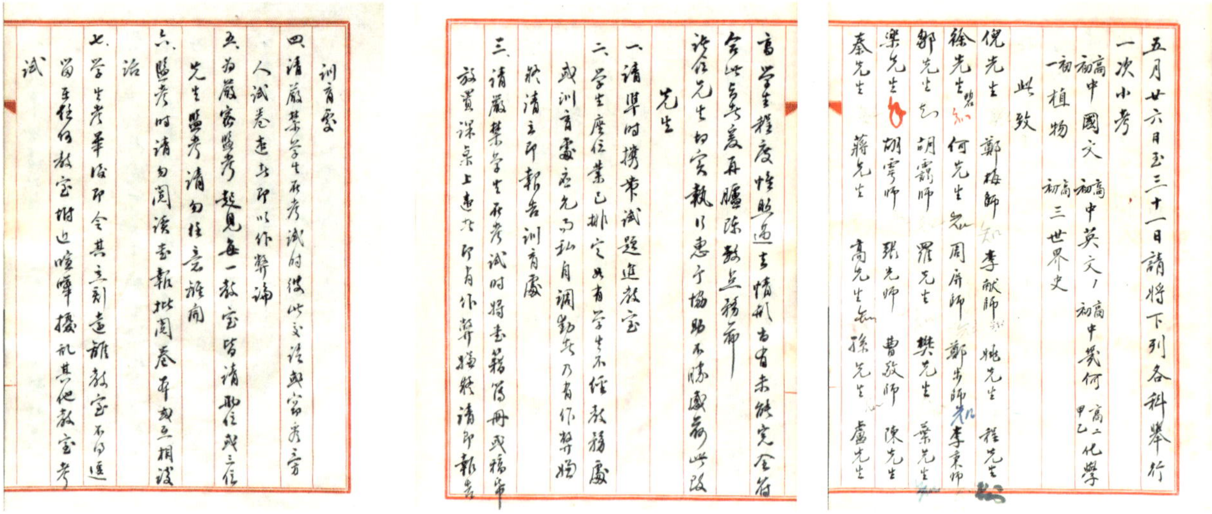

图3-4-2　上海市立晋元中学教务处通告簿（1947—1949）

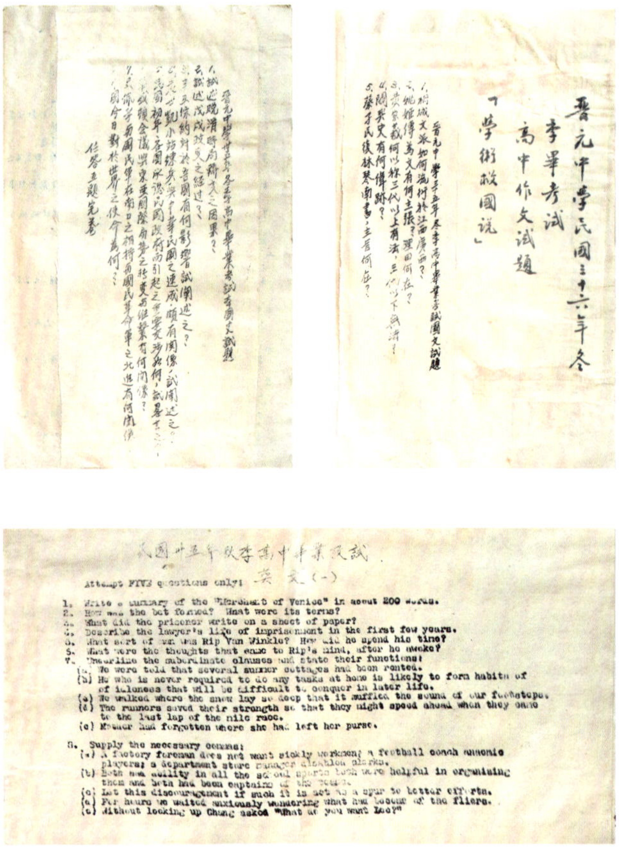

民國卅五年秋季高中畢業考試
英文（一）

Attempt FIVE questions only!

1. Write a summary of the "Merchant of Venice" in about 200 words.
2. How was the bet formed? What were its terms?
3. What did the prisoner write on a sheet of paper?
4. Describe the lawyer's life of imprisonment in the first few years.
5. What sort of man was Rip Van Winkle? How did he spend his time?
6. What were the thoughts that came to Rip's mind, after he awoke?
7. Underline the subordinate clauses and state their functions:
(a) We were told that several summer cottages had been rented.
(b) He who is never required to do any tasks at home is likely to form habits of of idleness that will be difficult to conquer in later life.
(c) We walked where the snow lay so deep that it muffled the sound of our footsteps.
(d) The runners saved their strength so that they might speed ahead when they came to the last lap of the mile race.
(e) Mother had forgotten where she had left her purse.

8. Supply the necessary commas:
(a) A factory foreman does not want sickly workmen; a football coach [illegible] players; a department store manager [illegible] clerks.
(b) Both had ability in all the school sports both were helpful in organizing them and both had been captains of the teams.
(c) Let this discouragement if such it is act as a spur to better efforts.
(d) For hours we waited anxiously wondering what had become of the fliers.
(e) Without looking up Chang asked "What do you want Lee?"

图3-5　上海市立晋元中学高初中各科毕业试题（摘选，1945—1946年）

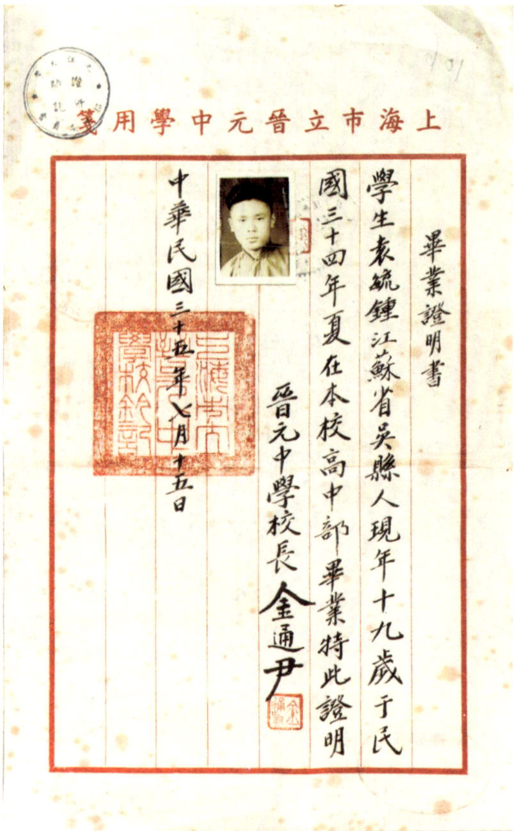

上海市立晉元中學用箋

畢業證明書

學生袁毓鍾江蘇省吳縣人現年十九歲于民國三十四年夏在本校高中部畢業特此證明

晉元中學校長金通尹

中華民國三十五年七月十五日

图3-6　上海市立晋元中学毕业证书（校长金通尹印，1946年）

更名“上海市立晋元中学”

1945年8月14日，日本宣布无条件投降。中国人民盼望了整整八年的这一天终于来到了。这一天，人们涌上街头，庆祝胜利，青年学生更是欢呼、跳跃，他们仿佛看到了祖国的前途和民族希望。人们要求废弃包含着日伪奴化色彩的“模范中学”校名。沪西文化教育界人士提出，把我校改为“晋元中学”，以表示上海人民对抗日将领谢晋元和八百壮士的永志纪念。1945年9月，我校正式易名为“上海市立晋元中学”。国民党伪教育局任命金通尹为校长。

*资料来源：晋元中学校史组编：《校史述略》，程卫军执笔，载《晋元中学》（建校80周年纪念专刊，1904—1984年），第16页。

二、报刊、档案中的记载

市教局委派市中学校长，均一时俊彦

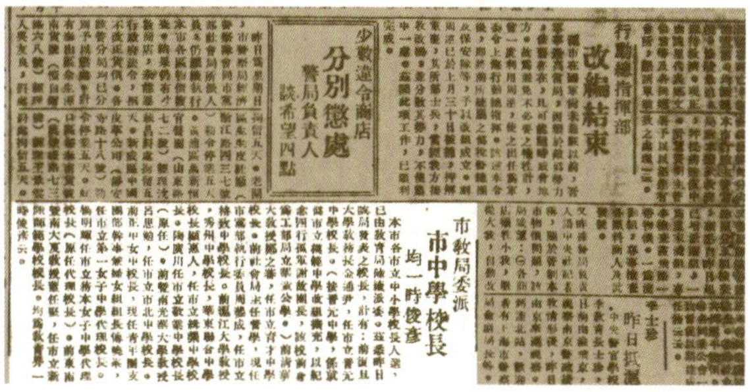
少數違令商店
分別懲處
警局負責人談希望四點

行動總指揮部
改編結束

市教局委派
市中學校長
均一時俊彥

昨日抵滬

图3-7 《市教局委派市中学校长，均一时俊彦》（选自《民国日报》1945年10月8日，第2版）

本市各市立中小学校长人选，已由教育局陆续派委。兹悉昨日该局发表之校长，计有：前复旦大学教务长金通尹，任市立晋元中学校长。（按晋元中学，系就伪市立模范中学改组扩充，以纪念四行孤军谢故团长，该校前身为工部局立华童公学。）前清华大教授郑之蕃，任市立育才中学校长。前社会局主任督学，现任市党部执行委员周裴成，任市立格致中学校长。前沪江大学教授，秀州中学校长，华东联合中学校长顾惠人，任市立辑荣中学校长。陶广川任市立敬业中学校长（原任）。前暨南光华大学教授吕思勉，任市立市北中学校长。前正中女中校长，现任青年团支团部干事兼妇女组组长傅晓峰，任市立第一女子中学代理校长。杨明晖任市立务本女子中学代理校长（原任代理校长）。前东南暨南大夏教授董任坚，任市立新陆师范学校校长。均为教育界一时俊彦云（图3-7）。

*资料来源：《市教局委派市中学校长，均一时俊彦》，《民国日报》1945年10月8日，第2版。

沪市立学校（共有十六校）

上海市市立中等学校共有十六校，计男中十一校，女中三校，师范二校，兹录各校校名及校长姓名于后：

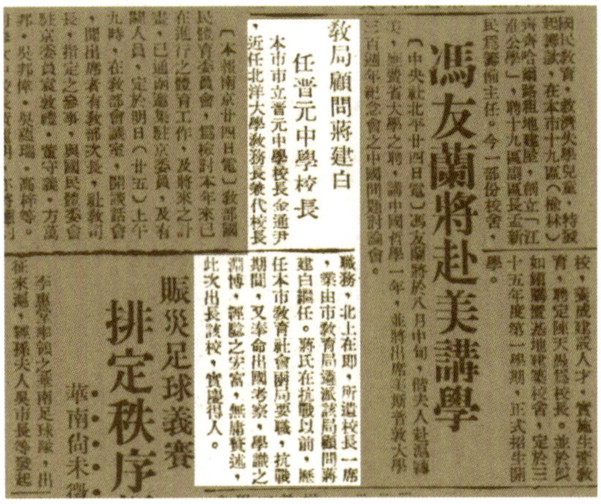

教局顧問蔣建白
任晉元中學校長

本市市立晉元中學校長金通尹，近任北洋大學教務長兼代校長職務，北上在即，所遺校長一席，業由市教育局遴派該局顧問蔣建白繼任。蔣氏在抗戰以前，歷任本市教育社會兩局要職，抗戰期間，又奉命出國考察，學識之淵博，經驗之宏富，無庸贅述，此次出長該校，實慶得人。

图3-8 《教局顾问蒋建白任晋元中学校长》
（选自《申报》1946年7月25日，第6版）

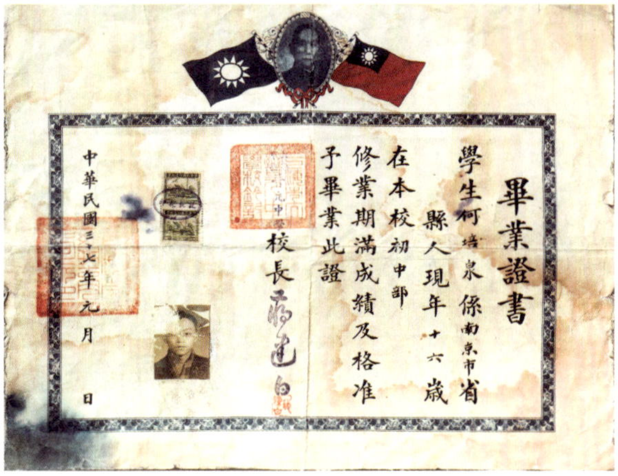

畢業證書

學生何培泉係南京市省縣人現年十六歲在本校初中部修業期滿成績及格准予畢業此證

校長蔣建白

中華民國三十七年元月日

图3-9 上海市立晋元中学毕业证书
（校长蒋建白印，1948年）

晋元中学，金通尹。育才中学，乡之蕃。格致中学，周裴成。辑荣中学，顾惠人。敬业中学，陶广川。市北中学，陈保泰。洋泾中学，叶弈颐。吴淞中学，程宝正。高桥中学，陈月江。陆行中学，蒋舜年。复兴中学，赵鼎新。第一女子中学，傅晓峰。务本女子中学，杨明晖。长桥女子中学，在筹备中。新陆师范，董在坚。幼稚师范，雷震清。

*资料来源：《沪市立中学校（共有十六校）》，《民国日报》1946年3月2日，第2版。

教局顾问蒋建白任晋元中学校长

本市市立晋元中学校长金通尹，近任北洋大学教务长兼代校长职务，北上在即，所遗校长一席，业由市教育局遴派该局顾问蒋建白继任。蒋氏在抗战以前，历任本市教育、社会两局要职。抗战期间，又奉命出国考察，学识之渊博，经验之宏富，无庸赘述，此次出长该校，实庆得人（图3-8、图3-9）。

*资料来源：《教局顾问蒋建白任晋元中学校长》，《申报》1946年7月25日，第6版。

上海市立中等学校（晋元中学）

校长：蒋建白

学级数：初中7人，高中8人

教职员数总计：44人

校工数：11人

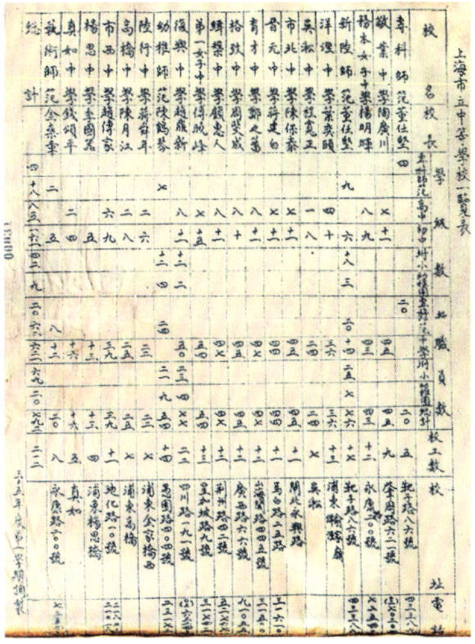
上海市立中等學校一覽表

图3-10　上海市立中等学校一览表（市立晋元中学）（1946）

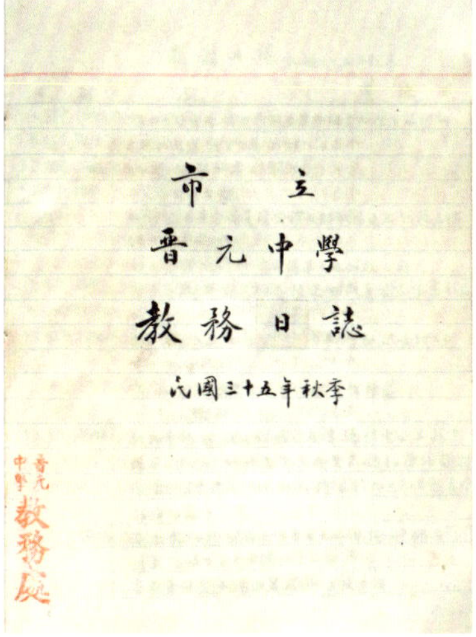
市立
晋元中學
教務日誌
民國三十五年秋季

图3-11　《市立晋元中学教务日志》（1946年秋季）

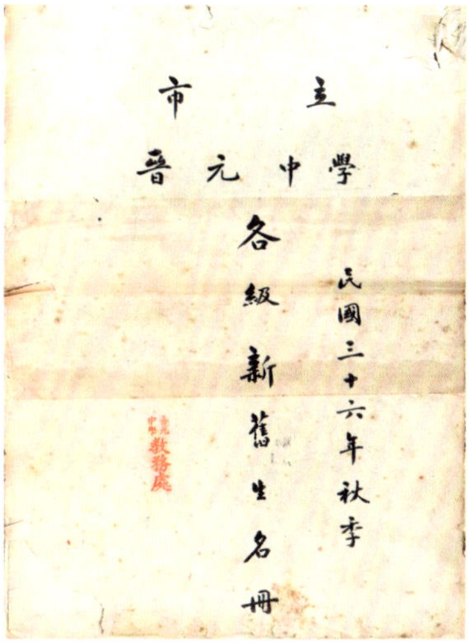
市立
晋元中學
各級新舊生名册
民國三十六年秋季

图3-12　《1947年秋季市立晋元中学各级新旧生名册》

校址：马白路225号

电话：31610（图3-10）。

*资料来源：《上海市立中等学校一览表》（市立晋元中学），1946年，上海交通大学档案馆藏，档案号：LS1-147。

市立晋元中学举行胜利后首次校友大会

本市市立晋元中学（前华童公学）定十五日下午三时，在马白路廿五号，该校举行胜利后首次校友大会（图3-11、图3-12）。

*资料来源：《申报》1946年9月15日，第6版。

上海市立晋元中学招生

班次：初一上、高一上新生及各级插班生

报名：八月十一、十二两日

考试日期：八月十九日

校址：江宁路新会路二十五号

电话：三一六一〇（图3-13）。

*资料来源：《上海市立晋元中学招生》，《申报》1948年8月7日，第7版。

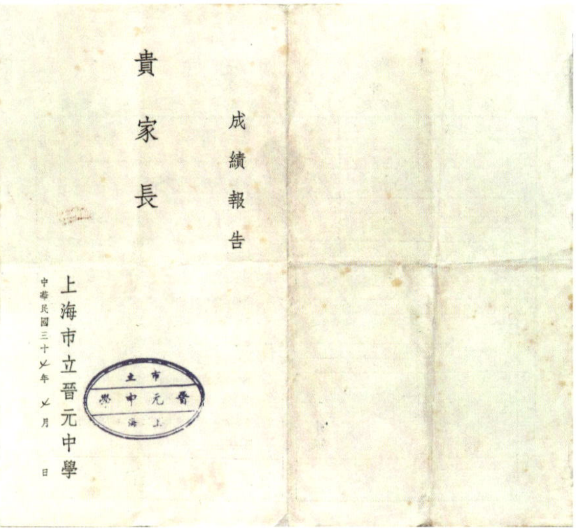
貴家長

成績報告

上海市立晉元中學

中華民國三十七年 七月 日

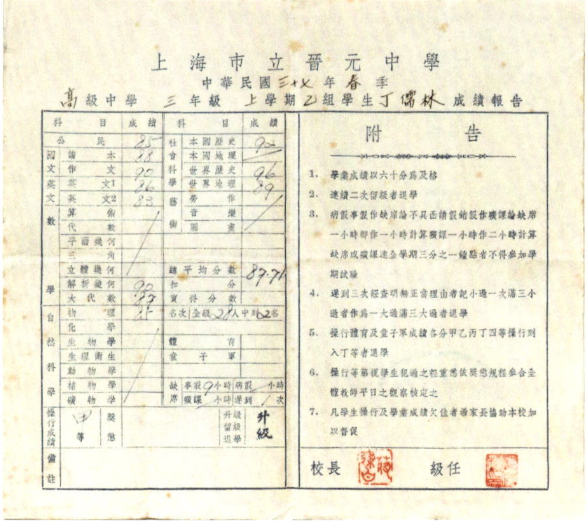
上海市立晉元中學

中華民國三十七年春季

高級中學 三年級 上學期乙組學生丁儒林成績報告

科目	成績	科目	成績
公民	85	社會科學 本國歷史	92
國文 讀本	88	本國地理	/
國文 作文	90	世界歷史	96
英文 英文1	86	世界地理	89
英文 英文2	83	藝術 勞作	/
數學 算術	/	音樂	
代數		圖畫	
平面幾何			
三角			
立體幾何		總平均分數	87.71
解析幾何	92	扣分	
大代數	97	實得分數	
自然科學 物理	85	名次 全級28人中第2名	
化學			
生物學		體育	
生理衛生		童子軍	
動物學			
植物學		缺席 事假9小時 病假 小時	
礦物學		曠課 小時 遲到1次	
操行成績 甲等	獎懲	升級 留級 退學	升級
備註			

附告

1. 學業成績以六十分爲及格
2. 連續二次留級者退學
3. 病假事假作缺席論不具函請假夠假作曠課論缺席一小時即作一小時計算曠課一小時作二小時計算缺席或曠課達全學期三分之一鐘點者不得參加學期試驗
4. 遲到三次經查明無正當理由者記小過一次滿三小過者作爲一大過滿三大過者退學
5. 操行體育及童子軍成績各分甲乙丙丁四等操行列入丁等者退學
6. 操行等第視學生犯過之輕重憑依獎懲規程參合全體教師平日之觀察核定之
7. 凡學生操行及學業成績欠佳者希家長協助本校加以督促

校長 級任

图3-13 上海市立晋元中学1948年成绩报告单致家长

三、回忆摘选

胡先雩：从华童公学到晋元中学

图3-14 谢晋元将军与孤军四连长（选自《抗战建国大画史》，中国文化信托服务社1948年版，第53页）

（华童公学几经迁移）最后将校址确定在马白路即今新会路25号。这里适与日后谢晋元将军驻扎的新加坡路（现余姚路）“孤军营”相近，因此我校学生和谢将军及他所率领的八百壮士往来亲切，为我校日后定名为“晋元中学”打下了基础。1941年4月，谢晋元将军被日伪收买的叛兵杀害，出殡队伍蜿蜒数里，华童公学以军乐前导，至为壮观（图3-14）。……

1945年8月，日本无条件投降。抗战胜利，为纪念四行仓库孤军作战的谢晋元团长，国民党教育局命名我校为“上海市立晋元中学”。由上海市教育局派来无党无派的金通尹先生任校长。

国共谈判破裂后，金通尹校长被调走，学校由国民党党员蒋建白先生担任校长。1948年冬，蒋建白先生去台湾。学校暂由葛士表教导主任、乐秀荣训育主任、钟贵敫总务主任3人负责管理。

*资料来源：胡先雩：《从华童公学到晋元中学的变迁》，载《普陀区文史资料选辑》第2辑，第90页。

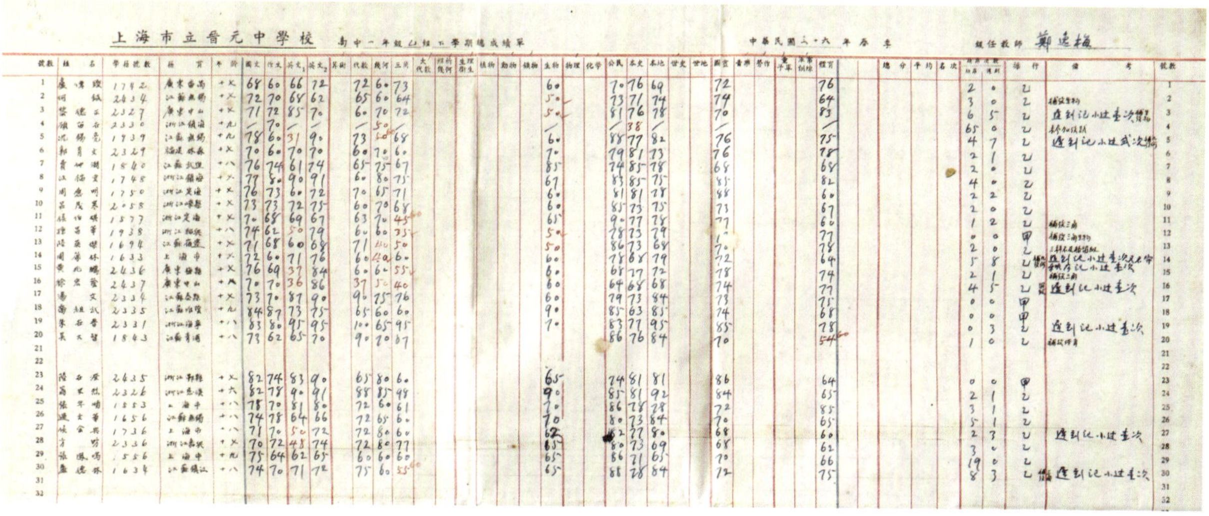
上海市立晉元中學校　高中一年級乙組　上學期總成績單　中華民國三十六年春季　級任教師　鄭逸梅

图3-15　上海市立晋元中学1947年高一乙班春季总成绩单

徐碧波撰文

抗战胜利以后，又改名为“晋元中学”，学校都是一片乌烟瘴气。教师薪给不足，校方竟异想天开，叫学生按月缴纳“尊师金”来补充教师的收入，汪伪和国民党反动派都采用这种无耻手段。学生的人数也一直停留在700人左右（图3-15）。

*资料来源：徐碧波:《从“华童公学”到“陕北中学”》,《文汇报》1957年10月3日，第3版。

注：徐碧波，1943—1962年任晋元中学高中文史地老师。

翁史烈忆母校

我是1946年考上晋元高中的，在晋元三年，使我终生难忘的是我的老师们。他们有很深厚的学问功底，而且循循善诱，能激发起我们浓厚的学习兴趣，是我们成长之路上的好导师（图3-16）。

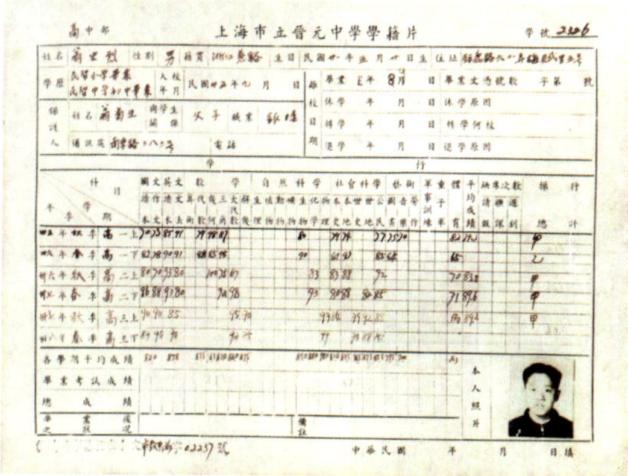
高中部　上海市立晉元中學學籍片

图3-16　上海市立晋元中学学籍片（翁史烈，1946年入学）

我的语文老师是郑逸梅，他的文学修养很高，对作品有深刻的理解，上课侃侃而谈，挥洒自如，把课讲活了，将我们不知不觉地带入文学的意境中，陶醉在艺术的世界里。那时，老师并不让我们背很多东西，但我喜欢这门课，就自己背。像唐诗，就是那时背下的，至今也不会忘记。

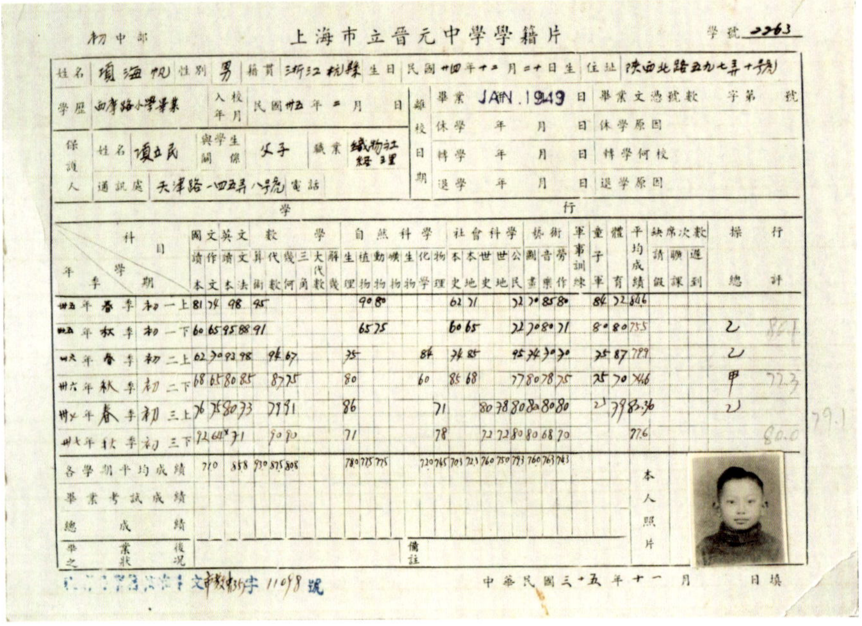
初中部　上海市立晋元中學學籍片　學號 2263

姓名 項海帆　性别 男　籍貫 浙江杭縣　生日 民國廿四年十二月二十日生　住址 陕西北路五九七弄十號

學歷 西摩路小學畢業　入校年月 民國卅五年二月　日

離校日期：畢業 JAN. 1949 日　畢業文憑號數　字第　號；休學　年　月　日　休學原因；轉學　年　月　日　轉學何校；退學　年　月　日　退學原因

保護人：姓名 項立民　與學生關係 父子　職業 織物社經理　通訊處 天津路一四五弄八號　電話

學行

卅五年春季 初一上 81 74 98 95 90 80 62 71 72 70 85 80 84 72 84.6

卅五年秋季 初一下 60 65 95 88 91 65 75 60 65 72 70 80 71 80 80 75.5　乙

卅六年春季 初二上 62 70 93 98 94 67 75 84 74 85 95 74 70 70 75 87 78.9　乙

卅六年秋季 初二下 68 65 80 85 87 75 80 60 85 68 77 80 78 75 75 70 74.6　甲

卅七年春季 初三上 76 75 80 73 79 81 86 71 80 78 80 80 80 80 79 82.36　乙

卅七年秋季 初三下 92 64 71 90 90 71 78 72 72 80 80 68 70 77.6

各學期平均成績 71.0 85.8 93.0 87.5 80.8 78.0 77.5 77.5 72.0 76.5 70.3 72.3 76.0 75.0 79.3 76.0 76.3 74.3

畢業考試成績

總成績

畢業之狀況　備註　本人照片

11098號

中華民國三十五年十一月　日填

图3-17　上海市立晋元中学学籍片（项海帆，1946年入学）

我是幸运的——在成长的关键阶段遇到了这样一批好老师，他们对我的影响是终身的。

*资料来源：《学子“大师”与晋元“对话”》，载《办学特色在校园》，第260页。

注：翁史烈，中国工程院院士。1949届毕业生。

项海帆忆母校

我于1946年春季进入市立晋元中学，1951年夏提前半年毕业，以同等学力考入同济大学土木工程系。在晋元中学的五年半中受到了科学、历史、语文的严格教育，特别是保持了注重英语教育的特色，给我打下了较扎实的英语基础，使我在改革开放后的出国留学和国际交往中便于克服语言上的困难。

胡先雩先生主教英语课，他热爱学生，幽默风趣，听他的课真是一种享受。当时我们初中的英语教材是英文版的《泰西五十轶事》和《莎士比亚故事》。他发音纯正，将一段段故事娓娓道来，引人入胜，同时又十分严格，每周要写一篇英文作文，他都认真批阅，并在课堂上对学生作业中的典型错误详细讲解，使我们印象深刻，终生难忘（图3-17）。

先雩老师还经常插讲一些英文的格言，教我们如何做人。至今我还记得下面两段格言：“Honesty is the best quality.”（诚实是最好的品质。）他教育我们做人要诚实，要讲真话，不要虚伪、说谎、作弊，应当视名誉重于生命。另一段格言是：“Work while you work, play while you play, this is the way, to be happy and gay.”他教导我们：工作时要勤奋努力，工作之余也要玩得痛快；要敬业，也不能做书呆子，这是一条通

图3-18　上海市立晋元中学1948年英文竞赛奖状

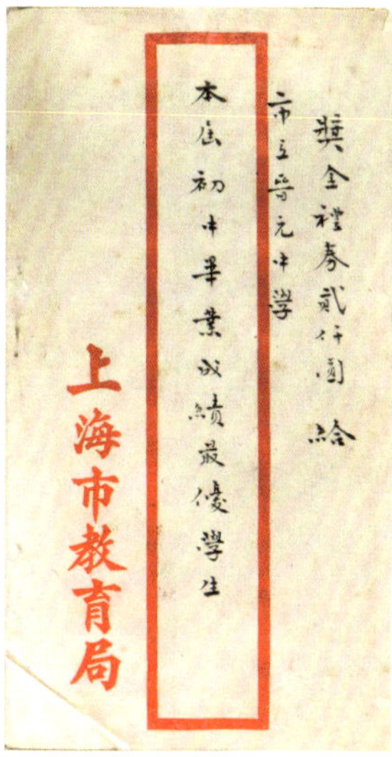

图3-19　颁给上海市立晋元中学初中毕业成绩最优学生（奖金礼券）

往幸福和快乐的路。他的话真的影响了我的一生（图3-18、图3-19）。

*资料来源：《学子“大师”与晋元“对话”》，载《办学特色在校园》，第260—261页。

注：项海帆，中国工程院院士。1946—1951年就读于晋元中学。

第二节　投身爱国民主运动

1945年中共地下党发起组织“力行团”及其活动[1]

为了更广泛地联系、团结同学，扩大党的影响，1945年暑假后，我校（即上海市立晋元中学，下同）同学在地下党领导下，公开发起组织“力行同学互助团”，黄克欧任主席，郭丰敬任文书。“力行团”成立以后广泛开展生活性活动。组织同学开展歌咏、演剧、讲座、远足、野餐等，还组织一些同学到上海基督教青年团契联会中参加唱歌等文娱活动。当时还组织了一些同学开展工读活动。“力行团”在南京西路茂名路口摆了一个修理自行车小摊子，一面以自己的劳动收入来帮助清寒同学，一面以为据点加强联络同学。“力行团”以地下党为核心，很快吸引团结了一批同学，涌现了不少积极份子，并且在学校中影响很大。一批地下党员和积极份子如黄克欧、郭丰敬、倪执中、钱亦琳等不仅善于团结同学，积极开展

1　此标题为整理者所加。

活动，而且学业成绩也很出众，因此在同学中威信很高，在竞选级长时，郭丰敬击败了反动学生姚瑞福，其他年级的级长也多由品学兼优的地下党员或“力行团”积极分子所担任，这样，为党进一步开展活动创造了有利条件。

同时，“力行团”还逐步开展各种形式的宣传工作，如组织读书活动，引导同学阅读进步书刊，举办壁报，如《民主》《周报》等，在壁报上宣传解放区情况，揭露国民党的“五子登科”，发表对社会问题的看法等，促进了许多同学的思想进步。

到黄克欧同志1946年2月离开我校转到复旦大学时，已经发展了高中部郭丰敬、倪执中、黄克家，初中部钱亦琳等八九名党员，建立了以本校学生为成员的地下党组织，完成了在晋元中学的建党任务。

“力行团”成立以后，在地下党领导下发动我校同学的第一次重大政治性活动，就是参加公祭于再大会，声援昆明学生斗争。

1945年12月1日，昆明国民党当局出动大批军警特务，武装镇压反对内战的大中学校师生，于再、潘琰、李鲁连、张华昌等四人被杀害，数十人受伤，这就是昆明“一二·一”惨案。“一二·一”青年学生，用自己的鲜血向全国人民发出了内战危急的紧急信号，吹响了反内战的号角。12月下半月，在“力行团”的一次集会上，领导我校地下党的王光华同志来演讲，报告了“一二·一”惨案的真相，揭露了国民党政府法西斯暴行，激起了同学们的强烈反响。

*资料来源：晋元中学校史组编:《校史述略》，程卫军执笔，载《晋元中学》(建校80周年纪念专刊，1904—1984年)，第16—17页。

1946年的斗争[1]

1946年1月13日，我校同学在地下党领导下，勇敢地参加了上海各界在玉佛寺举行的公祭昆明死难烈士大会，声援昆明学生的斗争。我校在新会路江宁路口，离玉佛寺不远，那天凌晨，同学们就成群来到槟榔路（今安远路）上，和各大中学校及各界人士一起涌向玉佛寺。主祭团由宋庆龄、柳亚子、马叙伦、沙千里、许广平、郑振铎、金仲华七人组成。万人公祭大会气氛肃穆悲壮。会后举行了浩大的示威游行。我校同学沿途游行群众一起高呼口号：“要求真正民主！”“人民不死！”“严办昆明惨案凶手！”浩浩荡荡的游行示威一直继续到傍晚。

1946年新春伊始，物价飞涨。春季开学时，学费也涨，上海广大学生面临着失学的威胁。地下党学委决定组织学生开展大规模助学运动，抢救失学。二月初，我校与上海六十多所大中学校一同发起成立上海市学生助学联合会（助学联）。2月5日、6日，我校地下党组织同学组成征募小队、宣传小队走上街头参加助学活动。正是人们过春节的时候，同学们却顶着寒风活跃在大街小巷，张贴宣传画，义卖助学

1　此标题为整理者所加。

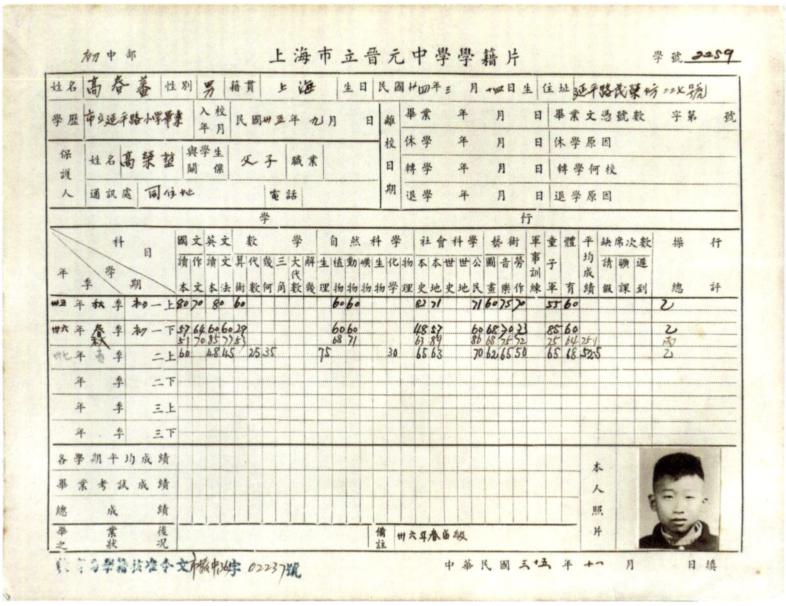
初中部 上海市立晉元中學學籍片 學號 2259

姓名 高春蕃 性別 男 籍貫 上海 生日 民國廿四年三月廿四日生 住址 延平路武榮坊22號

學歷 市立延平路小學畢業 入校年月 民國卅五年九月 日

保護人 姓名 高榮哲 與學生關係 父子 職業 通訊處 同住址 電話

離校日期 畢業 年 月 日 畢業文憑號數 字第 號 休學 年 月 日 休學原因 轉學 年 月 日 轉學何校 退學 年 月 日 退學原因

學 行

科目 國文（讀本 作文） 英文（讀本 文法） 數學（算術 代數 幾何 三角 大代數 解幾） 自然科學（生理 植物 動物 礦物 生物 化學 物理） 社會科學（本史 本地 世史 世地 公民） 藝術（圖畫 音樂 勞作） 軍事訓練 童子軍 體育 平均成績 缺席次數（請假 曠課 遲到） 操行 總評

卅五年 秋季 初一上

卅六年 春季 初一下

卅七年 季 二上

年 季 二下

年 季 三上

年 季 三下

各學期平均成績

畢業考試成績

總成績

畢業之後狀況

本人照片

備註 卅六年春留級

中華民國三十五年十一月 日填

图3-20 上海市立晋元中学学籍片（高春蕃，1946年入学）

章。我校同学在短短的几天里，就完成了助学联交给的任务，将募捐所得交给了助学联，从而帮助了清寒同学、失学同学。这次活动使同学们逐步认清国民党反动统治的黑暗，经受了锻炼。我校进步力量也更壮大更活跃了。地下党印制的反内战、争民主的传单在校内流传，学校图书馆也经常收到这类传单和宣传材料。协助图书馆工作的同学又把这些材料夹在书中传到同学手中（图3-20）。

助学运动结束，地下党学委决定成立公开领导全市学生的机构——上海市学生团体联合会（学团联），我校学生会也参加了学团联。

1946年3月，我校和其他市立中学的教师因物价飞涨，生活困难，宣布实行怠教。四月，学团联发起成立敬师运动委员会，组织学生筹募款项，帮助教师解决生活困难，支持教师们的斗争，敬师运动遭到三青团的破坏，我校以三青团为骨干的学生总会，也唱对台戏。学团联贴出的公告、标语、漫画、壁报遭到了国民党反动派有组织的破坏、扯毁。我校同学张贴标语被警察局拘捕，罪名是“破坏清洁，影响市容”。

为掌握运动的领导权，并利用合法斗争扩大影响，学团联与教育局、学生总会谈判，联合举行尊师运动。5月27日、28日，我校同学组织几十个小队，上街义卖“谢贴”，为教师劝募。6月16日，大中学生数千人在天蟾舞台举行完成尊师劝募联欢大会，我校同学参加了这次大会，并听了郭沫若的讲话，会上提出了“要求民主，争取和平”“停止内战，解决教育危机”的口号。这一时期，我校地下党发动和领导同学利用合法斗争，开展助学和尊师运动，壮大了组织，锻炼了队伍，并使广大师生逐步看到了失学威胁和生活穷困的根本原因是国民党政府的反人民的内战。

1946年6月，上海人民团体联合会和上海学生争取和平联合会为了反对内战、挽救和平，联合决定发起组织“上海人民和平请愿团”，赴南京请愿。

6月23日，各界人民五万人前往北火车站为代表团赴京请愿送行。我校地下党组织了同学到车站参加了这次呼吁和平、反对内战的战斗的出征式，并参加了欢送大会后举行的反内战大示威。

在地下党领导下，我校学生运动的发展，引起了反动当局的注意，1946年9月，国民党伪教育局任命伪教育部驻上海专员，伪国大代表蒋建白为晋元中学校长，企图加强对我校的控制。

1946年冬，地下党学委正式成立市立中学区委，为开展和统一领导全市市立中学党的工作和学生运动，决定从建立各市校联合的生活福利性组织着手。

*资料来源：晋元中学校史组编:《校史述略》，程卫军执笔，载《晋元中学》(建校80周年纪念专刊，1904—1984年)，第17—19页。

1947年：组织更多的进步活动[1]

1947年3月，由市立中学区委书记潘文静同志负责正式建立了市校福利会党组。由我校黄克家、女师沈如恂、育才吴宗麟三人组成党组。不久，黄克家撤往解放区，由我校倪执中替代。市校福利会是公开的群众性组织，由我校和育才、格致、缉槼、第一女中、女子师范、新乐师范、敬业、市西、务本、剧专、真如、陆行等十三所市立中学组成，旨在保障教师生活、维护学生读书权利，并团结广大师生开展生活性斗争（图3-21）。

1946年12月24日，北平发生美军强奸北大学生沈崇事件。29日，上海学团联为此发表宣言号召全市同学行动起来，抗议美军暴行。1947年元旦，我校同学怀着对美军暴行的极大愤慨，参加了全市万余大中学生的抗议美军暴行大示威，接着又投入了1月6日至12日的“抗议美军暴行，要求撤退美军周”的活动。我校同学秘密印刷、张贴传单，有时通宵达旦。

1947年5月20日，京、沪、苏、杭等城市十六所专科以上学校学生六千多人，在南京举行抢救教育危机联合大游行，遭到国民党特务的袭击，重伤十九人，轻伤九十多人，被捕二十八人。同日，北平、天津等地学生也分别举行了反饥饿、反内战大游行，均遭到国民党反动派的镇压，这就是震惊中外的“五二〇”惨案。“五二〇”惨案消息传到上海，激起全市学生的义愤，我校地下党发动和领导同学们罢课、在校内演讲，并组织“五二〇”惨案后援会，并有宣传小队上街。5月底，上海地下党决定成立上海市学生联合会（市学联），我校学生会加入了市学联，当时学生会理事长是地下党支部书记舒家骧。“五二〇”以后，国民党反动派更加残酷地镇压和迫害学生，除殴打、逮捕与屠杀外，还有大批开除学籍。1947年暑假前，我校地下党员徐恩祖、吴庆培和一批积极分子被校方以“无心学业”，操行“丙等”而“勒令退学”（即开除）。

1　此标题为整理者所加。

然而，镇压和迫害阻止不了学生运动的发展。1947年10月29日，浙江大学学生自治会主席于子三被反动派惨杀于杭州狱中，消息传来，我校地下党支部组织了积极分子到各班级演讲，揭露反动政府杀害进步学生的罪行，并在校内张贴标语，呼吁反迫害，反屠杀，争公理，争人权。

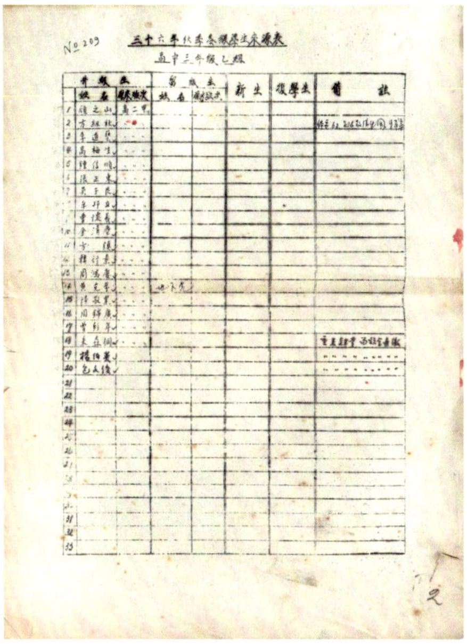

图3–21　1947年秋季上海市立晋元中学各级学生来源表（摘选）

1947年隆冬，寒流接连袭击上海，本市大批失业工人，以及外省受到内战、天灾祸害的难民有的露宿街头，有的衣不蔽体挣扎在饥寒交迫的死亡线上，常常是一夜风雪后，街头一批露尸。为了帮助贫苦人民，抢救同胞生命，我校地下党发动和组织同学参加了地下党学委领导的全市性救饥救寒运动，许多同学走上街头为灾民劝募寒衣。蔡尔轨同学向亲友募得七八十件寒衣交我校学生自治会救济灾民。有些以前不问政治，埋头读书的同学也参加了这次活动，并看到了人民的苦难，对反动派的统治有了认识。当时我校周围是工人居住区，为了使更多的失学儿童和青年有机会求学，我校高中同学办起了“晋元民众夜校”并逐步形成包括自一年级到六年级的完全小学。翁世盛、冯宝龙、薛榴笙等同学都是办学的积极分子。这所民众夜校一直办到解放以后，由我校的高年级学生担任教师，培养了一批儿童和青年。民众夜校还举行过运动会、展览会等，办得很有生气。

*资料来源：晋元中学校史组编：《校史述略》，程卫军执笔，载《晋元中学》（建校80周年纪念专刊，1904—1984年），第20—21页。

1948年：关键时期[1]

1948年1月5日，香港英国当局在九龙强行拆毁中国居民住房，并开枪镇压居民的反抗，数千居民流离失所。为抗议英帝在九龙的暴行，市学联发表《告同胞书》，提出“抗议英美帝国主义暴行，抢救民族危机”的口号。我校地下党决定组织同学参加1月17日外滩游行，向英国领事馆示威，那天上午地下党员舒家骧通知积极分子，下午在外滩有反帝反奴抗议九龙暴行示威，迅速发动同学参加。为了阻挠学生的爱国行动，国民党上海市警察局下令各汽车出租公司：“一律不准出租汽车给学生。”中午，舒家骧打电话给祥生出租汽车公司，说马白路××号要搬家，请马上来一辆卡车。一会儿，卡车来了，正在找哪

1　此标题为整理者所加。

一家要搬家，舒家骧一声招呼，早就等候着的同学们冲上去，挤满了一卡车，学生要求司机支持反帝反奴斗争，请他把车开到外滩，司机同意了。外滩挤满了示威群众，英美领事馆紧闭大门，平时横行上海的美国兵不见了。学生们向英国领事馆提交抗议书，游行队伍路过外滩美国海军指挥所时，大家高呼："美国兵，滚出去！"几万人的示威声势浩大，直到晚上，游行到南京路西藏路时才结束。

5月4日，我校学生自治会组织同学参加了在交通大学举行的营火晚会，并参加了上海市学生反对美国扶植日本、抢救民族危机联合会。晚会结束时，我校同学与全市一万五千余学生一起，举行了火炬游行。

5月22日，我校同学又参加了全市一万五千余学生在交大召开的"五二〇"一周年纪念会，并热烈庆祝上海学联成立一周年。我校同学和大家一起唱《上海学联歌》，歌词是："你是灯塔，照耀着黎明前的海洋。你是舵手，掌握着航行的方向。勇敢的中国学生们，你就是核心，你就是方向，我们永远跟着你走，中国一定解放，我们永远跟着你走，人类一定解放！"这首歌平时在学校里，学生自治会就在教室里教同学们唱过。反美扶日联合会号召同学们迅速行动，掀起反美扶日运动。回校后，高年级班级发起，到全校各班演讲，揭露日本帝国主义罪行及美帝扶植日本军国主义的阴谋。

6月5日，我校地下党组织同学冲破重重阻力到外滩参加"反美扶日"大示威，从下午到晚上，同学们与军警的阻挠、破坏进行了斗争，边游行，边宣传，最后在大上海电影门前召开了群众大会，胜利结束。

"六·五"以后国民党反动派加紧了对学生运动的镇压，逮捕、迫害进步学生，对市立中学也加紧控制。48年夏，校内宣布开除12名参加反美扶日运动的积极分子，地下党员许铁如、钱亦琳、汪福棠、陈隆培、胡宗南等也都被"勒令退学"。党组织为了保存力量，指示晋元中学地下党组织发动被开除学生的家长和校方开展说理斗争，争取校方收回成命。被开除学生家长责问校方："学生在校学业勤奋，尊重师长，何以操行'丙等'？"（这是校方勒令退学的理由）校方讲："学生运动不轨（指参加反美扶日等斗争）。"家长们言正词严指出："学生爱国，揭露日本军国主义罪行，反对日本军国主义复活，何罪之有？如他们是共产党可以逮捕。"校方理屈词穷，最后大部分学生仍然回到学校。

1948年夏、秋间，国民党特务到学校搜捕地下党员黄克家，克家预先已有所闻，转移了。1948年11月积极分子张福海被国民党特务逮捕入狱。国民党反动派对革命的镇压，并不能挽救他们灭亡的命运。随着解放战争的发展，根据上级的指示，为了解放区建设和接管新解放城市需要，我校地下党组织输送了不少干部。47年前后，特别是48年下半年，我校地下党员倪执中（李仲）、何芝、贾福根、钱亦琳、陈隆培、徐思祖等纷纷到苏北、浙东等解放区去工作。他们为了革命事业毅然离开亲人和家乡北上、南下，有的还献出了年轻的生命（如郑炯芝）（图3-22、图3-23）。

*资料来源：晋元中学校史组编：《校史述略》，程卫军执笔，载《晋元中学》（建校80周年纪念专刊，1904—1984年），第21—23页。

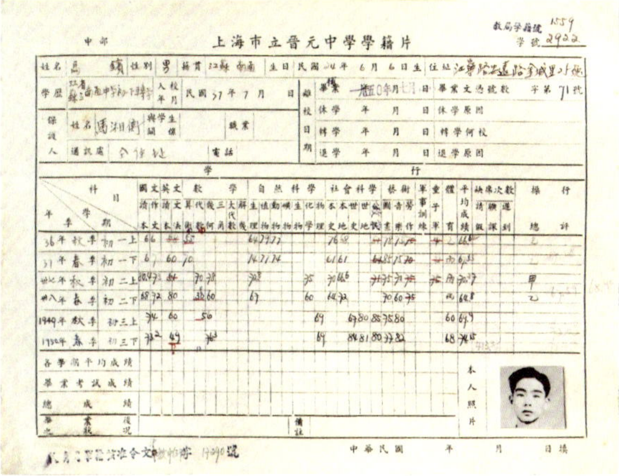
上海市立晉元中學學籍片

图3-22　上海市立晋元中学学籍片（马镔，1948年入学）

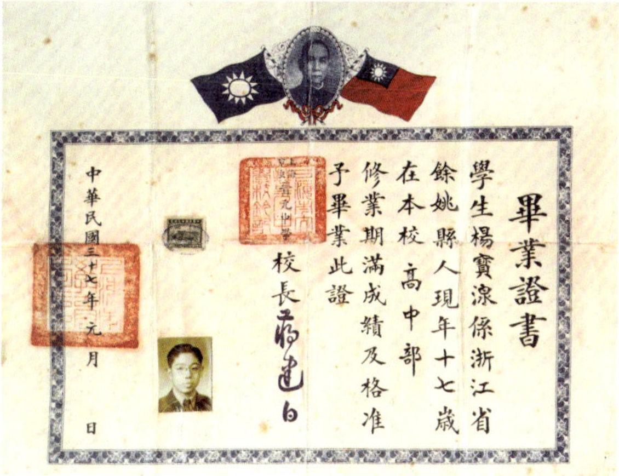
畢業證書

學生楊寶濂係浙江省餘姚縣人現年十七歲在本校高中部修業期滿成績及格准予畢業此證

校長蔣建白

中華民國三十七年元月　日

图3-23　上海市立晋元中学毕业证书（校长蒋建白印，1948年）

第三节　上海解放与晋元的新生

一、上海解放、晋元中学获得新生[1]

1949年4月23日人民解放军占领南京，国民党反动统治宣告灭亡。人民解放军以迅猛的攻势，沿沪宁沪杭两线向上海推进。上海国民党当局惊慌失措，我校反动校长蒋建白逃跑。地下党员胡宗南、黄国楷等同志团结进步同学参加“上海人民宣传队”，组织一部分同学参加保护学校、迎接解放的活动。5月27日上海解放，5月28日我校同学和宣传队以无比兴奋的心情走上街头，和全市人民一起热烈欢庆上海解放，并到工厂宣传，贴标语。

1949年6月初，杭苇同志代表上海军管会，宣布接管市立晋元中学。在师生掌声雷动中，杭苇同志讲了话，任命姚湘涛同志任我校校长。杭苇在讲话中向长期同帝国主义和反动势力进行斗争的晋元中学师生致敬，殷切希望师生们发扬革命传统，勤奋学习，建设为人民服务的新型学校。

学校很快成立了第一届校务委员会，由姚湘涛、蓝尤青、黄礼芳、胡宗南、徐少雄、翁世盛组成，并宣布立即剔除教材中反动的、反民主的内容，取消公民课，学习新民主主义政治，童军课改为体育课。新生的晋元中学一片新气象，充满民主的空气。

*资料来源：晋元中学校史组编：《校史述略》，程卫军执笔，载《晋元中学》（建校80周年纪念专刊，1904—1984年），第24—25页。

1　此标题为整理者所加。

二、选摘部分档案、照片

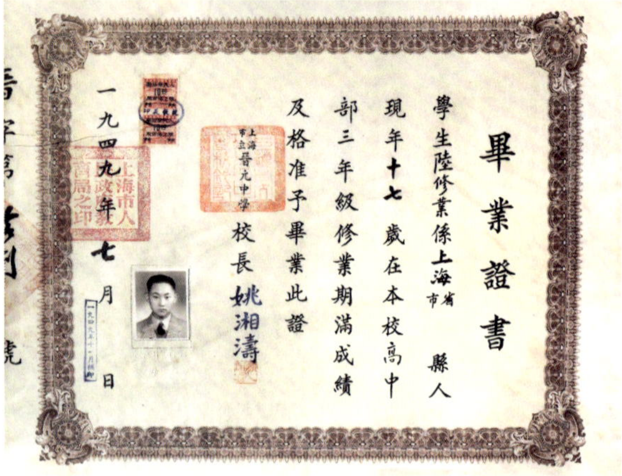

畢業證書

學生陸修業係上海市 省 縣人

現年十七歲在本校高中

部三年級修業期滿成績

及格准予畢業此證

校長姚湘濤

一九四九年七月 日

图3-24　上海市立晋元中学毕业证书（校长姚湘涛印，1949年）

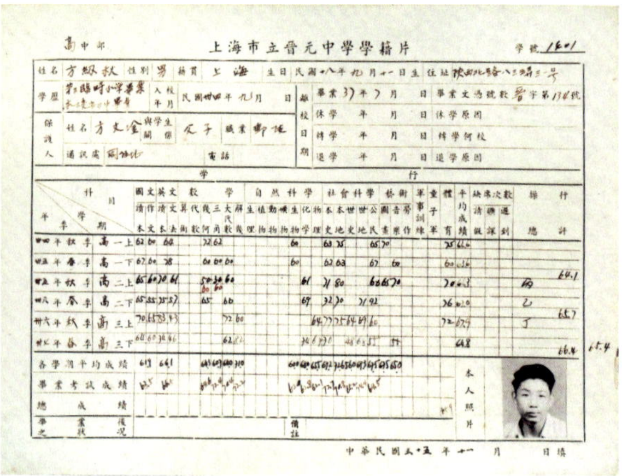

上海市立晉元中學學籍片

图3-25　上海市立晋元中学学籍片（方纫秋，1948年毕业）

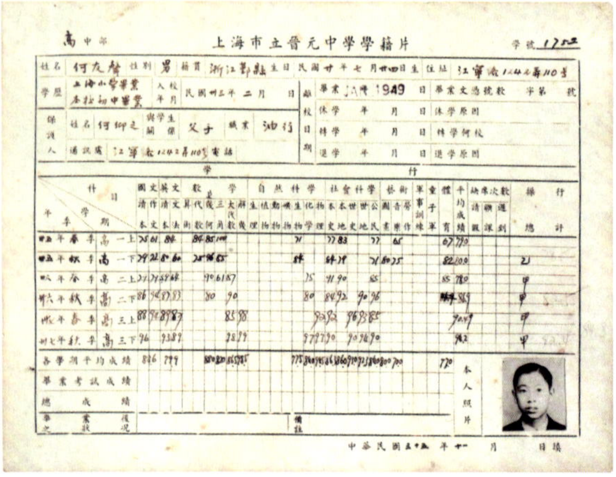

上海市立晉元中學學籍片

图3-26　上海市立晋元中学学籍片（何友声，1949年毕业）

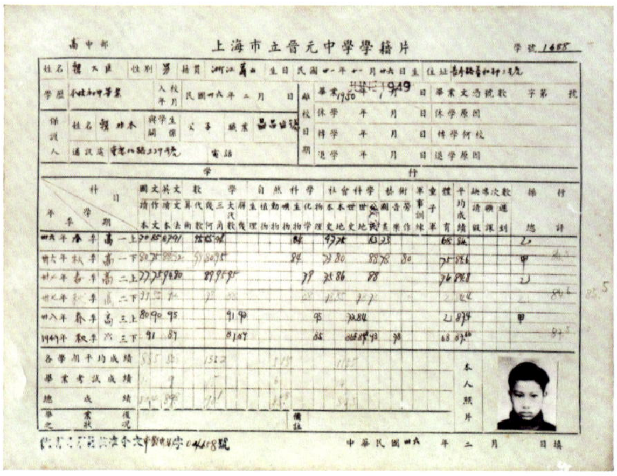

上海市立晉元中學學籍片

图3-27　上海市立晋元中学学籍片（韩大匡，1950年毕业）

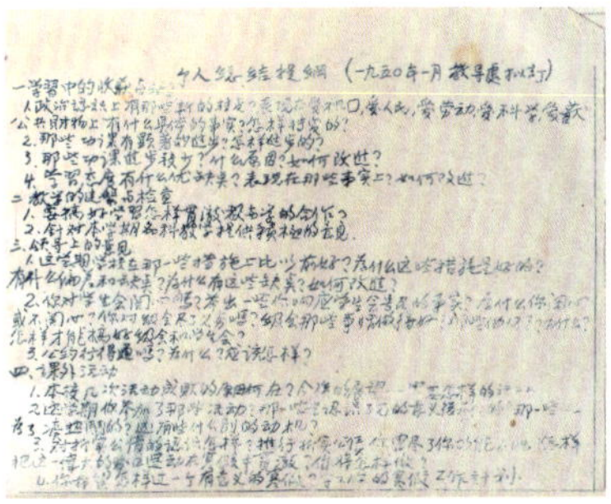
个人总结提纲（一九五〇年一月 教导处拟订）

图3-28　1950年1月上海市晋元中学教务处拟《个人总结提纲》

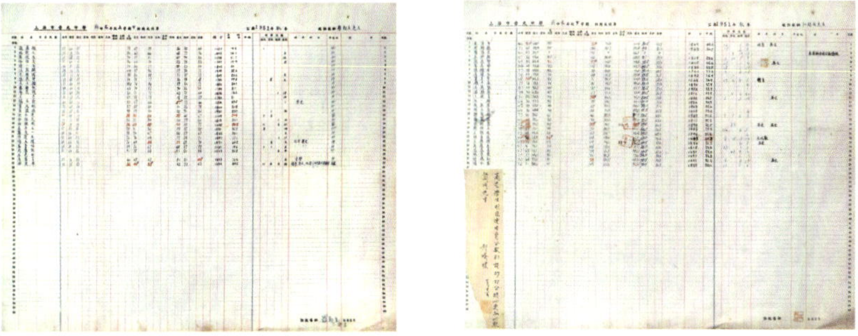

图3-29　1951年上海市晋元中学高二上学期甲组总成绩单

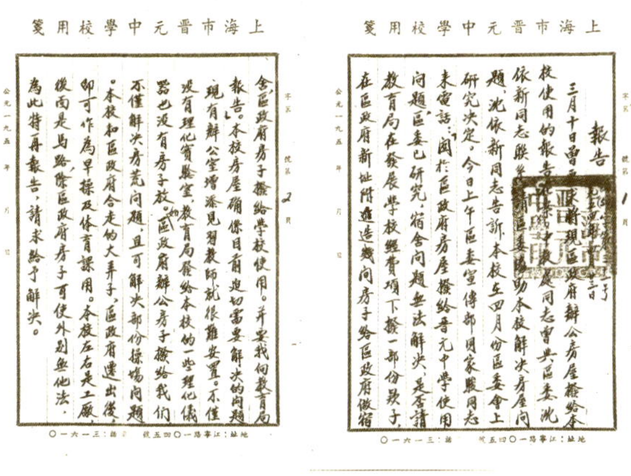
上海市晉元中學校用箋

報告

上海市晉元中學校用箋

图3-30　《为扩充班级，请求给予解决房屋问题》（选自上海市晋元中学档案资料，1951年）

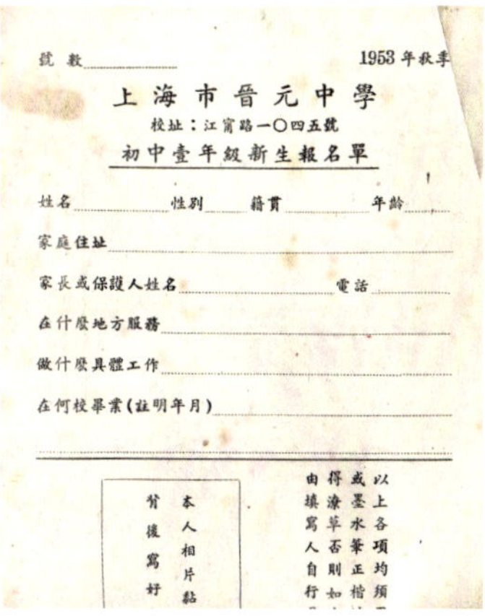
號數　　1953年秋季

上海市晉元中學

校址：江寧路一〇四五號

初中壹年級新生報名單

姓名　性別　籍貫　年齡

家庭住址

家長或保證人姓名　電話

在什麼地方服務

做什麼具體工作

在何校畢業（註明年月）

背後寫好　本人相片黏

以上各項均須用墨水或鋼筆正楷填寫，草率者則作自動放棄

图3-31　上海市晋元中学1953年秋季新生报名单

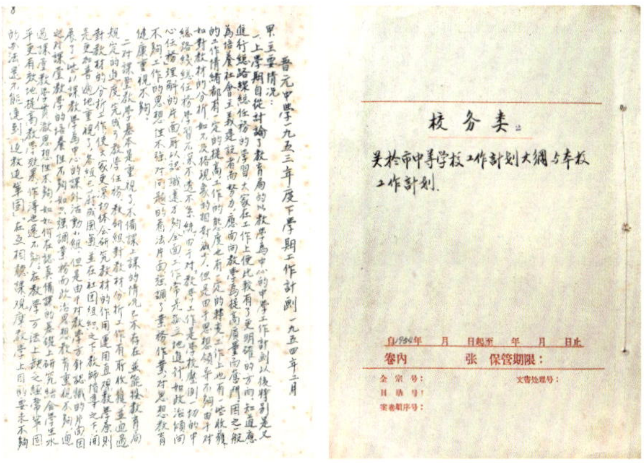
校务类

关于市中等学校工作计划大纲与本校工作计划

图3-32　《关于中等学校工作计划大纲与本校（晋元中学）工作计划》（摘选，1953—1954年）

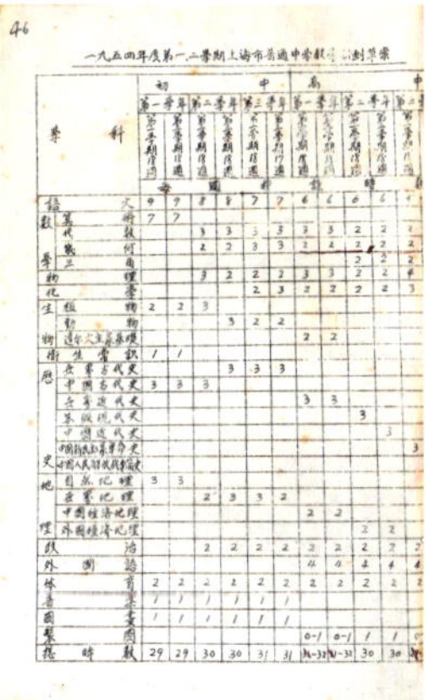

图3-33　《1954年上海市普通中学教学计划草案》

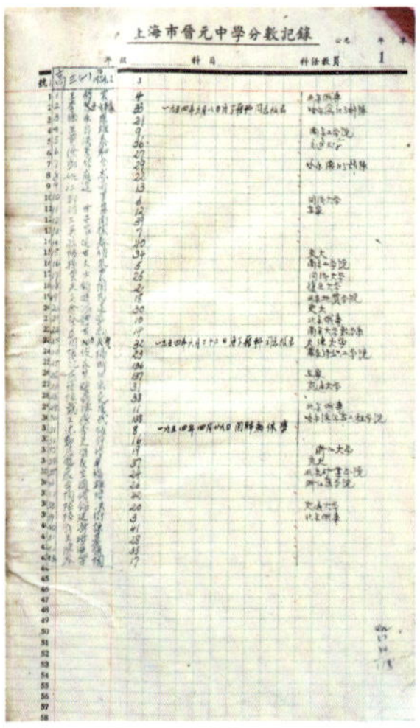
上海市晋元中學分數記錄

图3-34 《上海市晋元中学学生分数记录》（摘选，1954年）

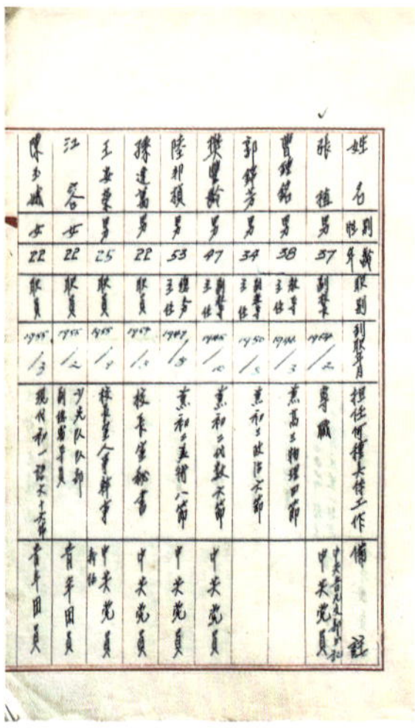

图3-35 《上海市晋元中学教职员工名册》（摘选，1955年第一学期）

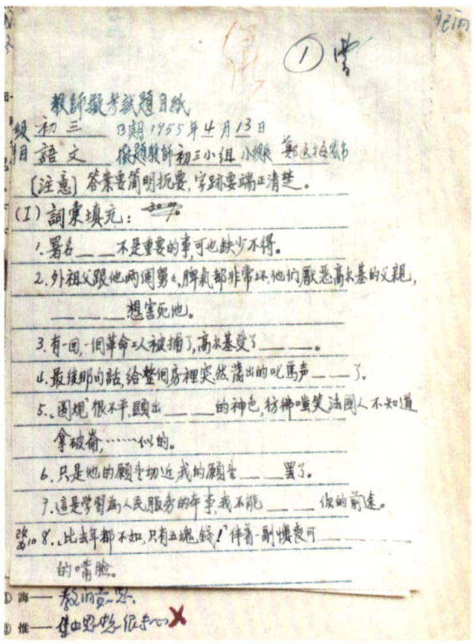
教師擬考試題目紙
班級 初三 日期 1955年4月13日
科目 語文
[注意] 答案要简明扼要，字迹要端正清楚。
(I) 詞彙填充：
1. 罢古___不是重要的事可也缺少不得。
3. 有一回，同革命人被捕，高太基要了___。
5. 周瑜很不平顯出___的神色，好像嘲笑諸國人不知道拿破崙……似的。
6. 只是他的願重切近我的願望___罢了。
7. 這是学習為人民服务的事業我不能___做的前進。

图3-36 晋元中学教师拟考试题目纸（郑逸梅签字，1955年）

三、回忆摘选

胡先雩的回忆

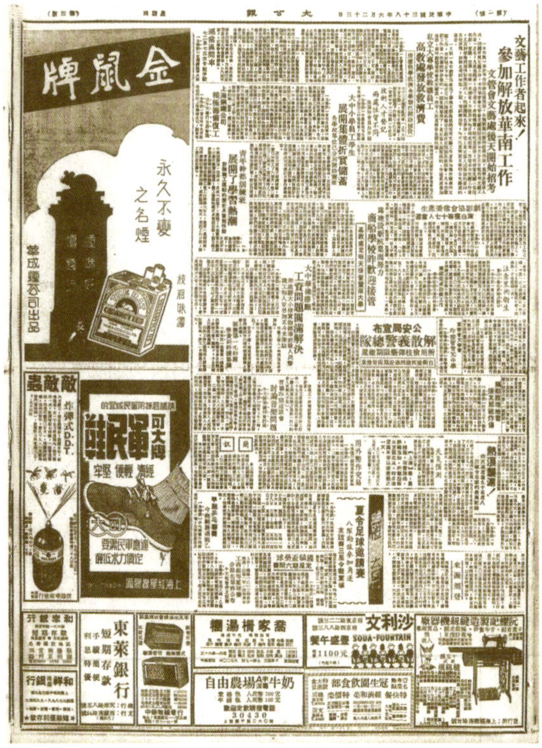
大公報
文藝工作者起來！參加解放華南工作
金鼠牌
永久不變之名煙
東萊銀行
沙利文

图3-37 《军管会文管会昨接管晋元中学》（选自《大公报（上海）》1949年6月23日，第3版）

1949年上海解放，军管会派姚湘涛任校长，蓝尤青任教务主任接管我校，在学校升起了第一面五星红旗，并成立校委员会，教师代表有黄礼芳、肖朗、胡先雩等人。1950年，姚湘涛校长回南洋女子中学任校长，由上海市教育局派叶克平任校长。全体教师下里弄动员失学学生进校入学，学生人数乃由750人猛增至2000余人，班级由17个增至51个，由于教室不敷，学校不得不采取分上、下午两部制上课，直到1957年普陀区在东新路341号新校址落成才结束（图3-37）。

*资料来源：胡先雩:《从华童公学到晋元中学的变迁》，载《普陀区文史资料选辑》第2辑，第91页。

四、报纸内容摘选

晋元中学努力建设新校园

本报讯　军管会文教处派代表杭苇等五人，于昨日下午二时前往接管市立晋元中学。该校全体师生员工七百余人在大礼堂内召开欢迎接管大会。首先由大会主席乐秀荣说明该校历史，希望大家为建设新晋元而努力，继由教职员代表黄礼芳先生说话。二时四十五分，军管会的接管代表杭苇同志宣布接管方针，大意是：

一、维持原状逐渐改革。

二、教职员任用是人才主义量才录用。

三、学校的领导由校务委员会负责。

四、正确提高学习程度。

*资料来源:《晋元中学努力建设新校园》,《文汇报》1949年6月23日，第3版。

在学校里（市立晋元中学）

十月廿七日是市立晋元中学校庆日，该校原为华童中学，成立四十五周年了。

*资料来源:《在学校里》,《文汇报》1949年10月27日，第3版。

1949年底的晋元中学

1949年12月1日，我校正式建立新民主主义青年团，团总支书记是张传铭。学生中有115人入团，占学生总数（1724人）的17%。

*资料来源：晋元中学校史组编:《校史述略》，程卫军执笔，载《晋元中学》(建校80周年纪念专刊，1904—1984年)，第25页。

晋中建立民主秩序：教导处针对实际情况，定出了工作计划

本报讯　市立晋元中学校在三月卅一日的校务委员会上，根据全体教师和百分之九十以上同学的要求，决定了“建立民主秩序”为四月份的中心工作。教导处在上星期中即通过各级级会普遍征求同学意见。分析了上学期“整风运动”的失败原因；是由于领导方面单是号召后，在进行过程中没有很好的检查，不曾坚持下去。发现有缺点和偏差的时候，不能抓住时机；马上纠正和检讨。更分析了现在秩序不好的几点原因:（一）由于许多同学因为思想上还存在着许多搞不通的问题，因而引起对现状的不满意；放松了学习的情绪，甚至胡搅胡闹起来。（二）由于少数同学的误解民主，认为这样胡搅胡闹，就是他的

民主自由。（三）由于少数教师在教学上有问题，引不起同学的学习兴趣。（四）由于一部分教师对民主管理认识不够，放弃了领导上和管理上的责任。

教导处根据同学的许多意见，针对实际情况和同学需要，定出了工作计划：（一）改进教学，满足同学学习上的要求；加强各科研究会。（二）加强级会及小组组织的领导。（三）解决同学们思想上存在的一些问题。（四）对少数落后班级和同学，经调查后，个别进行重点工作和耐心说服。（五）加强政治思想教育。

并由师生协商，订出了四大项目：（甲）闻钟声进教室；不迟到，不早退，不旷课。（乙）保证自觉上好课。（丙）早操集会要做到快、静、齐。（丁）认真过好小组生活，准时交课业。（晋元通讯组）

*资料来源：《晋中建立民主秩序：教导处针对实际情况，定出了工作计划》，《文汇报》1950年4月12日，第3版。

听，英国青年朋友的声音！尼特尔·敦函晋元同学

本报讯　晋元中学在十一日下午接到了一封世界青联代表团英国代表尼特尔·敦从广州寄来的信。当于十三日将它译成中文与原文同时公布，同学们一下课就纷纷来看，挤得不得了。学生会为了避免拥挤，再写成大字报公布。兹将译文录后：（许国梁）

亲爱的同志们：在沪西统益纱厂的大会中，当我作有关英国青年情况的报告时，许多问题提交到讲台上来，时间不允许我回答所有的问题。未能回答的问题中有一个署名是“晋元中学学生”，所以我想借此机会用书面回答。

问题是：“既然英国教育在衰落，则现在免费教育制度的情形是怎样的？”

我的回答如此：英国免费教育的意思就是五到十五岁的儿童必须入学，所谓“免费”二字实在用得并不对。因为有一些费用，入学儿童的父母必须要付的。例如：在许多学校中，学生们必须穿着一套颜色由学校规定的衣服，通常穿不穿固然不强制，但许多父母都觉得义不容辞地要替孩子们买上一套，使孩子们和别人一样，这些衣服的价钱在上涨中，而政府则已取消了这方面的补助金。

以前，学生上学搭乘专车，不要买票，这种车子现在大部份已经取消了，学生常住在距离学校很远的乡间，这样就造成了困难，父母们必须替孩子们出车钱，否则孩子们就得跑很远的路，而且天气又常常不好。

最近，学校里的膳费又涨价了。例如：我自己的孩子大卫，今年六岁，我每星期就得为他的车膳费付出四先令，约等一个普通工人周薪的百分之三。政府不能设立足够的新式学校，也就是说许多旧式学校依然被用来进行教育。一九二五年被人指责为不合用的六百卅六所学校，今天依然存在。邱吉尔代表出席国会的那一区中就有一所学校已经是一六〇年的旧货了。

学校中普遍存在的人数过多现象，以及设备恶劣，意味着教育水准低落，最近伯明汉一地做过一次调查，结果是许多青年离开了学校还不能正确地把字拼出来，写也写得不对。

免费制度外还有高等教育。虽然一些工人阶级的子弟得到奖学金上专科学校或大学，但大多数的人

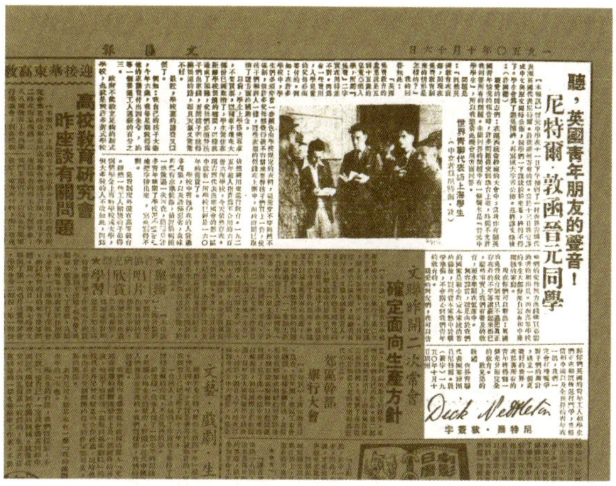
聽，英國青年朋友的聲音！
尼特爾·敦函晉元同學
高校教育研究會昨座談有關問題
確定面向生產方針

图3-38 《听，英国青年朋友的声音！尼特尔·敦函晋元同学》（选自《文汇报》1950年10月16日，第4版）

不能如此，因为他们的父母无力出钱购买必需的书籍和用具。因而高等学校的学生大部份来自富有和中产阶级的家庭。

现在你们可以看出：英国的免费教育制度只不过把真正存在着的不平等遮蔽起来而已，纵然事实上我们有普及的教育，而水准则在低落中。

无容讳言，这是由于我们的国家是被少数资本家统治着的缘故，这些资本热中于战争准备，不会关心到我们青年的教育的。

亲爱的朋友们，我可以告诉你们英国的青年工人和学生们正在和这些进行斗争，我相信和中国以及全世界的青年在一起，我们一定会打垮战争贩子们的诡计，建立一个更美好的世界，在那里所有的青年将得到一个充分而完全的教育（图3-38）。

致兄弟的敬礼

世界青联代表团英籍团员尼特尔·敦（签字）

一九五〇年十月十日广州

*资料来源：《听，英国青年朋友的声音！尼特尔·敦函晋元同学》，《文汇报》1950年10月16日，第4版。

华东、西南等地青年学生青年工人要求保送参加军事干部学校，用实际行动抗美援朝

华东地区广大青年学生和青年工人以无比兴奋的心情，响应祖国的召唤，要求投身到国防建设事业中去。

上海市各学校、工厂的学生和青年工人在热烈地讨论了政府的号召以后，已开始报名。上海交通大学已自五日起开始办理报名登记，半天内即有学生二百三十六名报名。同济大学已组成“毛泽东战斗队”和以苏联著名电影《普通一兵》主人公马特洛索夫命名的《马特洛索夫战斗队》，准备集体报名。他们并决定在离校前要作好校内的抗美援朝工作。其他沪光中学、上海中学、格致中学、虹口中学、育才中学、晋元中学、比乐中学等校学生正热烈讨论和签名参加。上海的青年工人也正在热烈响应祖国的号召。华东军区后勤部汽车三厂青年团员卫汉章说：“我会游泳，希望参加人民海军。”青年团员郑正明说：“我会开汽车，又会修理机械，我决定参加装甲学校，学坦克。”该厂已有青年团员和青年工人十名决定报名。上海复兴汽车修整厂青年工人决心要参加空军。

*资料来源：《华东、西南等地青年学生青年工人要求保送参加军事干部学校，用实际行动抗美援朝》，《人民日报》1950年12月11日，第3版。

晋元今春参干同学来信：报道特种兵干校的愉快学习生活

晉元今春參幹同學來信
報道特種兵幹校的愉快學習生活
完成光榮歷史任務
上海科協正式結束

图3-39 《晋元今春参干同学来信：报道特种兵干校的愉快学习生活》（选自《文汇报》1950年12月25日，第4版）

本报讯　晋元中学日前收到了校友陈材保和蔡秉文两位同学从某地来信，介绍了特种兵军事干校的生活。信中主要内容如下：

“我们虽然参军不久，但是我们极愿意以我们参军以来的情形和亲身感受告诉同学们：我们在今年二月读完高三上之后就在寒假中离别了家庭，报名参加了中国人民解放军特种兵的军事干校。到了××以后，就开始了紧张而愉快的预科学习。在这期间，我们在思想上政治上都得到了初步的改造和教育；并且，在生活上又处处受到组织的照顾。在严寒的冬天夜晚上，级干事同志常常披着大衣替学员们轻轻地盖上他们掉在地上的被子，学员有病的时候，干部同志除了亲切的慰问之外，还把自己节省下来的津贴买一些鸡蛋白糖给病号吃。在革命阵营中，同志和上级对你的照顾帮助真比父母兄弟还要亲切；同时，在学习中精神上和思想上永远是轻松愉快，八月间调来此地学习一直到现在我们还沉浸在紧张的学习中，生活更有规律更紧张，学习也有着显著的进步。当我们在报纸上看到了关于全国人民安定的生活，更深深地感觉到生长在毛泽东年代青年的幸福，更加强了我们保卫祖国和平建设，保卫世界和平的坚定信心。”

同学们！美帝国主义正在疯狂地侵略朝鲜和台湾，并不断地对我国进行挑衅行动，帝国主义一天不消灭，建设一支强有力的国防军就是我们青年人的首要任务。同学们：勇敢地摆脱一切牵挂，抛却一切疑虑，走向青年人光荣的岗位，做一个光荣的保卫国防的人民战士（图3-39）。（晋元通讯组）

*资料来源：《晋元今春参干同学来信：报道特种兵干校的愉快学习生活》，《文汇报》1950年12月25日，第4版。

晋元中学举行工商界子女座谈会

本报讯　上海市晋元中学学生经过了多次的三反、五反学习，听过了江普二区学生五反学习动员大会的报告，对五反运动有了一定的认识。该校为了帮助工商界子女同学解决思想上存在的问题，及帮助进行家庭规劝工作，发挥青年学生在五反中的辅助力量，于本月二十三日下午在该校大礼堂召集全校的一百六十一位工商户的子弟举行“晋元中学工商界子女座谈会”。非工商界子弟同学也在教室内用扩大机收听座谈会的播音。

座谈会首先由校长叶克平作报告，他说明政府的严肃与宽大相结合政策，并举了很多实际例子。接着他又明显指出：我们规劝有违法行为的父亲坦白，就是爱自己的父亲；否则就是不爱，也就是害了自己的父亲。

叶克平校长报告完毕，接着是典型发言。高三下黄显根同学报告，自己在家庭中怎样站稳立场，规劝父亲坦白。他的父亲在五反运动中起初抗拒坦白，他便团结母亲，每天读报，讲解放政策，终于规劝了父亲彻底坦白。程宏发同学说：“我在家庭里检查旧账，发现了偷漏税的情形，并打破顾虑，规劝父亲彻底坦白了，而且得了宽大处理。”典型发言后，教师龚伦超代表全体教员发言，表示坚决支持一切站稳立场的同学，帮助一切存有问题而不能解决的同学解决问题。随后，出席的资本家子女纷纷发言，表明态度，决心规劝有违法行为的家长去坦白。最后，由该校团支部书记作总结，座谈会在高呼口号声中结束（图3-40）。

*资料来源：《晋元中学举行工商界子女座谈会》，《亦报》1952年4月25日，第1版。

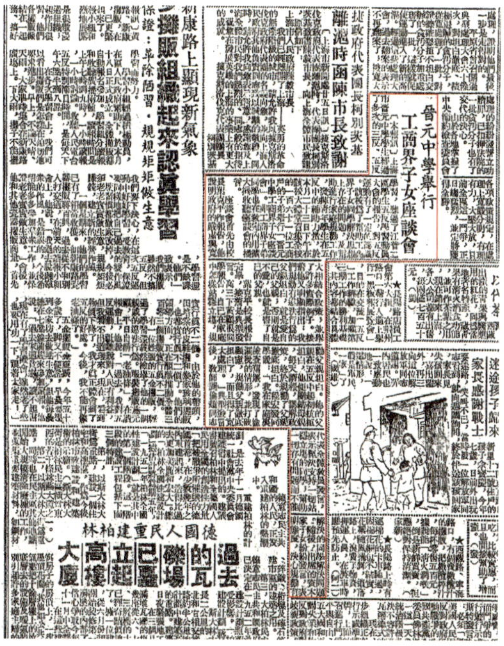
晉元中學舉行工商界子女座談會
攤販組織起來認真學習
新康路上顯現新氣象
過去的瓦礫場已矗立起高樓大廈
德國人民重建柏林
家長感謝戰士

图3-40 《晋元中学举行工商界子女座谈会》
（选自《亦报》1952年4月25日，第1版）

五、中华人民共和国初期的两位校长

姚湘涛：1949—1950年任晋元中学校长

1949年5月上海解放。姚湘涛受上海市教育局委派，接管上海市立晋元中学，任校长。1950年后姚湘涛回南洋女子中学任校长。

姚湘涛校长组织教师学习教育学，钻研教材、改进教法，提出了“联系实际，掌握规律，启发思维”的教学原则，并要求在各科教学中完成知识传授与思想教育两个方面的任务。姚湘涛对革命工作认真负责，兢兢业业，处事持重厚道，服从组织分配，

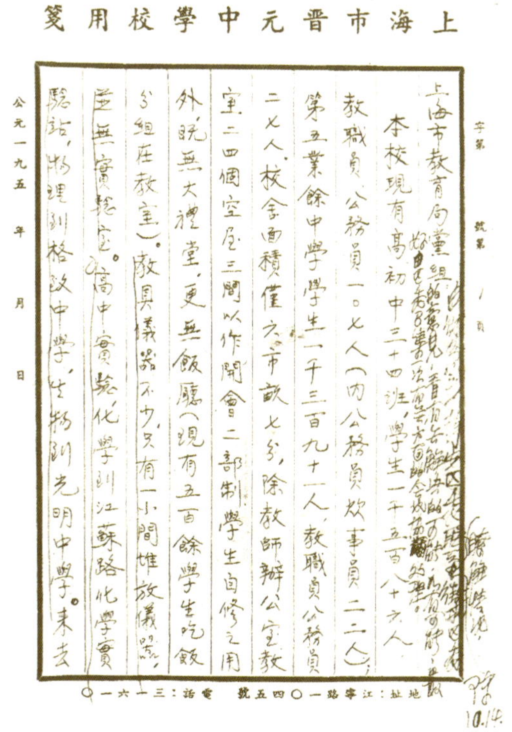
上海市晉元中學校用箋

上海市教育局

本校現有高初中三十四班，學生一千五百八十六人，教職員、公務員一〇七人（內公務員炊事員二二人）；第五業餘中學學生一千三百九十一人，教職員公務員二七人。校舍面積僅六市畝七分，除教師辦公室、教室二四個空屋三間以作開會二部制學生自修之用外，既無大禮堂，更無飯廳（現有五百餘學生吃飯分組在教室）。教具儀器不少，只有一小間堆放儀器，並無實驗室。高中實驗化學到江蘇路化學實驗站，物理到格致中學，生物到光明中學。來去

公元一九五　年　月　日

地址：江寧路一〇四五號　電話：三一六一〇

图3-41　上海市晋元中学校用笺

不计个人得失，受到广大师生爱戴（图3-41）。

*资料来源：上海市晋元高级中学档案室提供。

注：姚湘涛（1896—1963），名焕章，字襄陶，别署湘涛，青浦镇人，中国共产党党员。毕业于江苏省立第二师范学校，从事教育工作，南社社友。曾赴印度尼西亚爪哇侨校任教两年。回国后在青浦任教，被选为县教育会副会长。积极参与民主活动，民国十一年（1922）会同教育界进步人士组织青光社，发起组织“青光会”，创办《青光报》。长期在上海教育界服务，曾在南洋女子中学连续任教十余年。抗战胜利后，在上海从事地下革命活动，1946年加入中国共产党。上海解放，奉命接收市立晋元中学，任该校校长。后调任东南中学、民立女中分校、南洋女中等校校长。参见上海市青浦县县志编纂委员会编:《青浦县志》，上海社会科学院出版社1990年版。

叶克平：1950—1954任晋元中学校长

1950年3月1日，市教育局任命叶克平同志为我校校长。叶校长治学严谨、平易近人，深入师生，循循善诱，深受师生爱戴。在叶校长的领导下，校内政治空气浓厚，师生们对党的感情深厚，爱国热情高涨，全校师生团结一致，克服困难，提高教学质量，建设社会主义学校，在共和国初创年代又写下了许多动人篇章（图3-42）。

*资料来源：晋元中学校史组编:《校史述略》，程卫军执笔，载《晋元中学》（建校80周年纪念专刊，1904—1984年），第25—26页。

注：叶克平（1912—2000），江苏宿迁人，1912年出生。东吴大学法学院毕业。1946年加入中国共产党。曾任上海市浦滨小学教师，培真中小学校教导主任、校长等。中华人民共和国成立前是中共上海地下党组织在文化教育界的主要领导人之一。中华人民共和国成立后，历任上海市晋元中学校长、上海中学校长、上海中学名誉校长等。

图3-42　上海市晋元中学毕业证书
（校长叶克平印，1953年）

图3-43　上海市晋元中学毕业证书
（副校长张植印，1955年）

1954年，叶克平校长调离晋元中学，由张植副校长主持工作。张植原为晋元中学代副校长，后任副校长。1956年张植任校长，此时学校改名“上海市陕北中学”（图3-43）。

小　结

1945年8月，日本投降。消息传来，师生兴奋不已，联想到数年来寄人篱下、艰苦卓绝的学习生活，更是感慨万端。人们要求废弃有着汪伪奴化色彩的“模范中学”校名。因为学校与谢晋元先生的不解之缘，遂改名为“市立晋元中学”，以表示上海人民对抗日将领谢晋元和八百壮士的永志纪念。

这一阶段，晋元中学的教学继续保持了高水平，郑逸梅、徐碧波等组成的教师队伍阵容强大，并培养出了一大批人才，有多名学生日后成为中国科学院、中国工程院院士。

中华人民共和国成立前夕，晋元中学的进步学生在中共地下党领导下，公开发起组织“力行同学互助团”，年级的级长多由品学兼优的地下党员或“力行团”积极分子所担任。学校积极响应中国共产党领导的全国性的“反饥饿、反内战、反迫害”学生爱国运动，开展一系列以宣传进步文化为主的各项活动，并成为人民解放战争中第二条战线的重要组成部分，这也反映了晋元中学师生们要求建立和平、民主、独立的国家的迫切愿望。

1949年5月27日，人民解放军进驻上海，美国《生活》杂志为此发表评论说：“各项消息指出了一个历史性的事实，即国民党的时代已经结束。”上海随之发生了翻天覆地的变化。不久，上海市军管会接收公私各类学校。1949年6月，晋元中学成立校务委员会。

上海是近代中国教育最为发达的地区，也是知识分子最集中的地区，党和政府对教育工作极为重视，着手整顿旧学校，废除旧制度，改造旧教育。上海积极贯彻中央政府的各项决策，在接管和整顿教育的过程中，进行了一系列脱胎换骨式的改造。晋元中学也进入新的历史时期，迅即进入了中华人民共和国社会主义教育事业的轨道，遵循国家的教育方针和政策，结合自身的实际，在教学方面进行一系列的调整与改革，逐渐建立起新的教学秩序。这一阶段，学校的办学条件有所改善，教育质量稳步发展，为培养社会主义所需要的人才奠定了较好的基础。

这一段时期，除了报刊记载、师生回忆等内容外，上海市档案馆、普陀区档案馆与学校也保留了一些档案材料，如樊丰龄先生保留的1945—1952年教务日志[1]，学校的工作计划、教务会议记录、教务情况报告表等，这些珍贵的材料都向人们展示了在上海解放、中华人民共和国成立前后，晋元中学全体师生向往进步，爱国热情高涨，团结一致，克服各种困难，提高教学质量，写下了无数动人篇章。

1 《上海市立晋元中学教务日志》，1945—1952年，樊丰龄藏，其子、1960届校友樊基于1994年捐赠给学校。

第四编

曲折发展：上海市陕北中学（1956—1984）

曲折发展：上海市陕北中学（1956—1984）

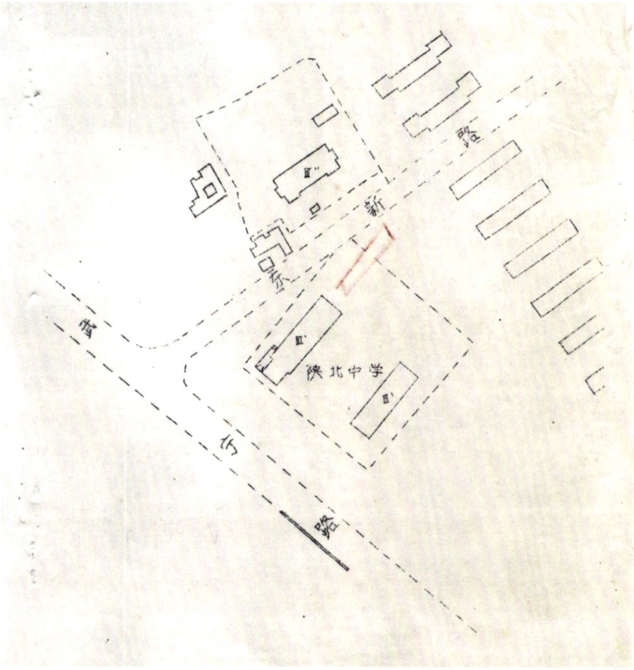

图4-1　上海市陕北中学位置图

1956年，在社会主义改造的热潮中，因校址靠近陕西北路，出于标识校址方位、寻找方便的“大众化”[1]需要，同时也为了纪念红色革命的伟大意义[2]，学校更名为“陕北中学”。1958年7月，高中部迁至东新路341号新址（图4-1）。

迁校伊始，学校仅两幢楼房。在石刚校长的带领下，全校师生发扬自力更生、艰苦奋斗精神，自己动手改造校园，填平原先的大水塘，建起了大操场。1960年，学校被评为“上海市教育系统社会主义建设先进集体”，并被列为上海市重点中学，成为全市少数几所高中二年制理科班和五年一贯制试验学校。20世纪60年代初，学校遵循国家教育方针和政策，发扬自身“教育严格，学习勤奋，活动丰富”的办学传统[3]，秉承“教学与生产相结合，理论与

1 《关于要求陕北中学恢复晋元中学原校名的报告》，1984年3月，上海市晋元高级中学档案室藏。

2 《上海市晋元高级中学章程》，2023年，上海市晋元高级中学档案室藏。

3 晋元中学校史组编：《校史述略》，程卫军执笔，载《晋元中学》（建校80周年纪念专刊，1904—1984年），第25页。

图4-2　陕北中学高三（3）毕业留念（摄于1958年6月）

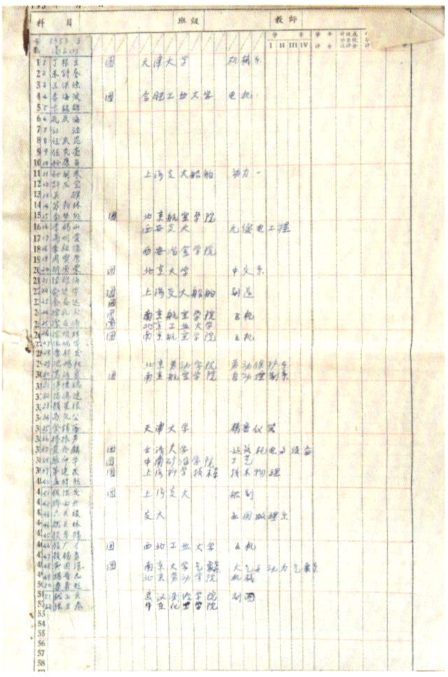

图4-3 《1960年上海市陕北中学高三毕业生录取学校名册》（摘选）

实际相结合，脑力劳动与体力劳动相结合，知识分子与工农相结合”[1]的指导思想，在读书、劳动、思想三跃进的“教育大革命”的锤炼之下，教学、师资、文体、校风方面呈现出一派兴旺景象。学校以“学雷锋，创三好”活动为中心，加强学生思想政治教育，逐渐形成“团结、紧张、严肃、活泼”的新校风。1960年，一整个高三毕业班的学生考上北京大学、上海交通大学、南京大学、西安交通大学等名校。[2]在重视课堂教学，切实提高智育的同时，文体方面亦出类拔萃。足球、篮球、田径、铜管乐队成为学校传统优势项目，并为国家输送了人才，形成创造进取、活力无限的校园文化（图4-2、图4-3）。

“文化大革命”爆发，学校管理体制被肢解，教师队伍被离散，教学设施被破坏，课程设置被打乱，学生思想被毒害，正常教学秩序无法建立，教育质量全面下滑。

1978年党的十一届三中全会之后，学校在“解放思想，实事求是”的思想路线指引下，迅速从“文化大革命”的阴霾中走了出来。在寇侠、蔡军等校领导带领下，开始拨乱反正，落实知识分子政策，充分调动教职员工的积极性，逐渐恢复正常教学秩序。1978年2月，陕北中学被列为区重点中学。经过几年整顿，至1982年，教育质量恢复到“文化大革命”之前的水准。1982年以后，学校遵照邓小平提出的“三个面向”和培养“四有新人”的指示，进入改革、探索、发展的新时期。

1 《上海市陕北中学教育与生产劳动相结合的若干体会》，1960年5月，上海市晋元高级中学档案室藏。

2 《1960年上海市陕北中学高三毕业生录取学校名册》，上海市晋元高级中学档案室藏。

第一节　更名“陕北中学”

一、上海市陕北中学时期

1956年更名为陕北中学。1958年迁址东新路341号。1960年被上海市教育局定为市重点中学。“文化大革命”后，1978年被列为区重点。1984年恢复晋元中学校名（图4-4、图4-5）。

*资料来源:《上海普通教育志》编纂委员会编:《上海普通教育志》，上海社会科学院出版社2015年版，第529—530页。

1956年更名为陕北中学，校址迁东新路341号现址。1960年列为市重点中学，进行了高中二年制理科班和中学五年一贯制试验，1963年试行教育部颁布的新十二年教学计划，中学又改为“三三”制。1954—1966年间，张植、石刚、张金淑相继任校长，作家郑逸梅任副校长。50年代初期，丁关根、翁史烈等毕业于该校。1978年列为区重点，翌年武宁二中并入。1984年市教育局拨款新建实验大楼，校舍建筑面积增至7380平方米（图4-6、图4-7）。

*资料来源：魏一樵主编:《中国名校（中学卷）》，辽宁大学出版社1992年版，第226—228页。

注：由陈昌钊撰写。

1956年，我校改名为陕北中学。1958年校址迁到武宁路东新路口，师生艰苦奋斗，填平泥塘，建设

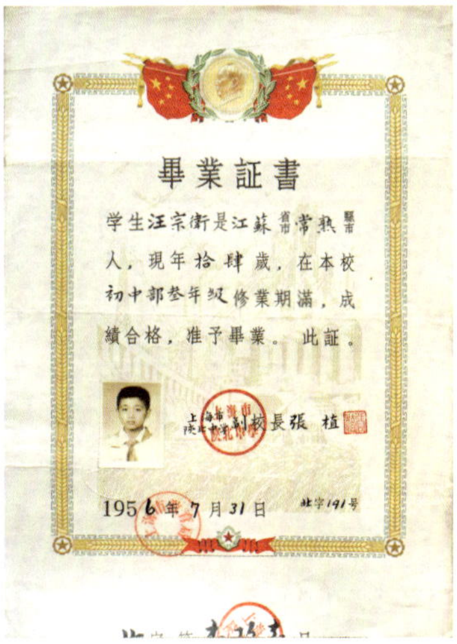

图4-4　上海市陕北中学毕业证书（初中部）（副校长张植印，1956年）

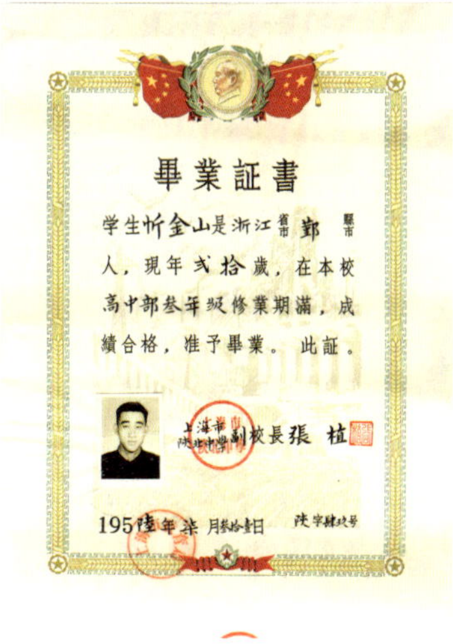

图4-5　上海市陕北中学毕业证书（高中部）（副校长张植印，1956年）

图4-6 《上海市陕北中学学生手册》（1957—1958）

图4-7 上海市陕北中学少先队总部给优秀少先队员的奖状（1958）

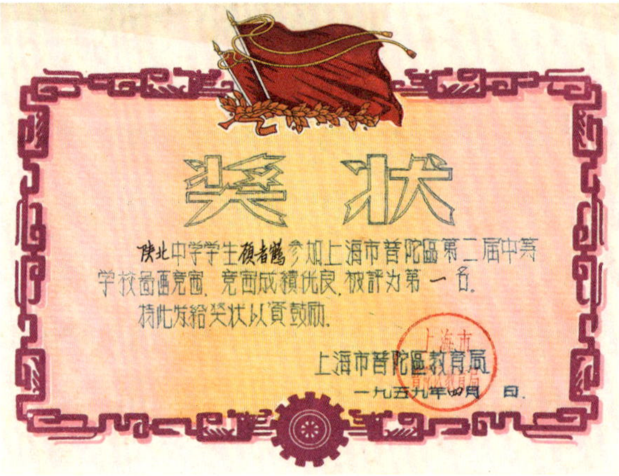

图4-8 普陀区教育局颁发的奖状（陕北中学学生顾者鹤获图画竞赛第一名）（1959）

校园，贯彻方针，改革教学。之后，又经历了十年内乱，三年整顿，三年恢复，其间三十年左右的沧桑变迁（图4-8）。

*资料来源：晋元中学校史组编:《校史述略》，程卫军执笔，载《晋元中学》（建校80周年纪念专刊，1904—1984年），第26页。

二、师生谈陕北中学

徐碧波谈陕北中学

解放以后，学校面貌完全改观。过去被关在门外的工农子弟走进了学校大门。1956年扩充到43个班级，2400多学生。学校也改名为“陕北中学”。

今年秋始，又要增加七个班级，学生总数将达三千人。比“华童公学”时代，恰恰增加了十倍，比解放时增加了四倍多。学生成分，工农子弟已经占了绝大多数。他们的知识质量、品德、体育等等方面都在水平以上。至于学校的设备，比较过去也增加了很多。

我校现有教工150余人，在党的领导之下，正勤勤恳恳地为社会主义教育事业服务。教师的生活都很安定。解放前的那种凄苦的日子已经恍同隔世（图4-9）。

从我们这样一个普通中学，可以明显地看到：我们的教育事业不仅有了发展，而且是大大的发展了！

*资料来源：徐碧波:《从“华童公学”到“陕北中学”》，《文汇报》1957年10月3日，第3版。

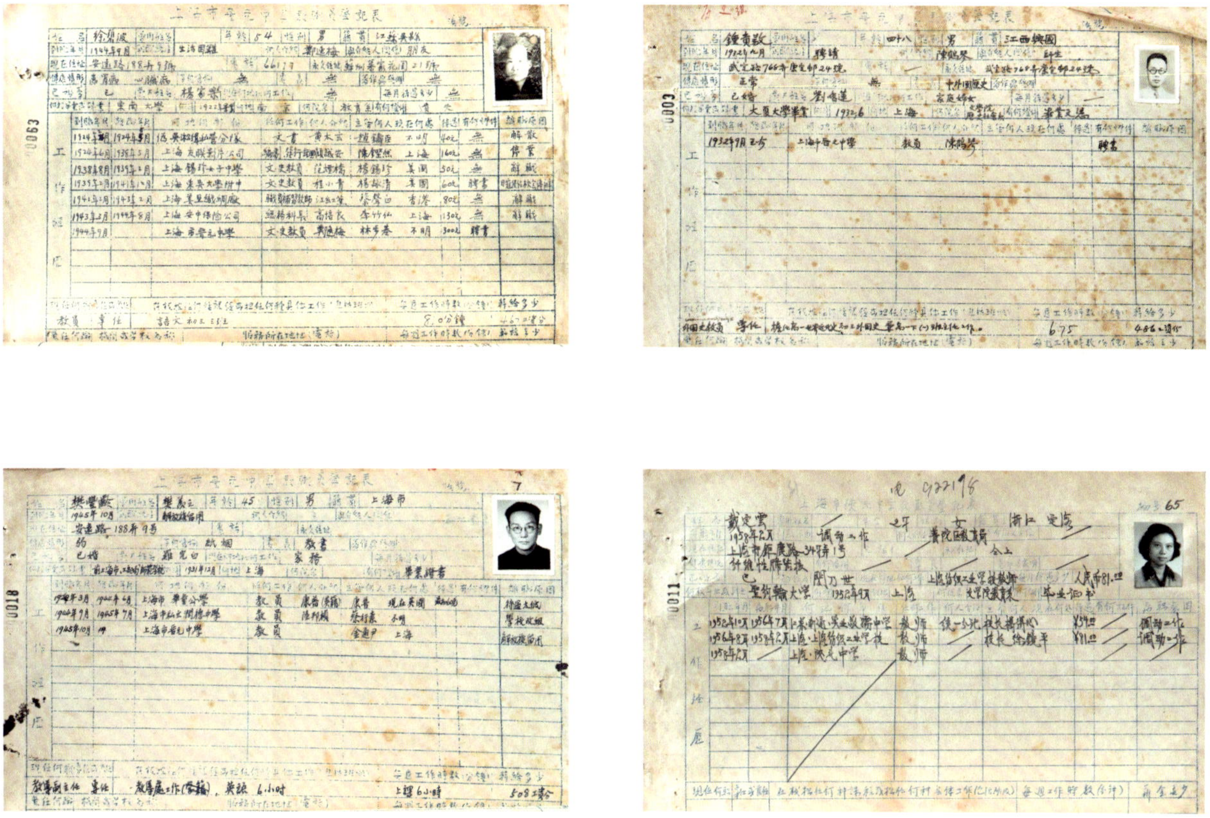

图4-9　上海市陕北中学教职员履历登记表（摘选，1958年）

胡先霅忆陕北中学

1957年普陀区在东新路341号新校址落成。这时学校名称改为陕北中学。全体教工和高中学生迁往新址，初中学生留在新会路原址，后由武宁初级中学接收，改名新会中学。当时，陕北中学仅有两幢大楼和三十六个教室，并无操场，后来建成的操场是全体教师和学生轮流调换、勤工俭学劳动填铺而成的。

*资料来源：胡先霅:《从华童公学到晋元中学的变迁》，载《普陀区文史资料选辑》第2辑，第91页。

余秋雨忆母校

1957年，我从浙江农村到上海考中学，考上的中学叫陕北中学，听老师说，它原来叫晋元中学。不知为什么改了名。后来名字又改回来了（图4-10）。

当时学校在新会路，进门不远处有一排排长的黑板，是学生会主办的墙头文艺刊物。黑板边上挂着一个投稿箱，我趁同学们没看见，偷偷地塞进去一页纸，这便是我第一次投稿。稿子发表了，署名是

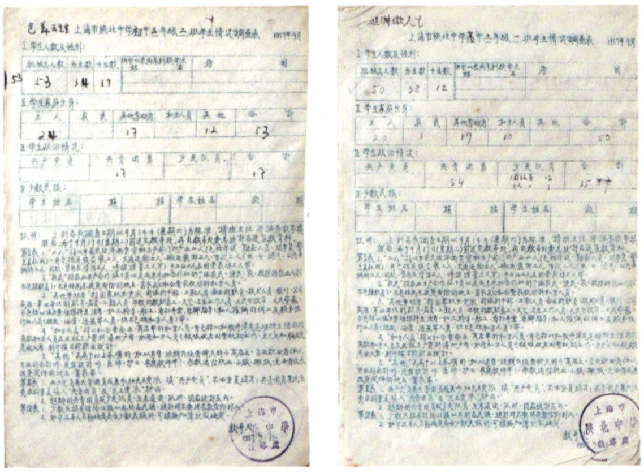

图4-10　上海市陕北中学学生情况统计（摘选，1957年）

“作者余秋雨”，初中一年级的同学分不清“作者”与“作家”的区别，围着我起哄，我一下子就脸红了。以后为怕麻烦，改用笔名，我在黑板上的笔名叫“幽涛”，现在看起来还挺像样子，其实那时我才十岁。

晋元中学是我亲爱的母校。我少年时代从农村到上海求学，首先踏入的是她的大门。是她给了我一座伟大城市的全方位的文化信号。她所展现的博雅风范，直到今天还让我受用不尽。

*资料来源:《学子“大师”与晋元“对话”》，载《办学特色在校园》，第261页。

第二节　百花齐放的校园生活

一、选摘部分档案、照片

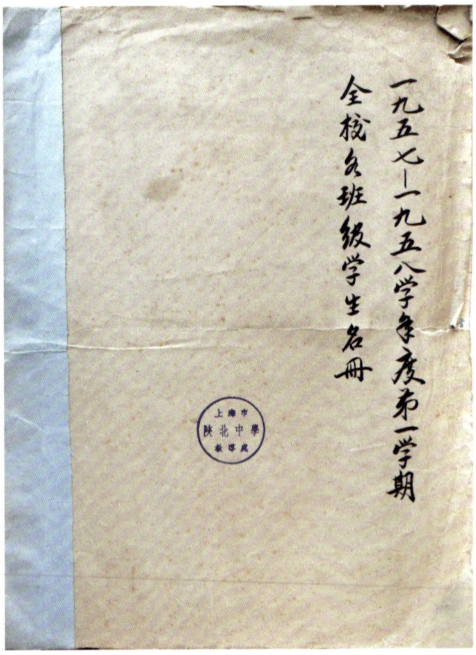

图4-11《上海市陕北中学1957—1958学年度第一学期各班级学生名册》

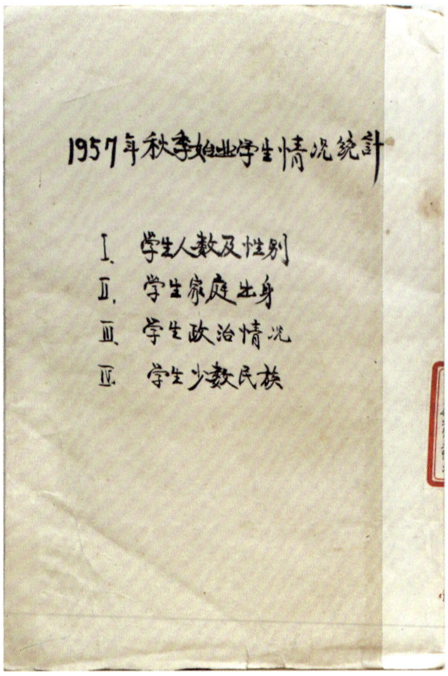

图4-12《上海市陕北中学1957年秋季始业学生情况统计》

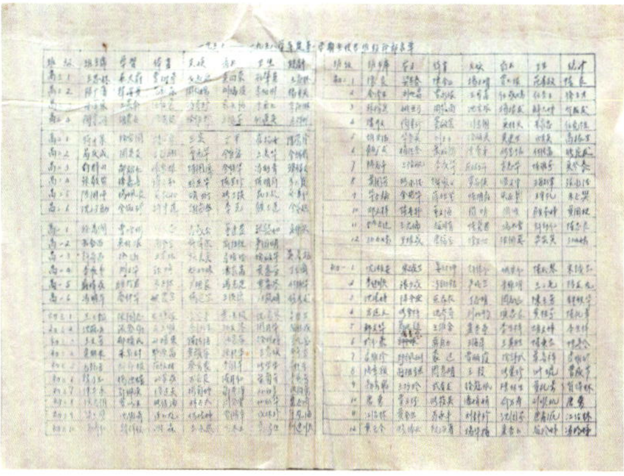

图4-13　上海市陕北中学1957—1958学年度第一学期全校各班级干部名单

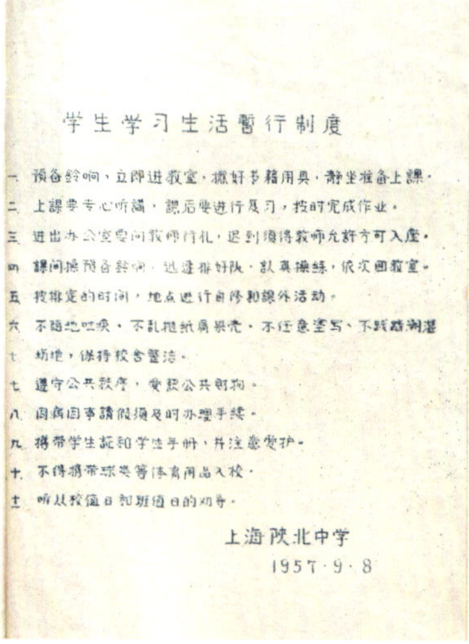

学生学习生活暂行制度

一、预备铃响，立即进教室，摆好书籍用具，静坐准备上课。
二、上课要专心听講，課后要进行复习，按时完成作业。
三、进出办公室要向教师行礼，迟到須得教师允許方可入座。
四、課间操预备铃响，迅速排好队，認真操练，依次回教室。
五、按排定的时间，地点进行自修和課外活动。
六、不随地吐痰，不乱抛紙屑果壳，不任意塗写、不践踏 場地，保持校舍整洁。
七、遵守公共秩序，爱护公共财物。
八、因病因事請假須及时办理手续。
九、携带学生証和学生手册，并注意爱护。
十、不得携带球类等体育用品入校。
十一、听从校值日和班值日的劝导。

上海陕北中学
1957·9·8

图4-14　上海市陕北中学规章制度摘选（1957）

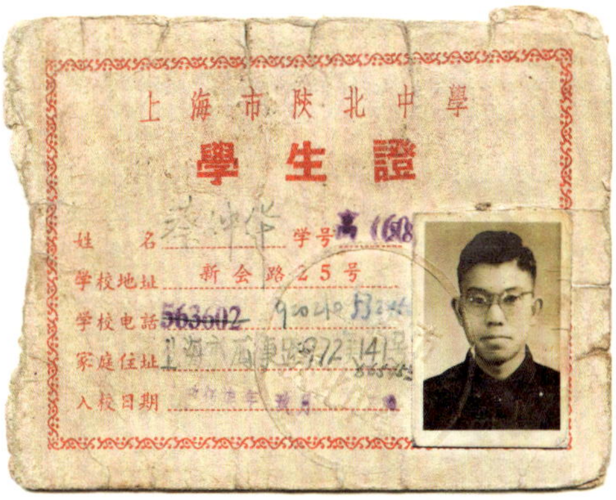

图4-15　上海市陕北中学学生证（蔡仲华，1957年9月入学）

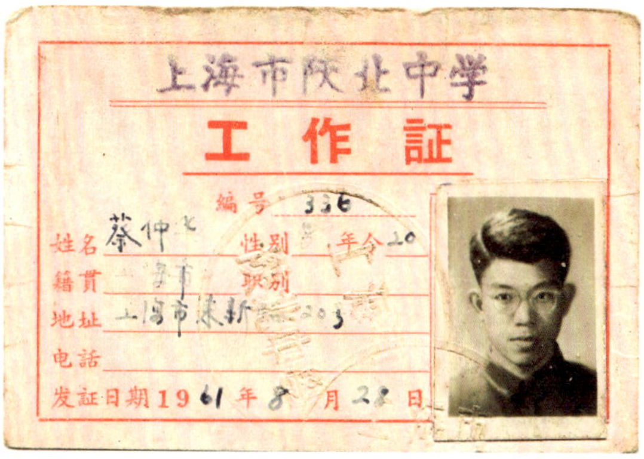

图4-16　上海市陕北中学工作证（蔡仲华，1961年发证）

图4-17　上海市陕北中学召开第一届教工代表大会（20世纪50年代）

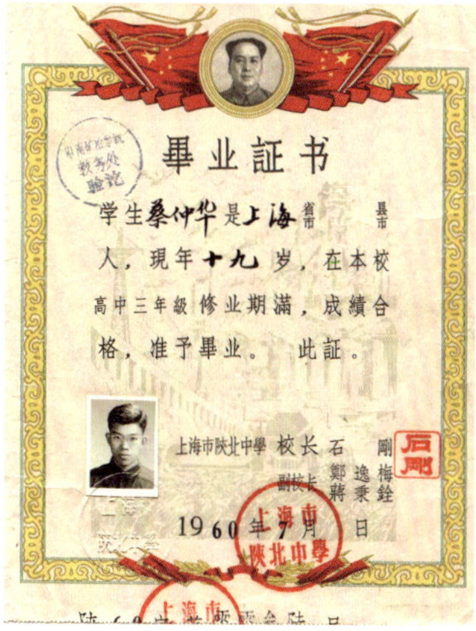

图4-18　上海市陕北中学毕业证书（校长张植，副校长郑逸梅、蒋秉铨印，1960年）

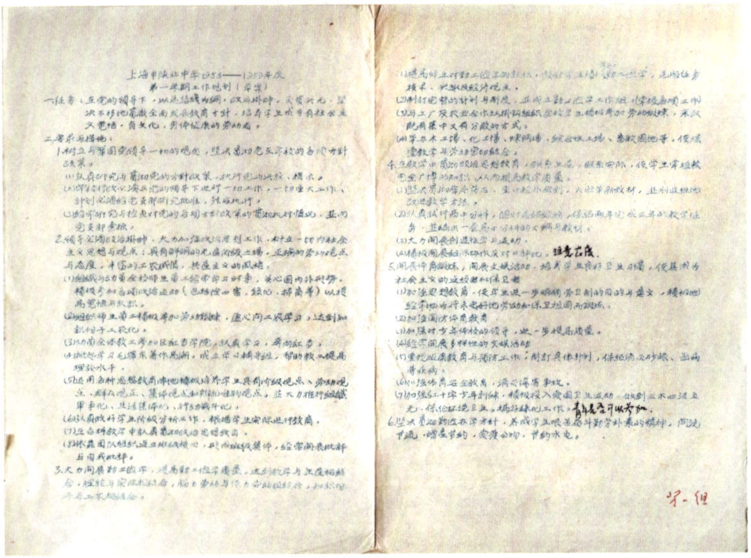

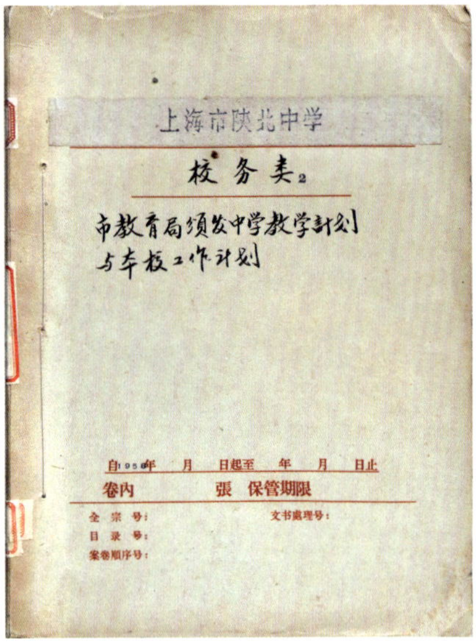

图4-19 1958年《市教育局颁发中学教学计划与本校（上海市陕北中学）工作计划》

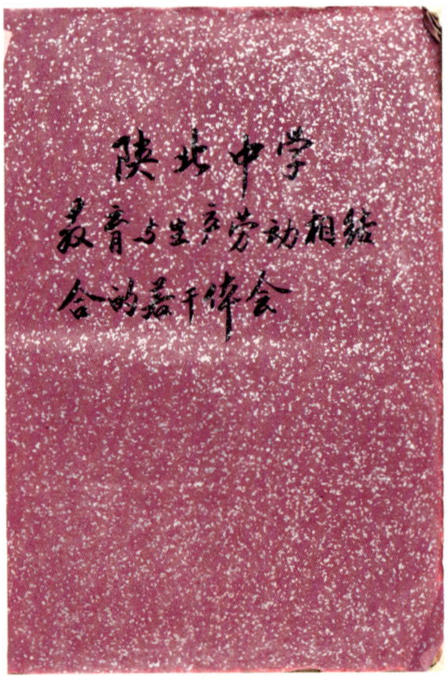

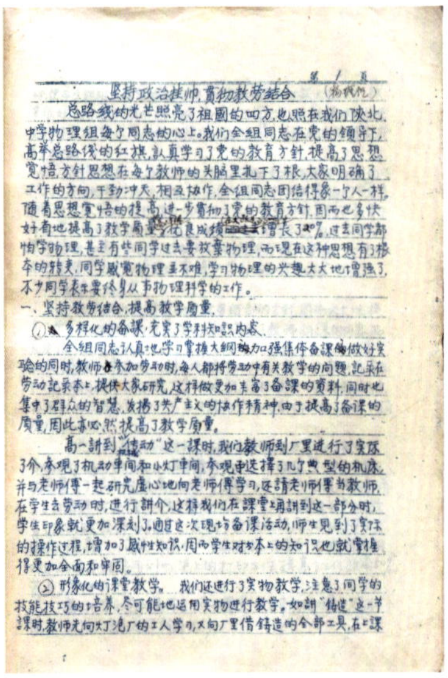

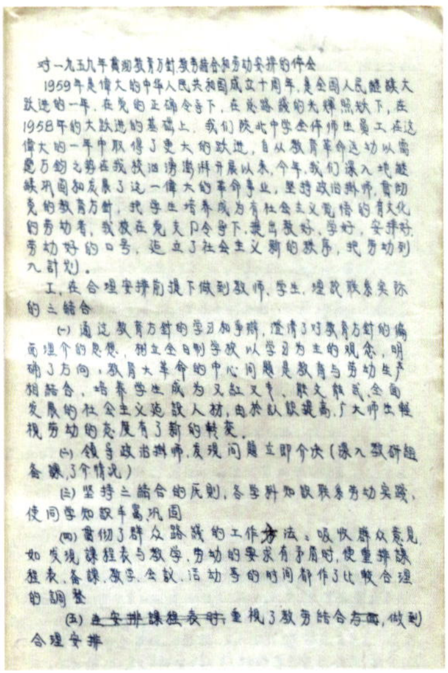

图4-20 《陕北中学教育与生产劳动相结合的若干体会》（摘选，1960年5月）

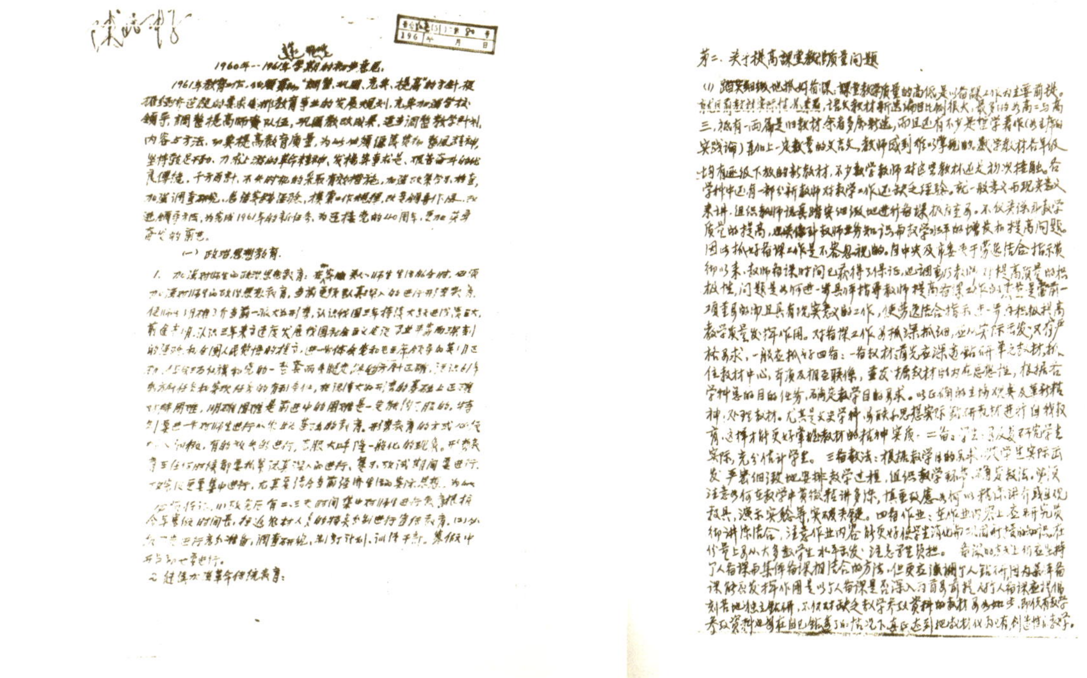

图4-21　上海市陕北中学档案摘选（1960—1961）

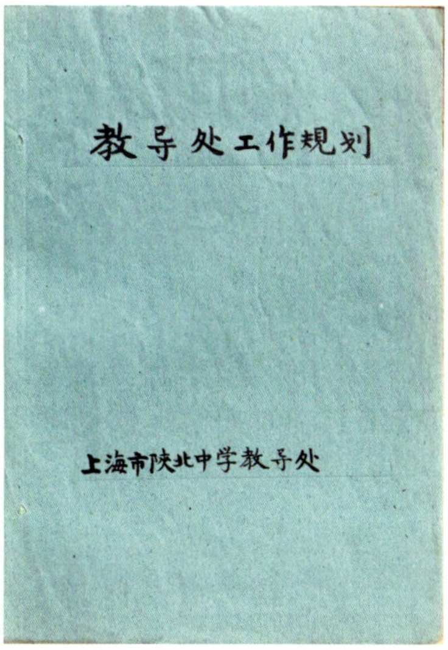

图4-22 《上海市陕北中学教导处工作规则》（1960）

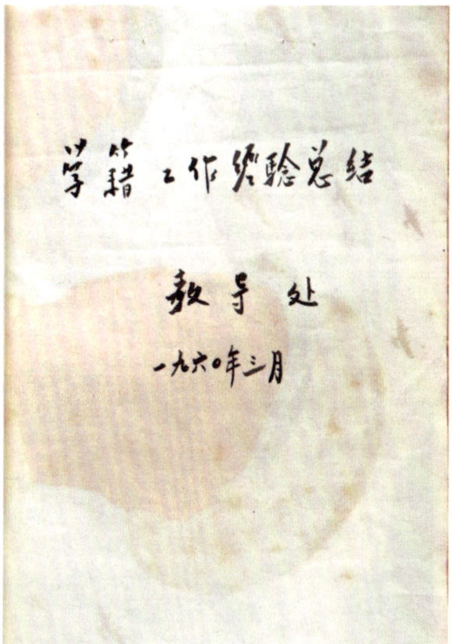

图4-23 《上海市陕北中学教导处学籍工作经验总结》（1960）

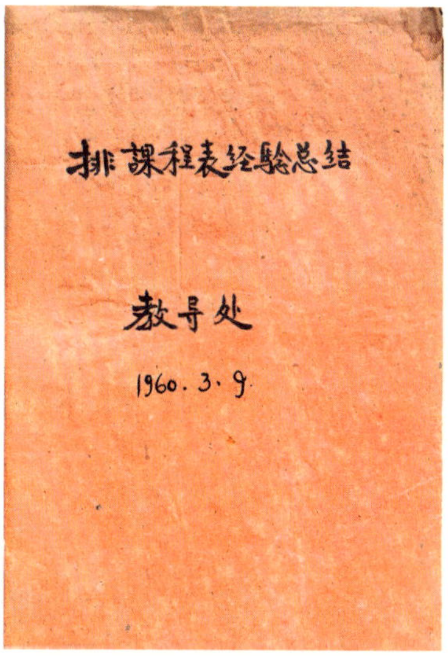

图4-24 《上海市陕北中学教导处排课程表经验总结》（1960）

图4-25 《上海市陕北中学1956—1957学年度学生手册》

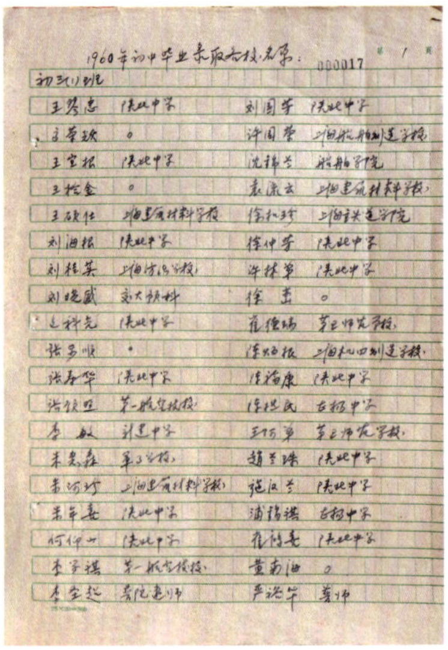

图4-26 上海市陕北中学初中毕业录取各校名单（摘选，1960年）

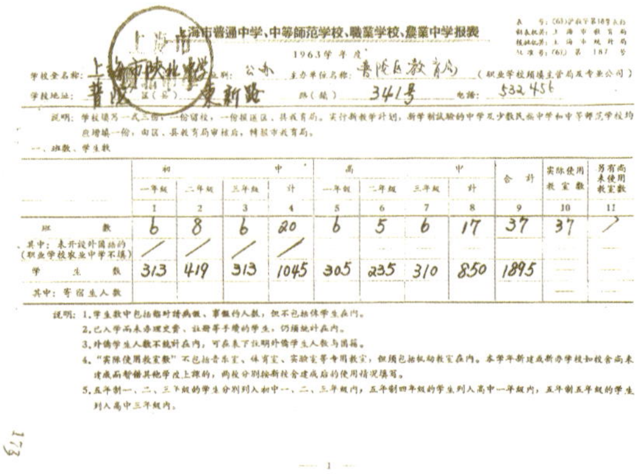

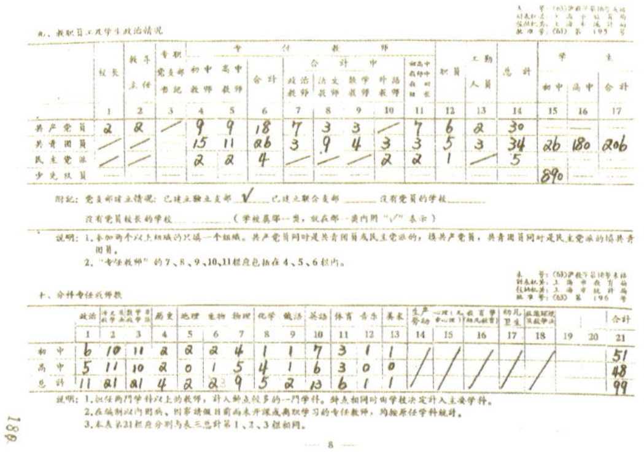

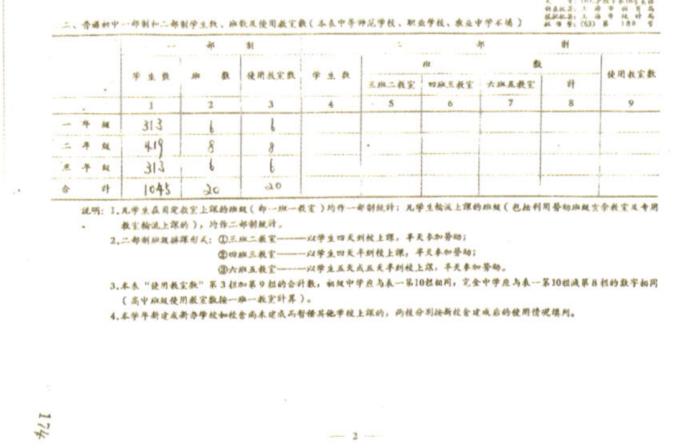

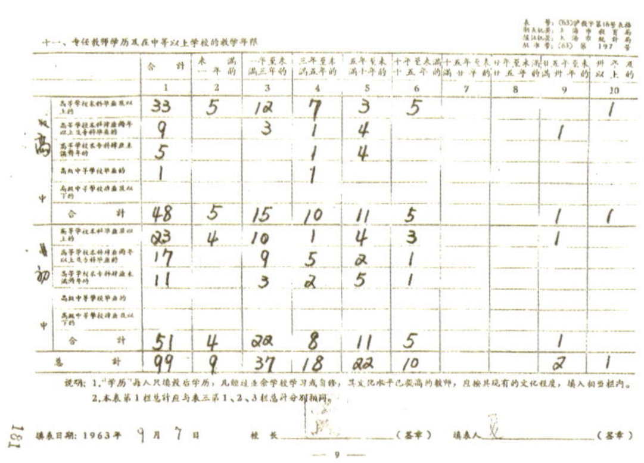

图4-27 上海市陕北中学报表（摘选，1963年9月，上海市档案馆藏）

图4-28　上海市陕北中学毕业证书（校长石刚、副校长郑逸梅印，1959年）

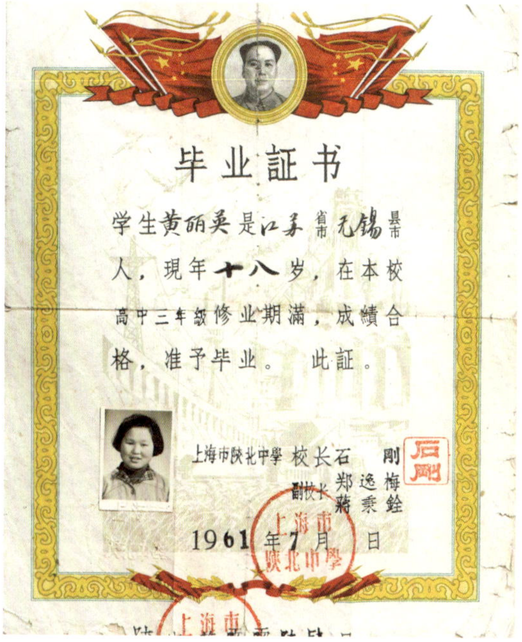

图4-29　上海市陕北中学毕业证书（校长石刚，副校长郑逸梅、蒋秉铨印，1961年）

二、革命传统教育的传承

石刚校长访谈[1]

1958年，石刚调任上海市陕北中学任校长、党支部书记，当时这所完中共有47个班级、3000余名师生。

除了加强教学、开展各类文体活动之外，校风、学风建设一直是石校长最关心的事之一。每天早上上课之前，他都会给学生上一堂“微型党课”，有时点评一下当前的国内外形势，有时唱唱军歌，有时候讲讲革命故事，在还未形成“思政教育”概念的时代，一种以革命精神、红色历史为底色的育人传统逐渐在晋元校园形成。

1960年，晋元中学被确定为市重点中学。石刚校长至今还记得那之后第一次招生的盛况——计划招300个学生，报名整整5000人。而多年来革命教育的点滴浸润，在1961年有了最动人的回响。那一年，全校共有100多名学生响应国家号召报名参军，年轻的晋元学子奔赴福建前线（图4-28、图4-29）。

*资料来源：上海市晋元高级中学档案室提供。

注：石刚，1924年9月生，江苏省泗洪县人。1940年加入中国共产党。在抗日战争、人民解放战争中参加过数次战役。1950年被选派到上海，于华东团校学习半年，并留在华东团委工作。1958—1963年任上海市晋元中学校长。

1　此标题为整理者所加。

三、报纸内容摘选

上海市陕北中学成立一支新的管乐队[1]

在这次上海音乐舞蹈会演中，出现了一支引起人们注意的管乐队。乐队的队员都是陕北中学的学生，年龄最大的二十岁，最小的才十五岁，在四个月前他们还没摸过那些大大小小的管乐器，而现在登台演出了。

这支新出现的业余管乐队，是由上海管乐团辅导的。解放以后，管乐艺术活动开始在各地逐渐发展起来，因此非常需要新生的管乐人材。几年来，上海管乐团辅导着本市许多工厂、学校、机关的业余管乐队，并陆续为外地培养了一些演员。为了积极培养管乐的后备力量，在今年一月，他们同陕北中学协作办了一个业余管乐学校，现有学生五十多名。普陀区教育局及陕北中学的领导很支持这个业余学校，为同学们学习管乐作了妥善的安排，除了星期四全校活动外，每天四点半放学后，保证同学有一小时学习管乐的时间。业余学校的学生都经过严格挑选，有比较强的音乐感，因此学起来，进步很快。教师是上海管乐团里有经验的演奏家。每种乐器都有专门的教师教课，每星期上两次课，每天练习有两个专人辅导。陕北中学的音乐教师也协助管乐团教学生识五线谱和一些基础的乐理知识。管乐团的老师很注重基础练习，有一点差错都不肯放过，对学生的要求是严格的，辅导又是耐心的，有时为了帮助同学练会一段曲子而常常放弃自己休息的时间，甚至带病进行辅导。老师的热情激励着学生努力学习；学生的进步又给老师以喜悦和信心。

管乐学校是业余的，但教课练习都是正规的。对学生的要求，首先是学好正课，然后再是学好管乐。管乐学校里的同学，功课都很好，在今年“五四”青年节时，有十个同学被评选为全校的优秀学生。可以说，业余管乐学习没有影响同学们的正课学习。

当一天的功课结束了，同学就拿起自己心爱的乐器，愉快地吹练起来。每个人都能得到正确的指导。肃静的教室顿时成了音响的世界，在这里，他们的音乐才能得到了培养和发展。现在他们对管乐有了强烈的爱好，兴趣越来越大。在开始学时，大部分同学也是从兴趣出发，不过那是把乐器当作好玩的玩具，觉得吹吹弄弄很开心。而现在他们却说，将来不论做什么工作都不扔掉管乐爱好。有的同学说，今后准备用管乐艺术为人民服务（图4-30）。

现在他们已能正确掌握吹奏的基本方法，拿起一段练习曲，练习三、五遍就可吹得正确了。四月份才开始合奏训练，现在他们已能演奏四个曲子。在会演时，当他们比较熟练地奏完了“社会主义好”“波尔卡第二号”“哈萨克华尔兹”的时候，引起了音乐家们的惊奇和称赞。有的说，这是上海最好的业余管乐队之一；有的说，在过去需要两年的培养时间，才能达到这样的演出水平。所以有的音乐家认为，上海管乐团培养业余乐队的方法是多快好省的方法。管乐团辅导十几个业余乐队，但陕北中学业余管乐

1　原标题为《一支新的管乐队》。

·3·

一支新的管乐队

李世[illegible]

在这次上海管乐舞蹈会演中，出现了一支引起人們注意的管乐队。乐队的队員都是陕北中学的学生，年龄最大的二十岁，最小的才十五岁。在四个月前他們还没摸过那些大大小小的管乐器，而现在登台演出了。

这支新出现的业余管乐队，是由上海管乐团辅导的。解放以后，管乐艺术活动开始在各地蓬勃发展起来，因此非常需要新生的管乐人材。几年来，上海管乐团辅导着本市許多工厂、学校、机关的业余管乐队，并陆續为外地培养了一些演員。为了积极培养管乐的后备力量，在今年一月，他們同陕北中学协作办了一个业余管乐学校，现有学生五十多名。普陀区教育局及陕北中学的领导很支持这个业余学校，为同学們学习管乐作了妥善的安排，除了星期四课外活动外，每天四点半放学后，保証同学有一小时学习管乐的时間。业余学校的学生都經过严格挑选，有比較强的音乐感，因此学起来，进步很快。教師是上海管乐团里有經驗的演奏家。每种乐器都有专門的教師教課，每星期上两次課，每天練习有两个专人輔导。陕北中学的音乐教師也协助管乐团教学生識五線譜和一些基础的乐理知識。管乐团的老師很注重基础練习，有一点差錯都不肯放过，对学生的要求是严格的，辅导又是耐心的，有时为了帮助同学體会一段曲子而常常放弃自己休息的时間，甚至带病进行辅导。老師的热情鼓励着学生努力学习；学生的进步又給老師以喜悦和信心。

管乐学校是业余的，但教課練习都是正規的。对学生的要求，首先是学好正課，然后再是学好管乐。管乐学校里的同学，功課都很好，在今年"五四"青年节时，有十个同学被評选为全校的优秀学生。可以說，业余管乐学习沒有影响同学們的正課学习。

当一天的功課結束了，同学就拿起自己心爱的乐器，愉快地吹練起来。每个人都能得到正确的指导。宁靜的教室顿时成了音响的世界，在这里，他們的音乐才能得到了培养和发展。现在他們对管乐有了强烈的爱好，兴趣越来越大。在开始学时，大部分同学也是从兴趣出发，不过都是把乐器当作好玩的玩具，觉得吹吹弄弄很开心。而现在他們却說，将来不論做什么工作都不丟掉管乐爱好。有的同学說，今后准备用管乐艺术为人民服务。

现在他們已能正确掌握吹奏的基本方法，拿起一段練习曲，練习三、五遍就可吹得正确了。四月份才开始合奏訓練，现在他們已能演奏四个曲子。在会演时，当他們比較熟練地奏完了"社会主义好""波尔卡第二号""哈薩克华尔茲"的时候，引起了音乐家們的惊奇和称赞。有的說，这是上海最好的业余管乐队之一；有的說，在过去需要两年的培养时間，才能达到这样的演出水平。所以有的音乐家認为，上海管乐团培养业余乐队的方法是多快好省的方法。管乐团辅导十几个业余乐队，但陕北中学业余管乐学校是他們的辅导重点。这种辅导方法，既推动了群众的管乐活动，又有重点地为国家培养了管乐人材。

产品

設計精美

描繪上海好风光

上海画师創作新画稿

图4-30 《一支新的管乐队》（选自《文汇报》1959年7月23日，第3版）

图4-31　上海市陕北中学1962届高中铜管乐队合影

学校是他们的辅导重点。这种辅导方法，既推动了群众的管乐活动，又有重点地为国家培养了管乐人材（图4-31）。

*资料来源:《一支新的管乐队》,《文汇报》1959年7月23日，第3版。

层层配骨干，人人读好书：上海陕北中学结合中心工作和学生特点指导读书

本报讯　上海陕北中学在红旗读书运动中加强思想领导，密切结合中心工作和学生特点，具体指导学生读书，在二千个同学中出现了人人读好书的新气象。同学们现已普遍阅读了八本左右的政治、科学、文艺读物，大大提高了自己的政治和文化水平。

该校领导充分发挥全校性的红旗读书运动指导委员会的作用，经常注意学生阅读动向，不断帮助同学明确课余阅读的意义，加强思想领导。开始时有的学生干部认为开卷有益，领导不领导同学都一样读书。针对这一思想，团内组织了讨论和学习团中央关于组织青年业余学习的决议，使学生干部明确课余读书阵地是灭资兴无的一个重要战场，是共青团组织对青年学生进行社会主义、共产主义教育的一个重要方面。团组织在红旗读书运动中起着很大作用，它在党的领导下把全团动员起来，从团委到团员把读书运动工作列入工作规划，有计划、有布置、有检查地工作，并采取了层层有人管，层层配骨干的组织措施，解决同学在阅读红色书籍中的思想问题。

该校密切结合中心工作和政治课教学，针对学生实际问题，发动同学阅读党的六中全会决议、毛主席

文匯報　1959年8月11日　星期二

层层配骨干　人人讀好書

上海陕北中学結合中心工作和学生特点指导讀書

讀書前后

本报記者 张自强

三老話讀書

工人学生談哲学

图4-32 《层层配骨干，人人读好书：上海陕北中学结合中心工作和学生特点指导读书》（选自《文汇报》1959年8月11日，第2版）

的“论帝国主义和一切反动派都是纸老虎”、周总理的“政府工作报告”等书籍和文件，提高了学生对有关问题的认识水平。不少同学明确自己的学习方向，坚决地走革命道路。学校对高、初中毕业班还进行了关于服从祖国需要的教育，组织学习“共产党员应该有怎样的志愿”、“共产主义人生观”、“生活的目的”等思想修养读物。原来初三（10）班没有一个人想报考师范学校，通过阅读红色书籍，现在有十多人选择了这方面的志愿。

该校环绕党提出的提高教学质量、巩固课堂纪律的要求，号召学生读红色书籍。阅读毛主席的“反对自由主义”等著作，对高三（四）班从落后班级变成先进班级起着很大的作用。部分同学学习三角、几何有畏难情绪，学校就组织他们看“在烈火中永生”等文艺书，他们看到革命先辈们在狱中，在艰苦条件下，还用沙地当黑板，树枝当笔杆，刻苦学习的情况后，十分感动，提高了学习自觉性，增强了克服困难的勇气。

陕北中学的读书指导工作注意到学生的年龄特点和文化水平。对初中学生更多地运用教师和团组织的帮助，多采用讲故事、看电影等形象化的辅导活动。对高中学生，较多地采取交流学习心得和搞文艺创作演出等自我教育的办法，推动他们学习“中国革命与中国共产党”、“中国共产党简史”等政治思想书籍和文艺、科学读物。推荐的图书，有重点，也有一般，并贯彻大集体小自由原则，让大家有选择自己最喜爱、最切合自己需要的书籍的自由。

暑假中，该校红旗读书运动领导机构除了要求图书馆创造阅读条件外，以分散活动为原则，发动同学订立暑期读书计划，加强团员和群众的联系制度，每个团员联系一二个同学，帮助他们读书。同时也适当展开一些交流活动。8月6日，还举行了一次读书活动日（图4-32）。

*资料来源：《层层配骨干，人人读好书：上海陕北中学结合中心工作和学生特点指导读书》，《文汇报》1959年8月11日，第2版。

（上海市陕北中学）加强读书指导工作

上海市的红旗读书运动正在学校中广泛开展，读书之风大兴。今后如何深入一步，使所有参加者都能经常得到最大的读书乐趣，从中受到教益，是当前红旗读书运动中一个重要问题。

有些学校里的同志认为：“开卷有益”，不管你是否领导，学生总是在读书，因而他们或者仅仅限于发动和统计报名人数，或者只是搞了一个组织，或者只是传达一下上级的指示，以为这样已对读书运动尽责了。这种简单的做法自然不能满足青年学生的要求。青年学生都有旺盛的求知欲，但是由于生活经验和知识水平的限制，他们不一定都会选择好书。读书是接受思想，不是接受无产阶级思想，就是接受资产阶级思想，两者必居其一。对于青年来说，尤其是这样。即使青年读的都是好书，一般来说，他们也还缺乏正确的读书目的、步骤和方法。因此，我们没有理由对青年的读书活动不加强领导而放任自流。陕北中学的领导认识到了这一点，把指导学生读书列为经常工作之一，这样就有了做好这个工作的保证。

陕北中学高二学生俞进学（右一）几年来看了不少关于造船的書籍，因而制造了一些[illegible]模型。这是他在对同学講讀書的体会。（本报記者　陈根宝摄）

“演出厅”内外的中学生，听到老师有声有色的講述封建文人雅士讀書的陈腔濫調时，不由得发出陣陣笑声。“这种讀書腔調，好象唱戏念經一样！”老师馬上指出这种腔調的来由和弊害，会場又变得靜寂。

三老話讀書

这是陕北中学紅旗讀書活动日的一个內容——“三老話讀書”。三老——郑逸梅、周瘦鹃、方冲之三位老先生，他們的年龄总和近两百岁。8月6日下午，老先生兴冲冲地跑到学校来講解放前讀書的故

加強讀書指导工作

短评 DUANPING

上海市的紅旗讀書运动正在学校中广泛开展，讀書之风大兴。今后如何深入一步，使所有参加者都能經常得到最大的讀書乐趣，从中受到教益，是当前紅旗讀書运动中一个重要問題。

有些学校里的同志認为：“开卷有益”，不管你是否領导，学生总是在讀書，因而他們或者仅仅限于发动和統計报名人数，或者只是搞了一个組織，或者只是傳达一下上級的指示，以为这样已对讀書运动尽責了。这种簡单的做法自然不能滿足青年学生的要求。青年学生都有旺盛的求知欲，但是由于生活經驗和知識水平的限制，他們不一定都会选擇好書。讀書是接受思想，不是接受无产阶級思想，就是接受資产阶級思想，两者必居其一。对于青年来說，尤其是这样。即使青年讀的都是好書，一般来說，他們也还缺乏正确的讀書目的、步驟和方法。因此，我們沒有理由对青年的讀書活动不加强領导而放任自流。陕北中学的領导認識到了这一点，把指导学生讀書列为經常工作之一，这样就有了做好这个工作的保証。

怎样来領导讀書运动呢？陕北中学不滿足于一般的动員，光做些大报告；也不要求学生去看那些暫时无法接受的大部头著作，而是从学生的实际出发，根据学生的年龄特点、文化知識基础和爱好的不同提出不同的要求，介紹相应的書籍。他們还特别抓住了学生的思想，注意他們在实际生活中遇到的各种問題，然后启发他們讀書的自覺要求。这样，使学生真正感到不学习，不讀書，就不能适应新形势，不能解决各种各样的新問題，也就不能进步。因势利导地环繞学校当前各項中心工作和課堂学习，組織学生閱讀有关的紅色書籍的做法，使得該校既开展了紅旗讀書运动，又滿足了中心工作的需要，把两者辯証地統一了起来。

陕北中学在指导讀書运动中，还强調以学生的自我教育为主。通过学生自己閱讀，自己写心得，自編自演，就加深了他們对書的理解，增加了对書的热爱。

陕北中学在开展紅旗讀書运动方面已摸索出一些初步經驗，讓我們大家繼續开动脑筋，創造更多的經驗和办法，把紅旗讀書运动推向更高的水平。

社會大学

8月6日人民日报社論“克服右傾情緒，厉行增产节約”中提出了：“气可鼓而不可泄，”

“气可鼓而不可

他們只看到矛盾的这一

图4-33《加强读书指导工作》（选自《文汇报》1959年8月11日，第2版）

怎样来领导读书运动呢？陕北中学不满足于一般的动员，光做些大报告；也不要求学生去看那些暂时无法接受的大部头著作，而是从学生的实际出发，根据学生的年龄特点、文化知识基础和爱好的不同提出不同的要求，介绍相应的书籍。他们还特别抓住了学生的思想，注意他们在实际生活中遇到的各种问题，然后启发他们读书的自觉要求。这样，使学生真正感到不学习，不读书，就不能适应新形势，不能解决各种各样的新问题，也就不能进步。因势利导地环绕学校当前各项中心工作和课堂学习，组织学生阅读有关的红色书籍的做法，使得该校既开展了红旗读书运动，又满足了中心工作的需要，把两者辩证地统一了起来。

陕北中学在指导读书运动中，还强调以学生的自我教育为主。通过学生自己阅读，自己写心得，自编自演，就加深了他们对书的理解，增加了对书的热爱。

陕北中学在开展红旗读书运动方面已摸索出一些初步经验，让我们大家继续开动脑筋，创造更多的经验和办法，把红旗读书运动推向更高的水平（图4-33）。

*资料来源：《加强读书指导工作》，《文汇报》1959年8月11日，第2版。

（上海市陕北中学）土办法制成滑翔机

上海市陕北中学师生在没有完整的设计图纸、过去从未看过滑翔机样子的情况下，得到上海灯泡厂的支持，用土办法自己设计制造成功“普及一型”弹射式滑翔机，经市体委派员试飞，性能良好。

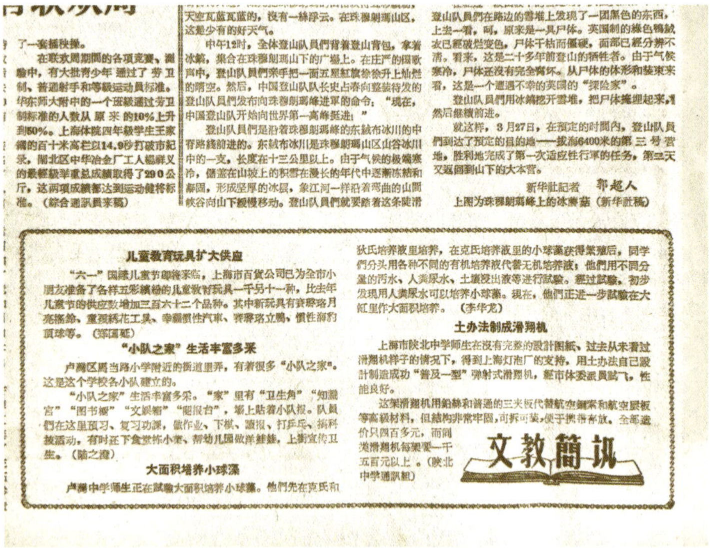

了一套摇秧機。

在联欢周期間的各項竞賽、測驗中，有大批青少年通过了劳卫制、普通射手和等級运动員标准。华东师大附中的一个班級通过劳卫制标准的人数从原来的10%上升到50%。上海体院四年級学生王家福的百十米高栏以14.9秒打破市紀录，閘北区中华冶金厂工人楊群义的最輕級举重总成績取得了290公斤，这两項成績都达到运动健将标准。（綜合通訊員来稿）

天空瓦蓝瓦蓝的，沒有一絲浮云。在珠穆朗瑪山区，这是少有的好天气。

中午12时，全体登山队員們背着登山背包，拿着冰鎬，集合在珠穆朗瑪山下的广場上。在庄严的國歌声中，登山队員們亲手把一面五星紅旗徐徐升上灿烂的晴空。然后，中国登山队队长史占春向整装待发的登山队員們发布向珠穆朗瑪峰进軍的命令：“现在，中国登山队开始向世界第一高峰挺进！”

登山队員們是沿着珠穆朗瑪峰的东絨布冰川的中脊路綫前进的。东絨布冰川是珠穆朗瑪山区山谷冰川中的一支，长度在十三公里以上。由于气候的极端寒冷，儲蓄在山坡上的积雪在漫长的年代中逐渐冻結和凝固，形成坚厚的冰层，象江河一样沿着弯曲的山間峽谷向山下緩慢移动。登山队員們就要踏着这条陡滑……

登山队員們在路边的雪堆上发現了一团黑色的东西，上去一看，呵，原来是一具尸体。英国制的綠色鴨絨衣已經破烂变色，尸体干枯而僵硬，面部已經分辨不清。看来，这是二十多年前登山的牺牲者。由于气候寒冷，尸体还没有完全腐坏。从尸体的体形和装束来看，这是一个遭遇不幸的英国的“探险家”。

登山队員們用冰鎬挖开雪堆，把尸体掩埋起来，然后继續前进。

就这样，3月27日，在预定的时間内，登山队員們到达了预定的目的地——拔海6400米的第三号营地，胜利地完成了第一次适应性行軍的任务，第二天又返回到山下的大本营。

新华社記者　郭超人

上图为珠穆朗瑪峰上的冰塔菇（新华社稿）

儿童教育玩具扩大供应

“六一”国際儿童节即將来临，上海市百貨公司已为全市小朋友准备了各样五彩繽紛的儿童教育玩具一千另十一种，比去年儿童节的供应数增加三百六十二个品种。其中新玩具有賽璐珞月亮摇鈴、童孩綉花工具、幸福慣性汽車、賽璐珞立鴨、慣性海豹頂球等。（郑国延）

“小队之家”生活丰富多采

卢灣区瑞金路小学附近的街道里弄，有着很多“小队之家”。这是这个学校各小队建立的。

“小队之家”生活丰富多采。“家”里有“卫生角”“知識宫”“图书橱”“文娱箱”“剪报台”，墙上貼着小队报。队員們在这里預习、复习功課，做作业、下棋、讀报、打乒乓、搞科技活动，有时还下食堂拣小菜、帮幼儿園做洋娃娃，上街宣传卫生。（陆之渝）

大面积培养小球藻

卢灣中学师生正在試驗大面积培养小球藻。他們先在克氏和狄氏培养液里培养，在克氏培养液里的小球藻获得繁殖后，同学們分头用各种不同的有机培养液代替无机培养液；他們用不同分量的污水、人粪尿水、土壤浸出液等进行試驗。經过試驗，初步发現用人粪尿水可以培养小球藻。現在，他們正进一步試驗在大缸里作大面积培养。（李华龙）

土办法制成滑翔机

上海市陕北中学师生在沒有完整的設計图紙、过去从未看过滑翔机样子的情况下，得到上海灯泡厂的支持，用土办法自己設計制造成功“普及一型”弹射式滑翔机，經市体委派員試飞，性能良好。

这架滑翔机用鉛絲和普通的三夹板代替航空鋼索和航空层板等高級材料，但結构非常牢固，可拆可装，便于携带存放。全部造价只四百多元，而同类滑翔机每架要一千五百元以上。（陕北中学通訊組）

文教簡訊

图4-34《土办法制成滑翔机》（选自《文汇报》1960年5月31日，第2版）

这架滑翔机用铅丝和普通的三夹板代替航空钢索和航空层板等高级材料，但结构非常牢固，可拆可装，便于携带存放。全部造价只四百多元，而同类滑翔机每架要一千五百元以上（图4-34）。（陕北中学通讯组）

*资料来源：《土办法制成滑翔机》，《文汇报》1960年5月31日，第2版。

巩固课堂知识，上海科学技术活动内容多种多样[1]（提及陕北中学学生）

在中共上海市委和各级党委的直接领导下，随着全民性技术革新、技术革命运动的蓬勃开展和教育革命的深入发展，上海市中、小学的青少年科学技术活动出现了一个新的高潮。半年来，全市90%以上的中学生、80%的小学三年级以上的学生，共七十万人参加了科学技术活动，建立了二万八千多个科学技术小组。

广大青少年在科学技术活动中，在教师和成年人的热情指导和帮助下，创造了许多出色的成绩。

陕北中学初中三年级学生张祥文，利用废旧料，花了六元钱，就创造出一架针灸穴道探测仪，经检验完全合格，已被普陀区沙眼防治医院采用。

全上海市中、小学科学技术活动的内容多种多样，既有普及，又有提高，能够适应各个年级不同爱好的学生的需要。活动的项目包括制作标本，制作船舰模型和飞机模型，制作电动玩具，天文观察、数学竞赛、收音机装置，制造塑料、活性染料、半导体、胶版印刷、无线电操纵船、太阳灶等等。有的学校的活动内容达一百多项。

许多学校的青少年科学技术活动促进了学校教学设备的更新。和平中学学生为了迅速改变陈旧的教

1　此标题为整理者所加。

光明日報
GUANGMING RIBAO
1960年8月24
巩固課堂知識、培养敢想敢干共产主义風格
上海青少年科学技术活动广泛展开
活动内容多种多样，有普及有提高，适应各个年级不同爱好的学生需要
深入工厂矿山　参加夺鋼大战
山东冶金学院师生到生产前綫参加劳动
大搞技术革新、大办业余教育、积极开展科研活动
社论

图4-35《巩固课堂知识，培养敢想敢干共产主义风格：上海青少年科学技术活动广泛展开，活动内容多种多样，有普及有提高，适应各个年级不同爱好的学生需要》（选自《光明日报》1960年8月24日，第1版）

学设备，在教师指导下，一周内搞出了示波仪、原子连锁反应模型、化学方程模型等教具一百多件。广泛开展科学技术活动，提高了学生的学习质量，巩固和加深了课堂知识。许多学生通过航空模型的制作、动物饲养、气象研究等活动，掌握和丰富了有关化学、电学、空气力学、动物生理、地理等方面的知识，不少学生提高了学习成绩。

……

各校青少年的科学技术活动都是本着自力更生、白手起家、勤俭节约的精神开展的。很多学校采用各种土办法来解决原料和工具的困难。如有的学校用坏的乒乓球、线团木芯、筷子、旧木板、灯罩等制成了自来水厂模型；有的学校用旧铁盒当耳机、用铅笔芯当矿石、用废腊纸绕铅丝代替漆包线，制成了矿石收音机等。通过这些活动，使青少年培养起勤俭节约、不怕困难的优良品质。他们说得好：“政治挂了帅，办法无穷尽；只要动手找，不怕材料少。”

通过科学技术活动，还培养了广大青少年攀登科学高峰的雄心壮志和敢想敢说敢干的共产主义风格。在全上海市少年儿童中流行着很多豪言壮语，表达了他们对未来的理想和英雄气概，他们唱道：“我们猛闯科学宫，集体旅行上天空，运动会在月球开，火星上奏‘东方红’。”（图4-35）

*资料来源：《巩固课堂知识，培养敢想敢干共产主义风格：上海青少年科学技术活动广泛展开，活动内容多种多样，有普及有提高，适应各个年级不同爱好的学生需要》，《光明日报》1960年8月24日，第1版。

“有趣”与“议论”

有些同志认为，教师讲课讲得有趣，能吸引住同学，就是生动活泼。讲得风趣并不一定是坏事。但生动活泼却首先必须是学生思维的生动活泼。如果教师讲得头头是道，学生听得倒也有趣，可学生的

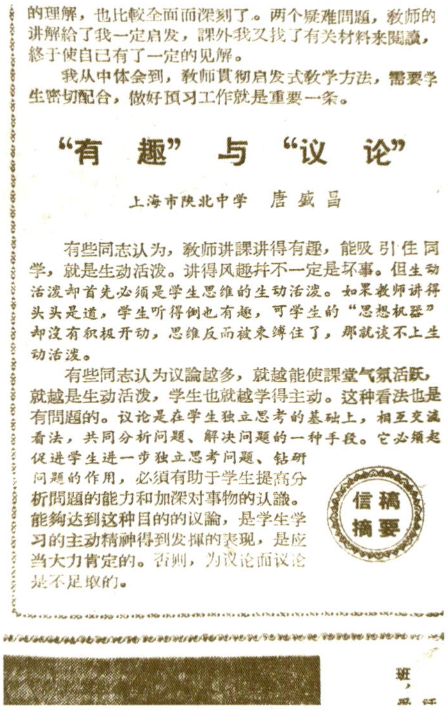

的理解，也比較全面而深刻了。两个疑难問題，教师的讲解給了我一定启发，課外我又找了有关材料来閱讀，終于使自己有了一定的见解。

我从中体会到，教师貫彻启发式教学方法，需要学生密切配合，做好預习工作就是重要一条。

“有趣”与“议论”

上海市陕北中学　唐盛昌

有些同志认为，教师讲課讲得有趣，能吸引住同学，就是生动活泼。讲得风趣并不一定是坏事。但生动活泼却首先必须是学生思维的生动活泼。如果教师讲得头头是道，学生听得倒也有趣，可学生的“思想机器”却没有积极开动，思维反而被束缚住了，那就谈不上生动活泼。

有些同志认为议論越多，就越能使課堂气氛活跃，就越是生动活泼，学生也就越学得主动。这种看法也是有問題的。议论是在学生独立思考的基础上，相互交流看法，共同分析问题、解决问题的一种手段。它必须起促进学生进一步独立思考问题、钻研问题的作用，必須有助于学生提高分析問題的能力和加深对事物的认識。能夠达到这种目的的议論，是学生学习的主动精神得到发揮的表现，是应当大力肯定的。否则，为议论而议论是不足取的。

图4-36《『有趣』与『议论』》（选自《文汇报》1966年1月6日，第2版）

“思想机器”却没有积极开动，思维反而被束缚住了，那就谈不上生动活泼。

有些同志认为议论越多，就越能使课堂气氛活跃，就越是生动活泼，学生也就越学得主动。这种看法也是有问题的。议论是在学生独立思考的基础上，相互交流看法，共同分析问题、解决问题的一种手段。它必须起促进学生进一步独立思考问题、钻研问题的作用，必须有助于学生提高分析问题的能力和加深对事物的认识。能够达到这种目的的议论，是学生学习的主动精神得到发挥的表现，是应当大力肯定的。否则，为议论而议论是不足取的（图4-36）。

*资料来源：上海市陕北中学唐盛昌:《“有趣”与“议论”》,《文汇报》1966年1月6日，第2版。

思想革命化是教学改革的根本

在教学改革中，教师要相信学生，充分调动学生的主动性、积极性；学校领导也要相信教师，使他们敢于在教学改革中冲锋陷阵。教学改革要依靠教师去改，领导的责任就在于帮助教师信心百倍地去改。

过去我们常常认为教学改革的研究课最好由具有一定经验的教师担任；试验中则又感到经验多的教师，框框也多，反而不易突破。后来作了一定的思想工作，老教师敢于破框框，在教学改革中还是可以发挥作用的。同样.我们原来以为青年教师经验少，进行教学改革恐怕有困难；但是做好思想工作，他们更能大胆冲锋陷阵。这里的关键就在学校领导要充分相信教师是要革命的，要“一分为二”地看待教师，发挥每一个教师的长处，使他们不断地在教学改革中有所创造，有所前进。

学校领导要引导教师把教学改革与世界观的改造挂起钩来，就须从思想上改起。就方法改方法，是改不好的。我们过去到先进学校去学习，往往只着眼于人家的教法。我们曾经把育才中学教某一课的方法，几乎全部移植过来。一时效果果然很好。但因为没有从根本上来提高思想认识，过一时就停滞不前了。事实上，方法是千变万化的，只要把教学改革的精神学到手，教学方法就可以由教师自己去创造。一年多来，我们采取了一些措施来帮助教师提高认识，开扩眼界，改造思想，教学改革也就比较生动活泼地开展了起来。

在这方面，我们首先是引导教师学习毛主席著作，学习党的教育方针与各项重要指示，并从教师的实际出发，提出问题来讨论。如我们反复学习、讨论了“怎样才叫做学生生动活泼地主动地发展？为什

·2·　1966年1月19日　星期三

教师怎样才能教得生动活泼

——《怎样使学生学得生动活泼、学得主动

思想革命化是教学改革的根本

用事实

图4-37 《思想革命化是教学改革的根本》
（选自《文汇报》1966年1月19日，第2版）

毕业证书

学生孫勝德是山東省市淄川县市人，现年十五岁，在本校初中部三年级修业期满，成绩合格，准予毕业。　此证。

校长　張金淑

64年7月　日

上海市陕北中学

图4-38　上海市陕北中学毕业证书
（校长张金淑印，1964年）

么要学生生动活泼地主动地发展？”这种讨论可以由现象、方法进而提高到对毛主席的教育思想和党的教育方针的认识，从而又认识到能否贯彻少而精、启发式，不单纯是方法问题，而是关系到培养什么人的问题。这就使教师在认识上把“改方法”与“改教育观点”挂上了钩。

我们还组织教师到工厂劳动和参观访问，进行调查研究，使教师从生产中学习，开扩眼界，看到自己的教学工作脱离了生产实际，因而促进了理论联系实际，调动了教学改革的积极性。同时，教师在劳动中受到工人同志为赶超国际先进水平的干劲和火热的阶级感情的感染，看到了自己与工人同志的差距，也促进了教师的思想革命化。

我们也组织教师深入学生进行调查研究，分析教学质量，研究教学中存在的问题，在进行新课试验时，我们除了发挥教师的集体力量以外，还征求学生意见，做到领导、教师、学生三结合，发扬教学民主，重视教学相长。

此外，我们还及时总结、交流教学改革经验，用毛主席的教育思想来加以检验。这样，总结、交流经验的过程，也就成了学习毛主席著作，总结、交流教师先进教育思想的过程。

从我们学校一年多工作的情况来看，教师要搞好教学改革，首先要思想革命化；学校领导要领导好教学改革，更必须思想革命化。但我们现在却还远远跟不上形势。站得不高，看得不远，不能处处“身先士卒”，在教学改革中走在前头。今后必须努力学习毛主席著作，在工作中吃透两头——一头吃透毛主席的教育思想，一头吃透师生的实际情况，与教师一道，把教学改革工作搞好（图4-37、图4-38）。

*资料来源：上海市陕北中学校长张金淑：《思想革命化是教学改革的根本》，《文汇报》1966年1月19日，第2版。

第三节　特殊时期的曲折发展

一、选摘部分档案、照片

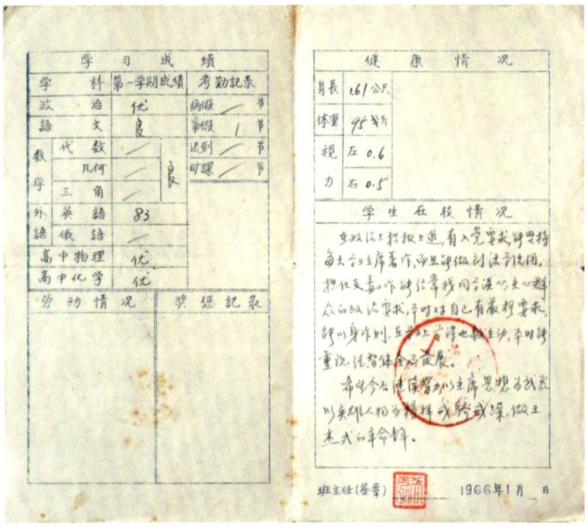

学习成绩			
学科		第一学期成绩	考勤記录
政治		优	病假 节
語文		良	事假 1 节
数学	代数	良	迟到 节
	几何		旷课 节
	三角		
外語	英語	83	
	俄語		
高中物理		优	
高中化学		优	
劳动情况		奖惩記录	

健康情况	
身長	161公尺
体重	95斤
視力	左 0.6
	右 0.5

学生在校情况

班主任(签章)　1966年1月　日

图4-39　上海市陕北中学学生成绩报告单（1966）

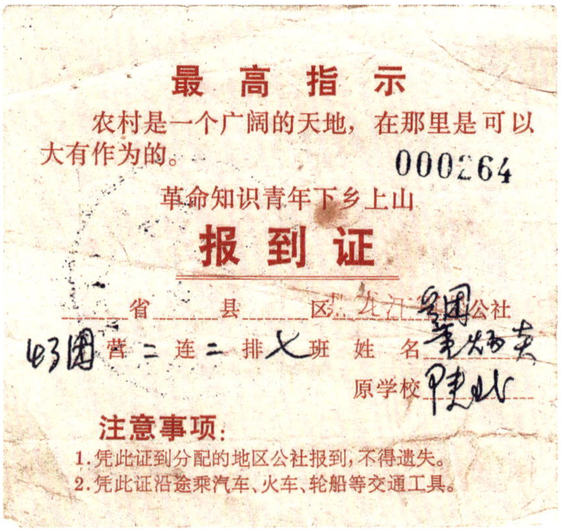

最高指示

农村是一个广阔的天地，在那里是可以大有作为的。

000264

革命知识青年下乡上山

报到证

省　县　区　公社

63团营二连二排七班　姓名 董炳炎

原学校 陕北

注意事项：

1.凭此证到分配的地区公社报到，不得遗失。

2.凭此证沿途乘汽车、火车、轮船等交通工具。

图4-40　上海市陕北中学革命知识青年下乡上山报到证（董炳炎，1969年）

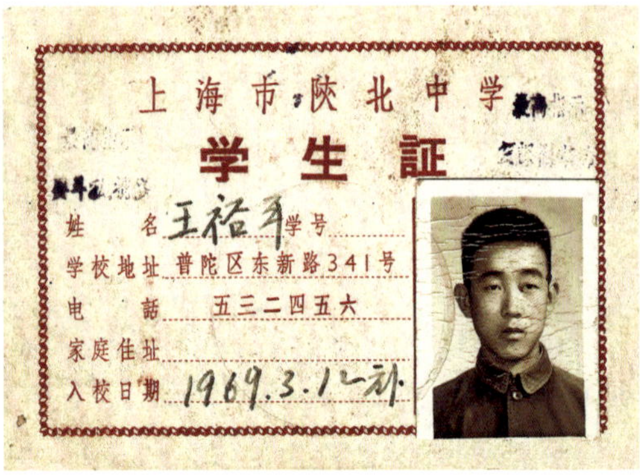

上海市陕北中学

学生証

姓名 王裕平 学号

学校地址 普陀区东新路341号

电話 五三二四五六

家庭住址

入校日期 1969.3.12补

图4-41　上海市陕北中学学生证（王裕平，1969年入学）

最高指示

知识青年到农村去，接受贫下中农的再教育，很有必要。

上海市知识青年下乡上山

集体乘车证

0031478

火车 1 车厢 000031

凭证上车，1969年5月30日

图4-42　上海市陕北中学知识青年下乡上山集体乘车证（1969）

图4-43　1967年6月解放军在上海市陕北中学军训结束后，同学们与顾排长等合影留念

图4-44　献给将来的回忆（陕北中学学生合影）（摄于1977年7月24日）

二、《光明日报》的报道

陕北中学开门办学，积极推广普通话

结合开门办学推广普通话，有利于师生深刻理解推广普通话的现实意义和深远的历史意义，从而增强了学讲普通话、学好汉语拼音的自觉性。陕北中学四年级学生在嘉定县黄渡公社学农时，了解到方言隔阂不利于社会主义革命和建设的大量事实，使他们加深理解了统一语言的重要性。许多学生提出，我们即将毕业，要到广大农村去，可不能缺了汉语拼音、普通话这一课。因而，举办了“汉语拼音讲座”，使他们熟练地掌握了拼音。

*资料来源：《结合开门办学，积极推广普通话》（摘选），《光明日报》1976年1月30日，第3版。

第四节　拨乱反正，焕发新生

一、选摘部分档案、照片

关于陕北中学扩建实验楼的计划业务书

陕北中学系我区重点中学之一，原有实验室已在“文化大革命”中改作教室，目前班级数仍然超过

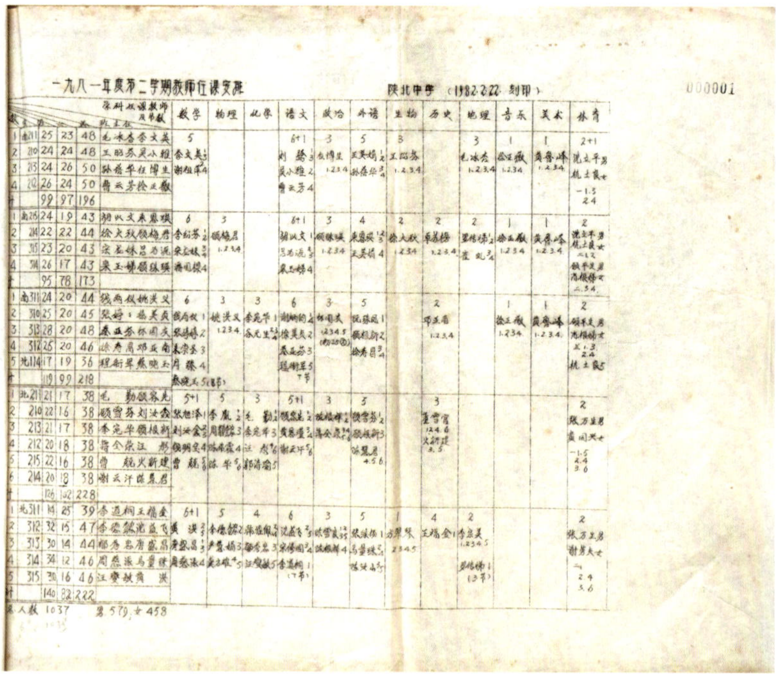

一九八一年度第二学期教师任课安排　　陕北中学　（1982.2.22 刻印）　　000001

学科	数学	物理	化学	语文	政治	外语	生物	历史	地理	音乐	美术	体育

图4-45　上海市陕北中学1981学年度第二学期总课表

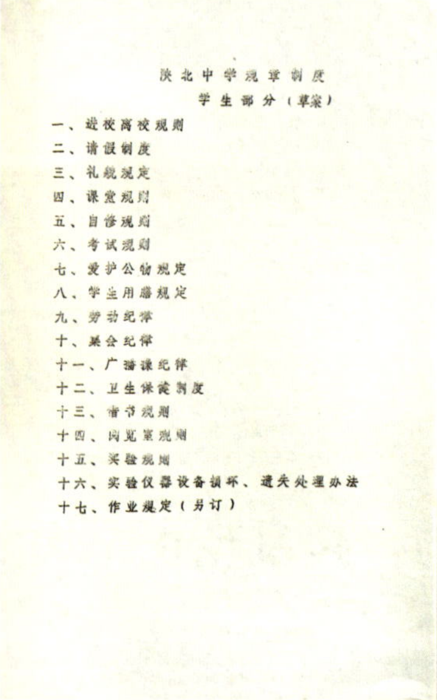

陕北中学规章制度

学生部分（草案）

一、进校离校规则
二、请假制度
三、礼貌规定
四、课堂规则
五、自修规则
六、考试规则
七、爱护公物规定
八、学生用膳规定
九、劳动纪律
十、集会纪律
十一、广播操纪律
十二、卫生保健制度
十三、宿舍规则
十四、阅览室规则
十五、实验规则
十六、实验仪器设备损坏、遗失处理办法
十七、作业规定（另订）

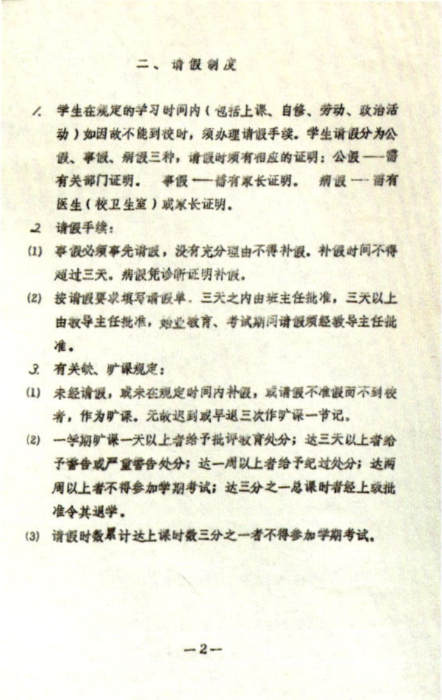

二、请假制度

1. 学生在规定的学习时间内（包括上课、自修、劳动、政治活动）如因故不能到校时，须办理请假手续。学生请假分为公假、事假、病假三种，请假时须有相应的证明：公假——需有关部门证明。　事假——需有家长证明。　病假——需有医生（校卫生室）或家长证明。

2. 请假手续：

(1) 事假必须事先请假，没有充分理由不得补假。补假时间不得超过三天。病假凭诊断证明补假。

(2) 按请假要求填写请假单．三天之内由班主任批准，三天以上由教导主任批准，结业教育、考试期间请假须经教导主任批准。

3. 有关缺、旷课规定：

(1) 未经请假，或未在规定时间内补假，或请假不准假而不到校者，作为旷课。无故迟到或早退三次作旷课一节记。

(2) 一学期旷课一天以上者给予批评教育处分；达三天以上者给予警告或严重警告处分；达一周以上者给予记过处分；达两周以上者不得参加学期考试；达三分之一总课时者经上级批准令其退学。

(3) 请假时数累计达上课时数三分之一者不得参加学期考试。

—2—

图4-46　上海市陕北中学规章制度摘选（1983）

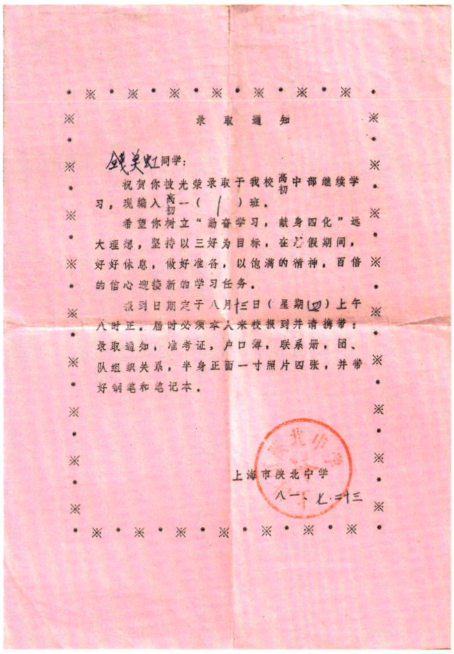

录取通知

钱美虹同学：

祝贺你被光荣录取于我校高/初中部继续学习，现编入高/初一（1）班。

希望你树立“勤奋学习，献身四化”远大理想，坚持以三好为目标，在暑假期间，好好休息，做好准备，以饱满的精神，百倍的信心迎接新的学习任务。

报到日期定于八月十三日（星期四）上午八时正，届时必须本人来校报到并请携带：录取通知，准考证，户口簿，联系册，团、队组织关系，半身正面一寸照片四张，并带好钢笔和笔记本。

上海市陕北中学

八一、七、二十三

图4-47　上海市陕北中学初中录取通知书（1981）

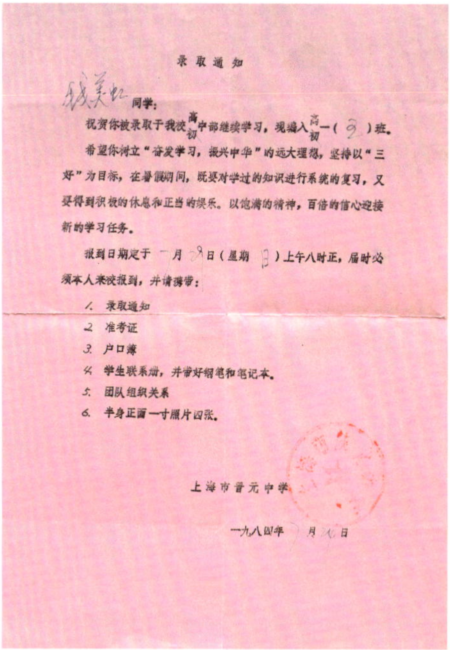

录取通知

钱美虹同学：

祝贺你被录取于我校高/初中部继续学习，现编入高/初一（2）班。

希望你树立“奋发学习，振兴中华”的远大理想，坚持以“三好”为目标，在暑假期间，既要对学过的知识进行系统的复习，又要得到积极的休息和正当的娱乐。以饱满的精神，百倍的信心迎接新的学习任务。

报到日期定于　月　日（星期日）上午八时正，届时必须本人来校报到，并请携带：

1. 录取通知
2. 准考证
3. 户口簿
4. 学生联系册，并带好钢笔和笔记本。
5. 团队组织关系
6. 半身正面一寸照片四张。

上海市晋元中学

一九八四年　月　日

图4-48　上海市陕北中学高中录取通知书（1984）

图4-49　上海市陕北中学老照片（拍摄时间不详）

图4-50　上海市陕北中学1981年三好学生合影留念

图4-51　上海市陕北中学老照片（拍摄时间不详）

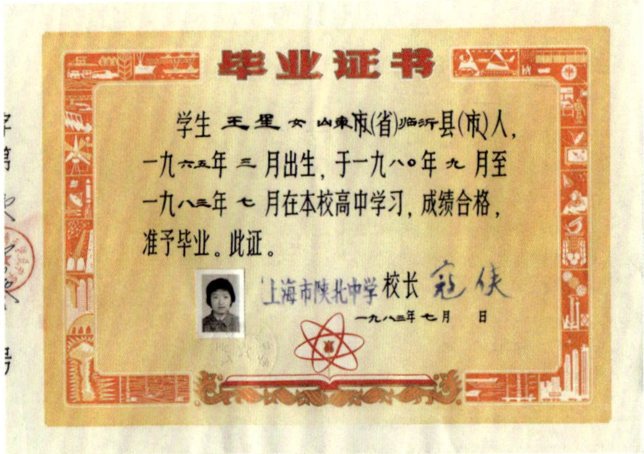

图4-52　上海市陕北中学毕业证书（校长寇侠签名，1983年）

图4-53　上海市陕北中学毕业证书（校长寇侠签名，1984年）

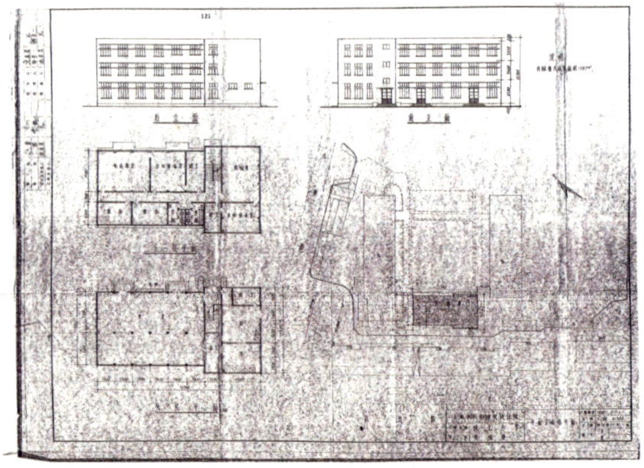

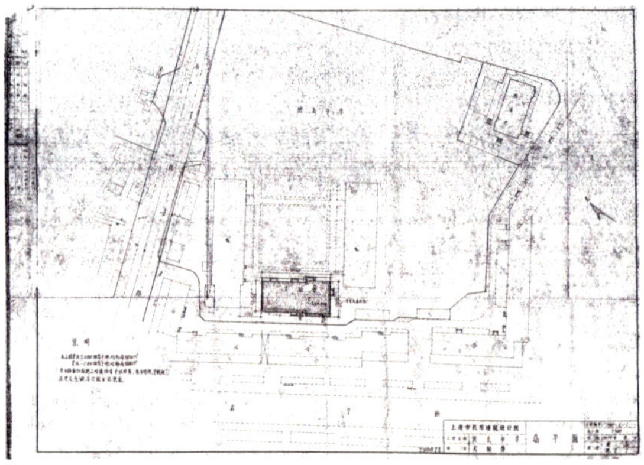

图4-54　上海市陕北中学实验楼平面立面图（1978）

图4-55　上海市陕北中学实验楼总平面图（1979）

教室数。该校早在1961年申请扩建实验楼一幢，后因国家暂时困难停建。根据新的教学大纲必须开设物理、化学、生物实验室和电化教学室，而该校至今连教学用房亦颇感紧张，为此拟将食堂危险房屋拆除翻建为实验楼一幢，（包括阶梯教室）底层仍作食堂。总建筑面积约1500㎡，要求能列入一九七九年度基建计划（图4-54至图4-56）。

普陀区教育局

一九七八年八月十九日

*资料来源：上海市普陀区教育局：《关于陕北中学扩建实验楼的计划业务书》，1978年8月19日，普陀区档案馆藏，档案号：005-0011-267。

图4-56　1980年建成的3号教学楼（选自《上海市晋元中学九十周年校庆纪念册》，1994年内部刊印）

既抓好思想品德教育又抓好文化学习

陕北中学基础班学生成绩显著提高

哲学界在太原讨论哲学史有关问题

图4-57 《既抓好思想品德又抓好文化学习：陕北中学基础班学生成绩显著提高》（选自《文汇报》1979年11月9日，第2版）

二、《文汇报》的报道

既抓好思想品德又抓好文化学习：陕北中学基础班学生成绩显著提高

本报讯　本市陕北中学党支部加强对基础班工作的领导，使全校五个基础班的面貌发生较为显著的变化。

该校为了加强基础班工作，从这学期开始，把责任心强、经验丰富、能任劳任怨的教师安排到基础班当班主任，并把全校五个基础班和补课班的班主任集中在一个办公室办公。这样做便于共同研究和及时处理问题，有助于针对基础班的实际状况确定思想教育的内容和方法。

对待基础班学生，该校教师满腔热情，循循善诱，不怕失败，持之以恒。一年前，在宣布编班名单后，高二（12）班有一部分后进生情绪有些波动，有的甚至不到校上课。教师们耐心地进行说服教育工作，动之以情，晓之以理，导之以行，促使这些学生消除同老师之间的对立情绪，很快打开了班级工作的局面。他们又通过召开“向‘四人帮’讨还青春”、“我为四化贡献什么?”等主题班会，以及利用黑板报等阵地引导学生讨论“抽烟的危害”、“互相帮助与江湖义气的界限”等问题，帮助这些学生分清是非，克服旧习惯势力的影响，树立新的道德风尚。现在基础班学生争做好人好事逐渐形成风气。开学以来，全校五个基础班基本上消灭了迟到现象，没有发生过一起打架事件，教室内做到无痰迹、无纸屑。预备铃一响，同学们迅速进入教室，准备上课。拾金不昧的好人好事有一百人次以上。

该校在抓好基础班学生的思想品德教育的同时，还抓紧对他们进行文化知识的补习。教师们从这些学生的实际文化水平出发改编教材，改进教法，力求使他们听得懂，学得会，逐步培养学习的兴趣，树立学习的信心，从而把他们的主要精力转到学习上来。高二（12）班在编班时，大部分学生只有小学二年级程度，有十七名学生背不出乘法口诀，三分之一学生不会读、不会写。对此，教师们自编教材，从小学的语文、算术开始帮他们补课。为了提高学生的学习兴趣，适当举行一些学习竞赛活动，并及时召开有家长、学生和教师都参加的会议，表扬优胜，颁发奖品。经过一年的努力，原来留高二年级基础班的五名学生由于成绩合格，已随同七九年学生一起毕业或肄业，有五名学生升入普通班。高二（12）班中有百分之六十的学生已补到初中二年级水平，其中百分之十五学生超过初二水平（图4-57）。

*资料来源:《既抓好思想品德又抓好文化学习：陕北中学基础班学生成绩显著提高》,《文汇报》1979年11月9日，第2版。

本市今起发出高考成绩通知单，陕北中学毕业生戴忠取得好成绩（文科并列第一）[1]

本报讯　记者从市高校招生办公室获悉：今年本市高校招生从本月五日起陆续发出成绩通知单。应届高中毕业考生，到原毕业学校领取成绩通知单，历届生、在职职工考生到原报名处领取成绩通知单。

今年本市理工医农类考生第一名是建设中学毕业生车晓东，考试总成绩为六百二十三分；文史类考生第一名有两人，考试总成绩均为五百六十三分，一名是北虹中学毕业生车嘉华，另一名是陕北中学毕业生戴忠；外语类考生第一名是杨浦中学毕业生曹忠民，考试总成绩为五百七十三分。

*资料来源:《本市今起发出高考成绩通知单》,《文汇报》1983年8月5日，第1版。

小　结

1956年，晋元中学更名为“陕北中学”。学校遵循国家的教育方针和政策，结合自身的实际，在教学方面进行了一系列的调整和改革，建立了新的教学秩序，学校的办学条件得以明显改善，学校规模逐步扩大，为提高教学质量，培养社会主义所需要的人才奠定了较好的基础，随之进入了学校历史发展上最好的时期之一。

从20世纪50年代末开始，陕北中学和全国其他地方一样都卷入了政治运动之中，使得刚刚起步的对社会主义建设事业的探索扭转了方向，一些好的做法逐渐被抛弃，“左”的思想日益发展。此后1958年的“大跃进”，更是让教育事业的发展陷入了混乱的局面，学校的教学秩序被打乱，教育工作背离客观规律，教育质量降低。虽然此后随着“调整、巩固、充实、提高”的“八字方针”推进，学校的发展走上

1　此标题为整理者所加。

了正轨，但不久“文化大革命”爆发，学校管理体制被肢解，教师队伍被离散，教学设施被破坏，课程设置被打乱，学生思想被毒害，正常教学秩序无法建立，教育质量严重下降。陕北中学广大师生对“文化大革命”期间的种种倒行逆施，曾进行不同方式和不同程度的抵制和斗争。20世纪70年代初，学校还开设体育班和文艺班，提供了一种相对开放的教学环境，为改革开放后的再出发打下了重要的基础。

进入新时期后，陕北中学如同一位大病初愈的病人，逐渐恢复元气，从过去的阴霾中走出。在新的校领导的率领下，开始拨乱反正，落实知识分子政策，充分调动广大教职员工的积极性，逐渐恢复正常教学秩序。学校通过多种途径，利用各种方法，努力营造稳定、安宁的校园环境，调动教师的工作积极性，鼓励学生自主学习，培养读书兴趣，开展丰富多彩的校园生活，教学质量稳步上升。全校师生员工振奋精神，同心同德，以崭新的姿态迎接改革开放的时代。

虽然本阶段处于特殊的历史时期，尤其是20世纪六七十年代留下的资料相对较少，但我们尽可能地广泛收集档案、报纸和口述、回忆录等，以展现这段特殊时期的办学历程，曲折而富有意义。

第五编

在改革中前行：上海市晋元中学（1984—1999）

在改革中前行：上海市晋元中学（1984—1999）

图5-1　晋元中学校园，1984年摄（选自《晋元中学》[建校80周年纪念专刊，1904—1984年]）

1984年6月80周年校庆之际，在各界人士、校友师生的呼吁下，经上海市教育局批准，陕北中学恢复校名为“晋元中学”（图5-1）。1985年8月13日，上海市政府批准并拨款在校园内建立谢晋元将军雕像，既为重振师生反对外侮、忠于祖国、忧国忧民、奋发进取的历史精神，也为激发青年学生为振兴中华而努力奋斗。[1]

进入20世纪八九十年代后，学校以“全面提高学生素质，培养高质量人才”为宗旨，深入开展和深化教学改革，提倡讲科学、重规律、看效果，逐步形成“严谨扎实、探索创新”的教风，以及“严、实、活、精”的学风和“团结、守纪、勤奋、进取”的校风，涌现出汤军琳、张旭泽、任建华、陈大波、荆松涛、季胤等一批全国优秀教师、上海市优秀教育工作者。在学科、

1 《关于要求陕北中学恢复晋元中学原校名的报告》，1984年，上海市晋元高级中学档案室藏。

图5-2 晋元中学高三年级三好学生合影（1986）

科技、文艺、体育各类竞赛中，晋元学生屡获国家级、市级奖项，声名远播（图5-2）。

1997年5月，学校被列为规划建设的上海市11所现代化寄宿制高级中学之一，暂至曹杨路805号过渡办学。1998年，学校响应上海市启动的“二期课改”，于1999年提出“学会选择，主动学习，卓越发展”的办学理念，率先在全国实施套餐式课程、走班制运作和学分制管理，获得上海市教委和专家的认同与赞誉，开始在素质教育的改革中将学校推向一个新的发展阶段。

第一节　恢复“晋元中学”校名

一、恢复原校名“晋元中学”

关于要求陕北中学恢复晋元中学原校名的报告

普陀区人民政府、普陀区教育局：

我校原名晋元中学。一九五六年我校负责人提出申请，经市教育局批准，根据当时校址所在路名

（即陕西北路）而改名为陕北中学。现由校址变迁等种种情况，拟要求恢复原校名——晋元中学。特呈报如下。

我校早期称为“华童公学”，由工部局创办于1904年；日伪时期又称为“模范中学”。1945年抗战胜利，遂摒弃带有外侮色彩的“华童”、“模范”之称而命名为“晋元中学”，以纪念“八一三”率“八百壮士”血战“四行仓库”而驰名中外的抗日将领谢晋元。

解放前，本市市立中学为数甚少，晋元中学是其中一所。该校师生在我地下党和进步力量领导下参加过反饥饿、反内战等斗争；解放前夕，师生在反蒋护校、迎接接管，坚守岗位，安定局面的斗争中，以后，在迅速清除国民党反动政府和帝国主义影响，建设社会主义新型学校的过程中都曾作出一定的成绩。因此该（我）校具有一定影响。同时，由于上海人民对著名抗日将领谢晋元和“八百壮士”抗御外侮的爱国精神印象深刻，也使晋元中学具有一定的群众基础。谢晋元的儿子谢幼民曾因此就读于该（我）校。尽管1956年我校易名，而直到现在人们仍对晋元中学留下一定的印象。

去年（1983年）四月，市人民政府在万国公墓重建谢晋元墓地，并举行了隆重的新墓建成仪式，给予谢晋元很高的评价；谢晋元的儿子谢继民被选为市政协委员；市统战部部长张承宗同志会见谢晋元的夫人及子女。这些消息及有关通讯、照片连续在《解放日报》《文汇报》等报刊上显著报道，在人民群众和各界人士中有很大反响。我校师生也纷纷提出恢复晋元中学原校名的要求。

根据以上情况，我们考虑：

一、我校现用校名“陕北中学”是根据当时校址而拟称的，别无其他含义。现我校已迁到武宁路东新路口，与原址相隔甚远，校名与路名已无联系。常有人顾名思义而到陕西北路去寻找我校，或以校名即校址之误带来诸多不便。因此现继续用“陕北中学”作校名与命名意图相违，且无实际意义可言。如以现址改校名，则已有武宁中学和东新中学。由此，恢复原名也较自然，有实际需要，并有群众基础。

二、我校是本市历史较悠久的几所中学之一，今年值建校八十周年。利用校史对师生进行爱国主义教育和革命传统教育应作为一项经常而重要的工作。以校名纪念抗日将领谢晋元，是我校校史的组成部分，并体现了我校历史上师生反对外侮，忠于祖国，忧国忧民，奋斗进取的精神。恢复晋元中学校名，对于我校今后组织并加强爱国主义教育，激发青年学生为振兴中华而努力奋斗，是一个很好的推动并增添了生动的内容。

三、我校历年校友（包括教职员）遍及国内外，许多

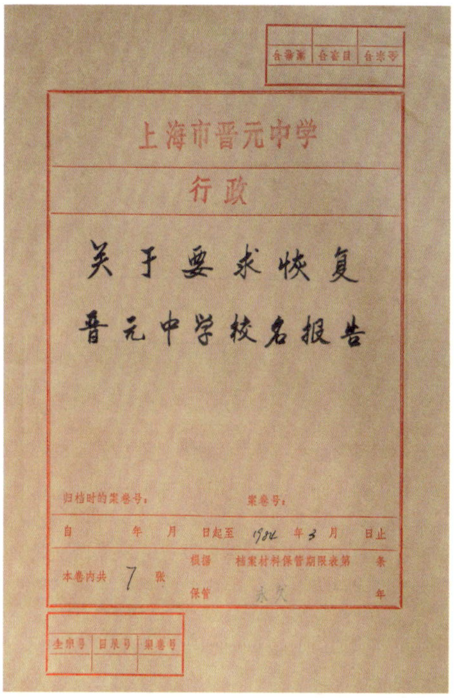
上海市晋元中学
行政
关于要求恢复
晋元中学校名报告
归档时的案卷号：　　案卷号：
自　年　月　日起至　1984　年　3　月　日止
本卷内共　7　张
根据　档案材料保管期限表第　条
保管　永久　年
全宗号　目录号　案卷号

图5-3　《关于要求恢复晋元中学校名报告》（1984）

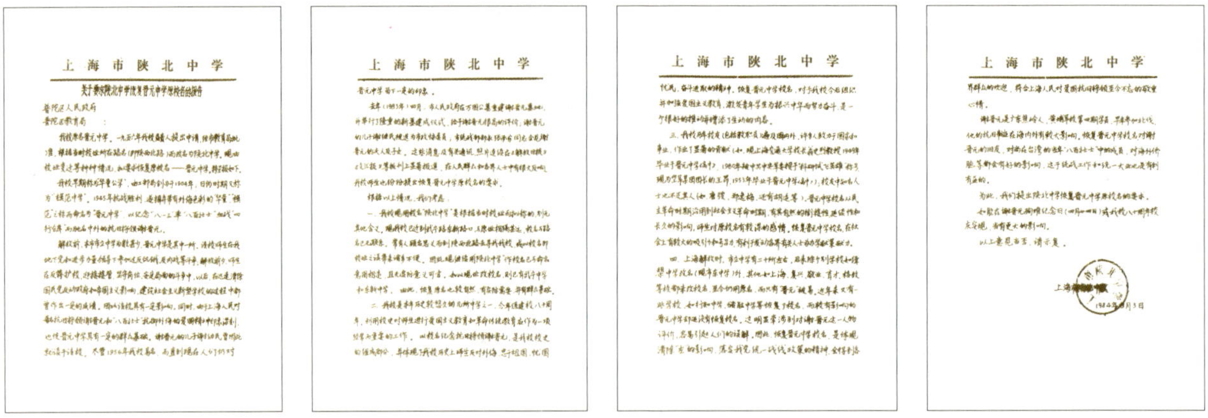

图5-4 《关于要求陕北中学恢复晋元中学原校名的报告》(1984)

人致力于国家和事业，作出了显著的贡献(如，现上海交通大学校长翁史烈教授，1949年毕业于晋元中学［高中］；1980年被中共中央军委授予“科研试飞英雄”称号，现为空军某团团长的王昂，1953年毕业于晋元中学［高中］)；校友中知名人士也不乏其人(如唐弢、郑逸梅，还有胡适等)。晋元中学校名从民主革命时期沿用到社会主义革命时期，有其自然的衔接性、延续性和长久的影响。师生对原校名有较深的感情。恢复晋元中学校名，在社会上有较大的吸引力和号召力，有利于发动各界有关人士为办学献策献力。

四、上海解放时，市立中学有二十所左右，后来除个别学校如缉椝中学改名(现市东中学)外，其他如上海、复兴、敬业、育才、格致等校都未改校名，至今仍用原名，而只有“晋元”被易。近年来又有一些学校，如行知中学、储能中学等恢复了校名，而较有影响的晋元中学却还没有恢复校名。这明显牵涉到对谢晋元这一人物评价，容易引起人们的误解。因此，恢复晋元中学校名，是体现清除“左”的影响，落实我党统一战线政策的精神，会得到各界群众的欢迎，符合上海人民对爱国抗日将领至今不忘的敬重心情。

谢晋元是广东蕉岭人，黄埔军校第四期学员，早年参加北伐，他的抗日事迹在海内外有较大影响。恢复晋元中学校名，对谢晋元的旧友，对尚在台湾的当年“八百壮士”中的成员，对海外侨胞等都会有好的影响，这于统战工作和统一大业也是有利有益的。

为此，我们提出陕北中学恢复晋元中学原校名的要求。

如能在谢晋元殉难纪念日(四月廿四日)或我校八十周年校庆实现，当有更大的影响。

以上意见当否，请示复(图5-3、图5-4)。

上海市陕北中学

1984年3月3日

*资料来源:《关于要求陕北中学恢复晋元中学原校名的报告》，1984年，上海市晋元高级中学档案室藏。

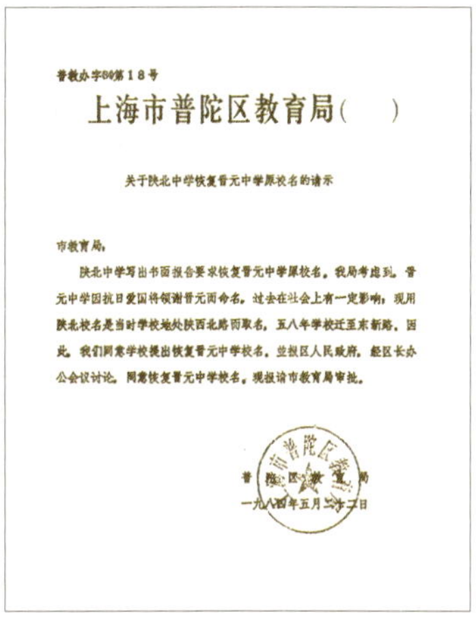
普教办字84第18号

上海市普陀区教育局（ ）

关于陕北中学恢复晋元中学原校名的请示

市教育局：

陕北中学写出书面报告要求恢复晋元中学原校名。我局考虑到，晋元中学因抗日爱国将领谢晋元而命名。过去在社会上有一定影响，现用陕北校名是当时学校地处陕西北路而取名，五八年学校迁至东新路。因此，我们同意学校提出恢复晋元中学校名，并报区人民政府，经区长办公会议讨论，同意恢复晋元中学校名，现报请市教育局审批。

普陀区教育局

一九八四年五月二十二日

图5-5 《关于陕北中学恢复晋元中学原校名的请示》（1984）

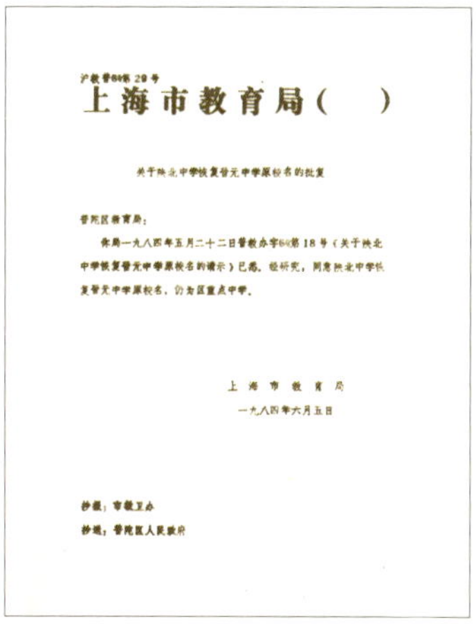
沪教普84第29号

上海市教育局（ ）

关于陕北中学恢复晋元中学原校名的批复

普陀区教育局：

你局一九八四年五月二十二日普教办字84第18号《关于陕北中学恢复晋元中学原校名的请示》已悉。经研究，同意陕北中学恢复晋元中学原校名，仍为区重点中学。

上海市教育局

一九八四年六月五日

抄报：市教卫办

抄送：普陀区人民政府

图5-6 《关于陕北中学恢复晋元中学原校名的批复》（1984）

上海市普陀区教育局为陕北中学恢复晋元中学原校名致上海市教育局的请示

关于陕北中学恢复晋元中学原校名的请示

市教育局：

陕北中学写出书面报告要求恢复晋元中学原校名。我局考虑到，晋元中学因抗日爱国将领谢晋元而命名。过去在社会上有一定影响，现用陕北校名是当时学校地处陕西北路而取名，五八年学校迁至东新路。因此，我们同意学校提出恢复晋元中学校名。并报区人民政府。经区长办公会议讨论，同意恢复晋元中学校名。现报请市教育局审批（图5-5）。

普陀区教育局

一九八四年五月二十二日

*资料来源：上海市普陀区教育局：《关于陕北中学恢复晋元中学原校名的请示》，1984年5月22日，上海市档案馆藏，档案号：B105-6-289-94。

上海市教育局同意陕北中学恢复晋元中学原校名的批复

关于陕北中学恢复晋元中学原校名的批复

普陀区教育局：

你局一九八四年五月二十二日普教办字第18号《关于陕北中学恢复晋元中学原校名的请示》已悉。经研究，同意陕北中学恢复晋元中学原校名，仍为区重点中学（图5-6）。

上海市教育局

一九八四年六月五日

*资料来源：上海市教育局：《关于陕北中学恢复晋元中学原校名的批复》，1984年6月5日，上海市档案馆藏，档案号：B105-6-289-92。

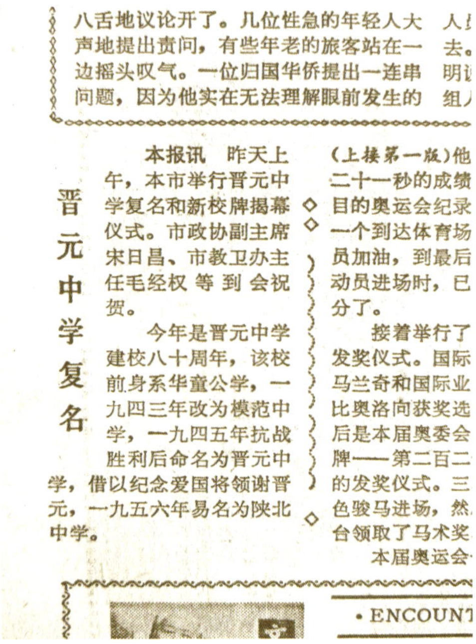

八舌地议论开了。几位性急的年轻人大声地提出责问，有些年老的旅客站在一边摇头叹气。一位归国华侨提出一连串问题，因为他实在无法理解眼前发生的

晋元中学复名

本报讯 昨天上午，本市举行晋元中学复名和新校牌揭幕仪式。市政协副主席宋日昌、市教卫办主任毛经权等到会祝贺。

今年是晋元中学建校八十周年，该校前身系华童公学，一九四三年改为模范中学，一九四五年抗战胜利后命名为晋元中学，借以纪念爱国将领谢晋元，一九五六年易名为陕北中学。

（上接第一版）他二十一秒的成绩目的奥运会纪录一个到达体育场员加油，到最后动员进场时，已分了。

接着举行了发奖仪式。国际马兰奇和国际业比奥洛向获奖选后是本届奥委会牌——第二百二的发奖仪式。三色骏马进场，然台领取了马术奖本届奥运会

• ENCOUNT

图5-7 《晋元中学复名》（选自《文汇报》1984年8月14日，第2版）

1985年8月15日 星期四 第四版

谢晋元和八百抗日壮士

上海纪念"八·一三"淞沪抗战四十八周年

谢晋元塑像在上海奠基

中曾根首相等参拜靖国神社 会损害世界各国人民的感情

图5-8 《谢晋元塑像在上海奠基》（选自《人民日报》1985年8月15日，第4版）

晋元中学复名

本报讯 昨天上午，本市举行晋元中学复名和新校牌揭幕仪式。市政协副主席宋日昌、市教卫办主任毛经权等到会祝贺。

今年是晋元中学建校八十周年，该校前身系华童公学，一九四三年改为模范中学，一九四五年抗战胜利后命名为晋元中学，借以纪念爱国将领谢晋元，一九五六年易名为陕北中学（图5-7）。

*资料来源：《晋元中学复名》，《文汇报》1984年8月14日，第2版。

二、报纸内容摘选

谢晋元塑像在上海（晋元中学）奠基

著名抗日爱国军人谢晋元塑像奠基仪式今天上午在以他名字命名的晋元中学大草坪上举行。

谢晋元是广东蕉岭人。1937年8月13日日本侵略军大举进攻上海，当时担任国民党八十八师二六二旅五二四团团副的谢晋元，率领八百名壮士，坚守在闸北区四行仓库，英勇抗击日军，毙敌二百余人。谢晋元抗日的英雄业绩曾驰名中外。1941年4月24日，谢晋元被日伪收买的叛徒杀害。

上海市副市长刘振元及市有关部门领导，谢晋元的夫人凌维诚和子女等，共八百多人参加了今天的奠基仪式。

谢晋元塑像将于明年4月落成（图5-8）。

*资料来源：《谢晋元塑像在上海奠基》，《人民日报》1985年8月15日，第4版。

谢晋元将军塑像奠基，晋元中学昨隆重举行仪式

本报讯　昨天上午，普陀区在晋元中学隆重举行谢晋元将军塑像奠基仪式。

刘振元副市长和市委、市府、市政协有关部门、普陀区委、区政府的领导同志以及谢晋元夫人凌维诚及其亲属，原晋元中学副校长郑逸梅，八百壮士、黄埔同学会的代表和谢晋元的老部下参加了奠基仪式。凌维诚感谢政府为谢晋元建立塑像，预祝晋元中学桃李满天下。据悉，谢晋元塑像将在明年四月纪念谢将军牺牲四十五周年时落成。

奠基仪式结束后，晋元中学五十名师生代表和谢晋元的儿媳、孙女去万国公墓祭扫谢将军墓。

*资料来源:《谢晋元将军塑像奠基，晋元中学昨隆重举行仪式》,《文汇报》1985年8月14日，第1版。

三、与谢晋元等有关的纪念地

四行仓库“八百壮士”抗日纪念地

四行仓库位于上海闸北区南部的苏州河北岸，西藏路桥西北角，光复路21号。这是一座钢筋混凝土结构的六层大厦，占地0.3公顷，建筑面积2万平方米，高25米，创建于1931年。它原是“金城”“中南”“大陆”“盐业”四家银行共同出资建设的物资仓库，习称“四行仓库”。

1937年“八一三”淞沪抗战进入后期时，国民党第72军88师524团中校团副谢晋元临危受命，以四行仓库为中心，在上海继续坚守闸北阵地。10月26日，谢与第一营营长杨瑞符少校率领452名官兵进入四行仓库。一名外籍记者，通过英租界的卫兵送一张纸条给谢团长，问楼内有多少人？谢为了壮大声势，回答“八百人”。所以国内外新闻报道都传为“八百壮士守四行”。谢团进入四行仓库的第二天，日军开始从北苏州路、国庆路、满洲路（后改名晋元路）等三个方向进攻四行仓库，连续四天，日夜猛攻，均被谢团奋勇击退。由于中日双方力量悬殊，四行仓库与公共租界仅隔一条苏州河，公共租界内各国担心战火波及自身，请求谢晋元部撤退。10月31日夜，谢晋元奉命率军退入公共租界。虽然坚守四行仓库的时间短暂，但“八百壮士”英勇作战的事迹表现了中国军人保卫国土、视死如归的中华民族英雄气概，轰动中外，名声远扬，振奋了全国民众的抗日决心，国际舆论称之为中国军队与日军作战的奇迹。

四行仓库具有重要的历史价值，至今仍保存完好。大门顶上横书“上海四行仓库”六个苍劲有力的繁体正楷，乃上海市原市长汪道涵所书。1985年8月10日，四行仓库抗日纪念地被上海市人民政府公布为上海市纪念地点，2014年4月4日被公布为上海市文物保护单位。

*资料来源：上海市文化广播影视管理局、上海市文物局编:《上海抗战重要史迹》，上海人民出版社2015年版，第49—50页。

孤军营营房遗址

“八百壮士”孤军营所在地位于上海市胶州路西侧、余姚路南侧的余姚路胶州路转角地带，原是一片杂草丛生、垃圾成堆、抛弃死婴的荒地。

1937年10月，爱国将领谢晋元率400名官兵（号称“八百壮士”）浴血奋战，坚守四行仓库，打击日本侵略军。1937年10月31日被迫撤离四行仓库，被公共租界当局缴械、羁禁于新加坡路（今余姚路）胶州路的转角处。四周拉起电网。营地占地约46.66亩，营房用芦席搭盖。因不得外出，“八百壮士”自此被迫与外界隔绝，成为孤军营。孤军壮士受到种种非理与凌辱，团长谢晋元等人率孤军不从诱降，不畏胁迫，拒绝收买，发扬正气，坚持抗日，在艰难的环境中创造自己的生活。谢晋元被害于孤军营后，1941年12月，日军包围了孤军营，将孤军壮士全部押往日军基地和南洋当劳工。孤军营也不再存在。

抗战胜利后，原址曾被国民党政府命名为“晋元公园”；原孤军营址内也建起谢晋元将军之墓，后该地扩展建设为居民住宅，称之为“晋元里”（即今上海市余姚路321弄）。

*资料来源：上海市文化广播影视管理局、上海市文物局编:《上海抗战重要史迹》，第56—57页。

谢晋元墓、碑与晋元中学

谢晋元带领“八百壮士”于四行仓库成功阻击日军后奉命撤入上海公共租界，被解除武装，安置在胶州公园边一个临时营房中，当时人称“孤军营”。1941年4月24日凌晨，谢晋元遇刺身亡，年仅37岁。次日，孤军营举行棺殓仪式，上海市民自发前往吊唁者有6万多人。

是年5月8日，中华民国政府通令嘉奖，追赠谢晋元为陆军步兵科少将，同时将胶州公园改为晋元公园，并于公园中修建了谢晋元的墓与碑。墓园呈长方形。墓朝南，圆形。前有四行壮士合立的花岗石墓碑，后为上海云飞、祥生、泰来、银色四家汽车行的员工共建的大理石纪念碑，上刻谢晋元的生平介绍。墓四周有花岗石栏环绕。另外，又将四行仓库两侧的满洲路，命名为晋元路；原胶州路附近的模范中学改名为晋元中学，以资纪念。

中华人民共和国成立后，上海市政府为褒扬谢晋元将军参加抗日、为国捐躯的壮举，于1983年决定将谢晋元墓迁葬至万国公墓内，并于同年4月15日举行安葬仪式。新谢晋元基共占地36平方米，有墓碑和纪念碑各一块，墓碑（竖式）高180厘米，宽85厘米，上书“追赠陆军步兵少将谢公晋元之墓”“四行孤军全体部属”等字样。纪念碑为卧式，长155厘米，宽75厘米。碑文叙述了谢将军的生平与战绩，事迹感人，每年来此凭吊者络绎不绝（图5-9、图5-10）。

1984年，上海普陀区东新路341号的陕北中学正式复名为晋元中学，同时在校园内建立一尊谢晋元将军半身塑像（图5-11）。

1999年9月1日，新校舍迁至新村路2169号，晋元中学亦改制为晋元高级中学。晋元中学1939届校友

图5-11　上海市晋元高级中学内的谢晋元将军像（摄于2015年5月20日）

图5-9　谢晋元将军墓

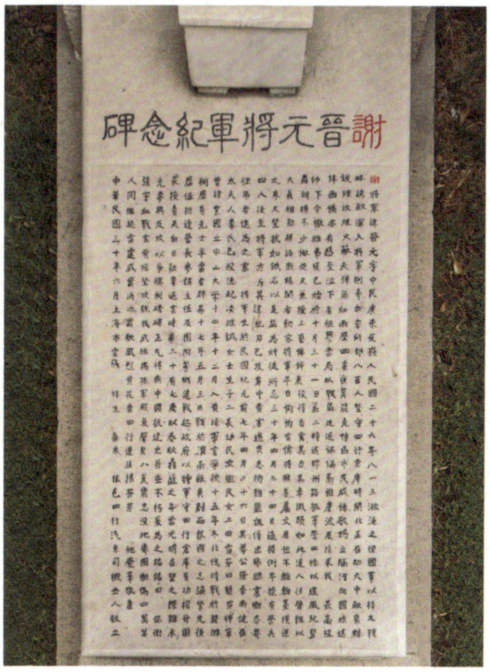

图5-10　谢晋元将军纪念碑

图5-12　抗日将领谢晋元竖像揭幕仪式（摄于1986年东新路，上海市晋元高级中学档案室提供）

宋惠德先生出资20万元港币，在新校址重塑谢晋元将军像，像高4.8米，寓意为“四行仓库”“八百壮士”（图5-12）。

谢晋元纪念雕塑于1989年9月被普陀区人民政府公布为普陀区爱国主义教育基地。

*资料来源：上海市文化广播影视管理局、上海市文物局编:《上海抗战重要史迹》，第96—98页。

第二节　振兴晋元中学

一、选摘1985—1999年部分档案、照片

图5-13　上海市晋元中学三好学生证书（1984、1987）

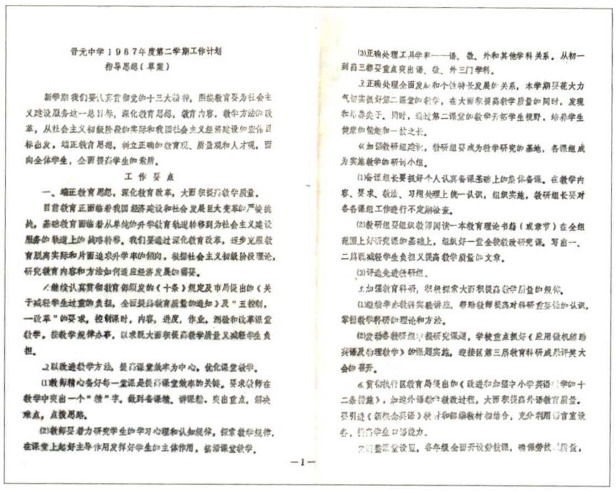

晋元中学1987年度第二学期工作计划
指导思想（草案）

新学期我们要认真贯彻党的十三大精神，围绕教育要为社会主义建设服务这一总目标，深化教育思想，教育内容，教学方法的改革，从社会主义初级阶段的实际和我国社会主义经济建设的宏伟目标出发，端正教育思想，树立正确的教育观、质量观和人才观，面向全体学生，全面提高学生的素质。

工作要点

一、端正教育思想，深化教育改革，大面积提高教学质量。

目前教育正面临着我国经济建设和社会发展巨大变革的严峻挑战，基础教育面临着从单纯的升学教育轨道转移到为社会主义建设服务的轨道上的战略转移。我们要通过深化教育改革，逐步克服教育脱离实际和片面追求升学率的倾向，根据社会主义初级阶段理论，研究教育内容和方法如何适应经济发展的需要。

1.继续认真贯彻教育部颁发的《十条》规定及市局提出的《关于减轻学生过重的负担，全面提高教育质量的通知》及"五控制，一改革"的要求，控制课时，内容，进度，作业，测验和改革课堂教学，按教学规律办事，以求既大面积提高教学质量又减轻学生负担。

2.以改进教学方法，提高课堂效率为中心，优化课堂教学。

(1)教师精心备好每一堂课是提高课堂效率的关键。要求教师在教学中突出一个"精"字，做到备课精、讲课精、突出重点，解决难点，点拨思路。

(2)教师要着力研究学生的学习心理和认知规律，探索教学规律，在课堂上起好主导作用发挥好学生的主体作用，搞活课堂教学。

—1—

(3)正确处理工具学科——语、数、外和其他学科关系。从初一到高三都要重点突出语、数、外三门学科。

3.正确处理全面发展和个性特长发展的关系，本学期要花大力气切实抓好第二课堂的教学，在大面积提高教学质量的同时，发现和培养尖子。同时，通过第二课堂的教学开拓学生视野，培养学生健康的情趣和一技之长。

4.加强教研组建设，教研组要成为教学研究的基地，各课组成为实施教学的研讨小组。

(1)备课组长要抓好个人认真备课基础上的集体备课。在教学内容、要求、教法、习题处理上统一认识，组织实施，教研组长要对各备课组工作进行不定期检查。

(2)教研组要组织教师阅读一本教育理论书籍（或章节）在全组范围上好研究课的基础上，组织好一堂全校教改研究课。写出一、二篇既减轻学生负担又提高教学质量的文章。

(3)评选先进教研组。

5.加强教育科研，积极探索大面积提高教学质量的规律。

(1)继续举办教科研实验讲座，帮助教师提高对科研重要性的认识，掌握教学科研的理论和方法。

(2)发动各教研组申报研究课题，学校重点抓好《应用微机辅助英语及物理教学》的课题实施，迎接区第三届教育科研成果评奖大会的召开。

6.贯彻执行区教育局提出的《改进和加强中小学英语教学的十二条措施》，加速外语教学改革过程，大面积提高外语教育质量。要引进《新概念英语》教材和部编教材相结合，充分利用语言室设备，提高学生口语能力。

7.调整课堂设置，各年级全面开设劳技课，确保劳技质量，

图5-14　《上海市晋元中学1987年度第二学期工作计划指导思想（草案）》

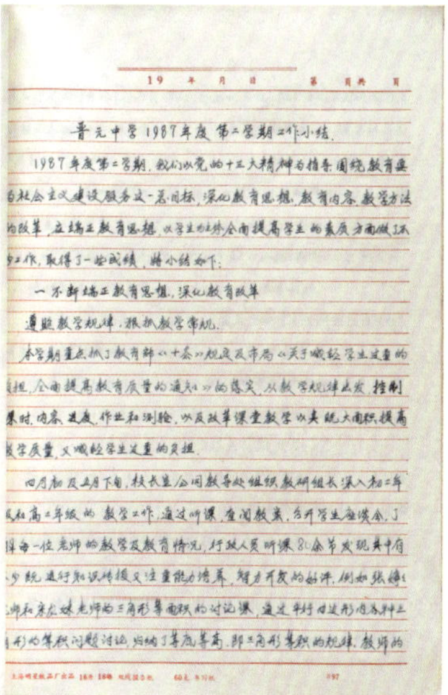

19　年　月　日　　第　页共　页

晋元中学1987年度第二学期工作小结

1987年度第二学期，我们以党的十三大精神为指导围绕教育要为社会主义建设服务这一总目标，深化教育思想，教育内容，教学方法的改革，应端正教育思想，以学生的德智体全面提高学生的素质方面做了许多工作，取得了一些成绩，特小结如下：

一不断端正教育思想，深化教育改革

遵照教学规律，狠抓教学常规。

本学期重点抓了教育部《十条》规定及市局《关于减轻学生过重的负担，全面提高教育质量的通知》的落实，从教学规律出发，控制课时，内容，进度，作业和测验，以及改革课堂教学以求既大面积提高教学质量，又减轻学生过重的负担。

四月初及五月下旬，校长室会同教导处组织教研组长深入初二年级和高二年级的教学工作，通过听课，查阅教案，召开学生座谈会，了解每一位老师的教学及教育情况，行政人员听课80余节发现其中有不少既进行知识传授又注重能力培养，智力开发的好课，例如张婉老师和宋広妹老师的三角形等面积的讨论课，通过对平行四边形的各种三角形的等积问题讨论，归纳了等底等高，即三角形等积的规律，教师的

图5-15　《上海市晋元中学1987年度第二学期工作小结》

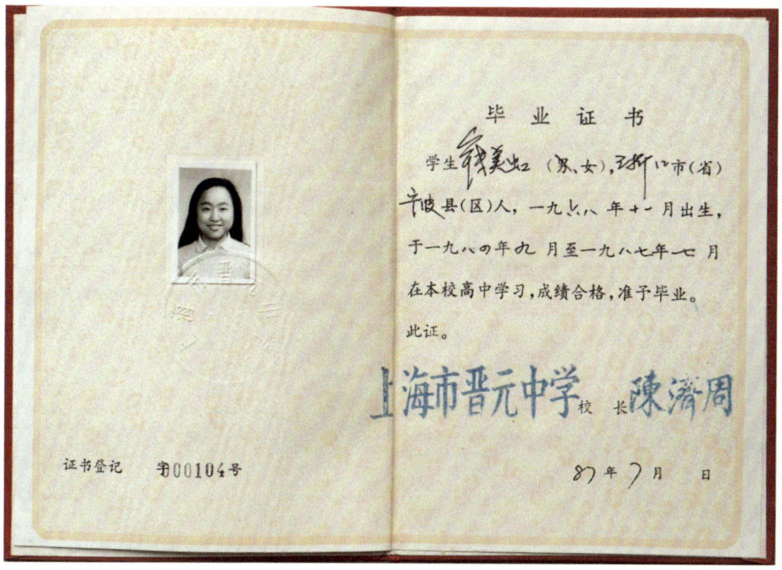

毕业证书

学生钱美虹（男、女），浙江市（省）宁波县（区）人，一九六八年十一月出生，于一九八四年九月至一九八七年七月在本校高中学习，成绩合格，准予毕业。

此证。

上海市晋元中学校长陈济周

证书登记　第00104号

87年7月　日

图5-16　上海市晋元中学毕业证书（1987）

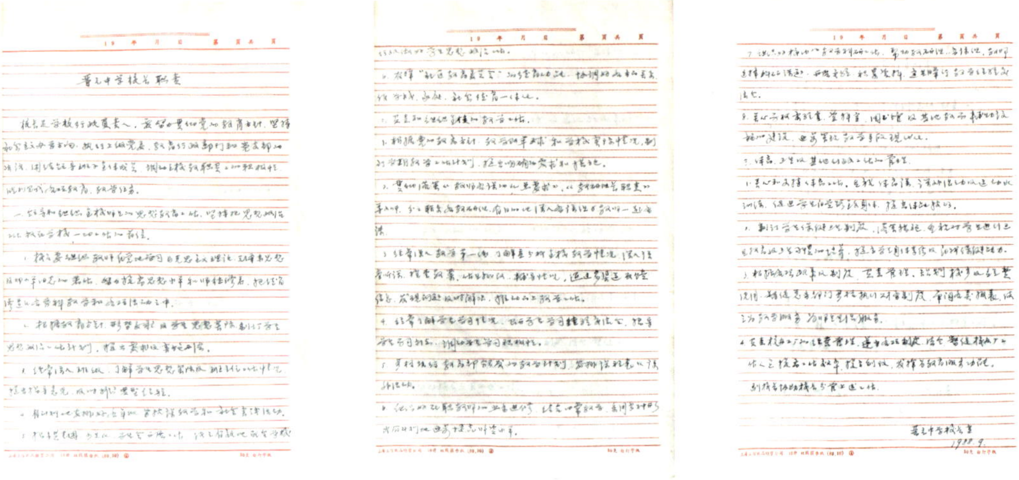
晋元中学校长职责

图5-17　上海市晋元中学1988年规章制度摘选（校长责任制）

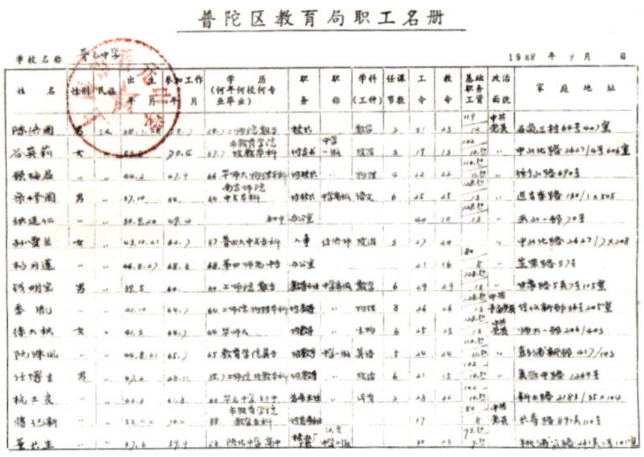
普陀区教育局职工名册

图5-18 《晋元中学教职工名册》（1988）

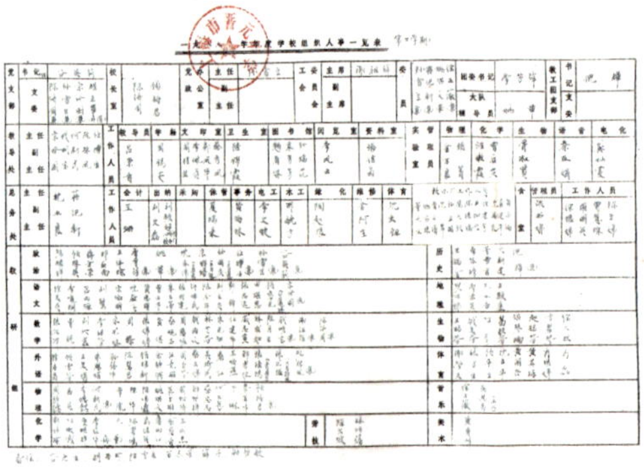

图5-19　1988年晋元中学组织人事一览表

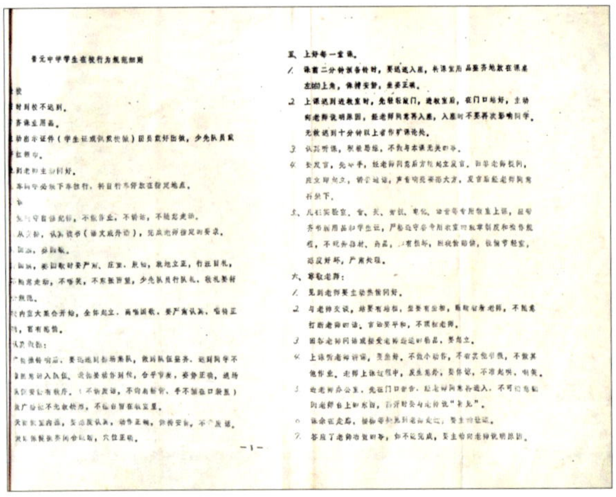
晋元中学学生在校行为规范细则

图5-20 《晋元中学学生在校行为规范细则》（摘选，1989年）

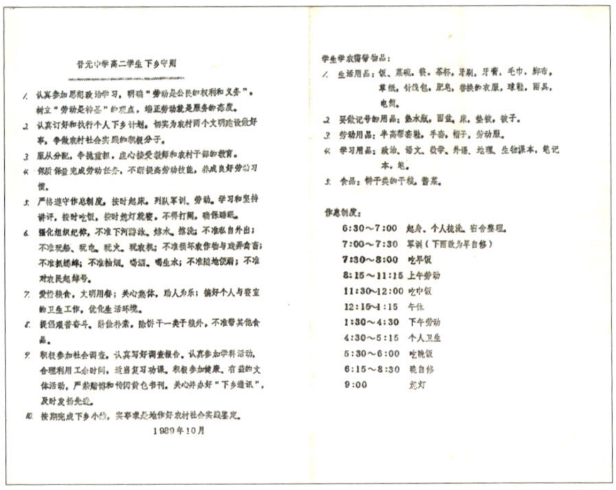
晋元中学高二学生下乡守则

1. 认真参加思想政治学习，明确"劳动是公民的权利和义务"，树立"劳动是神圣"的观点，端正劳动就是服务的态度。
2. 认真订好和执行个人下乡计划，切实为农村两个文明建设做好事，争做农村社会实践的积极分子。
3. 服从分配，争挑重担，虚心接受教师和农村干部的教育。
4. 保质保量完成劳动任务，不断提高劳动技能，养成良好劳动习惯。
5. 严格遵守作息制度，按时起床，列队军训、劳动、学习和坚持讲评，按时吃饭，按时熄灯就寝，不得打闹，确保睡眠。
6. 强化组织纪律，不准下河游泳、戏水、擦洗；不准私自外出；不准玩船、玩电、玩火、玩农机；不准损坏农作物与戏弄禽畜；不准抓蟋蟀；不准抽烟、喝酒、喝生水；不准随地便溺；不准对农民起绰号。
7. 爱惜粮食，文明用餐；关心集体，助人为乐；搞好个人与寝室的卫生工作，优化生活环境。
8. 提倡艰苦奋斗，勤俭朴素，除饼干一类干粮外，不准带其他食品。
9. 积极参加社会调查，认真写好调查报告，认真参加学科活动，合理利用工余时间，适当复习功课，积极参加健康、有益的文体活动，严禁赌博和传阅黄色书刊，关心并办好"下乡通讯"，及时表扬先进。
10. 按期完成下乡小结，实事求是地作好农村社会实践鉴定。

1989年10月

学生学农需带物品：
1. 生活用品：饭、菜碗，铁，茶杯，牙刷，牙膏，毛巾，脚布，草纸，针线包，肥皂，替换的衣服，球鞋，雨具，电筒。
2. 要做记号的用品：热水瓶，面盆，床，垫被，被子。
3. 劳动用品：半高帮套鞋，手套，帽子，劳动服。
4. 学习用品：政治、语文、数学、外语、地理、生物课本，笔记本，笔。
5. 食品：饼干类的干粮，酱菜。

作息制度：

6:30～7:00	起身，个人梳洗、宿舍整理。
7:00～7:30	军训（下雨改为早自修）
7:30～8:00	吃早饭
8:15～11:15	上午劳动
11:30～12:00	吃中饭
12:15～1:15	午休
1:30～4:30	下午劳动
4:30～5:15	个人卫生
5:30～6:00	吃晚饭
6:15～8:30	晚自修
9:00	熄灯

图5-21 《晋元中学高二学生下乡守则》（1989）

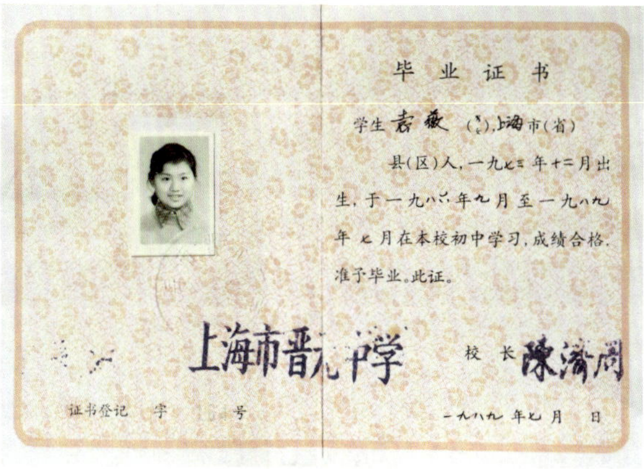

图5-22　上海市晋元中学毕业证书（1989）

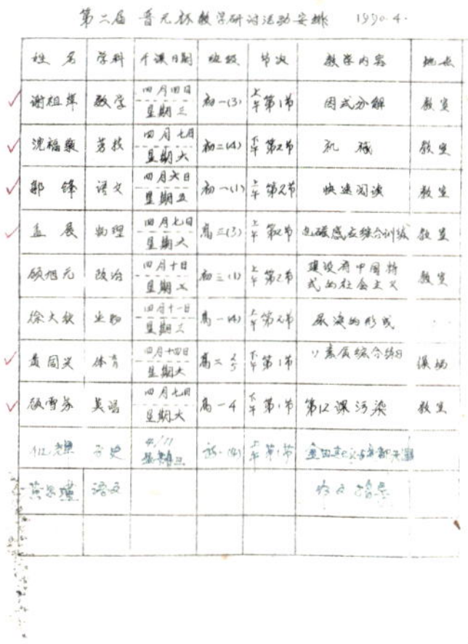

图5-25　第二届晋元杯教学研讨活动安排（1990）

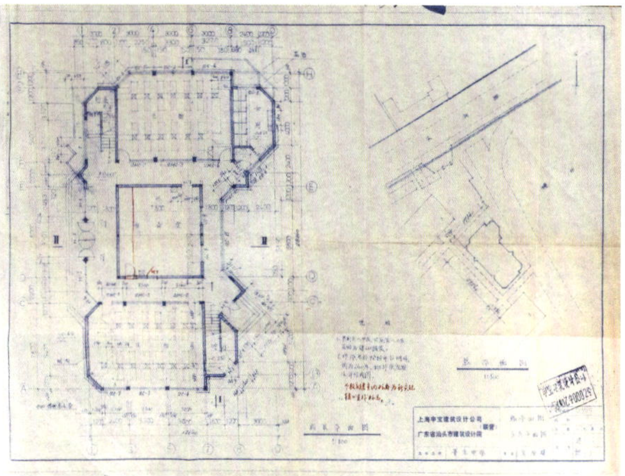

图5-23　上海市晋元中学实验楼总平面图（1990）

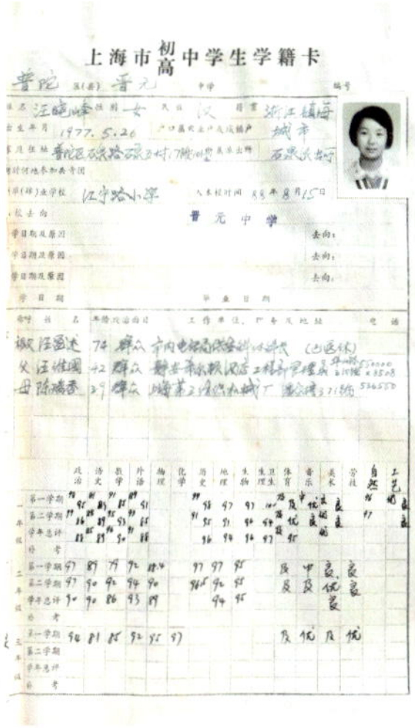

图5-26　上海市晋元中学1992年初中（1）班学籍卡

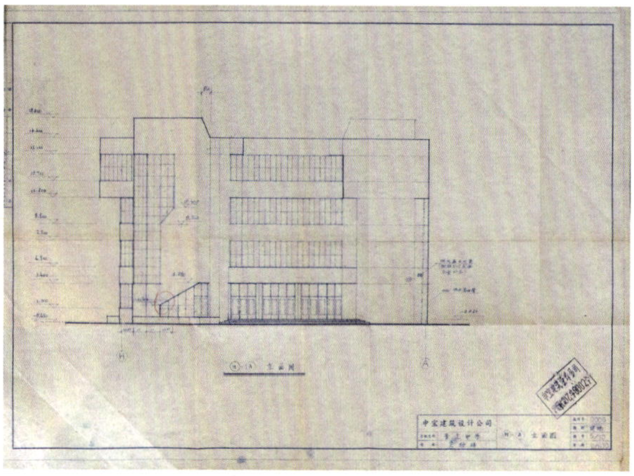

图5-24　上海市晋元中学实验楼立面图（1990）

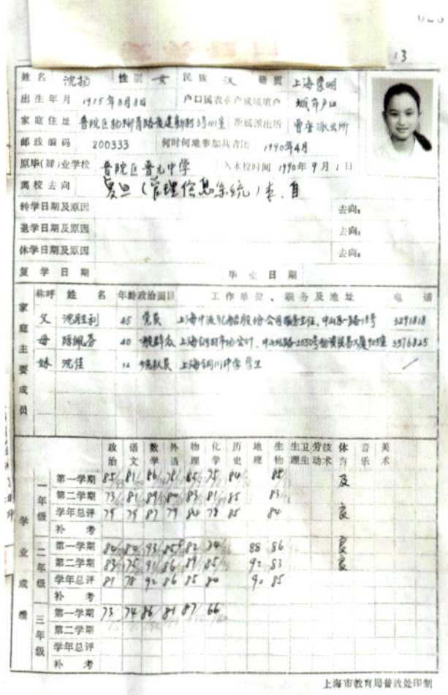

图5-27　上海市晋元中学1993年高中（5）班学籍卡

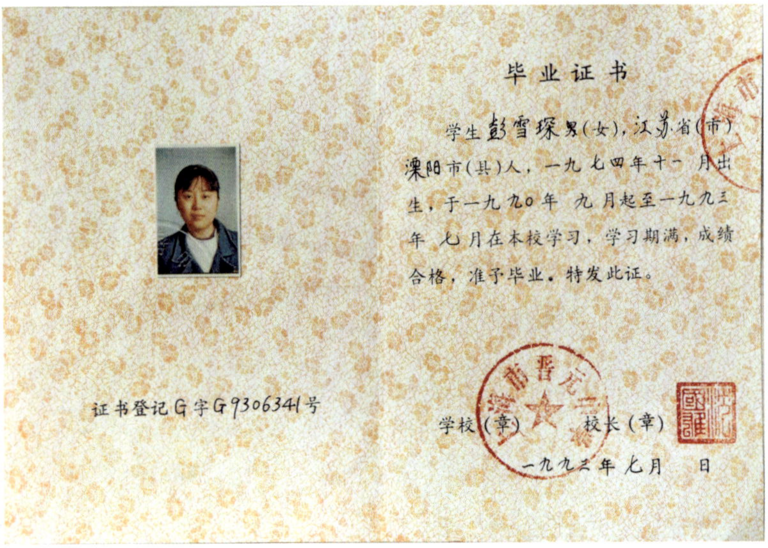
毕业证书

学生彭雪琛男(女)，江苏省(市)溧阳市(县)人，一九七四年十一月出生，于一九九〇年九月起至一九九三年七月在本校学习，学习期满，成绩合格，准予毕业。特发此证。

证书登记G字G9306341号

学校(章)　校长(章)

一九九三年七月　日

图5-28　上海市晋元中学毕业证书（1993）

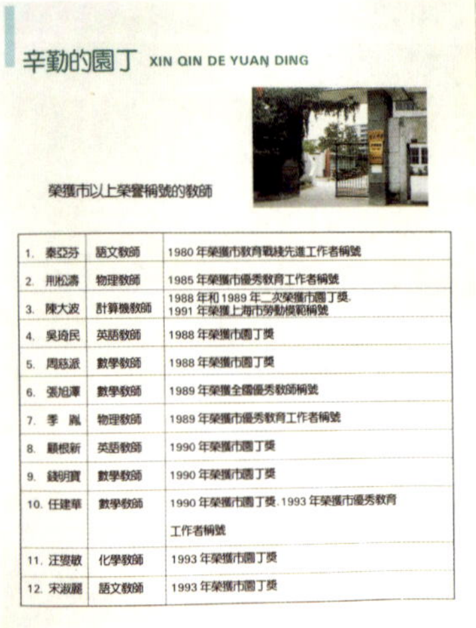
辛勤的園丁 XIN QIN DE YUAN DING

榮獲市以上榮譽稱號的教師

1. 秦亞芬	語文教師	1980 年榮獲市教育戰綫先進工作者稱號
2. 荆松濤	物理教師	1985 年榮獲市優秀教育工作者稱號
3. 陳大波	計算機教師	1988 年和 1989 年二次榮獲市園丁獎, 1991 年榮獲上海市勞動模範稱號
4. 吳琦民	英語教師	1988 年榮獲市園丁獎
5. 周慈派	數學教師	1988 年榮獲市園丁獎
6. 張旭澤	數學教師	1989 年榮獲全國優秀教師稱號
7. 季 胤	物理教師	1989 年榮獲市優秀教育工作者稱號
8. 顧根新	英語教師	1990 年榮獲市園丁獎
9. 錢明寶	數學教師	1990 年榮獲市園丁獎
10. 任建華	數學教師	1990 年榮獲市園丁獎, 1993 年榮獲市優秀教育工作者稱號
11. 汪璧敏	化學教師	1993 年榮獲市園丁獎
12. 宋淑麗	語文教師	1993 年榮獲市園丁獎

图5-29　1980—1993年获得市级以上荣誉称号的教师名录（选自《上海市晋元中学九十周年校庆纪念册》）

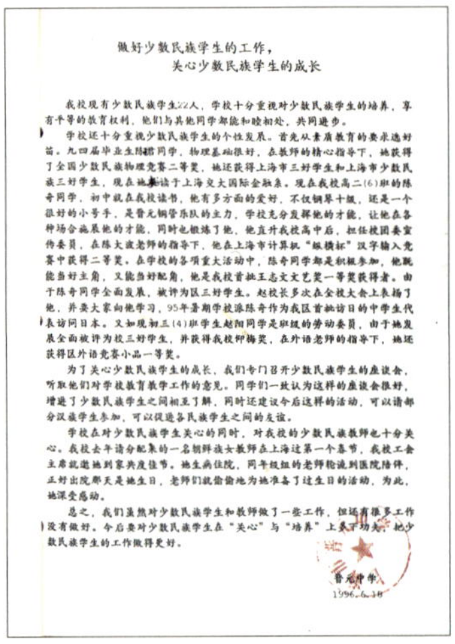
做好少数民族学生的工作，

关心少数民族学生的成长

我校现有少数民族学生22人，学校十分重视对少数民族学生的培养，享有平等的教育权利，他们与其他同学都能和睦相处，共同进步。

学校还十分重视少数民族学生的个性发展。首先从素质教育的要求选好苗。九四届毕业生陈瑨同学，物理基础很好，在教师的精心指导下，她获得了全国少数民族物理竞赛二等奖，她还获得上海市三好学生和上海市少数民族三好学生，现在她就读于上海交大国际金融系。现在我校高二(6)班的陈奇同学，初中就在我校读书，他有多方面的爱好，不仅钢琴十级，还是一个很好的小号手，是晋元铜管乐队的主力，学校充分发挥他的才能，让他在各种场合施展他的才能，同时也锻炼了他，他直升我校高中后，担任校团委宣传委员，在陈大波老师的指导下，他在上海市计算机"纵横杯"汉字输入竞赛中获得二等奖。在学校的各项重大活动中，陈奇同学都是积极参加，他既能当好主角，又能当好配角，他是我校首批王志文文艺奖一等奖获得者。由于陈奇同学全面发展，被评为区三好学生。赵校长多次在全校大会上表扬了他，并要大家向他学习，95年暑期学校派陈奇作为我区首批访日的中学生代表访问日本。又如现初三(4)班学生赵阳同学是班级的劳动委员，由于她发展全面被评为校三好学生，并获得我校师梅奖，在外语老师的指导下，她还获得区外语竞赛小品一等奖。

为了关心少数民族学生的成长，我们专门召开少数民族学生的座谈会，听取他们对学校教育教学工作的意见。同学们一致认为这样的座谈会很好，增进了少数民族学生之间相互了解，同时还建议今后这样的活动，可以请部分汉族学生参加，可以促进各民族学生之间的友谊。

学校在对少数民族学生关心的同时，对我校的少数民族教师也十分关心。我校去年请分配来的一名朝鲜族女教师在上海过第一个春节，我校工会主席就邀她到家共度佳节。她生病住院，同年级组的老师轮流到医院陪伴，正好出院那天是她生日，老师们就偷偷地为她准备了过生日的活动，为此，她深受感动。

总之，我们虽然对少数民族学生和教师做了一些工作，但还有很多工作没有做好。今后要对少数民族学生在"关心"与"培养"上多下功夫，把少数民族学生的工作做得更好。

晋元中学

1996.6.18

图5-30　上海市晋元中学关心少数民族学生（1996）

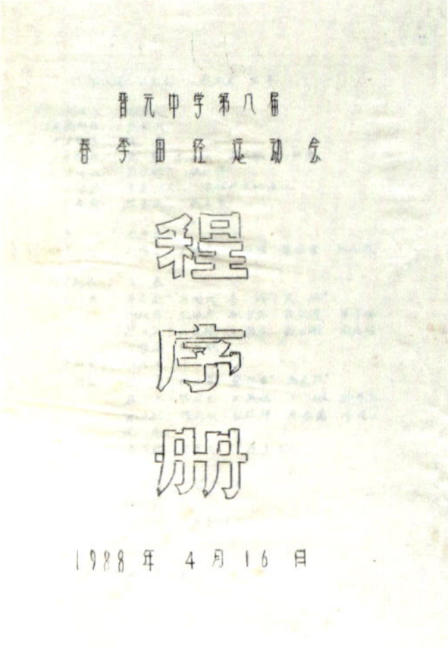
晋元中学第八届

春季田径运动会

程序册

1988年4月16日

图5-31　《晋元中学第八届春季田径运动会程序册》（1988）

二、报纸内容摘选

晋元中学教师在首届全国中学物理青年教师教学大赛中获奖[1]

首届全国中学物理青年教师教学大赛结果日前揭晓：北京一百六十一中学夏洁、山西省实验中学李

1　此标题为整理者所加。

瑞海、上海同济中学谈晓红、天津六十七中学雷淑华、江苏常熟周行中学唐黎平、河南新乡十三中学常秀伟和福建宁德一中陈峰等七人获得初中组一等奖；天津静海一中霍晓宏、南京师大附中张学慧、广西桂林五中谢蓉、上海晋元中学汤军琳、湖南长沙二十二中王群和北京景山学校毛桂芬等六人获得高中组一等奖；此外，还有三十八名青年教师分别获奖。

大赛由中国物理学会、华东师大、普陀区教育局和普陀区教育学院联合举办。据了解，下届大赛定于明年在贵阳市举行。

*资料来源：《全国中学物理青年教师教学大赛揭晓》，《人民日报》1994年4月13日，第3版。

激励学生为祖国而奋发学习，重视素质教育[1]

从“应试教育”向素质教育转轨，这是基础教育领域里最深刻、最艰难的一场变革。近几年来，上海市普陀区教育局以组织开展中小学生喜闻乐见的各类活动为突破口，加快全区范围内向素质教育转轨的步伐，为促进学生全面发展打下了良好的基础。最近，上海市教委在该区举行现场交流会，国家教委有关负责同志认为该区经验对全国其他地区也有借鉴意义。

……1995年结合抗日战争和世界反法西斯战争胜利50周年，开展了爱国主义系列教育。例如本区晋元中学以弘扬谢晋元将军的爱国主义精神为动力，激励学生为祖国而奋发学习。自中小学课程教材改革以来，本区以活动课程建设为切入口，重视学生能力的培养和个性特长的发展，全区先后有26所中小学、幼儿园举办美育现场会，通过展示一个优美的校园环境、一组优化课堂教学的观摩课、一台精彩的文艺节目、一个精湛的艺术作品展览会、一部内容丰富的校园文化录像片、一本美育论文专辑，使审美教育深入人心。

*资料来源：《以抓活动为突破口，全面推进素质教育——访上海市普陀区教育局局长刘培鸿》（摘选），《光明日报》1996年8月25日，第2版。

三、《晋元》校刊创办

《晋元》校刊介绍

《晋元》校刊创办于1999年，由学校党总支、校长室主办，党政办公处承办，1999—2020年为月刊，2021年1月起改版为双月刊。“新闻速递”栏目主要介绍师生获奖等学校新闻，“特写‘晋’头”栏目主要介绍学校重要活动内容，“德育‘晋’现”栏目主要介绍学校德育活动，“‘晋’苑英华”栏目主要展示

1　此标题为整理者所加。

图5-32 《晋元》1999年创刊，封面由余秋雨题字

图5-33 《晋元》1999年第5期封面

学生优秀作品，“‘晋’待花开”栏目主要介绍校友风采，“‘晋’社尽美”栏目主要介绍学校社团活动。至2024年6月已刊印总第283期。校刊“晋元”两字，由余秋雨校友题写（图5-32、图5-33）。

*资料来源：上海市晋元高级中学党政办公处提供，2024年6月。

四、上海市晋元中学校友会成立与校友活动

晋元校友会章程（讨论稿）

第一条：会名　本会定名为上海市晋元中学校友会（简称晋元校友会）。

第二条：宗旨　联络国内外校友，加强联络、增进友谊、构（沟）通信息；为振兴母校，使母校成为上海一流名校作出贡献。

第三条：会员　凡在晋元（包括陕北中学等）学习工作过的师生员工，经与本会联系填表登记并交纳会费者均可为本会会员。

第四条：职能　发挥校友优势，各尽其能，为促进母校提高教育质量和办学水平，出力献计；为会员提供信息；组织校好（友）参加五年一度的校庆返校活动；为校友聚会提供方便；监督晋元校友会基金和经费的使用。

第五条：组织

1. 理事会由会员推荐协商组成（首届理事会由学校特邀校友共同组成）。

2. 理事会聘请名誉会长若干人。

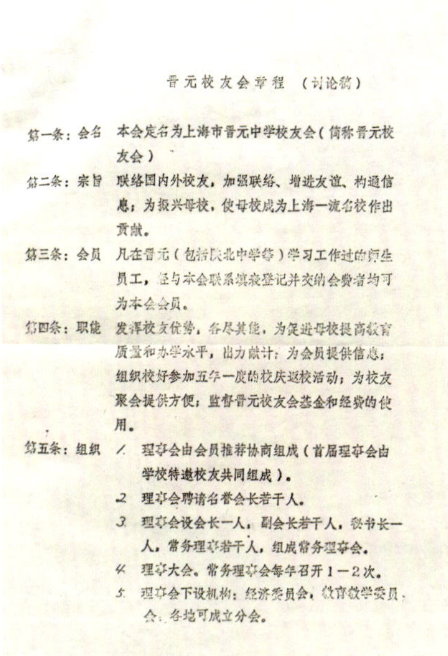

晋元校友会章程（讨论稿）

第一条：会名　本会定名为上海市晋元中学校友会（简称晋元校友会）

第二条：宗旨　联络国内外校友，加强联络、增进友谊、沟通信息；为振兴母校，使母校成为上海一流名校作出贡献。

第三条：会员　凡在晋元（包括陕北中学等）学习工作过的师生员工，经与本会联系填表登记并交纳会费者均可为本会会员。

第四条：职能　发挥校友优势，各尽其能，为促进母校提高教育质量和办学水平，出力献计；为会员提供信息；组织校好参加五年一度的校庆返校活动；为校友聚会提供方便；监督晋元校友会基金和经费的使用。

第五条：组织　1. 理事会由会员推荐协商组成（首届理事会由学校特邀校友共同组成）。

2. 理事会聘请名誉会长若干人。

3. 理事会设会长一人，副会长若干人，秘书长一人，常务理事若干人，组成常务理事会。

4. 理事大会。常务理事会每年召开1－2次。

5. 理事会下设机构：经济委员会，教育教学委员会，各地可成立分会。

图5-34《晋元校友会章程（讨论稿）》（1993）

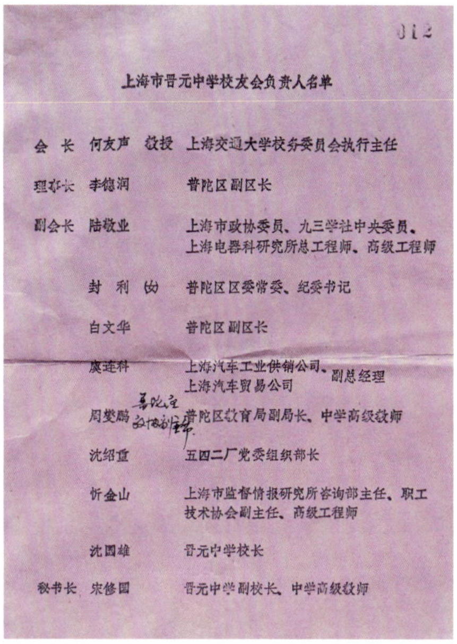

012

上海市晋元中学校友会负责人名单

会　长	何友声	教授	上海交通大学校务委员会执行主任
理事长	李德润		普陀区副区长
副会长	陆敬业		上海市政协委员、九三学社中央委员、上海电器科研究所总工程师、高级工程师
	封　利	(女)	普陀区区委常委、纪委书记
	白文华		普陀区副区长
	虞连科		上海汽车工业供销公司、上海汽车贸易公司副总经理
	周燮鹏		普陀区政协副主席（手写） 普陀区教育局副局长、中学高级教师
	沈绍重		五四二厂党委组织部长
	忻金山		上海市监督情报研究所咨询部主任、职工技术协会副主任、高级工程师
	沈国雄		晋元中学校长
秘书长	宋修国		晋元中学副校长、中学高级教师

图5-35　上海市晋元中学校友会负责人名单

3. 理事会设会长一人，副会长若干人，秘书长一人，常务理事若干人，组成常务理事会。

4. 理事大会。常务理事会每年召开1—2次。

5. 理事会下设机构：经济委员会，教育教学委员会；各地可成立分会。

第六条：附则　本章程经会员大会通过，修改章程需征求会员意见，理事会大会通过（图5-34、图5-35）。

一九九三年三月二十七日

*资料来源：上海市晋元高级中学档案室藏。

上海晋元校友科技工贸公司章程（草案）

一、公司宗旨是通过建立以科技为主导，技工贸相结合的经济实体，充分发挥国内外校友的优势，为振兴母校、促进母校成为上海一流名校作贡献。

二、经济实体的名称为：上海晋元校友科技工贸公司（以下简称公司）。

注册地址：上海市普陀区东新路341号。

电话：2575133　邮政编码：200063

三、公司经济性质：集体所有制。

资金来源：集资。

注册资金：人民币伍拾万元。

四、公司经营范围：机构、电子、电器、五金、化工、钢材、建材、装潢、食品、医疗保健咨询，以及机电一体化成套设备的开发生产、按（安）装、咨询。

经营方式：批发、零售、代购、代销、四技服务。

五、公司的管理机构实行校友会领导下的总经理负责制，校友会是公司的最高决策机构。

六、公司设总经理一名，负责领导公司的全面经营活动和管理工作，是公司的法人代表或法人代理人。由校友会聘任，并对校友会负责，任期三年亦可以连任。

七、公司的财务管理制度，根据资金构成等因素，采用集体所有制度，账册设置、会计报表制度、会计档案管理制度，按有关政策及会计制定，公司设专职财务人员管理公司账目。

八、公司要根据“精兵简政、提高效率”的原则，按国家有关政策聘用工作人员若干名。

九、本章程有关具体事项，需制定若干单项实施细则，由总经理公布实施。

十、本章程经校友会通过生效。解释权和参考权属校友会。公司终止日，章程即作废。

十一、以上各条款如与国家政策、法律有抵触，以国家公布的政策法律为准。

晋元校友科技工贸公司

一九九三年五月十一日

*资料来源：《上海晋元校友科技工贸公司章程（草案）》，1993年5月11日。

晋元中学校友会于1993年5月11日增补说明：根据校友会章程，我们于校友会成立的当天下午经过讨论，成立了“晋元校友科技工贸公司”。并制定了“章程”（初稿）；又于5月8日再次开会讨论修改了公司的“章程”。请校友们审读，提出修改意见。

顾乾麟先生回母校

五月十日下午，叔苹奖学金创办人、香港爱国知名人士顾乾麟先生以校友的身份来到了晋元中学。顾先生尽管已是八十高龄，然而童心未泯。他兴致勃勃地参观了校容，翻阅了校史资料，并向一千四百多名师生发表了热情洋溢的讲话，勉励大家爱国重教、立志成才。

晋元中学的前身是华童公学。近七十年前，顾乾麟先生曾就读于华童公学，至今，他还清楚地记得当年华童公学校长、副校长和任课老师的姓名。顾先生不忘母校和老师的培育，几十年来一直怀念母校，并多次打听母校的现址。去年，当他得悉晋元中学的前身即为华童公学时，就产生了重返母校的想法。而今，顾先生的愿望终于实现了！这真是：少小离校老大回，情系母校感慨多。

晋元中学为顾乾麟先生回校召开了欢迎会，陈济周校长聘请顾先生为学校荣誉顾问，少先队员为顾先生佩戴了晋元中学校徽。顾先生也亲切而又风趣地发表了即席演讲，他一开头便说：“我今年已经八十岁了，刚才给我佩戴校徽的小妹妹恐怕才十三四岁，但我们是同学！她是小同学，我是老同学。”这番开场白，立即博得了师生们的掌声和笑声。

在谈及叔苹奖学金创办经过时，顾先生显得更为激动。他说，我三十岁时创办叔苹奖学金，至今整整五十年。创办叔苹奖学金的缘由，一是遵循“得诸社会，还诸社会”的宗旨，做事要做对社会有益的事；二是资助贫寒人家的子女求学深造，做国家和民族的栋梁之材。可喜的是，当年获得叔苹奖学金一千一百人中，现在有的当了部长、将军、教授、院长、校长、工程师，不仅人才济济，而且硕果累累。一九八六年以后，我又在上海、北京以及我的家乡湖州续办叔苹奖学金，亦有八百位同学获得了这项奖学金。去年，我决定向母校也提供叔苹奖学金，也得到了校方的支持，我感到特别荣幸。刚才陈校长告诉我，母校有二十五位同学将获得叔苹奖学金，我同样为他们高兴。

欢迎会后，顾乾麟先生参观了校史陈列室。顾先生翻开三十年代的校刊，一眼就看到了当年教过自己的几位老师的照片和同学在校舍前的留影。“那时候，我和这些同学一样，也戴着这种顶上画着一个白圈的帽子。”顾先生还饶有兴味地看到了他的两个儿子顾家振、顾家麒一九四四年在母校读初中时的学籍记录和成绩记录，并说：“我们父子受母校教育不浅。学校能把我儿子的学习资料保存到现在，真是不容易啊！”

顾先生离开学校前，还向母校赠送了叔苹奖学金纪念章，接着又挥笔题词“晋元中学品学兼优”。

*资料来源：沈原梓:《顾乾麟先生回母校》,《文汇报》1989年6月23日，第4版。

五、利用校史资源，讲好晋元中学的爱国故事

校友唐弢讲述：谢晋元、八百壮士与晋元中学[1]

我的母校华童公学先后改用模范、晋元、陕北等校名，去年（1984年）建校八十周年之际，又恢复了晋元中学的名称；最近，1985年8月13日，学校的大草坪上，为谢晋元将军的塑像举行了奠基的仪式。

这使我想起了一些往事。大场失守，1937年10月26日晚，保卫上海的部队背腹受敌，不得不向西后撤，驻防北火车站大楼的第八十八师二六二旅五二四团——谢晋元之团奉命掩护，任务完成以后，他们集中到西藏路桥北首苏州河畔的四行（金城、盐业、中南、大陆四家银行）仓库坚守。谢团于27日凌晨二时进驻后，立刻侦察形势，构筑工事，他们把四层以下的通气窗全部堵塞，第五层搁好沙袋，架上机枪，据高临下，监视着侵入对面交通银行仓库的敌军。敌军多次进攻，均遭返击，被歼一百多。

27日上午消息一传开，整个上海都哄动了。当时除西南一隅还能通行外，租界已被日军包围，固守了两个多月的上海，一旦落入魔掌，许多人都觉愀然。四行仓库的八百壮士（这个团并未满额，实际只有四百二十余人），比之田横五百，有过之无不及，他们为国牺牲的精神，大大地激励了上海人民，将上海人民炽热的心点燃了起来。

我离校后在上海邮局投递组工作。我们立刻捐集了一笔款子，买了慰劳品（包括医药用品）于第二天一早送去。我和两个邮递员运到西藏路苏州河畔。我在桥边侦伺，穿着绿色号衣的邮递员能在战区自

1　此标题为整理者所加。

由进出，仗着这点他们把慰劳品从小道送入，还替别人带了许多东西。我站着，看到桥南街旁有人仰头鼓掌，顺着他们的视线望去，看到四行仓库的顶层中央，悬挂着一面国旗，随风飘动，高高地傲视着周围的太阳旗。后来知道，这是一个女童子军叫杨惠敏的冒着生命危险送进去的，这是慰劳，也是赞颂。它在碧空中飘动，一颗颗青春的心随着旗帜在飞扬，飞扬。

华童公学是上海租界当局接受李提摩太、卜舫济、福开森的建议，由工部局于1904年设立的，我在那里读书时校址还在北火车站附近的克能海路（现名康乐路），校长是英国人康普（G. S. Foster Kemp）。1927年大革命，北火车站成为激战的中心。英国人口称“中立”派兵保护侨民，我们的校舍被穿短裙子的苏格兰军当作兵营，学生搬到南京路市政厅去上课。那一次，配合上海工人三次武装起义，华童公学的学生很活跃，有个姓顾的同学在帮助工人的时候，被孙传芳部队射击命中，献出了年轻的生命。那是我亲眼看到的。至于更早的五四运动，这个受租界当局控制的学校，居然已有代表参加筹备上海市学生联合会。6月5日那天，在学生会会长金菊生号召下，四百五十名同学全体罢课（被捕四人），逼得英籍校长不得不宣布放假一周。我在校时并未听说，后来读到校史，才知道了前后经过。

我于1929年辍学，第二年，学校就搬到赫司克而路（现名中州路）去了。压迫愈重，反抗愈烈，华童公学学生正式取得党的领导。在汪精卫政权接收租界，改名上海市立模范中学以后，黄克欧、郭丰敬等做了许多工作。谢晋元团在四行仓库坚守四昼夜，奉命退入租界，在胶州路建立了一个营房，上海人称为“孤军营”。那时华童公学已搬到戈登路（现名江宁路）马白路（现名新会路）口，离“孤军营”不远，学生常去慰问，并和士兵们一起联欢。后来“孤军营”因升旗事和租界当局发生冲突，华童公学学生马仲尉主动到营房担任翻译。谢晋元被叛徒杀害，学校又展开吊唁活动。由于这些渊源，也由于师生们对八百壮士的敬仰，抗日战争结束，1945年9月，学校便改名晋元中学，以表示对这位爱国将军及其袍泽们的敬意。

大约是五十年代末或者六十年代初吧，我曾应当时副校长郑逸梅先生之约，以校友身份，参加过一次同学们的活动，华童公学时代的教师，那时只留下胡先云先生一人了。胡先生没有直接教过我。我对租界当局办的学校并无好感，但是，只要一想起我在那里接触过的教师和同学，包括几位外籍教师在内，往事萦怀，就使我无法将这个学校忘却。从“五四”、“五卅”、三次工人武装起义、八百壮士，到上海解放前夕的争取民主运动，我和年轻同学们的心是连在一起的。当同学们在上海开会纪念一位浙江烈士——记不清是于镇华还是于子三——的时候，我应一位时常往来的同学之约，写过一副挽联：

竟然杀了你，于先生，于先生！在这个时代，有如此国家！

切莫放过他，刽子手，刽子手！既不许自由，讲什么民主！

挽联自然写得不好，但我的愤慨是真实的。从谢晋元将军被害使我想起许多人，有名的和无名的。历史，你的确压得我们这一代人太重，太重了呵！（图5-36）

1985年9月18日

*资料来源：唐弢：《八百壮士》，《人民日报》1985年10月14日，第8版。

图5-36 《八百壮士》（选自《人民日报》1985年10月14日，第8版）

晋元中学利用校史资源，加强学生爱国主义教育

本报讯 歌颂谢晋元将军率部孤军抗战的《歌八百壮士》的歌声，昨天响彻普陀区晋元中学校园。在建校九十周年之际，该校数千新老校友、新老教师互勉继续弘扬爱国主义传统，为中华的辉煌而共创一流学校、为国育英才。

晋元中学富有光荣的爱国主义传统，从原华童公学时期起，学生就积极投身“五四”、“五卅”等爱国运动。“八一三”事变时，学生们奋勇前往孤军抗日的军营，声援慰问八百壮士，与谢晋元将军及其部属结下深厚情谊，并纷纷奔赴抗日救亡前线。充分利用校史资源对学生进行爱国主义教育是该校的传统。学校组织专人访问谢晋元夫人和八百壮士的幸存者，到市、区图书馆搜集谢晋元将军率部英勇抗战的文章和照片，编写故事、校史。新生入学第一课，就是听校史报告，了解谢晋元将军的光辉一生，瞻仰谢晋元塑像，参观校史陈列室，学唱《歌八百壮士》校歌，接受爱国主义教育；少先队员14岁的生日、共青团员的入团宣誓都安排在谢晋元塑像前举行，让每一个学生铭记谢晋元的爱国精神，从小立下报国之志，激励学生勤奋学习，做振兴中华的栋梁之材。每年还举行“话校史、颂英雄”的活动，以歌唱、朗诵、演讲、写文章、讲故事等多种形式，让学生以自我教育的方式在活动中激发爱国热忱。该校还结合校庆，组织师生走访张承宗、翁史烈、蒋锡夔等对国家有杰出贡献的老校友，接受活生生的爱国主义教育。

晋元中学利用校史资源 加强学生爱国主义教育

本报讯　歌颂谢晋元将军率部孤军抗战的《歌八百壮士》的歌声，昨天响彻普陀区晋元中学校园。在建校九十周年之际，该校数千新老校友、新老教师互勉继续弘扬爱国主义传统，为中华的辉煌而共创一流学校、为国育英才。

晋元中学富有光荣的爱国主义传统，从原华童公学时期起，学生就积极投身"五四"、"五卅"等爱国运动。"八·一三"事变时，学生们奋勇前往孤军抗日的军营，声援慰问八百壮士，与谢晋元将军及其部属结下深厚情谊，并纷纷奔赴抗日救亡前线。充分利用校史资源对学生进行爱国主义教育是该校的传统。学校组织专人访问谢晋元夫人和八百壮士的幸存者，到市、区图书馆搜集谢晋元将军率部英勇抗战的文章和照片，编写故事、校史。新生入学第一课，就是听校史报告，了解谢晋元将军的光辉一生，瞻仰谢晋元塑像，参观校史陈列室，学唱《歌八百壮士》校歌，接受爱国主义教育；少先队员14岁的生日、共青团员的入团宣誓都安排在谢晋元塑像前举行，让每一个学生铭记谢晋元的爱国精神，从小立下报国之志，激励学生勤奋学习，做振兴中华的栋梁之材。每年还举行"话校史、颂英雄"的活动，以歌唱、朗诵、演讲、写文章、讲故事等多种形式，让学生以自我教育的方式在活动中激发爱国热忱。该校还结合校庆，组织师生走访张承宗、翁史烈、蒋锡夔等对国家有杰出贡献的老校友，接受活生生的爱国主义教育。

该校收到的历届毕业生的大量来信中，无论是长期工作在祖国偏远地区的还是海外游子，都表达了同一颗爱国的赤子之心。最近被评为普陀区十佳青年教师的任建华，完全有出国跳槽的机会，但他甘愿当一辈子教师，并业余攻读硕士学位，他说："人有多种需要，精神需求最重要！"。该校日前已拟就了深化爱国主义教育的新计划。（俞达玲　浦建平）

南开大学纪念建校七十

江泽民李鹏乔石李瑞环等题

江泽民为「孙越崎传」题

据新华社天津10月16日电（记者邱永生、朱玉泉）海内外南开校友的代表今天欢聚南开园，纪念南开大学建校75周年。

江泽民、李鹏、乔石、李瑞环等题词祝贺。

图5-37《晋元中学利用校史资源，加强学生爱国主义教育》（选自《文汇报》1994年10月17日，第8版）

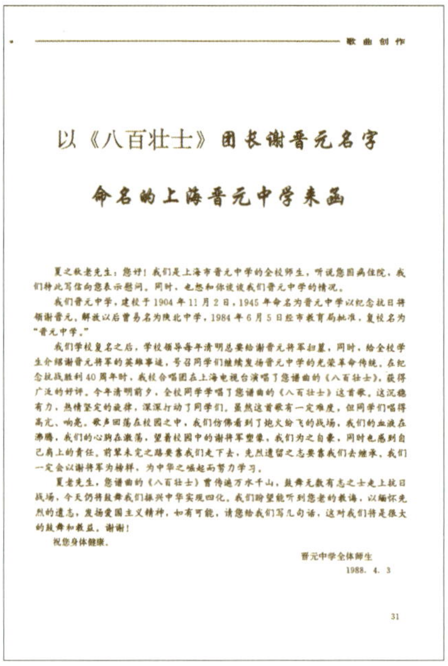

歌曲创作

以《八百壮士》团长谢晋元名字

命名的上海晋元中学来函

夏之秋老先生：您好！我们是上海市晋元中学的全校师生，听说您因病住院，我们特此写信向您表示慰问。同时，也想和你谈谈我们晋元中学的情况。

我们晋元中学，建校于1904年11月2日，1945年命名为晋元中学以纪念抗日将领谢晋元。解放以后曾易名为陕北中学，1984年6月5日经市教育局批准，复校名为"晋元中学。"

我们学校复名之后，学校领导每年清明总要给谢晋元将军扫墓，同时，给全校学生介绍谢晋元将军的英雄事迹，号召同学们继续发扬晋元中学的光荣革命传统。在纪念抗战胜利40周年时，我校合唱团在上海电视台演唱了您谱曲的《八百壮士》，获得广泛的好评。今年清明前夕，全校同学学唱了您谱曲的《八百壮士》这首歌。这沉稳有力，热情坚定的旋律，深深打动了同学们。虽然这首歌有一定难度，但同学们唱得高亢、响亮。歌声回荡在校园之中，我们仿佛看到了炮火纷飞的战场，我们的血液在沸腾，我们的心胸在激荡，望着校园中的谢将军塑像，我们为之自豪，同时也感到自己肩上的责任。前辈未完之路要靠我们走下去，先烈遗留之志要靠我们去继承。我们一定会以谢将军为榜样，为中华之崛起而努力学习。

夏老先生，您谱曲的《八百壮士》曾传遍万水千山，鼓舞无数有志之士走上抗日战场，今天仍将鼓舞我们振兴中华实现四化。我们盼望能听到您老的教诲，以缅怀先烈的遗志，发扬爱国主义精神，如有可能，请您给我们写几句话，这对我们将是很大的鼓舞和教益。谢谢！

祝您身体健康。

晋元中学全体师生

1988. 4. 3

31

图5-38《以〈八百壮士〉团长谢晋元命名的上海晋元中学来函》（选自陈先柄：《夏之秋纪念集》，中央音乐学院学报杂志社1994年版，第31页）

该校收到的历届毕业生的大量来信中，无论是长期工作在祖国偏远地区的还是海外游子，都表达了同一颗爱国的赤子之心。最近被评为普陀区十佳青年教师的任建华，完全有出国跳槽的机会，但他甘愿当一辈子教师，并业余攻读硕士学位，他说："人有多种需要，精神需求最重要！"该校日前已拟就了深化爱国主义教育的新计划（图5-37、图5-38）。

*资料来源：《晋元中学利用校史资源，加强学生爱国主义教育》，《文汇报》1994年10月17日，第8版。

六、编写校庆纪念刊，举办校庆活动

晋元建校九十五周年　黄菊致贺信，校庆活动暨谢晋元铜像揭幕仪式昨举行

本报讯　昨天，以爱国将领谢晋元名字命名的晋元中学迎来了建校95周年，校庆活动暨爱国将领谢晋元铜像揭幕仪式在刚落成的新校区隆重举行。中共上海市委书记黄菊和上海市副市长周慕尧分别发来了贺信，市政协副主席刘恒椽等出席校庆活动。

校庆活动充满了浓郁的爱国主义气氛，由1939届校友宋惠德捐资建造的，高4.8米的爱国将领谢晋元铜像耸立在两座教学楼的中央；"晋元"当年地下党老同志和校友及师生代表瞻仰了谢晋元铜像，同校的两代人代表同台朗诵诗歌，同校的三代人代表现场共叙衷肠，62届管乐班和现在的管乐班合奏《歌唱祖国》等，演绎出爱国荣校的感人篇章。该校多年来在实施素质教育上屡有成果，强化"选择教育、充分学习、卓越发展"的教育理念，创设"以学生发展为本，以培养创新精神和实践能力为重点，以现代信

图5-39 《晋元中学》（1984年内部刊印）

图5-40 《上海市晋元中学九十周年校庆纪念册》（1994年内部刊印）

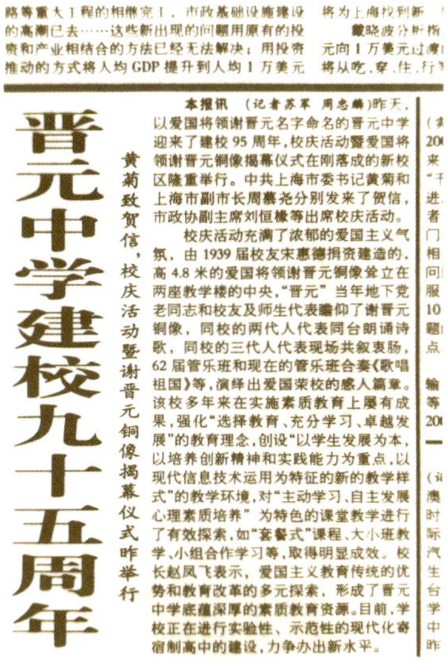

晋元中学建校九十五周年

黄菊致贺信，校庆活动暨谢晋元铜像揭幕仪式昨举行

本报讯 （记者苏军 周忠麟）昨天，以爱国将领谢晋元名字命名的晋元中学迎来了建校95周年，校庆活动暨爱国将领谢晋元铜像揭幕仪式在刚落成的新校区隆重举行。中共上海市委书记黄菊和上海市副市长周慕尧分别发来了贺信，市政协副主席刘恒椽等出席校庆活动。

校庆活动充满了浓郁的爱国主义气氛，由1939届校友宋惠德捐资建造的，高4.8米的爱国将领谢晋元铜像耸立在两座教学楼的中央，"晋元"当年地下党老同志和校友及师生代表瞻仰了谢晋元铜像，同校的两代人代表同台朗诵诗歌，同校的三代人代表现场共叙衷肠，62届管乐班和现在的管乐班合奏《歌唱祖国》等，演绎出爱国荣校的感人篇章。该校多年来在实施素质教育上屡有成果，强化"选择教育、充分学习、卓越发展"的教育理念，创设"以学生发展为本，以培养创新精神和实践能力为重点，以现代信息技术运用为特征的新的教学样式"的教学环境，对"主动学习、自主发展心理素质培养"为特色的课堂教学进行了有效探索，如"套餐式"课程、大小班教学、小组合作学习等，取得明显成效。校长赵凤飞表示，爱国主义教育传统的优势和教育改革的多元探索，形成了晋元中学底蕴深厚的素质教育资源。目前，学校正在进行实验性、示范性的现代化寄宿制高中的建设，力争办出新水平。

图5-41 《晋元建校九十五周年 黄菊致贺信，校庆活动暨谢晋元铜像揭幕仪式昨举行》（选自《文汇报》1999年11月21日，第4版）

息技术运用为特征的新的教学样式"的教学环境，对"主动学习、自主发展心理素质培养"为特色的课堂教学进行了有效探索，如"套餐式"课程、大小班教学、小组合作学习等，取得明显成效。校长赵凤飞表示，爱国主义教育传统的优势和教育改革的多元探索，形成了晋元中学底蕴深厚的素质教育资源。目前，学校正在进行实验性、示范性的现代化寄宿制高中的建设，力争办出新水平（图5-39至图5-41）。

*资料来源：《晋元建校九十五周年 黄菊致贺信，校庆活动暨谢晋元铜像揭幕仪式昨举行》，《文汇报》1999年11月21日，第4版。

第三节 新的谋划：晋元中学易地重建

一、易地重建晋元中学

关于上海市晋元中学易地重建的请示

普陀区人民政府：

上海市晋元中学的前身华童公学创建于1904年。抗战胜利后，为纪念爱国将领谢晋元，学校被命名

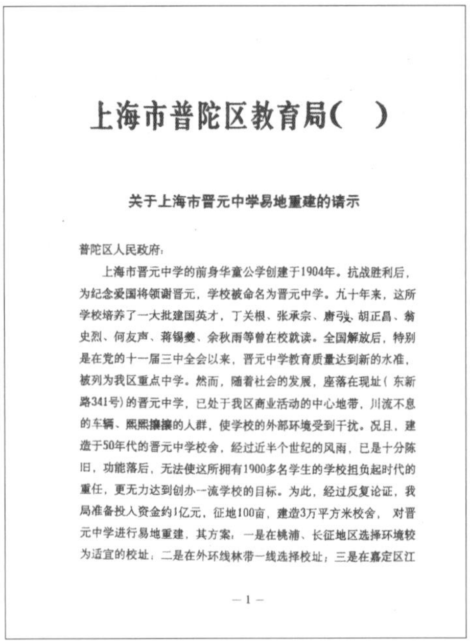
上海市普陀区教育局（ ）

关于上海市晋元中学易地重建的请示

普陀区人民政府：

上海市晋元中学的前身华童公学创建于1904年。抗战胜利后，为纪念爱国将领谢晋元，学校被命名为晋元中学。九十年来，这所学校培养了一大批建国英才，丁关根、张承宗、唐弢、胡正昌、翁史烈、何友声、蒋锡夔、余秋雨等曾在校就读。全国解放后，特别是在党的十一届三中全会以来，晋元中学教育质量达到新的水准，被列为我区重点中学。然而，随着社会的发展，座落在现址（东新路341号）的晋元中学，已处于我区商业活动的中心地带，川流不息的车辆、熙熙攘攘的人群，使学校的外部环境受到干扰。况且，建造于50年代的晋元中学校舍，经过近半个世纪的风雨，已是十分陈旧，功能落后，无法使这所拥有1900多名学生的学校担负起时代的重任，更无力达到创办一流学校的目标。为此，经过反复论证，我局准备投入资金约1亿元，征地100亩，建造3万平方米校舍，对晋元中学进行易地重建，其方案：一是在桃浦、长征地区选择环境较为适宜的校址；二是在外环线林带一线选择校址；三是在嘉定区江

－1－

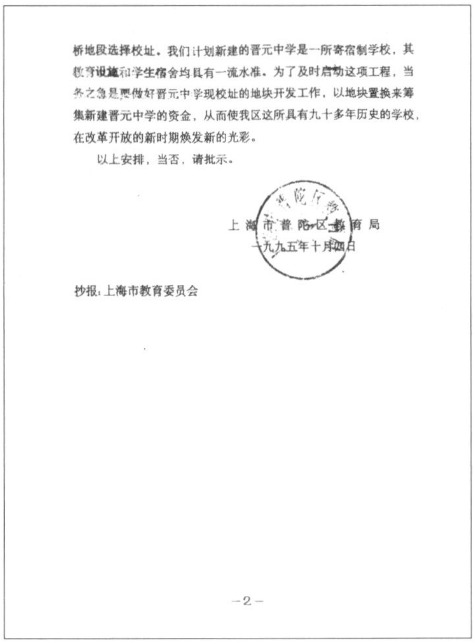
桥地段选择校址。我们计划新建的晋元中学是一所寄宿制学校，其教育设施和学生宿舍均具有一流水准。为了及时启动这项工程，当务之急是要做好晋元中学现校址的地块开发工作，以地块置换来筹集新建晋元中学的资金，从而使我区这所具有九十多年历史的学校，在改革开放的新时期焕发新的光彩。

以上安排，当否，请批示。

上海市普陀区教育局

一九九五年十月四日

抄报：上海市教育委员会

－2－

图5-42 《关于上海市晋元中学易地重建的请示》

为晋元中学。九十年来，这所学校培养了一大批建国英才，丁关根、张承宗、唐弢、胡正昌、翁史烈、何友声、蒋锡夔、余秋雨等曾在校就读。全国解放后，特别是在党的十一届三中全会以来，晋元中学教育质量达到新的水准，被列为我区重点中学。然而，随着社会的发展，座落在现址（东新路341号）的晋元中学，已处于我区商业活动的中心地带，川流不息的车辆、熙熙攘攘的人群，使学校的外部环境受到干扰。况且，建造于50年代的晋元中学校舍，经过近半个世纪的风雨，已是十分陈旧，功能落后，无法使这所拥有1900多名学生的学校担负起时代的重任，更无力达到创办一流学校的目标。为此，经过反复论证，我局准备投入资金约1亿元，征地100亩，建造3万平方米校舍，对晋元中学进行易地重建。其方案：一是在桃浦、长征地区选择环境较为适宜的校址；二是在外环线林带一线选择校址；三是在嘉定区江桥地段选择校址。我们计划新建的晋元中学是一所寄宿制学校，其教育设施和学生宿舍均具有一流水准。为了及时启动这项工程，当务之急是要做好晋元中学现校址的地块开发工作，以地块置换来筹集新建晋元中学的资金，从而使我区这所具有九十多年历史的学校，在改革开放的新时期焕发新的光彩。

以上安排，当否，请批示（图5-42）。

上海市普陀区教育局

一九九五年十月四日

抄报：上海市教育委员会

*资料来源：上海市普陀区教育局：《关于上海市晋元中学易地重建的请示》，1995年10月4日，普陀区档案馆藏，档案号：046-0002-1140。

关于晋元中学易地重建方案的请示

普陀区人民政府：

经研究，我们拟对晋元中学进行易地重建，方案如下：

一、现晋元中学地块的开发

现晋元中学（东新路341号）占地面积18,997平方米。此地块的开发安排为：沿东新路处建造商办楼，其余面积建造6幢商住楼，总的建筑面积为78,000平方米。

二、易地重建晋元中学的安排

新建的晋元中学选址在槎浦地区，拟投入1个亿，征地100亩，建造教学大楼、实验楼、宿舍楼以及图书馆、体育馆、艺术馆、科技劳技馆，校舍建筑面积约30,000平方米，并建有400米环形跑道和100米直道的操场。建成后的新晋元中学是一所设施齐全的寄宿制学校。

三、现晋元中学的过渡办法

现晋元中学高中部迁往占地11,469平方米的天工职校（曹杨路805号）（天工职校另作安排）；初中部迁往占地2,240平方米的白玉路小学（光复西路曹家村54号）。现晋元中学教学楼、实验楼使用到1996年6月，7月份该校进入到上述地点过渡。

以上方案妥否，请示（图5-43）。

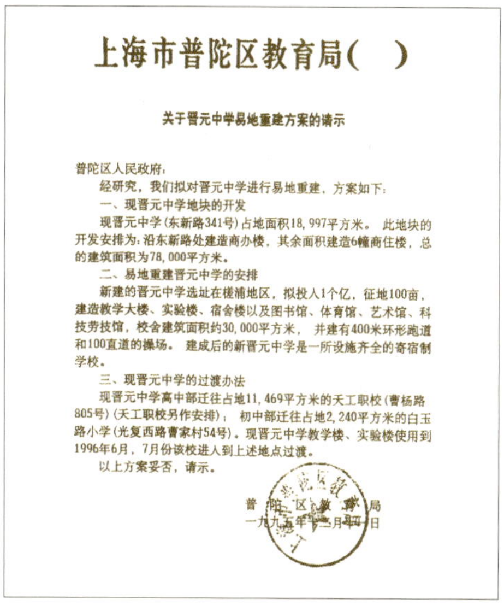

上海市普陀区教育局（　）

关于晋元中学易地重建方案的请示

普陀区人民政府：

经研究，我们拟对晋元中学进行易地重建，方案如下：

一、现晋元中学地块的开发

现晋元中学（东新路341号）占地面积18,997平方米。此地块的开发安排为：沿东新路处建造商办楼，其余面积建造6幢商住楼，总的建筑面积为78,000平方米。

二、易地重建晋元中学的安排

新建的晋元中学选址在槎浦地区，拟投入1个亿，征地100亩，建造教学大楼、实验楼、宿舍楼以及图书馆、体育馆、艺术馆、科技劳技馆，校舍建筑面积约30,000平方米，并建有400米环形跑道和100直道的操场。建成后的新晋元中学是一所设施齐全的寄宿制学校。

三、现晋元中学的过渡办法

现晋元中学高中部迁往占地11,469平方米的天工职校（曹杨路805号）（天工职校另作安排）；初中部迁往占地2,240平方米的白玉路小学（光复西路曹家村54号）。现晋元中学教学楼、实验楼使用到1996年6月，7月份该校进入到上述地点过渡。

以上方案妥否，请示。

普陀区教育局

一九九五年十二月十一日

图5-43 《关于晋元中学易地重建方案的请示》

普陀区教育局

一九九五年十二月十一日

*资料来源：上海市普陀区教育局：《关于晋元中学易地重建方案的请示》，1995年12月11日，普陀区档案馆藏，档案号：046-0002-1140。

二、新晋元中学的申办：建设现代化寄宿制高级中学

上海市教育委员会关于上海建设十余所现代化寄宿制高级中学的文件[1]

各区县教育局：

（1996年）8月30日市教委在进才中学召开了各区县分管教育的区县长和教育局长会议。龚学平副市

1　原无标题，此标题为整理者加注。

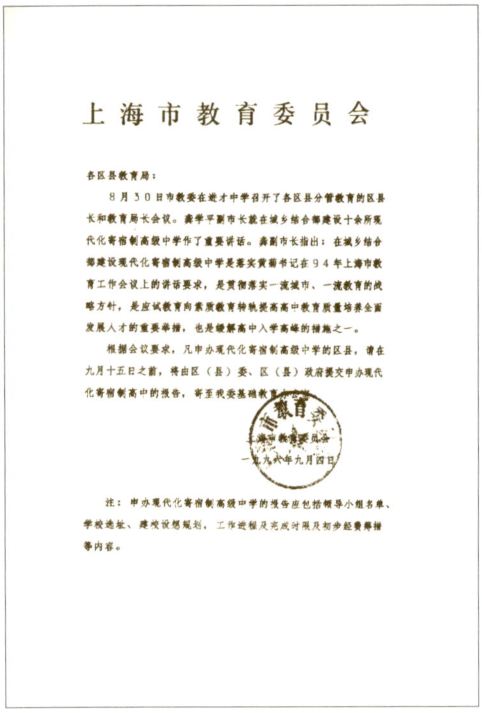

上海市教育委员会

各区县教育局：

8月30日市教委在进才中学召开了各区县分管教育的区县长和教育局长会议。龚学平副市长就在城乡结合部建设十余所现代化寄宿制高级中学作了重要讲话。龚副市长指出：在城乡结合部建设现代化寄宿制高级中学是落实黄菊书记在94年上海市教育工作会议上的讲话要求，是贯彻落实一流城市、一流教育的战略方针，是应试教育向素质教育转轨提高高中教育质量培养全面发展人才的重要举措，也是缓解高中入学高峰的措施之一。

根据会议要求，凡申办现代化寄宿制高级中学的区县，请在九月十五日之前，将由区（县）委、区（县）政府提交申办现代化寄宿制高中的报告，寄至我委基础教育办公室。

上海市教育委员会

一九九六年九月四日

注：申办现代化寄宿制高级中学的报告应包括领导小组名单、学校选址、建校设想规划，工作进程及完成时限及初步经费筹措等内容。

图5-44 《上海市教育委员会关于上海建设十余所现代化寄宿制高级中学的文件》

长就在城乡结合部建设十余所现代化寄宿制高级中学作了重要讲话。龚副市长指出：在城乡结合部建设现代化寄宿制高级中学是落实黄菊书记在（19）94年上海市教育工作会议上的讲话要求，是贯彻落实一流城市、一流教育的战略方针，是应试教育向素质教育转轨提高高中教育质量培养全面发展人才的重要举措，也是缓解高中入学高峰的措施之一。

根据会议要求，凡申办现代化寄宿制高级中学的区县，请在九月十五日之前，将由区（县）委、区（县）政府提交申办现代化寄宿制高中的报告，寄至我委基础教育办公室。

上海市教育委员会

一九九六年九月四日

注：申办现代化寄宿制高级中学的报告应包括领导小组名单、学校选址、建校设想规划，工作进程及完成时限及初步经费筹措等内容（图5-44）。

*资料来源：《上海市教育委员会关于上海建设十余所现代化寄宿制高级中学的文件》，1996年9月4日，普陀区档案馆藏，档案号：046-0002-1247。

附记：1996年9月10日，普陀区教育局致函上海市教育委员会："根据市教委基建处8月30日的通知，今将我区城郊结合部建设现代化、高标准寄宿制高级中学的设计基础资料呈上。资料包括：1. 文字说明：'关于新晋元中学设计的基础资料'。2. 附件：各类校舍建筑面积一览表。3. 附件：选址范围地形图（1:500）。以上资料均按要求一式捌份。特此呈报。"

新晋元中学的申办报告

上海市教育委员会：

根据上海市人民政府关于在城郊结合部有计划、有步骤建设一批现代化寄宿制高级中学的精神，我区决定将晋元中学易地重建，建成一所现代化的寄宿制高级中学。

今向上海市人民政府正式申办，报告如下：

一、筹建领导小组名单

普陀区人民政府成立新晋元中学筹建领导小组

组　长：胡延照（普陀区区长）

副组长：张克明（普陀区常务副区长）

陈心田（副区长）

白文华（副区长）

成　员：

唐建芳（区府办副主任）

刘培鸿（区教育局局长）

陆水利（区规土局副局长）

崔世昌（区财政局局长）

蔡志荣（区计经委主任）

赵正宽（区综合开发办公室主任）

二、学校选址

经普陀区人民政府区长办公会议数次讨论，决定新晋元中学选在普陀区长征镇地界内的万里住宅小区。初步规划占地136亩。

学校选址的地形图（1:500）已于八月十日报市教委基建处（一式捌份）。

三、学校规划设想

1. 学校规模，我区原按每班五十人估算，以36班规划，现根据市教委编制的配置标准每班按40人估算，拟调整为42班。

2. 学校占地规划为136亩。

3. 学校各类建筑总建筑面积，按市教委编制的标准规划为4.5万平方米（400米标准环形跑道运动场）。

4. 各类建筑的建筑面积规划，我区已拟定一个方案，现拟按照市教委编制的标准作适当调整。

四、筹建工作进程安排及完成时限

1. 年内完成新晋元中学规划方案。

2. 1997年第一季度完成初步设计。

3. 1997年上半年完成扩初设计。

4. 1997年7月1日前奠基、开工。

5. 1997.1—1998.12为施工期。

6. 力争1999年春节正式交付使用。

最迟于1999年6月30日全部竣工。

五、经费筹措方案

1. 原晋元中学占地18900m^2，地处武宁商业和住宅区，决定予以置换。初步谈判，土地置换价在一亿人民币左右。

2. 恳请市教委补助人民币3000万左右。

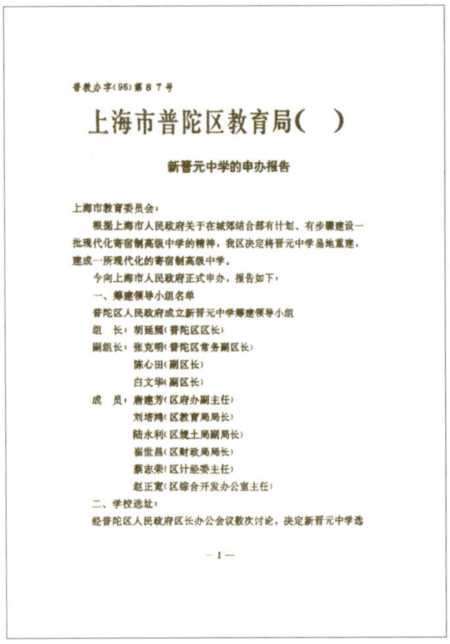

普教办字(96)第87号

上海市普陀区教育局(　)

新晋元中学的申办报告

上海市教育委员会：

根据上海市人民政府关于在城郊结合部有计划、有步骤建设一批现代化寄宿制高级中学的精神，我区决定将晋元中学易地重建，建成一所现代化的寄宿制高级中学。

今向上海市人民政府正式申办，报告如下：

一、筹建领导小组名单

普陀区人民政府成立新晋元中学筹建领导小组

组　长：胡延照(普陀区区长)

副组长：张克明(普陀区常务副区长)

陈心田(副区长)

白文华(副区长)

成　员：唐建芳(区府办副主任)

刘堵鸿(区教育局局长)

陆永利(区规土局副局长)

崔世昌(区财政局局长)

蔡志荣(区计经委主任)

赵正宽(区综合开发办公室主任)

二、学校选址：

经普陀区人民政府区长办公会议数次讨论，决定新晋元中学选

—1—

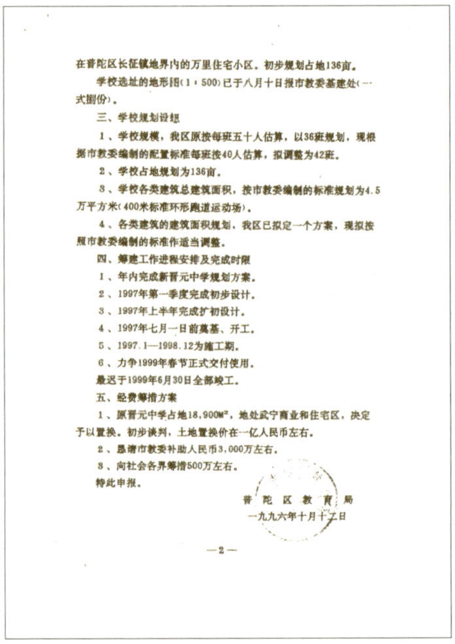

在普陀区长征镇地界内的万里住宅小区。初步规划占地136亩。

学校选址的地形图(1：500)已于八月十日报市教委基建处(一式捌份)。

三、学校规划设想

1、学校规模，我区原按每班五十人估算，以36班规划，现根据市教委编制的配置标准每班按40人估算，拟调整为42班。

2、学校占地规划为136亩。

3、学校各类建筑总建筑面积，按市教委编制的标准规划为4.5万平方米(400米标准环形跑道运动场)。

4、各类建筑的建筑面积规划，我区已拟定一个方案，现拟按照市教委编制的标准作适当调整。

四、筹建工作进程安排及完成时限

1、年内完成新晋元中学规划方案。

2、1997年第一季度完成初步设计。

3、1997年上半年完成扩初设计。

4、1997年七月一日前奠基、开工。

5、1997.1—1998.12为施工期。

6、力争1999年春节正式交付使用。

最迟于1999年6月30日全部竣工。

五、经费筹措方案

1、原晋元中学占地18,900M²，地处武宁商业和住宅区，决定予以置换。初步谈判，土地置换价在一亿人民币左右。

2、恳请市教委补助人民币3,000万左右。

3、向社会各界筹措500万左右。

特此申报。

普陀区教育局

一九九六年十月十二日

—2—

图5-45《新晋元中学的申办报告》

3. 向社会各界筹措500万左右。

特此申报（图5-45）。

普陀区教育局

一九九六年十月十二日

*资料来源：《新晋元中学的申办报告》，1996年10月12日，普陀区档案馆藏，档案号：046-0002-1247。

新晋元中学建筑规划

新晋元中学校舍各类建筑面积规划

名　称	间数	单间使用面积（m²）	平面系数K	总建筑面积（m²）	名　称	间数	单间使用面积（m²）	平面系数K	总建筑面积（m²）
一、教室类					7. 语言准备室	2	40	0.85	94
1. 普通教室	48	60	0.62	4645	8. 电工实验室	1	80	0.62	130
2. 实验室	8	80	0.62	1032	9. 美术室	1	80	0.62	130
3. 实验准备室	4	100	0.85	470	10. 电化教室	2	80	0.62	258
4. 微机房	3	80	0.62	387	11. 地理室	1	80	0.62	130
5. 微机准备室	3	40	0.85	140	12. 历史室	1	80	0.62	130
6. 语言实验室	2	80	0.62	258	13. 听课室	1	120	0.62	193

（续表）

名　称	间数	单间使用面积（m²）	平面系数K	总建筑面积（m²）	名　称	间数	单间使用面积（m²）	平面系数K	总建筑面积（m²）
14. 选修课教室	20	40	0.62	1290	4. 档案室	2	80	0.80	200
15. 音乐教室	2	80	0.85	188	5. 音像馆	2	80	0.62	258
二、办公会议室					六、学生宿舍及食堂				
1. 教师办公室	25	30	0.80	938	1. 标准宿舍	250	30	0.70	10714
2. 行政办公室	15	30	0.80	585	2. 管理用房	8	25	0.70	285
3. 演讲厅（大）	1	1500	0.80	1875	3. 食堂	3	400	0.70	1714
4. 演讲厅（中）	1	800	0.80	1000	七、教工宿舍及食堂				
5. 会议室（中）	1	250	0.80	312	1. 教工宿舍	25	35	0.70	1250
6. 会议室（小）	3	50	0.80	187.5	2. 客房	10	40	0.70	570
7. 工会活动室	1	200	0.80	250	3. 教工食堂	2	60	0.70	171
三、艺术馆					4. 小食堂	2	40	0.70	114
1. 展览厅	1	300	0.62	485	八、其它辅助用房				4000
2. 阅览室	4	40	0.80	200	1. 仓库				
3. 贮藏室	5	30	0.80	187	2. 宿舍				
四、体育馆					3. 木工间				
1. 游泳馆	1	820	0.62	1322	4. 电工间				
2. 篮排球场	1	1000	0.62	1612	5. 车库				
3. 体操房	1	1000	0.85	1176	6. 洗衣间				
4. 乒乓馆	1	720	0.85	847	7. 理发室				
5. 身体功能房	1	800	0.85	941	8. 其它				
五、图书馆									
1. 藏书室	4	150	0.80	750					
2. 资料室	2	100	0.80	250					
3. 阅览室	4	100	0.80	500					

*资料来源:《新晋元中学校舍各类建筑面积规划》，1996年，普陀区档案馆藏，档案号：046-0002-1247。

关于新晋元中学筹建工作的情况汇报

普陀区新晋元寄宿制高级中学的方案设计，今年上半年经市、区二级领导审查和专家组评审后已进入扩初设计阶段，目前筹建工作的进展情况汇报如下：

一、关于资金筹集

为了建造新晋元中学，经市教委和区人民政府批准，我区将晋元中学原址置换，并与新加坡俐马向荣公司签订了合作协议，按协议规定，区教育局负责原晋元中学地块的“三通一平”。由于原址上的“人防工程”规模甚大，沿学校围墙商业网面积较多，从今年4月开始动迁商业网点和人防工程招待所，到今年8月底完成全部动迁工作，并于11月15日完成了“三通一平”。开发商目前按协议到位资金人民币2,000万元。

二、关于新晋元土地征用情况

根据我区人民政府安排，新晋元坐落在万里住宅小区，其动迁工作和校舍建造委托我区中环集团实施。目前，新晋元中学地块的征地和勘探工作已完成，居民动迁已开始，困难主要在于地块内单位的动迁。中环集团总裁周玉升同志表示，将克服一切困难，在1997年年底前完成动迁任务，确保12月31日前动工。

三、关于设计进度

根据设计招标的中标单位——上海工程勘察设计院方案设计，该院已完成扩初设计，定于12月15日召开扩初方案审定会。现按照我们要求，该院已同时开始单体的工程设计，以供年底动工使用。

四、关于新晋元中学功能设计

学校规划用地8.65公顷，约合136亩，总建筑面积45,000平方米。学校规模为36班，住校学生1,500人，总投资2.3亿元。

学校总体设计因地制宜，因该地块受国际广播电台发射波的影响，建筑物高度不得超过规定高度，因此将田径运动场布局在西北部4—8米限高区，教学区与生活区布局在不限高的东部，体育馆、游泳馆设在基地的西南部。

学校主大门设在居住区主干道新村路上，正对教学区主楼，入口处有宽敞的广场，谢晋元将军塑像置于广场中央，东入口设在学校东侧街坊道路上，介于教学区与居住区之间，适宜师生日常使用。西侧、北侧各设一个辅助出入口，西入口为方便体育馆对社区开放，北入口为后勤提供服务。

教学区（含图书馆、行政楼）面积21,200平方米，以院落式布置在东部，朝向通风采光良好。实验楼受限高线影响，沿该线布置，朝向东南，采用两幢连体中廊上空。图书馆、报告厅及公共空间设在普教楼与实验楼之间，形成了公共核心区以开放空间贯穿南北，连通南部入口广场与北部生活区，并串联各部分。基本教室一至三层按年级分层，四楼作合班教室和选班教室，形成一个庭院，回廊相连，便于课间活动，并构成年级层面。教学办公及行政楼、电化教学楼布置在教学区东南侧，核心区环状庭院围绕着图书馆阅览室，核心轴北侧一楼为报告厅，面积520平方米，600个座位，适合教学讲座、研讨报告会。二楼为开敞式活动平台，三至四层为美术教室与布置成画廊的中庭通廊，形成一个有艺术韵味的课间休息区域。西侧为实验楼，一侧为理科实验楼，另一侧为文科楼，布置计算机、历史、地理、语言教室，天象馆及天文台布置于报告厅顶部，教学区北侧环绕下沉广场建艺术综合楼1,450平方米，朝向东南，一层为音乐厅，二层为舞蹈房，三层为音乐、乐器教室。

生活区15,794平方米，由宿舍楼、食堂、浴室等服务设施组成，宿舍楼三幢布置在东侧，食堂等服务设施布置在北侧，靠近后勤入口处，食堂与宿舍楼之间以空廊形成“门户”，各幢宿舍楼之间以一层的风雨联廊联系，并通往教学区。宿舍楼每舍6床，每两舍12人设一套卫生设备，淋浴、便器各3套，每层另有活动室及洗衣房。

体育运动区位于基地西部、北部，4—8米限高区为室外活动区，南面12米限高区为室内运动场馆及体育教学用房，体育馆与游泳馆平行布置5,769平方米，既满足12米限高又满足场馆及比赛需要，体育馆以舒展流畅的弧形网架、金属层面与厚实的基座形成虚实对比。游泳馆采用开启式折角玻璃天棚水平延伸。运动场有400米环形塑胶跑道的标准田径场、足球场、室外篮球场、排球场、网球场8处，整个体育馆区与室内外空间处理恰当，与周围环境和谐共处。

五、关于进度目标

1. 根据区政府安排，区教育局负责原晋元中学地块的置换和新晋元中学方案设计和扩初设计，扩初设计完成以后的工程设计和工程施工将移交中环集团实施。

2. 根据区政府安排，土建将用1年时间争取在1998年年底完成，1999上半年完成安装和装修，确保1999年9月1日全面竣工，投入使用。

普陀区教育局

一九九七年十二月五日

*资料来源:《关于新晋元中学筹建工作的情况汇报》，1997年12月5日，普陀区档案馆藏，档案号：046-0002-1386。

1999年9月1日，一所设计容量为36个班、1440名学生的现代化寄宿制高级中学新校舍建成并投入使用。当年，高二、高三的学生均成功迁入新校区。然而，到了2000年，随着入学人数的增加，学校的招生规模也显著扩大，由原来的每届8个班增为16个班。这导致原有的校舍容量无法满足日益增长的需求，迫切需要扩建校舍以适应招生规模的增长。

为此，学校迅速成立了扩建项目工程组，明确了扩建的规模和功能。扩建计划包括：1.新建700个床位，标准不低于现有学生住宿条件；2.新建150个国际留学生床位；3.扩建300个餐厅座位；4.增设部分国际交流的功能性场所。

由于学校现有的用地已无法满足扩建的需求，项目组决定通过协调市、区相关部门，使用国家管控的无线电微波管制空域作为建设用地。为此，项目组与上海市重大工程办公室、上海市无线电管理委员会、上海市电信局、上海市规划和国土资源管理局、上海市城市规划设计院等相关部门进行了广泛沟通，获得了他们的理解和支持。2001年7月，在市重大办的牵头下，各部门召开联席会议，通过了学校新增用地，并完成了规划用地的审批。

在获得用地审批后，学校的原设计单位根据新增校舍的功能定位，提出了一个13000平方米建筑面积的设计方案。资金和建设方面，由于当时普陀区财政紧张，无法投入大量资金进行扩建，学校决定向银行贷款400万元，并自筹部分资金来解决建设资金问题，学校设立专户进行资金管理。在招标办和区教育局的支持下，学校进行了公开招投标，最终确定了市建五公司为建设单位，上海建工院为监理单位。2002年1月5日，宿舍综合楼打下第一根桩。同年8月20日，所有设备安装到位。8月31日，新宿舍综合楼正式交付使用。

*资料来源：由上海市晋元高级中学原总务主任蒲国雄老师提供，并经时任晋元高级中学副校长谢劳夫对文字进行了确认及修订。

小　结

1984年，经市教育局同意，学校在校庆80周年之际恢复为原校名“晋元中学”，并在学校中建起谢晋元将军的铜像，晋元中学进入了一个全新发展阶段。

在“严谨扎实、探索创新”的教风，以及“严、实、活、精”的学风和“团结、守纪、勤奋、进取”的校风引导下，晋元人逐步形成了共同认同的价值取向和丰富多彩的学校文化，并以此为基础不断提升学校的办学水平，校园日益充满活力，涌现出了一批优秀的中青年教师，几乎在所有课目中都保持全市前列的地位，培养出一大批优秀的人才。学校获得的优异成绩不仅赢来良好口碑，荣誉也接踵而至。学校还充分利用晋元中学光荣革命的传统资源，让学生了解校史，熟悉校史，以校友中的英雄人物、杰出人物为榜样，以做晋元人为荣，以振兴中华为己任，通过潜移默化，激发学生强烈的爱国主义精神。此外，自20世纪80年代中叶起，晋元中学逐渐迈开了对外交往和开放办学的步伐，对外交流日益频繁，视野也日益开拓。

到了20世纪90年代，上海全面推进教育改革，晋元中学领风气之先，在上海市中小学课程教材改革活动中大胆创新，“加强管理、注重调研、突破重点、讲究实效”的16字经验得到了上海市教委的推广；同时，又以活动课为突破口，全面推广素质教育，获得了同行的一致好评。学校生机勃勃，这里有明亮整洁的校园，“团结、守纪、勤奋、进取”的校风，“团结、求实、进取”的校园文化，老师们在教学中倾其所有、尽心尽力；学生们读书自觉、认真，彬彬有礼，自由地畅游在知识的海洋中。科技节、体育节、音乐会，学校生活更是丰富多彩，学生素质也在这当中不断提高。

1996年，上海开始实施建设现代化寄宿制高中的计划，晋元中学名列其中，普陀区决定在万里小区为学校建设一座全新的校舍，晋元中学由此获得了千载难逢的发展机遇，筹划建设“新晋元中学”。学校也在这里开始走上从历史名校向现代化一流学校转型之路。

改名“晋元中学”以后，学校的校风、校貌、师资质量和办学水平均呈上升态势，成为改革开放大潮下，上海基础教育蓬勃发展、欣欣向荣的一个缩影。本编使用大量档案、报刊等相关文献，反映晋元中学在这一时期的办学情况，重点围绕改革与振兴。

第六编

建设现代化名校：上海市晋元高级中学（1999年以来）

建设现代化名校：上海市晋元高级中学（1999年以来）

图6-1　上海市晋元高级中学校园航拍图（摄于2024年6月14日）

1999年，根据上海市政府“为全面实施素质教育行动纲领，落实上海一流教育”的目标精神，学校被列为上海市11所现代化寄宿制高级中学之一；同时迁往新村路进行易地重建，实行初高中脱钩，高中部迁至现校址，正式更名为“上海市晋元高级中学”。

进入21世纪，晋元高级中学在弘扬优良传统的基础上，抓住机遇，确立了新的发展目标，努力把学校建设成为一所“五个新”（即教育理念新、课程组合新、运作方式新、师资结构新、管理机制新[1]），学生自主发展、富有国际视野和鲜明个性特色[2]的现代化、国际化名校。学校提出“学会选择，主

1 《百年名校走在创新前列》，《光明日报》2006年3月8日，第10版。

2 《晋元高级中学关于创建上海市实验性、示范性高中总结性评审》（档案摘选），2004年4—5月，上海市晋元高级中学档案室藏。

光明日报 2006年3月8日 星期三

百年名校走在创新前列

“高级信息技术人才认证培训”北京基地建成

北京汇佳职业学院获准自主招生

西安交通大学
建校110周年暨交通大学迁校50周年

图6-2 《百年名校走在创新前列》(选自《光明日报》2006年3月8日，第10版)

动学习，卓越发展”的办学理念，率先在全国构筑了“以套餐式组合课程为选择教育的载体、以走班制学习组织方式为基本实施形态、以学分制为基本管理制度、以研究性学习和现代信息技术为基本特征的课堂教学”的素质教育育人模式[1]，形成了“上什么课，学生来挑选，每天进出不同的教室上课”[2]的“晋元特色”，其教育改革亮点获得《人民日报》《光明日报》等的高度关注。与这种教育特色相适应的是，晋元着力打造一支学习型、研究型、创新型的教师队伍[3]，截至2005年，先后有100余名教师获得各级“园丁奖”，有20余名教师获得全国或上海市“优秀教师”“劳动模范”称号（图6-1）。[4]

2000年，学校被列为上海市33所重点中学之一；2005年，被上海市教委列名为首批上海市实验性示范性高中。学校先后获得“全国美育实验基地”“中国创造学会创造教育专业委员会先进实验基地”“全国信息技术创新与实践活动先进单位”“上海市科技特色学校”“上海市TI数理教学技术实验学校”“上海市中小学课程教材改革研究基地”“上海市教师评价改革创新实践试点学校”等荣誉称号。[5]学校涌现了一批优秀教师，获得全国、上海市、普陀区的各类荣誉。晋元学子在全国、上海市等各类竞赛中也屡创佳绩，捷报频传。2006年3月《光明日报》以《百年名校走在创新前列》为题报道上海市晋元高级中学的办学情况（图6-2）。[6]

如今的晋元高级中学，秉承“励学敦行，承志报国”之校训，坚持“学会选择，主动学习，卓越发展”的办学理念，以“智慧选择，卓越发展”为育人目标，不断塑造“乐群笃学，协同致远”的学校精神，全面提升内涵品质和教育质量，努力为建设上海一流、国际知名的品牌学校而奋斗。

1 上海市晋元高级中学校长室：《上海市教委关于命名“晋元高级中学”等28所学校为“上海市实验性示范性高中”的决定及上海市实验性示范性高中》，2005年2—3月，上海市晋元高级中学档案室藏。

2 《套餐式课程，“走班”制运作，学分制管理，上海晋元高级中学——上什么课我来挑选》，《人民日报》2006年4月20日，第13版。

3 《百年名校走在创新前列》，《光明日报》2006年3月8日，第10版。

4 上海市晋元高级中学校长室：《上海市教委关于命名“晋元高级中学”等28所学校为“上海市实验性示范性高中”的决定及上海市实验性示范性高中》，2005年2—3月，上海市晋元高级中学档案室藏。

5 《晋元高级中学关于创建上海市实验性、示范性高中总结性评审》（档案摘选），2004年4—5月，上海市晋元高级中学档案室藏。

6 《百年名校走在创新前列》，《光明日报》2006年3月8日，第10版。

第一节　成为首批上海市实验性示范性高中

一、重点建设与教学改革

晋元中学被确立为“重点中学”

“文化大革命”中，取消重点中学，改为普通学校。粉碎“四人帮”以后，邓小平提出：“要办好重点学校。”1978年（上海）市教育局确定一批市区县重点中学（其中市重点中学26所，区县重点中学50所）。

2000年上海市33所重点中学为：格致中学、大境中学、大同中学、向明中学、上海中学、上海师大附中、市二中学、南洋模范中学、上海实验学校、位育中学、市三女中、延安中学、市西中学、育才中学、华东师大二附中、曹杨二中、晋元中学、市北中学、新中中学、上外附中、复兴中学、华东师大一附中、控江中学、复旦附中、上海交大附中、杨浦高级中学、七宝中学、行知中学、嘉定一中、建平中学、进才中学、松江二中、青浦中学。

其中有11所中学为上海市新建的现代化寄宿制高中，即位育中学、延安中学、育才中学、晋元中学、新中中学、复兴中学、杨浦高级中学、七宝中学、嘉定一中、进才中学、青浦中学（图6-3）。

*资料来源：《上海普通教育志》编纂委员会编：《上海普通教育志》，第231页。

无固定教室，无固定课表，无固定教师：晋元新生全面实施“走班制”

本报讯　本市晋元高级中学今年将在高一新生中全面实施“走班制”，整个高一年级576名学生的课

图6-3　上海市晋元高级中学开工典礼（摄于1999年）

程表张张不同。这是该校为使教学形式适应教学内容，满足学生个性发展的需要、全面培养学生的素质而进行的一个重大探索。

晋元高级中学将实施的“走班制”，除语文、政治等课和一些社团集体生活是以班级为活动单位外，高一其他授课活动均打破了原来固定的班级界限。学生“走班”有5种形式：必修课的教师和学科教室相对固定，学生按水平差异分层流动上课的分层教学；对那些直观性、实验性和操作性较强的课程，可到各专业教室流动上课，专业课程固定教室后，学生按选择流动上课；对选科或跳级的学生，允许在校内外流动上课；对一些选修或研究课程，教师采取挂牌上课的形式，学生可自主选择上课。

实施“走班制”后，学生根据各自的“个人课程表”进入相关教室上课。班主任在管好寄宿制学生学习和生活的同时，还要通过校园管理网络了解每个学生的情况（图6-4）。

*资料来源：《无固定教室，无固定课表，无固定教师：晋元新生全面实施“走班制”》，《文汇报》1999年7月12日，第5版。

无固定教室 无固定课表 无固定教师

晋元新生全面实施『走班制』

本报讯 （记者周忠麟）本市晋元高级中学今年将在高一新生中全面实施“走班制”，整个高一年级576名学生的课程表张张不同。这是该校为使教学形式适应教学内容，满足学生个性发展的需要、全面培养学生的素质而进行的一个重大探索。

晋元高级中学将实施的“走班制”，除语文、政治等课和一些社团集体生活是以班级为活动单位外，高一其他授课活动均打破了原来固定的班级界限。学生“走班”有5种形式：必修课的教师和学科教室相对固定，学生按水平差异分层流动上课的分层教学；对那些直观性、实验性和操作性较强的课程，可到各专业教室流动上课；专业课程固定教室后，学生按选择流动上课；对选科或跳级的学生，允许在校内外流动上课；对一些选修或研究课程，教师采取挂牌上课的形式，学生可自主选择上课。

实施“走班制”后，学生根据各自的“个人课程表”进入相关教室上课。班主任在管好寄宿制学生学习和生活的同时，还要通过校园管理网络了解每个学生的情况。

图6-4 《无固定教室，无固定课表，无固定教师：晋元新生全面实施“走班制”》（选自《文汇报》1999年7月12日，第5版）

关于我校被市政府命名为上海市十一所现代化、寄宿制高级中学之一通告

根据上海市政府为“全面实施素质教育行动纲领”，落实上海一流教育的目标精神，我校被市政府命名为上海市十一所现代化、寄宿制高级中学之一。学校易地重建（图6-5）。

我校名：上海市晋元高级中学

校址：新村路2168号

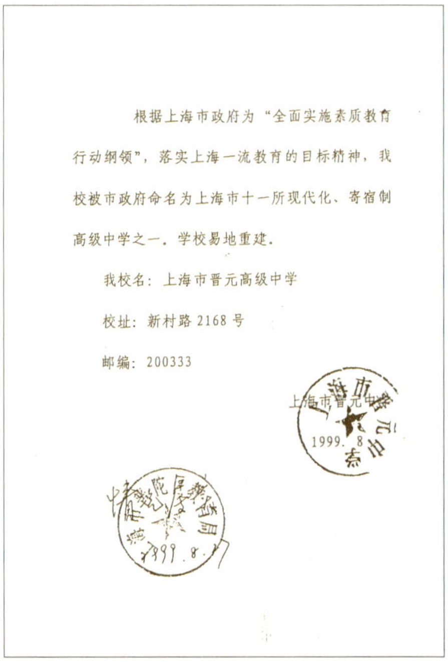

根据上海市政府为“全面实施素质教育行动纲领”，落实上海一流教育的目标精神，我校被市政府命名为上海市十一所现代化、寄宿制高级中学之一，学校易地重建。

我校名：上海市晋元高级中学

校址：新村路 2168 号

邮编：200333

1999. 8

1999. 8. 17

图6-5 《关于我校被市政府命名为上海市十一所现代化、寄宿制高级中学之一通告》（1999）

邮编：200333

上海市晋元中学

1999年8月

*资料来源：《关于我校被市政府命名为上海市十一所现代化、寄宿制高级中学之一通告》，1999年8月，上海市晋元高级中学档案室藏。

二、改名“上海市晋元高级中学”

关于上海市晋元中学变更校名、校址的请示

区编委：

为落实“教育要面向现代化、面向世界、面向未来”的战略方针，加快我区教育改革和发展步伐，作为我区教育发展标志性项目之一的晋元中学易地重建工程即将完成。同时，鉴于我区重点中学自（19）97年秋季起停招初中学生的实际情况，经研究，拟将上海市晋元中学更名为上海市晋元高级中学，校址为新村路2168号。

当否，请批示（图6-6）。

上海市普陀区教育局

一九九九年八月二十七日

*资料来源：上海市普陀区教育局：《关于上海市晋元中学变更校名、校址的请示》，1999年8月27日，普陀区档案馆藏，档案号：046-0001-434。

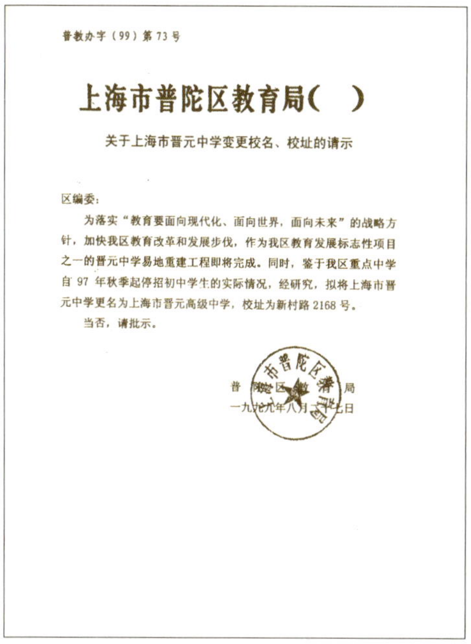

普教办字（99）第73号

上海市普陀区教育局（　）

关于上海市晋元中学变更校名、校址的请示

区编委：

为落实“教育要面向现代化、面向世界，面向未来”的战略方针，加快我区教育改革和发展步伐，作为我区教育发展标志性项目之一的晋元中学易地重建工程即将完成。同时，鉴于我区重点中学自 97 年秋季起停招初中学生的实际情况，经研究，拟将上海市晋元中学更名为上海市晋元高级中学，校址为新村路 2168 号。

当否，请批示。

普陀区教育局

一九九九年八月二十七日

图6-6 《关于上海市晋元中学变革校名、校址的请示》（1999年8月27日）

关于同意上海市晋元中学更名的批复

区教育局：

你局［普教办字（99）第73号］文收悉。经研究，同意你局将上海市晋元中学更名为上海市晋元高级中学。

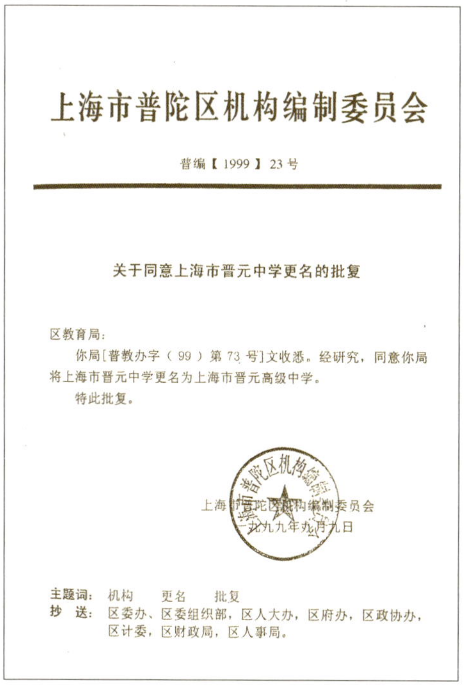

上海市普陀区机构编制委员会

普编【1999】23号

关于同意上海市晋元中学更名的批复

区教育局：

你局[普教办字（99）第 73 号]文收悉。经研究，同意你局将上海市晋元中学更名为上海市晋元高级中学。

特此批复。

上海市普陀区机构编制委员会

一九九九年九月九日

主题词：机构　更名　批复

抄　送：区委办、区委组织部，区人大办，区府办，区政协办，区计委，区财政局，区人事局。

图6-7 《关于同意上海市晋元中学更名的批复》（1999年9月9日）

特此批复（图6-7）。

上海市普陀区机构编制委员会

一九九九年九月九日

*资料来源：上海市普陀区机构编制委员会:《关于同意上海市晋元中学更名的批复》，1999年9月9日，上海市晋元高级中学档案室藏。

三、申报上海市行为规范示范学校

关于上海市晋元高级中学申报上海市行为规范示范学校的汇报

根据邓小平教育要“面向世界，面向未来，面向现代化”和培养“四有”新人的教育理论，根据新世纪培养高素质人才的需要，我们以爱国主义为主线，以行为规范为重点，以培养学生树立远大理想为目标，把培养基础道德、基础文明作为行为规范教育的首要任务，以人为本，让学生自主发展，能力发展、内化教育作为行为规范教育的原则，以培养“会生活、会学习、会做人”为规范培养的主要内容。坚持做到:“全面发展”与“个性发展”相统一;“规范教育”与“创新教育”相统一;“管理教育”与“自主教育”相统一。具体地说，在思想上：爱国、有社会责任感；在人际关系上：有爱心，诚实，善于沟通、善于合作；在学习上：独立思考，勇于创新，追求卓越。

一、以“六个抓”为行为规范训练的主要途径

1. 领导重视人人抓。学校领导对德育工作历来很重视，因为我们感到成材首先要成人，所以学校特别强调把学生的思想素质教育放在首要地位，以学生行为养成教育作为重要抓手，制定计划，落实措施，规范制度，促进学生从管理教育走向自主教育。同时强调全校教职工人人都是德育工作者，人人都来抓“规范”教育。每学期，领导都要在教职工大会上对“规范”教育作动员，使行为规范教育“抓早、抓小、抓经常”，并常抓常新。

2. 课堂教育重点抓。课堂教育是抓“规范”教育的主渠道，我们根据行为规范的要求，结合学校的特点，制定了晋元高级中学上下课、作业规范、实验课、测验考试等有关规定，任课老师每堂课的教学情况、学生学风表现等，通过班级日志每天进行记录评估。

3. 结合各项活动抓。规范教育不是独立存在的，各项活动可作为规范教育的载体。例如，我们①结合谢晋元抗日爱国将领的事迹教育，对学生进行民族气节、高尚人格国格教育。②结合八运会、世中会、迎香港回归、纪念改革开放20年、纪念十一届三中全会20年、迎澳门回归、迎国庆五十周年、迎校庆九十五周年，对学生进行爱国主义教育。③结合向困难学生献爱心，向云南澜沧、景东镇捐款、义卖、义演，向抗洪赈灾义演等对学生进行爱心教育。④结合学军、学农社会实践对学生进行生活自理能力、艰苦朴素、文明礼仪等教育，每次学军、学农我们均制定“学农（军）期间的行为规范条例”，并进行评

比。⑤结合外出看演出、参观活动对学生进行社会公德教育。通过活动寓以行为规范教育，具体实化，避免了空洞说教，有利于学生规范的养成。

4. 结合传统美德抓。结合读“中华传统美德小故事”对学生进行孝敬父母、尊敬长辈、互助互爱、勤俭朴素、谦虚好学、刻苦钻研、立志成材的教育。结合“端午”“重阳”“冬至”等敬老扶贫活动，对学生进行尊老爱老和帮助身边家境困难的同学的爱心教育。

5. 针对学生实际抓。根据各年级学生的不同认知水平和不同心理、生理特点，教育的内容和形式应有所不同。对高一年级，偏重于学习习惯、生活自理能力、文明习惯等方面开展“规范”教育。对高二年级，偏重于学习风气、学习方法、礼仪交往和集体主义方面开展“规范”教育，并促使学生实现自治自理。对高三年级，偏重于学生责任、成人意识、就业文明、理想教育等方面开展“规范”教育。

6. 结合社区力量抓。进一步办好家长学校，通过家长学校，让家长明白日常行为规范的要求和内容，有利教育养成。充分利用街道对学生进行规范教育，特别是在参加社区服务及假期活动中对学生进行教育评比。

二、在教育的要求上，加强了分年级、分类、分层教育

例如：台阶式的规范教育。高一新生进校，集中一段时间进行宣讲训练，讲学校的优良传统，讲各方面行为规范的基本要求，即称之为“应知、应会、打基础”；高二阶段加强自我管理，自治自理教育，完成从“要我做”到“我要做”的认识迁移。对高三同学则通过“成人教育活动”，使他们增强成人的责任感，发出离校的闪光。

三、各项制度是“规范”训练的保证

根据规范的要求和学校的特点，我们重新编定了《晋元高级中学学生手册》，人手一册，我们根据市示范学校的要求制定了21条制度。

检查评比是抓制度落实的关键。制度再好，没有检查评估表彰，最后是一纸空文。学校十分重视检查评估，设有行政值勤、值周班、文明岗团队、学生文明卫生督察队、总务处公物检查组、体育室的广播操检查、师生宿舍管理委员会制度等。在时间上我们有日评、周评、学期评、学年评；空间上，有班级评、年级评、校内评、校外评；在内容上，有单项评、综合评。在文明班评选和班主任评比上，行为规范执行和教育是最重要的条件。

四、以“六个重”为主要教育形式

在规范教育中，我们十分重视（1）责任教育（2）平时教育（3）自我教育（4）内化教育（5）创新教育（6）特色教育。

根据市教委德育处颁发的《上海市日常行为规范实施手册》上，“在校做个好学生，在家做个好孩子，在社会上做个好公民”的要求，让学生明白自己身上的责任，哪些该做、不该做。有了责任感才会有自我教育的要求。使行为规范的出发点和归宿点都着眼于内化，成为自觉行为，成为学生人格的需要。而这种自觉性存在于学生思想道德素质，这种素质的增强，又来源于学生的世界观、人生观和价值

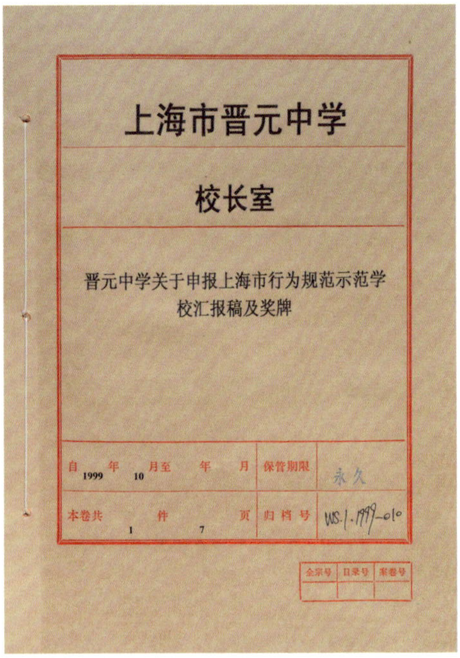

图6-8 上海市晋元高级中学申请上海市行为规范示范校档案资料（1999年10月）

观。因此我们十分重视对学生进行基本政治观点教育、基本道德观点教育和基本形式教育。在规范教育中，我们还十分注重创新，做到形式多样，使学生容易接受。如为提高班级规范整体水平，开展“比一比，哪班红旗最多”。教育学生不乱扔纸屑，开展“你我齐动手，整治白色污染”的活动。对文明礼貌，我们提倡“给别人一个微笑，还你一份温暖”。在环境整治方面，我们开展“清新校园我的家”教室文明环境评比活动。

学校还利用校有线电视媒体就“规范”教育的难点、重点进行专题报道访谈，如就学生文明意识问题、学生进校情况开设了以“学生该不该向老师、来宾问好”校园视角的电视访谈，使学生明白了问好不仅体现了人与人之间的尊重，更体现了社会交往中的个体的自信与成熟；就少数学生随意丢弃垃圾的现象开办了“绿地与白云”整治校园环境大家谈节目等。我们以升旗仪式和爱心教育为特色，促使行为养成教育规范化、制度化，并最终内化为学生的自觉行为。

五、以“4443”内容为规范教育的主要内容

“4443”即四文明：文明进校、文明休息、文明用餐、文明住宿；四整洁：环境整洁、教室、寝室、个人卫生整洁；四关：离校、离开教室、寝室的关灯、关窗、关门、关电源；三习惯：学习习惯、劳动习惯、生活习惯。以此作为在校一日常规的教育内容。

经过四年的努力，学生的文明习惯、学习习惯、文明礼貌、校园环境等方面都有了较显著的进步。拾物交公、拾金不昧、捐款献爱心等好人好事不断涌现，仅“情系澜沧”、“向生白血病的蔡轶馨同学”捐款两项就达五万多元。高三（4）、高三（6）、高三（3）等班级分别被评为市金爱心集体称号。我校团委“黄帽子”护绿队被评为96年、98年上海市优秀服务队称号。为促进我校把行为规范教育提高到了

一个新水平。特向市教委提出申报市示范学校（图6-8）。

*资料来源：学校致上海市教委德育处:《关于上海市晋元高级中学申报上海市行为规范示范学校的汇报》，1999年10月5日，上海市晋元高级中学档案室藏。

四、上海市晋元高级中学成为首批28所上海市实验性示范性高中之一

说明：上海开始实施“上海市实验性示范性高中”的申报工作。建设一批现代化的寄宿制高中，不仅要在硬件建设上体现现代化，更重要的是要在办学理念上有创新的思维，要在实现素质教育的探索上做出贡献。上海市教委适时提出要在全市创建若干所实验性示范性高中，以探索素质教育的实验项目，推进素质教育的实施，并以素质教育实施取得的成绩向各类学校示范辐射。以下为上海市晋元高级中学申报上海市实验性示范性高中的档案摘选（1999—2005）。

上海市晋元高级中学关于创建上海市实验性示范性高中总结性评审材料

学校总结性自评报告（节选）

一、学校规划目标

作为上海市政府决定建造的十一所高标准、高质量的现代化寄宿制高级中学之一，我们要在弘扬优良传统的基础上，抓住机遇，通过实验和探索，将学校办成一所教育理念新、课程组合新、运作方式新、师资结构新、管理机制新，学生自主发展的，富有国际视野和校本鲜明个性特色的，在上海领先、在国内外有一定知名度的新型社会主义实验性、示范性的寄宿制高级中学。

我校将“学会选择，主动学习，卓越发展”作为学校的教育理念。“选择教育”办学理念可以从三个方面来理解：即“以学生发展为本的教育教学理念”、“以现代信息技术为基本特征的课堂教学理念”、“以合作进取为主要内涵的学校文化理念”。围绕“选择教育”办学理念和办学目标，学校阶段性发展目标为：

第一阶段：探索和实践阶段（1999.9—2000.8）。课程建设、德育和学生自主发展几方面初步体现学校的个性化特色，体现“学会选择，主动学习，卓越发展”的教育理念。

第二阶段：创新和发展阶段（2000.9—2001.8）。在教育理念、课程组合、运作方式、师资结构、管理机制及学生自主发展方面基本形成个性化特色，基本实现“学会选择，主动学习，卓越发展”的功能价值。

第三阶段：完善和深化阶段（2001.9—2002.8）。学校素质教育的诸方面形成较为鲜明的个性化特色，“学会选择，主动学习，卓越发展”的功能价值得以较好地体现。学校将成为在上海和国内外有影响的实验性、示范性的具有高水平教育质量的鲜明个性化的学校。

二、学校规划目标的新发展

在原规划的实施过程中，对规划的目标有如下的新发展：

1. 在“选择教育”理念的认识上取得了新的进展，初步形成了学校富有特色的办学模式：①深化了对“选择教育”的内涵的认识；②逐步实现了“三个转化”，即实现了从“选择教育”理念到创设体现这一理念的教育教学环境的转化；③实现了从“选择教育”理念向课程、课堂教学方面的转化；④实现了由实践行为向科研成果的转化。

2. 研究型课程的建设取得示范性经验，发挥了示范、辐射作用：①建立了研究型课程的课程规范和管理体系；②以师资培训入手，推动教师的专业发展，为研究型课程的质量提供保证；③研究型课程课题库中积累了1500多个课题、专题和项目，产生了一批优秀成果。

3.“生活经验课程”的建设，促进了学生的全面发展：采用了重学习过程、学习体验与学习发展的学分制与综合性评价相结合的新评价标准，促使学校对素质教育有了新认识，培养了学生的健全人格，推动了素质教育在我校的实施。

4. 在教育改革实验性项目研究上取得丰硕成果：①采取科研与学校办学理念的深入发展与完善相结合，与学校的课程建设、课堂教学改革、文化建设相结合等“四个结合”，探索现代教育规律；②注重通过教育实验研究，推动教育改革。三年内，学校共开展了13项市级课题研究，其中有4个获市级奖项。

三、学校规划达成情况的自我评价

晋元高级中学1999年9月迁入新校后，开始正式实施学校制定的《创建上海市实验性、示范性高中规划》。《规划》在“以学生发展为本”的教育理念指导下，提出了“学会选择，主动学习，卓越发展”的办学思想，以及“将学校办成一所教育理念新、课程组合新、运作方式新、师资结构新、管理机制新的富有国际视野和校本特色的新型社会主义实验性、示范性的寄宿制高级中学”的办学目标。在三年的发展历程中，我们经历了探索和实践（1999.9—2000.8）；创新和发展（2000.9—2001.8）；完善和深化（2001.9—2002.8）三个阶段，为保证三个阶段的有效衔接和持续发展，我们定期进行总结自评，审核规划的实施和各项工作的开展。三年来，我们按照《规划》制定的办学目标和要求，以摸着石头过河的探索精神、与时俱进的奋斗精神和求真务实的工作态度，不仅实施了《规划》中的各项措施，实现了各项目标，而且在办学课程、课程建设、德育和教育科研等方面还有新的发展，并形成了自己的办学特色。这三年，是晋元实现向示范性高中跨越式发展的三年；是晋元探索的“选择教育”取得显著成果的三年。这三年我们付出了艰辛的努力，为今后的发展积累了宝贵的经验。

四、学校实验性示范性办学特色介绍

晋元高级中学明确提出了“学会选择，主动学习，卓越发展”的办学理念，把富有晋元内涵的主体性教育凸显为“选择教育”。学校秉承教育创新之思想，制定了以“教育理念新、课程组合新、运作方式新、师资结构新、管理机制新”为标志的办学方案，在科研和实践的互动中构筑了“以套餐式组合课程为选择教育的载体、以走班制学习组织方式为基本实施形态、以学分制为基本管理制度、以研究性学习和现代信息技术为基本特征的课堂教学”素质教育育人模式，受到了海内外教育同行的关注和称道，中央电视台新闻联播节目、中国教育报、解放日报、上海电视台等多家新闻媒体曾做专题报道。

套餐式课程与走班制：自1999年起，我校将国家、地方、学校三级管理的课程分类为学生可自主选择学习层面的基础型课程，学生可自主选择内容的拓展型课程，学生可自主选择课题的研究型课程和学生可自主选择体验的生活经验课程，并按照功能性、多维度的课程结构，建设成为富有校本特色，可供每一位学生自主选择、主动学习的“套餐式”课程，让每个学生都有一张适合自己发展的课程表。

配合套餐式课程的开发与建设，我们运行了走班制学习组织方式。它的实施形态表现为：基础型课程分水平选择走班；拓展型课程的自由选择和必选相结合；研究型课程小组合作学习，学生自主选择学习内容，生活实践课程由同学独立自由选择参加一系列的活动课程。

为保障套餐式课程的顺利实施，我校还在拓展型课程，研究型课程和生活经验课程内实行了学分制，规定了这三类课程的学时学分和合格学分。

学科创新：一流的学校，要有一流的师资，要有强势的学科。在过去的四年中，我校的计算机教研组在特级教师、市劳模陈大波老师的带领下，在学科建设方面屡创佳绩，2003年被评为上海市优秀读书小组、普陀区先进班组，现已被评为上海市劳模先进集体。孙时敏老师，由于其突出的教学表现和研究成果，被评为第五届上海市“三学”状元，在“2003上海市第二期课程教材改革实践成果展示会”上代表全市信息技术学科做教学展示交流。政治学科的改革创新获上海市教委教研室的高度肯定。（见2004年4月27日的《新民晚报》头版报道）在课程建设方面，晋元校园网获的第三届上海市中小学电脑设计与制作成果展二等奖和上海市百家优秀校园网。

德育创新：我校以造就一批“高品位、高质量、高修养、具有丰富个性和健康人格的卓越人才”为目标，在德育实践中，将爱国主义教育与时代特点、社会发展及校本特色相结合，逐步形成了“以爱国、责任教育为主线，以培养实践能力为抓手，以学生自主教育管理为主体”的德育工作基本思路。构建了德育工作的基本模式和框架：1. 加强德育课程建设，努力实施学科教育中的德育渗透；2. 以德育活动为载体，创设浓厚的德育氛围；3. 构建以学生自主教育管理为特色的德育管理模式；4. 构建全方位的育人格局；5. 加强德育骨干队伍建设；6. 推进德育工作制度建设；7. 构建系列化的德育教育内容；8. 重视教育力量的整合，努力实现教育的社会化。生活经验课程的开发获得上海市教委德育处的高度肯定。

科研创新：我们坚持认为，教育科研是学校发展的“助推器”，教育科研的发展引领学校的发展。在过去的几年中，我们注重以课题为抓手，开展教育教学研究，提升学校教学质量。我校独立承担和参与的市级课题13个，有的已结题并获得一定研究成果，有的尚处于后期研究中，2003年新申报市级课题1个：“语文课堂教学中开展综合实践活动课的研究”，正在进行中。

我校的“研究型课程的研究”课题获上海市第七届教育科研二等奖；我校的“走班制学习组织方式研究”课题获上海市首届学校教育科研一等奖；我校的“生活经验课程的开发与建设”课题获上海市首届学校教育科研三等奖；朱红老师的“高中音乐课‘综合型’教学模式的研究”获2003年上海市教科院

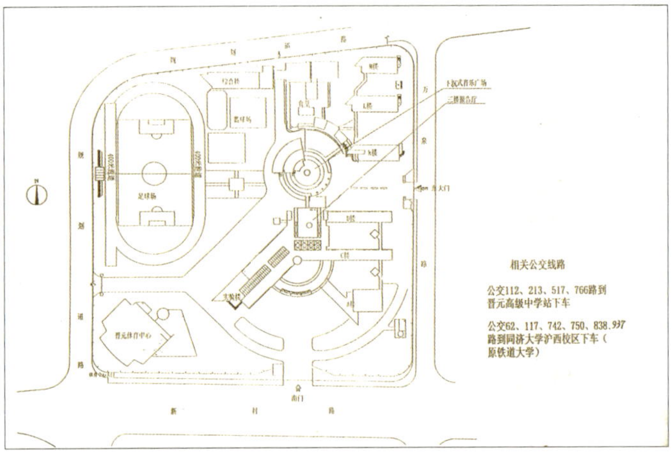

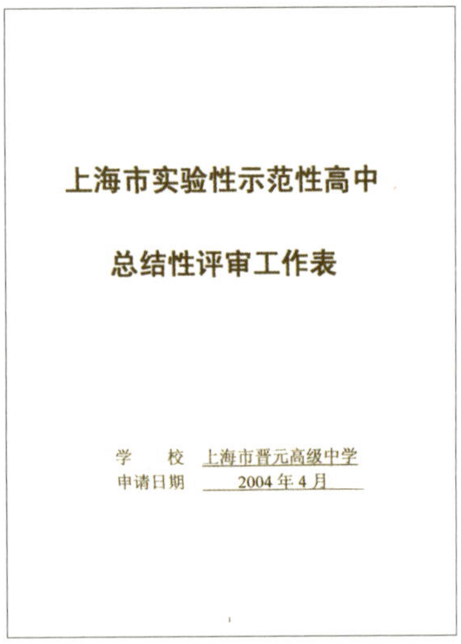

上海市实验性示范性高中

总结性评审工作表

学　　校　上海市晋元高级中学

申请日期　2004年4月

1

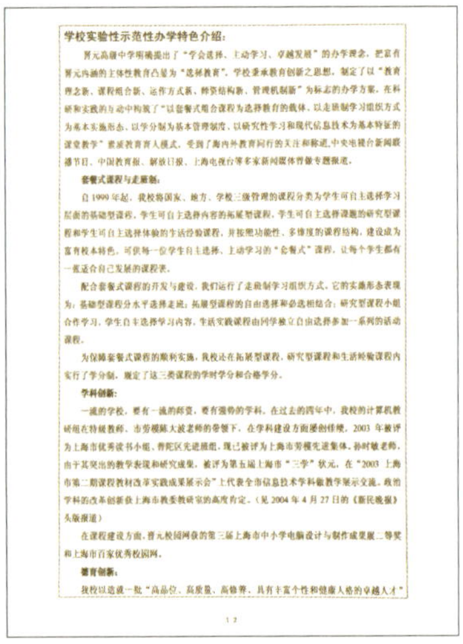

学校实验性示范性办学特色介绍：

晋元高级中学明确提出了“学会选择、主动学习、卓越发展”的办学理念，把富有晋元内涵的主体性教育凸显为“选择教育”。学校秉承教育创新之思想，制定了以“教育理念新、课程组合新、运作方式新、师资结构新、管理机制新”为标志的办学方案。在科研和实践的互动中构筑了“以套餐式组合课程为选择教育的载体，以走班制学习组织方式为基本实施形态，以学分制为基本管理制度，以研究性学习和现代信息技术为基本特征的课堂教学”素质教育育人模式，受到了海内外教育同行的关注和称道，中央电视台新闻联播节目、中国教育报、解放日报、上海电视台等多家新闻媒体曾做专题报道。

套餐式课程与走班制：

自1999年起，我校将国家、地方、学校三级管理的课程分类为学生可自主选择学习层面的基础型课程，学生可自主选择内容的拓展型课程，学生可自主选择课题的研究型课程和学生可自主选择体验的生活体验课程，并按照功能性、多维度的课程结构，建设成为富有校本特色，可供每一位学生自主选择、主动学习的“套餐式”课程，让每个学生都有一张适合自己发展的课程表。

配合套餐式课程的开发与建设，我们运行了走班制学习组织方式，它的实施形态表现为：基础型课程分水平选择走班；拓展型课程的自由选择和必选相结合；研究型课程小组合作学习，学生自主选择学习内容，生活实践课程由同学独立自由选择参加一系列的活动课程。

为保障套餐式课程的顺利实施，我校还在拓展型课程、研究型课程和生活体验课程内实行了学分制，规定了这三类课程的学时学分和合格学分。

学科创新：

一流的学校，要有一流的师资，要有强势的学科。在过去的四年中，我校的计算机教研组在特级教师、市劳模陈大波老师的带领下，在学科建设方面屡创佳绩，2003年被评为上海市优秀读书小组、普陀区先进班组，现已被评为上海市劳模先进集体。孙时敏老师，由于其突出的教学表现和研究成果，被评为第五届上海市“三学”状元，在“2003上海市第二期课程教材改革实践成果展示会”上代表全市信息技术学科做教学展示交流，我们学科的改革创新获上海市教委教研室的高度肯定。（见2004年4月27日的《新民晚报》头版报道）

在课程建设方面，晋元校园网获的第三届上海市中小学电脑设计与制作成果展二等奖和上海市百家优秀校园网。

德育创新：

我校以造就一批“高品位、高质量、高修养、具有丰富个性和健康人格的卓越人才”

12

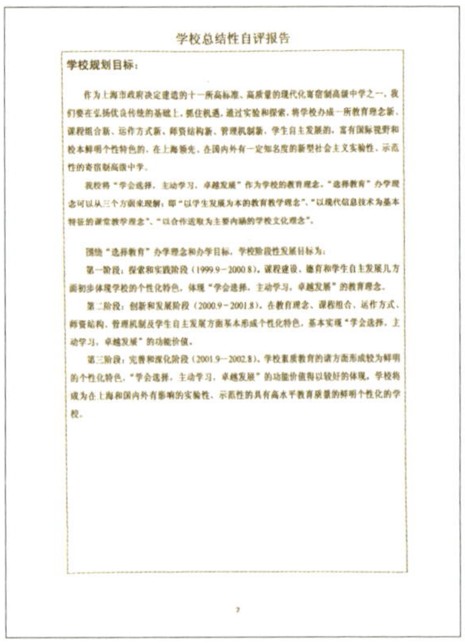

学校总结性自评报告

学校规划目标：

作为上海市政府决定建造的十一所高标准、高质量的现代化寄宿制高级中学之一，我们要在弘扬优良传统的基础上，抓住机遇，通过实验和探索，将学校办成一所教育理念新、课程组合新、运作方式新、师资结构新、管理机制新、学生自主发展的，富有国际视野和校本鲜明个性特色的，在上海领先、在国内外有一定知名度的新型社会主义实验性、示范性的寄宿制高级中学。

我校将“学会选择，主动学习，卓越发展”作为学校的教育理念。“选择教育”办学理念可以从三个方面来理解：即“以学生发展为本的教育教学理念”、“以现代信息技术为基本特征的课堂教学理念”、“以合作进取为主要内涵的学校文化理念”。

围绕“选择教育”办学理念和办学目标，学校阶段性发展目标为：

第一阶段：探索和实践阶段（1999.9—2000.8），课程建设、德育和学生自主发展几方面初步体现学校的个性化特色，体现“学会选择，主动学习，卓越发展”的教育理念。

第二阶段：创新和发展阶段（2000.9—2001.8），在教育理念、课程组合、运作方式、师资结构、管理机制及学生自主发展方面基本形成个性化特色，基本实现“学会选择，主动学习，卓越发展”的功能价值。

第三阶段：完善和深化阶段（2001.9—2002.8），学校素质教育的诸方面形成较为鲜明的个性化特色，“学会选择，主动学习，卓越发展”的功能价值得以较好的体现，学校将成为在上海和国内外有影响的实验性、示范性的具有高水平教育质量的鲜明个性化的学校。

图6-9 《上海市晋元高级中学关于创建上海市实验性示范性高中总结性评审材料》（档案摘选）

普教所基地课题二等奖；孙时敏老师的“网络环境下研究型教学内容形态及其实施研究”课题获2003年上海市教科院普教所基地课题三等奖。

学校师资雄厚、教学严谨。目前学校博士、硕士研究生、研究生课程班结业教师、特级、高级教师占学校教师总数的80%，另有多位资深外籍教师任教，是上海市颇有影响的市级重点中学。

晋元高级中学是全国美育实验基地、上海市文明单位、中国创造学会创造教育专业委员会先进实验基地、全国信息技术创新与实践活动先进单位、上海市第五届教育科研先进单位、上海市科技特色学校、上海市社区教育标兵单位、上海市中学生行为规范示范学校、上海市TI数理教学技术实验学校、上海市中小学课程教材改革研究基地、上海市中小学语言文字工作示范学校、上海市“英特尔”未来教育项目先进学校、上海市青少年体育舞蹈学校。三年来，学校共接待国内外200多个代表团20000多人来校参观、学习；共出刊了50多本近500万字实践“选择教育”理念的书籍；学生中约有270人次在国际、国内市级以上竞赛中获奖（图6-9）。

*资料来源：《上海市晋元高级中学关于创建上海市实验性示范性高中总结性评审材料》（档案摘选），2004年4—5月，上海市晋元高级中学档案室藏。

上海市教育委员会关于命名“上海中学”等28所学校为“上海市实验性示范性高中”的决定

各区县教育局、浦东新区社发局，有关局、公司教育处：

根据《国务院关于〈中国教育改革和发展纲要〉的实施意见》以及《关于本市开展“实验性示范性高中”规划评审的意见》（沪教委基［1999］28号）、《上海市教育委员会关于进一步推进本市实验性示范性高中建设的若干意见》（沪教委基［2004］76号）等文件精神，经过学校申报、区县教育局审核同意，市教委组织专家对申报学校实验性示范性高中规划和规划实施情况的初审、中期评审和总结性评审及上网公示等评审程序，经我委研究并审定，现命名上海中学等28所学校为“上海市实验性示范性高中”（名单见附件）。

上海市教育委员会

二〇〇五年二月二十三日

附件：“上海市实验性示范性高中”名单（排名不分先后）

上海中学、复旦大学附属中学、上海交通大学附属中学、华东师范大学第二附属中学、上海师范大学附属中学、大同中学、格致中学、上海外国语大学附属大境中学、向明中学、位育高级中学、延安中学、上海第三女子中学、育才中学、市西中学、曹杨二中、晋元高级中学、市北中学、新中高级中学、复兴高级中学、华东师范大学第一附属中学、控江中学、杨浦高级中学、七宝中学、行知中学、嘉定区第一中学、建平中学、进才中学、松江区第二中学（图6-10）。

*资料来源：《上海市教育委员会关于命名“上海中学”等28所学校为“上海市实验性示范性高中”的决定》，上海市教育委员会文件，沪教委基［2005］11号，2005年2月23日，上海市晋元高级中学档案室藏。

上海市实验性示范性高中网页

时间：2005年3月16日

1. 学校名称：上海市晋元高级中学

2. 现任校长（职级制）：王丽萍（特级书记）

3. 学校地址：上海市普陀区新村路2169号　邮编：200333

4. 学校网站：http://www.hsjy.pte.sh.cn

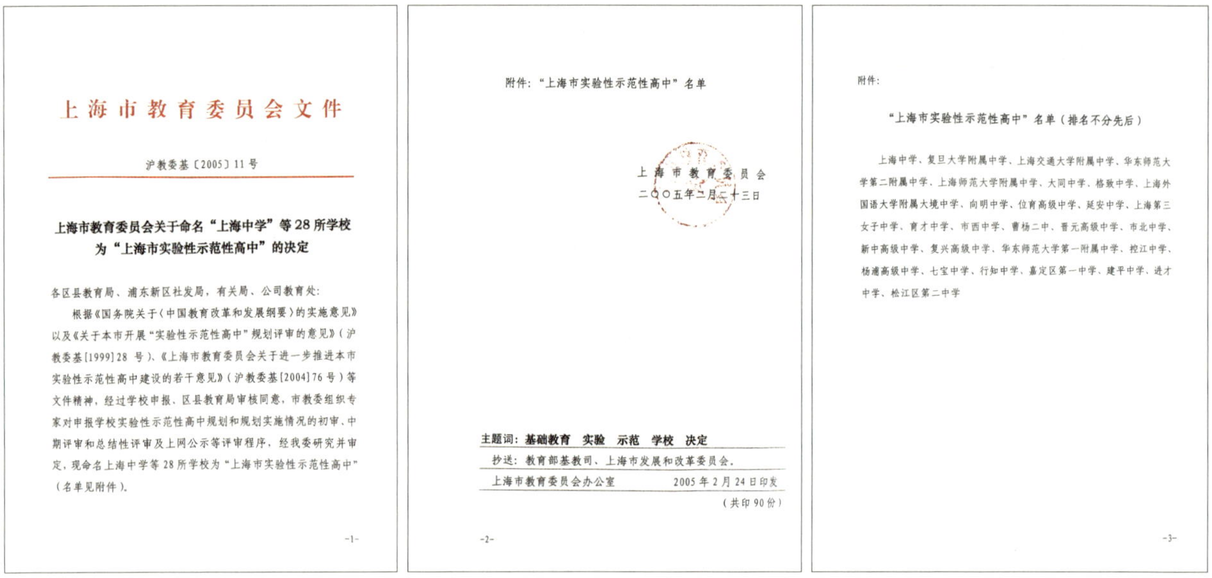

上海市教育委员会文件

沪教委基〔2005〕11号

上海市教育委员会关于命名“上海中学”等28所学校为“上海市实验性示范性高中”的决定

各区县教育局、浦东新区社发局，有关局、公司教育处：

根据《国务院关于〈中国教育改革和发展纲要〉的实施意见》以及《关于本市开展“实验性示范性高中”规划评审的意见》（沪教委基[1999]28 号）、《上海市教育委员会关于进一步推进本市实验性示范性高中建设的若干意见》（沪教委基[2004]76号）等文件精神，经过学校申报、区县教育局审核同意，市教委组织专家对申报学校实验性示范性高中规划和规划实施情况的初审、中期评审和总结性评审及上网公示等评审程序，经我委研究并审定，现命名上海中学等28所学校为“上海市实验性示范性高中”（名单见附件）。

-1-

附件：“上海市实验性示范性高中”名单

上海市教育委员会
二〇〇五年二月二十三日

主题词：基础教育　实验　示范　学校　决定

抄送：教育部基教司、上海市发展和改革委员会。

上海市教育委员会办公室　　2005年2月24日印发

（共印90份）

-2-

附件：

“上海市实验性示范性高中”名单（排名不分先后）

上海中学、复旦大学附属中学、上海交通大学附属中学、华东师范大学第二附属中学、上海师范大学附属中学、大同中学、格致中学、上海外国语大学附属大境中学、向明中学、位育高级中学、延安中学、上海第三女子中学、育才中学、市西中学、曹杨二中、晋元高级中学、市北中学、新中高级中学、复兴高级中学、华东师范大学第一附属中学、控江中学、杨浦高级中学、七宝中学、行知中学、嘉定区第一中学、建平中学、进才中学、松江区第二中学

-3-

图6-10 《上海市教育委员会关于命名“上海中学”等28所学校为“上海市实验性示范性高中”的决定》

5. 学校基本简介

晋元高级中学是首批“上海市实验性示范性高级中学”，是一所现代化寄宿制的高级中学，具有精良的现代化教学设备，占地140余亩，总建筑面积约60000多平方米。

学校创建于1904年，前身为华童公学（Public School for Chinese），是当时上海公共租界工部局在沪开办的最早的华人学校。1943年华童公学被汪伪上海市教育局接管，同年8月易名为“市立模范中学”。1945年抗日战争胜利，为纪念民族英雄谢晋元将军，学校易名为“市立晋元中学”。新中国成立后，于1956年易名为“陕北中学”。1984年恢复校名“晋元中学”。1999年，迁至新校区，成为实验性示范性的现代化寄宿制高级中学。

学校以“选择教育”为办学理念，为每一位学生铺设卓越发展的通道。自2000年起，面向全国招收优秀初中毕业生。现有在校生2000多名。学校重视师资队伍建设，特级、高级教师学科带头人及具有博士、硕士学历的教师占教师总数的70%以上。教师平均年龄为35周岁，是一支敬业爱岗、充满朝气和活力的研究型的高素质、高学历的教师队伍。另有多位资深外籍教师任教。几年来，先后有100余名教师被评为各级“园丁奖”、有20余名教师被评为上海市园丁奖、全国或上海市优秀教师、劳动模范称号。

6. 晋元高级中学实验性示范性高中发展规划概要（2005年—2007年）

晋元高级中学《创建上海市实验性、示范性高中规划》在以学生发展为本的教育理念指导下，提出了“学会选择，主动学习，卓越发展”的办学思想。经过四年多的改革实践，晋元高级中学已实现了原《规划》预设的目标。2004年5月学校在通过上海市实验性示范性高中的总结性评审的同时，提出了在完善、巩固原规划成果的基础上，聚焦内涵发展，依据新规划的思路与操作要点，开创学校工作新局面。

新三年规划概要如下：

（1）课程建设：丰富课程选择性，建设品牌特色课程群；逐步实现课程资源向社会开放；完善走班制的组织运行机制；提高研究型课程质量；深化以研究性学习和信息技术为特征的课堂教学，从课程开发、推介、实施、评价等各个环节加强完善课程管理；构建多元的、互动的课程评价体系。

（2）德育建设：实施“弘扬和培育民族精神”学校德育计划；进一步开发生活经验课程，逐步形成科学的德育课程体系，满足学生健康成长的需要；构建学校与社会、家庭联系的多渠道、立体式教育网络；注重德育实效性的研究，努力实现德育活动效益最优化；加大日常行为规范教育的力度，树立人人都是德育工作者的观念，体现学校德育的整体性。

（3）学校教育信息化：进一步完善学校信息化环境，实现全校教育信息资源共享并逐步实现校务公开；推动建立现代化教育体系和素质教育机制，实现学校教育的信息化；构筑信息科技强势学科；实现信息技术与各学科的整合；以数字化校园建设为抓手，提高教育教学及管理效能。

（4）教师专业化建设：积极推进校本教研，在专家引领、同伴互助和个体反思中，提升教师专业化水平；扬教师个性之长、能力之长，鼓励教师形成各自的教学风格，明确教师的专业素养，制定教师的个人发展规划，建设一支教师专业梯队，使教师队伍自身具有持续发展能力，使教师的整体素质和能力上一个新的台阶。

（5）学校制度建设与管理：以提高教育质量，实现学校的可持续发展为中心，建立健全各项管理制度，进一步明晰各职能部门关系，加强各部门联系；创建学习型合作型组织，使学校各部门通力合作，形成一个高效管理运行机制。

（6）教育科研：以科研为先导，以课题为载体，建立科研自培基地并加强建设；发挥科研“助推器”作用，提升教师专业化水平；多渠道、全方位提供教科研信息；加强教科研课题的中、后期指导服务；要帮助学有特长、教有特色的教师及时总结经验并进行理论提升。

（7）后勤管理：强化后勤服务意识，细化、量化成本办学的各项指标，继续以教育教学服务、生活服务和财务专业管理三条线全方位提供后勤服务保障，形成完善的后勤服务体系，逐步实现后勤服务体系社会化。

7. 学校办学特色

晋元高级中学的办学特色：“选择教育”办学理念，“套餐式”组合课程，“走班制”学习组织方式和“学分制”管理。即，在“学会选择，主动学习，卓越发展”的办学理念指导下，在科研和实践的互动中构筑了“以套餐式组合课程为选择教育的载体、以走班制学习组织方式为基本实施形态、以学分制为基本管理制度、以研究性学习和现代信息技术为基本特征的课堂教学”素质教育育人模式。

8. 教育改革实验项目简介

晋元高级中学的教育改革项目为“学会选择，主动学习，卓越发展——面向21世纪寄宿制高中的探索与实践”。该项目包括五个子课题：“关于‘套餐式’课程与‘走班制’教学的改革研究”；“课堂教学策略研究”；“现代化教育技术在寄宿制高中的运用探索”；“示范性高中以学生发展为本的学校管理模式之探讨”；“寄宿制高中后勤管理的特点及问题研究”。

9. 学校课程建设

晋元高级中学将国家、地方、学校三级管理的课程分类为学生可自主选择学习层面的基础型课程，学生可自主选择内容的拓展型课程，学生可自主选择课题的研究型课程和学生可自主选择体验的生活经验课程，并按照功能性、多维度的课程结构，建设成为富有校本特色的“套餐式”课程。每位同学的课程“套餐”由四部分组成：每位学生按要求弹性完成国家规定的基础型课程，对学生基础、发展趋向等分化较大学科分层教学并设立部分学科的专用教室，保证学生的个人基础和能力得到充分的发展；有校本特色、满足学生个性发展的拓展型、研究型课程；学生在学校、同学、导师提供的丰富多彩的、有利于个性发展的拓展型课程菜单中，研究课题、专题或项目中选择学习；以自理、自立、自主管理、自我教育为主要内容的生活经验课程。

10. 学校教师队伍建设情况

晋元高级中学现有专职教师133人，其中特级教师4人，特级、高级教师、学科带头人占教师总数的60%以上。博士、硕士学历的教师占教师总数的近60%。教师平均年龄为35周岁，是一支敬业爱岗、充满朝气和活力的高素质、高学历、研究型的教师队伍。许多中青年教师已成为在市、区有一定影响的优秀教师。

教师学科梯队建设措施、教师专业发展情况及教师评价制度：

（1）创建学习型团队，构建合作共享、民主和谐的学习群体；

（2）建立青年教师的培养制度；

（3）实施对教师的现代信息技术应用的培训，推动信息技术教育与学科教学的整合；

（4）制定了教师评价标准，教职工的考核内容包括：德、能、勤、绩四个方面，重点考核实绩。

11. 规划实施自评与调整

晋元高级中学在实施规划的过程中：

在“选择教育”理念指导下，学校在上海市“二期课改”提出的国家、地方、学校三级课程的基础上，结合学校的实际情况，开发实施了由基础型课程、拓展型课程、研究型课程和生活经验课程四个板块构成的套餐式课程，满足了学生对课程的选择需求。针对多样化的套餐式课程，学校实施了走班制，制定了走班制的课程标准，并在实践过程中不断加以完善，实现了课程教学组织方式的创新；学校正逐步探索以研究性学习和信息技术为特征的课堂教学模式。

积极进行德育创新。通过开展德育课程改革，加强学风、教风和校园文化建设，开发了生活经验课程，同时生活经验课程也成为晋元的校本特色课程。

通过实施研究、培训、实践一体化，建设了一支学习型、研究型和创新型的、合作进取的教师队伍，为“选择教育”得以实现提供了根本保证；我校年轻化高学历的师资结构在全区乃至全市都名列前茅；涌现了像现代信息技术组、物理教研组等优秀学习型团队，每年有一定数量的骨干教师支援他校（到区内兄弟学校担当重任），起到了示范学校的辐射作用。

以教育科研推动教师专业提升和学校发展。学校以市级课题“学会选择，以科研发展促学校发展”。学校将以新的主课题为抓手，开展教育教学改革与实践，促进教师专业发展，提升学校的教学质量创新管理体制，通过淡化垂直领导，强化横向沟通，推行扁平化管理，使年级组能够发挥更多的作用。学校将本着依法自主办学、自主发展的办学观，围绕“选择教育”理念，逐步建立并完善一系列现代化教育教学及管理制度，以促进学校发展。

围绕学校的办学目标，结合寄宿制学校的管理特点，探索了后勤管理机构改革，在后勤服务领域逐步形成一个富有竞争和活力、有效的后勤服务体系。

12. 对全市公开展示活动安排和学校重大活动预告和安排

3月5日　“学雷锋、学于井子——晋元志愿者在行动”社区大型活动

4月7日　晋元“信息技术与课程的整合”全市教学展示活动，推出近18位教师的语、数、外等学科与信息技术整合的教学展示课

4月8日　“祖国强盛，我的责任”高三学生18岁成人仪式暨青年学生志愿加入中华骨髓库活动全市展示

4月　晋元百名中学生进高校活动

4月—7月　“树魂立根”系列活动（纪念谢晋元将军100周年诞辰；纪念抗日战争胜利60周年主题活动；“重走长征路”赴陕北考察活动等）

13. 承担国家及市区基础教育改革实验任务（包括帮助相对困难学校）的情况

创建实验性示范性高中以来，我校共独立承担或参与教育改革情况如下：

（1）参与国家级课题两个：我校物理、化学学科教师参加了“全国教育科学十五规划”国家重点课题“教育信息理论与实践模式”的子课题“基于信息技术的课堂学习方式的转变——学习体验与教学过程设计与实践”研究；我校为教育部，华夏教育基金会联合项目“高中研究型课程研究”课题组的项目学校之一。

（2）共独立承担或参与市级课题13项。

（3）我校为向全国介绍研究性学习经验的上海市三所学校之一。

（4）我校为“INTEL（英特尔）未来教育”项目的培训单位，负责为该项目培训了市区教师。

（5）我校为中国西部地区教育顾问单位，接待来自全国各地的教育代表，开展教育经验交流与学习。其中黑龙江省哈尔滨市第73中、广西北海中学等学校的领导与老师多次来我校学习“走班制”等改革内容，使他们成功地创建了省实验性示范性高中。

（6）2005年我校承接了上海崇明县、河南省荥阳市实验高中以及陕西省西安中学、重庆市第18中等校的校长、中层及教师的带教和辐射。

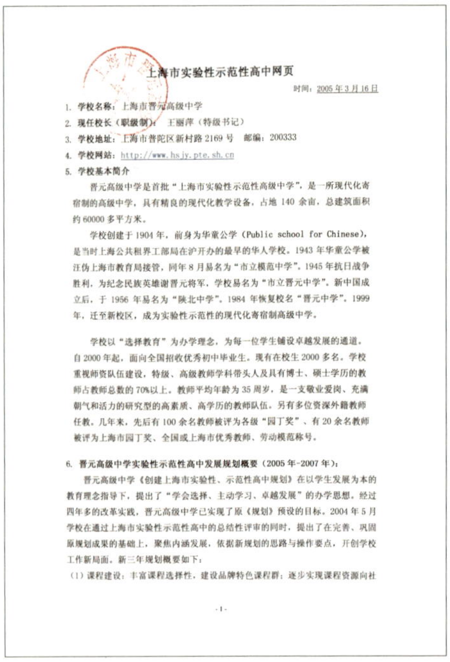

上海市实验性示范性高中网页

时间：2005年3月16日

1. 学校名称：上海市晋元高级中学
2. 现任校长（职级制）：王丽萍（特级书记）
3. 学校地址：上海市普陀区新村路2169号　邮编：200333
4. 学校网站：http://www.hsjy.pte.sh.cn
5. 学校基本简介

晋元高级中学是首批"上海市实验性示范性高级中学"，是一所现代化寄宿制的高级中学，具有精良的现代化教学设备，占地140余亩，总建筑面积约60000多平方米。

学校创建于1904年，前身为华童公学（Public school for Chinese），是当时上海公共租界工部局在沪开办的最早的华人学校。1943年华童公学被汪伪上海市教育局接管，同年8月易名为"市立模范中学"。1945年抗日战争胜利，为纪念民族英雄谢晋元将军，学校易名为"市立晋元中学"。新中国成立后，于1956年易名为"陕北中学"。1984年恢复校名"晋元中学"。1999年，迁至新校区，成为实验性示范性的现代化寄宿制高级中学。

学校以"选择教育"为办学理念，为每一位学生铺设卓越发展的通道。自2000年起，面向全国招收优秀初中毕业生。现有在校生2000多名。学校重视师资队伍建设，特级、高级教师学科带头人及具有博士、硕士学历的教师占教师总数的70%以上。教师平均年龄为35周岁，是一支敬业爱岗、充满朝气和活力的研究型的高素质、高学历的教师队伍。另有多位资深外籍教师任教。几年来，先后有100余名教师被评为各级"园丁奖"、有20余名教师被评为上海市园丁奖、全国或上海市优秀教师、劳动模范称号。

6. 晋元高级中学实验性示范性高中发展规划概要（2005年-2007年）：

晋元高级中学《创建上海市实验性、示范性高中规划》在以学生发展为本的教育理念指导下，提出了"学会选择、主动学习、卓越发展"的办学思想。经过四年多的改革实践，晋元高级中学已实现了原《规划》预设的目标。2004年5月学校在通过上海市实验性示范性高中的总结性评审的同时，提出了在完善、巩固原规划成果的基础上，聚焦内涵发展，依据新规划的思路与操作要点，开创学校工作新局面。新三年规划概要如下：

（1）课程建设：丰富课程选择性，建设品牌特色课程群；逐步实现课程资源向社

-1-

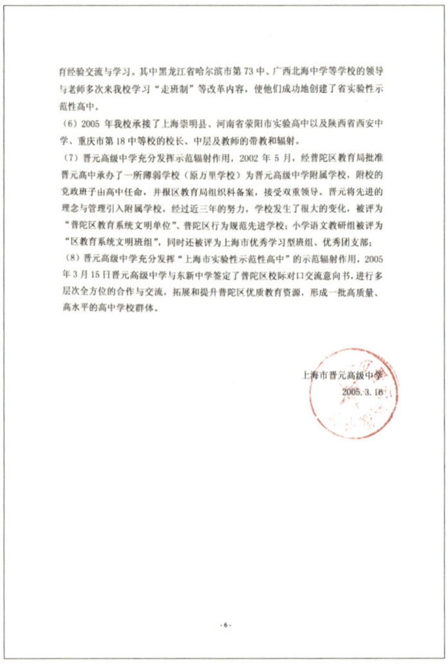

育经验交流与学习。其中黑龙江省哈尔滨市第73中、广西北海中学等学校的领导与老师多次来我校学习"走班制"等改革内容，使他们成功地创建了省实验性示范性高中。

（6）2005年我校承接了上海崇明县、河南省荥阳市实验高中以及陕西省西安中学、重庆市第18中等校的校长、中层及教师的带教和辐射。

（7）晋元高级中学充分发挥示范辐射作用，2002年5月，经普陀区教育局批准晋元高中承办了一所薄弱学校（原万里学校）为晋元高级中学附属学校，附校的党政班子由高中任命，并报区教育局组织科备案，接受双重领导。晋元将先进的理念与管理引入附属学校，经过近三年的努力，学校发生了很大的变化，被评为"普陀区教育系统文明单位"、普陀区行为规范先进学校；小学语文教研组被评为"区教育系统文明班组"，同时还被评为上海市优秀学习型班组、优秀团支部；

（8）晋元高级中学充分发挥"上海市实验性示范性高中"的示范辐射作用，2005年3月15日晋元高级中学与东新中学签定了普陀区校际对口交流意向书，进行多层次全方位的合作与交流，拓展和提升普陀区优质教育资源，形成一批高质量、高水平的高中学校群体。

上海市晋元高级中学

2005.3.16

-6-

图6-11　上海市实验性示范性高中网页（摘选，2005年3月16日）

（7）晋元高级中学充分发挥示范辐射作用，2002年5月，经普陀区教育局批准晋元高中承办了一所薄弱学校（原万里学校）为晋元高级中学附属学校，附校的党政班子由高中任命，并报区教育局组织科备案，接受双重领导。晋元将先进的理念与管理引入附属学校，经过近三年的努力，学校发生了很大的变化，被评为"普陀区教育系统文明单位"、普陀区行为规范先进学校；小学语文教研组被评为"区教育系统文明班组"，同时还被评为上海市优秀学习型班组、优秀团支部。

（8）晋元高级中学充分发挥"上海市实验性示范性高中"的示范辐射作用，2005年3月15日晋元高级中学与东新中学签定了普陀区校际对口交流意向书，进行多层次全方位的合作与交流，拓展和提升普陀区优质教育资源，形成一批高质量、高水平的高中学校群体（图6-11）。

上海市晋元高级中学

2005年3月16日

*资料来源：上海市晋元高级中学校长室:《上海市教委关于命名"晋元高级中学"等28所学校为"上海市实验性示范性高中"的决定及上海市实验性示范性高中网页》，2005年2月—2005年3月，上海市晋元高级中学档案室藏。

上海市首批实验性示范性高中命名（28所）

本报讯　记者昨天获悉，市教委命名上海中学等28所完成创建实验性示范性高中规划总结性评审的高中学校为"上海市实验性示范性高中"。这是在网上公示和专家评议基础上做出的决定。

实验性示范性高中建设是本市基础教育现代化的重要组成部分。实验性示范性高中不是终身制称

号，将试行年检制度，以保证质量和促进办学水平的提高。市教委负责人指出，创办实验性示范性高中，是扩大优质教育资源，满足百姓对教育需求的一大措施，也是贯彻上海市教育工作会议的具体行动，旨在采用新的机制，调动各方办学的积极性，整体提高高中的质量。各区县也将评审区县级实验性示范性高中，以形成高中的“发展链”（图6-12）。

*资料来源：《28所实验性示范性高中命名》，《文汇报》2005年2月26日，第1版。该报刊登28所实验性示范性高中名录，包括上海中学、晋元高级中学等，此略。

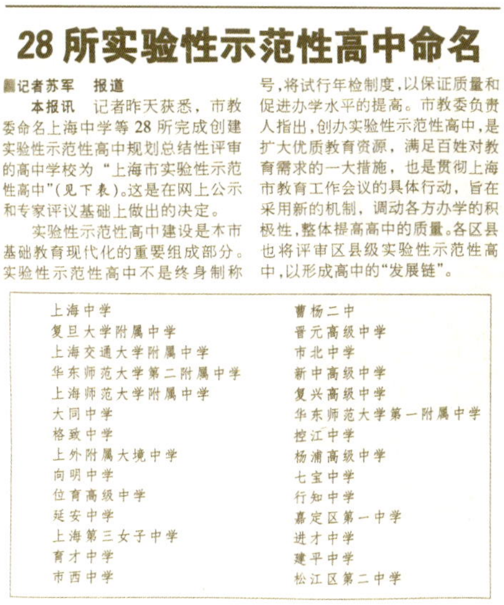

28所实验性示范性高中命名

记者苏军　报道

本报讯　记者昨天获悉，市教委命名上海中学等28所完成创建实验性示范性高中规划总结性评审的高中学校为“上海市实验性示范性高中”（见下表）。这是在网上公示和专家评议基础上做出的决定。

实验性示范性高中建设是本市基础教育现代化的重要组成部分。实验性示范性高中不是终身制称号，将试行年检制度，以保证质量和促进办学水平的提高。市教委负责人指出，创办实验性示范性高中，是扩大优质教育资源，满足百姓对教育需求的一大措施，也是贯彻上海市教育工作会议的具体行动，旨在采用新的机制，调动各方办学的积极性，整体提高高中的质量。各区县也将评审区县级实验性示范性高中，以形成高中的“发展链”。

上海中学	曹杨二中
复旦大学附属中学	晋元高级中学
上海交通大学附属中学	市北中学
华东师范大学第二附属中学	新中高级中学
上海师范大学附属中学	复兴高级中学
大同中学	华东师范大学第一附属中学
格致中学	控江中学
上外附属大境中学	杨浦高级中学
向明中学	七宝中学
位育高级中学	行知中学
延安中学	嘉定区第一中学
上海第三女子中学	进才中学
育才中学	建平中学
市西中学	松江区第二中学

图6-12《28所实验性示范性高中命名》（选自《文汇报》2005年2月26日，第1版）

第二节　教育改革新探讨与晋元办学特色

一、晋元的改革

上海市晋元高级中学的改革：套餐式课程，“走班”制运作[1]

下课铃响了，原本在一个教室里听课的学生纷纷收拾书本道别后，分别赶往不同的教室上课。这是发生在上海晋元高级中学的一幕，师生们称之为“走班”。

学生“走班”上课是因为每个人手里的课程表不一样。课程表不一样是因为晋元中学构建了“套餐式”课程，供学生自主选择。

所谓“套餐式”课程是该校将国家、地方、学校三级管理的课程组合成四大类校本课程：基础型课程、拓展型课程、研究型课程、生活经验课程。基础型课程中的数学、英语、化学、物理、计算机等课分为A、B、C三个等级，学生可以根据自己的兴趣、能力进行选择，体育则实施选项。除了基础课，每位教师还承担拓展型课程的科研任务。学校的课题库里现有500多门拓展型课程，譬如文学欣赏、中国名曲欣赏、英语口语训练等。研究型课程是指，在三年的高中学习中，每个学生要确立一个研究课题，并在辅导老师指导帮助下开展研究。实践三年来，学校的课题库已积累了1500多个课题、专题或项目。生活经验课程就是将学校生活课程化，培养学生自主、自立、自我管理能力。譬如，学校要举行演讲比赛，具体承办的“志愿者”都从学生中招聘。竞聘者要制订经费预算、设计宣传包装方案。“中标”后一切由

1　此标题为整理者所加。

得了——

走路越宽

“给A层孩子上课，要求老师要具备良好的沟通能力。抓紧了他烦你，抓松了他又不听。对他们来说，情感的交流和沟通比知识的传授更重要。他们被冷落得太久了，不少孩子整天心灰意懒，低着头，我们当老师的就是要帮助他们重建信心，不断地提醒他们：孩子们，抬起头来！”杨淑平说。

“孩子们，抬起头来！”一句短短的话语，包含了分层教学中孩子们的很多收获：对自主性、独立性、创造性的理解，对个性、自我、自信、质疑、批判等的深刻体验。

潍坊市教育局局长李希贵说：“过去一些学生视学习为苦役，视学校为拘留所，视校长为陌路，一见到校长，把头一扭就过去了。原因何在？我们对这些学生太漠视了。分层教学实现了真正意义上的关注每一位学生，你关注他了，他心里很清楚，怎么会不尊重你呢？现在有的校长说，一些老大难学生，见了校长都一脸灿烂。”

上图：在潍坊市胜利东小学的课堂上，学生们在踊跃回答问题。

左图：英语课上的孩子们。

套餐式课程，“走班”制运作，学分制管理，上海晋元高级中学——

上什么课 我来挑选

徐春萍

下课铃响了，原本在一个教室里听课的学生纷纷收拾书本道别后，分别赶往不同的教室上课。这是发生在上海晋元高级中学的一幕，师生们称之为“走班”。

学生“走班”上课是因为每个人手里的课程表不一样。课程表不一样是因为晋元中学构建了“套餐式”课程，供学生自主选择。

所谓“套餐式”课程是该校将国家、地方、学校三级管理的课程组合成四大类校本课程：基础型课程、拓展型课程、研究型课程、生活经验课程。基础型课程中的数学、英语、化学、物理、计算机等课分为A、B、C三个等级，学生可以根据自己的兴趣、能力进行选择，体育则实施选项。除了基础课，每位教师还承担拓展型课程的科研任务。学校的课题库里现有500多门拓展型课程，譬如文学欣赏、中国名曲欣赏、英语口语训练等。研究型课程是指，在三年的高中学习中，每个学生要确立一个研究课题，并在辅导老师指导帮助下开展研究。实践三年来，学校的课题库已积累了1500多个课题、专题或项目。生活经验课程就是将学校生活课程化，培养学生自主、自立、自我管理能力。譬如，学校要举行演讲比赛，具体承办的“志愿者”都从学生中招聘。竞聘者要制订经费预算、设计宣传包装方案。“中标”后一切由学生做主实施，如果效果好可以获得学分。这一理念推而广之，学校的外事接待、升旗仪式、餐饮管理、宿舍管理等大小事务都有学生参与，报名者踊跃。

有了“套餐式”课程，学生根据个人的能力和兴趣选择自己的课程，最终每位学生手里都有了一张各具特色的课程表。每门课程以学分计算，采取“学分制”管理。

“套餐式”课程、走班制运作、学分制管理，在加强教与学的针对性、转变教师的教育观念和学生的学习方式等方面取得良好效果。它带来的另一个变化是教育方法的改革与创新，从而对教师也提出了更高、更新的要求。适应教学的新变化，晋元着力打造一支学习型、研究型、创新型的教师队伍。

“上什么课，学生来挑选。每天进出不同的教室上课，这已成为‘晋元’特色。”校长、党总支书记王丽萍评价说。

图6-13 《套餐式课程，“走班”制运作，学分制管理，上海晋元高级中学——上什么课 我来挑选》（选自《人民日报》2006年4月20日，第13版）

学生做主实施，如果效果好可以获得学分。这一理念推而广之，学校的外事接待、升旗仪式、餐饮管理、宿舍管理等大小事务都有学生参与，报名者踊跃。

有了“套餐式”课程，学生根据个人的能力和兴趣选择自己的课程，最终每位学生手里都有了一张各具特色的课程表。每门课程以学分计算，采取“学分制”管理。

“套餐式”课程、走班制运作、学分制管理，在加强教与学的针对性、转变教师的教育观念和学生的学习方式等方面取得良好效果。它带来的另一个变化是教育方法的改革与创新，从而对教师也提出了更高、更新的要求。适应教学的新变化，晋元着力打造一支学习型、研究型、创新型的教师队伍。

“上什么课，学生来挑选。每天进出不同的教室上课，这已成为‘晋元’特色。”校长、党总支书记王丽萍评价说（图6-13）。

*资料来源：《套餐式课程，“走班”制运作，学分制管理，上海晋元高级中学——上什么课 我来挑选》，《人民日报》2006年4月20日，第13版。

百年名校走在创新前列

上海晋元高级中学实施“选择教育”办学新理念，推动“五个新”：教学理念新、课程组合新、运作方式新、师资结构新、管理机制新，成为教育改革亮点。

走进上海晋元高级中学环境优美的新校园，你会听到这样的新鲜事：同一个班级的学生，手里的课程表却是不一样的。下课铃响了，原本在一个教室里听课的学生纷纷收拾书本道别后，又分别赶往不同的教室上课。该校校长、党总支书记王丽萍笑着说，我们这里的学生从高一年级开始就要学会选择确立不同的课程表，每天进出不同的教室上课，这已成为“晋元”特色。

这一特色被命名为“走班制”运作。学生需要“走班”上课是因为每个人手里的课程表不一样。课程表不一样是因为晋元中学构建了“套餐式”课程，供学生自主选择。“选择”，这是每个高一新生踏进晋元要学习的第一件事。“学会选择，主动学习，卓越发展”，是晋元提出并实施了六年的卓有成效的办学理念，目前在上海乃至全国教育界成为教育改革的亮点，备受瞩目。

自1999年起，晋元中学开始实施试验性、示范性、寄宿制办学并由此开始艰难的再创业之路。学校以二期教改为指导，提出“选择教育”的办学理念，开展了以德育为核心、以课程为抓手、以科研为先导、以信息技术为支撑、以后勤为保障的全方位的教育教学改革，探索了“套餐式课程、走班制运作、学分制管理”的素质教育模式。

所谓“套餐式课程”是该校将国家、地方、学校三级管理的课程组合成上述四大类校本课程：包括基础型课程、拓展型课程、研究型课程、生活经验课程。基础型课程中的数学、英语、化学、物理、计算机等课分为A、B、C三个等级，学生可以根据自己的兴趣、能力进行选择，体育则实施选项。除了基础课，每个晋元教师还承担拓展型课程的科研任务。学校的课题库里现有500多门拓展型课程，譬如文学欣赏、中国名曲欣赏、英语口语训练等。研究型课程是指，在三年的高中学习中，每个学生要确立一个研究课题，并在辅导老师指导帮助下开展研究。实践三年来，学校的课题库已积累了1500多个课题专题或项目，其中有一些课题获奖。生活经验课程就是将学校生活课程化，培养学生自主、自立、自我管理能力。譬如，学校要举行演讲比赛，具体承办的“志愿者”都从学生中招聘。竞聘者要打经费预算、做宣传包装方案。“中标”后一切由学生做主实施。如果效果好可以获得学分。这一理念推而广之，学校的外事接待、升旗仪式、餐饮管理、宿舍管理等学校大小事务都有学生参与，报名者踊跃。

“选择教育”的理念是对学生个性的尊重。套餐式课程中的每项教育活动都是探索学习的课程，创新实践的课堂，自主发展的机会，全面实施“因材施教”，彻底打破传统的三年高中在一个教室“从一而终”的教育模式。学生根据个人的能力和兴趣在“套餐式课程”中取舍，最后每个学生手里都有了一张具有个性特色的课程表。每个课程以学分计算，采取“学分制”管理。

“套餐式课程、走班制运作、学分制管理”，在加强教与学的针对性、转变教师的教育观念和学生的学习方式、培养学生学会选择和自主发展意识等方面均取得良好反映。它带来的另一个变化是教育方法的改革与创新，从而对教师也提出了更高、更新的要求。

从1999年确立新的办学理念起，晋元就开始打造一支学习型、研究型、创新型的教师队伍。首先是不拘一格选用人才，每年在全国范围内引进年轻的优秀教师。因为晋元的名声和待遇，常常是从三十名应聘者中挑一名教师。这样持续了数年，基本是教师队伍得到优化。目前晋元的教师队伍有三个“50%”。一是年龄在35岁以下的青年教师占50%；二是具备研究生课程结业、研究生及以上学历背景的教师占50%；三是引进的外省市教师占50%。为了把这批思维活跃、充满活力、富有创新精神和创新意识的青年教师打造成一支适应教改需要的优秀教师团队，学校改革了评价机制和人事分配模式。新的理念推动了教育体制、教学方法以及管理体制的三重革新。

在选择教育理念下，晋元学生的各类成绩频频报捷。同时，学校的德育教育也勃勃有生气。学生们积极争取进党校学习，视为光荣。近年来，每期“学生党校”的结业学生都在暑假里参加了学校组织的“重走长征路”的活动，已坚持了5年。去年5月，有188名高三学生在举行了年满18岁的成人仪式之后自愿加入了中华骨髓库活动。许多人感叹，晋元学生就是不一样，关心他人、关心社会，有责任感。2005

年，团中央和教育部举办“首届全国十佳中学生”的评比，上海地区入选的一名就是晋元的周家耀同学，同时他也是十佳中唯一的学生党员。

2004年晋元度过了百年校庆。历史上曾有胡适等名人在此任教，培养过一大批优秀人才，其中有丁关根、张承宗、唐弢、余秋雨以及蒋锡夔等7名两院院士。跨入新世纪的晋元，继承传统，改革创新。有人总结，今天的晋元有5个“新”：教育理念新、课程组合新、运作方式新、师资结构新、管理机制新。这一系列“新”受到上海及国家教委的充分肯定。去年年底，古巴教育部部长到上海，唯一访问的一座中学就是晋元中学。教育部到上海调研素质教育，晋元做了重点汇报。目前晋元中学正在酝酿把整套理念进一步深化运作，迈开大步往前走。

放眼晋元校园，环境优美，教学大楼新颖雄伟，现代化教学设备堪称国内一流，标准的400米塑胶跑道，绿茵足球场、室内游泳池、体育馆、多功能演播厅，供2300名学生居住的功能齐全的学生宿舍……这所有过荣耀历史的百年名校，正在创新中重铸辉煌。

*资料来源:《百年名校走在创新前列》,《光明日报》2006年3月8日，第10版。

二、晋元的课程设置与师资队伍

课程科目

上海市晋元高级中学高一、高二年级课程科目表

课程科目 高一年级 高二年级		周课时数		说　明
基础型课程	语文	4	3	
	数学	3.5	3.5	
	英语	3	3	
	物理	3	等级考3 合格考1.5	
	化学	3	等级考3 合格考1.5	
	生命科学	1.5	等级考3 合格考1.5	
	思想政治	2	等级考3 合格考1.5	
	地理	1.5	等级考3 合格考1.5	

（续表）

课程科目 高一年级 高二年级		周课时数		说　明
基础型课程	历史	1.5	等级考3 合格考1.5	
	信息科技	2	0	
	劳动技术	4	4	
	体育与健身	4	4	
	艺术	1	2	
	周课时数	34	33	
拓展型课程	学科类 活动类（含体育活动）	2	2	
	专题教育 校、班、团队活动	1	1	
	社区服务 社会实践	1		
	周课时数	4	4	
研究型课程	课题（问题）研究、 项目设计等活动	1	1	
晨（午）会		5		
广播操、眼保健操等		15		
周活动总量		21	21	

*资料来源：上海市晋元高级中学教务处提供，2024年6月。

上海市晋元高级中学高三年级课程科目表

科（项）目		高三年级		备　注
		文　科	理　科	
广播操、眼保健操等		15		
晨（午）会		5		
必修课程及分科限定性选修课程	语文	3	3	
	数学	3	3	
	英语	4	4	
	物理	4	2.5	
	化学	4	2.5	
	生物学	4	2.5	

（续表）

科（项）目		高三年级		备 注
		文 科	理 科	
必修课程及分科限定性选修课程	思想政治	4	2.5	
	历史	4	2.5	
	地理	4	2.5	
	体育	3	3	
	周课时数	25	20.5	
研究型课程		1		
活动课程	体育锻炼	5	5	
	校班活动	1		
	周课时数	7		
	社会实践活动	1		
周活动总数		8		

*资料来源：上海市晋元高级中学教务处提供，2024年6月。

具体实施：丰富课程的选择性和开放性[1]

在开齐开好必修课程的基础上，注重适应学生特长优势和发展需要，着重课时计划的优化和课程纵向衔接和横向关联，做优分层课程、做强专项课程、做深分群课程。

（一）课程的选择性

1.丰富群课、微课、专项课。进一步明确群课、微课、专项课功能定位。组建课程开发共同体，优化群微课程开发及管理策略，编制《群课、微课、专项课课程建设指南》，为教师开发课程提供支架，保障开发课程要素清晰、完备。优化群微课、专项课管理制度和运作模式，推动各学科组形成群微课教学团队，规范和优化群微课建设，建设高质量层类群课程体系，支撑学生志趣能协同发展。

2.探索分层课实施。在单个年级试验的基础上，逐步在各年级落实分层课，研究分层标准和教学方式，分析教学效果，形成分层课实施体系。

（二）课程的开放性

1.落实学校课程规划。基于“上海市提升中小学（幼儿园）课程领导力行动研究项目”中的“学科组实施学校课程规划的行动研究”项目，将学校课程规划逐步落实到学历案中，并注意落实混合学习、单元教学设计等要求。

1 此标题为整理者所加。

图6-14　数学课教学（摄于2024年6月14日）

图6-15　语文课教学（摄于2024年6月13日）

图6-16　英语课教学（摄于2024年6月14日）

图6-17　物理课教学（摄于2024年6月13日）

2.优化课程资源。基于“上海市提升中小学（幼儿园）课程领导力行动研究项目”中的“学科组实施学校课程规划的行动研究”项目，着重在分层分类的混合学习课程资源建设上取得进展，组织学科组编写学历案，力求实现教材内容的学材化重构，把学历案做成引导学生自主建构知识，形成关键能力和必备品质的学习方案。

3.推动“五育并举”融合育人。落实体育课刚性要求，不断统筹优化体育专项化教学、课外活动、课余训练与群团性体育运动。围绕“一人有多技，人人有一强”的理念，强化艺术专项课程实施。在创新校本特色劳动教育课程实践形式的同时，不断提升劳技学科教育教学质量，开展学科落实劳动教育的研究。做实学校科技教育，形成学校科技特色（图6-14至图6-17）。

*资料来源：《上海市晋元高级中学三年发展规划（2023年9月—2026年7月）》（摘选），上海市晋元高级中学党政办公处提供。

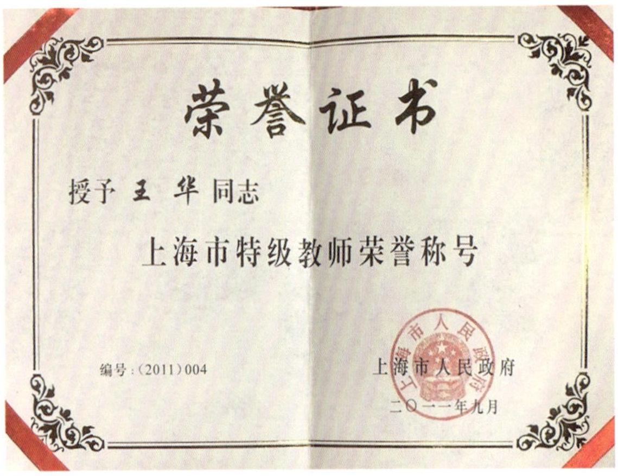

图6-18　王华：上海市特级教师

图6-19　孙时敏：上海市特级教师

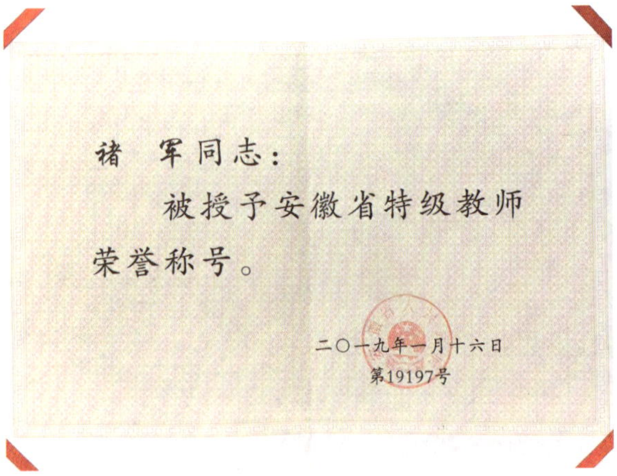

图6-20　褚军：安徽省特级教师

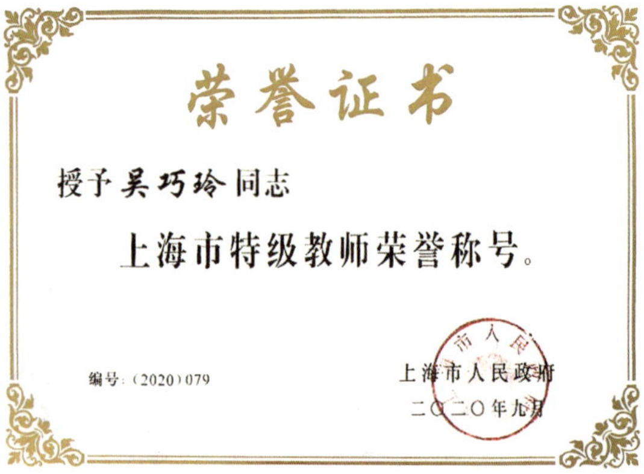

图6-21　吴巧玲：上海市特级教师

图6-22　陈晶君：上海市特级教师

图6-23　钭方健：上海市特级教师

教师队伍[1]

上海市晋元高级中学师资力量雄厚。截止于2024年6月底的统计，全校在职教职员工177人，专任教师147人，获得高级职称的66人，其中特级教师6人，正高级教师10人，全国优秀教师1人（张少伯，已退休），上海市劳动模范3人（陈大波、周臻、王丽萍，均已退休）。另有多位资深外籍教师在校任教（图6-18至图6-23）。

现任校长季洪旭为上海市特级校长。陈大波、李惠军等特级教师曾主持普陀区名师工作室，陈大波等还担任上海市普教系统名师基地主持人。

上海市晋元高级中学教师爱岗敬业，涌现了不少劳动模范、名校长、特级教师、教坛新秀等，获得大量各级各类荣誉。

*资料来源：上海市晋元高级中学党政办公处提供，2024年6月。

上海市晋元高级中学名师选介（国家、上海市级）（据不完全统计）

姓　名	时　间	荣誉称号	颁奖（证）单位
季洪旭	2023.10	2023年入选2022年东方英才计划领军项目（第十六批上海领军人才）	中共上海市委组织部、上海市人力资源和社会保障局
季洪旭	2023.09	2023年获“上海市教育功臣”提名	中共上海市教育卫生工作委员会、上海市教育委员会
季洪旭	2020.09	2020年上海市“四有”好教师（教书育人楷模）提名	上海市“四有”好教师（教书育人楷模）评选活动组委会
孙时敏	2017.09	“上海市特级教师”称号	上海市人民政府
孙时敏	2017.09	上海市园丁奖	上海市教育委员会、上海市中小学幼儿教师奖励基金会
孙时敏	2019—2021	上海市第四期“双名工程”攻坚课题主持人	上海市教育委员会教学研究会
王华	2011.09	“上海市特级教师”称号	上海市人民政府
王华	2019—2021	上海市第四期“双名工程”攻坚课题主持人	上海市教育委员会教学研究会
褚军	2019.01	“安徽省特级教师”称号	安徽省人民政府
吴巧玲	2020.09	“上海市特级教师”称号	上海市人民政府
陈晶君	2023.09	“上海市特级教师”称号	上海市人民政府
钭方健	2023.09	“上海市特级教师”称号	上海市人民政府
李靖	2014.09	上海市园丁奖	上海市中小学幼儿教师奖励基金会
张蓉	2019.09	上海市园丁奖	上海市教育委员会、上海市中小学幼儿教师奖励基金会

1　此标题为整理者所加。

（续表）

姓　名	时　间	荣誉称号	颁奖（证）单位
李莹	2021.09	上海市园丁奖	上海市中小学幼儿教师奖励基金会
张少伯	2019.09	全国优秀教师	中华人民共和国教育部
陈大波	1991、1995	上海市劳动模范	上海市人民政府
周臻	2000	上海市劳动模范	上海市人民政府
王丽萍	2010	上海市劳动模范	上海市人民政府
王丽萍	2010	上海市三八红旗手	上海市人力资源和社会保障局
王丽萍	2009	上海市五一劳动奖章	上海市总工会

*资料来源：上海市晋元高级中学党政办公处提供，2024年6月。

注：相关配图（图6-24至图6-34）由上海市晋元高级中学党政办公处提供。部分教师的获奖证书一时没有找到，暂缺。

三、办学特色探讨

说明：自2005年学校成为上海市首批实验性示范性高中以来，上海市晋元高级中学积极实行教育改革，在学校管理、人才培养、教学方法上不断创新，逐渐形成自己的办学特色。

选择教育，成就发展：让每个学生成为最好的自己

选择是人的个性发展的前提，也是人个性化发展的条件；选择性是人的主体性的突出表现，也是人的自主精神的充分体现。针对时代教育问题，我们探索出反映时代创新精神、体现科学发展观、彰显人的主体精神和个性化教育思想，提出了“选择教育”。“选择教育”的定义为：“基于社会和人的发展需要，尊重学生差异，以学生发展为本，在学校营造一个开放、生动、民主、和谐、学生积极参与学习设计的教育环境，通过学生自主选择激发自身内在需求，合理安排适合自身发展的课程结构，通过学生主动学习，实现既掌握各科基础知识与基本技能，又充分发展个性特长的教育目的，使学生成为能适应21世纪社会经济发展要求，具有扎实基础素养、丰富的个性和健康人格的新一代卓越高中生的一种素质教育。”这样的认识充分体现了马克思主义关于人的发展的辩证唯物主义观念，为学校“选择教育”的发展奠定了正确的发展方向。

一、“选择教育”的丰富内涵

我校将“选择教育”办学理念完整表达为“学会选择，自主学习，卓越发展”，“学会选择，自主学习，卓越发展”的教育理念，追求的是全体学生的生动活泼地发展、积极主动地全面发展和突出个性的

图6-24　张少伯荣获“全国优秀教师”称号（2019）

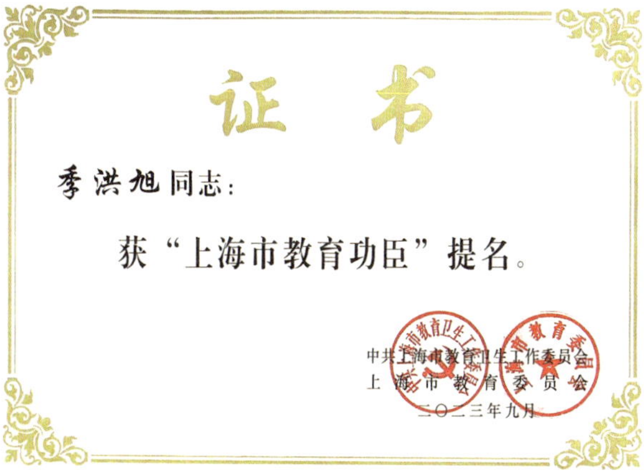

图6-25　季洪旭获“上海市教育功臣”提名（2023）

图6-26　季洪旭入选2022年东方英才计划领军项目（第十六批上海领军人才）（2023）

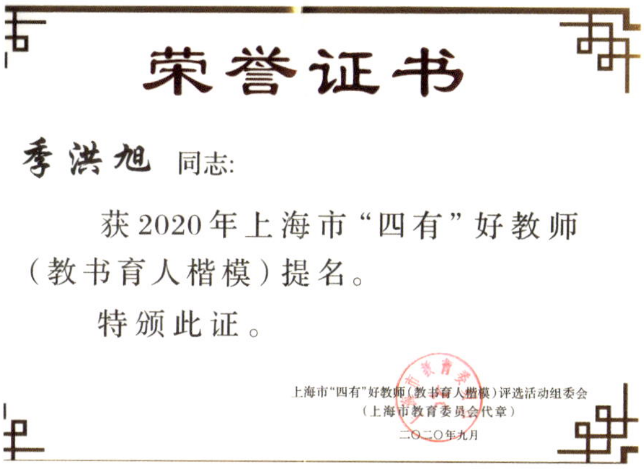

图6-27　季洪旭获上海市“四有”好教师（教书育人楷模）提名（2020）

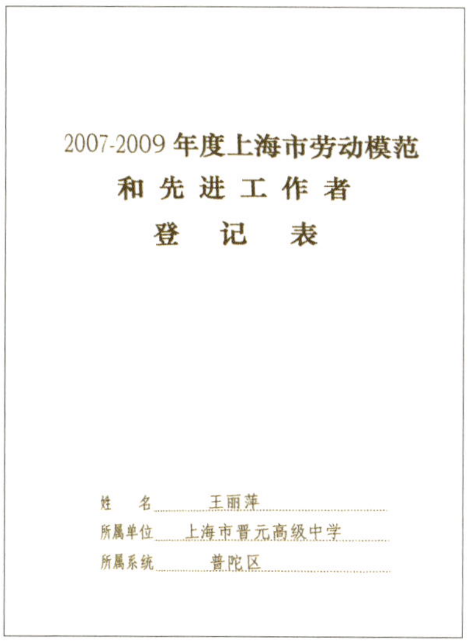

图6-28　王丽萍被评为2007—2009年度上海市劳动模范

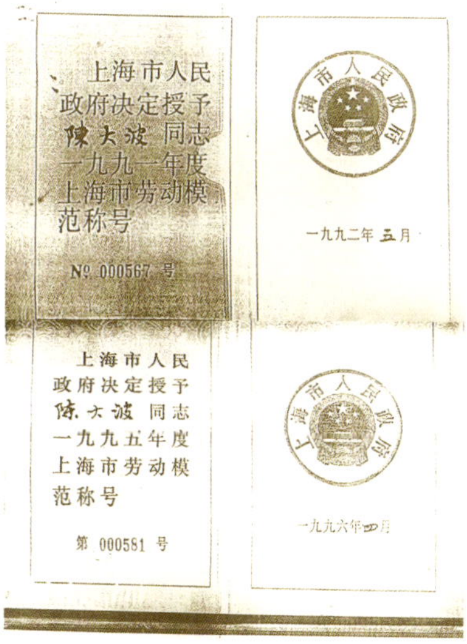

图6-29　陈大波评为1991年度、1995年度上海市劳动模范

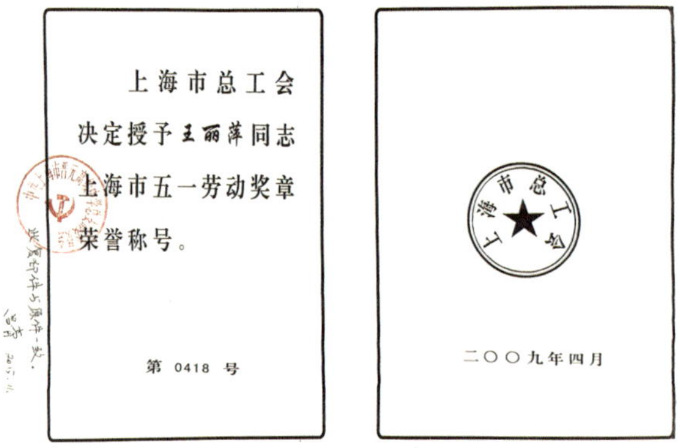

上海市总工会
决定授予王丽萍同志
上海市五一劳动奖章
荣誉称号。

第 0418 号

上海市总工会

二〇〇九年四月

图6-30　王丽萍荣获上海市五一劳动奖章（2009）

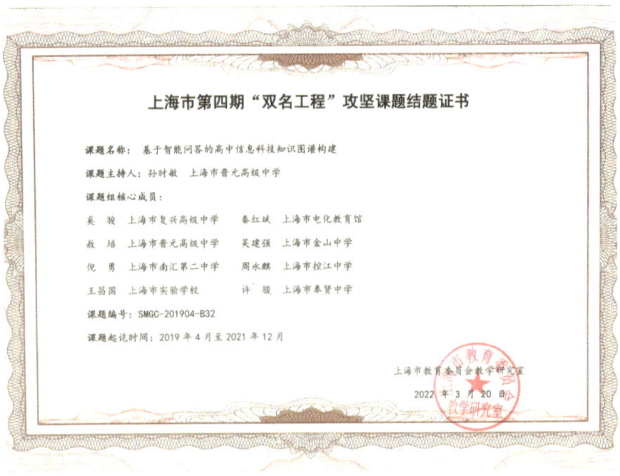

上海市第四期“双名工程”攻坚课题结题证书

课题名称：基于智能问答的高中信息科技知识图谱构建

课题主持人：孙时敏　上海市晋元高级中学

课题组核心成员：

奚　骏　上海市复兴高级中学　　秦红斌　上海市电化教育馆

敖　培　上海市晋元高级中学　　吴建强　上海市金山中学

倪　勇　上海市南汇第二中学　　周永麒　上海市控江中学

王昌国　上海市实验学校　　许　骏　上海市奉贤中学

课题编号：SMGC-201904-B32

课题起讫时间：2019 年 4 月至 2021 年 12 月

上海市教育委员会教学研究室

2022 年 3 月 20 日

图6-31　孙时敏：上海市第四期“双名工程”攻坚课题主持人

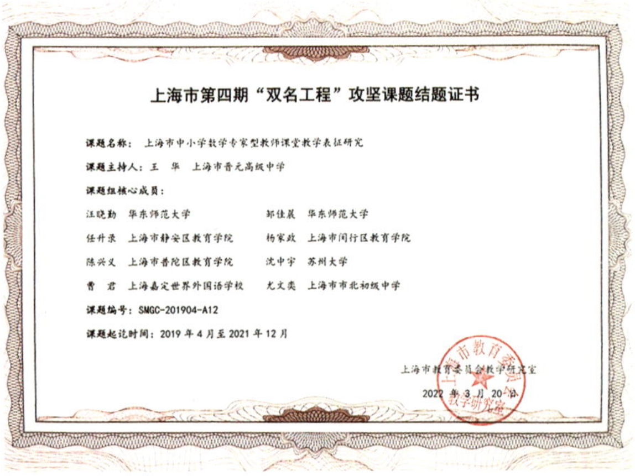

上海市第四期“双名工程”攻坚课题结题证书

课题名称：上海市中小学数学专家型教师课堂教学表征研究

课题主持人：王　华　上海市晋元高级中学

课题组核心成员：

汪晓勤　华东师范大学　　邹佳晨　华东师范大学

任升录　上海市静安区教育学院　　杨家政　上海市闵行区教育学院

陈兴义　上海市普陀区教育学院　　沈中宇　苏州大学

曹　君　上海嘉定世界外国语学校　　尤文奕　上海市市北初级中学

课题编号：SMGC-201904-A12

课题起讫时间：2019 年 4 月至 2021 年 12 月

上海市教育委员会教学研究室

2022 年 3 月 20 日

图6-32　王华：上海市第四期“双名工程”攻坚课题主持人

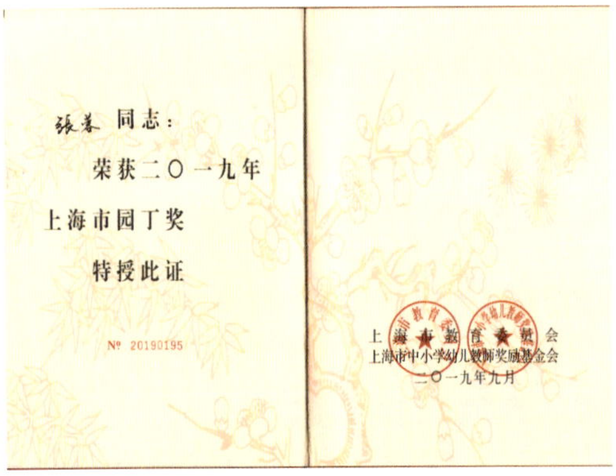

張蓉　同志：

荣获二〇一九年

上海市园丁奖

特授此证

№ 20190195

上海市教育工会

上海市中小学幼儿教师奖励基金会

二〇一九年九月

图6-33　张蓉获得上海市园丁奖（2019）

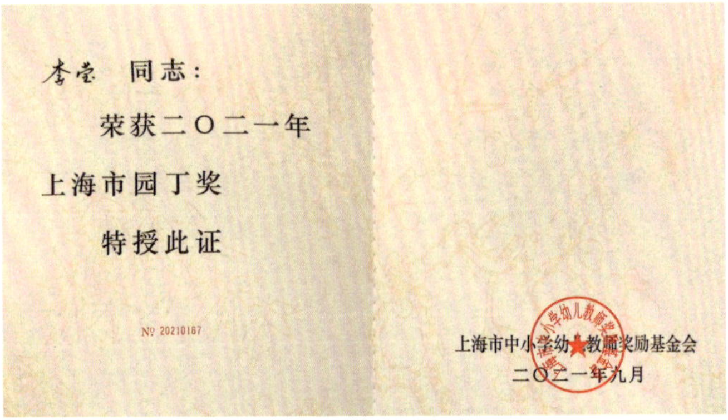

李莹　同志：

荣获二〇二一年

上海市园丁奖

特授此证

№ 20210167

上海市中小学幼儿教师奖励基金会

二〇二一年九月

图6-34　李莹获得上海市园丁奖（2021）

发展，强调学生在校的发展是为了其终身的可持续发展和卓越发展。在这里，“学会选择”是主体学习活动的手段和操作策略，“主动学习”是主体的能动发展特性的体现；“卓越发展”是主体达成的目标与结果。

1. 学会选择——教育观。学生的选择是客观存在的，由于每个学生个体发展背景及其经历的不同，就必然会导致个体间认知结构不同，也就必然有着带有个性的主观选择学习。选择是一种学习的方式，个体的选择行为是习得性行为，与学习有关。“选择教育”就是要指导学生学习选择、学会选择。选择有对错之分、优劣之分。对错优劣的区别取决于个体对外部世界认识的正确与否。要让每个学生能够正确选择，学校就必须承担起指导的职责。这是教师必须树立的教育观。

2. 主动学习——教学观。主动学习是教学的重要目标。主动学习也是“选择教育”的基本教学出发点和归宿。“选择教育”认为“改变学生学习方式”除了已经被广泛接受、大量实践的目标外，“主动学习”更应该成为其重要目标。“选择教育”实践者应该树立起主动学习的教学观。主动学习是学习品质。教学在完成有关最基础的、具有再生性的知识的同时，应该追求的是学生更本质的发展，就是要让学生通过教学养成主动学习的品质。

3. 卓越发展——成才观。每一个阶段的教育都有着自己的培养目标。“卓越发展”是“选择教育”的成才观。“卓越发展”是个动态化的目标。所谓动态化的意思包含了“卓越发展”是有时代性、阶段性的目标，今天的卓越也许是明天的平庸。学校在“卓越”的认识上也应该多元、个别地认识学生，评价学生，不能简单地用所谓社会要求来衡量学生，要承认学生的“个性化”“卓越”。学校应该把“卓越”的社会认同与学生的个体体验融为一体，使学生成为个性化与社会化共同发展的主体。

二、“选择教育”的目标与原则

“选择教育”的目标就是让学生充分地自主发展，做最好的“自我”。创设适合激发每位学生自主发展潜能的环境和机会，使学生具有良好的自我意识、较高的成材抱负、浓厚的学习兴趣、坚韧的学习意志等心理品质，具备较强的自学能力、实践能力、评价能力、主动探究能力、创造能力等主动发展能力，实现自觉、自信和自强发展，成为最好的自己。

在推进“选择教育”的过程中，我们贯彻五大原则：（1）主体体验原则；（2）协调一致原则；（3）尊重差异原则；（4）多元选择原则；（5）“以长带短”原则。

三、对“选择成就发展”的理解

“选择成就发展”的教育哲学有助于清晰地表述学校的教育目的以及实现的方式，是对学校自身发展的系统性思考。其内涵有两个维度：一是“选择才能成就发展”的认识论；二是“在发展中学会选择”的方法论。认识论有思想引领的价值，方法论有实践指导的价值。

（一）“选择才能成就发展”的认识论

首先，学校以尊重学生差异为前提，以激发学生兴趣为起点，客观认识到每个人都客观存在着某种潜能，这是教育认识论的基本点。这种对客观事实的准确判断，为“选择教育”的价值判断奠定了基础，也为“选择教育”的决策奠定了认识论基础。

其次，构建“认识自我—规划自我—学会选择—发展自我—调整自我”的“选择教育”机制，是认识论的着眼点。这个着眼点也是“选择教育”的着力点，校长设计的学校“选择教育”思路框架图，既是“选择教育”的技术路线图，更是促进学生身心发展的规划图。框架图表明校长已经将客观现实的感性认识转化为理性认识，形成了“选择教育”的运作机制。

再次，在“选择教育”的过程中，发挥教师和学生的主观能动性是认识论的根本点。这个根本点反映了“选择教育”的主体意识。事实证明，只有发挥了主观能动性，释放了潜能，学生的发展才有真正的动力，才能真正地自主发展。这种认识彰显了“选择教育”思想的深度，是一种对教育终极目标——促进学生发展的深刻认识和领悟。

（二）“在发展中学会选择”的方法论

“选择教育”符合人的发展规律，是一个主客体相互作用的结果，是一个完善的操作系统。

1. 符合人的发展规律

每个学生都蕴藏着可以选择被激发的潜能，每个学生潜能都有被激发的期待，每个学生潜能都有被激发的可能。加德纳的多元智能理论告诉我们，9种基本智能在每个人身上都有独特的组合和表现，与之对应，每个学生也应该有可以被多元发展的潜能；马斯洛的人本主义教育观告诉我们，“选择教育”可以满足人自我实现的需要，每个学生潜能都有被激发的期待；人脑的超级剩余假说、维果茨基的最近发展区理论告诉我们，教育可以帮助学生实现由现实发展水平向潜在发展水平的迈进，每个学生都有成为最好自己的可能。

2. 是一个主客体相互作用的结果

学生是发展的主体，“选择教育”应该体现在促进学生志、趣、能三者的和谐发展。而对兴趣的激发、志向的唤醒和智能的发展，这些相对于主体之外的一切发展环境，是发展的客体。客体是外因，主体是内因，客体的作用必须通过主体获得情感体验、产生内部矛盾，引发动机、形成需要，才能促进行为、实现发展。尊重主体、尊重差异就显得特别重要，使每个学生有成为最好自己的机制和方法。

3. 是一个完善的操作系统

“选择教育”主要围绕着学生志、趣、能协调一致的发展。志向包括理想抱负、情感态度，形成志向需要激发学生的动力潜能；人的兴趣和志向协调一致，优势潜能就会得到充分激发，志趣潜能的激发对培养创新人才尤为重要；和兴趣相关的智能水平高低是能否形成志趣的关键，学习潜能的激发是学生多元潜能得以发展的基础。“选择教育”对于主体而言，是一个从认识评价自我、形成发展志向、选择发展兴趣、提升发展能力、实现自主发展的循序渐进过程。为此，我们就必须为学生提供了解分析、诊断规划、资源供给、培养激励、鼓励评价的循序渐进的操作系统，使每个学生有成为最好自己的路径和载体。

四、“选择成就发展”的实践论

学校确立了“智慧选择，卓越发展”的育人目标，以构建和实施“选择教育”的“分层、分类、分群”课程体系为载体，以探索“二二三四”导学制课堂教学模式为途径，以建设温馨教室为“选择教育”的良好环境，把提高教师素养作为“选择教育”的关键，着力推进“套餐式课程、个性化学程、模块化实施、走班制运作、过程性评价和学分制管理”的教育形态，围绕指导选择、提供选择、成就选择、保障选择“选择教育”实施路径，为实现“选择成就发展”的教育思想进行了卓有成效的实践，树立了学校的“选择教育”品牌。

五、指导选择：引领学生做好生涯、学涯发展的规划

“选择教育”首要任务就是指导选择。设计教育内容时，一是考虑到学生的身心发展水平与他自身的志向、兴趣、能力匹配的问题；二是关注社会发展的需要，要着眼于当今国家需要的创新型人才培养，落实“为谁培养人”“培养什么样的人”“怎么样培养”的问题；三是落实学校的育人目标。育人目标是“智慧选择，卓越发展”，它是根据社会发展的需要和学生的兴趣与身心发展水平的规律制定的，它是“选择教育”活动的出发点和归宿。

六、提供选择：满足学生个性化发展的学习需求

“选择教育”的核心观点是“丰富选择，满足需求”。学校提供“分层、分类、分群、分项”的可供选择的课程，推进灵活、弹性实施的学程，建设随时、随地泛在学习时空，自由选择适合自己的学习方式，满足学生个性化学习的需求。让每位学生实现“学会选择，主动学习，卓越发展”，这也是学校推进“选择教育”的核心教育观念和共同价值追求。

七、成就选择：深化混合学习实践和落实核心素养培育

“选择教育”的灵魂是倡导激发每一个学生的成长潜力，成就学生最好的自我。学校着力推进新课程、新教材的理念落实，致力于单元教学和学习流程再造，努力营造适合学生发展的学习场景和空间，深化混合学习实践，让知识“活”起来，让资源“用”起来，让师生“动”起来，实现师生共同成长。

八、保障选择：打造助力学生卓越发展的生态环境

“选择教育”的关键技术是保障选择，学生需要学会选择，成就选择，坚持选择，学校需要支持学生的选择，保障学生的选择，为学生的选择保驾护航。学生实现卓越发展，关键还需要有促进学生坚持选择的软环境和硬环境，包括尊重学生发展差异，捍卫公平教育的软环境和满足个性需求的学习生活硬环境等，这些环境建设为学生坚持自己的志、趣、能协调一致发展的选择提供了条件和保障（图6-35、图6-36）。

*资料来源：戴小民:《选择教育，成就发展：让每个学生成为最好的自己》（摘选），2024年6月，上海市晋元高级中学党政办公处提供。

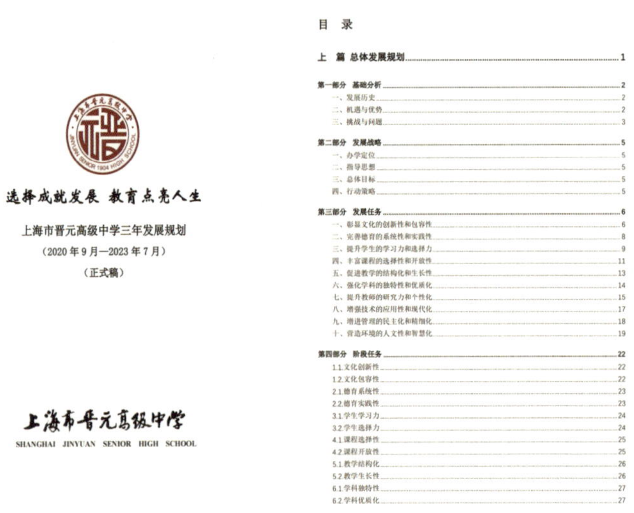
选择成就发展 教育点亮人生

上海市晋元高级中学三年发展规划

（2020年9月—2023年7月）

（正式稿）

上海市晋元高级中学

SHANGHAI JINYUAN SENIOR HIGH SCHOOL

目 录

图6-35 《上海市晋元高级中学三年发展规划（2020年9月—2023年7月）》（上海市晋元高级中学提供）

图6-36 晋元办学富有国际视野和校本特色（上海市晋元高级中学提供）

四、上海市晋元高级中学坚持特色办学、优质办学

说明：上海市晋元高级中学拓展视野，积极开展多种层次、各种形式的合作与交流，包括：（1）建立研究基地，拓展学生的活动空间。（2）重视与著名高校、科研院所的合作，相继建立起科学、人文、艺术等研究基地，了解学科前沿，开拓师生视野，引导学生往更高的阶段发展。（3）做好与家长的联络、沟通，招募家长志愿者等。（4）建立与校友的联系，合理利用校友资源。（5）积极引进社会、社区资源，实行资源共享。

成立晋元高级中学教育集团[1]

2021年11月24日，晋元高级中学教育集团成立仪式在上海市晋元高级中学举行。此举是普陀区优化资源布局，发挥名校辐射带动效应，推动区域教育优质均衡发展的重要举措。

晋元高级中学教育集团以晋元高级中学为总校，携手万里街道、桃浦镇9所成员学校，通过集团化办学，形成集团治理新生态；加强集团统筹管理，激发人才队伍新活力；畅通学段衔接机制，构建一体化的课程体系；加强校际共研机制，整体提升教育教学质量；探索拔尖人才培养机制，打通创新人才培养

1 此标题为整理者所加。

图6-37　成立晋元高级中学教育集团

通道；丰富选择文化内涵，促进集团文化整体发展。在保障和发挥各校原有办学特色的同时，将全方位促进集团内各校教育质量的持续提升，将集团打造成优质、均衡发展的共同体，办出更多家门口的好学校，在更大范围、更高层次、更深程度上实现教育的公平优质，真正办好人民群众满意的教育（图6-37）。

*资料来源：上海市晋元高级中学党政办公处提供。

五、办学成绩：上海市晋元高级中学获得荣誉一览

说明：作为一所具有悠久办学历史的老校、名校，上海市晋元高级中学与时俱进，不断开拓，不断进取。近年来学校获得了不少荣誉，声名远播（图6-38）。

第三节　晋元中学的西藏班

一、档案资料、报纸报道摘选

沈惠勇老师事迹介绍

十九位孩子共同的“父亲”

——上海市晋元高级中学沈惠勇老师民族教育工作先进个人事迹

晋元人都不止在一个场合听到过西藏班的同学尊称班主任沈惠勇老师为他们共同的“父亲”。为了

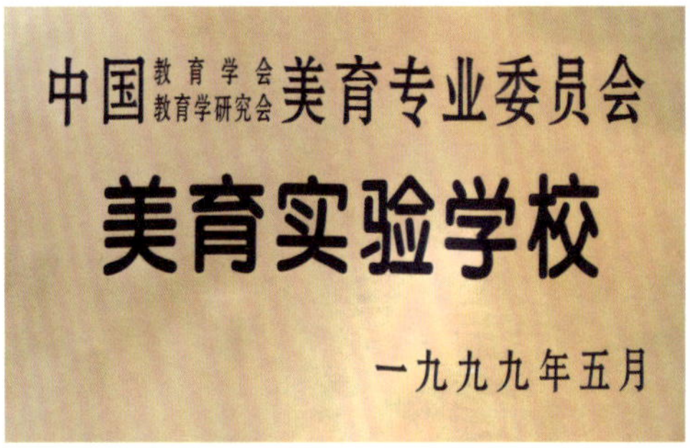

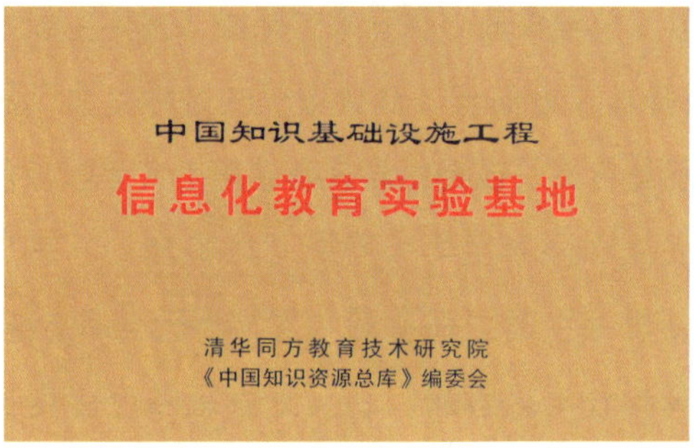

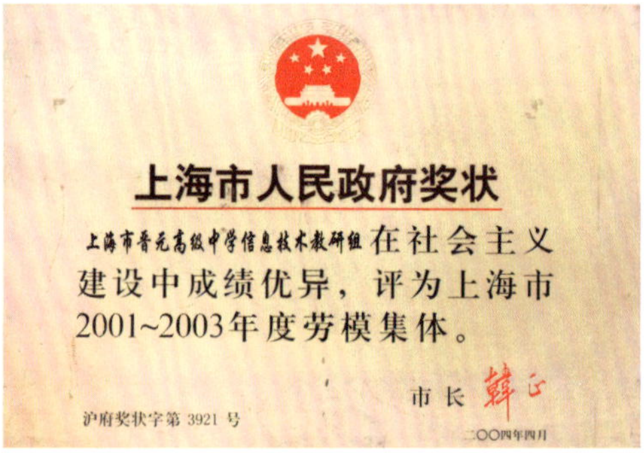

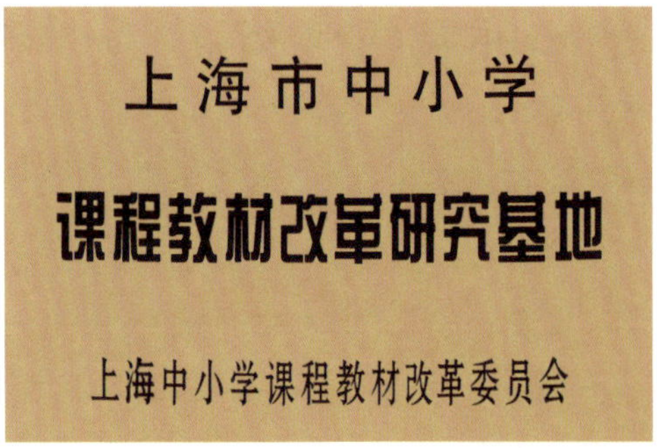

图6-38　上海市晋元高级中学获得的荣誉

雪域雏鹰早日展翅高飞，沈老师默默地陪伴了藏族学生三年，衣食住行，学习生活，真可谓是无微不至。

沈惠勇同志是上海市晋元高级中学的一名英语教师，具有三十多年教学经验及三十年的高中班主任经历，教育教学经验丰富。2005年8月起，担任学校首届西藏班班主任，全面负责藏族学生在校三年的生活与学习。

一、热爱民族教育教学工作，为人师表，无私奉献

沈惠勇老师热爱民族教育教学工作，工作认真、任劳任怨、爱岗敬业。藏族学生刚进校时，对于高中的学习、生活比较陌生，为了使他们早日稳定下来，沈老师协调各方面老师们的努力为藏族学生创造了一个温暖、舒适的生活环境，使他们感到进了晋元中学就像进入自己家一样。

作为“父亲”，沈惠勇老师每时每刻都关注着他的十九个孩子，不仅能及时了解藏族学生的思想状态，还能做到第一时间出现，帮助他们解决生活中的实际困难。藏族学生生病时，沈老师亲自送他们去医院就诊，其中有位学生住院治疗，沈老师每天陪伴在他身旁，还在家里为他熬好营养汤每天送去；深知他家经济困难，马上为他垫付了部分医药费。当来自贫困地区的尼玛卓玛同学经济上遇到困难时，沈老师及时为她送上自己的钱，并且赠予她一些生活用品。三年里，他给予藏族学生生活上无微不至的关怀、学习上不厌其烦的辅导，他以扎实的工作态度确保西藏同学健康地成长和发展，他用爱心、细心、耐心及诚心使藏族学生的文明礼貌、学习习惯、劳动意识等都有了显著的提高。

二、坚持育人为本，做好学生德育工作，促进学生民族团结、祖国统一意识

沈惠勇老师切实做到了管理育人、教书育人、服务育人，从西藏班学生的思想、学习、生活实际出发，循序渐进、深入细致地做好学生的德育和思想政治教育工作，并取得明显成效。沈老师对藏族学生的关爱不仅使远在千里之外的家长们都深受感动，还用自身的实际行动影响着藏族学生，在培养藏族学生学会做人、学会学习、学会生活，培养良好习惯中起到很大的作用。同时，沈老师也指出“在藏族学生身上有时也会反映出一些惰性、依赖性、学习目标不明确等现象”，他认为“这说明藏族学生的思想政治工作只能加强不能弱化，只有抓住德育工作，从学生实际工作出发，边工作，边摸索，以教育为突破口，严格管理，细致工作，发现问题及时解决，才能培养出合格的人才”。

沈老师还主动放弃节假日，带领藏族学生参观上海，让他们充分了解上海、学习上海、融入上海，体验国家的现代化发展，从而感受祖国的伟大。节假日，沈老师都会组织一批汉族学生带藏族学生回家过节，以增进汉藏两族同学间的沟通和理解；沈老师亦在中国农历新年时盛邀在上海过年的藏族同学到他自己家过年。

三、在教育教学工作中，开展适合民族班学生的教育教学活动，教育教学成绩突出

在这二年里，沈惠勇老师花费了大量的心血，用他那颗真诚的爱心，无私奉献的精神，时刻激励藏族学生努力学习，为民族争光，报效祖国，组织藏族学生参加各种教育教学活动，使他们潜移默化地受到民族教育的熏陶。当了解到藏族学生在语、数、外学习上有一定的困难时，沈老师立即组织几位任课老师，利用节假日，为他们补习文化基础知识，随时解答他们的疑问。两年多来，晋元的教师一直利用

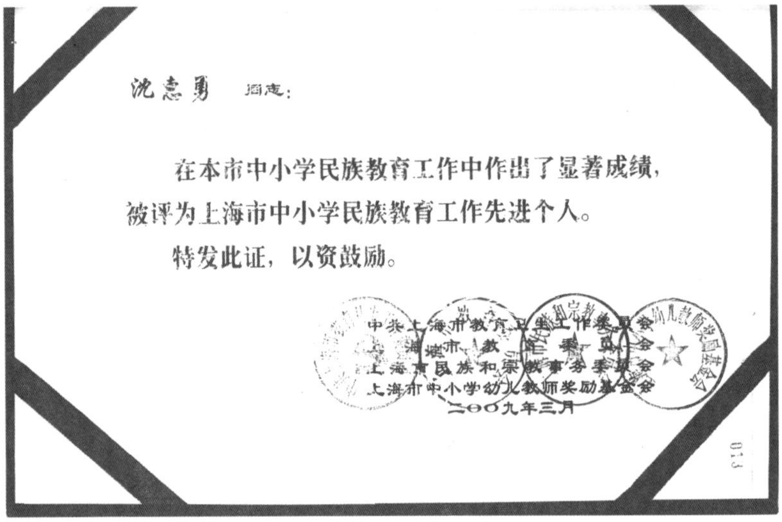

沈惠勇 同志：

在本市中小学民族教育工作中作出了显著成绩，被评为上海市中小学民族教育工作先进个人。

特发此证，以资鼓励。

中共上海市教育卫生工作委员会
上海市教育委员会
上海市民族和宗教事务委员会
上海市中小学幼儿教师奖励基金会
二〇〇九年三月

图6-39 上海市晋元高级中学沈惠勇老师被评为上海市中小学民族教育工作先进个人（2009年3月）

节假日为他们补习文化基础知识，任劳任怨，始终如一。

四、组织开展课外活动，重视西藏学生实践能力和创新素质培养，促进西藏学生全面发展

沈惠勇老师充分利用教育资源，带领学生走向社会、走向生活，在社会、生活中受到爱国精神、民族精神的教育。沈老师尽可能让西藏学生在校期间，生活内容丰富，课余时间多彩，他积极组织西藏学生参加各项活动。他教导学生学会感恩，5·12汶川大地震后，十九位藏族学生共捐款2400多元。毕业前夕，西藏学生人人报名参加中华骨髓库的捐骨髓活动。在民族问题上，十九位藏族学生立场坚定，拥护共产党，热爱社会主义祖国，更加迫切地希望能多学习文化知识、提高自身素质、努力回报社会、建设西藏。

三年来，“父亲”和他的“孩子们”风雨共度，同舟共济，解决了一个又一个难题；在沈惠勇老师、任课老师以及同学们的努力下，晋元首届十九位藏族学生在2008年秋季高考中全部考入全国重点大学（图6-39）。

*资料来源：上海市晋元高级中学：《上海市中小学民族教育工作先进个人申报材料》，2009年2月，上海市晋元高级中学档案室藏。

上海市晋元高级中学先进集体事迹介绍

爱心浇灌格桑花

——上海市晋元高级中学申报上海市民族教育先进集体材料

我校按照上海市教委安排，于2002年开始举办内地西藏高中散插班。2002年以来，一批又一批藏族学生来到晋元高级中学求学。学校领导为了能够培养一代建设社会主义新西藏的优秀人才，专门为他们提供了最好的学习生活条件。十余年以来，藏族学生在晋元中学愉快习，健康成长，快乐生活，在人生发展的道路上奠定了扎实的基础。

一、高度重视、细化工作，全力抓紧抓好培养西藏学生这一崇高的政治任务

为了认真做好这一工作，学校成立了以王校长为组长的“西藏班领导小组”，制订了详细的工作计划，并建立了办公室主任、教务处主任、总务处主任、宿管部主任、年级主任、班主任层层负责的工作机制。学校多次召开相关老师动员会，要求各部门、各位老师要站在为国家、为民族作贡献的高度来认识西藏班学生的教学和服务工作，切实把这些远离家乡、远离父母的孩子当作自己的孩子对待，生活上多照顾，学习上多帮助，主动真心实意地做西藏学生“学习上的良师，思想上的益友，生活上的父母”，用自己的言行，让西藏学生们感受到在晋元就像在家一样温暖，用最短时间适应晋元，喜欢上晋元。学校领导一贯把建设平安校园、创建温馨宿舍放在首位。既可以使远方的父母家人放心，又可让藏族学生安心、愉快地生活、学习。宿舍部门安排最好的宿舍，让西藏学生集中居住。生活老师及医务室人员24小时值班，随时为他们服务，并且制定了《西藏学生宿舍管理条例》《西藏学生就医办法》和《西藏学生安全管理条例》等，确保学生生活舒适、舒心。德育处老师还安排了各种逃生演练。总务处工作人员安排校内保安日夜值班，尤其是在节假日安全保卫工作一丝不放松，多种措施到位，经常进行宣传教育，创办西藏班至今，从未发生任何安全事故。担任西藏班班主任的老师从接手的那一天起就下了决心，365天乘以24小时坚守岗位。每当周末、节假日和寒暑假，西藏班的老师还在校园里负责安排西藏学生的生活和学习，把他们当作自己的孩子。

学校把保证西藏学生身体健康当作政治任务。西藏班学生从高原到内地，由于地域和高差的变化、气候和环境的变化、生活条件和饮食习惯的变化等原因，刚到上海时得病的比较多，我们的老师就像对待自己的孩子一样，陪伴去医院，单独开营养小灶，及时给予关心和帮助。次仁央吉同学在初中时因练舞伤了腰，因误诊未能及时治疗，以致腰椎间盘突出，生活老师特别为她多垫上一层床垫，以防受凉；班主任平时常问询情况，一了解她出现脚发麻的状况，马上联系家长告知病情的变化，经检查确诊为腰椎间盘突出压迫神经，及时住院手术，避免了瘫的可能，目前正在康复中。

我们充分认识到要把西藏学生的思想稳定工作放在首位。按照市教委的要求，内地西藏班的稳定是第一位的，尤其是西藏班学生大部分假期不放假，加上网络的影响、各地亲朋好友传的不良信息影响等原因，他们的思想稳定往往成为一个重要问题，也容易成为引发民族矛盾等其他政治问题的导火线。为此，我们本着对国家高度负责的精神，从根本上解决问题，具体方法是：强化藏族学生的思想教育，利用组织爱国主义和民族团结专题教育的形式，灌输正确的思想，帮助学生转变思想观念，树立正确的祖国观，反对“藏独”。同时用讲历史、讲家乡的变化、讲西藏社会的发展和进步、讲国家的民族团结政策、讲党和政府对西藏地区的关怀、讲各地援藏的具体行动，强化学生感恩祖国、报效祖国的思想，牢固树立民族平等、和谐共进的观念，增强“汉藏一家亲，共同爱祖国”的爱国情结。在西藏学生入学之初，我们就配合西藏教育厅宣教团，对学生开展了全方位的思想教育，并且为每一个西藏学生安排了党员教师结对，提供思想上和生活上的帮助和教育，确保西藏学生顺利地进入状态，开始新一轮的学习。经过学习和努力，我们还有高一西藏学生主动递交了入团申请，积极要求进步，以崭新的精神面貌迎接

新的学习生活，高三学生次仁央宗已成为中共预备党员。我校西藏班学生曾经的同学朗珍卓嘎不幸患上了白血病，当王丽萍校长得知这一消息后，当即带领校中层干部和部分党员教师一起参与西藏学生的捐款活动，用行动充分体现了汉族教师对藏族学生的一片爱心，让西藏学生深深感悟到“汉藏一家亲，同牵一双手”的深情厚谊。邀请全体西藏班学生参与德育市级课题的实验，由班主任带领，在“易班”网上建立“晋元西藏文艺社团”，并由师生共同管理，目前社团正在茁壮成长，并且吸引了不少汉族学生共同参与，日趋成熟。

学校还发掘西藏学生特长，展现优势，充分调动学生各方面的积极性，从正面引导激励西藏学生积极向上，健康成长。西藏班学生能歌善舞，我们不仅在学校组织的各项大小型活动中，都给予西藏学生展示自己才华的机会，而且还让他们走出校园，进入社区展示风采；我们还利用音乐课的机会，开展“学跳藏舞”活动，这不仅满足了西藏班学生的文化诉求，同时也加强了汉藏民族文化的交流和融合。

二、分阶段采取针对性策略，稳步提升西藏学生的教育、教学质量

西藏学生进校时基础知识比较薄弱，尤其是英语、数学，但西藏学生非常的淳朴、天真。学校对西藏班学生的教育教学是根据不同阶段的主要需求，有目的地采取相应的策略开展的。大体上分为以下几个阶段：

第一阶段为高一第一学期。主要采取以人文关怀为重点的“热身”策略，目的是完成环境方面的适应性调整。我们健全管理机制，学会自主管理。通过民主选举产生班干部成员，根据他们的特点和能力安排工作。加强班干部队伍建设，培养一支团结协作的班干队伍。让新班委员能尽快熟悉自己的本职工作，大胆、有效地开展工作。坚持每天中午的班长会议，及时了班内情况和动向，共同探讨解决方法，指导班委会工作的开展。设立大班长，男女生班长负责班级工作、生活部负责日常生活和宿舍内务纪律等方面工作、劳动部负责卫生工作、文体部负责各项活动的主持和开展工作。在高一军训中有三分之一的西藏学生获“五好战士”称号。我们可以看到，西藏班学生在这方面的积极性和管理学生的能力确实令人佩服。组织西藏班学生参加学校的温馨教室建设活动，进一步完善教室文化建设，为学生创建一个舒适的学习环境，营造温馨、整洁、团结、积极向上的班级文化氛围。

西藏学生到晋元后的寒假很快就到了，按照惯例我们在寒假前早早地主动了解西藏学生寒假的愿望。学校制定了《关于做好寒假期间西藏学生生活、学习工作方案》。由教务处、总务让、宿管部、食堂共同安排好假期学生的生活工作，班主任全面负责西藏学生的假期活动和补习工作，挑选讲授基础知识具有优势的老师义务为这些学生集体补习英语、语文、数学、物理、化学等学科的基础知识。为缓解西藏同学们春节期间的思乡之情，我们开展了“到上海家庭过新年”和“上海一日游”等主题活动。让西藏的每位学生都感受到虽然父母远在千里之外，但他们并不孤单，上海也有他们的家，老师就是他们的亲人，同学就是他们的兄弟姐妹，上海过年一样快乐、一样开心、一样充实。每年农历大年三十，普陀区副区长在区教育党工委书记、教育局局长等的陪同下来到我校，与留在上海过年的西藏学生互致“扎西德勒”，共同欢庆农历新年。

第二阶段为高一第二学期。主要采取的是提升基础知识为重点的“小步慢跑”策略，目的是在第一

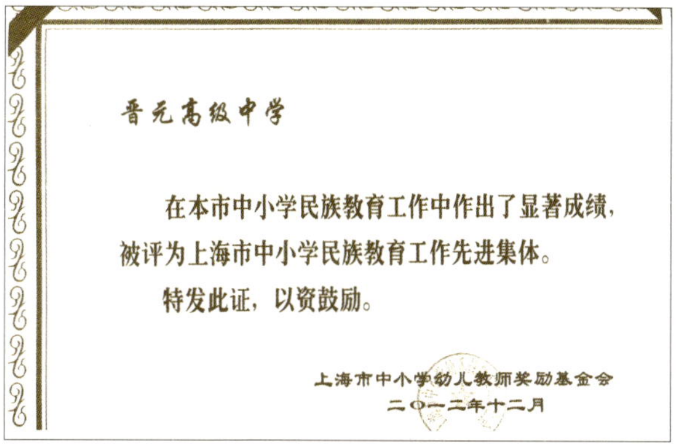
晋元高级中学

在本市中小学民族教育工作中作出了显著成绩，
被评为上海市中小学民族教育工作先进集体。
特发此证，以资鼓励。

上海市中小学幼儿教师奖励基金会
二〇一二年十二月

图6-40　晋元高级中学获评上海市中小学民族教育工作先进集体（2012年12月）

阶段的基础上完成学习方面的适性调整。针对不同的学生采取集体补习和“一对一”个别辅导相结合的措施，用一学期的时间完成西藏学生学习方面的适应性训练。

第三阶段为高二学年。主要采取的是以提升信心为重点的“小步快跑”策略，目的是在学习上逐步跟进。根据高二这一届开始因西藏生扩招，学生的学习基础更加薄弱的情况，我们结合我校走班教学的优势，采取了散插和集中教学相结合的教学模式，单独为西藏班学生编制课表，选派优秀的教师任教。学生们在6月的高一、高二的六门学业水平考试中获得了优秀的成绩，其中还有六门全A的同学。我们大胆鼓励西藏学生积极参加创新素养培育实验项目课程，在科技辅导员老师的指导下西藏学生的创新潜能大大激发，其中丹增扎西同学在日前举办的上海市“星翔杯”第16届青少年创新发明设计竞赛中获得一等奖。丹增扎西和旺珍两位同学分别获得了实用新型专利。

第四阶段是高三学年。主要采取的是以稳定学习情绪和位次为重点的“稳定跟跑”策略，目的是确保不掉队，紧随全部同学前行。到了高三，所有藏族学生已完全适应了晋元的一切，进入最佳学习状态，不仅可以跟上全班或全校的教学步伐，而且与上海的同学一样课堂上认真听课，课余时间主动埋头苦学，全身心地投入紧张的高三学习和生活。2008年首届西藏班高考取得了全部被一本院校录取的优异的成绩。其中，上海交大3人、同济大学2人、上海财大3人、南京大学1人，还有西安交通大学、北京交通大学、中央财经大学等。现在这届高三的西藏班学生黄海峰在年前的一模考试中获得数学146分，单科全区第一的优异成绩，总分在我校物理班排第二名。

三、教授知识，更教会做人，每位西藏班学生都有一颗感恩的心。

学校不仅教他们知识，更教育他们如何做人。这些热爱祖国、勤劳纯朴、善良热情、勤奋好学、感情真挚的藏族学生不仅学业有成，更加懂得珍惜真爱、回报社会。在为5·12汶川大地震献爱心活动中，他们把每月伙食费中节省下的2400元全部捐给了灾区；在玉树地震后以次仁央宗为首的西藏班学生最早发出了捐款倡议。次仁央宗获得了2011年上海市“金爱心学主十佳标兵”称号。在2008年毕业欢送会上西藏班的同学发言时这样说道：“我要感谢各级领导、老师们、食堂的大妈和学校的门卫，是你们把我们由调皮懵懂的孩子教育成完成高考的‘战士’，我们从你们身上学到了很多做人的道理，终身受用。在今后的日子里，我们会用实际行动来报答党，报答人民，做‘四有新人’。”（图6-40）

*资料来源：《上海市晋元高级中学关于上海市中小学民族教育工作先进集体申报表、先进事迹及奖牌等》，2012年，上海市晋元高级中学档案室藏。

晋元中学西藏班全部考入一本[1]

本报讯 （记者彭薇）晋元高级中学昨天传出喜讯：今年在沪参加高考的19名西藏学生全部被一本院校录取。其中，上海交大3人、同济大学2人、上海财大3人、南京大学1人，学生考入的重点院校还包括西安交通大学、北京交通大学、中央财经大学等。

解放日报 3

晋元中学西藏班传出喜讯

在沪高考西藏生全部考入一本

本报讯 （记者 彭薇）晋元高级中学昨天传出喜讯：今年在沪参加高考的19名西藏学生全部被一本院校录取。其中，上海交大3人、同济大学2人、上海财大3人、南京大学1人，学生考入的重点院校还包括西安交通大学、北京交通大学、中央财经大学等。

目前在沪就读的西藏高中生共59人，分别按年级编入晋元高级中学、复旦附中、复兴高级中学等校就读，每年都有一所学校的西藏毕业生参加高考，今年恰好轮到在晋元中学就读的西藏学生参加高考。这批学生进校时基础知识比较薄弱，尤其是英语，与上海学生差距较大。但经过3年学习，这次高考19名学生的语文、数学、英语平均分与上海学生平均分相差无几。

在晋元中学，19名西藏学生虽被分散到各个班级，但学校给他们专门安排了一名班主任——沈惠勇。沈老师介绍，这批学生很刻苦，平时花在学习上的功夫也比别人多。西藏学生的成长，离不开老师的关怀和帮助。高三年级主任徐小玲老师介绍，西藏学生的每位任课老师都随时“待命”，逢双休日和寒暑假轮流为他们补习，学生有不懂的地方只要打个电话，老师立刻赶到学校辅导。学生们3年来几乎都没回过家，父母不在身边，是老师们给了他们亲人般的照料，逢年过节总陪伴左右，还送来藏族特色小吃。

“我对晋元中学的老师充满感激之情，今后一定要以实际行动回报社会。”藏族学生土旦在毕业留言册上写的一段话，代表了大家的心声。

儿童救助专项基金设立

图6-41 《晋元中学西藏班传出喜讯：在沪高考西藏生全部考入一本》（选自《解放日报》2008年7月30日，第3版）

据统计，目前在沪就读的西藏高中生共59人，分别按年级编入晋元高级中学、复旦附中、复兴高级中学等校就读，每年都有一所学校的西藏毕业生参加高考，今年恰好轮到在晋元中学就读的西藏学生参加高考。这批学生进校时基础知识比较薄弱，尤其是英语，与上海学生差距较大。但经过3年学习，这次高考19名学生的语文、数学、英语平均分与上海学生平均分相差无几。

在晋元中学，19名西藏学生虽被分散到各个班级，但学校给他们专门安排了一名班主任——沈惠勇。沈老师介绍，这批学生很刻苦，平时花在学习上的功夫也比别人多。西藏学生的成长，离不开老师的关怀和帮助。高三年级主任徐小玲老师介绍，西藏学生的每位任课老师都随时“待命”，逢双休日和寒暑假轮流为他们补习，学生有不懂的地方只要打个电话，老师立刻赶到学校辅导。学生们3年来几乎都没回过家，父母不在身边，是老师们也给了他们亲人般的照料，逢年过节总陪伴左右，还送来藏族特色小吃。

“我对晋元中学的老师充满感激之情，今后一定要以实际行动回报社会。”藏族学生土旦在毕业留言册上写的一段话，代表了大家的心声（图6-41）。

*资料来源：《晋元中学西藏班传出喜讯：在沪高考西藏生全部考入一本》，《解放日报》2008年7月30日，第3版。

二、西藏学生在晋元

文章摘选

爱在晋元

高一（2）班 西藏学生 末玛片多

四年前的某一天，我第一次踏上了“上海”这片土地开始了我的异地求学生涯，学校里到处可见熟

1 此标题为整理者所加。

悉的藏族面孔，四年的初中生活过得无比快乐。

四年后的这个夏天，我回到我那久违的雪域高原参加中考。

于是在今年的初秋，跨进了梦寐以求的“晋元高级中学”的大门。

一进门，我便被圆形的下沉式音乐广场吸引住了，不远处高高飘扬的五星红旗，迎风招展，绿草如茵的田径场，干净整洁的教学楼……这一切都吸引了我的眼球，让我舍不得把目光移开。

走进综合楼，首先看到了宿管老师那和蔼可亲的笑脸，将我原本紧张的心情一下子放松了许多，好象有种回家的感觉，走进窗明几净的寝室，整理好内务，便开始憧憬未来三年要在此度过的美好生活了。

下午，学校老师给我们全体藏族学生召开了会议，介绍了我们的负责老师，以及学校接下来的一些工作，面对着一位位可敬可爱的老师，我的心中便多了一份温暖，一份踏实。

接着，我迎来我的舍友们，她们对我是那么的友好，生活、学习上有困难，她们都会帮助我，虽然不是一个班的，虽然只是短短的几个月，但却情同手足，亲如姐妹，班级里更是如此。

在晋元这所大家庭里，只有20个西藏学生，绝大部分是汉族学生，还有一部分是韩国学生，大家都相处得十分融洽，好似一家人，学校的课外活动也丰富多彩，让我了解到了各地不同的文化传统，开阔了视野。

国庆期间，普陀区教育局的领导还亲切看望了我们这些来自祖国西部的学子，春风化雨般滋养着我们的心灵，领导们还给我们送来了学习用品，与我们共进晚餐，我们度过了一个特殊的而又有意义的国庆佳节。

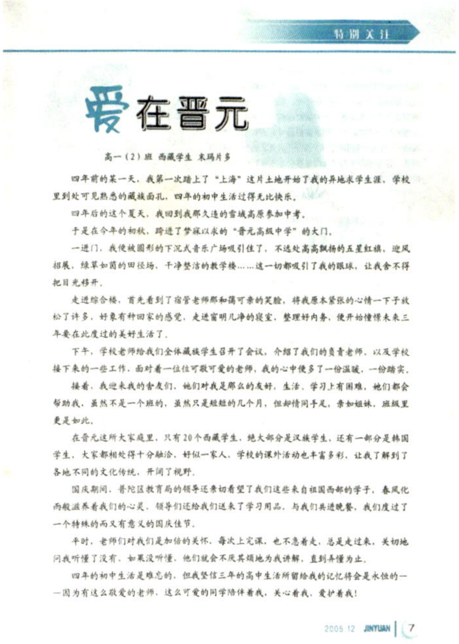
特别关注

爱在晋元

高一（2）班　西藏学生　末玛片多

四年前的某一天，我第一次踏上了“上海”这片土地开始了我的异地求学生涯，学校里到处可见熟悉的藏族面孔，四年的初中生活过得无比快乐。

四年后的这个夏天，我回到我那久违的雪域高原参加中考。

于是在今年的初秋，跨进了梦寐以求的“晋元高级中学”的大门。

一进门，我便被圆形的下沉式音乐广场吸引住了，不远处高高飘扬的五星红旗，迎风招展，绿草如茵的田径场，干净整洁的教学楼……这一切都吸引了我的眼球，让我舍不得把目光移开。

走进综合楼，首先看到了宿管老师那和蔼可亲的笑脸，将我原本紧张的心情一下子放松了许多，好象有种回家的感觉，走进窗明几净的寝室，整理好内务，便开始憧憬未来三年要在此度过的美好生活了。

下午，学校老师给我们全体藏族学生召开了会议，介绍了我们的负责老师，以及学校接下来的一些工作，面对着一位位可敬可爱的老师，我的心中便多了一份温暖，一份踏实。

接着，我迎来我的舍友们，她们对我是那么的友好，生活、学习上有困难，她们都会帮助我，虽然不是一个班的，虽然只是短短的几个月，但却情同手足，亲如姐妹，班级里更是如此。

在晋元这所大家庭里，只有20个西藏学生，绝大部分是汉族学生，还有一部分是韩国学生，大家都相处得十分融洽，好似一家人，学校的课外活动也丰富多彩，让我了解到了各地不同的文化传统，开阔了视野。

国庆期间，普陀区教育局的领导还亲切看望了我们这些来自祖国西部的学子，春风化雨般滋养着我们的心灵，领导们还给我们送来了学习用品，与我们共进晚餐，我们度过了一个特殊的而又有意义的国庆佳节。

平时，老师们对我们是加倍的关怀，每次上完课，也不急着走，总是走过来，关切地问我听懂了没有，如果没听懂，他们就会不厌其烦地为我讲解，直到弄懂为止。

四年的初中生活是难忘的，但我坚信三年的高中生活所留给我的记忆将会是永恒的——因为有这么敬爱的老师，这么可爱的同学陪伴着我，关心着我，爱护着我！

2005.12　JINYUAN　7

图6-42《爱在晋元》（选自《晋元》2015年第12期）

平时，老师们对我们是加倍的关怀，每次上完课，也不急着走，总是走过来，关切地问我听懂了没有，如果没听懂，他们就会不厌其烦地为我讲解，直到弄懂为止。

四年的初中生活是难忘的，但我坚信三年的高中生活所留给我的记忆将会是永恒的——因为有这么敬爱的老师，这么可爱的同学陪伴着我，关心着我，爱护着我！

当我离开雪域高原，飞往上海的那一刹；当我从机舱里模糊地望见爸妈和亲戚们含着泪珠用劲向我招手“Bye-Bye”的时候，我的内心里藏着说不出的失落感。因为从此以后我得不到父母整日的照料，听不到亲戚们面对面的再三鼓励……于是对眼前的新境产生了一种莫名的恐惧感，好象很陌生似的。但是事实是不可逆转的，我只好闭着双眼，心里默念着什么？（图6-42至图6-44）

*资料来源：末玛片多：《爱在晋元》，《晋元》2005年第12期。

图6-43 《西藏学生在晋元》（选自《晋元》2015年第12期）

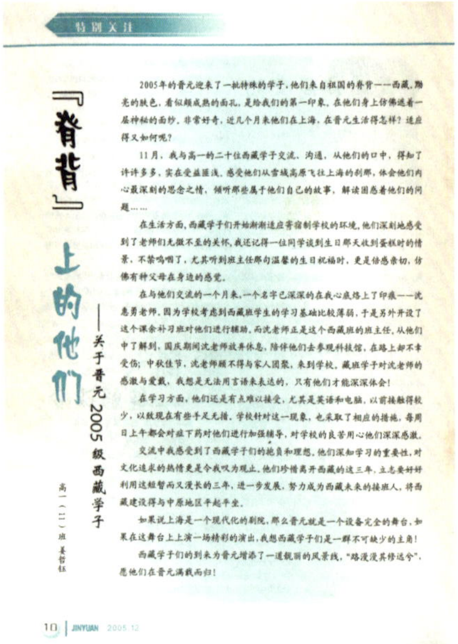

特别关注

『脊背』上的他们

——关于晋元2005级西藏学子

高一（11）班 姜哲钰

2005年的晋元迎来了一批特殊的学子，他们来自祖国的脊背——西藏。黝黑的肤色，看似颇成熟的面孔，是给我们的第一印象。在他们身上仿佛遮着一层神秘的面纱。非常好奇，近几个月来他们在上海，在晋元生活得怎样？适应得又如何呢？

11月，我与高一的二十位西藏学子交流、沟通，从他们的口中，得知了许许多多，实在受益匪浅。感受他们从雪域高原飞往上海的刹那，体会他们内心最深刻的思念之情，倾听那些属于他们自己的故事，解读困惑着他们的问题……

在生活方面，西藏学子们开始渐渐适应寄宿制学校的环境，他们深刻地感受到了老师们无微不至的关怀。我还记得一位同学谈到生日那天收到蛋糕时的情景，不禁呜咽了，尤其听到班主任那句温馨的生日祝福时，更是倍感亲切，仿佛有种父母在身边的感觉。

在与他们交流的一个月来，一个名字已深深的在我心底烙上了印痕——沈惠勇老师。因为学校考虑到西藏班学生的学习基础比较薄弱，于是另外开设了这个课余补习班对他们进行辅助，而沈老师正是这个西藏班的班主任。从他们中了解到，国庆期间沈老师放弃休息，陪伴他们去参观科技馆，在路上却不幸受伤；中秋佳节，沈老师顾不得与家人团聚，来到学校。藏班学子对沈老师的感激与爱戴，我想是无法用言语来表达的，只有他们才能深深体会！

在学习方面，他们还是有点难以接受，尤其是英语和电脑，以前接触得较少，以致现在有些手足无措。学校针对这一现象，也采取了相应的措施，每周日上午都会对症下药对他们进行加强辅导，对学校的良苦用心他们深深感激。

交流中我感受到了西藏学子们的抱负和理想。他们深知学习的重要性，对文化追求的热情更是令我叹为观止。他们珍惜离开西藏的这三年，立志要好好利用这短暂而又漫长的三年，进一步发展，努力成为西藏未来的接班人，将西藏建设得与中原地区平起平坐。

如果说上海是一个现代化的剧院，那么晋元就是一个设备完全的舞台，如果在这舞台上上演一场精彩的演出，我想西藏学子们是一群不可缺少的主角！

西藏学子们的到来为晋元增添了一道靓丽的风景线，"路漫漫其修远兮"，愿他们在晋元满载而归！

10 JINYUAN 2005.12

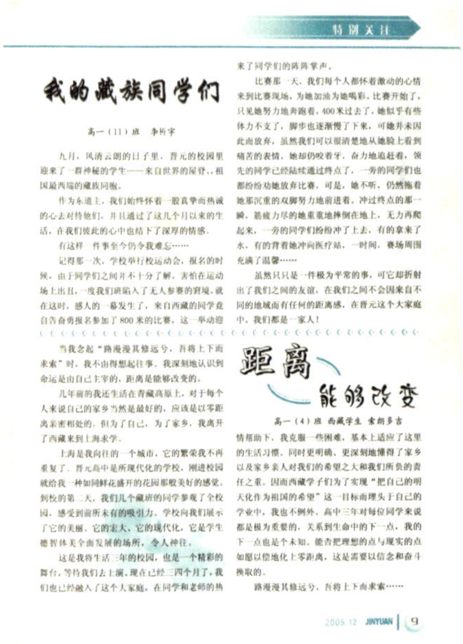

特别关注

我的藏族同学们

高一（11）班 李哲宇

九月，风清云朗的日子里，晋元的校园里迎来了一群神秘的学生——来自世界的屋脊、，祖国最西端的藏族同胞。

作为东道主，我们始终怀着一股真挚而热诚的心去对待他们，并且通过了这几个月以来的生活，在我们彼此的心中也结下了深厚的情感。

有这样一件事至今仍令我难忘……

记得那一次，学校举行校运动会，报名的时候，由于同学们之间并不十分了解，害怕在运动场上出丑，一度我们班陷入了无人参赛的窘境。就在这时，感人的一幕发生了，来自西藏的同学竟自告奋勇报名参加了800米的比赛，这一举动迎来了同学们的阵阵掌声。

比赛那一天，我们每个人都怀着激动的心情来到比赛现场，为她加油为她喝彩。比赛开始了，只见她努力地奔跑着，400米过去了，她似乎有些体力不支了，脚步也逐渐慢了下来，可她并未因此而放弃，虽然我们可以很清楚地从她脸上看到痛苦的表情，她却仍咬着牙，奋力地追赶着，领先的同学已经陆续通过终点了，一旁的同学们也都纷纷劝她放弃比赛，可是，她不听，仍然拖着她那沉重的双脚努力地前进着，冲过终点的那一瞬，筋疲力尽的她重重地摔倒在地上，无力再爬起来，一旁的同学们纷纷冲了上去，有的拿来了水，有的背着她冲向医疗站，一时间，赛场周围充满了温馨……

虽然只只是一件极为平常的事，可它却折射出了我们之间的友谊，在我们之间不会因来自不同的地域而有任何的距离感，在晋元这个大家庭中，我们都是一家人！

距离能够改变

高一（4）班 西藏学生 索朗多吉

当我念起"路漫漫其修远兮，吾将上下而求索"时，我不由得想起往事，我深刻地认识到命运是由自己主宰的，距离是能够改变的。

几年前的我还生活在青藏高原上，对于每个人来说自己的家乡当然是最好的，应该是以零距离亲密相处的，但为了自己，为了家乡，我离开了西藏来到上海求学。

上海是我向往的一个城市，它的繁荣我不再重复了。晋元高中是所现代化的学校，刚进校园就给我一种如同鲜花盛开的花园那般美好的感觉。到校的第二天，我们几个藏班的同学参观了全校园，感受到前所未有的吸引力。学校向我们展示了它的美丽、它的宏大、它的现代化，它是学生德智体美全面发展的场所，令人神往。

这是我将生活三年的校园，也是一个精彩的舞台，等待我们去上演。现在已经三四个月了，我们也已经融入了这个大家庭，在同学和老师的热情帮助下，我克服一些困难，基本上适应了这里的生活习惯，同时更明确、更深刻地懂得了家乡以及家乡亲人对我们的希望之大和我们所负的责任之重。因而西藏学子们为了实现"把自己的明天化作为祖国的希望"这一目标而埋头于自己的学业中，我也不例外。高中三年对每位同学来说都是极为重要的，关系到生命中的下一点，我的下一点也是个未知，能否把理想的点与现实的点如愿以偿地化上零距离，这是需要以信念和奋斗换取的。

路漫漫其修远兮，吾将上下而求索……

2005.12 JINYUAN 9

图6-44 介绍西藏学生在晋元的文章

（选自《晋元》2015年第12期）

“晋元”：我的家

高一（12）班 西藏学生 土旦

一眨眼就到了晋元，眼睛一亮，噢！学校也挺漂亮，周围的环境也不是那么陌生。从那开始晋元就成了我另一个家。在这充满温馨的家里，我已经生活了三个多月，短暂而永久的三个多月里，所有的陌生变成了熟悉，刚开始的不习惯已经完全变成了习惯，来时的恐惧心情如今也烟消云散了。只觉得晋元是我的家。

我感到晋元的老师们是慈祥的。虽然我们远离家乡，父母也不在身边，但是这里的每一位老师都把我们当作他们自己的孩子一样对待，我们每时每刻得到他们的关心。特别是我生日的那天，当我从班主任手中接过生日礼物并且听到他说“土旦，祝你生日快乐”时我倍感亲切，我好像找到了与父母一同过生日的那种感觉。值得一提的是西藏班的班主任沈惠勇老师，他虽然年纪较大，身体有病，但他从来不顾自己，整天为我们操劳。为我们他牺牲了他的双休日，为我们他放弃与家人团聚过节。我们几个藏族同学还常常在谈：“沈老师所做的一切，都是为了我们，我们没有理由不完成他所交给的任务。”（图6-45）

特别关注

当我离开雪域高原，飞往上海的那一刹；当我从机舱里模糊地望见爸妈和亲戚们含着泪珠用劲向我招手“Bye-Bye”的时候，我的内心里藏着说不出的失落感。因为从此以后我得不到父母整日的照料，听不到亲戚们面对面的再三鼓励……于是对眼前的新境产生了一种莫名的恐惧感，好象很陌生似的。但是事实是不可逆转的，我只好闭着双眼，心里默念着什么？

“晋元”我的家

高一（12）班 西藏学生 土 旦

一眨眼就到了晋元，眼睛一亮，噢！学校也挺漂亮，周围的环境也不是那么陌生。从那开始晋元就成了我另一个家。在这充满温馨的家里，我已经生活了三个多月，短暂而永久的三个多月里，所有的陌生变成了熟悉，刚开始的不习惯已经完全变成了习惯，来时的恐惧心情如今也烟消云散了。只觉得晋元是我的家。

我感到晋元的老师们是慈祥的。虽然我们远离家乡，父母也不在身边，但是这里的每一位老师都把我们当作他们自己的孩子一样对待，我们每时每刻得到他们的关心。特别是我生日的那天，当我从班主任手中接过生日礼物并且听到他说“土旦，祝你生日快乐”时我倍感亲切，我好像找到了与父母一同过生日的那种感觉。值得一提的是西藏班的班主任沈惠勇老师，他虽然年纪较大，身体有病，但他从来不顾自己，整天为我们操劳。为我们他牺牲了他的双休日，为我们他放弃与家人团聚过节。我们几个藏族同学还常常在谈：“沈老师所做的一切，都是为了我们，我们没有理由不完成他所交给的任务。”

学校对我们更是关心，在平时，专门利用课余时间给我们补课。这对我们很有帮助，能够弥补在课堂上所不懂的知识。国庆假期，学校组织我们外出活动，去感受国际化大都市的风采。我们参观了科技馆，这次活动不仅拓展了我们的眼界，还激发了我们对科学的兴趣，增强了我们对科学的热爱心。周末，学校还安排了体育等各种活动，使我们“德、智、体”全面发展，健康茁壮成长。

晋元的每位学子都是多情的，特别是与我同一个寝室的三位上海学生，我觉得他们感情丰富，心地纯洁，他们经常帮我解决各种学习和生活上的疑难。我为与他们在同一寝室生活而高兴。

在晋元每过一天，我的青春岁月里多了一份美梦；在晋元每过一天，我记忆摇篮里添了一样东西；在晋元每过一天，我生命的轴上加了一个亮点。我将珍惜晋元的每一天，认真学习科学文化知识，将来用知识回报社会，用智慧建设美丽的西藏。

8 JINYUAN 2005.12

图6-45 《“晋元”：我的家》（选自《晋元》2015年第12期）

学校对我们更是关心，在平时，专门利用课余时间给我们补课。这对我们很有帮助，能够弥补在课堂上所不懂的知识。国庆假期，学校组织我们外出活动，去感受国际化大都市的风采。我们参观了科技馆。这次活动不仅拓展了我们的眼界，还激发了我们对科学的兴趣，增强了我们对科学的热爱心。周末，学校还安排了体育等各种活动，使我们“德、智、体”全面发展，健康茁壮成长。

晋元的每位学子都是多情的，特别是与我同一个寝室的三位上海学生，我觉得他们感情丰富，心地纯洁，他们经常帮我解决各种学习和生活上的疑难。我为与他们在同一寝室生活而高兴。

在晋元每过一天，我的青春岁月里多了一份美梦；在晋元每过一天，我记忆摇篮里添了一样东西；在晋元每过一天，我生命的轴上加了一个亮点。我将珍惜晋元的每一天，认真学习科学文化知识，将来用知识回报社会，用智慧建设美丽的西藏（图6-46至图6-48）。

*资料来源：土旦：《“晋元”：我的家》，《晋元》2005年第12期。

图6-46 《2021届高三西藏班毕业纪念册》封面，（2018—2021年，上海市晋元高级中学档案室藏）

图6-47 西藏班学生上英语课
（摄于2024年6月14日）

图6-48 西藏班师生在活动室内研讨
（摄于2024年6月14日）

第四节 开放办学

说明：在开放办学中，有一项重要内容就是与海外学校的交流。上海市晋元高级中学前身是华童公学，与海外学校交流合作具有自身优势。在新时代，上海市晋元高级中学以其深厚的历史底蕴、显著的办学特色获得了与海内外学校频繁接触的机遇。学校分别与英国、美国、澳大利亚、瑞典、韩国、新加坡、印度等的知名学校和机构签订合作协议，互相学习，相互交流，以此拓展晋元高级中学师生的国际视野与跨文化交际能力，帮助其获取走向世界所必备的语言能力、文化品格、思维品质、学习能力，让今天的学力支撑其走向未来的世界。

关于上海市晋元高级中学申办聘用外籍教师资格认可的请示

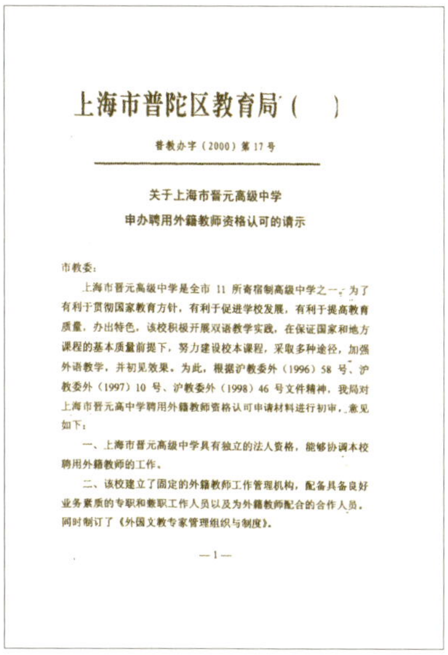
上海市普陀区教育局（　）

普教办字（2000）第17号

关于上海市晋元高级中学
申办聘用外籍教师资格认可的请示

市教委：

上海市晋元高级中学是全市 11 所寄宿制高级中学之一。为了有利于贯彻国家教育方针，有利于促进学校发展，有利于提高教育质量，办出特色，该校积极开展双语教学实践，在保证国家和地方课程的基本质量前提下，努力建设校本课程，采取多种途径，加强外语教学，并初见效果。为此，根据沪教委外（1996）58 号、沪教委外（1997）10 号、沪教委外（1998）46 号文件精神，我局对上海市晋元高中学聘用外籍教师资格认可申请材料进行初审，意见如下：

一、上海市晋元高级中学具有独立的法人资格，能够协调本校聘用外籍教师的工作。

二、该校建立了固定的外籍教师工作管理机构，配备具备良好业务素质的专职和兼职工作人员以及为外籍教师配合的合作人员，同时制订了《外国文教专家管理组织与制度》。

—1—

图6-49《关于上海市晋元高级中学申办聘用外籍教师资格认可的请示》（摘选）

市教委：

上海市晋元高级中学是全市11所寄宿制高级中学之一。为了有利于贯彻国家教育方针，有利于促进学校发展，有利于提高教育质量，办出特色，该校积极开展双语教学实践，在保证国家和地方课程的基本质量前提下，努力建设校本课程，采取多种途径，加强外语教学，并初见效果。为此，根据沪教委外［1996］58号、沪教委外［1997］10号、沪教委外［1998］46号文件精神，我局对上海市晋元高中学聘用外籍教师资格认可申请材料进行初审，意见如下：

一、上海市晋元高级中学具有独立的法人资格，能够协调本校聘用外籍教师的工作。

二、该校建立了固定的外籍教师工作管理机构，配备具备良好业务素质的专职和兼职工作人员以及为外籍教师配合的合作人员。同时制订了《外国文教专家管理组织与制度》（图6-49）。

三、该校具备聘用外籍教师的工作和生活的条件，对外籍教师聘用的经费已列入学校预算，保证外籍教师人均经费不低于上海地区规定数额和其基本生活开支。

据此，我局同意上海市晋元高级中学申办聘用外籍教师资格认可，并依法加强对该校聘用外籍教师工作的管理、监督和检查。

当否，请示。

普陀区教育局

二〇〇〇年三月十六日

附件：

1.《上海市晋元高级中学申办聘用外籍教师资格认可的请示》及《资格申请表》；

2. 上海市晋元高级中学《外国文教专家管理组织与制度》；

3. 上海市晋元高级中学简介（略）。

*资料来源：《关于上海市晋元高级中学申办聘用外籍教师资格认可的请示》，上海市普陀区教育局文件，2000年3月16日，普陀区档案馆藏，档案号：046-0002-1878。

关于我区晋元高级中学与澳大利亚Applied Scholastics 培训中心建立友好交流关系的请示

普陀区人民政府：

我区晋元高级中学是全市11所寄宿制示范性实验性高中之一，是一所市教改课改实验学校。多年来，晋元高级中学在保证国家和地方课程的基本质量的前提下，充分利用本校资源，开发多样性的、可供学生选择的课程，并坚持试行英语分班教学、分类指导，分类作业等方法，同时在校举办学生英语沙龙、英语演讲等活动来提高学生学习英语的兴趣，提高英语教学质量。

为加强教育对外交流，积极吸收借鉴国外成功的学校管理和教学方法、手段，积极探索双语教学。现经友好协商，晋元高级中学拟与澳大利亚Applied Scholastics 培训中心建立校际友好交流关系，双方签订了友好交流备忘录（图6-50）。

妥否，请示。

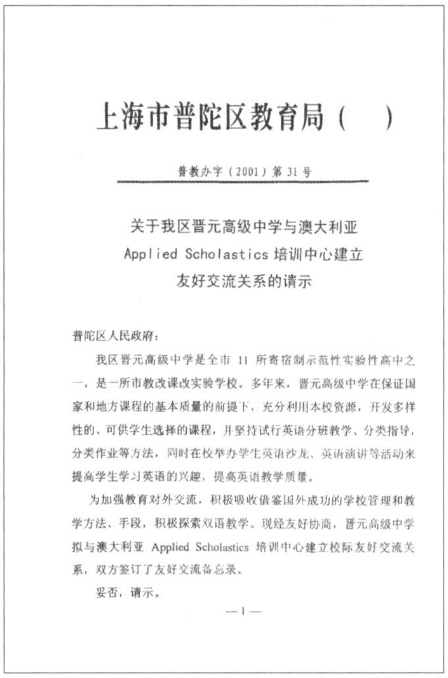

上海市普陀区教育局（　）

普教办字（2001）第31号

关于我区晋元高级中学与澳大利亚Applied Scholastics 培训中心建立友好交流关系的请示

普陀区人民政府：

我区晋元高级中学是全市 11 所寄宿制示范性实验性高中之一，是一所市教改课改实验学校。多年来，晋元高级中学在保证国家和地方课程的基本质量的前提下，充分利用本校资源，开发多样性的、可供学生选择的课程，并坚持试行英语分班教学、分类指导，分类作业等方法，同时在校举办学生英语沙龙、英语演讲等活动来提高学生学习英语的兴趣，提高英语教学质量。

为加强教育对外交流，积极吸收借鉴国外成功的学校管理和教学方法、手段，积极探索双语教学。现经友好协商，晋元高级中学拟与澳大利亚 Applied Scholastics 培训中心建立校际友好交流关系，双方签订了友好交流备忘录。

妥否，请示。

—1—

图6-50《关于我区晋元高级中学与澳大利亚Applied Scholastics 培训中心建立友好交流关系的请示》

*资料来源：《关于我区晋元高级中学与澳大利亚Applied Scholastics 培训中心建立友好交流关系的请示》，上海市普陀区教育局文件，2001年4月，普陀区档案馆藏，档案号：046-0002-2054。

上海市晋元高级中学、澳大利亚Applied Scholastics培训中心备忘录

2001年2月24日澳大利亚Applied Scholastics 培训中心校长Brin Stewart与中国上海市晋元高级中学校长赵凤飞讨论，同意建立校际之间的友好、交流、合作关系，并就下列事项达成一致意见：

一、双方同意开展学生间的短期互访，留学活动，来访学生均由学校安排集中住宿，以利于学生更好地开展活动。

二、双方同意在2001年开始此项交流，并决定在七月份由澳方首批学生来访，八月份中方首批学生访澳，今后每年一次。

三、双方组团人数学生为30人左右，领队教师为3—4人。

四、双方同意经常性地交流有关学校管理、信息、教育教学资料。

五、双方同意在时机成熟之时，再进一步商讨有关教师间的相互交流、学习。

六、双方原则上同意学生互访，期间费用自理，教师费用由各自学校安排。

两校校长签名

二〇〇一年二月二十四日

*资料来源：《上海市晋元高级中学、澳大利亚Applied Scholastics培训中心备忘录》，2001年2月24日，普陀区档案馆藏，档案号：046-0002-2054。

关于我区晋元高级中学与美国教育基金会签订2001年上海晋元美国高中/大学学生夏令营活动的协议的请示

普陀区人民政府：

为了增强中美两国学生之间的友谊与交流，晋元高级中学与美国教育基金会经过友好协商，双方拟定于2001年7月15日至2001年8月5日在晋元高级中学举行。美国参加夏令营的高中、大学生为20—25人，往返国际旅费、国内交通费及食宿费用由美方自理。

晋元高级中学是全市11所寄宿制示范性实验性高中之一，加强与世界各国学生的友好交流，有利于拓宽学生的视野，有利于培养学生学习英语的主动性和积极性，有利于学习国外教育发展的成果经验，深化教育改革，有利于将晋元高级中学办成现代化高级中学（图6-51）。

妥否，请示。

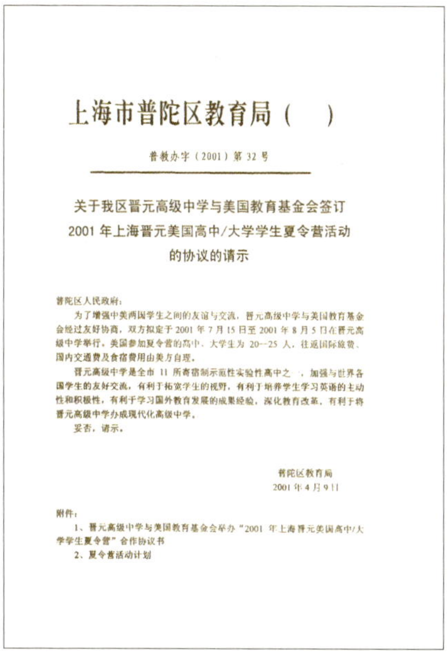
上海市普陀区教育局（　）

普教办字（2001）第32号

关于我区晋元高级中学与美国教育基金会签订2001年上海晋元美国高中/大学学生夏令营活动的协议的请示

普陀区人民政府：

为了增强中美两国学生之间的友谊与交流，晋元高级中学与美国教育基金会经过友好协商，双方拟定于2001年7月15日至2001年8月5日在晋元高级中学举行。美国参加夏令营的高中、大学生为20—25人，往返国际旅费、国内交通费及食宿费用由美方自理。

晋元高级中学是全市11所寄宿制示范性实验性高中之一，加强与世界各国学生的友好交流，有利于拓宽学生的视野，有利于培养学生学习英语的主动性和积极性，有利于学习国外教育发展的成果经验，深化教育改革，有利于将晋元高级中学办成现代化高级中学。

妥否，请示。

普陀区教育局

2001年4月9日

附件：

1、晋元高级中学与美国教育基金会举办"2001年上海晋元美国高中/大学学生夏令营"合作协议书

2、夏令营活动计划

图6-51《关于我区晋元高级中学与美国教育基金会签订2001年上海晋元美国高中/大学学生夏令营活动的协议的请示》

普陀区教育局

2001年4月9日

附件：

1. 晋元高级中学与美国教育基金会举办"2001年上海晋元美国高中/大学学生夏令营"合作协议书；

2. 夏令营活动计划（略）。

*资料来源：《关于我区晋元高级中学与美国教育基金会签订2001年上海晋元美国高中/大学学生夏令营活动的协议的请示》，上海市普陀区教育局文件，2001年4月9日，普陀区档案馆藏，档案号：046-0002-2054。

关于我区晋元高级中学与韩国KORCHA株式会社建立教育交流合作关系的请示

普陀区人民政府：

为了扩大教育对外交流，开拓学生的国际视野，增强与国外学生之间的友谊，提高晋元高级中学的办学水平。我区晋元高级中学与韩国KORCHA株式会社经友好协商，拟建立教育交流合作关系，并于今年7月中旬至8月间，在晋元高级中学举办“2001年上海韩国高中学生夏令营”，时间约3周，参加夏令营的韩国学生约300人。该夏令营主要活动内容为中韩学生友好交流，学习中国文化、学习汉语、参观游览等。参加夏令营的韩国人员的往返国际旅费、在沪食宿、学习、游览等费用均由韩方承担。

上海市普陀区教育局

2001年5月18日

附件：

1. 晋元高级中学关于与韩国KORCHA株式会社建立友好交流关系的请示；
2. 中韩学生夏令营日程安排；
3. 韩国KORCHA株式会社的背景材料；
4. 晋元高级中学与韩国KORCHA株式会社的合作协议（略）。

*资料来源：《关于我区晋元高级中学与韩国KORCHA株式会社建立教育交流合作关系的请示》，上海市普陀区教育局文件，2001年5月18日，普陀区档案馆藏，档案号：046-0002-2054。

关于同意晋元高级中学与韩国KORCHA株式会社建立教育交流合作关系的复函

普陀区教育局：

你局普教办字［2001］第73号［关于我区晋元高级中学与韩国KORCHA株式会社建立教育交流合作关系的请示］文悉。经研究，同意晋元高级中学与韩国KORCHA株式会社建立教育交流合作关系。有关夏令营活动，望认真组织、尽心安排，确保活动安全成功（图6-52至图6-63）。

特此函复。

上海市普陀区外事办公室

*资料来源：《关于同意晋元高级中学与韩国KORCHA株式会社建立教育交流合作关系的复函》，上海市普陀区外事办文件，2001年5月31日，普陀区档案馆藏，档案号：046-0002-2054。

与上海市晋元高级中学缔结的境外友好学校、合作学校一览表

国家/地区	友好交流学校、合作学校名称	缔结时间
中国台湾	台湾南山学园	2001年
澳大利亚	佛莱德学园	2003年
新加坡	南洋女子中学	2003年

（续表）

国家/地区	友好交流学校、合作学校名称	缔结时间
美国	夏威夷玛力诺学校	2005年
瑞典	哥德堡国际学校	2007年
英国	乔治·艾博特学校	2007年
印度	泰戈尔国际学校	2008年
英国	普特尼中学	2009年

*资料来源：上海市晋元高级中学党政办公处提供，2024年6月。

图6-52　2006年10月由王丽萍校长（左四）率领的晋元高级中学访问团，应邀赴中国台湾南山学园参加该校建校60周年、复校50周年校庆活动

图6-53　2007年10月上海市晋元高级中学与英国乔治·艾博特学校签订合作协议书

图6-54　2009年5月上海市晋元高级中学教师访问瑞典哥德堡国际学校

图6-55　2010年4月英国普特尼中学访问上海市晋元高级中学

图6-56　2011年4月印度驻沪总领事馆领事钱德梦先生出席上海市晋元高级中学与印度泰戈尔国际学校签约活动

图6-57　2011年4月英国乔治·艾博特学校访问上海市晋元高级中学，外籍教师上课

图6-58　2012年1月上海市晋元高级中学王丽萍校长、孟凡岗副校长访问美国夏威夷玛力诺学校，与对方校长合影

图6-59　2013年1月上海市晋元高级中学孟凡岗副校长访问印度泰戈尔国际学校，与对方校长合影

图6-60　2013年7月上海市晋元高级中学教师赴印度泰戈尔国际学校开展太极、书法和木兰扇授课等

图6-61　2016年8月上海市晋元高级中学教师访问澳大利亚佛莱德学园，与对方校长合影

图6-62　2017年4月上海市晋元高级中学季洪旭校长与澳大利亚佛莱德学园来访教师合影

图6-63　2024年5月新加坡南洋女子中学到访上海市晋元高级中学合影留念

温家宝总理访问印度参观上海市晋元高级中学的友好学校——泰戈尔国际学校[1]

国务院总理温家宝（2010年12月）15日参观了印度首都新德里的泰戈尔国际学校，与该校师生进行亲切交流。

当温家宝步入校园时，受到师生们的热烈欢迎。马德胡丽卡·森校长介绍了办学理念以及该校与上海晋元中学开展交流的情况。她告诉温家宝，该校明年将按照政府的要求，将中文列入外语教学科目。学生代表们畅谈了自己了解、学习中国文化的体会。

温家宝对泰戈尔国际学校继承和发扬泰戈尔先生的和平友好精神，积极参与中印青少年交流给予高度评价。他说，语言是交流的钥匙，相互掌握对方语言，可以为心灵沟通架起桥梁。温家宝鼓励同学们认真学习汉语和中国文化，加强与中方的交流，做中印友好的小使者。

*资料来源:《温家宝参观泰戈尔国际学校》(摘选),《人民日报》2010年12月17日，第8版。

“愿你们做中印文化交流的使者”——温家宝总理与泰戈尔国际学校师生交流侧记

泰戈尔国际学校是新德里的知名学校，在校学生有1800多名。在校长马德胡丽卡·森和师生们的簇拥下，温家宝总理步入学校小礼堂。

在阵阵热烈的掌声中，温总理和泰戈尔国际学校的30名学生代表和一些老师围坐在一起。

马德胡丽卡·森告诉温总理，在过去的四年中，泰戈尔国际学校和上海晋元中学有着密切的合作：“两校师生频繁互访。每周四，我们通过视频连线教晋元中学学生瑜伽。每周五，晋元中学的老师教我们汉字和书法。”

*资料来源:《“愿你们做中印文化交流的使者”——温家宝总理与泰戈尔国际学校师生交流侧记》(摘选),《人民日报》2010年12月16日，第2版。

注：另见《温家宝参观泰戈尔国际学校》,《光明日报》2010年12月17日，第8版。

1　此标题为整理者所加。

彭丽媛参观印度泰戈尔国际学校

（2014年9月）18日上午，习近平主席夫人彭丽媛在新德里参观了泰戈尔国际学校。

彭丽媛抵达时，受到校长和师生们热烈欢迎。孩子们挥舞两国国旗，用中文“你好”欢迎中国贵宾到来。走廊两侧，张贴悬挂着孩子们用中英文写的称赞中印友好的字画，彭丽媛驻足观看。

彭丽媛走进礼堂，听校长介绍学校同中国交流合作情况。该校将汉语列为选修课程，同上海晋元中学结为友好学校。彭丽媛观摩了两校通过远程视频相互教授太极拳和瑜伽，欣赏了印度学生朗诵唐诗、颂唱泰戈尔诗歌、表演传统舞蹈。学生们用中文唱起《让我们荡起双桨》，为中印友谊献上真挚祝福。彭丽媛认真聆听，轻声唱和。……

*资料来源：《彭丽媛参观印度泰戈尔国际学校》（摘选），《人民日报》2014年9月19日，第2版。

注：另见《彭丽媛参观印度泰戈尔国际学校》，《光明日报》2014年9月19日，第2版。

第五节　校园文化、校友会与校庆活动

一、晋元新校园的建设与维护

晋元中学校园

上海市晋元寄宿制高级中学，是一所三年制高标准、现代化、设施完善的新型高级中学。学校地处上海市万里示范居住区西北地块，南邻居住区主干道新村路，北近横港，东为小区街坊，西侧为真北路。

学校规划用地8.65公顷，约合136亩，总建筑面积45,000平方米。学校规模为36班，住校学生1,500人，总投资2.3亿元。

学校总体设计因地制宜，因该地块受国际广播电台发射波的影响，建筑物高度不得超过规定高度（以下称××米防高区），将田径运动场布局在西北部4—8米限高区，教学区与生活区布局在不限高的东部，体育馆、游泳馆设在基地的西南部。

学校拥有宏伟、简洁、典雅、绿带环抱的校舍，近代建筑特色的楼馆，独具匠心的下沉广场，配以艺术楼雕塑、花坛、小景、山石、花木、草地，体现了校园环境不仅仅是物质环境，亦是一种精神环境、人文环境。尤其是寄宿制学校，师生们长期生活在校园里，追求校园环境的文化气息，以优雅的环境对师生潜移默化，创造闹中取静的优雅学习环境，在万里居住区独树一帜，似明珠点缀在万里小区。

学校主大门设在居住区主干道新村路上，正对教学区主楼，它负担着学校主要礼仪活动和视觉形象，入口处有宽敞的广场，谢晋元将军塑像置于广场中央，使校名更切题，气度恢宏，东入口设在学校东侧街坊道路上，介于教学区与居住区之间，适宜师生日常使用，安全、清静。西侧、北侧各设一个辅助出入口，西入口为方便体育场馆对社区开放，北入口为后勤提供服务。

学校教学区、生活区、运动区三部分既相互独立，互不干扰，又联系方便，相互呼应，虚实有致，轴线关系明确，建筑和广场相辅相成，具有强烈的场所性和整体性。

教学区（含图书馆、行政楼）面积21,200平方米，吸取了国内外校园建筑成功经验，综合了集中式与分散式的优点。将基本教学区以院落式布置在东部，朝向通风采光良好；实验楼受限高线影响，沿该线布置，朝向东南，采用两幢连体中廊上空；将图书馆、报告厅及公共空间设在普教楼与实验楼之间，形成了公共核心区以开放空间贯穿南北，连通南部入口广场与北部生活区，并串联各部分。基本教室一至三层按年级分层，四楼作合班教室和选班教室，形成一个庭院，回廊相连，便于课间活动，并构成年级层面。教学办公及行政楼、电化教学楼布置在教学区东南侧，核心区环状庭院围绕着图书馆阅览室，核心轴北侧一楼为报告厅，二楼为开敞式活动平台，三至四层为美术教室与布置成画廊的中庭通廊，形成一个有艺术韵味的课间休息区域。西侧为实验楼，一侧为理科实验楼，（物）理、化（学）、生（物）各科分层布置，便于上下水管道设置；另一侧为文科楼，布置计算机、历史、地理、语言教室，天象馆及天文台布置于报告厅顶部，教学区北侧环绕下沉广场建艺术综合楼1,450平方米，朝向东南，一层为音乐厅，可从下沉广场底部进入，与下沉广场构成一体；二层为舞蹈房；三层为音乐、乐器教室，逐层退台，形成下沉广场的向上延伸。教学区分区明确，各得其所，联系便捷，空间适当活泼，富有层次性。

生活区15,794平方米，由宿舍楼、食堂、浴室等服务设施组成，宿舍楼三幢布置在东侧，食堂等服务设施布置在北侧，靠近后勤入口处，食堂与宿舍楼之间以空廊形成“门户”，各幢宿舍楼之间以一层的风雨联廓联系，并通往教学区。宿舍楼单体考虑寄宿学生的需要，适当提高了设施标准，每舍6床，上铺为床，下为独立的写字台、书架、衣柜，每两舍12人设一套卫生设备，淋浴、便器各3套，每层另有活动室及洗衣房，以形成和培养学生自力风气和能力。宿舍楼端部层层退台，大方活泼，两端楼梯间作变异处理，形成独特的群体轮廓。宿舍出入处集中门卫及小卖部，形成相对私密的领域，具有较强的场所性和安全性。

体育运动区位于基地西部、北部，4—8米限高区为室外活动区，南面12米限高区为室内运动场馆及体育教学用房，体育馆与游泳馆平行布置5,769平方米，既满足12米限高又满足场馆及比赛需要，体育馆以舒展流畅的弧形网架、金属层面与厚实的基座形成虚实对比，表现体育运动的力感与动感美。游泳馆采用开启式折角玻璃天棚水平延伸，隐喻“波浪起伏”。运动场有400米环形塑胶跑道的标准田径场、室外篮球场、排球场、网球场8处，整个体育馆区与室内外空间处理恰当，与周围环境和谐共处。

晋元——一所面向21世纪的现代化高级中学，将成为展现上海现代化教育新风貌的标志，用它那活泼、多变、新颖的建筑造型，创造开放、向上、富有创造性的空间，迎接着一批又一批莘莘学子到来，在这新颖而富有创造力的优美环境中学习健康成长。

*资料来源:《晋元中学》，2013年，普陀区档案馆藏，档案号：046-0001-792。

图6-64 上海市晋元高级中学校园航拍图（摄于2024年6月14日）

晋元校园一组照片

说明：晋元高级中学的新校区，注意传承老校区的历史文脉，并将一些要素、内容提炼出来，融合于新校园的教学、生活、运动与综合服务各个部分。从功能上说，这些建筑可以为晋元学子全面发展提供足够空间。就文化而言，学校所具有的独特的文脉，需要从校园建筑、雕塑等中得以表达，反映学校办学的内涵。晋元新校址，校园宽敞，文化气息浓重，绿化充分，环境优美，是师生学习、生活、工作的理想场所。为了保留校园的场景与记忆，课题组分多次赴晋元高级中学从不同视角予以拍摄，在此选取其中部分照片（图6-64至图6-81）。

校园的修缮

关于实施晋元高级中学大修的立项申请

普陀区发展和改革委员会：

晋元高级中学位于新村路2169号，地面积136亩，建筑面积61394m^2，现有班级45个，学生1680人。

晋元高级中学作为全市第一批新建寄宿制高级中学，于1999年竣工交付使用，学校共有教学楼、宿舍楼、体育馆等7幢建筑物，至今已使用9年，需要对其进行维护修缮。由于学校建筑量大，为不影响教育教学，拟分期实施修缮，计划投入1,000万元（详见附表），资金来源由预算经费（教育费附加）解决。

*资料来源：《关于实施晋元高级中学大修的立项申请》，上海市普陀区教育局文件，2008年1月，普陀区档案馆藏，档案号：046-0001-841。

图6-65　综合楼全景（摄于2024年6月14日）

图6-66　校门（摄于2024年6月13日）

图6-67　下沉广场区域（摄于2024年6月14日）

图6-68　樱花广场（摄于2024年6月14日）

图6-69　谢晋元将军铜像（摄于2024年6月13日）

图6-70　教学楼外景（摄于2024年6月13日）

图6-71　实验楼外景（摄于2024年6月14日）

图6-72　实验楼内景（摄于2024年6月13日）

图6-73　天象馆，学生观赏球幕电影
（摄于2024年6月13日）

图6-74　图书馆（摄于2024年6月13日）

图6-75　体育场全景（摄于2024年6月13日）

图6-76　礼堂（摄于2024年6月13日）

图6-77　晋元体育中心航拍图（摄于2024年6月14日）

图6-78　宿舍楼外景（摄于2024年6月13日）

图6-79　食堂外景（摄于2024年6月14日）

图6-80　食堂二楼（摄于2024年6月14日）

图6-81　上海市晋元高级中学校园全景图（摄于2024年6月14日）

晋元高级中学大修计划

学校名称	面积（m^2）	预算金额（万元）	备　注
晋元中学（1期）教学楼等	25000	350	9年以上未大修、设施老化，校舍面积大，为不影响教育教学，该校大修须分段分期实施
晋元中学（2期）体育场馆、绿化等	6000	300	
晋元中学（3期）宿舍、食堂等	17000	350	
汇总		1000	

*资料来源:《晋元高级中学大修计划》，2008年1月3日，普陀区档案馆藏，档案号：046-0001-841。

关于实施晋元高级中学大修项目建议书暨可行性研究报告的批复

普陀区教育局：

你局报来《关于实施晋元高级中学大修的立项申请》（普教计［2008］2号）文收悉。经研究，批复如下：

同意你局根据学校校舍使用年限及实际使用情况，对晋元高级中学进行修缮维护。项目计划总投资1000万元，资金来源为区教育费附加。

请接文后，按有关规定做好修缮方案深化和项目概算细化工作，待条件具备后，抓紧组织实施，控制投资成本（图6-82）。

二〇〇八年二月二日

*资料来源：《关于实施晋元高级中学大修项目建议书暨可行性研究报告的批复》，上海市普陀区发展和改革委员会文件，2008年2月2日，普陀区档案馆藏，档案号：046-0001-841。

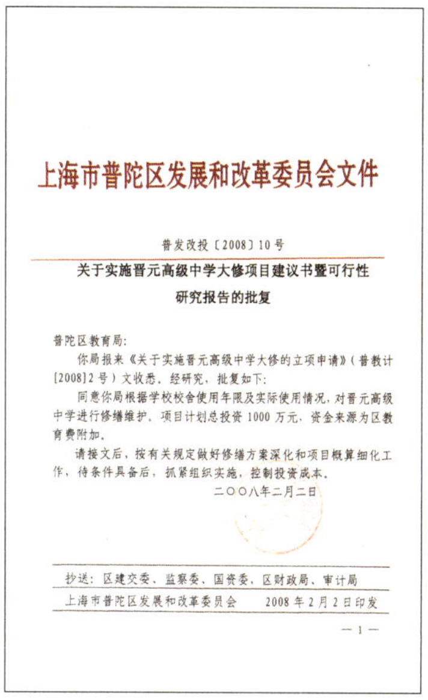

上海市普陀区发展和改革委员会文件

普发改投〔2008〕10号

关于实施晋元高级中学大修项目建议书暨可行性研究报告的批复

普陀区教育局：

你局报来《关于实施晋元高级中学大修的立项申请》（普教计[2008]2号）文收悉。经研究，批复如下：

同意你局根据学校校舍使用年限及实际使用情况，对晋元高级中学进行修缮维护。项目计划总投资1000万元，资金来源为区教育费附加。

请接文后，按有关规定做好修缮方案深化和项目概算细化工作，待条件具备后，抓紧组织实施，控制投资成本。

二〇〇八年二月二日

抄送：区建交委、监察委、国资委、区财政局、审计局

上海市普陀区发展和改革委员会　　2008年2月2日印发

—1—

图6-82《关于实施晋元高级中学大修项目建议书暨可行性研究报告的批复》

二、晋元的办学章程

说明：从华童公学到晋元高级中学，在其办学过程中，历来重视章程的制订。跨入21世纪以来，有2015年《上海市晋元高级中学章程》、2023年《上海市晋元高级中学章程》。章程中有大量关于校园文化建设的内容，如学校校训、校风、教风、学风等的表述，还确定了学校文化标识和纪念日等。这两份章程，已完整收录到“附录六”。这里，摘录与2015年《上海市晋元高级中学章程》有关的通过核准的档案资料。

上海市普陀区教育局、普陀区人民政府教育督导室关于发布上海市晋元高级中学等45家单位学校章程通过核准的通知

区教育系统各单位：

根据《中华人民共和国教育法》、教育部《全面推进依法治校实施纲要》等法规文件精神，普陀区教育局积极开展学校章程建设推进工作，45家单位根据普教委〔2013〕40号文《普陀区教育系统关于开展全区中小学校幼儿园章程建设工作的实施意见》的要求，积极开展学校章程建设工作，努力实现学校内部管理与运行机制的制度化、规范化、法制化，进一步构建和完善现代学校制度。

经专家组审核评议、相关单位教职工（代表）大会审议通过、区教育局办公会议讨论等程序，现同

意上海市晋元高级中学等45家单位的学校章程通过审核，予以核准。

核准书所附章程为最终文本，自发布之日起生效，未经法定程序不得修改。

附件：45家单位学校章程通过核准名单（略）（图6-83）

上海市普陀区教育局

普陀区人民政府教育督导室

2015年9月2日

上海市普陀区学校章程核准书

第029号

上海市晋元高级中学：

根据《中华人民共和国教育法》、《国家中长期教育改革和发展规划纲要（2010—2020年）》、教育部《全面推进依法治校实施纲要》等法规文件，你校第七届第四次教职工代表大会审议通过并报我局的《上海市晋元高级中学章程》，经教育局学校章程核准专家组评议，2015年7月13日教育局局长办公会审议通过，现予核准。

核准书所附章程为最终文本，自即日起生效，未经法定程序不得修改。你校应以章程作为依法自主办学、实施管理和履行公共职能的基本准则和依据，按照建设现代学校制度的要求，完善学校治理结构，健全内部管理体制，依法治校、科学发展（图6-84）。

上海市普陀区教育局

普陀区人民政府教育督导室

2015年9月2日

*资料来源：《上海市普陀区教育局、普陀区人民政府教育督导室关于发布上海市晋元高级中学等45家单位学校章程通过核准的通知》，上海市普陀区教育局文件，2015年9月2日，上海市晋元高级中学档案室提供。

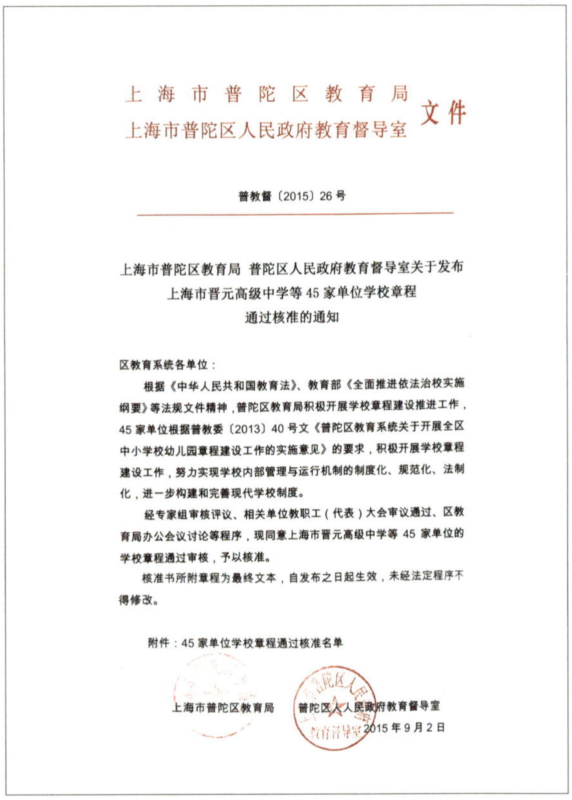

上 海 市 普 陀 区 教 育 局
上海市普陀区人民政府教育督导室 文件

普教督〔2015〕26号

上海市普陀区教育局 普陀区人民政府教育督导室关于发布
上海市晋元高级中学等45家单位学校章程
通过核准的通知

区教育系统各单位：

根据《中华人民共和国教育法》、教育部《全面推进依法治校实施纲要》等法规文件精神，普陀区教育局积极开展学校章程建设推进工作，45家单位根据普教委〔2013〕40号文《普陀区教育系统关于开展全区中小学校幼儿园章程建设工作的实施意见》的要求，积极开展学校章程建设工作，努力实现学校内部管理与运行机制的制度化、规范化、法制化，进一步构建和完善现代学校制度。

经专家组审核评议、相关单位教职工（代表）大会审议通过、区教育局办公会议讨论等程序，现同意上海市晋元高级中学等45家单位的学校章程通过审核，予以核准。

核准书所附章程为最终文本，自发布之日起生效，未经法定程序不得修改。

附件：45家单位学校章程通过核准名单

上海市普陀区教育局　　普陀区人民政府教育督导室

2015年9月2日

图6-83 《上海市普陀区教育局、普陀区人民政府教育督导室关于发布上海市晋元高级中学等45家单位学校章程通过核准的通知》

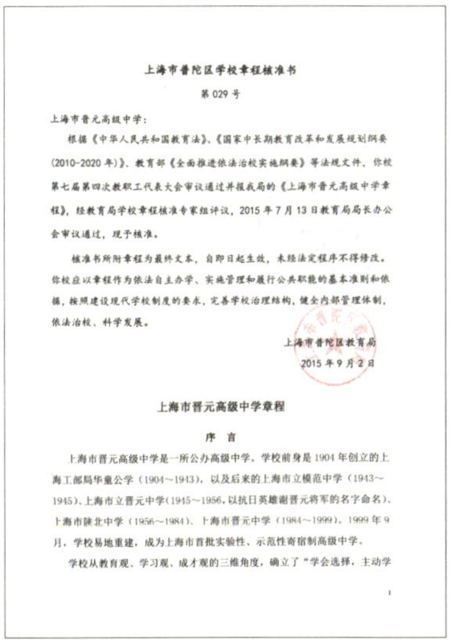

上海市普陀区学校章程核准书

第 029 号

上海市晋元高级中学：

根据《中华人民共和国教育法》、《国家中长期教育改革和发展规划纲要(2010-2020 年)》、教育部《全面推进依法治校实施纲要》等法规文件，你校第七届第四次教职工代表大会审议通过并报我局的《上海市晋元高级中学章程》，经教育局学校章程核准专家组评议，2015 年 7 月 13 日教育局局长办公会审议通过，现予核准。

核准书所附章程为最终文本，自即日起生效，未经法定程序不得修改。你校应以章程作为依法自主办学、实施管理和履行公共职能的基本准则和依据，按照建设现代学校制度的要求，完善学校治理结构，健全内部管理体制，依法治校、科学发展。

上海市普陀区教育局

2015 年 9 月 2 日

上海市晋元高级中学章程

序　言

上海市晋元高级中学是一所公办高级中学。学校前身是 1904 年创立的上海工部局华童公学（1904～1943），以及后来的上海市立模范中学（1943～1945）、上海市立晋元中学（1945～1956，以抗日英雄谢晋元将军的名字命名）、上海市陕北中学（1956～1984）、上海市晋元中学（1984～1999）。1999 年 9 月，学校易地重建，成为上海市首批实验性、示范性寄宿制高级中学。

学校从教育观、学习观、成才观的三维角度，确立了“学会选择，主动学

1

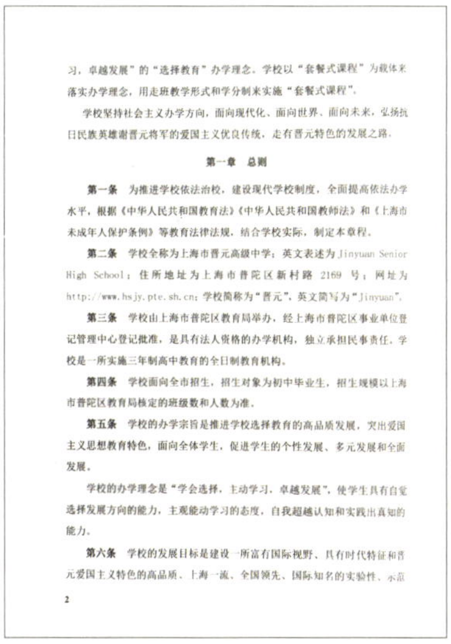

习，卓越发展”的“选择教育”办学理念。学校以“套餐式课程”为载体来落实办学理念，用走班教学形式和学分制来实施“套餐式课程”。

学校坚持社会主义办学方向，面向现代化、面向世界、面向未来，弘扬抗日民族英雄谢晋元将军的爱国主义优良传统，走有晋元特色的发展之路。

第一章　总则

第一条　为推进学校依法治校，建设现代学校制度，全面提高依法办学水平，根据《中华人民共和国教育法》《中华人民共和国教师法》和《上海市未成年人保护条例》等教育法律法规，结合学校实际，制定本章程。

第二条　学校全称为上海市晋元高级中学；英文表述为 Jinyuan Senior High School；住所地址为上海市普陀区新村路 2169 号；网址为 http://www.hsjy.pte.sh.cn；学校简称为“晋元”，英文简写为“Jinyuan”。

第三条　学校由上海市普陀区教育局举办，经上海市普陀区事业单位登记管理中心登记批准，是具有法人资格的办学机构，独立承担民事责任。学校是一所实施三年制高中教育的全日制教育机构。

第四条　学校面向全市招生，招生对象为初中毕业生，招生规模以上海市普陀区教育局核定的班级数和人数为准。

第五条　学校的办学宗旨是推进学校选择教育的高品质发展，突出爱国主义思想教育特色，面向全体学生，促进学生的个性发展、多元发展和全面发展。

学校的办学理念是“学会选择，主动学习，卓越发展”，使学生具有自觉选择发展方向的能力，主观能动学习的态度，自我超越认知和实践出真知的能力。

第六条　学校的发展目标是建设一所富有国际视野、具有时代特征和晋元爱国主义特色的高品质、上海一流、全国领先、国际知名的实验性、示范

2

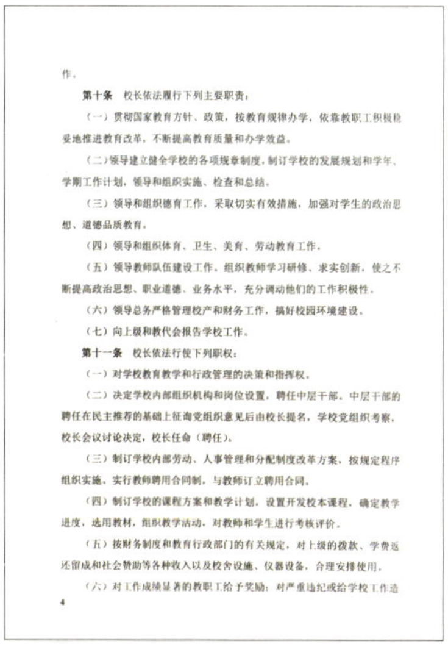

作。

第十条　校长依法履行下列主要职责：

（一）贯彻国家教育方针、政策，按教育规律办学，依靠教职工积极稳妥地推进教育改革，不断提高教育质量和办学效益。

（二）领导建立健全学校的各项规章制度，制订学校的发展规划和学年、学期工作计划，领导和组织实施、检查和总结。

（三）领导和组织德育工作，采取切实有效措施，加强对学生的政治思想、道德品质教育。

（四）领导和组织体育、卫生、美育、劳动教育工作。

（五）领导教师队伍建设工作，组织教师学习研修、求实创新，使之不断提高政治思想、职业道德、业务水平，充分调动他们的工作积极性。

（六）领导总务严格管理校产和财务工作，搞好校园环境建设。

（七）向上级和教代会报告学校工作。

第十一条　校长依法行使下列职权：

（一）对学校教育教学和行政管理的决策和指挥权。

（二）决定学校内部组织机构和岗位设置，聘任中层干部。中层干部的聘任在民主推荐的基础上征询党组织意见后由校长提名，学校党组织考察，校长会议讨论决定，校长任命（聘任）。

（三）制订学校内部劳动、人事管理和分配制度改革方案，按规定程序组织实施。实行教师聘用合同制，与教师订立聘用合同。

（四）制订学校的课程方案和教学计划，设置开发校本课程，确定教学进度，选用教材，组织教学活动，对教师和学生进行考核评价。

（五）按财务制度和教育行政部门的有关规定，对上级的拨款、学费返还留成和社会赞助等各种收入以及校舍设施、仪器设备，合理安排使用。

（六）对工作成绩显著的教职工给予奖励；对严重违纪或给学校工作造

4

图6-84　《上海市普陀区学校章程核准书》与《上海市晋元高级中学章程》（摘选）

三、丰富多彩的校园文化

学生社团活动

说明：在校园文化建设方面，晋元秉承办学传统，提倡学生自主活动，鼓励学生自主建立社团。以年级为单位组织，每学期开始，老社团招募社团成员，学生可以自主组建社团。在学校的统一管理下，学生社团以“自主参与”为原则，社团负责人为学生，学校委派指导教师参与活动并予以指导。大量学生社团的涌现，极大地丰富与活跃了晋元的校园生活（图6-85至图6-91）。

图6-85　物理实验课（摄于2024年6月13日）

图6-86　化学实验课（摄于2024年6月14日）

图6-87　地理课：师生共同体验地理AR沙盘
（摄于2024年6月13日）

图6-88　智能课程：学生操纵机械臂
（摄于2024年6月13日）

图6-89　智能控制课（摄于2024年6月13日）

图6-90　艺术心灵课（摄于2024年6月13日）

图6-91　体育课：游泳专项（摄于2024年6月14日）

2024年上海市晋元高级中学社团名录

社团名称	活动地点	社 长	社团每周开展的形式	社团最终展示成果
历史与军事社	高一（6）班	俞铭泽	围绕主题，小组讨论与展示	社刊
爱设计智能控制社	高一（1）班	龚睿麟	集体讨论，确定项目逻辑，分工完成项目	作品展示
晨曦合唱团	实验室	华恩缔	编排乐曲，自由演出	乐曲演出
象棋社	高一（7）班	吴森铧	分层比赛，学习技巧，经验分享	比赛
剪影社	高一（3）班	徐玮蔚	作品鉴赏，技术交流，合作完成作品	作品展示
配音社	高一（10）班	孙逸文	1. 实践（经典片段配音） 2. 欣赏（知名声优作品、影视作品观赏） 3. 技巧（社长经验分享） 4. 学习（看配音课视频）	剪辑完成的具有情节和情感的配音片段以及部分社员的感悟分享
J&Y操舞社	实验室	严滢汝	自由练习，学习舞蹈	舞蹈表演
云豹网球社	网球场	翟宽	有组织地练习技巧和分队比赛	1. 参加比赛 2. 视频短片
篮球社	篮球场	帅莅炜	体能训练，分队比赛	用视频方式记录一场表演赛
羽毛球社	体育馆	郑韬	室内体育馆练习与竞赛	羽毛球比赛
排球社	排球场	周安迪	在排球场进行有组织的练习和对抗赛	参加比赛（校排球队）
田径社	操场	康耀天	进行个性化训练，参加比赛	校运会、区运会、市运会比赛成绩、奖项等
辩论社	高一（8）班	陈甘来	以视频等形式学习辩论技巧，随机话题模拟比赛	参加比赛
文心雅舍社团	高一（2）班	赵萦恩	定期安排话剧欣赏和话剧实践	话剧演出
书法社	高一（4）班	卞雨暄	字帖临摹	书法展示
动漫社	C101	张旖彤	动漫鉴赏、分析，感悟观点讨论，技术学习交流	主题总结报告
推理社	高一（11）班	谭淑婷	以小组形式通过照片、文字等形式进行推理并进行积分	小组的文字记录和自行创作的推理故事
戏剧星辰社团	高一（9）班	江弈丞	文学创作，名著分享，写作交流	写作合集
绘画社	高一（5）班	范恩泽	绘画技巧交流，绘画学习，美术鉴赏	绘画作品展示
万物研究所	C102	奚苏豪	历史剧本杀创作，文献阅读，主题讨论会	社刊
“一点点”志愿者服务队	高二（10）班	秦果儿	前往悦苗残疾人寄养园定期送温暖	视频短片
文韵记者团	高二（1）班	陈子嫣	采访，撰稿，视频剪辑	校刊、视频公众号和校园公众号推送
心灵之约社团	高二（5）班	田雨欣	小组分享会，兴趣工作坊，心理咨询服务，户外活动	宣传册、心理健康作品

*资料来源：上海市晋元高级中学党政办公处提供，2024年5月。

2024年上海市晋元高级中学主要社团介绍

“一点点”志愿者服务队

图6-92 “一点点”志愿服务队成员前往悦苗残疾人寄养园送温暖（尤飞洋老师拍摄于2023年6月20日）

“一点点”志愿者服务队是以现晋元高级中学高二（10）班全体同学为主体的社会服务类学生社团。社团成立于2022年1月。本社团常规化的志愿者活动是在每周日上午为悦苗残疾人寄养园（以下简称“悦苗园”）提供助残陪护活动。两年来无论功课多么繁忙，全体同学都定期参与助残陪护活动，并积极动脑挖掘如公益拍卖、慈善基金等方式多方位为需要帮助的人提供服务。

在新冠肺炎疫情期间，他们集结家长、老师力量，两次为悦苗园送去防疫物资和新鲜蔬果，事迹经报道后激励和鼓舞更多的晋元学子加入这个志愿者队伍。目前社团已加入了晋元西藏班的许多同学。他们坚信，真正的善举不是一些人做了很多，而是每个人都做一点点，这个世界必将因此美好一点点（图6-92）。

“让青铜潮起来”文创社团

“让青铜潮起来”文创社团，致力于青铜文创产品设计，将青铜纹样、器型等艺术元素打破重构，与现代设计语境相结合，赋予传统文化新的视觉美感与感官体验，形成了一系列独具创意的个性化文创设计作品，在色彩、内容、形式上突破创新，独具一格。部分优秀作品在上海市文创设计类竞赛中取得了优异成绩，将其投入生产，在校园内推广使用，受到了同学们的广泛关注与喜爱。同时，社团注重跨学科协同合作，形成的跨学科设计作品《青铜-王者》，获得第七届上海创客新星大赛一等奖、首届上海市青少年创意设计大赛一等奖、2021年上海市少年儿童文创设计展示活动一等奖，在艺术、科技、文化领域的竞赛中都得到专家评委的一致认可。

我们还举办过“让青铜潮起来”创意市集，由创意互动装置、跨学科设计作品、纹样创绘展示、蒙版留言墙、线条空间构成等一系列艺术作品及青铜纹样衍生的文创产品义卖构成，让青铜文化与创意思维在校园内蔓延。我们的社团课程还被推选为上海市专题教育网络课程，面向全市高中生展开青铜文创设计与文化传播（图6-93）。

晨曦合唱团

晋元高级中学合唱团现有队员40余人。在学校的关怀和成员的努力下，合唱团逐渐成长完善，为喜爱音乐的同学们提供了一个展现自我、提高自我的舞台。合唱团每周有固定的排练时间和在校专业老师的指导，这使在校音乐爱好者们能更纯熟地表现音乐之美。在这里，多元化的演绎方式争奇斗艳，庄重优雅的古典美声、高亢婉转的民族唱腔以及精彩多变的通俗演绎，令我们的校园文化生活更加五彩缤纷。合唱表演紧紧围绕爱国主义教育，培养学生对民族优良传统、光荣历史、建设成就的自豪感，对祖国发展繁荣富强的责任感，将爱国主义教育贯穿在我们的歌声中（图6-94）。

图6-93　“让青铜潮起来”文创社团举行创意市集，展览文创作品（杨中昱老师拍摄于2023年12月20日）

J&Y操舞社

晋元高级中学J&Y操舞社创建于2012年。现有舞蹈教师1人，队员30人，于2021年开始，利用每周一、四、五下午社团活动开展正规舞蹈训练。舞蹈社团组建以来，注重学生的“文舞双修”，择优录取。在注重学生舞蹈方面的才能，注重基本功、身韵训练的同时，注意文化修养的培养，经过几年的不断努力，编排的舞蹈逐渐有了独特风格和特色。编排的舞蹈多次获市、区各类比赛一、二等奖，舞蹈社团的队员们在学校成为学生们心目中的“艺术之星”。舞蹈社团开展了形式多样的活动，丰富同学们的生活，使广大有相同兴趣爱好的同学能与志同道合的小伙伴们一起交流，一起活动，培养同学们多方面的才能，同时也有开阔眼界、陶冶情操、陶冶性情、调剂生活、增进友谊、促进团结的作用。经过系统培训的舞蹈社团学生经常参加校内外各类演出活动、比赛。社团中多名学生在赛场上获个人单项奖项。看这一朵朵舞动的小花，在校园里绚丽绽放，舞动出校园里的欢乐和成长，舞动出生命的激情（图6-95）。

图6-94　晨曦合唱团成员高二（5）班吴天宇等在“无悔入华夏　有志报家国”主题升旗仪式上合唱《唱支山歌给党听》（杨中昱老师拍摄于2023年9月27日）

云豹网球社

晋元高级中学云豹网球社是在校团组织指导下的学生自主组织并参加的以开展体育活动为目

图6-95　J&Y操舞社成员在2023年晋元文化节『假如国宝会说话』展演中表演舞蹈《落花》（周忆微老师拍摄于2023年6月1日）

的的社团，旨在促进我校学生健康发展，发挥社团活跃校园文化的功能，培养德智体美劳全面发展的人才。

云豹网球社是一个网球爱好者的组织，通过组织会员进行网球练习，从而给网球入门者提供学习的机会，同时给网球爱好者提供提高球技的平台。社团最初建立于2020年，由当时7个同学发起，之后队伍不断发展壮大，时至今日已发展成由15名骨干会员、100多名一般会员组成的社团。社团规模和影响不断扩大。社团在校团委领导下，具体由社长和副社长负责，下设组织部、技术部、宣传部、秘书部4个部门。社团以“云豹”命名，LOGO标志为以豹头和球拍组成的图案，寓意敏捷的身手和自强不息的体育精神。社团本着“以球会友，促进交流，展现青春风采，丰富校园生活”的宗旨，积极开展各种独具特色的社团活动，以达到发展兴趣、提高技术水平、培养锻炼身体的目的（图6-96）。

爱设计智能控制社

爱设计智能控制社由一群热爱智能技术的同学创建于2022年9月，从初创时的10人，渐渐发展到现在的20人，聘请袁峻老师作为我们社团的指导老师。

在我们成长的过程中，始终坚持“创新、实践、坚持”的社团宗旨。我们坚持每周一次进行社团活动，在指导教师的指导下，进行智能控制技术的学习。比如：将环境中温度和湿度等主要要素以动态的图形展现，让我们了解环境控制的原理和方法，既加深了相关化学知识的理解又提高了我们对探索自然的兴趣。同时，我们也积极研究语音识别技术的应用，进行人工智能小车的制作研究。同学们积极参与社团活动，在学校的各种展示活动中展现出了我们的风采和成果。

我们的社团以智能控制的硬件MSP430平台为基础，进行各种智能创意设计，为社团成员提供一个动手实践的设计平台；通过以实践为主的

图6-96　云豹网球社成员在操场上进行日常训练（社团指导老师陈红拍摄于2023年11月5日）

图6-97　爱设计智能控制社高三（5）班朱俊逸和黄崇煊在进行小组学习，备战第五届全国青少年人工智能创新挑战赛（社团指导老师王海鹏拍摄于2022年5月20日）

方式，摆脱枯燥的理论学习，在实践中掌握单片机的基本技能和技术，使社团成员成为智能控制设计制作高手；为社团成员提供了从入门体验、进阶学习到竞赛训练的阶梯学习路径（图6-97）。

心灵之约社团

心灵之约社团是我校专注于学生心理健康和情感交流的社团，由心理老师张文渊担任指导老师。这个社团的主要目标是为学生提供一个温暖、支持和理解的环境，帮助他们应对学业压力、人际关系和其他生活挑战。

心灵之约社团致力于提高学生的心理健康意识，提供心理支持和辅导，创建一个开放和包容的交流平台，以及促进学生的情感成长与自我认知。通过心理健康讲座（邀请心理学专家和顾问举办讲座），普及心理健康知识，帮助学生了解和应对各种心理问题。通过定期举办小组分享会、兴趣工作坊、心理咨询服务、户外活动，学生可以在一个安全、保密的环境中分享自己的情感和困惑，互相支持和鼓励。心灵之约社团在“心理健康月”活动中会通过宣传册等方式，传播健康的心理与健康的理念（图6-98）。

文心雅舍社团

文心雅舍是一个为热爱文学的学生们提供交流和创作的平台，旨在培养学生的文学素养，激发写作热情，提升文学鉴赏能力。目前，文心雅舍社团有学生共30名，聘请语文老师王静怡为指导老师。

目前，文心雅舍会定期举行文学讲座、读书会、文学沙龙、刊物编辑等活动，满足不同兴趣的成员需求，并提供高水平的文学指导和灵感。2024年3月19日下午，华东师范大学中文系王冉冉教授莅临我校，为文学社同学带来“《红楼梦》中的道家智慧”讲座，通过解读贾宝玉这一主要人物，引领同学们探究《红楼梦》中的中国传统文化思想。是年5月9日下午，高一文学社举办《哈姆莱特》阅读沙龙。作为晋元文化节的

图6-98　在世界微笑日上，心灵之约社成员正在手写祝福，传递快乐（社团指导老师张文渊拍摄于2024年5月8日）

图6-99　文心雅社举办《哈姆莱特》阅读沙龙，邀请复旦大学博士生梅笑寒做主讲人（社团指导老师王静怡拍摄于2024年5月9日）

亮点活动之一，本次沙龙特别邀请复旦大学博士生梅笑寒做主讲人，吸引了百余名同学前来参与（图6-99）。

戏剧星辰社团

戏剧星辰社团是一个专注于戏剧艺术的社团，旨在培养学生的表演才能、创意思维和团队合作精神。通过戏剧表演和相关活动，学生能够提高自信心，丰富课余生活，展现个人魅力。通过戏剧工作坊、剧本创作、舞台剧排练、小品和即兴表演、年度公演等活动，为学生提供创意和合作的平台，培养学生的戏剧表演才能和艺术修养。

2024年5月23日下午，“话绎经典，戏梦人生”——戏剧星辰社团展演在报告厅举行。社团成员们在高一的阅读材料中选择文学巨著《红楼梦》和经典戏剧《雷雨》进行改编，熟悉的戏剧被搬上校园舞台，呈现出多元又富有创意的面貌。除此之外，戏剧社的成员们经常活跃在各大主题升旗仪式、校园节日的展演中，共同在戏剧的世界中探索、学习、成长和展示才华（图6-100）。

文韵记者团

文韵记者团成立于2022年6月，目前有小记者团成员20余名，参与校刊编辑及校园公众号素材提供、编辑及发表等，旨在培养学生的新闻素养和写作能力，提供一个实践新闻采写的平台，增强学生的观察力和表达能力，促进校园新闻的传播和交流。

小记者团的成员们通过新闻写作等培训，学习新闻写作的基本技巧和原则，包括新闻报道、采访技巧、新闻摄影等。在每次主题升旗仪式、校园各大节日中，参与校内外采访，报道学校活动、学生活动，进行教师访谈等。同时，小记者

图6-100　戏剧星辰社团在“话绎经典，戏梦人生”活动中带来《红楼梦》改编展演（戏剧星辰社团拍摄于2024年5月23日）

图6-101　文韵记者团成员高二（1）班陈子嫣正在进行升旗仪式的校园采访（尤飞洋拍摄于2024年6月2日）

团的成员们也会定期编辑出版校刊，展示学生的作品，并在校内传播，增强新闻影响力。

社团特色是强调实际操作，通过采访和写作实践提升学生的新闻素养；通过校园报刊和新闻报道，增强社团在校内的影响力和知名度（图6-101）。

*资料来源：相关社团的文字简介与图片，均由上海市晋元高级中学各社团提供。

晋元独特的校园文化

上海晋元高级中学：四行忠魂育后人

在上海，有一所百年老校，原名华童公学，1945年，为纪念遇刺身亡的谢晋元将军，改名为晋元中学。据介绍，该校每年新生入学第一课，都要学习谢晋元的爱国事迹。校园里，立有抗日英雄谢晋元将军的全身铜像。铜像高4.8米，寓意“四行仓库”“八百壮士”。

1938年时，华童公学是沪西地区唯一一所市立中学，离四行仓库、“孤军营”都不远。当时，常有学生自发到“孤军营”慰问。1941年4月24日清晨，谢晋元在“孤军营”不幸遇难。消息传出，举国震惊，上海各界数十万人前往“孤军营”吊唁。沪西一带，素衣白马，途为之塞。

民族英雄，人们从未遗忘。谢晋元的铜像前，依旧松柏青青。2015年8月，淞沪会战78周年纪念日之际，上海四行仓库抗战纪念馆正式开馆，成为上海乃至全国少有的战争遗址类爱国主义教育基地。

1937年8月13日至11月12日，中日双方在淞沪地区投入了百万军队，进行了三个多月的鏖战。这是全面抗战爆发以来的第一场大会战。四行仓库，是淞沪会战中最为著名的战场之一。

10月26日，谢晋元临危受命，率部向四行仓库集中。此去，凶多吉少，谢晋元写下遗书。此时，四行仓库西面的建筑已经为日军占领，日军以机枪、平射炮轰击四行仓库，最激烈时，几乎是每秒钟发炮一响。整整两天一夜，不休不眠，孤军在数倍于己的日军猛攻下依旧岿然不动。隔着苏州河，仓库的对面便是租界。租界里的英国人作为中立者，劝四行孤军放弃抵抗，得到的回答是“我们为中国而生，死不足惜”。

沪上名医陈存仁在回忆录中写道：这时，租界到闸北的电话已经不通，忽然有一个懂得军事旗号的人，自告奋勇向对岸孤军打旗号，问他们需要什么要紧的援助物品，对方也旗号回答：什么都不要，只要一面国旗。

紧贴着四行仓库靠租界一侧的，是一栋两层楼高的烟纸店，已人去楼空。这里是四行仓库守军与租界的唯一通道。夜幕降临，童子军杨惠敏将一面四米长的巨大国旗裹在身上，冒着危险，进入了四行仓库。29日清晨，四行仓库所在的闸北，已全被日军占领，到处悬挂着血腥的太阳旗。河对岸的公共租界内，满是观战的市民。每一个战火中的上海军民，都注视着那面在四行仓库楼顶缓缓升起的国旗。

10月30日，这支孤军已经在四行仓库坚守四昼夜，击退日军数十次进攻，苏州河边这幢灰色楼房，在炮火和弹雨中巍然屹立。《歌八百壮士》的歌曲响遍上海：“中国不会亡，中国不会亡，你看那民族英雄谢团长！宁愿死，不退让；宁愿死，不投降！同胞们起来，快快上战场，拿八百壮士做榜样！”

此时，谢晋元已收到了撤退命令。31日凌晨，谢晋元率部冲出重围，退入租界。不料租界工部局屈服于日军压力，违背诺言，将壮士们羁留在胶州路一块空地里，上海市民称为“孤军营”。

谢晋元满腔悲愤，每日清晨带领孤军唱国歌，举行精神升旗仪式，出操上课，教育部属勿忘爱国军人的人格和国格。1940年3月，汉奸汪精卫派员以陆军总司令的高官诱降，谢晋元严词拒绝。软硬兼施无效，敌伪收买叛兵4人于1941年4月在早操时乘谢晋元不备，用匕首将其刺死。遇害消息传出后，举国震惊。国民政府追晋他为陆军少将。上海数十万民众前往瞻仰遗容。

谢晋元之子谢继民，和父亲一生从未谋面。他曾在四行仓库旧址博物馆为参观者讲解当年的故事。他说，这是在传承爱国主义精神（图6−102、图6−103）。

*资料来源:《上海晋元高级中学：四行忠魂育后人》,《人民日报》2015年9月5日，第6版。

四、校友会与校庆活动

说明：从华童公学到上海市晋元高级中学，具有独特的文脉传承，其中最重要的体现就在于学校注重与校友的联系，重视利用校友资源，构建一流的校友文化，这也是晋元办学的一大特色。学校自创建以来，迄今整整120年，培养了众多校友。他们活跃于政界、商界、科技、教育、文学、艺术、体育各个领域、各个行业，其足迹遍布海内外。从一份份校友名录中，可知海内外的晋元校友分布之广、人数之众，从而得以构建起庞大而广泛的社会网络。校友们利用不同途径，通过多种方式来表达对母校的热爱之心、感恩之情。有的校友尽管毕业多年，远在外地，但每逢母校举行校庆活动，总是千方百计来到母

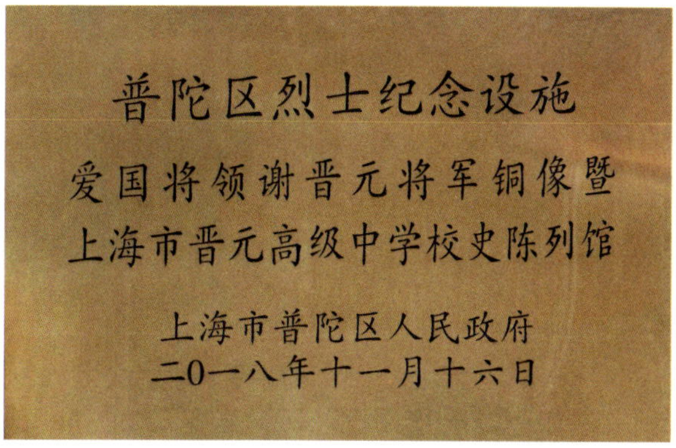

图6-102　普陀区烈士纪念设施：爱国将领谢晋元将军铜像暨上海市晋元高级中学校史陈列馆（上海市普陀区人民政府2018年11月16日颁发）

晋元高中：培育家国情怀，强化责任担当

图6-103　《晋元高中：培育家国情怀，强化责任担当》（选自《上海教育》2016年第15期）

校，与师长、同学相聚，共叙友情。有的校友一直关心母校建设，为母校发展积极献计献策。饮水思源，难忘母校。学校也始终重视校友会的作用，通过制订章程、举办活动，加强校友之间的联系，扩大学校的社会影响力。

举办校庆活动，刊印校庆纪念刊

学校自创办以来，就一直重视自己的建校纪念。早在1934年，华童公学为庆祝建校30周年，即编印出版《华童公学校刊》第五期（30周年纪念号）。一度，校庆活动与校友会组织被取消。自改革开放以来，学校逐渐恢复校庆活动，并赋予新的内容与意义。1993年，上海市晋元中学校友会（简称“晋元校友会”）成立，其宗旨是“联络国内外校友，加强联络、增进友谊、沟通信息；为振兴母校，使母校成为上海一流名校作出贡献”。为筹备80周年校庆，1984年学校刊印《晋元中学》（建校80周年纪念专刊，1904—1984年）。1994年，编印《上海市晋元中学九十周年校庆纪念册》。以后，每逢建校5、10周年，学校均要举办大规模的庆祝、纪念活动，同时发行纪念刊等（图6-104至图6-107）。

迎接120周年校庆

2024年11月，学校将迎来建校120周年华诞。两个甲子，风雨兼程。学校领导与广大教职员工、校友多次商谈，筹划如何做好校庆工作。其中有一项重要的工作就是学校与上海社会科学院名校校史研究团队合作，专门成立“校史资料整理研究”课题组。通过系统的文献收集、整理，深入挖掘、研究校史内容。该书稿由季洪旭（上海市晋元高级中学校长）、马学强（上海社会科学院研究员）任主编，在校庆120周年之际由商务印书馆出版。校史是对一所学校发展历程的真实记录，也是校园文化建设的重要内容，不仅为了存史，更为了通过校史研究，彰显晋元的办学特色，丰富学校的文化内涵，此必将有助于提升学校的办学水平和扩大在海内外的知名度。

2024年4月18日，学校通过校园网发出《上海市晋元高级中学庆祝建校120周年公告（第一号）》。学校向各位校友发出邀请，诚邀海内外各界人士于校庆日前来出席建校120周年庆典仪式。

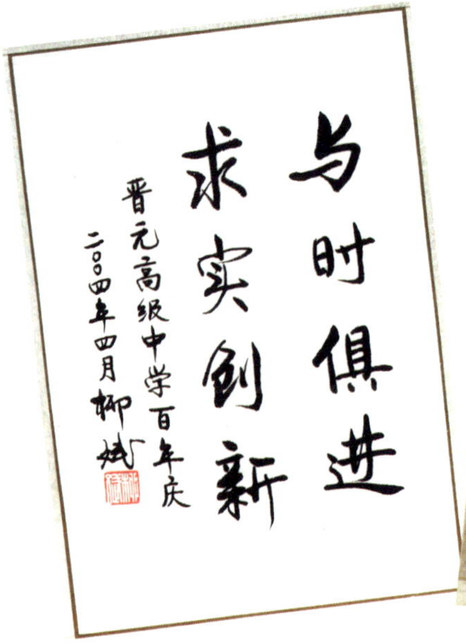

图6-104 柳斌为晋元百年校庆题字

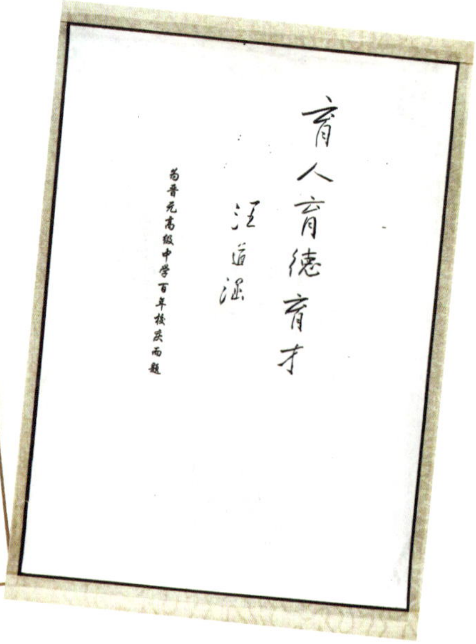

图6-105 汪道涵为晋元百年校庆题字

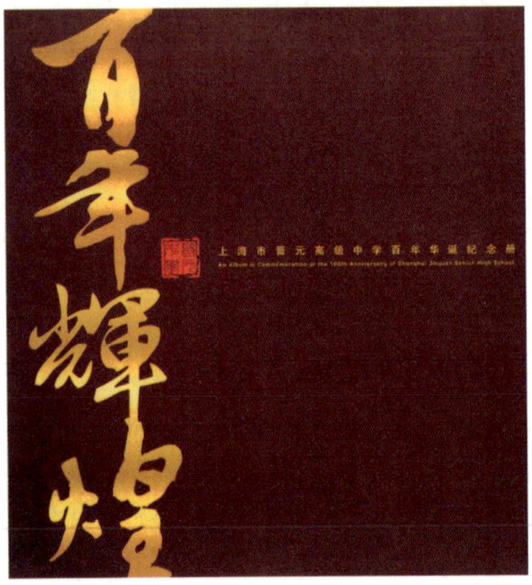

图6-106 《百年辉煌：上海市晋元高级中学百年华诞纪念册》（2004年内部刊印）

图6-107 《百年晋元，百年辉煌：上海市晋元高级中学110周年校庆特刊》（2014年内部刊印）

上海市晋元高级中学庆祝建校120周年公告（第一号）

薪火相传，弦歌不辍，百廿晋元，再续华章。2024年11月2日，上海市晋元高级中学将迎来建校120周年华诞。谨此，向长期以来关心和支持学校建设和发展的各级领导、各界人士、海内外校友致以真诚的感谢和问候！

百廿风雨，筚路蓝缕，砥砺前行。晋元的前身华童公学建于1904年（清光绪三十年），是租界工部局在上海最早开设的华人子弟学校之一。1943年更名为上海市立模范中学。1945年抗战胜利，为纪念抗日民族英雄谢晋元将军，将学校命名为市立晋元中学。1956年更名为陕北中学，1984年恢复校名“晋元中学”。1999年学校新校舍建成，高中部迁至现校址，正式更名为晋元高级中学，并沿用至今。120 年来，晋元五迁校址，五易校名，历经战争的硝烟和创伤，见证了近代中国从苦难走向复兴，在磨难曲折中坚定前行走向辉煌！

百廿坚守，浸润芳华，与时俱进。晋元发展的历史画卷是全体晋元人追求变革、报国担当的精神映照。在这里，有投身民族救亡的“星星之火”；在这里，也曾不断涌现坚守教育本心、坚持改革创新的教育先锋。120年来，晋元人胸怀国之大者，发扬爱国传统，赓续红色血脉，与国家共命运，与时代同步伐！

百廿传承，踔厉奋发，追求卓越。新时代需要新担当，新时代需要新作为，晋元高级中学将牢记为党育人、为国育才的时代使命，秉承“励学敦行，承志报国”的校训，坚持“学会选择，主动学习，卓越发展”的办学理念，落实“智慧选择，卓越发展”的育人目标，发扬“乐群笃学，协同致远”的学校精神，全面提升内涵品质和教育质量，为建设上海一流、国际知名、受人尊重的品牌学校而努力奋斗！

*资料来源：上海市晋元高级中学：《上海市晋元高级中学庆祝建校120周年公告（第一号）》（摘选），2024年4月18日。

小　结

改革开放前期，我国基础教育的主要任务是完成基本普及九年制义务教育的目标。但随着改革开放成果的逐步显现，如何不断提高教育质量，扩大和建设优质教育资源，以满足人民群众对高质量教育日益增长的需要，成为摆在教育界面前最重要的任务和目标。为了支持上海教育的改革和发展，上海市委、市政府在制定经济、社会发展规划时，将学校发展纳入城市整体发展规划中。1994年全市教育工作会议上，上海市委、市政府提出了建设现代化寄宿制高中的任务。在城乡结合部建设11所现代化寄宿制高中，就是贯彻落实上海市委、市政府建设“一流城市、一流教育”的战略方针，全面实施素质教育，提高普通高中教育质量的一项重大措施。晋元中学被列为上海市11所现代化寄宿制高级中学之一，并在新址进行易地重建，初高中脱钩，高中部迁至现校址，正式更名为“上海市晋元高级中学”。

在上海教育改革的巨大浪潮中，迁入新校区，为晋元高级中学的发展带来难得的机遇，由此开始全面培养适应知识经济社会形态和市场经济竞争机制所需的具有创造性思维的复合型、高素质的新世纪建设人才，学校也从一所历史老校向建设现代化的一流学校转型，并逐步实现办学资源向周边地区的辐射。

但建设好一所现代化的高中，不仅需要校舍设备建设，更需要完善的师资队伍及学校管理队伍建设。晋元高级中学被纳入上海市现代化寄宿制高级中学的名单，对学校本身发展是一次最好的机遇，也是对晋元高级中学几十年办学质量的肯定，但同时也是对学校领导和师生的一次严峻考验。建成现代化寄宿制学校的教育蓝图该如何描画？学校的办学目标该定在哪里？办学方案又该如何制订？这一串串问题，都迫切需要尽快找到答案。

晋元高级中学在经过认真思考后，把“以学生发展为本”的教育理念具体化为“学会选择，主动学习，卓越发展”的办学理念，构建了“以套餐式组合课程为选择教育的载体、以走班制学习组织方式为基本实施形态、以学分制为基本管理制度、以研究性学习和现代信息技术为基本特征的课堂教学”的教育模式，并制订了《走班制学习组织方式实施方案》。晋元高级中学的这一改革探索为传统课堂教学的改良提供了一个很好的模板。晋元高级中学的“走班制”探索在全国不算最早，但在当时是最具代表性的，引起了从教育系统到整个社会的广泛关注。

与此同时，学校以“师德高尚、业务精湛”为教师培养目标，努力提升教师专业化素养，学校教师队伍风气正、业务强、讲大局、求和谐，涌现出了一大批优秀的中青年教师。学校还在校园文化的建设上下功夫，不仅要给学生一个宽松的学习空间、舒适的生活空间，更要给学生一个有利于良好地自我教育、健康地自主发展的空间。晋元高级中学通过每年的校园艺术节、美育节、体育节等活动，展示中华优秀传统文化，让学生随着艺术视野的开阔，爱国情操得到升华，高尚的人格和高雅的情趣在愉悦的活动中逐渐形成。学校还成立了读书会、影评会，每周举行“周末才艺之星”展示，并通过“晋元之声”广播台、“晋元有线电视台”、“晋元校园网”、《晋元杂志》向学生传播高雅、健康、向上的优秀作品，让学生在美的享受中，提高自己的精神境界和艺术欣赏品味。学校还重视教育的国际化，先后与美国、英国、德国、澳大利亚、菲律宾、新加坡、瑞典、印度等国外著名学校建立了友好合作关系。2009年还组织了晋元国际友好学校校长论坛，来自国外9所知名学校的校长齐聚晋元高级中学，共同探讨全球化背景下创新型人才培养的新路径。该项活动扩大了晋元高级中学在国际上的影响力。

进入新世纪以来，学校一直以培养学生的创新精神和实践能力为重点，积极进行各项课程改革，教学质量逐年提升，社会声誉不断提高。一大批晋元学子在区、市、全国乃至国际舞台上崭露头角。本章节使用了大量的书籍、学校档案、期刊等材料，全面展现学校在新时期的发展历程。进入新时代，习近平总书记高度重视教育发展，提出“教育决定着人类的今天，也决定着人类的未来”“教育是人类传承文明和知识、培养年轻一代、创造美好生活的根本途径”“努力让每个孩子享有受教育的机会”“让每一个孩子都对自己有信心、对未来有希望”等一系列重大观点；作出“教育是国之大计、党之大计”“教育是民族振兴、社会进步的重要基石”“教育兴则国家兴，教育强则国家强”“建设教育强国是中华民族伟大复兴的基础工程”“教育、科技、人才是全面建设社会主义现代化国家的基础性、战略性支撑”等一系列重大论断。展望未来，晋元高级中学有着美好的前景，同时也面临着重大的挑战，相信在全校共同的努力下，终将建设成为上海一流、国际知名的品牌学校，为上海乃至中国的基础教育增光添彩。

附录

校名、校址演变图

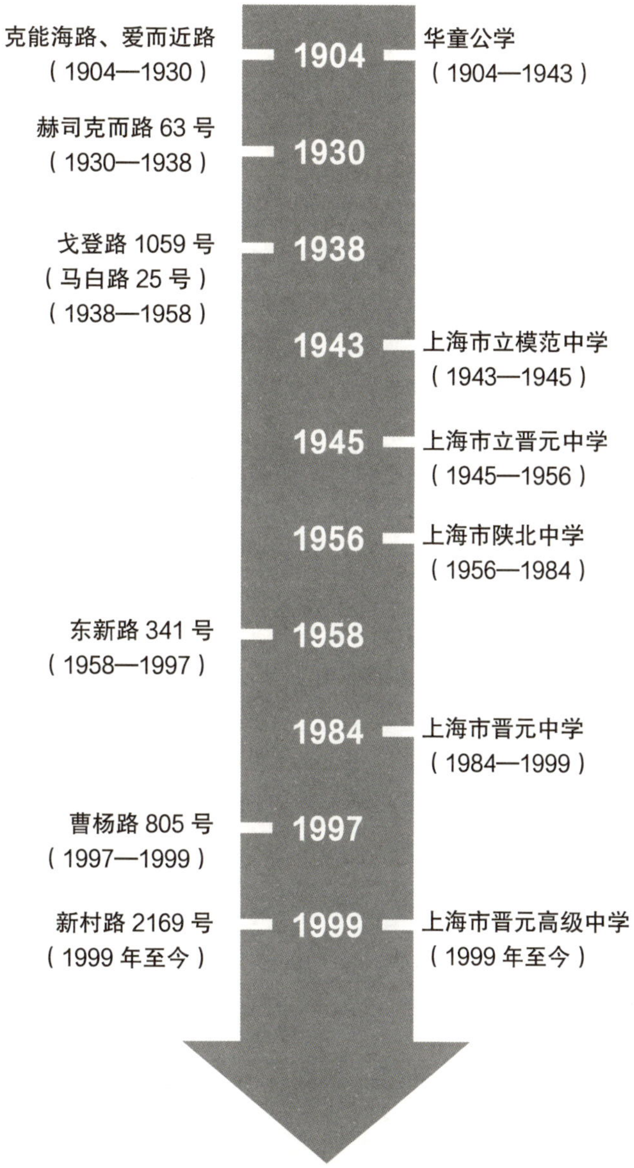

说明：陈思月根据课题组提供的文字内容绘制。

注：克能海路（今康乐路），爱而近路（今安庆路），赫司克而路（今中州路），戈登路（今江宁路），马白路（今新会路）。

大事记

1904年（光绪三十年）

9月1日，华童公学创立，系上海公共租界工部局开设的第一所招收纳税华人子弟的学校，校址位于上海虹口克能海路及爱而近路之旁。学生55人，分派4班，校长李淇（William Sheldon Ridge，又译为李治，英籍），西籍教员康普（Geroge Samuel Foster Kemp，英籍）；华籍西文教员3人，汉文教员6人。

11月1日，行开学礼。是日工部局董事安德森演说开学之缘，“由中西人士之热心教育者咸赞同焉”。

11月12日，为华童公学成立纪念日，“每逢是日停课一天，以资庆祝外，并于晚间举行恳亲会”。

1905年（光绪三十一年）

2月18日，《申报》刊登《上海工部局华童公学简章》。

1906年（光绪三十二年）

8月，工部局发通告（第一千七百九十二号）：华童公学于9月3日，即礼拜一上午9时开学，该校署理总教育（副校长）康普自8月27日至9月1日在学校接待新学生。如欲知详细章程，可赴爱而近路校址取阅。

是年，李文史东（James Eld Brancker Livingstone，亦译利文斯顿，英籍）任校长。沈敦和撰《上海工部局创设华童公学征信录序》《华童公学学舍记》。

1907年（光绪三十三年）

3月，据《时报》3月16日报道：华童公学于二月初二日为捐助本校建校经费之中国绅商建立铜牌举行开幕典礼。

1908年（光绪三十四年）

3月21日，工部局董事会召开特别会议，分设各常设委员会。华童公学委员会由A. J. 沃克牧师、福开森、祝兰舫、沈敦和组成。

是年，康普任校长。

1910年（宣统二年）

4月30日，据《申报》消息：工部局所设之华童公学考试华文教习之期，与试者70余人，由华董沈仲礼（即沈敦和）观察到校监视。

12月30日，华童公学考试华文教习，与试者约有100人。

1911年（宣统三年）

1月20日，工部局附设华童公学举行年假礼，工部局局董暨校董沈仲礼、祝兰舫两观察，福开森、李提摩太、花立嘉诸博士莅校。

7月19日，工部局管理华人的教育委员会以前一直被称为“华童公学委员会”，由于它即将管理育才公学并可能管理其他华人学堂，因此工部局董事会同意，更名为“华人教育委员会”。

1913年

是年，华童公学童子军成立，组织中华第一队童子军。

1915年

2月5日，华童公学举行第十周散学礼时，卜舫济（亦系本校创办人之一）代表圣约翰大学教职员惠赠华童公学学生奖金。受此奖学金者2人。

1916年

2月，据公共租界工部局消息，对于教育事业分为西童、华童二部，其华童教育事业，特设一委员会以主持之。委员由董事会委任，现任委员为圣约翰大学校长卜舫济、华童公学校长康普及沈敦和等数人。工部局最先设立之校为沪宁车站附近爱而近路克能海路转角之华童公学，现任校长康普，为英国大学师范专科毕业。教员16人，其中英籍4人，华籍12人。

1917年

5月12日，华童公学于下午3时举行运动大会。

1918年

2月15日，据《新闻报》报道：自1908年以来，上海华童公学学生考入英国剑桥大学及香港大学者已达50人，考得大总统劝学费者1人。

11月12日，华童公学举行学生游艺等，庆祝华童公学14周年纪念。

1919年

1月24日，华童公学举行第十四周散学礼时，爱士拉君（英译）惠给奖学金两份，学费川资膳宿杂费等一概供给。

2月，设立华童公学香港大学奖学金。“爱士拉先生提出将两名在华童公学读书的学生派往香港大学，该学生必须通过必要的考试，爱士拉先生将负担他们去香港的来回船费和4年期间全部膳宿费用。”

5月，华童公学部分学生举行罢课，“众心愤激于国耻纪念日，本科全体学生及预科头二班一律罢课”。

1920年

4月，时华童公学创设已逾16年，肄毕业学生3000余人，经校长暨同学之提议，组织校友会，以资联络。

5月2日，华童公学校友会在校内大礼堂召开成立会议。

1921年

5月1日，华童公学校友会假母校开第一次年会。

1923年

3月起，华童公学应上海公共租界警务总巡之请，特设英文班，由黄建勋先生教授各华籍副稽查员英文。

1926年

4月9日，《申报》刊登《华童公学校友会启事》，校友会正在编纂《校友记事册》一书。

1927年

1月，据香港来电，香港大学录取学生，上海华童公学占8人。“计被录取各校，有华童、育才、聂中丞等公学，及英华西童公学、亨白利西童公学等。兹将华童公学被录取各生姓名译录如左（下）：陈伦、马家骥、颜本藩、张希龄、尤彭藻、邓馥葆、马乃斌、潘勋。”

1929年

11月10日，学校在《申报》上刊登《华童公学校友会为母校成立二十五周纪念通告》。

是年，刊印《华童公学章程》。

1930年

是年，学校迁至赫司克而路63号前汉璧礼西童学校校址，校舍四层，可容学生700余人。新址开学时，人数即由466人增至510人。

1931年

是年，华童公学学生增至650名。

1932年

1月28日，“一·二八”战事发生，华童公学逼近战区，只得暂缓开学。后与格致公学商妥，借用该校上课半日，至4月间方迁回本校。

6月1日，得柯达公司及国联国际教育电影会中国委员会之慨允，将教育影片若干（《海舶》《阿拉斯加》《亚麻布》，及滑稽片一种）在华童公学大会堂映演。12月间复有同样影片映演4次。

6月15日，本校高中学生60人赴卡尔登戏院参观《的士累利》（译音）一剧。

7月15日，本校邀请小学各生亲属，参观校舍，及与教职员会晤。各班学生均热烈赞成此举，并自行发起筹备成绩展览会。开会时曾有关于学生福利之华、英文演说。诸生亲属到者共约200人，成绩甚佳。

9月，早前时局不稳，华童公学学生一度减少至394名。秋季开学，学生激增，有699人。

11月18日，有学生两班，随同勃郎夫人参观美术会之展览会。

11月，华童公学决定印行《华童公学校刊》。1932年《上海公共租界工部局年报》的《华童公学报告》：“并以自一九〇四年开校以来，康普君即在校中任事，拟以第一期校刊为康君之长期服务纪念。全校师生均赞成是举，并经双方热烈合作，第一期校刊乃得产生。”
是年，马佛特（音译）一度为代理校长。罗白（Henry Brougham Lobb，英籍）任校长。

1933年

1月15日，华童公学因校长康普氏夫妇将行回国，特于中午十二时假静安寺路华安人寿保险公司开会欢送，同时举行该校30周年纪念。到会者有该校校友会会长郭德华夫妇、上海工部局总董贝尔、市教育局局长潘公展，交通大学校长黎照寰、圣约翰大学校长卜济舫博士、工部局教育总监黑雷、华委员袁履登、华安公司总董事欧佛夫妇、教授威尔逊小姐、毛斐持夫人、校长康普及校友会会员，各报社记者等百余人，由校友会会长郭德华任主席。
9月9日，全校新旧学生共740人。
11月7日，香港大学副校长康宁爵士莅校参观华童公学。
11月13日，香港大学举行考试，华童公学高三学生赴考。

1934年

2月，春季开学。学生748人。收取学生杂费每人大洋2元。
2月13日，雪泥（音译）来校演讲音乐并表演歌唱。
2月19日，各队高初级足球锦标赛开始竞争。
4月19日，华童公学举办校运动大会。
5月7日，图书馆迁移。
5月11日，上海中等学校联合运动大会在逸园正式举行，华童公学放假，全体学生参加观赛，得丙组锦标银杯一座，其他奖章亦多。
5月17日，邀请教育处处长希濂来校演说。

1937年

8—10月，据1937年《上海公共租界工部局年报》记载：“因本埠战事爆发，本校于八月十三日清晨，自赫司克而路六三号之校舍迁出，且自是至十月二十六日。”

1938年

春季，本学期开学，华童公学“假用两所房屋之各一部分为校舍。高中五班，每日自上午八时三十分，至下午十二时三十分，在北区克能海路小学内上课。其余各班，自下午一时至五时，仍在四川路中国青年会上课”。此种办法，继续施行至3月16日为止。
3月16日，华童公学迁往戈登路1059号之临时校舍。据1938年《上海公共租界工部局年报》记载：“该屋为一宽大之住宅，约可容学生六〇〇名，无庸多加变更，即可改作教室之用。惟屋内并无家具，故需用之桌椅等项，经向苏州河以北各校借用。”迁至戈登路校址后，“照常上下午上课，其他迅将完全正常化。学生在优良之环境中诵读及游戏，显于健康大有裨益，旧时之课程，除实用理科一项外，余均恢复。本校战前之程度，在春季学期内渐见回复。体育亦颇注意，校中有宽大之场地，体操可在户外举行。”
5月10日，华童公学参加各校常年运动会，名列第四。
是年，春季开学时有学生496名，其后陆续增多至549名。

1939年

是年，本校仍设在戈登路马白路转角处之临时房屋内。
是年，因赫司克而路校舍内的图书馆被毁，本校已着手另设一图书馆。所购置或假借之书籍，共2000余本，高初各级学生之阅读者甚多。

1940年

10月，据统计，工部局设立各校学生人数共9700余名，其中华童公学为611人。

1941年

4月24日，“八一三”淞沪会战中著名抗日将领谢晋元，在胶州路集中营被日伪收买的叛兵杀害。吊唁队伍以华童公学学生军乐队为前导，前往吊唁的群众超过10万人，白衣素车，途为之塞。
是年，两学期之学生人数，均为600余名。

1943年

4月，林步基任校长，系第一任华人校长。原校长罗白暨英籍教员被侵华日军押送至集中营。
8月，华童公学被汪伪上海市政府“接管”，改名“上海市立模范中学”。黄建勋任校长。原来的课本改用日伪编写的“国定教科书”。通过教材，灌输中日两国“同文同种，共存共荣”“建设东亚新秩序”等奴化思想。以日文课取代英文课，且规定教师也必须读日文。

1944年

5月2日，市立模范中学举行运动大会。“在虹口公园举行该校历史上空前之全校田径运动大会。该校教职员及全体学生参加外，并敦请各有关方面人士莅会。由林教育局长致训，由该校训育主任乐秀荣，担任总裁判，各项成绩，均非常优异。”

11月12日，市立模范中学校友会通告，“定于是日下午五时假福州路杏花酒楼举行聚养会，庆祝母校四十周成立纪念，敦请名人演说外，尚有各种游艺助兴云”。

1945年

5月，高三学生黄克欧加入中共地下党组织，与地下党员张永年、王光华共同建立了学校地下党支部。

8月15日，日本无条件投降。人们涌上街头庆祝胜利，师生们欢呼。

9月，上海市立模范中学改名“上海市立晋元中学”，以纪念抗日将领谢晋元和八百壮士。金通尹任校长。

10月26日，校长暨教职员3人带领学生130余人参加公祭谢晋元将军。

1946年

1月13日，上海各界在玉佛寺公祭昆明“一二・一”惨案死难烈士，各界代表和沪西地区纺织女工及大夏大学、上海市立晋元中学等大中学生共万余人参加。

1月下旬，物价飞涨，学费提高，上海广大学生面临失学威胁。中共上海地下党学委决定开展大规模助学运动，援助失学儿童。由晋元中学等校发起助学运动，成立上海市学生助学联合会。

3月22日，全体教职员为市校教职员待遇菲薄，遵照市立中学职教员代表大会决议，罢课4天，至26日复课。

5月24日，高三乙组学生在天蟾舞台举行尊师运动义演京剧。

6月2日，在胶州公园举行学校运动会。

6月，上海市立晋元中学，即前工部局立华童公学，于23日成立校友会筹备会，公推黄建勋、乐秀荣、黄其刘等为筹备员，并定于29日下午5时，仍在母校开第一次筹备委员会，讨论征求校友及定期召集大会事宜。

7月14日，金通尹校长辞职，将赴北洋大学主持校务（任北洋大学教务长兼代校长职务）。

7月24日，蒋建白任晋元中学校长。上午9时，顾毓琇局长主持，在教育局举行接洽会；下午2时举行交接仪式。

7月28日，全体教职员备筵欢送金通尹校长，并欢迎蒋建白校长。

9月15日，市立晋元中学在马白路25号举行胜利后首次校友大会。

10月5日，高三乙班学生在倪文宙先生及陆修棠先生带领下，赴苏州旅行。

10月24日，学校确定10月27日（即四行仓库保卫战纪念日）为校庆日。

是年，在中共地下党组织的领导下，晋元中学学生会参加了上海市学生团体联合会。

1947年

1月1日，晋元中学学生和全市学生4万余人抗议美军强奸北京大学女学生暴行，举行大示威。

3月29日—4月4日，学校举行科学运动，编辑科学特刊，并赴中纺第四厂、中纺第一印染厂、上海啤酒厂、中国化学工业社参考。

4月25日，本校与缉槼中学、女子中学、格致中学联合在《申报》《正言报》上刊登广告，凡在日伪时期的高中毕业生可携带以前毕业证明书及近照，经学校审查合格后，可至教育局调换正式文凭。

4月，据上海市立中等以上学校本期学生数字统计，其中市立晋元中学700人。

5月11日，在中正公园举行运动会。

5月20日，南京、上海、苏州、杭州等城市16所专科以上学校学生6000多人，在南京举行抢救教育危机联合大游行，遭到国民党特务袭击，重伤19人，轻伤90多人，被捕28人，此即为震惊中外的“五二〇”流血惨案。

5月21日，“上海市学生抗议‘五二〇’惨案后援会”成立，决定23日、24日全市总罢课。晋元中学学生在学校中共地下党组织的领导下，积极投入斗争。

5月22日，因南京各大学生进行请愿，被军警殴伤，学校学生要求响应，后被学校劝导。

11月14—16日，参加全市秋季运动会。

12月，晋元中学高中学生开办“晋元民众夜校”，招收失学儿童和青年入学。由高年级学生担任教师，逐步形成一至六年级的完全小学，一直办到上海解放后。

12月下旬，入冬以来，寒流接连袭击上海。为帮助贫苦人民，抢救同胞生命，中共上海地下党学委决定，立即在全市掀起劝募寒衣运动。晋元中学中共地下党组织立即响应，发动和组织同学参加救饥救寒运动。

1948年

1月17日，晋元中学和上海其他大中学校25000余学生冲破国民党军警的阻挠，集中在外滩进行示威游行，抗议英帝国主义1月5日在九龙制造的强拆民房、滥杀无辜的暴行。

5月5日，学校组织百余名学生，参加全国运动会开幕式团体操表演。

6月5日，晋元中学和上海其他大中学校学生5000余人冲破国民党军警封锁，到外滩举行反对美国扶植日本法西斯的示威游行。
夏秋间，国民党特务到上海市立晋元中学搜捕中共党员黄克家，因及时转移，特务扑空。11月，积极分子张福海被捕。
11月16日，市立中学教职员因生活困难，要求政府设法，未得圆满解决，举行总请假，至22日，方回校上课。
下半年，晋元中学中共党员倪执中、郑炯芝、贾福根、钱亦琳、陈隆培、徐恩祖等受组织派遣到解放区工作。

1949年

5月4日，高一学生前往胶州路市立科学馆实验时，有一学生被殴打，伤势甚重，教师萧朗先生亦被辱骂，为顾全本校师生身体安全起见，生物学实验课暂停。
5月16日，因局势变化，学校召开紧急校务委员会议，宣布于23—28日提前举行毕业考试。
5月24日，因局势紧张，学校让教师、学生回家。
5月28日，晋元中学同学和宣传队以无比兴奋的心情走上街头，和全市人民一起热烈欢庆上海解放，并到工厂宣传，贴标语。
6月3日，普陀区接管委员会成立，下设文化股，按接管方针、政策、步骤负责境内文化教育接管工作。同日，中国人民解放军上海市军事管制委员会（简称“军管会”）代表杭苇接管市立晋元中学，成立了临时校务委员会，任命姚湘涛为代理校长、临时校务委员会主任委员；宣布立即剔除教材中反动的、反民主的内容，取消公民课，学习新民主主义政治，童子军课改为体育课。
6月23日，《文汇报》刊登《晋元中学努力建设新校园》报道。
秋，晋元中学率先在普陀区重组学生会。
12月1日，晋元中学正式建立中国新民主主义青年团（简称“青年团”），为普陀区学校系统第一个建团单位。团总支书记是张传铭。学生中有115人入团，约占学生总数（1724人）的6.7%。

1950年

3月1日，市教育局任命叶克平为晋元中学校长兼中共党支部书记。
3月14日，市教育局要求在学校建立民主秩序。
3月23日，学生会执委会改选，选出执行委员何德根等15人。
4月12日，《文汇报》刊发《晋中建立民主秩序：教导处针对实际情况，定出了工作计划》。
5月4日，邀请复旦大学陈守实教授举行“五四”青年节演讲。
5月28日，举行庆祝上海解放1周年纪念活动。
6月3日，师生员工400余人赴漕河泾慰劳解放军，举行联欢会，又向龙华区农民协会献旗。
11月3日，举行时事学习、募寒衣活动。
12月5日，在中纺机二厂召开“一二·九”纪念大会，会后展开捐献子弹活动，全校师生共捐5042发。
12月15日，学生代表大会召开报名参加军事干部动员大会，学生签名共115人。

1951年

1月3日，在阜丰面粉厂召开新年联欢会暨欢送参干同学大会。
5月7日，从是日起开始用新的圆形“上海市晋元中学教导处”公章。
6月26日，参加军事干部学校思想动员。
7月5日，在大礼堂举行参干报名。
7月11日，参干批准名单发布，本校有38人正取，备取8人。
11月10日，蓝尤青前往沪西中学任代理校长。
12月10日，学联在大礼堂邀请苏联归国同志作苏联学生情况介绍演讲。
12月22日，潘维白、胡先雩赴皖北参加土改工作。
12月29日，各班爱国公约修订完成。

1952年

4月23日，上海市晋元中学学生在该校大礼堂召集全校的161位工商户的子弟举行晋元中学工商界子女座谈会。
6月17日起，校长参加思想改造学习。
10月5日，同学、教师组织参加学校情况普查工作。
12月13日，全校在长寿路小学举行中苏友好思想教育总结大会。
12月15日，新校舍开始使用，各班改为全日上课。

1953年

1月19日，教师进行评级调薪。

1954年

是年，张植任校长兼中共党支部书记。学校正式建立新民主主义青年团，张传铭任第一任团总支书记。

1955年

是年，晋元中学1956届高三（2）班因学习英雄模范人物突出，由普陀区青年团命名为“吴运铎班”。

1956年
是年，更名“上海市陕北中学”。

1957年
10月3日，《文汇报》刊登上海市陕北中学教师徐碧波撰写的《从“华童公学”到“陕北中学”》。

1958年
7月，陕北中学迁至东新路341号；武宁中学迁至新会路25号，改名“新会中学”。
是年，石刚任陕北中学校长兼中共党支部书记。

1959年
7月23日，《文汇报》刊登报道《一支新的管乐队》，介绍上海市陕北中学管乐队。
8月11日，《文汇报》刊发题为《层层配骨干，人人读好书：上海陕北中学结合中心工作和学生特点指导读书》的报道以及《加强读书指导工作》。

1960年
5月31日，《文汇报》介绍上海市陕北中学用土办法制成滑翔机。
5月，陕北中学获评“上海市文教系统社会主义建设先进集体”。
是年，陕北中学被列为上海市重点中学。

1966年
1月19日，《文汇报》刊登上海市陕北中学校长张金淑撰写的文章《思想革命化是教学改革的根本》。
9月7日，陕北中学部分学生成立“毛泽东主义红卫兵”组织，与校内前已成立的“红色陕北红卫兵”组织相对立，在区内自成一派。

1976年
1月8日，周恩来逝世。陕北中学怀着无比悲痛的心情，举行追悼活动。

1978年
2月1日，陕北中学被列为区重点中学。

1979年
11月9日，《文汇报》刊登报道《既抓好思想品德又抓好文化学习，陕北中学基础班学生成绩显著提高》。
是年，寇侠任校长兼中共党支部书记。

1980年
是年，秦燕芳老师被评为“上海市教育战线先进工作者”。

1983年
8月，上海市陕北中学83届学生戴忠在高考中成为上海市文科类第一名。《文汇报》1983年8月5日予以报道。
是年，蔡军任中共党支部书记。

1984年
8月，恢复原晋元中学校名。
是年，晋元中学举行建校80周年庆祝活动。

1985年
8月13日，上海市政府批准并拨款在校园内建立谢晋元将军雕像。举行奠基仪式，中共上海市委副书记王力平、上海市副市长刘振元等市、区领导出席奠基仪式。

1986年
4月24日，著名爱国抗日将领谢晋元塑像揭幕仪式在晋元中学举行。

1987年
是年，在美国航天飞机零星搭机实验方案征集比赛中，晋元中学季勤蔚同学获得上海市一等奖。

1988年
2月，晋元中学被上海市绿化委员会命名为“花园单位”。
是年，晋元中学少先队队部由全国少工委授予“全国少先队红旗大队”的光荣称号。

1989年
6月23日，《文汇报》刊发《顾乾麟先生回母校》，报道顾乾麟回晋元中学的情况。
是年，张旭泽老师被评为“全国优秀教师”“教育工作者”。季胤老师被评为“上海市优秀教师”和“教育工作者”。

1990年
9月，校友顾乾麟博士创办的“叔苹奖学金”在校设立。

1991年
顾梅君任校党支部书记。

1992年
1月，上海市首届优秀中青年教师破格评聘结束。晋元中学计算机教师陈大波，经市、区评审，被破格评聘为“中学高级教师”。

2月，晋元中学学生洪敏、吕斌、施澄和普陀中学学生吴伟通过市级选拔赛，代表上海市队于2月27日—3月3日参加在湖南长沙举行的1992年全国少儿游泳分龄锦标赛。

是年，沈国雄任校长。

1993年
3月上旬，上海市中小学爱国主义教育经验交流会举行。晋元中学等在会上作了“坚持数年充分利用学校和地区的德育资源和社会热点，对学生进行爱国主义教育”的交流发言。

3月，上海晋元中学校友会成立，何友声任首任会长，李德润为理事长。

是年，任建华老师被评为“上海市优秀教师和教育工作者”。1948届校友何友声教授在学校设立“仰梅奖学金”。

1994年
3月30日—4月1日，全国首届中学物理青年教师教学大赛在普陀区举行。晋元中学女教师汤军琳荣获高中组一等奖。

4月15日，市教育局举行上海市中小学课程教材改革活动普陀区现场展示会，推广普陀区中小学探索活动课建设中“加强管理、注重调研、突破重点、讲究实效”的16字经验。晋元中学等学校做现场展示，进行探讨交流。

9月，晋元中学学生夏琛（指导老师郭锋）荣获全国中学生校际作文竞赛一等奖。

10月17日，《文汇报》刊登报道《晋元中学利用校史资源，加强学生爱国主义教育》。

10月，学校举行建校90周年校庆。

是年，赵凤飞任校长。

1995年
4月26日，纪念抗日战争和世界反法西斯战争胜利50周年，晋元中学召开爱国主义教育现场会。

1996年
3月22日，上海市教委在普陀区召开“更新观念，建立机制，加快转轨，开展多种活动，实施素质教育”现场会，介绍普陀区以活动课为突破口，全面推广素质教育的经验，现场会在宜川中学召开。晋元中学等学校用多种形式展示了这方面的成果。

6月7日，上海人民出版社、上海西部企业集团公司向晋元中学捐赠《当代雷锋——徐虎的故事》一书仪式在晋元中学隆重举行。

6月，为进一步提高教育质量和办学效益，达到“优势辐射、资源共享、双向促进、共同提高”的目的，教育局将4所重点中学和4所中心小学与8所相对薄弱的学校挂钩，以承办制形式开办分校，其中晋元中学承办武宁中学。

12月7日，上海市第三届“东海杯”青少年计算机应用操作竞赛结果揭晓。普陀区获得团体总分第一名，有13名学生获奖，其中晋元中学12名学生榜上有名。全市共有一等奖获得者10名，晋元中学有4名，其中一位同学总分名列一等奖榜首。

1997年
1月中旬，上海市举办中小学活动课程研究活动，晋元中学做经验介绍，并展示“自制饮料”的研究课程。

2月4日，普陀区教育局与新加坡俐马向荣房产公司合作开发东新路341—381号地块正式签约。该地块的晋元中学将在万里小区另建新校舍。

5月，学校被列为规划建设的上海市11所现代化寄宿制高级中学之一，暂至曹杨路805号过渡办学。天工职业技术学校由曹杨路805号迁至真光路2125号，原址由晋元中学迁入使用。

12月31日，普陀区人民政府在万里住宅区横港地块举行晋元寄宿制高级中学新校舍开工典礼，中共上海市委副书记龚学平及市、区有关领导出席开工典礼。

是年，晋元中学孙亚婷、顾莉莉、马赞在全国少儿年龄组游泳锦标赛中一举夺得2金、4银、4铜，共10枚奖牌。在市第四届“东海杯”青少年计算机应用操作竞赛中，晋元中学第三次获团体冠军。

1998年
是年，晋元中学郭钥明在第五届澳大利亚手风琴锦标赛和第二十六届南太平洋手风琴锦标赛中获得3项第一名、1项第三名。

1999年

是年，学校更名“上海市晋元高级中学”。

3月12日，中共上海市委副书记龚学平来本区视察晋元寄宿制高级中学建设。区委书记谈柏元，区长胡延照，副区长柴晓苗、胡秉忠等区领导向龚学平详细汇报该校的建设情况，并陪同检查工地建设进程。

3月30日，上海市副市长周慕尧到晋元寄宿制高级中学工地检查工作。区长胡延照等向周慕尧汇报该校的建设情况，并陪同视察、检查工地建设进程。

4月25日，在上海市第十一届青少年运动会中，晋元高级中学在游泳比赛中孙亚婷夺得3块金牌，马赟夺得2块金牌。

5月，晋元高级中学被列为“全国美育实验基地”。

7月12日，《文汇报》以《无固定教室，无固定课表，无固定教师：晋元新生全面实施“走班制”》为题介绍晋元中学开始实施“走班制”。

9月1日，位于新村路2169号的新校舍落成。晋元高级中学举行隆重的升旗仪式暨开学典礼。上海市教育党委书记王荣华出席典礼并宣读中共中央政治局委员、上海市委书记黄菊发来的贺信。教育部部长陈至立题词“扬光荣革命传统大旗，书素质教育特色华章”。外交部部长唐家璇题词“春风化雨，桃李芬芳”。

9月，王丽萍任学校党总支书记。校友香港实业家宋惠德捐款20万元铸谢晋元将军铜像。

10月20日，普陀区“课堂教学攻坚、百课创新探索”活动在晋元高级中学举行，学校8个学科的22位教师参加此次活动。

11月20日，晋元高级中学举行95周年校庆暨爱国将领谢晋元铜像揭幕仪式。中共中央政治局委员、上海市委书记黄菊等发来贺信。

12月1日，普陀区创造教育研究培训中心在晋元高级中学举行揭牌仪式。晋元高级中学等被列为“中国创造学会创造教育专业委员会先进实验基地”。

12月23日，上海市教研室在晋元高级中学召开“市研究型活动课教育研讨展示会”。

是年，《晋元》校刊创办，由学校党总支、校长室主办，1999—2020年为月刊，校刊“晋元”两字，由余秋雨校友题写。

2000年

5月18日，中共中央政治局委员、上海市委书记黄菊在副市长周禹鹏等陪同下视察晋元高级中学。

9月，周臻荣获“上海市劳动模范”称号。

10月22日，中共中央政治局委员、中宣部部长丁关根在中共上海市委副书记龚学平等陪同下回到母校上海市晋元高级中学参观考察。

2001年

6月3—8日，中国台湾南山学园一行20余人在王继光校长的带领下来我校参访。两校就结为联谊学校举行签字仪式。

11月下旬，应中国台湾南山学园王继光校长的邀请，我校一行10人在赵凤飞校长的率领下前往该校参加教育教学交流活动。

是年底，在上海市教育学会、市读书活动指导委员会主办的第三届上海市中小学电脑设计与制作成果展中，我校参赛学生取得优异成绩，获特等奖1名、一等奖2名、二等奖2名，其中潘俊林同学设计制作的《VRML语言代码生成器》荣获特等奖。

2002年

是年，学校自主规划设计、自筹资金建设的学生宿舍综合楼竣工并投入使用。

2003年

2月28日，我校1941届校友蒋锡夔院士荣获2002年度国家自然科学一等奖。

2004年

8月，王丽萍任校长。

10月，学校隆重举行建校100周年庆祝活动。中共上海市委副书记殷一璀，上海市副市长严隽琪、胡延照，上海市政协副主席王荣华等领导出席庆祝活动。中共中央政治局委员、中宣部部长、校友丁关根等发来贺信。副市长严隽琪在庆典上讲话。

2005年

2月，上海市晋元高级中学被市教委列为首批上海市实验性示范性高中。

5月5日，由共青团中央、教育部主办的首届“全国十佳中学生”表彰会在北京举行，上海市晋元高级中学高三学生周家耀荣获“全国十佳中学生”称号。

9月，我校开设第一届西藏班，招收19名西藏同学。

2006年

2月25—26日，中国上海第十九届头脑奥林匹克创新大赛举行，上海市晋元高级中学高一学生代表队荣获本届头脑奥林匹克创新大赛的长期题“几何结构”高中组第一名。

3月8日，《光明日报》刊登《百年名校走在创新前列》，详细报道上海晋元高级中学实施“选择教育”办学新理念，推动“五个新”（教学理念新、课程组合新、运作方式新、师资结构新、管理机制新）成为教育改革亮点。

4月20日，《人民日报》刊发《套餐式课程，“走班”制运作，学分制管理，上海晋元高级中学——上什么课我来挑选》，介绍晋元中学办学的新特色。

5月19日，学校被评为“上海市安全文明校园”。

7月，张哲人任学校党总支书记。

2007年

4月3日，上海市晋元高级中学等20所学校被上海市教委与上海市人民政府侨办列为首批“上海华文教育基地”并进行授牌仪式。上海市晋元高级中学王丽萍校长在会上做交流发言。

5月23—26日，第二十八届世界头脑奥林匹克决赛于在美国密歇根大学举行，有来自中、美、日等国家的805支代表队参赛。晋元高级中学头脑奥林匹克队（卓航、邵晓聪、夏文君、蔡啸宇、朱臣秋、庄倩、黄一格等组成）力挫群雄、脱颖而出，他们的“小盒子里的大结构”项目在美国荣获第二十八届世界头脑奥林匹克总决赛高中组冠军，同时还获得表演奖第一名、风格奖第一名。

5月，晋元代表队获第二十八届世界头脑匹克比赛高中组冠军。

6月12日，普陀区为晋元高级中学举行表彰会，授予晋元高级中学头脑奥林匹克队“普陀区新长征突击队”称号，指导老师周勇被授予“普陀区青年岗位能手”称号，头脑奥林匹克队队员被授予“普陀区优秀共青团员”称号。普陀区教育局授予上海市晋元高级中学“创新教育先进集体”光荣称号，同时给予学校10万元的奖励经费。

2008年

1月9日，中共中央政治局委员、上海市委书记俞正声视察上海市晋元高级中学。

3月16日，上海市晋元高级中学两支代表队在2008FLL机器人亚太锦标赛华东直选赛暨华南邀请赛中，分别荣获冠军、季军，并获得团队合作奖、机器人表演奖、课题答辩奖，一举包揽众多奖项。

4月26日，上海市晋元高级中学代表中国赴日本参加2008FLL机器人亚太锦标赛。全国一共两支队参赛，上海仅我校一支，且以学校的名义参赛；另一支外省市参赛队则以省队的名义组建参赛。

7月30日，《解放日报》刊登消息《晋元中学西藏班传出喜讯：在沪高考西藏生全部考入一本》。

10月下旬，在共青团中央、全国青联、全国学联、全国少工委共同主办的第五届中国青少年科技创新奖评选活动中，上海市晋元高级中学高二（6）班陈玥青同学获奖。在上海市首届青少年“绿色”创意大赛中，陈玥青同学又获一等奖，作品为《绿色生活创意作品》，指导教师为周瑞山、戴剑。

2009年

2月22日，在第二十二届中国上海头脑奥林匹克创新大赛暨第三十届世界头脑奥林匹克中国赛区决赛颁奖典礼大会上，上海市晋元高级中学荣膺第三届“头脑奥林匹克活动特色学校”殊荣。晋元1949届校友、上海头脑奥林匹克协会会长翁史烈院士到会发言，对参与活动的师生提出殷切的希望。

4月29日，上海市中小学民族教育先进表彰暨办学经验交流会在上海市晋元高级中学举行。我校王丽萍校长做了《树立信心，小步慢跑，稳步提升西藏学生教学质量》的专题发言，我校沈惠勇老师被评为“上海市中小学民族教育工作先进个人”。

4月，王丽萍校长获“上海市五一劳动奖章”。

10月20日，我校荣获“上海市涉台教育先进集体”。

2010年

3月1日，王丽萍校长荣获“上海市三八红旗手”称号。

4月，王丽萍校长获评“上海市劳动模范”。

9月18日，我校荣获“上海市全民国防教育先进集体”。

9月，王华任学校党总支书记。

10月，我校郑百易老师获得中国教育学会物理教学专业委员会主办的第二届全国中学物理教学名师赛全国高中组一等奖。

11月9日，我校被评为“中国可持续发展教育（ESD）项目实验学校”。

12月16日，《人民日报》报道《温家宝参观泰戈尔国际学校》，提到印度泰戈尔国际学校马德胡丽卡·森校长介绍了办学理念以及该校与上海晋元中学开展交流的情况。

12月27日，在北京人民大会堂召开的上海世博会总结表彰大会上，上海市晋元高级中学学生白一帆作为优秀世博志愿者代表青年志愿者做了发言。

2011年

5月6—11日，印度泰戈尔国际学校师生团来访。

5月9日，纪念印度伟大诗人拉宾德拉纳特·泰戈尔诞辰150周年，晋元高级中学与印度泰戈尔国际学校的联合演出在学校报告厅隆重举行。两校学生用诗歌、音乐、舞蹈等形式来纪念泰戈尔诞辰。

7月22日，在上海市教委举行的关于实施第三轮农村义务教育学校委托管理工作会议上，上海市教委对晋元高级中学托管工作给予充分肯定。我校被评为“上海市郊区农村义务教育学校委托管理工作先进集体”。

2012年

4月11日，上海市中小学（幼儿园）见习教师规范化培训工作启动大会在我校举行。晋元高级中学等44所学校被列为首批“上海市教师专业发展学校暨见习教师规范化培训基地学校”。

9月，张伟获评上海市园丁奖。

2013年

3月2—3日，我校头脑奥林匹克代表队在第三十四届世界头脑奥林匹克中国赛区决赛暨第二十六届中国上海头脑奥林匹克创新大赛中，荣获“翻滚的结构”“宠物计划”高中组2项第一名。

9月1日，李靖获评上海市园丁奖。

2014年

9月18日，上海市副市长翁铁慧一行来我校进行教育调研。翁副市长参观了晋元校史陈列室，听取了我校教育教学改革成果汇报，观摩了中印特色文化课程，充分肯定了我校重视中华优秀传统文化学习、传承，特别是在同国外友好学校合作交流中坚持传播中华优秀传统文化的成果。

11月28—29日，我校举行110周年校庆活动。28日下午，在学校体育馆举行庆祝学校110周年华诞活动。29日，近2000名校友返校参加“校友日”活动，校友们欢聚一堂。

2015年

4月1—8日，澳大利亚佛莱德学园师生团来访我校。

7月13日，根据《中华人民共和国教育法》《国家中长期教育改革和发展规划纲要（2010—2020年）》《全面推进依法治校实施纲要》等法规文件，上海市晋元高级中学第七届第四次教职工代表大会审议通过并报上海市普陀区教育局的《上海市晋元高级中学章程》，经区教育局学校章程核准专家组评议、教育局局长办公会审议通过，予以核准。

8月，我校的上海市级教育科研项目“基于信息技术平台的高中课程教学资源共建共享研究”，荣获上海市第十一届教育科学研究成果一等奖。

10月26—29日，在由联合国教科文组织、中国可持续发展教育全国工作委员会秘书处举办的中国可持续发展教育第十二次国家讲习班暨2014—2015年中国可持续发展教育优秀成果评选中，上海市晋元高级中学王丽萍校长领衔的教育课题“立足选择，落实尊重，实施选择教育，推进可持续发展”获优秀成果一等奖。

2016年

9月，季洪旭任上海市晋元高级中学校长。

10月26—27日，在由文化部指导、中国图书馆学会和铜陵市人民政府主办的2016年中国图书馆年会上，上海市晋元高级中学脱颖而出，被一致推举为此次25家全国最美基层图书馆之一，荣获“2016年全国最美基层图书馆”称号，并接受组委会专门评选出的最具特色的3家图书馆开幕式访谈。

2017年

9月，张少伯被评为“上海市级教书育人楷模”。孙时敏获上海市园丁奖。

12月17—19日，第二十一届全国教育教学信息化大奖赛现场决赛在北京举行，我校化学学科陈晶君老师在课例陈述和专家答辩环节均表现优异，荣获全国一等奖。

2019年

9月，张少伯荣获“全国优秀教师”称号。张蓉获上海市园丁奖。

12月，季洪旭任上海市晋元高级中学党总支书记。

2020年

2月，在对近20年来晋元教育改革成果凝练与未来发展前瞻思考的基础上，学校编制出台《晋元高级中学行动纲要》（简称《行动纲要》）。《行动纲要》是指导学校治理现代化的顶层设计，以学校教育哲学为基础，强调学校文化的核心作用，全文共13章，100条，总计1.9万余字。2020年开始，《行动纲要》成为全面深化课程教学改革，推进现代学校治理，锻造学校精神，形成学校文化核心价值观的行动指南，不断引领晋元改革创新与教育高质量发展。

12月，上海市晋元高级中学荣获“上海市实施第一轮城乡携手共进计划先进集体”称号。

2021年

1月，《晋元》校刊原为月刊，此后改版为双月刊。

2月，许晓芳任上海市晋元高级中学党总支书记。

4月，学校首次组织参加全国中学生地球科学竞赛，这是面向全国中学生的地球科学竞赛活动。章文杰同学获得全国总决赛金奖。

9月，李莹获上海市园丁奖。

10月28日，首届上海市青少年创意设计大赛获奖名单公布，在徐雯婷、王海鹏两位老师的指导下，朱昱俊、詹瑷宁两位同学合作的作品《青铜·王者》勇夺桂冠；此件作品还获得第七届上海创客新星大赛——我型我秀一等奖、国潮风尚——2021年上海市少年儿童文创设计展示活动一等奖。

11月24日，晋元高级中学教育集团正式成立。晋元高级中学作为集团总校，携手晋元高级中学附属学校及西校、南校，上海外国语大学尚阳外国语学校，万里城实验学校，上海外国语大学附属普陀实验学校，桃浦中学，文达学校，新杨中学等多所学校，构建了跨越万里街道、桃浦镇两个区域的紧密型教育集团。

2022年

2月，学校《三年课程实施规划》荣获上海市课程实施规划优秀奖，同时被选入市级优秀案例。我校成为“上海市普通高中新课程新教材实施研究与实践项目”实验校。

7月，季洪旭任上海市晋元高级中学党总支书记、校长。

9月，学校获评“上海市普通高中新课程新教材实施研究与实践项目学校（第二批）”。

10月，晋元高级中学荣获2022年上海市优秀教学成果（基础教育类）一等奖。

12月7日，在上海市市西中学举办的上海市第一届数学学术展评活动中，晋元高级中学取得佳绩：沈立煜同学荣获个人赛一等奖，洪杰同学荣获个人赛二等奖，袁潇阳、江岳霖同学荣获个人赛三等奖，晋元1队和2队均获得长期题展评团体三等奖，晋元2队获团队接力趣味赛三等奖，学校获得优秀组织奖。

12月，学校被评为“2022年度上海市企事业单位疫情防控治安保卫先进集体”。

是年，晋元高级中学实施教学综合楼加固及教育环境改造工程。

2023年

2月，学校被评为“上海市教师评价改革创新实践试点校（2022—2024）”。

6—9月，完成对《上海市晋元高级中学章程》的修订工作。

8月，学校被评为“上海市绿色学校”。晋元高级中学教学综合楼加固及教育环境改造工程竣工，9月正式启用。

9月15日，上海市晋元高级中学第十届教代会一次会议全票通过《上海市晋元高级中学章程（修订案）》。9月22日，《上海市晋元高级中学章程（修订案）》提交中共上海市晋元高级中学总支部委员会、上海市晋元高级中学校务委员会最终审议通过实施，同时上报备案（备案号：上海市事业单位章程_1231010742504026X6）。

9月，季洪旭校长获2023年“上海市教育功臣”提名。

11月，学校被评为“上海市中小学（含中等职业学校）行为规范示范校”。

2024年

1月8日，在第十二届长三角班主任基本功大赛中，上海市晋元高级中学汪颖老师荣获“带班育人方略”特等奖与“育人故事”“情景模拟”“主题班会”单项一等奖以及综合一等奖。

1月9日，我校高三（10）班李怡霖在上海市教委教研室主办的第二十二届上海市古诗文阅读大赛中斩获市级一等奖，为晋元高中参加本赛事以来荣获的最高奖项。

1月16日，在上海市教师教育学院主办的综评赛事第五届长三角中学生数据应用创新研究活动中，经过开题和结题答辩，我校“晋元人工智能社”从近百支参赛队伍中脱颖而出，高二（1）班付岳独立组队完成的课题“基于时序数据集的不同车型新能源汽车的性能分析”获得一等奖，高二（3）班杨致远、高二（5）班于潇天和项天宇联合组队完成的课题“基于脑梗患病因子分析的风险评估模型建立”获得三等奖。指导教师敖培获得“优秀指导教师”称号。

2月1日，学校游泳队获评“上海市青少年高水平运动队”。

4月15日，由印度国际大学中国学院院长阿维吉特·班纳吉带领的印度学者、艺术家“重走泰戈尔之路”访华团到访晋元高级中学。

5月27日、30日，新加坡南洋女子中学上海浸濡团一行70余名师生分两批到访晋元高级中学，体验晋元一日的学习与生活。这是我校教学楼大修竣工后迎来的第一批海外友好学校的师生访问团。

说明：

（1）本大事记，主要根据上海市档案馆、上海市普陀区档案馆、上海市晋元高级中学档案室等所藏的相关档案资料整理，并综合报纸杂志、地方志书、文集笔记等有关记载。

（2）大事记截止日期为2024年6月底。

（3）2000年以来的大事记，由上海市晋元高级中学党政办公处提供初稿，最后经课题组与学校领导审读确认。

（4）学校负责人的任职时间，详见附录三《学校历任负责人名录》。1978年以后校长、书记等任职时间以所发公函为准。

（5）为行文方便，大事记中有时简称“晋元”“我校”“本校”“学校”等。

学校历任负责人名录

（1）1904—1949年历任校长名录

姓　名	任职时间	备　注
William Sheldon Ridge（李淇，又译为李治，英籍）	1904—1906	华童公学
James Eld Brancker Livingstone（李文史东，亦译利文斯顿，英籍）	1906—1907	华童公学
George Samuel Foster Kemp（康普，英籍）	1907—1932	华童公学时期在任时间最长的外籍校长
Henry Brougham Lobb（罗白，亦译陆布，英籍）	1932—1943	华童公学
林步基	1943	华童公学第一任华人校长
黄建勋	1943—1945	上海市立模范中学
金通尹	1945—1946	上海市立晋元中学
蒋建白	1946—1949	上海市立晋元中学

*资料来源：课题组依据相关资料整理。

（2）1949—2024年历任校长名录

姓　名	任职时间	备　注
姚湘涛	1949—1950	上海市立晋元中学
叶克平	1950—1954	上海市立晋元中学
张植	1954—1958	据档案显示，1954—1956年张植为副校长（主持工作），后任校长；1956年，学校更名为“上海市陕北中学”
石刚	1958—1963	1963年，专任支部书记，免去校长职务
张金淑	1963年9月—1979年7月	此据老干部审批表，1967年后任校革委会主任
寇侠	1979年7月—1983年12月	1985年10月离休
陈济周	1983年12月—1992年3月	1983年12月任代理校，1988年7月任校长；1984年，学校恢复原晋元中学校名

（续表）

姓 名	任职时间	备 注
沈国雄	1992年3月—1994年3月	
赵凤飞	1994年3月—2004年8月	1999年，学校更名为“上海市晋元高级中学”
王丽萍	2004年8月—2016年6月	1999年9月—2006年7月，兼任学校党总支书记
季洪旭	2016年9月至今	2019年12月—2021年2月、2022年7月至今，兼任学校党总支书记

*资料来源：上海市晋元高级中学党政办公处提供，2024年6月。

注：1978年以后校长任职时间以所发公函为准，依据普陀区档案馆、学校档案室相关档案内容，档案号略。

（3）学校历任党支部（党总支）书记名录

姓 名	任职时间	备 注
叶克平	1950—1954	中共晋元中学支部书记
张植	1954—1958	中共晋元中学支部书记；1956年，学校更名为“上海市陕北中学”
石刚	1958—1963	兼任校长；1963年专任中共陕北中学支部书记，免去校长职务
张金淑		1963年9月起任陕北中学校长，后任革委会主任
汪宁一	1978年4月—1979年7月	
寇侠	1979年7月—1983年3月	
蔡军	1983年3月—1983年12月	
王金福	1983年12月—1991年	1984年恢复原晋元中学校名
顾梅君	1991年—1994年11月	
姚菊生	1994年3月—1999年9月	任党支部副书记
王丽萍	1999年9月—2006年7月	1999年，学校更名为“上海市晋元高级中学”，党支部升格为党总支；2004年8月—2016年6月，任晋元高级中学校长
张哲人	2006年7月—2010年9月	2003年8月，被任命为晋元高级中学副校长
王华	2010年9月—2019年12月	
季洪旭	2019年12月—2021年2月	同时担任学校校长
许晓芳	2021年2月—2021年9月	
季洪旭	2022年7月至今	同时担任学校校长

*资料来源：上海市晋元高级中学党政办公处提供，2024年6月。

注：1978年以后书记任职时间以所发公函为准，依据普陀区档案馆、学校档案室相关档案内容，档案号略。

市立晋元中学中共地下党组织情况
（1945年5月—1949年5月）

历届校级地下党支部成立年月	上级党联系人	支部委员会组成人员	地下党员
1945年5月	王光华	王光华、张永年、黄克欧	王光华、张永年、黄克欧
1945年9月	王光华	张永年、黄克欧、郭丰敬	张永年、黄克欧、郭丰敬、倪执中、黄克家、韩行素
1946年2月	张永年	郭丰敬、倪执中、黄克家	郭丰敬、倪执中、黄克家、钱亦琳、范镇康、郑炯芝、殷元良、郑祖光、舒家骧
1946年9月	张永年	倪执中、黄克家、舒家骧	倪执中、黄克家、舒家骧、钱亦琳、范镇康、郑炯芝、殷元良、郑祖光、贾福根、徐思祖、许铁如
1947年3月	张永年	倪执中、黄克家、舒家骧	倪执中、黄克家、舒家骧、钱亦琳、余正贵、华瑞敖、徐思祖、殷元良、许铁如、吴庆培、贾福根、范镇康
1947年9月	张永年	黄克家、舒家骧、钱亦琳	黄克家、舒家骧、钱亦琳、华瑞敖、许铁如、倪执中、贾福根、胡宗南
1948年2月	章鼎萃（章增）	舒家骧、钱亦琳、许铁如	舒家骧、钱亦琳、许铁如、倪执中、章鼎萃、陈隆培、汪福棠、何钺、黄国楷、胡宗南、贾福根
1948年9月	胡铁民	钱亦琳、汪福棠、陈隆培	钱亦琳、汪福棠、陈隆培、胡宗南、龚坤和、黄国楷、何钺
1949年5月	胡铁民、倪善锦	胡宗南	胡宗南、黄国楷、何钺、叶四临、张传铭

*资料来源:《晋元中学》（建校80周年纪念专刊，1904—1984年），第31—32页。

附录五

部分校友简介

说明　从华童公学到上海市晋元高级中学，传承延续，120年来，为国家、为社会培养了大批人才。他们的足迹遍布海内外，活跃于各个领域、各个行业，在中国社会经济、科学技术、文化教育、文学艺术等领域取得令人瞩目的成就，以国家富强为己任，诚愿尽酬；于民族振兴之基图，砥柱中流。值得书写的晋元校友人物众多。由于篇幅所限，这里仅介绍部分校友，更多的校友事迹在学校的校史博物馆展示。此做几点说明：（1）校友院士，包括中国科学院院士、中国工程院院士，共5位。此名录根据相关院士的毕业届别排序。（2）此名录初稿，由学校领导、校友会提供，胡端、叶舟等依据相关资料审读、补充。（3）部分校友院士简介，课题组根据中国科学院学部网站（http：//casad.cas.cn/ysxx2017/ysmdyjj/qtysmd_124280/）、中国工程院网站（http：//www.cae.cn/cae/html/main/col48/column_48_1.html）提供的院士名单以及其他资料进行核实、补充。

邓散木（1914届）

1898—1963年，原名铁，学名士杰，字纯铁；30岁后号粪翁，别号且渠子；抗战胜利后改名散木；晚年因病割一足，遂以一足、夔为号。上海人。现代书法家、篆刻家。1910—1914年就读于华童公学。后在家自学。书法真、行、草、篆、隶，各体皆精。行草书浸淫于“二王”书系，作品潇洒流利而秀逸，清新圆转而委婉；于篆隶，师从萧退庵，或委婉用帖学笔法，或苍劲用金石笔法，呈古朴雄强之气象，个人风格强烈；楷书以唐楷为主，兼写北碑，尤精小楷。在印坛上有“北齐（白石）南邓”之誉。所著《篆刻学》就是他治印的经验之谈。印谱有《三长两短斋印存》《邓散木印集》《一足印稿》等。

荣独山（1918届）

1901—1989年，江苏无锡人。著名医学家、教育家、放射学家，中国放射学奠基人和先驱之一。1915—1918年就读于华童公学。1929年毕业于北平协和医学院，获美国纽约州立大学医学博士学位。后又两次去美国进修放射诊断和治疗。曾任南京中央医院放射科主任医师。中华人民共和国成立后历任上海医学院（后改为上海第一医学院、上海医科大学，现为复旦大学医学院）放射学教研室主任，中山医院放射科主任、放射学会副主任委员，《中华放射学杂志》副总编辑，上海医科大学放射学教研室名誉主任、专家委员会委员，卫生部医学科学委员会委员。主要从事放射诊断的研究，发表论文20余篇。主编、统编的教材与著作有《普通X线诊断学》《X线诊断学》《X线诊断学进展》《医学百科全书·X线诊断学分册》，对中国放射学事业发展做出了重要贡献。1985年获评“美国放射学院高级名誉会员”。

张承宗（1925届）

1910—1996年，原名张德基，字履斋，号孟和，又名张人俊，笔名皎川、判依。浙江镇海人。1921—1925年就读于华童公学。曾任中共上海地下党市委书记，上海市人大常委会副主任、副市长、政协副主席，中共八大、十一大代表，全国政协第五届、第六届委员。知名社会活动家。抗日战争期间，受党派遣，先后在上海敌占区、新四军淮南抗日根据地工作，协助华中局城工部部长刘晓领导上海、南京、杭州等敌占区的地下工作，配合新四军开展敌后武装斗争。人民解放战争时期，任中共上海市地下党市委书记，负责工人、职员、教员、学生、警察等方面的党群工作，卓有成效地配合人民解放军解放和接管上海，为上海的解放和接管做出重要贡献。中华人民共和国成立后，尤其是1962年任上海市副市长兼秘书长后，对上海工商业社会主义改造和纺织工业、科学技术的发展做出重要贡献。改革开放后，为拨乱反正，落实党的统一战线政策，开创上海统一战线工作的新局面，做了许多卓有成效的工作，受到党内外人士广泛赞誉。

顾乾麟（1922年就读）

1909—1998年，又名怡康，湖州南浔“四象”之一顾福昌后裔，顾敬斋之孙。香港著名实业家，爱国人士，“叔苹奖学金”创立人，上海市第六届政协委员、第七届政协常委。幼年在南浔私塾读书，1922年就读于华童公学。17岁因父亲早逝辍学，到英商怡和公司任买办。1939年任怡和洋行经理，主理出口部、棉花纤维部和公和祥码头。同年，以其父亲名创设“叔苹公高初中奖学金”，以造就贫寒学生。1946年，与荣鸿元等10位实业家创立“上海市民急病医药贷金社”，被选为社长，在3年里资助8000多名贫困病人。同年，邀请梅兰芳等著名演员举行义演，并向工商界募捐，兴建漕河泾少年收容所。1949年，移居香港，仍在怡和洋行任职。又创设顾氏公司，任总裁。1982年，重返上海参观。1986年恢复了1950年在上海停办的叔苹奖学金。1988年又在北京、湖州多所中学设立叔苹奖学金，被聘为北京市政府首位教育顾问。著有《我之一生回忆录》。1988年12月，江泽民同志亲笔题词“热心教育事业，培养建设人才”，表达了党和国家对叔苹奖学金事业的充分肯定与高度评价。

唐弢（1928—1929年就读）

1913—1992年，原名唐端毅，曾用笔名风子、晦庵、若思、潜羽等。浙江镇海人。现代著名作家、文学评论家、鲁迅研究专家。1928—1929年就读于华童公学，后从事散文、杂文创作。主要作品有《推背集》《海天集》《短长集》《投影集》《识小集》《落帆集》及文艺短评《文章修养》等。参加了1938年版的《鲁迅全集》的编校工作。1949年后，任复旦大学、上海戏剧专科学校等校的教授。1951年起，历任《文艺新地》副主编、《文艺月报》副主编、中国作家协会上海分会书记处书记。1959年调中国科学院文学研究所任研究员。曾任中国小说学会会长、中国鲁迅研究会副会长。在鲁迅研究领域享有较高声誉，主要成果有《向鲁迅学习》《鲁迅在文学战线上》《鲁迅杂文的艺术特征》《鲁迅论集》。在现代文学研究上，较有影响的是他主编的《中国现代文学史》和《中国现代文学史简编》，这些是1979年以来全国高校使用较广的中国现代文学史教材。《海山论集》和《西方影响和民族风格》收录了他关于中国现代文学研究的重要论文，在学术界有较大影响。1992年病逝后，社会科学文献出版社出版《唐弢文集》（10卷）。

蒋锡夔（1941届）

1926—2017年，上海人，回族。有机化学家、中国科学院学部委员（院士）。1941年华童公学毕业，1947年毕业于上海圣约翰大学化学系。1952年获美国华盛顿大学博士学位，后到美国凯劳格公司任研究员。1955年底回国后任中国科学院北京化学研究所副研究员。1963年进中国科学院上海有机化学研究所，历任副研究员、研究员、物理有机化学研究室主任。曾任上海有机化学研究所学术委员会主任、上海大学化学化工学院院长。1954年，在美国凯劳格公司曾提出并证明了氟烯与三氧化硫反应生成b-磺内酯，发明了一个有用的有机反应，曾被列入国际知名的工具书内。回国后领导完成了多种氟橡胶和氟塑料的研究工作，为军工和民用做出了贡献。1978年在国内创建了物理有机化学实验室，在有机氟化学、自由基化学、单电子转移和亲卤反应、结构-性能关系、新颖反应机理探索、溶剂和微环境效应、疏水-亲脂作用等方面，特别是在有机分子的簇集和自卷，以及自由基化学中自旋离域参数的建立和成功应用两方面，均有建树或突出的贡献，因此他曾两次被邀请在威信甚高的*Acc. Chem. Res.*上撰文。发表论文170篇以上。其中70余篇发表在20种国外学报上，包括*Journal of the American Chemical Society* 7篇。曾获国家自然科学奖一等奖等。2005年当选为“全国先进工作者”。

丁关根（1945届）

1929—2012年，江苏无锡人。高级工程师。1945届上海市立模范中学毕业生。1951年毕业于交通大学运输管理系。1983—1985年，任全国人大常委会副秘书长、党组成员。1985—1987年，任铁道部部长、党组书记。1987—1988年，任中央政治局候补委员，铁道部部长、党组书记。1988—1989年，任中央政治局候补委员，国家计委副主任，国务院台湾事务办公室主任。1989—1990年，任中央政治局候补委员、中央书记处书记，国家计委副主任，国务院台湾事务办公室主任。1990—1992年，任中央政治局候补委员、中央书记处书记，中央统战部部长。1992年起，任中央政治局委员、中央书记处书记。自1992年至2002年10月，任中央宣传部部长。

方纫秋（1947届）

1929—2019年，上海人。中国足坛名宿，上海足坛泰斗。

1947年上海市立晋元中学毕业。1948年入选上海市学生联队。大学毕业后又入选上海市队、华东区队。1951年代表华东区队参加第一届全国足球比赛，获亚军；赛后入选国家队。1952年入选中央体训班足球队（国家队）。1954年被派往匈牙利训练、学习一年。曾代表中国足球队参加第十五届、第十六届奥运会足球赛，第六届世界杯足球赛预选赛和中、苏、匈三国对抗赛等。技术全面，动作细腻，视野开阔，善于配合，传递球、接趟球、盘带球、射门技术和意识以及速度耐力、应变能力突出，是进攻的尖刀和得分手。1958年被评为“全国优秀足球运动员”之一。1959年退役。后任国家青年队、国家二队、国家队、柬埔寨国家队、布隆迪足球队教练。1972年任上海足球队主教练、足球班总教练，率上海队夺得第五届全运会足球赛冠军。1983年获“高级教练员”称号，同年被评为“上海市劳动模范”。1985年获新中国体育开拓者荣誉奖。在上海队执教期间，向国家队输送柳海光、秦国荣、郑彦、李中华等优秀选手。1985—1986年任深圳足球队技术顾问兼教练；后任上海市体委足球办公室副主任、上海足协副主席、中国足协科研组副主任。

何友声（1948届）

1931—2018年，浙江省宁波市人。力学家和力学教育家、中国流体力学知名学者、高速水动力学研究先驱。中国工程院院士。1948年上海市立晋元中学毕业，1952年毕业于同济大学，1957年清华大学首届力学研究班学员兼辅导教师。曾任上海交通大学党委书记、中共上海市委委员、中国力学学会副理事长、国际理论与应用力学联合会理事。1995年当选为中国工程院院士，2001年获“全国模范教师”称号，2002年遴选为欧洲科学院院士。他长期从事船舶原理、高速水动力学、飞行力学和出入水理论研究，奠定了我国水翼水动力学设计基础，开拓了螺旋桨激振力研究领域，使我国船舶的减振水平跃上新台阶。在空泡流和水中兵器出入水的研究中取得了重要成果，有力地支持了有关型号的开发。同时为适应长江口水资源利用、堤岸保护和航道建设，建立了河口水动力学的研究基地，积极服务地区经济建设。曾参与获国家科技进步奖二等奖一项、主获上海市科技进步一等奖一项和其他奖多项，发表论文百余篇，专著《螺旋桨激振力》获国家教委专著奖。2016年获辛一心船舶与海洋工程首届终身成就奖。

韩大匡（1949届）

1932—2023年，原籍浙江杭州，出生于上海。油田开发工程专家、中国工程院院士。1949年上海市立晋元中学毕业，1951年12月加入中国共产党，1952年毕业于清华大学采矿系。曾任石油勘探开发科学研究院副院长、中国石油勘探开发研究院总工程师，先后在清华大学、北京石油学院、中国石油勘探开发研究院任教和从事科学研究71年。2001年当选为中国工程院院士。长期从事油气田开发工程方面的研究工作，包括油藏工程的综合性和战略性研究，以及油藏数值模拟技术与提高石油采收率技术等研究。参加了川中石油会战、大庆石油会战。倡导与推动了开发地震、可动凝胶调驱技术在我国高含水油田的规模化应用，指导和推进了中国石油高含水油田二次开发工程的实施。主持了多项国家级油气勘探开发大数据与人工智能新技术发展战略、关键技术与示范工程重大科技攻关，推动了人工智能新技术在我国油气行业的规模化应用。曾获国家级科技奖励两项，1991年被中国石油天然气总公司授予“石油工业有突出贡献科技专家”称号，1996年获孙越崎能源科学技术奖能源大奖。著有《油藏数值模拟基础》《多层砂岩油藏开发模式》等著作五部，译著一部，为我国油田开发的战略布局和科技进步做出了重要贡献。

翁史烈（1949届）

1932年出生，浙江宁波人。热力机械专家、中国新一代热力涡轮机的开拓者之一、中国工程院院士。1949年上海市立晋元中学毕业，1952年毕业于交通大学造船系。1962年获苏联列宁格勒造船学院科学技术副博士学位。1962—1981年，历任上海交通大学动力机械工程系讲师、副教授、教授、主任。1984年出任上海交通大学校长。1988年担任上海市科学技术协会第四届委员会主席（任期至1992年）。1995年当选为中国工程院院士。研究方向为燃气轮机性能与仿真、新一代的燃气蒸汽联合循环。主持了近10项国家重大科研项目，解决了多项燃气轮机关键技术，9次获得国家、部委奖励。他把信息科学和计算机技术引入热力发动机，建立了数字模拟实时仿真和并行计算仿真工作站，首先提出并主持我国大型电站汽轮机性能仿真监管的国家攻关项目。他率先研制出我国第一台陶瓷绝热涡轮增压复合柴油机，完成了我国第一批陶瓷涡轮转子设计实验。他组织建立了我国首批热力涡轮机博士点和重点学科，并为建设气动力学实验室、仿真实验室、博士后流动站和培养一支高水平的热力涡轮机学科梯队做出了重要贡献。

项海帆（1951届）

1935年出生，原籍浙江杭州，出生于上海。桥梁及结构工程专家、中国风工程学科的主要学术带头人、中国工程院院士。1951年上海市立晋元中学毕业，1955年毕业于同济大学桥梁与隧道专业本科，1956年加入中国共产党，1958年同济大学桥梁工程专业研究生毕业。1982—1991年，任同济大学结构工程系副教授、主任、副主任。1995年当选为中国工程院院士。1997年担任同济大学土木工程学院教授、顾问院长、院长。长期从事桥梁工程的教学和科研，研究方向为桥梁结构理论与工程控制、桥梁结构稳定与振动问题。主持和承担了10余项国家级及省部级重大科研项目和我国几乎全部大桥的抗风研究项目。在桥梁颤振与抖振分析、桥梁结构动力特性、桥梁风致振动与控制及大跨桥梁抗风设计等方面均取得国际公认的理论成果。曾获得国家科技进步奖一等奖和二等奖、国家自然科学奖二等奖和四等奖，荣获了国际桥梁与结构工程协会工程及教育奖和功绩奖、美国土木工程师学会风工程与空气动力学奖和国际风工程协会终身成就奖。这四大国际奖项标志着他为中国的桥梁与结构工程界和风工程界在国际上赢得了一席之地。

余秋雨（1957年就读）

1946年出生，浙江慈溪人。中国著名文化学者、艺术理论家、文化史学家，散文家。1957年就读于上海陕北中学，1968年毕业于上海戏剧学院戏剧文学系。毕业后到江苏吴江农场劳动锻炼。1970年回到上海留上海戏剧学院任教，1986年破格晋升为教授。1987年被授予“国家级有突出贡献专家”称号，1988年被文化部任命为上海戏剧学院副院长，1990年被任命为上海戏剧学院院长，1992年获“上海高教十大精英”荣誉称号。后历任中国艺术研究院秋雨书院院长、香港凤凰卫视首席文化顾问、澳门科技大学人文艺术学院院长。同时兼任上海交通大学教授、上海市委咨询策划专家、深圳市政府文化顾问、特区文化研究中心名誉主任、谢晋影业公司高级艺术顾问、新加坡实践艺术学院顾问等。学术贡献主要集中在世界戏剧理论史、中国戏剧文化史、戏剧美学、艺术创作原理、地域文化研究和文化散文创作六个方面，取得了全国性影响，并受到国际同行的高度评价。代表作有《文化苦旅》《山居笔记》《霜冷长河》《千年一叹》《行者无疆》《借我一生》《戏剧理论史稿》等。

汪默（1997届）

1979年出生，上海人。1997年上海市晋元中学毕业，2001年本科毕业于北京大学心理学系（现北京大学心理与认知科学学院），后在美国鲍林格林州立大学获得硕士和博士学位。汪默教授同时是美国心理学会和美国心理科学协会会士，目前在佛罗里达大学沃灵顿商学院任教，是该学院Lanzillotti-McKethan杰出学者，同时担任该院管理学系主任。研究方向主要为老年员工及其退休问题（主要关注退休过渡期、退休适应以及相关的影响因素）、职业健康心理学（主要考察工作性质、家庭结构、组织实践和政府政策如何影响员工的健康，员工日常压力管理及其应对策略）、人力资源管理（如新员工社会化及组织对新员工适应的影响），以及采用计量模型，解决管理科学中长时数据的异质性问题。汪默教授的研究为传统经济学在这些研究问题上的资源分配视角注入了内在心理机制，更好地建立了对这些行为的动态预测和解释。研究成果获得过管理学会人力资源分会Emerald出版集团2013年、2014年的杰出作者贡献奖，工业与组织心理学会2016年的William A. Owens学术成就奖，以及*Journal of Management* 2017年的学术影响奖等。

附录六

《上海市晋元高级中学章程》摘选

上海市晋元高级中学章程（2015）

序　言

上海市晋元高级中学是一所公办高级中学。学校前身是1904年创立的上海工部局华童公学（1904—1943），以及后来的上海市立模范中学（1943—1945）、上海市立晋元中学（1945—1956，以抗日英雄谢晋元将军的名字命名）、上海市陕北中学（1956—1984）、上海市晋元中学（1984—1999）。1999年9月，学校易地重建，成为上海市首批实验性、示范性寄宿制高级中学。

学校从教育观、学习观、成才观的三维角度，确立了“学会选择，主动学习，卓越发展”的“选择教育”办学理念。学校以“套餐式课程”为载体来落实办学理念，用走班教学形式和学分制来实施“套餐式课程”。

学校坚持社会主义办学方向，面向现代化、面向世界、面向未来，弘扬抗日民族英雄谢晋元将军的爱国主义优良传统，走有晋元特色的发展之路。

第一章　总　则

第一条　为推进学校依法治校，建设现代学校制度，全面提高依法办学水平，根据《中华人民共和国教育法》《中华人民共和国教师法》和《上海市未成年人保护条例》等教育法律法规，结合学校实际，制定本章程。

第二条　学校全称为“上海市晋元高级中学”；英文表述为“Jinyuan Senior High School”；住所地址为上海市普陀区新村路2169号；网址为http：//www.hsjy.pte.sh.cn；学校简称为“晋元”，英文简写为“Jinyuan”。

第三条　学校由上海市普陀区教育局举办，经上海市普陀区事业单位登记管理中心登记批准，是具有法人资格的办学机构，独立承担民事责任。学校是一所实施三年制高中教育的全日制教育机构。

第四条　学校面向全市招生，招生对象为初中毕业生，招生规模以上海市普陀区教育局核定的班级数和人数为准。

第五条　学校的办学宗旨是推进学校选择教育的高品质发展，突出爱国主义思想教育特色，面向全体学生，促进学生的个性发展、多元发展和全面发展。

学校的办学理念是“学会选择，主动学习，卓越发展”，使学生具有自觉选择发展方向的能力、主观能动学习的态度、自我超越认知和实践出真知的能力。

第六条　学校的发展目标是建设一所富有国际视野、具有时代特征和晋元爱国主义特色的高品质、上海一流、全国领先、国际知名的实验性、示范性高中。

第七条　爱国主义思想是学校文化的核心内涵，引领师生的社会观和人生价值观，体现选择教育的目标和方向。

学校的校训是：励学敦行，承志报国；

校风是：博观约取，开拓创新；

教风是：厚生乐教，固本求真；

学风是：踏实主动，敏学善思。

第八条　学校文化标识和纪念日：

（一）学校校标：由内外两个圆形构成，内圆由两个字组成，从右到左是“晋元”两字，是上海市晋元高级中学的简称。外圆的上方是“上海市晋元高级中学”的草体字；外圆的正下方是数字“1904”，表示学校的创立年份。外圆下方左右分别是“JINYUAN SENIOR”“HIGH SCHOOL”，是学校的英文名称。

（二）学校校刊：名称为《晋元》杂志，由校友余秋雨题写刊名，每月一期。登记号：普杂志字第2号。

（三）学校校歌：名称为《百年晋元之歌》。

（四）学校校徽：由长50mm，宽14mm的长方形金属材料制造，印有“晋元高级中学”字样。分教师校徽和学生校徽两种。教师校徽红底白字银边；学生校徽白底红字银边，字体与校标相同。

（五）学校纪念日：每逢5、10周年的校庆，当年的11月。

第二章　组织机构和管理体制

第九条　学校实行校长负责制。校长是学校的法定代表人，对外代表学校，对内全面负责学校的教育教学和行政管理工作。副校长协助校长开展工作。

第十条　校长依法履行下列主要职责：

（一）贯彻国家教育方针、政策，按教育规律办学，依靠教职工积极稳妥地推进教育改革，不断提高教育质量和办学效益。

（二）领导建立健全学校的各项规章制度，制订学校的发展规划和学年、学期工作计划，领导和组织实施、检查和总结。

（三）领导和组织德育工作，采取切实有效措施，加强对学生的政治思想、道德品质教育。

（四）领导和组织体育、卫生、美育、劳动教育工作。

（五）领导教师队伍建设工作。组织教师学习研修、求实创新，使之不断提高政治思想、职业道德、业务水平，充分调动他们的工作积极性。

（六）领导总务严格管理校产和财务工作，搞好校园环境建设。

（七）向上级和教代会报告学校工作。

第十一条　校长依法行使下列职权：

（一）对学校教育教学和行政管理的决策和指挥权。

（二）决定学校内部组织机构和岗位设置，聘任中层干部。中层干部的聘任在民主推荐的基础上征询党组织意见后由校长提名，学校党组织考察，校长会议讨论决定，校长任命（聘任）。

（三）制订学校内部劳动、人事管理和分配制度改革方案，按规定程序组织实施。实行教师聘用合同制，与教师订立聘用合同。

（四）制订学校的课程方案和教学计划，设置开发校本课程，确定教学进度，选用教材，组织教学活动，对教师和学生进行考核评价。

（五）按财务制度和教育行政部门的有关规定，对上级的拨款、学费返还留成和社会赞助等各种收入以及校舍设施、仪器设备，合理安排使用。

（六）对工作成绩显著的教职工给予奖励；对严重违纪或给学校工作造成重大损失的教职工给予行政处分、解聘或辞退。

第十二条　党总支委员会的主要职责：

（一）宣传和执行党的路线、方针、政策，贯彻和执行党中央、上级组织和本级组织的决议，保证和监督学校坚持社会主义办学方向，维护学校的安定团结和政治稳定。

（二）负责学校领导班子思想政治建设和作风建设。健全领导班子中心组学习、民主生活会、双重组织生活和谈心谈话等制度，严肃党内政治生活，加强理论武装，加强民主集中制和群众观念等教育，加强党风廉政建设，切实提高领导班子推动科学发展、促进校园和谐的能力。

（三）做好干部和人才有关工作。协助上级党委主管部门做好学校领导干部的教育、培养、管理、监督等工作，做好校内中层干部推荐、考察和教育、培养等工作，加强后备干部队伍建设和人才队伍建设，做好老干部工作。

（四）参与学校重大问题决策。按照学校重大问题议事决策规则参与决策，党组织负责人要充分反映党的委员会和党员的意见。对涉及全局性方向性的重大决策，党总支委员会或党员大会要事先讨论并提出建议。

（五）领导学校思想政治工作和精神文明建设，加强学生德育工作。全面提高教师的师德修养和人文素养，改进学生的思想道德教育，发挥学校行政以及工会、共青团等群众组织的作用，积极动员家庭、社区等社会力量，共同建设和谐校园。

（六）支持和监督校长依法行使职权。充分发挥党的政治优势、组织优势，协调学校内部关系，化解各种矛盾，调动各方面积极性，促进领导班子、教职员工的团结，共同推动学校事业健康科学发展。

（七）领导和支持教职工代表大会开展工作，保障教职工代表依法行使民主管理权利，充分发挥教代会参与民主管理和民主监督作用。

（八）领导学校工会、共青团等群众组织和关心下一代工作小组的工作，支持它们依照各自章程独立自主地开展工作，充分发挥它们联系群众的桥梁作用，做好党建带工建、团建工作。

（九）做好统一战线工作。认真贯彻党的知识分子政策、民族政策、宗教政策和侨务政策，支持和引导民主党派和无党派人士开展工作。

（十）加强党的自身建设。坚持党要管党、从严治党，切实加强党的基层组织建设和党员队伍建设，充分发挥党组织的战斗堡垒作用和党员的先锋模范作用。

第十三条　教职工代表大会的主要职责：

（一）听取和讨论校长工作报告。审议学校章程、发展规划、重要改革措施、财务工作报告以及学校其他有关重大问题，提出意见和建议。

（二）审议通过学校教职工聘用聘任方案、奖惩办法、重要规章制度、校内收入分配原则和办法以及其他与教职工切身利益有关的重大事项。审议通过后，由校长颁布施行。

（三）审议决定有关教职工生活福利的重大事项。

（四）在上级党组织的领导下，民主评议正副校长、学校党组织正副书记，提出奖惩意见和建议。根据上级领导部门的部署，参与民主推荐学校领导干部人选的工作。

第十四条　学校建立由校长、党总支书记、副校长、工会主席、中层干部参加的有关党政联席会议，参与制定、审议学校章程、发展规划和其他规章制度、人事与财务方案等重大事项。学校重大问题由党政联席会议决策，校长主持党政联席会议。

第十五条　学校基层党组织发挥政治核心作用。学校依靠基层党组织，充分发挥工会、教职工代表大会、共青团、学生会等组织的作用。

第十六条　民主党派组织及其成员在学校党组织的领导下，依照国家法律和各自的章程，围绕学校的中心工作独立自主地开展活动，充分发挥自身优势，为教育事业作出应有的贡献。

第十七条　学校共青团组织接受学校党组织领导，认真搞好自身建设，配合党政全面贯彻教育方针，在团结、教育青年学生，推进素质教育中发挥积极作用。

第十八条　学校建立以教师为主体的教职工代表大会制度，保障教职工参与学校民主管理和进行民主监督。凡属教职工代表大会职权范围的事项，都应提交教职工代表大会审议。

第十九条　学校工会作为教职工代表大会的工作机构，按教育工会章程，行使职权，维护教职工合法权利，支持校长依法行政，组织教职工参与学校民主管理，配合党组织加强教职工思想政治工作，促进社会主义精神文明建设。

第二十条　学校设置校长办公室、教务处、德育处、学校发展研究室、信息中心、外事办、人事室和总务处等职能部门，分别承担相应的管理职能。

第二十一条　学校加强教育教学管理，主要内容与方法是：

（一）学校建立家、校、社会三位一体的德育协同管理机制，德育处负责学校德育的日常管理。

（二）学校建立有“选择教育”特色的教学常规制度，教务处负责学校教学的日常管理。

（三）建立年级组、教研组、备课组等教育教学基层管理机制。

（四）实施强化年级组功能、决策重心下移的扁平化管理模式，年级组建立包含德育管理、教学管理等成员的组织机构，负责本年级的教育教学管理。

（五）实施自然班、实体走班与网上走班相结合的班级授课制。

（六）在按照国家和上级教育行政部门颁发的教学大纲和课程计划的基础上，设置晋元“选择教育”特色的校本课程。

（七）学校实行学分制的评价管理制度，对学校课程与学生的学业进行管理和评价。

（八）学校严格按照课程标准设置课时，合理安排作息时间，保证学生课业负担适宜，积极组织学生参加各类艺体活动、创新活动和社会实践活动。

（九）加强心理辅导与健康教育，增强学生自我保护意识，促进学生身心健康发展。

（十）在基础教育理论的基础上，学校发展研究室引领全校教师围绕“选择教育”办学特色开展教育教学研究。

第二十二条　学校依法实行信息公开，切实保障教职工、学生、社会公众对学校重大事项、重要制度的知情权、参与权、表达权和监督权。

第二十三条　学校依法健全校内纠纷解决机制，综合运用信访、调解、申诉等争议解决机制处理学校内部各种利益纠纷。

学校建立校内申诉制度。分别成立校内学生申诉处理机构和校内教师申诉处理机构，明确申诉处理机构的人员组成、受理及处理规则。

第二十四条　学校依法接受教育及其他政府相关部门的管理和监督，接受社会、家长的监督，听取社会各界对学校工作的意见和建议。

第三章　学　生

第二十五条　凡被学校录取或转入学校学习的受教育者即取得学校学籍，为学校学生。

第二十六条　学生依法享有受教育者的权利，必须依法履行受教育者的义务，必须遵守《中学生守则》、《中学生日常行为规范》、学校章程和相关规章制度。

第二十七条　学校设立学生代表大会。代表由全体学生选举产生，任期一学年。学生会是学生代表大会的常设机构，由学生代表大会选举产生。

第二十八条　学校对德、智、体、美等各方面取得优秀成绩的学生，予以表彰和奖励。

学校对违反《中学生守则》、《中学生日常行为规范》和学校规章制度的学生予以教育、批评，对情节严重者给予相应的处分。

第二十九条　学校、教师通过家长学校及其他途径对学生家长提供家庭教育指导。

第三十条　学校按照市、区教育行政部门有关学生学籍管理的规定实行学籍管理，健全学生学籍档案，依法办理学生转学、休学、复学等手续。

学校对修完修学年限内规定课程且综合素质、学科学习业绩合格的学生，准予毕业。

第三十一条　学校建立学生成长档案，对学生实施综合素质评定，促进学生全面发展。每学期评价结果记入学生本人档案。

第三十二条　学校对符合入学条件而家庭经济困难的学生，通过助学金等形式提供资助。

第四章　教职工

第三十三条　学校教职工由教师和其他专业技术人员、管理人员和工勤人员等组成。

第三十四条　学校教师、职员和工人必须遵纪守法，遵守职业道德，应维护学校的荣誉和利益。学校依法维护教师、职员和工人的合法权益。

第三十五条　学校根据编制部门核定的编制数额、岗位数和岗位任职条件及教育行政部门、学校相关规定聘用教职工，公开招聘，择优上岗，对聘用人员实行岗位管理和绩效工资制度。

第三十六条 学校依法建立教职工考核制度，对教职工定期进行考核，考核结果作为续聘或者解聘、奖励或者处分的依据。

第三十七条 教职工享有《中华人民共和国劳动法》等法律规定的权利，应履行《中华人民共和国劳动法》等法律规定的义务。

第三十八条 教师是办好学校的主体力量，学校尊重教师、尊重知识、尊重人才。

教师依法享有法律规定的权利，应依法履行法律规定的义务。

第三十九条 学校实行全员聘用合同制，教职工应履行聘约，执行学校教育教学和各项工作的计划，完成教育教学和各项工作的任务。

第四十条 学校保证教职工工资、保险、福利待遇按照国家和本市有关规定执行，创建良好的工作条件，帮助解决教职工遇到的实际困难。

第四十一条 学校依法保障离退休教职工的合法权益，学校建立退管领导小组，关心、落实离退休教职工的政治、生活待遇。

第五章 学校与家庭、社会

第四十二条 学校主动与社会、家庭联系沟通，加强学校、家庭、社会密切配合的育人体系建设，形成教育合力。

学校根据教育教学需要，聘请专家、名师和校外学生辅导员。

学校建立或者利用社会资源建立德育、科普、法制、社区等各类教育基地，定期组织开展校外教育活动。

第四十三条 学校按照一定的民主程序，本着公正、公平、公开的原则，在自愿的基础上，组织家长选举组成家长委员会。学校为家长委员会开展工作提供必要的条件，保障家长委员会履行参与学校管理、参与教育工作、参与学校与家庭的沟通等职责。

第四十四条 学校依托社区，开发社区教育资源，开展社会实践活动，为学生创造服务社区和实践体验的机会。

第四十五条 学校建立校友会组织，发挥校友的宣传、桥梁、教育、助学、咨询等作用，促进学校教育教学的发展。

第四十六条 学校根据办学实际需要，开展校际互动合作，不断扩大对外交流，拓宽教育视野，提升办学水平。

第六章 学校资产及财务管理

第四十七条 学校开办资金为人民币18118万元。学校具体经费来源系财政全额拨款。

第四十八条 学校资产受法律保护，任何单位、个人不得侵占、私分和挪用。学校对侵占校舍、场地、设施等行为和侵犯学校名称权及无形资产的行为，应积极履行国有资产管理职责，依法追究侵权者的责任。

第四十九条 学校财务活动在校长的领导下，由学校财务部门统一管理。

学校财会人员的任职条件、工作职责、工作权限、专业技术职务、任免奖罚，严格按照国家会计法律制度执行。

第五十条 学校严格执行国家收费政策，规范收费行为，按照有关部门确定的项目和标准收费，各项收入按照有关规定严格管理，行政事业性收入实行收支两条线管理。

第五十一条 学校依法接受社会各界的捐赠，建立健全受赠财产的使用制度，加强对受赠财产的管理并接受社会监督。

第七章 附 则

第五十二条 学校建立健全本章程统领下的学校规章制度体系。原订规章制度与本章程有抵触的，应予修订。规章制度的立、改、废均依照民主程序进行。

第五十三条 本章程未尽事宜按照法律法规及上级文件政策执行。如有抵触，以法律法规及上级文件政策为准。

第五十四条 本章程的修订由校长室或三分之一的教职工代表大会代表提出，经教职工代表大会审议、通过，报上海市普陀区教育局核准后生效。

第五十五条 本章程由学校校长室负责解释。

*资料来源：上海市晋元高级中学档案室藏。

上海市晋元高级中学章程（2023）

序　言

上海市晋元高级中学是一所有着悠久办学历史，具有优良传统、丰富积淀和深厚底蕴的沪上名校。学校的前身是创办于1904年（清光绪三十年）的华童公学，是当时租界工部局在上海最早开设的华人子弟学校之一。1943年易名为上海市立模范中学。1945年抗战胜利，上海光复，为纪念抗日民族英雄谢晋元将军，学校更名为市立晋元中学。新中国成立后，因校址靠近陕西北路，同时也为了纪念红色革命的伟大意义，1956年更名为陕北中学，1984年恢复校名“晋元中学”。1999年学校新校舍建成，初高中脱钩，高中部迁至现校址，正式更名为晋元高级中学，沿用至今，2005年学校成为上海市首批实验性、示范性高中。

多年来，学校秉承“励学敦行，承志报国”之校训，坚持“学会选择，主动学习，卓越发展”的办学理念，以“智慧选择，卓越发展”为育人目标，不断塑造“乐群笃学，协同致远”的学校精神，全面提升内涵品质和教育质量，努力为建设上海一流、国际知名、受人尊重的品牌学校而奋斗。

第一章　总　则

第一条　为全面贯彻党的教育方针，落实立德树人根本任务，培养德智体美劳全面发展的社会主义建设者和接班人，以习近平新时代中国特色社会主义思想为指导，根据《中华人民共和国教育法》《中华人民共和国教师法》《中华人民共和国未成年人保护法》《事业单位登记管理暂行条例》等法律法规和《关于建立中小学校党组织领导的校长负责制的意见（试行）》等相关党内政策文件精神，结合学校实际，制定本章程。

第二条　章程是学校组织结构、管理运行的基本准则，学校其他规章制度不得与本章程相抵触。

学校建立健全本章程统领下的规章制度体系。学校规章制度的立、改、废，均依照民主程序进行。

第三条　本校全称为上海市晋元高级中学，简称为“晋元高中”，英文表述为Jinyuan Senior High School，英文简写为“Jinyuan”，办学地址为上海市普陀区新村路2169号。

第四条　本校是上海市普陀区事业单位登记管理局依法登记的事业单位，隶属于上海市普陀区教育局管理，为实施三年制高中教育的全日制教育机构，属非营利法人，具有独立法人资格，独立承担法律责任。

第五条　本校的办学宗旨和业务为贯彻国家教育方针，实施中学阶段的素质教育，促进学生全面发展。

第六条　本校开办资金为人民币18118万元。学校具体经费来源主要为财政补助收入全额拨款。

第七条　本校愿景是将学校办成上海先进、国内一流、国际知名、受人尊重的品牌学校。

第八条　本校办学理念是“学会选择，主动学习，卓越发展”，这是学校师生共享的核心教育观念和共同的价值追求。

第九条　本校招生对象及招生规模以本市、区教育行政部门核定的班级数为准。

第十条　爱国主义思想是本校文化的核心内涵，引领师生的社会观和价值观，体现选择教育的目标和方向。“奋斗”“变革”“创新”是晋元的优秀文化基因。

学校的校训是：励学敦行，承志报国；

校风是：博观约取，开拓创新；

教风是：厚生乐教，固本求真；

学风是：踏实主动，敏学善思。

学校精神是：乐群笃学，协同致远。全校师生应培育和践行“乐群笃学，协同致远”的文化价值，使之成为行动的文化自觉，并产生高度的文化自信。

第十一条　学校校标：由内外两个圆形构成，内圆由两个字组成，从右到左是“晋元”两字，是上海市晋元高级中学的简称。外圆的上方是“上海市晋元高级中学”的草体字；外圆的正下方是数字“1904”，表示学校的创立年份。外圆下方左右分别是“JINYUAN SENIOR”“HIGH SCHOOL”，是学校的英文名称。

学校校刊：名称为《晋元》杂志，由校友余秋雨题写刊名，为双月刊。登记号：普杂志字第2号。

学校校歌：名称为《百年晋元之歌》。

学校校徽：由长50mm，宽14mm的长方形金属材料制造，印有“晋元高级中学”字样。分教师校徽和学生校徽两种。教师校徽红底白字银边；学生校徽白底红字银边，字体与校标相同。

学校纪念日：每逢5、10周年的校庆，一般为当年的11月。

第二章 坚持和加强党的全面领导

第十二条 学校的党组织是中共上海市晋元高级中学总支部委员会（下文简称为“学校党总支”），全面领导学校工作，充分发挥党组织政治核心作用、战斗堡垒作用、监督保障作用。学校认真落实全面从严治党要求，加强党组织建设，保障正确办校方向。

第十三条 学校党总支履行把方向、管大局、作决策、抓班子、带队伍、保落实的领导职责。党总支的具体职责为：

（一）坚持以习近平新时代中国特色社会主义思想为指导，深刻领悟“两个确立”的决定性意义，增强“四个意识”、坚定“四个自信”、坚决做到“两个维护”，贯彻党的基本理论、基本路线、基本方略，坚持为党育人、为国育才，确保党的教育方针和党中央决策部署在学校得到切实贯彻落实。

（二）坚持把政治标准和政治要求贯穿办学治校、教书育人全过程与各方面，坚持社会主义办学方向，落实立德树人根本任务，团结带领全校教职工推动学校改革发展，培养德智体美劳全面发展的社会主义建设者和接班人。

（三）讨论决定事关学校改革发展稳定及教育教学、行政管理中的“三重一大”事项和学校章程等基本管理制度，支持和保证校长依法依规行使职权。

（四）坚持党管干部原则，按照有关规定和干部管理权限，负责干部的教育、培训、选拔、考核和监督。讨论决定学校内部组织机构的设置及其负责人的人选，协助上级党组织做好学校领导人员的教育管理监督等工作。

（五）坚持党管人才原则，按照有关规定做好教师等人才的培养、招聘、使用、管理、服务和职称评审、奖惩等相关工作。

（六）开展社会主义核心价值观教育，抓好学生德育工作，做好教职工思想政治工作和学校意识形态工作，加强师德师风建设和学校精神文明建设，推动形成良好校风教风学风。

（七）加强学校各级党组织建设和党员队伍建设工作，严格执行“三会一课”等党的组织生活制度，发挥基层党组织战斗堡垒作用和党员先锋模范作用。

（八）坚持全面从严治党，领导学校党的纪律检查工作，落实党风廉政建设主体责任。

（九）领导工会、共青团、妇女组织等群团组织和教职工代表大会，强化党建带团建、队建，加强学生会和学生社团管理，做好统一战线工作，加强民族团结教育。

（十）讨论决定学校其他重要事项。

本校党总支书记主持学校党总支全面工作，履行全面从严治党第一责任人责任，负责组织党总支重要活动，督促检查党总支决议贯彻落实，督促党总支、校领导班子成员履行职责、发挥作用，支持校长开展工作。

第十四条 学校党总支实行集体领导和个人分工负责相结合的制度。凡属重大问题都要按照集体领导、民主集中、个别酝酿、会议决定的原则，由学校党总支会议集体讨论作出决定。

学校落实本校党组织领导的校长负责制，发挥党总支领导作用，保证校长依法依规行使职权，建立健全党总支统一领导、党政分工合作、协调运行的工作机制。

第十五条 学校党总支会议讨论决定事关学校改革发展稳定及教育教学、行政管理中的“三重一大”事项和学校章程等基本管理制度，党总支议事决策范围：

（一）学习贯彻习近平新时代中国特色社会主义思想，贯彻执行党的教育方针，落实上级党组织的决策部署。

（二）学校章程、学校发展规划、综合改革方案等事关学校改革发展稳定及教学、科研、行政管理工作的重大事项。

（三）学校党组织建设工作、党员队伍建设工作、落实党的组织生活制度。

（四）全面从严治党，落实学校党风廉政建设责任制。

（五）学校内部组织机构与岗位的设置和调整，学校中层干部任免等重要人事任免事项。

（六）教职工的培养、招聘、使用、管理、服务和职称评审、市区级以上重大表彰推荐、学校考核评价、评优评先等重要事项。

（七）学生德育工作、学生评优推荐、招生等重要事项。教职工思想政治工作、意识形态工作、师德师风建设和学校精神文明建设等重大事项。

（八）学校工会、共青团等群团组织的重要事项，教职工代表大会、统一战线、离退休干部和教职工等相关工作的重要事项。

（九）涉及师生员工切身利益的重大事项。

（十）需要党总支会议讨论的其他事项。

第三章　学校治理结构

第十六条　学校实行党组织领导的校长负责制，校长是学校主要行政责任人，依法登记为法定代表人。

第十七条　校长在学校党总支领导下，依法依规行使职权，按照学校党组织有关决议，全面负责学校的教育教学和行政管理等工作。

校长履行下列职权：

（一）研究拟订和执行学校发展规划、基本管理制度、内部教育教学管理组织机构设置方案。研究拟订和执行具体规章制度、年度工作计划。

（二）组织开展教学活动和教育教学研究，加强教育教学管理，深化教育教学改革，负责招生、课后服务和学生学籍管理。

（三）加强学生德育、智育、体育、美育、劳动教育和心理健康教育，提高学校思政课教学质量。加强学校语言文字工作规范化建设，组织开展学校文化活动和科学普及活动，建设文明校园。

（四）研究拟订和执行学校重大建设项目、重要资产处置、重要办学资源配置方案，管理和保护学校资产。

（五）研究拟订和执行学校年度预算、大额资金支出，加强财务管理和审计监督。

（六）加强教师等各类人才日常教育管理服务工作，依据有关规定与教师以及内部其他工作人员订立、解除或终止聘用合同。

（七）做好学校安全稳定和后勤保障工作。

（八）组织开展学校对外交流与合作，加强学校与社会、家庭的联系，形成育人合力。

（九）向学校党总支报告重大决议执行情况，向教职工代表大会报告工作，支持群团组织开展工作，依法保障师生员工合法权益。

（十）履行法律法规和学校章程规定的其他职权。

第十八条　校长办公会议、校务会议是学校行政议事决策机构，研究提出拟由学校党总支讨论决定的重要事项方案，具体部署落实学校党总支决议的有关措施，研究处理教育教学、行政管理等工作。学校建立健全会议的议事决策制度，明确议事决策范围。会议由校长召集并主持。会议成员一般为学校行政班子成员，非行政班子成员的党组织班子成员可参加会议。会议议题由学校领导班子成员提出，校长确定。会议应当有半数以上行政班子成员到会方能召开。校长应当在广泛听取与会人员意见基础上，对讨论研究的事项作出决定。

校长办公会议、校务会议讨论决定下列学校具体行政工作事项：

（一）贯彻落实党的教育工作方针政策以及上级部门决策部署的意见和措施。

（二）执行学校党总支会议决定或决议事项的实施方案和重要措施。

（三）学校教育、教学和行政管理等各项规章制度制定和工作计划安排。

（四）实施教师思想政治教育、学生德育、心理健康教育、家庭教育、校外教育等的具体措施。

（五）精神文明建设、对外合作交流、后勤服务管理和安全稳定工作等的具体措施。

（六）学生学籍管理、学生表彰和违规处理、年度招生和毕业生工作等的具体事项。

（七）学校教职工等的人事聘任、解聘、考核、晋升、培养、管理的具体事项。

（八）学校年度经费预算方案的执行，学校重大项目、大额资金使用的具体安排，资产配置、处置等具体事项。

（九）其他事关学校事业发展、师生员工切身利益的具体行政事项。

（十）按规定需要由校长办公会议、校务会议审议的其他事项。

第十九条　学校建立以教师为主体的教职工代表大会制度，保障教职工参与学校民主管理和进行民主监督。教职工代表大会在学校党组织的领导下开展工作，尊重和支持校长依法行使管理学校的职权。凡属教职工代表大会职权范围的事项，应当提交教职工代表大会审议或表决通过。

学校教职工代表大会依法行使下列职权：

（一）听取学校章程草案的制定和修订情况报告，审议讨论、提出修改意见和建议。

（二）听取学校发展规划、教职工队伍建设、教育教学改革、校园建设以及其他重大改革和重大问题解决方案的报告，审议讨论、提出意见和建议。

（三）听取学校年度工作、财务工作、工会工作报告以及其他专项工作报告，审议讨论、提出意见和建议。

（四）讨论通过学校提出的与教职工利益直接相关的福利、校内分配实施方案以及相应的教职工聘任、考核、奖惩办法。

（五）审议学校上一届（次）教职工代表大会提案的办理情况报告。

（六）按照有关工作规定和安排评议学校领导干部。

（七）通过多种方式对学校工作提出意见和建议，监督学校章程、规章制度和决策的落实，提出整改意见和建议。

（八）讨论法律法规规定的以及学校与学校工会商定的其他事项。

学校工会作为教职工代表大会的工作机构，负责教职工代表大会的日常工作，依法保障学校民主管理、民主监督的落实，维护教职工的合法权益。

第二十条　学校建立中国共产主义青年团代表大会、学生自主管理委员会等群团组织，充分发挥各群团组织和学生代表大会在学校管理和服务师生中的作用，维护教职工和学生的合法权益。

学校指导成立家长委员会，发挥民主管理、协同育人等作用。

第二十一条　学校设置九个内设机构，具体为学生发展部、学生发展协同服务部、选择教育研究院、党政办公处（党务办公室、校长办公室合署办公）、思政教育处、教学事务处、教师发展处、后勤保障处、生活服务处，分别承担相应的管理职能。

第二十二条　本校积极推进法律顾问制度、法治副校长等工作机制建设，积极发挥法治副校长和法律专业人士对提高学校依法治校水平的作用。

学校聘请法律实务工作者担任学校法律顾问，完善法律顾问工作机制，畅通法律顾问履职渠道。

学校聘请公检法司专业人士在学校兼任法治副校长职务，协助开展法治教育、学生保护、安全管理、预防犯罪、依法治理等工作。

第二十三条　学校建立校内申诉制度。

本校设立学生权益保障委员会，是学生申诉机构，该机构由学校团委书记、团学联相关学生干部组成。学生申诉事项需向学校学生权益保障委员会提出，学生权益保障委员会负责组织相关部门对学生申诉事项进行调查了解，并将初步形成的意见提交学校决策部门复议，最终由学生权益保障委员会负责对学生申诉事项进行答复。

学校工会下设学校教职工申诉委员会，是教职工申诉机构，该机构由工会委员、教职工代表组成。教职工申诉事项需向学校教职工申诉委员会提出，学校教职工申诉委员会负责组织相关部门对教职工申诉事项进行调查了解，并将相关情况报告提交学校决策部门复议，最终由学校教职工申诉委员会负责对教职工申诉事项进行答复。

涉及师生处分、申诉等事项，学校可主动举行听证；师生申请听证的，按规定举行听证。

第四章　权利义务关系

第一节　举办者

第二十四条　举办者的权利：

（一）领导学校的党组织工作，检查考核学校党的建设、领导班子建设情况、党政领导履职情况、年度重点工作完成情况及办学治校实绩，检查督促上级重大决策在学校贯彻落实。

（二）负责审批学校的设立、变更和终止；对学校章程进行备案管理；审定学校发展规划、重大项目、收支预算。

（三）按照干部管理权限，任免学校党政领导，协助区委管理学校的区管干部；监督和管理学校干部、教师队伍建设。

（四）规划和管理学校教育、教学、科研等工作，评估、监测学校教育发展状况和教育质量；检查指导评估学校德育工作；

检查指导学校安全管理工作；履行招生、考试、学籍管理等职能。

（五）监督检查学校教育经费、教育收费和节能工作；监督指导学校加强后勤管理、国有资产管理；组织实施学校内部审计工作。

（六）对在发展教育事业等方面成绩显著、做出突出贡献的学校和个人进行表彰奖励；对存在违法违规行为的学校联合区相关部门进行查处。

（七）行使法律、法规、规章规定的其他权利。

第二十五条　举办者的义务：

（一）贯彻执行党的教育方针政策，指导学校加强党的建设工作、思想政治建设、宣传工作、统战工作和精神文明建设工作；督促学校落实全面从严治党主体责任和意识形态工作责任制。

（二）遵守国家的法律、法规、规章和有关规定，坚持社会主义办学方向和教育公益性原则；监督指导学校依照法律法规和章程规范办学，落实学校的办学自主权，支持学校依法治校、民主管理、科学发展。

（三）指导和推进学校基础教育课程教学改革、教育科学研究、教育信息化工作、教育对外开放等；指导学校开展体育、卫生、艺术、科普、劳动教育等；组织、指导学校开展国防、法治、安全教育；协调指导学校做好未成年学生保护工作。

（四）指导学校处理影响稳定的各类事件，做好风险防范化解，保护学校合法权益不受侵犯，维护学校稳定。

（五）按核定的标准落实教育经费，加强预算绩效管理，提高资金使用效益；提供学校办学及发展所必要的教师配备、设施设备配置等办学条件，保障学校可持续发展等。

（六）贯彻落实机构编制管理有关规定，学校登记事项发生变化的，应当及时督促依法办理变更登记。

（七）履行法律、法规、规章规定的其他义务。

第二节　学　生

第二十六条　按照本市、区招生政策被学校录取或转入学校学习，且办理入学注册手续后取得学籍的，为本校学生。

第二十七条　学生享有下列权利：

（一）参加教育教学计划安排的各种活动，根据学校安排使用教育教学设施、设备、图书资料等教育教学资源。

（二）享受国家及本市资助政策。

（三）在学业成绩和品行上获得符合客观事实的适当评价，完成规定的学业后获得相应的学业证书。

（四）对学校给予的处分不服依法向有关部门提出申诉，对学校、教师侵犯其人身权、财产权等合法权益提出申诉或者依法提起诉讼。

（五）法律、法规规定的其他权利。

第二十八条　学生应当履行下列义务：

（一）遵守法律、法规。

（二）遵守学生行为规范，尊敬师长，养成良好的思想品德和行为习惯。

（三）努力学习，完成规定的学习任务。

（四）遵守学校的章程和规章制度。

（五）法律、法规规定的其他义务。

第二十九条　学校按照市、区教育行政部门有关规定实行学籍管理，健全学生学籍档案，依法依规办理学生转学、休学、复学、退学、恢复学籍等相关手续，依法依规对学生给予奖励和处分。

学校对修完修学年限内规定的课程且综合素质、学科学习业绩达到毕业条件的学生，准予毕业并发给毕业证书。

第三十条　学校建立学生成长档案，对学生实施综合素质评定，促进学生全面发展。

学校对德智体美劳诸方面均表现突出、在某方面有突出成绩或进步显著的学生，予以表彰和奖励。

学校对违反校纪校规的学生予以批评教育，并可对情节严重者给予相应处分。

第三十一条　学校对在籍在读家庭经济困难的学生，按照国家和本市的相关规定通过免除相应费用、提供国家助学金等方式给予资助。

第三节　教职工

第三十二条　学校教职工由教师和其他专业技术人员、管理人员等组成。

第三十三条　学校教职工享有下列权利：

（一）按时获取工资报酬，享受国家规定的福利待遇。

（二）对学校教育教学、管理工作和教育行政部门的工作提出意见和建议，通过教职工代表大会或者其他形式，参与学校的民主管理，对学校重大事项享有知情权。

（三）参加进修或者其他方式的培训。

（四）法律、法规规定的其他权利。

其中，学校教师除上述第一款规定外，还享有下列权利：

（一）进行教育教学活动，开展教育教学改革和实验。

（二）从事科学研究、学术交流，参加专业的学术团体，在学术活动中充分发表意见。

（三）指导学生的学习和发展，评定学生的品行和学业成绩。

（四）依法对学生的违纪违规行为和法律规定的不良行为，予以制止、进行批评教育，实施教育惩戒，加强管教。

（五）对学校给予的处理、处分以及学校侵犯其合法权益的行为享有申诉权。

第三十四条　学校教职工应当履行下列义务：

（一）遵守宪法、法律和职业道德，为人师表。

（二）贯彻国家的教育方针，遵守规章制度，执行学校的教学或工作计划，履行教师聘约或岗位职责，完成教育教学或其他工作任务，维护学校声誉。

（三）对学生进行宪法所确定的基本原则的教育和爱国主义、民族团结的教育，法治教育以及思想品德、文化、科学技术教育，组织、带领学生开展有益的社会活动。

（四）关心、爱护全体学生，尊重学生人格，保护学生权利，促进学生德、智、体、美、劳全面发展。

（五）制止有害于学生的行为或者其他侵犯学生合法权益的行为，批评和抵制有害于学生健康成长的现象。

（六）不断提高思想政治觉悟和教育教学等业务水平。

（七）法律法规、学校规章制度及聘用合同规定的其他义务。

第三十五条　学校根据核定的编制数、岗位数和岗位任职条件及教育行政部门、学校相关规定聘用教职工，公开招聘，竞聘上岗，依法依规与聘用人员签订聘用合同，对聘用人员实行岗位管理制度、职称评聘制度和绩效工资制度。

第三十六条　学校制定教职工培训规划和计划，对教师和其他教职工进行多种形式的思想政治、法律法规和业务培训。

第三十七条　学校依法依规建立教职工考核制度，对教职工进行年度考核和聘期考核，考核结果作为评先评优、职称评聘、岗位晋升、资格注册、薪酬分配、续聘解聘以及奖励处罚的重要依据。

第三十八条　学校教职工工资报酬、福利待遇按照国家和本市有关规定执行。

第三十九条　学校对于在教育教学、培养人才、科学研究、教学改革、学校建设、社会服务、勤工俭学等方面做出优异成绩的教职工予以表彰、奖励。

学校对违反法律法规、学校规章制度、职业道德规范和聘用合同，或在工作中造成失误和不良影响的教职工，视情节轻重，按照有关规定予以批评教育、处分、解聘等处理。

第五章　学校管理

第一节　教育教学管理

第四十条　学校教育教学以立德树人为根本任务，培养德智体美劳全面发展的社会主义建设者和接班人。

学校建立健全学生全面培养体系，坚持五育并举，实施素质教育，促进学生全面发展。严格落实国家课程方案和课程标准，构建基于学校“选择教育”办学理念和特色的校本课程。

第四十一条　学校坚持育人为本，德育为先，建立健全德育工作体系，充分发挥全体教职工的育人作用，深化课程育人、文化育人、活动育人、实践育人、管理育人、协同育人，塑造学生良好的道德品质，推进生涯教育与全员导师制育人实践，关注学生心理健康教育，形成全员、全过程、全方位育人格局。

第四十二条　学校建立健全学生发展部（分年级建立分部）、选择教育研究院、学科组、教研组、备课组等教育教学基层管理机制。

（一）建立家、校、社会三位一体的德育协同管理机制，思政教育处负责学校德育的日常管理。

（二）实施强化学生发展部功能、决策重心下移的扁平化管理模式，学生发展部各年级分部建立包含德育管理、教学管理等成员的组织机构，负责本年级的教育教学管理。

（三）建立有“选择教育”特色的教学常规制度，学生发展部、选择教育研究院、教学事务处等部门根据部门职责范围共同负责学校教学的日常管理。

学校根据减轻学生负担、提高教学质量的要求，从备课、上课、作业、辅导、考试、评价等环节入手，加强课程教学全过程管理，形成课程教学质量保障体系和质量评估体系。

学校选择教育研究院设立学科主任管理岗位，学科主任通过学科建设，带领教师在课程开发、教学与评价设计、课堂教学改革等方面开展主题研究。

学校加强教研结合的校本研修，提高教育科研管理水平，健全与完善教学研究制度和促进教学改革制度，提升教师的专业能力与教育教学水平，推动教育教学改革，提高课堂教学质量，促进学校教育高质量发展。

第二节　其他管理

第四十三条　学校的人员工资报酬、福利待遇按照国家有关规定执行，并依法制定相关人事管理制度，包括：《师资招聘工作程序》《专业技术岗位等级晋升实施工作程序》《教师基础性评价实施工作程序》《教职工师德考核工作程序》《全员岗位聘用工作程序》《教师晋升职称推荐工作程序》《教职工聘用合同工作程序》《“校名师培养对象”申报与评定考核工作程序》《教师校本培训制度》《人员福利费使用实施细则》《教职工绩效工资分配方案》《新教师（见习教师）培养方案》《学校教职工请假管理制度》《学校人事档案管理制度》《关于教职工疗休养的实施办法》。

第四十四条　学校资产是指本校依法直接支配的各类经济资源，包括流动资产、固定资产、在建工程、无形资产、对外投资、文物文化资产。学校资产受法律保护，任何单位、个人不得侵占、私分、挪用和破坏。

学校对拥有的资产享有法人财产权。学校对侵占、破坏校舍、场地、设施等行为和侵犯学校名称权及无形资产的行为，履行资产管理职责，依法追究侵权者的责任。

第四十五条　学校依法制定《资产管理制度》，并依据相关制度使用和处置单位资产

第四十六条　学校严格遵守国家法律法规接受捐赠，坚持自愿无偿、公益性和公开性原则。捐赠的使用按照学校宗旨、捐赠协议约定和相关规定开展。

第四十七条　学校建立健全财务管理规章制度，财务活动严格按照国家和市、区有关财务制度执行。

学校依法制定经费使用管理制度，并依据相关制度使用和管理经费。

第四十八条　学校严格执行本市、区收费规定，规范收费行为，按照有关部门确定的项目和标准收费。

第六章　学校与家庭、社会

第四十九条　本校将家长委员会作为建设依法办学、自主管理、民主监督、社会参与的现代学校制度的重要内容，积极发挥家长在教育改革发展中的作用，构建学校、家庭、社会密切配合的育人体系。

本校要充分发挥家长委员会的桥梁纽带作用，以多种形式听取家长对学校工作的意见建议；加强家长委员会工作指导，明晰工作职责，完善工作制度，规范工作行为，严格家长通讯群组信息发布管理，严禁以家长委员会名义开展违规收费、违规补课等行为。

第五十条　本校建立健全家庭教育工作机制，统筹家长委员会、家长学校、家长会、家访、家长开放日、家长接待日等各种家校沟通渠道，丰富学校家庭教育指导服务内容，针对不同年龄段未成年人的特点，定期组织公益性家庭教育指导服务和实践活动。

第五十一条　学校成立晋元高级中学教育集团，整体服务万里及全区基础教育优质发展，促进全区基础教育资源布局调整和内涵品质提升。

集团性质：本集团属校际间优质、均衡发展的共同体。各成员校以《集团章程》为相关活动的共同行为规范，集团成员原有的单位性质和隶属关系不变，管理体制不变，经济独立核算不变，人事关系不变。

集团的宗旨：本集团以“选择教育”理论体系和实施形态为纽带，将优质的师资、教科研、评价、管理的经验和方法在集团内部辐射，增强“制度共建、文化自洽、管理统筹”的增值效应，全方位促进集团整体教育质量的优质发展，更好地满足人民群众对优质教育的新期盼和新需求。

教育集团的准则：集团各成员校之间，本着相互支撑、紧密合作、协同发展的准则，在集团制度体制下实现人才共管、课程共建、资源共享、学生共育、质量共进、文化共通，有序推进集团的治理现代化、教育优质化。集团的一切教育教学活动必须遵守国家法律、法规，贯彻执行国家的教育方针，接受上级教育行政部门的管理。集团根据国家的法律、法规和教育行政部门的要求，制定各项管理制度。

第五十二条　学校积极利用社会教育资源开展教育教学活动，参与社区精神文明建设。

学校根据教育教学需要，聘请兼职教师和校外学生辅导员。学校建立或者利用德育、科普、法治、研学等教育基地，组织开展校外教育活动。

学校依托所在社区，开发社区教育资源，开展社会实践活动和社会公益活动，为学生创造服务社区和实践体验的机会。学校发挥自身优势，配合社区开放校内文化设施和体育场地。

第五十三条　学校根据办学实际需要，开展校际、校企交流合作，不断扩大对外交流，拓宽教育视野，提升办学水平。

第七章　信息公开与监督

第五十四条　学校依法实行信息公开制度，按照国家法律法规和事业单位登记管理机关的规定，重点主动公开以下信息：

（一）学校基本情况，包括历史沿革、办学性质、办学地点、办学规模、办学基本条件、机构职能、联系方式等。

（二）学校现行规章制度以及办事流程。

（三）学校发展规划、年度工作计划及其执行情况，事业单位法人年度报告等。

（四）学校招生的计划、范围、对象，学生学籍管理规定和评优奖励办法，非义务教育阶段学校的报考条件、录取办法，学生资助申请条件、审批程序和结果。

（五）学校收费的类别、项目、标准、依据、范围、计费单位和批准机关以及监督电话。

（六）学校教学科研工作的有关规定，教学与科研成果评选，课程设置方案与教学计划及执行情况。

（七）学校教职工招聘、职称评聘、职务晋升、评优的条件、程序、结果及争议解决办法，绩效考核及绩效工资分配办法，教师培训等师资建设情况。

（八）学校数量较多的物资采购、基本建设与维修、房产承包与租赁等的招投标结果及实际执行情况。

（九）学校经费收支情况，学校资产和受赠物的管理使用情况。

（十）学生住宿、用餐、组织活动等服务事项及安全管理情况，自然灾害、传染病等涉及师生安全的突发公共事件应急预案及处置情况。

（十一）其他应当主动公开的情况。

第五十五条　学校依法依规接受上级单位和相关部门的监管、督导、考核。通过建立与社区沟通联系制度以及家长委员会等途径，接受家长和其他社会公众的监督，听取社会各界对学校工作的意见和建议。

第五十六条　学校依据法律法规及章程规定，接受来自学校党总支、内部管理机构、教职工代表大会等组织机构的监督。

第八章　终止与剩余资产处理

第五十七条　学校有以下情形之一的，应当终止：

（一）经审批机关决定撤销。

（二）因合并、分立解散。

（三）因其他原因依法应当终止的。

第五十八条　学校在申请注销登记前，成立清算组织，开展清算工作。清算期间不开展清算以外的活动。

清算工作结束，形成清算报告，按程序报批同意后，向登记管理机关申请注销登记。

第五十九条　本校终止后的剩余资产，按照有关法律法规和学校章程进行处置。

第九章　章程生效与修订

第六十条　本章程经学校教职工代表大会审议讨论，学校党总支会议决议，校长办公会议、校务会议审议通过之日起生效实施，并报上海市普陀区教育局、上海市普陀区事业单位登记管理局备案。

第六十一条　本校有下列情形之一的，应当修订章程：

（一）章程规定事项与法律、法规、规章和国家有关政策相冲突。

（二）法律、法规、规章和国家有关政策发生变化，需要对章程进行相应调整。

（三）章程内容与实际情况不符。

（四）其他应当修改章程的情形。

第十章　附则

第六十二条　本章程由学校党总支负责解释。

第六十三条　本章程未尽事宜按照法律法规及上级文件政策执行。

*资料来源：上海市晋元高级中学党政办公处提供。

说明：1. 2023年6—9月，完成对本章程的修订工作；

2. 2023年9月15日，上海市晋元高级中学第十届教代会一次会议全票通过《上海市晋元高级中学章程（修订案）》；

3. 2023年9月22日，《上海市晋元高级中学章程（修订案）》提交中共上海市晋元高级中学总支部委员会、上海市晋元高级中学校务委员会最终审议通过实施，同时上报备案（备案号：上海市事业单位章程_1231010742504026X6）。

附录七

校长口述摘选

说明 从华童公学到上海市晋元高级中学，一脉相承，办学历史悠久，文化积淀深厚。创校120年来，有关该校的回忆录与口述文章留存不少。作为各个时期的校领导、教师、学生以及相关人员，他们是这所学校发展的“亲历者”“见证者”，他们的回忆，他们的口述，具有独特的史料价值，主要体现在几个方面：(一）可以通过他们的回忆，帮助读者、研究者走进现场，加深对学校变迁的理解。(二）从中获取一些线索，了解学校发展更多的细节内容。(三）口述内容与文献档案相结合，可以互相印证，互为补充。限于篇幅，这里我们仅摘选其中3位校长的口述文章。

我在晋元中学任职时期

赵凤飞

1994年，我任职晋元中学时，当时它的校舍条件是非常简陋的，占地面积20多亩，原来的校舍也很陈旧，我站在底楼可以通过二楼坏掉的楼板看到上面，就是说上面走路可以看到底下。记得最清楚1994年考大学的时候，全区理科班学生在我们学校考试，考了一半忽然下大雨，水拼命往里面灌，我在外面筑了一个大堤，堵也堵不住，眼看水进到教室里面来，这个时候我去要了很多马甲袋，每个学生两个马甲袋把脚套住，坚持把试考完。1994年的时候，学校只有四十几台当时叫“286”的很简单的计算机，在开始拥抱信息技术的时代，其实是没有好的硬件基础的，想想那时的上课环境和学校的设施设备，现在的学生是无法想象的（附图1）。

附图1　赵凤飞校长（中）（具体拍摄时间不详，晋元高级中学提供）

20世纪90年代末，晋元中学迎来了发展过程中非常重要的转折点。1997年1月，上海市普通高中教育工作会议召开，确定“九五”期间（1996—2000）至21世纪初上海市普通高中教育改革和发展的总体思路，目标建成10余所现代化寄宿制高级中学，推进普通高中办学模式的多样化，晋元中学位列当中。1997年12月31日，晋元高级中学新校舍开工，前后期建设耗资2.7亿元，这在当时的投入是非常大的。1999年，新校舍竣工，之前将民房当教室，将马路当操场的时代已一去不复返了。

当然，发生巨变的不仅是教育硬件的变化，更重要的是教育理念的进步。

附图2　走班制（摄于2018年11月30日，晋元高级中学提供）

早在20世纪80年代，当我还在宜川中学任校长时，就提出在学校各项工作中的“三全”教育思想，即学生德智体美全面发展；好、中、差学生全面抓；学校各项工作全面争优，创造育人的优良环境。任职晋元高级中学后，我坚持“以学生发展为本”的办学思想，提出既要关注学生的今天，更要关注学生的明天，要使所有的学生都得到发展。我有四句话：“学校每项活动都是探索学习的课程、创新实践的课堂、自主发展的机会”“让每个学生在这里都受到最好的教育，每个学生都可以获得成功”“学生是学校的主人，学生要自治、自理、自立；学生是学习的主人，学生要自主学习、自主发展”“让每个学生学到终身受益的本领”，这四句话可以说形成了我提出的“选择教育”办学理念的一些基础思想。随着学校转制并更名为晋元高级中学，我明确提出了“选择教育”的办学理念，即“学会选择，主动学习，卓越发展”，实际上是要让学生真正成为学校主体，营造一个尊重个性的，开放、生动的教育环境，通过学生的自我选择，求得学习能量的充分发挥，踏上卓越发展的最佳通道。“选择教育”本质上是一种“以人为本”的教育，其着眼点是人，其目标也是人。

再好的理念，也要找到实践的路径，我带领学校教育教学团队，认真研究和制订选择教育的目标、体系和方法，本着以学生的发展为本的思想，努力从课程结构、学习组织方式、管理机制创新、课堂教学改革以及学校文化建设等学校发展的方方面面推进改革实践，以创建一个有利于学生卓越发展的教育教学环境。“套餐式”课程和“走班制”教学形式就是晋元实施选择教育力度最大的两项举措。

一是设置“套餐式”课程。我们把国家规定的基础性课程、校本课程（拓展性课程）、学生自选或自设的研究性课程和研究性活动课程结合起来，组成“套餐式”课程结构，它为学生提供所学内容的选择。课程由三部分组成：基础型课程（即国家规定的必修课程），每个学生必须按时按要求按质量完成其学习任务；拓展型课程，包括必修课的拓展内容、反映高新科技成果与发展趋势的内容、体现人文精神的课程内容等，学生可按照学校提供的选修项目，并根据自己的兴趣和个人发展规划进行选修；研究型课程，由学生自己选择或在教师指导下确定研究课题或内容。每个学生都有一张适合自己兴趣、特长的课程表，在固定的教室走班上课。

二是建立“走班制”教学形式。它为学生提供了教育时空的选择性，其基本做法是，选择基础型课程的数学、英语、物理、化学、计算机等五门学科，将学生分成A、B、C三个层次。在班主任、任课老师、家长的配合下，学生可根据自己的基础知识、学习能力、兴趣特长以及今后的发展目标，自主选择适合自己的学习层次。这种分层和走班不是教师让学生选择做什么，而是学生自己选择适合自己的学习水平和学习环境。上课的教室和教师是固定的，不同水平层次的学生流动上课。“走班制”学习组织方式是我校“套餐式”课程的实施载体，是选择教育理念得以实现的具体实施策略；实施“走班制”学习组织方式，是晋元探索个性化素质教育的重要途径。那个时候，晋元的学生下课后，拎着学校定制的书包，走向下一节课的教室，这种场景在当时的高中是没有的，这种首创也让无数教育同行感到兴奋和欣喜（附图2）。

当然，全新的课程设置与学习方式的实施，对学校的方方面面也产生一系列影响，不仅增加了教学管理的难度，也给教师带来了教学和心理上的压力，有的教师不能理解，当时，我也经常和老师们不断地讲：“现代社会生活节奏快，人们面对的生存环境呈现多变、多元、多险和多彩的不定状态，每一个人都要学会选择。当成功与失败、机遇与挑战并存时，智者会选择成功，并能找到最佳的途径，而失败者，往往在于做出了错误的选择。因此，在中小学阶段，就应该培养学生选择的能力，学校要为学生的发展提供充分的选择机会。学生在选择学习的过程中，获取的不仅仅是学习方法，最主要的是锻炼了能力，并能把视野从课堂扩展到社会。”在我的影响下，老师们很快统一了认识，进入了角色，教学活动既有序又严谨。新的教育模式也让学生们渐渐开始摆脱传统的读书方式，素质教育由此真正进入了学生的生活。俗话说，“授人以鱼，不如授人以渔”，在我看来所谓素质教育，就是要教会孩子如何读书，不是灌知识，而是教方法，培养学生自理能力、与人交往的能力、解决问题的能力。以前学生也只是听你教师讲，然后拼命记笔记，现在不一样了，他主动学习，不再是唯一地从教师讲台上讲给他听，这种变化在20世纪八九十年代是不可想象的。

在学校治理方面，我第一次提出“学校教育管理的重心下移到年级组”的概念，并推动实践。当时也有人提出管理重心下移，年级主任、班主任的工作量势必大大增加，他们忙得过来吗？尤其是在晋元高级中学这样一所寄宿制学校中，学生平时的问题也比较多……我之所以提出“以年级组管理为核心”的学校管理制度，关键是为了解决教育的一体化、整合性问题，同时也考虑到了寄宿制学校中学生思想上、生活上、学习上的特殊性。为此，我们还专设了“生活管理老师”和“学生工作者”两个岗位。特别是学生工作者，都是特意从高校毕业生中招来的学生会干部，每个年级安排一位。他们的工作定位就是“学校里有学生的地方，就有我的工作”。年级的共青团、学生会，学生的思想品德、日常生活、学习困难、心理疏导等，都是他们的分内事。而且同学有事也乐于对他们讲，请他们出主意。“学生工作者”成为年级管理制度中的“润滑剂”。

作为一所寄宿制学校，学生一个星期有五天都在学校里，除了常规的教育时间之外，在业余的学习、生活、休闲的时间中，也存在一个如何健康发展的问题。我一直不主张把寄宿制高中的管理说成是“半军事化管理”，两者的性质是完全不同的，学校就是要让学生在生动活泼的环境中充分、良好地发展。所以根据寄宿制学校学生一天24小时都在校学习生活的特点，我们就在校园文化的建设上下功夫，不仅要给学生一个宽松的学习空间、舒适的生活空间，更要给学生一个有利于他们良好地自我教育、健康地自主发展的空间。我们通过每年的校园艺术节、美育节、体育节等活动，展示中华优秀传统文化，让学生随着艺术视野的开阔，爱国情操得到升华，高尚的人格和高雅的情趣在愉悦的活动中逐渐形成。学生还成立了读书会、影评会，每周举行“周末才艺之星”展示，并通过“晋元之声”广播台、晋元学生有线电视台、晋元校园网、《晋元》杂志向学生传播高雅、健康、向上的优秀作品，让学生在美的享受中，提高自己的精神境界和艺术欣赏品位。

回首在晋元的点点滴滴，我很欣慰，在这里，我与全体晋元人一起用自己的教育行为回答了时代发展给教育人提出的重要命题，现在一代又一代晋元人，前仆后继，在传承中把这份平凡而伟大的事业推向了高潮，我坚信，晋元，会越来越好。

*资料来源：原标题为《写在晋元高级中学建校120周年之际》，赵凤飞口述，谢莹整理，2024年6月30日。赵凤飞，1994—2004年任晋元中学校长。上海市晋元高级中学党政办公处提供。

晋元高中教育发展往事述录

王丽萍

我于1999年8月调任晋元党总支书记。那时正值晋元高中新校落成、成为上海市首批11所现代化寄宿制高中之际。2004年8月—2016年6月，我担任晋元高中校长。回顾这17年，有困难、艰辛和汗水，更有自豪、骄傲和荣耀，我与晋元全体师生员工同舟共济，携手并肩，团结拼搏，披荆斩棘，一起孕育了晋元新世纪学校治理的勃勃生机，一起演绎了晋元新一轮课程改革的华丽诗篇，一起奏响了晋元新时代人才培育的交响乐章，一起铸就了晋元新时期选择教育的辉煌业绩。作为校长，我始终坚持党的领导，弘扬爱国传统，致力育英报国，引领学校执着前行在尊重规律、发展个性的教育之路上。

2005年，学校被列为首批上海市实验性示范性高中，这使我责任感、使命感倍增，决心引领这百年老校跻身全市办学先进行列。于是，我本着传承与发展并重的思路，坚持“学会选择，主动学习，卓越发展”的“选择教育”办学理念，确立“文化润校、人本治校、人才强校、科研兴校、质量立校、特色荣校”的发展方略，倡导“励学敦行，承志报国”的校训，推行“套餐式课程、走班制运作、学分制管理”的教育形态，创立“生活经验”德育课程和“一体两翼”教学形式，推进教育信息化、国际化，落实管理扁平化、现代化，积极锻造“和谐包容、合作进取、崇尚一流、追求卓越”的学校文化，有力促进了学校的内涵发展、教师的专业发展和学生的卓越发展。

一、倡导德育生活化，创立实践育人新模式

早在担任党总支书记的时候，我就非常关心党员教师和团员学生的思想道德建设；同时，积极探索德育生活化教育方式，带领全体教师探寻学生的学习生活、身心发展的经历经验，与发展理想信念、道德情操相融合，开发了包含“学习准备、党团生活、生存体验、自护自理、校园生活、社会实践、毕业准备和主题活动”等八大系列的“生活经验课程”，实现了晋元德育

附图3　上海市晋元高级中学信息技术与课程整合教学展示活动（摄于2007年10月18日，晋元高级中学提供）

课程化的重大突破。因此，我获得了“上海市普教系统优秀党总支书记”等称号。

担任校长之后，我坚持德育为先、立德树人，倡导主体性道德教育，提出了“举止优雅、气质儒雅、志趣高雅”和“自理、自立、自强”的“三雅、三自”道德教育目标，推动“生活经验课程”的学习实践，拓展爱国主义教育和“两纲”教育途径，打造“校史文化”“红色之旅”“18岁成人仪式”等教育活动，特别是“高三学生18岁成人仪式暨志愿加入中华骨髓库”活动，有效引导了学生用青春和爱心点燃生命之光，用责任和奉献见证青春誓言。这一活动多次荣获“上海市中小学德育优秀项目”，本人也获得“上海市关心下一代先进工作者”称号。

二、推进教育信息化，构建走班教学新形态

新世纪之初，正逢全国推进第八次课改，我积极推行“套餐式课程、走班制运作、学分制管理”教育形态，带领教师深化实施“基础型课程、拓展型课程、研究型课程和生活经验课程”相融合的套餐课程。我针对学生发展的差异性与不均衡性，组织教师优化课程结构套餐，增强课程的选择性。

自2005年起，我就敏锐提出推动信息技术和课程整合，亲自策划了每年的主攻方向、突破重点，带领全体教师持续开展了七轮整合攻坚，借助信息技术创新课堂教学、变革学习方式。十年磨一剑，有效改善了师生教与学的行为，提升了课堂教学的有效性。此间，我校多次向全国课改校及北川中学等近百所中学分享了教改经验成果，特别是长期坚持与印度泰戈尔国际学校开展双向远程视频教学，当年温家宝等国家领导出访印度时曾观摩了我校的远程视频教学，这项工作得到上海市及市教委领导的高度赞许（附图3）。

与此同时，我校积极参加“上海市提升中小学（幼儿园）课程领导力行动研究”项目，以“基于信息技术平台的高中课程教学资源共建共享”研究为抓手，全面加强学校数字化环境建设、课程套餐研发和走班教学创新，提升了学校的课程领导力和教师的教学执行力。该项目研究成果多次在全国性的课改会议上交流。2012年，学校被列为“全国课程改革骨干教师研修基地”。

在此基础上，我进一步提出“新时空学习”改革设想，带领全体教师开展“网上走班教学的设计、实施与管理模式”的持续研究，推行实体走班与网上走班融合实施的“一体两翼”开放课堂，构建了“混合学习、学导一体”的走班教学形式。这一全新教学形式与典范经验得到了市教委领导、专家们的高度评价，《人民教育》《解放日报》等报刊也相继进行了报道推介。同时，我校的“结构求变，思维求新——套餐式课程和走班教学的‘选择教育’深化研究”成果，获全国基础教育优秀教学成果二等奖。

“一体两翼”走班教学形式，为上海市新高考综合改革的课堂教学提供了示范性、可借鉴的有益经验。当年，我校是唯一能够全面放开选科过程和选课组合形式的学校，推出按学习兴趣“选层”、按学科意向“选班”和按发展志趣“选课”的全时空走班学习，有效突显了“一体两翼”走班教学的特点和优势。特别是为西藏班学生定制的网上专题课程和辅导课程，有效提高了孩子们的学习效率，使他们如愿考入重点本科院校。

我始终把创新人才培育作为学校教育的最高目标，果断地提出只有锁定新时代国际化人才培养的制高点，才能体现我校“选择教育”的思想内涵。所以，我谋划了“大结构观”的创新人才培养框架，并主动争取项海帆、翁史烈等院士校友的鼎力支持，依托高校和科研院所资源，共同研制学校的创新人才培养方案，创建研发了“土木结构”“低碳环保”“金融创新”等创新实验室及系列课程，面向我校及本区学生开展创新素养培育实践。2007年，我校荣获第二十八届世界头脑奥林匹克总决赛高中组冠军。10多年间，有200多名学生在国内外和上海市各类竞赛中获奖，有300多名学生的创新成果获得国家知识产权发明专利（附图4）。

这些先行先试的经验成果，得到了教育部、市教委的重视。2014年春，我应邀去北京参加了全国教育专家“两会e政——招考改革如何对接社会预期”专题访谈。2015年，我还在上海市高中校长会议上，做了网上走班教学改革的典型经验报告。

三、加强治理现代化，营造校园文化新生态

我在《选择教育的经营与创新》专著中，之所以将“选择教育”概括为“学会选择，主动学习，卓越发展”的办学理念，

附图4　王丽萍校长（中）（摄于2009年7月29日，晋元高级中学提供）

附图5　学校举行成人仪式（摄于2015年4月28日，晋元高级中学提供）

是因为我认为“选择教育”是一种回归教育本真的人性化教育思想和主体性实践主张。因而，我在长期的学校管理实践中，致力于营造一种充满选择的教育文化，引导学生追求认知选择、行为选择和价值选择的统一。

我担任校长那年，恰逢学校100周年华诞，为激发广大师生的爱校热情和发展动力，我积极组织师生回顾百年沧桑变化，追溯文化传统，提炼出“和谐包容、合作进取、崇尚一流、追求卓越”的新时期学校精神，增强了学校精神与办学理念、培养目标的一致性。而建校110周年之际，我又根据时代发展和学校文化建设需要，凝练了学校的“一训三风”，促进“励学敦行，承志报国”校训成为广大师生的精神血脉（附图5）。

我始终认为，管理是“与人打交道”“做人的工作”，所以应先“理”后“管”，“管”中融“理”。而作为一名女校长，我既温良谦和又宽容坦诚，体现刚性管理与柔性关怀。所以，我积极营造学校人本管理氛围，推进扁平化管理、目标化管理和绩效化管理相结合，构建了现代学校治理的新生态，提升了教职工的工作绩效意识和自主管理能力，逐步形成了团结合作、进取向上的校园文化生态。

17年来，我全身心地推进晋元高中的教育发展、文化治理和生态建设，可喜的是让我收获了学校的内涵发展，看到了学校的建设成果。至2016年，学校已全面跻身全国教改先进行列，成为“全国课程改革骨干教师研修基地”、教育部“中小学校长影子校长培训实践基地”、“上海市学校德育协同管理研究实训基地”。同时，学校先后荣获“全国美育实验学校”“全国中小学心理健康教育特色学校”“全国三八红旗集体”等几十项荣誉称号。

回忆这一件件亲身经历的晋元教育往事，有许多成就与荣誉让人欣喜，更有许多真情与温暖让人欣慰。虽然，我的教育思想和管理模式得到领导、同事们的称赞和褒奖，但我觉得我的学校教育经营探索还远远不够。好在，晋元的新一届领导班子正率领全体师生朝着更远大、更美好的教育目标阔步前进。

*资料来源：《晋元高中教育发展往事述录》，王丽萍口述，2024年6月25日。王丽萍，1999年9月任晋元高级中学党总支书记，2004年8月—2016年6月任晋元高级中学校长。上海市晋元高级中学党政办公处提供。

坚守“选择教育”初心　办受人尊重的学校

季洪旭

我与晋元高级中学的缘分可以追溯至2002年，在这里我曾担任过一段时间副校长，正是这段时间让我对“选择教育”理念

附图6　季洪旭校长（摄于2021年6月11日，晋元高级中学提供）

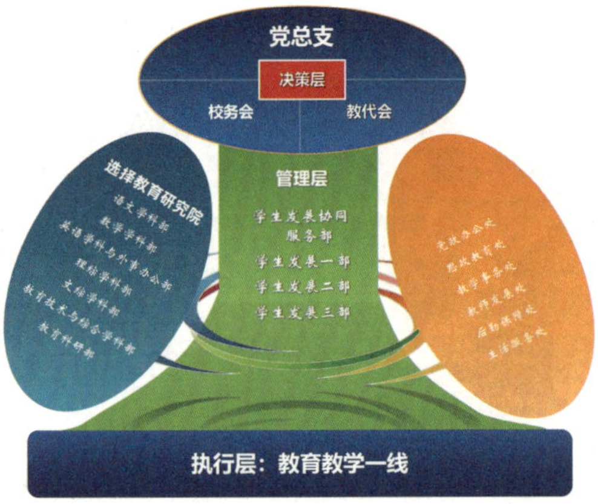

附图7　学校管理架构（晋元高级中学提供）

有了初步的认识，也体会到了选择教育之于生命成长的意义。2016年8月，缘分驱使我再次加盟这所学校，这种缘分不只是感恩的心情，更多的是对教育规律的敬畏和选择教育的追求。8年来，我秉持“选择教育”初心，坚守正道、尊重规律、与时俱进，带领团队实现对教育真理和办学愿景的执着追求，让选择教育在时代的浪潮中焕发出新的生机与活力，使晋元高级中学成为一所受人尊重的学校（附图6）。

选择教育是一种“人之为人”的教育，背后的基本逻辑是促进每个学生的志向、兴趣、优势智能协同发展，目的是让每个学生成为最好的自己，基本方法是在回归自然人的基础上，通过适合的教育成就社会人。于是，我们把学校的育人目标定位于“智慧选择，卓越发展”，具体解释为承志报国、性格优秀、反思责己，具有创新与变革的学习技能，志、趣、能协同发展的卓越高中生，进而凝练成“五者”毕业生形象，即责任担当者、智慧选择者、协同发展者、主动学习者、积极生活者，并把“选择成就发展”作为学校的办学哲学和育人使命。与此同时，我们进行了一系列的实践探索，不断丰富和发展“选择教育”育人体系（附图7）。

一、聚焦学校发展关键要素，构建“选择教育”四梁八柱

我们认真研究“选择教育”的特征，确立了学生的选择力与学习力、教师的研究力与个性化、课程的开放性与选择性、教学的结构化与有效性、学科的独特性与优质性、管理的精致化与民主性、技术的生活化与现代化、文化的包容性与先进性八个方面的发展战略，并以此制定了学校两轮发展规划，持续推进“选择教育”的不断深化。在规划实施的过程中，通过几年努力，选择教育的生态得到了极大的优化，教学质量得到了显著的提高，学生的核心素养得到了可感的提升。随着“选择教育”思考的不断深入和实践路径的不断突破，如何实现“选择成就发展”的育人使命，是我们必须面对和回答的问题。我们把以往的所有的实践探索，归纳为指导选择、提供选择、成就选择、保障选择四个方面。指导选择是以生涯、学涯、职涯指导为具体内容，目的是让学生认识自己，学会选择，遇见未来。提供选择是以课程作为“选择教育”的重要载体，引导学生在课程选择中形成适合自我发展的课程链，目的是促进志、趣、能协同发展。成就选择是以学校的一切教育教学活动为支撑，以高质量育人目标的达成为主要目的。保障选择是指围绕“选择教育”的学校治理体系，包括价值文化系统、组织结构系统、领导决策系统、中层管理系统、研究供给系统、支持服务系统、执行实施系统、制度保障系统、队伍建设系统、评价激励系统、基础条件系统等。至此，“选择教育”的“四梁八柱”已经形成，指导选择、提供选择、成就选择、保障选择四个选择作为“选择教育”的“四梁”，“选择教育”的八个方面的发展战略作为“选择教育”的“八柱”，“选择教育”的育人体系得到了完整的构建。

二、指导选择：引领学生做好生涯发展的规划

“选择教育”的逻辑起点在尊重差异和发现差异。学校教育要不断地引导学生发现自己的个性特征，唤醒学生主动激发自己的发展潜能，帮助学生规划好自己的发展路径，努力让每个学生成为“最好的自己”。生涯教育的第一步是生涯指导，让每个学生明白我是谁，我将成为谁，认识当下的自己，遇见未来的自己。我们持续完善学校的生涯课程体系，使学生的生涯认识、生涯实践融为一体。生涯认知课程，主要从抽象和理性的视角引导学生认识自己、理解发展；生涯实践课程，着重主要从具体和感性的视角引导学生认识社会、感知现实，力求让学生的生涯规划做到感性和理性的统一，个人发展和社会需求的一致。生涯教育的第二步是学涯指导，要指导学生如何成长为他想要成为的“那个人”。生涯规划老师着力研究职业与专业、专业和学科的关系，指导学生选好“+3”等级考科目，让高中的学习为高校的学习和终身发展奠定好扎实的学科基础。同时，学校全员导师还通过反复的个别对话和组织同伴分享，指导学生理性选择“层、类、群”课程，形成适合每个学生志、趣、能协同发展的课程链。生涯教育的第三步是职涯指导，指导好坚定职业理想，填报高考志愿。学校一方面开展“我的中国梦、我的青春梦、我的大学梦、我的专业梦”系列“梦活动”，让学生知微知彰，志远行近，做到明事、明理、明方向，达己、达人、达天下；一方面提供学生志愿填报的二维目标，即专业方向和学校层次，引导我们学生走出“被选择”的怪圈，精准选择心仪的专业和喜欢的学校。

三、提供选择：满足学生个性化发展的学习需求

“选择教育”的核心观点是“丰富选择 满足需求”。我们围绕协同发展育人目标，根据志、趣、能协同发展的选择逻辑，建立了因能分层、因志分类、因趣分群的“3.0套餐式课程”。语、数、外三门学科分层走班，“+3”学科分类走班，兴趣课程分群走班，力求让每一个学生形成适合自己的志、趣、能协同发展的课程链。围绕学生兴趣和特长，开发了“拓展、体验、探究”功能为一体的科学与技术、创新与创业、人文与社会、金融与管理、媒体与艺术、生活与技能六大课程群，体育、艺术、劳技实施专项化教学，开设了自然科学和人文科学两大类若干门微课，同一年级的群课、微课和专项课开发做到横向关联，高一、高二两个年级的同一门类课程做到纵向贯通，力求让每一个学生的兴趣发展，在课程选择中环环相扣，在学习过程中形成合力。在课程设施环节中，我们逐步完善并系统打造了“套餐式课程、个性化学程、模块化实施、走班制运作、过程性评价、学分制管理”的课程实施生态，学生不但可以选课程，还可以选学程、选层次、选内容、选时空，课程的开放性和选择性得到了明显提升。

四、成就选择：形成“二二三四”教学架构和落实核心素养培育

“选择教育”的灵魂是倡导激发每一个学生的成长潜力，成就学生最好的自我。我们基于核心素养的课程标准，针对本校学生的知识、经验和能力水平，开发了“学科教学执行纲要”，系统建立了关联课前、课中、课后学习过程的高中三年“学历案”，包括内容体系、训练体系和方法体系，高质量保障了国家课程的校本实施。学校着力推进新课程、新教材的理念落实，致力于单元教学和学习流程再造，努力营造适合学生发展的学习场景和空间，让知识“活”起来，让资源“用”起来，让师生“动”起来，落实核心素养的培养。为了基于核心素养新课程标准导向的教学，找到一条有效的教学改革路径，我们搭建了“二二三四”教学架构，以此来促进老师们的教学行为改变，积极探索基于问题、任务情境驱动的互动式、启发式、体验式课堂教学，形成生长性和结构化的教学生态。“二二三四”的教学架构，是一个相互联系的目标系统、策略系统、方法系统、行为系统，对如何以“教、学、评”一体化的思维，促进“双新”卓有成效地开展，我们做出了晋元的创造性实践和个性化探索（附图8）。

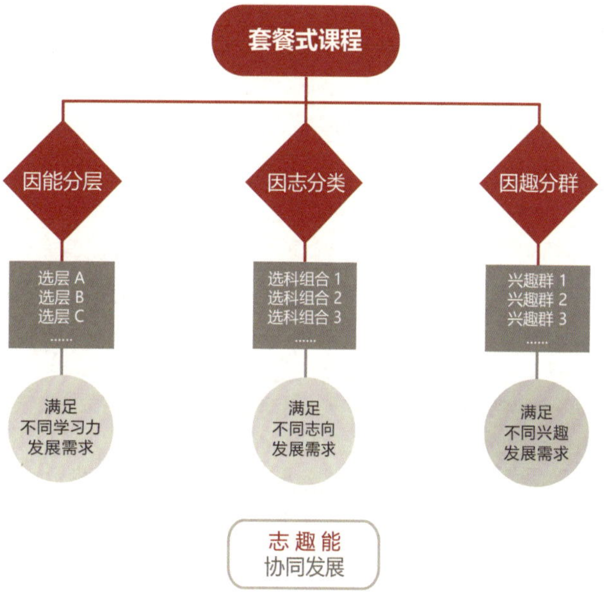

附图8　教学架构（晋元高级中学提供）

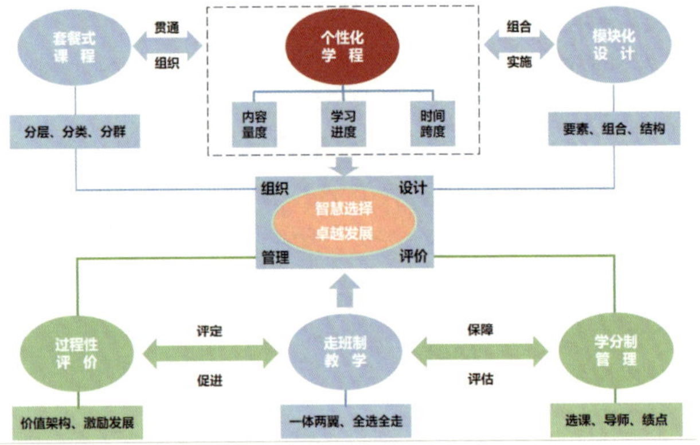

附图9　课程架构（晋元高级中学提供）

五、保障选择：打造助力学生卓越发展的生态环境

“选择教育”的关键技术是保障选择，学生需要学会选择，成就选择，坚持选择；学校需要支持学生的选择，保障学生的选择，为学生的选择保驾护航。我们基于“选择成就发展”的育人使命，以“学生发展需求”为逻辑起点，以“补短板、调结构、强弱项”的思路，积极推进供给侧改革视域下的学校治理。主要实现了以下几个方面的突破：一是优化中层组织架构，激发学校管理活力。以促进学生卓越发展为学校的首要战略，重新定位部门职能，形成以学生发展部门为中心、研发指导部门和服务保障部门协同支持的中层组织架构，结构改变的最大功效是激发了管理者的活力，增强了管理的专业效能。二是唤醒教师发展内驱力，锤炼选择教育本领。我们通过评价撬动教师的专业发展，基础性评价设立德育工作、教学常规、教学质量、课程建设四个指标，旨在提升教师的实践智慧和工作水平；挑战性评价是以项目研究为载体，以解决真实问题为目标，以过程性评价为主要方式的一种评价形式，旨在促进教师的理性智慧和理性表达。几年来，教师“选择教育”的研究与实施的能力不断增强，一批教师逐步形成自己的教学风格，区、市名师人数成倍骤增，正高、特级源源不断。三是统整学校办学要素，形成“选择教育”治理体系。凝练了13章100条的《晋元高级中学行动纲要》，并以此作为全体师生的价值取向和行动指南，作为学校“选择教育”的根本遵循。编制《关键制度汇编》，作为依法治校、提升学校现代化治理水平的重要依据。构建“选择教育”的“3.0套餐式课程”学分制评价方案，让评价引导每个学生走向卓越，做“最好的自己”。四是系统建设“智学慧选”数字化转型校园平台，包括指导选择、提供选择、成就选择和保障选择四个子系统，建立智能、开放、便捷的教育空间与学习环境，打造多元选择、开放灵活的智慧教育生态。五是形成了“选择教育”的文化体系。以“奋斗、改革、创新”的学校文化办一所受人尊重的伟大学校，以“公、勤、谦、坦”的管理文化激励干部智慧领导，以“乐群笃学，协同致远”的学校精神凝聚大家奋发有为，以“尊重、多元、公平”的班级文化激发学生发展潜能，以“尊重差异、丰富选择、满足需求”的课程文化创设协同发展的教育场域，以“敬业专业、因材施教”的教学文化帮助每个学生走向成功，以“资源共建、智慧共享”的教研文化形成学校的核心竞争力，以“主动、合作、探究”的学习文化提升学生的学习力（附图9）。

“选择教育”的价值在于成就学生的卓越发展，实现学生的精彩人生。我认为，“选择教育”不仅仅是为了学生的今天，更是为了他们的未来。我深信，“选择教育”之力，如晨曦微光，能够照亮学子前行的道路，点亮他们内心的梦想，这也是我追随“选择教育”的主要原因。我将以满腔的热情和坚定的信念，不断探求“选择教育”的真谛，为孩子们播下希望的种子，让他们在知识的海洋中畅游，在人生的道路上勇往直前。我愿意成为他们成长路上的引路人，陪伴他们度过每一个难忘的瞬间，见证他们的成长与蜕变。

奋楫扬帆正当时，勠力同心谱新篇，随着学校高位的发展，“选择教育”思想日益为社会所认同，人民群众对“选择教育”的满意度也在不断提高。新起点，新征程，“选择教育”正在发展的路上，随时随处改革和发展更是常态，我们将以勇争一流的质量意识、永不满足的创新意识，推进高品质、高效率、定制化的学校建设，建立“选择教育”的品牌和文化，让选择成就学生的卓越发展，让学校教育点亮学生的未来。

*资料来源:《坚守“选择教育”初心　办受人尊重的学校》，季洪旭口述，2024年7月16日。季洪旭，2016年9月任上海市晋元高级中学校长；2019年12月至今，任上海市晋元高级中学党总支书记、校长。上海市晋元高级中学党政办公处提供。

图片目录索引

第一章

第二章

第三章

第四章

第五章

第六章

附　录

主要参考文献

一、档案，学校各个时期编印、出版的文本（包括校庆纪念刊）

《华童公学校刊》第一期，1933年刊印。
《华童公学校刊》第二期，1933年刊印。
《华童公学校刊》第三期，1934年刊印。
《华童公学校刊》第四期，1934年刊印。
《华童公学校刊》第五期（30周年纪念号），1934年刊印。
《华童公学校刊》第六期，1936年刊印。
《华童公学校刊》第七期，1937年刊印。

【上海市档案馆藏相关档案】
（以下为英文档案）
《上海公共租界工部局总办处给华童公学的发文存本》，1903—1905年，上海市档案馆藏，档案号：U1-1-415。
《上海公共租界工部局总办处关于华童公学校友会的文件》，1920年，上海市档案馆藏，档案号：U1-3-551。
《上海公共租界工部局总办处关于华童公学教育费用事》，1921年，上海市档案馆藏，档案号：U1-3-1362。
《上海公共租界工部局总办处关于华童公学防火事》，1921年，上海市档案馆藏，档案号：U1-3-1458。
《上海公共租界工部局总办处关于华童公学、圣约翰大学奖学金事》，1922年，上海市档案馆藏，档案号：U1-3-2078。
《上海公共租界工部局总办处关于华童公学电气账事》，1926年，上海市档案馆藏，档案号：U1-3-3038。
《上海公共租界工部局总办处关于华童公学和北区小学迁校事》，1930年，上海市档案馆藏，档案号：U1-3-3825。

（以下为中文档案）
《华童公学校友记事册》，1926年，上海市档案馆藏，档案号：Q235-3-307。
《华童公学章程》，1928年，上海市档案馆藏，档案号：Q235-3-308。
《上海市教育局关于私立、金科、格致、协进中学、华童公学学籍》（前20页），1936年，上海市档案馆藏，档案号：Q235-1-2075。
《华童公学同学手册》，1937年，上海市档案馆藏，档案号：Q235-3-306。
《上海工部局立华童公学（市立模范中学）移交清册》，约1943—1945年，上海市档案馆藏，档案号：R48-1-1419-65。
《上海特别市教育局有关市立模范中学（学生作文卷）》，约1943—1945年，上海市档案馆藏，档案号：R48-1-1487-1。
《上海特别市市立模范中学校为送移交清册呈第一区公署教育处函》，1944年，上海市档案馆藏，档案号：R22-1-5-31。
《上海特别市立模范中学、小学等学校校长令》，1944年，上海市档案馆藏，档案号：R48-1-620-81。

《日伪上海特别市政府关于市立模范中学开掘土井的文件》，1945年，上海市档案馆藏，档案号：R1-8-741。
《上海特别市市立模范中学毕业生名册》，1945年，上海市档案馆藏，档案号：R48-1-334-1。
《关于调任上海市晋元中学校教导主任蓝尤青为上海市沪西中学代理校长的令》，1951年，上海市档案馆藏，档案号：B105-1-272-78。
《关于上海市立晋元中学新建校舍申请拨款的函》，1952年，上海市档案馆藏，档案号：B105-5-608-57。
《关于调上海市晋元中学教员钱国屏来教育局工作的通知》，1953年，上海市档案馆藏，档案号：B105-1-681-25。
《关于叶克平另有任用应予免职，派张植为上海市晋元中学校长的令》，1954年，上海市档案馆藏，档案号：B105-1-914-15。
《关于校长到校工作及接交情况的报告》，1954年，上海市档案馆藏，档案号：B105-1-914-17。
《上海市晋元中学填报1953年度上海市公立中学及中等师范学校劳动工资统计年报》，1954年，上海市档案馆藏，档案号：B105-5-914-30。
《关于上海市普陀区政府办公房屋可充作上海市晋元中学教室用并请解决操场问题的报告》，1954年，上海市档案馆藏，档案号：B105-5-1159-6。
《关于扩充班级、请求解决房屋问题的报告》，1954年，上海市档案馆藏，档案号：B105-5-1159-10。
《关于上海市普陀区人民政府所遗址拨给上海市晋元中学使用的报告》，1954年，上海市档案馆藏，档案号：B105-5-1159-19。
《关于请求上海市委有关部门调整房屋给普陀区作宿舍用的报告》，1954年，上海市档案馆藏，档案号：B105-5-1159-21。
《上海市晋元中学方耀顺关于周宝训烈士的事迹材料》，1954年，上海市档案馆藏，档案号：C22-2-55-1。
《上海市晋元中学填报1955年上半年教育部门立中学劳动工资报表》，1955年，上海市档案馆藏，档案号：B105-5-1222-36。
《上海市晋元中学邵春华关于肖靖和、金基和烈士的事迹材料》，1955年，上海市档案馆藏，档案号：C22-2-55-7。
《上海市晋元中学在职干部理论学习教学辅导人员情况调查表（陈文光）》，1956年，上海市档案馆藏，档案号：A22-2-1621-310。
《上海市晋元中学在职干部理论学习教学辅导人员情况调查表（许祥连）》，1956年，上海市档案馆藏，档案号：A22-2-1621-311。
《上海市晋元中学推选优秀教师报告表》，1956年，上海市档案馆藏，档案号：B105-5-1761-34。
《上海市陕北中学推选优秀教师报告书》，1957年，上海市档案馆藏，档案号：B105-5-1760-1。
《上海陕北中学附设业余管乐学校音乐课程教学大纲》（初稿），1958年，上海市档案馆藏，档案号：B172-5-68-38。
《上海市普陀区教育局填报的上海市普通中学报表（1959、1960学年初）——上海市陕北中学》，1959年9月15日，上海市档案馆藏，档案号：B105-7-795-141。
《中共上海市文化局党组关于上海管乐团在陕北中学业余管乐学校招生的报告》，1960年1月25日，上海市档案馆藏，档案号：B172-5-289-12。
《中共上海市委教育卫生工作部关于上海市管乐团今年暑假在陕北中学吸收30名学生和附设一个专业管乐班的问题的批复》，1960年2月25日，上海市档案馆藏，档案号：A23-2-593-11。
《上海市各级各类学校教育质量检查组中学组关于南洋中学和陕北中学检查工作的情况汇报》，1960年4月14日，上海市档案馆藏，档案号：B105-7-932-63。
《中国少年先锋队上海市陕北中学大队委员会填报的普陀区提名表扬的队员及队集体的优秀事迹表（少先队大队部）》，1960年5月22日，上海市档案馆藏，档案号：C21-2-1647-31。
《高举毛泽东思想红旗　为建设祖国学好本领——陕北少年猛闯科学宫/中国少年先锋队上海市陕北中学大队委员会》，1960年5月22日，上海市档案馆藏，档案号：C21-3-63-21。
《共青团上海市委学校工作部关于陕北中学劳逸结合问题的情况汇报》，1960年5月30日，上海市档案馆藏，档案号：C21-2-1615-64。
《为政治服务为工农兵服务、为教学服务——上海市普陀区陕北中学先进经验总结》，1960年，上海市档案馆藏，档案号：A31-2-66-14。

《认真开展以学习毛泽东著作为中心的红旗读书运动，努力培养毛泽东时代的好学生——共青团上海市陕北中学委员会姜云龙在共青团上海市普陀区委宣传文教工作会议上的发言稿》，1960年，上海市档案馆藏，档案号：C21-2-1572-189。

《上海市曹杨中学、上海市陕北中学、华东师范大学第二附属中学填报的上海市普通中学、中等师范学校、职业学校、农业中学报表》，1963年9月11日，上海市档案馆藏，档案号：B105-8-205-164。

《上海市教育局办公室编写的陕北中学初三（6）班在"三秋"劳动中暴露了班内工农子女遭受歧视的〈情况汇报〉》，1964年11月9日，上海市档案馆藏，档案号：B105-8-205-164。

《上海市陕北中学联系工作介绍信》（阮珠凤），1968年10月24日，上海市档案馆藏，档案号A111-1-36-137。

《上海市陕北中学革命委员会填报的共青团上海市第六次代表大会列席代表登记表》（赵明），1973年1月23日，上海市档案馆藏，档案号：C21-3-63-21。

《上海市陕北中学革命委员会填报的上海市三好学生登记表》（张军），1979年6月15日，上海市档案馆藏，档案号：C21-5-86-45。

《上海市陕北中学革命委员会填报的上海市三好先进集体登记表（陕北中学三［1］班）》，1979年6月16日，上海市档案馆藏，档案号：C21-5-95-9。

《上海市陕北中学革命委员会填报的被邀请参加1979年上海市三好学生大会有显著进步的学生事迹材料表》（朱峰），1979年，上海市档案馆藏，档案号：C21-5-93-34。

《上海市普陀区教育局填报的红专学院、南林中学、陕北中学、陆家宅小学长风中学1979年基本建设统计年报（基层表）》，1979年，上海市档案馆藏，档案号：B105-6-289-92。

《上海市陕北中学革命委员会填报的上海市三好先进集体登记表（上海市陕北中学初二年级四班）》，1980年7月7日，上海市档案馆藏，档案号：C21-5-146-129。

《共青团上海市陕北中学委员会填报的青年先进集体登记表》，1982年6月，上海市档案馆藏，档案号：C21-5-256-33。

《上海市陕北中学红十字卫生站填报的上海市1982年先进红十字会员事迹表》（徐一磊），1982年12月，上海市档案馆藏，档案号：C63-1-86-43。

《上海市陕北中学关于要求陕北中学恢复晋元中学原校名的请示》，1984年5月22日，上海市档案馆藏，档案号：B105-6-289-94。

《上海市教育局关于陕北中学恢复晋元中学原校名的批复》，1984年6月5日，上海市档案馆藏，档案号：B105-6-289-92。

《上海市晋元中学校办厂填报的工业企业基本情况卡片》，1985年，上海市档案馆藏，档案号：B72-1-178-22。

【上海市普陀区档案馆藏相关档案】

《上海市规划建筑管理局营业执照，关于在武宁路桥北块建造三层教学大楼》，1955年12月，普陀区档案馆藏，档案号：027-0017-58。

《关于陕北中学扩建实验楼的计划业务书》，上海市普陀区教育局，1978年8月19日，普陀区档案馆藏，档案号：005-0011-267。

《上海市陕北中学校园图（平面立面总平面）》，1978年、1979年，普陀区档案馆藏，档案号：005-0011-267。

《上海市晋元中学沿革》，1988年，普陀区档案馆藏，档案号：046-0004-0213。

《关于上海市晋元中学易地重建的请示》，上海市普陀区教育局，1995年10月4日，普陀区档案馆藏，档案号：046-0002-1140。

《关于晋元中学易地重建方案的请示》，上海市普陀区教育局，1995年12月11日，普陀区档案馆藏，档案号：046-0002-1140。

《上海市教育委员会关于上海建设十余所现代化寄宿制高级中学的文件》，1996年9月4日，普陀区档案馆藏，档案号：046-0002-1247。

《关于新晋元中学筹建工作的情况汇报》，1997年12月5日，普陀区档案馆藏，档案号：046-0002-1386。

《上海市晋元高级中学开工典礼安排》（供领导审阅），1997年12月，普陀区档案馆藏，档案号：046-0002-1386。

《关于晋元中学的筹建委托书》，1998年4月15日，普陀区档案馆藏，档案号：046-0002-1542。

《关于上海市晋元中学变革校名、校址的请示》，上海市普陀区教育局，1999年8月27日，普陀区档案馆藏，档案号：046-0001-434。
《关于同意上海市晋元中学更名的批复》，上海市普陀区机构编制委员会，1999年9月9日，普陀区档案馆藏，档案号：046-0001-434。
《关于上海市晋元高级中学申办聘用外籍教师资格认可的请示》，上海市普陀区教育局，2000年3月16日，普陀区档案馆藏，档案号：046-0002-1878。
《关于我区晋元高级中学与美国教育基金会签订2001年上海晋元美国高中/大学学生夏令营活动的协议的请示》，上海市普陀区教育局，2001年4月9日，普陀区档案馆藏，档案号：046-0002-2054。
《关于我区晋元高级中学与澳大利亚Applied Scholastics培训中心建立友好交流关系的请示》，上海市普陀区教育局，2001年4月，普陀区档案馆藏，档案号：046-0002-2054。
《关于我区晋元高级中学组织学生赴澳大利亚Applied Scholastics培训中心学习交流活动的请示》，上海市普陀区教育局，2001年5月25日，普陀区档案馆藏，档案号：046-0002-2054。
《关于同意晋元高级中学与韩国KORCHA株式会社建立教育交流合作关系的复函》，上海市普陀区外事办，2001年5月31日，普陀区档案馆藏，档案号：046-0002-2054。
《上海市教育委员会办公室关于对筹建"上海市晋美双语实验高级中学"请示的意见函告》（与上海市晋元高级中学合办），上海市教育委员会办公室公文办理抄告单，2003年2月8日，普陀区档案馆藏，档案号：046-0001-535。
《晋元中学》，具体时间不详，普陀区档案馆藏，档案号：046-0001-792。
《晋元高级中学大修计划》，2008年1月3日，普陀区档案馆藏，档案号：046-0001-841。
《关于实施晋元高级中学大修的立项申请》，上海市普陀区教育局，2008年1月，普陀区档案馆藏，档案号：046-0001-841。
《关于实施晋元高级中学大修项目建议书暨可行性研究报告的批复》，上海市普陀区发展和改革委员会，2008年2月2日，普陀区档案馆藏，档案号：046-0001-841。

【上海交通大学档案馆藏相关档案】
《上海市立中等学校一览表》（市立晋元中学），1946年，上海交通大学档案馆藏，档案号：LS1-147。
《国立交通大学三十五年度第一学期新生转学生名册》（丁关根，晋元中学毕业），上海交通大学档案馆藏，档案号：LS5-138.
《交通大学一九五一级毕业纪念刊》（有多位晋元中学毕业生，如丁关根等），上海交通大学档案馆藏，档号永久—1503。

《上海近代社会经济发展概况：1882—1931〈海关十年报告〉译编》，徐雪筠等译编，上海社会科学院出版社1985年版。
《工部局董事会会议录》，上海市档案馆编，上海古籍出版社 2001 年版。
《上海市立晋元中学教务日志（1945—1952年）》，上海市晋元高级中学档案室藏。
《晋元中学》（建校80周年纪念专刊，1904—1984年），晋元中学建校八十周年庆典秘书组编，内部刊印，1984年。
《上海市晋元中学九十周年校庆纪念册》，上海市晋元中学编，内部刊印，1994年。
《百年辉煌：上海市晋元高级中学百年华诞纪念册》，上海市晋元高级中学编，内部刊印，2004年。
《百年晋元，百年辉煌：上海市晋元高级中学110周年校庆特刊》，上海市晋元高级中学编，内部刊印，2014年。

二、地方志书、图录等

民国《上海县续志》，吴馨等修，姚文枬等纂，民国七年（1918）南园刻本。
民国《上海县志》，姚文枬、秦锡田等纂，民国二十五年（1936）排印本。
《上海租界志》，《上海租界志》编纂委员会编，上海社会科学院出版社2001 年版。
《上海侨务志》，《上海侨务志》编纂委员会编，上海社会科学院出版社2001年版。
《上海名建筑志》，上海市地方志办公室编著，上海社会科学院出版社2005年版。
《上海普通教育志》，《上海普通教育志》编纂委员会编，上海社会科学院出版社2015年版。

《普陀区志》，上海市普陀区志编纂委员会编，上海社会科学院出版社1994年版。
《普陀区志（1991—2003年）》，上海市普陀区志编纂委员会编，上海社会科学院出版社2004年版。
《普陀区教育志》，上海市普陀区教育志编纂委员会编，汉语大词典出版社2002年版。
《上海指南》，商务印书馆编译所编纂，商务印书馆1912年版。
《上海指南》，商务印书馆编译所编纂，商务印书馆1922年版。
《上海指南》，商务印书馆编译所编纂，商务印书馆1926年版。
《上海指南》，林震编纂，商务印书馆1930年版。
《上海求学指南》，王寅清、柴芷湘合编，上海天一书局1921年版。
《上海小蓝本》（*The Little Blue Book of Shanghai*），1931年版。
《袖珍上海里弄分区精图》，葛石卿等编纂绘制，国光舆地社1946年版，作者书社发行。
《上海市行号路图录》，鲍士英测绘、顾怀冰等编辑，上海福利营业股份公司编印，1949年版。
《上海城市地图集成》，孙逊、钟翀主编，上海书画出版社2017年版。
《中国近代建筑史料汇编》第三辑，《中国近代建筑史料汇编》编委会编，同济大学出版社2020年版。

三、报纸杂志

《上海公共租界工部局年报》
《上海公共租界工部局公报》
《申报》
《民报》
《立报》
《时报》
《新闻报》
《神州日报》
《时事新报（上海）》
《大公报（上海）》
《民国日报》
《上海市政府公报》
《学生日报》
《振胜日报》
《沪报》
《新春秋》
《东方日报》
《亦报》
《人民日报》
《光明日报》
《解放日报》
《文汇报》
《晋元》（校刊）

四、文集笔记、年谱、传记、回忆录、口述、资料汇编等

《上海罢市实录》，海上闲人编，1919年印行。
《半农杂文二集》，刘半农著，上海良友图书印刷公司1946年版。
《胡适的日记》上册，胡适著，中华书局1985年版。
《胡适全集》，胡适著，安徽教育出版社2003年版。
《上海轶事大观》，陈伯熙编著，上海书店出版社2000年版（据1924年上海泰东图书局印本）。
《艺海一勺续编》，郑逸梅编著，天津古籍出版社1996年版。
《唐弢研究资料》，傅小北、杨幼生编，知识产权出版社2010年版。
《唐弢画传》，秦海琦编著，上海社会科学院出版社2013年版。
《郁铭芳传》，符利群编著，宁波出版社2008年版。
《中国名人传》，上海《每日中国评论》1925年版。
《海上名人传》，《海上名人传》编辑部编，上海文明书局1930年版。

《上海时人志》，茹辛、潘孚硕等编辑，展望出版社1937年初版，1938年续版。
《上海重要人名录》，许晚成编，上海龙文书店1941年版。
《环球中国名人传略》（上海工商各界之部），李元信总编纂，上海环球出版社1944年版。
《上海百业人才小史》，许晚成主编，上海龙文书店编辑部1945年刊印。
《上海市各业同业公会理监事名录》，上海市商会编，上海市商会1947年铅印本。
《上海工商人物志》，中国经济资料社1948年编印。
《上海县教育状况》，上海县知事公署编，1917年刊印。
《市行政法》，民国法政学会民国法政学会，1928年刊印。
《上海特别市教育法规汇编》，上海特别市教育局编，1929年铅印本。
《费唐法官研究上海公共租界情形报告书》第二卷，工部局华文处译述，1931年刊印。
《上海市教育统计》，上海市教育局编，1931年铅印本。
《上海市教育局业务报告（1931年1月—6月）》，上海市教育局编，1931年刊印。
《上海特别市教育局业务报告（下）》，上海市教育局编，1932年版。
《一九三三年之上海教育》，上海新闻社编，上海新闻社1934年刊行。
《上海大中小学调查录》，许晚成编，上海龙文书店1935年版。
《战后上海学校暨文化机关调查录》，许晚成编，上海龙文书店1939年版。
《上海学校调查录》，许晚成编，上海龙文书店1940年版。
《中华民国法令大全》，上海法学编译社编，1931年版。
《上海市市政报告》，上海市市政府秘书处编，汉文正楷印书局1936年版。
《教育法令汇编》，教育部参事处编，商务印书馆1936年版。
《上海市教育统计（民国二十三、二十四年度合刊）》，上海市教育局编，1936年铅印本。
《民国二十六年上海市年鉴·教育》，上海通志馆年鉴委员会编，中华书局1937年版。
《廿八年上海教育一览》，上海教育年鉴社编，大时代书局1939年版。
《教育法规（第二版）》，阮华国编，大东书局印行1947 版。
《上海市教育统计（1946年度）》，上海市教育局编，1947年刊印。
《上海市中等教育概况》，上海市教育局编印，正中书局1948年刊印。
《上海市学校调查录》，乐德卿等主编，群协出版社1948年版。
《上海市政府法规汇编》，上海市政府编，1948年铅印本。
《中国美术年鉴（1947）》，胡亚光、王展昌主编，文化运动委员会1948年刊印。
《第二次中国教育年鉴（第四编）中学教育》，教育部编，商务印书馆1948年版。
《中国青年运动历史资料（1915—1924）》，中国新民主主义青年团中央委员会办公厅编辑，1957年版。
《教育文献法令汇编（1949—1952）》，中华人民共和国教育部办公厅编，内部资料，1958年版。
《近代中国教育史资料》，多贺秋五郎编，文海出版社有限公司1976年版。
《帝国主义在上海的教育侵略活动资料简编》，李清悚、顾岳中编，上海教育出版社1982年版。
《中华人民共和国教育大事记（1949—1982）》，教育科学出版社1983年版。
《中国教育年鉴（1949—1981）》，中国大百科全书出版社1984年版。
《“九一八”—“一·二八”上海军民抗日运动史料》，上海社会科学院历史研究所编，上海社会科学院出版社1986年版。
《中国近代学制史料》第一辑下册，朱有瓛主编，华东师范学出版社1986年版。
《中国近代学制史料》第二辑下册，朱有瓛主编，华东师范大学出版社1989年版。
《中国近代学制史料》第三辑上册，朱有瓛主编，华东师范大学出版社1990年版。
《帝国主义侵华教育史资料——教会教育》，李楚材编，教育科学出版社1987年版。
《中国近代教育史资料汇编》，璩鑫圭、唐良炎编，上海教育出版社1991年版。

《中国近代教育史资料汇编·普通教育》，李桂林、戚名琇、钱曼倩编，上海教育出版社1995年版。
《中国近代音乐史料汇编：1840—1919》，张静蔚编，人民音乐出版社1998年版。
《中国近代教育史教学参考资料》，陈学恂主编，人民教育出版社1998年版。
《日本在华中经济掠夺史料》，上海市档案馆编，上海书店出版社2005年版。
《中国近代教育史资料汇编》，陈元晖主编，上海教育出版社2007年版。
《中国近代中小学教科书总目》，王有朋主编，上海辞书出版社2010年版。
《近代中国教育史料》，舒新城编，中国人民大学出版社2012年版。
《上海地方史资料（四）》，上海市文史馆编，上海社会科学院出版社1982年版。
《解放前上海的学校》，《上海文史资料选辑》第五十九辑，中国人民政治协商会议上海市委员会文史资料研究委员会编，上海人民出版社1988年版。
《上海文史资料存稿汇编》第九册，上海市政协文史资料委员会编，上海古籍出版社2001年版。
《上海公共租界工部局的华童公学》，《文化史料丛刊》第八辑，中国人民政治协商会议全国委员会文史资料研究委员会，1984年版。
胡先雩：《从华童公学到晋元中学的变迁》，《上海市普陀区文史资料》第二辑，政协上海市普陀区委员会文史资料委员会编，1991年刊印。
沈祖戡：《谢晋元将军和晋元中学》，《普陀区文史资料》第一辑，普陀区文史资料编辑委员会编，内部发行，1989年。
蒋锡夔、何友声、翁史烈、项海帆、余秋雨等回忆晋元中学，《晋元》校刊陆续刊登，上海市晋元高级中学提供。
《终生的准备与超越》，唐盛昌著，高等教育出版社2004年版。
《母校印象》，许德星撰，2012年12月29日，上海市晋元高级中学档案室藏。
《写在晋元高级中学建校120周年之际》，赵凤飞口述，谢莹整理，2024年6月30日，上海市晋元高级中学党政办公处提供。
《晋元高中教育发展往事述录》，王丽萍口述，2024年6月25日，上海市晋元高级中学党政办公处提供。
《坚守“选择教育”初心 办受人尊重的学校》，季洪旭口述，2024年7月16日，上海市晋元高级中学党政办公处提供。

五、研究著述

《新制教育史》，李步青著，范源廉校阅，中华书局1922年版。
《中学教育》，廖世承著，商务印书馆发行1924年版。
《上海市中等教育概况》，上海市教育局中等教育处编纂，1948年刊印。
《郑观应传》，夏东元著，华东师范大学出版社1981年版。
《上海洋场竹枝词》，顾炳权编著，上海书店出版社1996年版。
《中华民国教育史》，熊明安著，重庆出版社1990年版。
《近代上海城市研究》，张仲礼主编，上海人民出版社1990年版。
《中国名校（中学卷）》，魏一樵主编，辽宁大学出版社1992年版。
《上海市中小学特色教育（中学部分）》，徐仲安主编，上海人民出版社1993年版。
《上海普通教育史（1949—1989）》，吕型伟主编，上海教育出版社1994年版。
《动荡转型中的民国教育》，申晓云著，河南人民出版社1994年版。
《警备大上海》，中国人民解放军上海警备区政治部、中共上海市委党史研究室编著，远东出版社1994年版。
《上海通史》，熊月之主编，上海人民出版社1999年版。
《中国教育史》，孙培青著，华东师范大学出版社2000年版。
《上海近代教育史》，陈科美著，上海教育出版社2003年版。
《办学特色在校园》，苏军主编，上海教育出版社2005年版。
《异质文化交织下的上海都市生活》，熊月之著，上海辞书出版社2008年版。

《中国中学教育史》，谢长法著，山西教育出版社2009年版。
《青春飞扬：近代上海学生生活》，施扣柱著，上海辞书出版社2009年版。
《西学东渐第一校——从徐汇公学到徐汇中学（1850—2010）》，庄小凤、马学强主编，上海辞书出版社2010年版。
《沪上名校——百年大同研究（1912—2012）》，盛雅萍、马学强主编，上海辞书出版社2012年版。
《中国教育制度沿革史》，郭秉文著，商务印书馆2014年版。
《出入于中西之间：近代上海买办社会生活》，马学强、张秀莉著，上海辞书出版社2009年版。
《上海抗战重要史迹》，褚晓波、马学强主编，上海人民出版社2015年版。
《为国桢干：上海南洋中学120年（1896—2016）》，马学强、于东航主编，商务印书馆2016年版。
《上海教育史（第三卷　1949—1976）》，蒋纯焦著，上海教育出版社2019年版。
《至慧至雅：从圣玛利亚女校、中西女中到上海市第三女子中学》，潘敬芳、马学强主编，马学强等著，商务印书馆2022年版。
《务实本正：从务本女塾到上海市第二中学》，陆军、马学强主编，马学强等著，商务印书馆2022年版。
《码头与源头：苏州河畔的北站街区》，马学强、张秀莉等著，上海社会科学院出版社2022年版。
《位正育卓：位育中学校史研究》，王亦群、马学强、焦爽主编，马学强等著，商务印书馆2023年版。

六、部分外语文献

The Municipal Gazette（《工部局公报》）
The China Press（《大陆报》）
The North-China Daily News（《字林西报》）
The North-China Herald（《北华捷报》）
The North China Desk Hong List（《北华案头行名录》）
The North China Hong List（《字林西报行名簿》）
The China Weekly Review (Shanghai)（《密勒氏评论报》，上海）
The Shanghai Evening Post and Mercury（《大美晚报》）
The Shanghai Sunday Times（《上海泰晤士报星期刊》）
The Shanghai Times（《上海泰晤士报》）
Twentieth Century Impressions of Hongkong Shanghai, and Other Treaty Ports of China: Their History, People, Commerce, Industries, and Resources, edited by Arnold Wright, Lloyd's Greater Britain Publishing Company Ltd., 1908.
Far Eastern Commercial and Industrial Activity –1924, compiled by E. J. Burgoyne, edited by F. S. Ramplin, The Commercial Encyclopedia Co., 1924.
Leaders of Commerce, Industry and Thought in China (Shanghai), compiled by S. Ezekiel, published by Geo. T. Lioyd, 1924.
Who's Who in China (*Biographies of China*), published by *The China Weekly Review (Shanghai)*,1925.
Men of Shanghai and North China: A Standard Biographical Reference Work, second edition, The University Press, 1935.

后　记

最近10年，上海社会科学院历史研究所校史研究团队与商务印书馆合作，已陆续出版“百年名校·江南文脉”系列丛书十余种。该丛书注重名校的分布及其样本的选取。这些学校创办背景不同，就类型而言，有官办（公立）、私立。在公立系统中，有省立、府立、县立之分。私立中又可分外国创办的教会学校与国人兴办的私立学校等。其性质不同，体系不一，在办学上亦各有特色。

创设于1904年的上海华童公学，为公共租界工部局创办的学校，为“局立”或“局设”学校，其类型很独特。我在从事“上海买办研究”课题时已关注到这所学校的创设，此与多位著名中外人士的强烈要求有关：郑观应等认为上海租界设有西童学堂，经费由房捐出，而租界华人房捐多于西人，何不设华童学堂，显分畛域未免不公。于是，他向李提摩太提出建议，李提摩太又约福开森、卜舫济等致书工部局董事集议。1904年，工部局华童公学正式成立。1931年刊印的《上海公共租界工部局年报》有一份来自“学务处”报告，其中提到：“1904年，华童公学在爱而近路与克能海路转角处之新校舍内成立。本局对于华人教育之关怀而见诸实施者始于此时，热心教育之华商曾捐银三万两，为建筑该校校舍之用。本局则筹备校址，及维持该校之经费。华童公学设立后，成绩卓著。于是于1910年设立育才公学，1914年设立聂中丞公学。”华童公学作为工部局设立的第一所华童学校，备受各界关注，此后工部局又相继设立育才公学、聂中丞公学等。华童公学自创立以来，名声渐起，该校课程分中西两部，其宗旨“在使多数学生有考入大学之程度及为上海公民之资格。故本校高级生，二十年来，每年考取剑桥大学、香港大学及任各机关要职者，实繁有徒。本校学生数，自开校迄今，计共四千余人”（据1928年《华童公学章程》）。1937年《申报》在一则报道中也赞誉：“工部局立华童公学，对于功课，素来严紧，且多符合教育部规定之课程标准，故每届参加市社会局毕业会考及格者颇多。”华童公学办学中西并重，培育了一大批优秀学生。1938年就读于华童公学，后当选为中国科学院院士的蒋锡夔曾回忆：“1938年夏天，我考上了华童公学。……所有的科目都用中文和英文同时教学，还聘请了不少外教，这使得当时的学生得以轻而易举地阅读英文原版书籍，为我今后向化学专业的发展奠定了坚实的基础。”《华童公学略史》也曾自豪地写到：吾校毕业生“服务社会，散见各处，而尤以政商学三届为最多。皆办事认真，为人诚实，富于进取性，大受社会之欢迎，各机关商行莫不争先延聘，异常器重。身居要职者，颇不乏人”。

从1904年华童公学创立，到如今的上海市晋元高级中学，已整整120年。120年来，该校数易其名，历经华童公学、上海（特别市）市立模范中学（校）、上海市立晋元中学、上海市陕北中学、晋元中学、晋元高级中学等时期，校址也屡经迁徙。学校历经磨难而自强不息，始终保持良好的教学质量而赢得社会的广泛赞誉。120年来，作为上海历史悠久、具有一定影响力的学校，其办学历程连续，文脉赓续不断，堪称传奇。120年来，学校为国家、为社会培养了大批人才，足迹遍布海内外，活跃于各个行业，其中有国家领导人、两院院士，还有一大批专家学者、工程师、企业家，等等。120年来，学校积淀了丰富厚实的人文内涵，其办学理念独特、办学特色鲜明、办学成就卓著，在上海中学教育史乃至上海城市史上具有一定的地位。梳理这所学校120年的发展历程，解读办学特色，挖掘文化内涵，具有很高的历史价值与积极的社会意义。

为了迎接这所历史名校建校120周年，上海市晋元高级中学与我们校史研究团队合作成立“从华童公学到上海市晋元高级中学校史资料整理与研究”课题组。要完整、系统地考察这所学校的校史，其间需要做大量的工作。学校档案文献分散于各处，样态丰富，种类亦多，收集这些资料本身需要花费大量的心力，同时也须具备一定的专业能力。课题组成员分工合作，陆续在海内外寻访到大量史料，主要包括：一、与学校创办相关的独特而珍贵的文献资料，如《工部局董事会记录》《上海公共租界工部局年报》等。二、学校的档案，各个时期出版印发的多种文献，如章程、教材、课本、讲义、校内刊物等，这些档案文献存放于中国国家图书馆、中国第二历史档案馆、上海图书馆、上海市档案馆、上海市普陀区档案馆、上海市晋元高级中学档案室等处。三、与学校相关的日记、笔记、文集等，记录学校办学的各个方面。四、来自中外文报纸杂志的记载，包括近代的《申报》《神州日报》《民国日报》《大公报（上海）》等，以及当代的《人民日报》《光明日报》《解放日报》《文汇报》等。五、口述资料、校友回忆。此次我们选摘了各个时期老师、校友的部分回忆、口述资料。六、图片，包括历史图片与现场图片。经过一段时间的努力，我们初步建立起“华童/晋元校史研究资料库”，其内容丰富，不仅有文献资料，也有大量图片，且在时段与内容上具有连续性、完整性的特点。在编写过程中，涉及资料部分，均注明资料来源。

在扎实的资料基础上，我们从不同阶段、不同层面去解读校史。在书稿框架设计中，我们主要围绕两个方面：其一，从学校自身的发展逻辑或轨迹中去探讨。这也是校史作为教育史研究范畴的应有之义。依循“谁在办学、为何办学、凭何办学、如何办学”等关键线索去追问这所百年名校兴衰起伏的内在机理，在时局变动、政权更替、社会变迁中去解答学校的文脉演变过程，解析历史名校如何实现向现代化名校转型。按照不同的办学阶段，全书分为六编。其二，我们的研究也不局限于对一校一史的考察，而将学校120年发展历程置于更为宏阔的社会文化背景，从华童公学到后来的晋元中学，依据史实，将学校蕴藏的深厚文脉，与上海城市文化、所在区域变化有机结合起来，予以合理解读。

关于书名，课题组与学校领导、校友会经过多次协商，最后由校领导确定，定名为《晋行元起：从华童公学到上海市晋元高级中学校史资料整理与研究（1904—2024）》。有关“晋行元起”的内涵，学校进行了阐释：

“晋”，寓意着上升和进步。《诗经》云“晋者，进也”，“晋”昭示不断向上、追求卓越的决心。勉励师生“如月之恒，如日之升”，“进德修业，晖光日新”，不断追求进步、勇攀高峰。同时，如同《诗经·小雅·鹤鸣》所言“鹤鸣于九皋，声闻于天”，“晋”字也寓意珍视历史文化，在传承中发展，实现学校愿景的美好愿望。

“行”，既强调实践与行动之重要，也关注品行和德行之成长。“行”寓意晋元师生“天行健，君子以自强不息”的精神风貌，《论语·里仁》“君子欲讷于言而敏于行”的言行一致，《中庸》“博学之，审问之，慎思之，明辨之，笃行之”的实践精神。“行”字也代表着学校的办学方向，即注重学生的全面发展，培养学生的综合素质，让学生能够在未来的学习和生活中行稳致远。

“晋”“行”连用，寓意着不断进取、向上奋发的精神状态和修养德行的价值追求。

“元”，寓意开始和本源。《易经》云“元亨利贞”。“元”寓意着学校始终坚守教育初心，尊重学生的本真天性，为学生的未来发展奠定坚实的基础。“元者，善之长也”，“元”也与晋元承志报国、立德为先的育人理念相呼应。

“起”字有振作奋发之意，代表“大鹏一日同风起，扶摇直上九万里”（李白《上李邕》）一般向上的生命和不息的希望。

“元起”，寓意晋元对未来崭新旅程的开启，充满了憧憬与期待。

“晋行元起”作为上海市晋元高级中学的理念，不仅体现了学校的办学特色和文化底蕴，更蕴含着对学生全面发展的美好愿景。《诗经》有云“瞻彼淇奥，绿竹猗猗。有匪君子，如切如磋，如琢如磨”。“晋行元起”正寓意着晋元为学生创造的美好未来和无限可能。

书稿由文字、图片两部分组成，编写采取以图带文、以文释图的形式，图文并茂，通过对大量具有代表性图片的解读，反映这所名校120年的变迁。书中图片有几个来源：一为历史图片，选自各种文献档案，由鲍世望翻拍；二为课题组现场拍摄的照片，鲍世望、李东鹏等多次赴普陀区，不辞辛劳，往返奔波，为课题组拍摄、保存了大量图片；三为学校档案室、图书馆以及一些校友提供的图片。书稿中大部分插图，除特别注明外，均由鲍世望拍摄，或由学校提供。书稿完成后，由马学强、叶舟、胡端等统稿，并进行配图。本书由季洪旭、马学强任主编。叶舟、梅飞、谢莹为副主编。

1949届校友、中国工程院院士翁史烈教授，1951届校友、中国工程院院士项海帆教授分别为本书作序。书名“晋行元起”，由校友（1957年就读陕北中学）、著名学者余秋雨教授题写。本书的编写，得到了相关单位及有关人士的支持与帮助。上海市晋元高级中学的历任校领导、校友会始终关心120周年校史书稿的编写与出版。本书的编写，得到了中国国家图书馆、中国第二历史档案馆、上海图书馆、上海市档案馆、复旦大学图书馆、上海交通大学图书馆、华东师范大学图书馆、上海社会科学院图书馆、上海社会科学院历史研究所图书资料室、上海市普陀区档案馆、上海市晋元高级中学档案室及图书馆等的大力协助。商务印书馆鲍静静、陈雯、吴雅玲等为本书出版付出了辛勤劳动。在此表示最诚挚的谢意。

马学强

2024年7月28日于上海社会科学院

“百年名校·江南文脉”第一辑

总主编：马学强

为国桢干：上海南洋中学120年（1896—2016）

存古开新：从绍郡中西学堂到绍兴市第一中学（1897—2017）

诚朴是尚：从澄衷蒙学堂到上海市澄衷高级中学（1900—2020）

明理躬行：从金华中学堂到浙江金华第一中学（1902—2022）

卧薪尝胆：从私立绍兴中学到稽山中学（1932—2022）

务实本正：从务本女塾到上海市第二中学（1902—2022）

至慧至雅：从圣玛利亚女校、中西女中到上海市第三女子中学

位正育卓：位育中学校史研究

晋行元起：从华童公学到上海市晋元高级中学校史资料整理与研究（1904—2024）

上海市晋元高级中学

JINYUAN SENIOR 1904 HIGH SCHOOL